샤를로트 페리앙

현대 예술의 거장

샤를로트 페리앙

모는 삶에 깃는

샤를로트 페리앙 지음 | **유상희** 옮김

❀ 을유문화사

현대 예술의 거장

샤를로트 페리앙

모든 삶에 깃든

발행일 2025년 8월 25일 초판 1쇄

지은이 샤를로트 페리앙
옮긴이 유상희
펴낸이 정무영, 정상준
펴낸곳 (주)을유문화사

창립일 1945년 12월 1일
주소 서울시 마포구 서교동 469-48
전화 02-733-8153
팩스 02-732-9154
홈페이지 www.eulyoo.co.kr

ISBN 978-89-324-3158-1 04630
ISBN 978-89-324-3134-5 (세트)

테사와
21세기를 건실할 세대에게

일러두기

1. 인물, 지역, 기관 등의 한글 표기는 가급적 국립국어원의 표기 원칙을 따랐으나,
   일부 관례로 굳어진 표기나 국가별 원어 발음과 현저하게 다를 경우에는 예외로 두었다.
2. 주요 작품, 용어, 단체명 등의 원어는 첫 표기에 한하여 병기했다.
3. 본문 하단의 각주는 옮긴이 주다.
4. 전시회나 프로젝트는《 》, 영화나 음악, 미술 등의 작품과 강좌는〈 〉,
   책이나 잡지, 신문 등은『 』로 표기했다.
5. 원서에서 저자가 이탤릭체로 강조한 부분은 고딕체로 표기했다.
6. 국내 출간된 해외 도서는 원어를 병기하지 않았다.

예술은 모든 것에 깃든다

문지윤 공간디자이너(뷰로 드 끌로디아)

교실에는 세 명 정도 앉는 책상 위에 한 사람을 위한 A4 용지가 여러 장 놓여 있었고, 그런 책상이 열댓 개 남짓 있었다. 종이 위에는 조르주 페렉의 『공간의 종류들』에서 발췌한 한 단락의 글이 빼곡히 적혀 있었다. 필기시험이라고 해야 할까.

제시된 주제는 그 텍스트를 읽고 조르주가 공간을 단순히 물리적인 실체로 보는 것이 아니라, 그 안에서 일어나는 모든 행위, 감정, 기억 들이 복합적으로 얽혀 만들어지는 의미의 총체로 이해하는 것처럼 각자 본인에게 '불안한 공간espace inquiétant' 또는 '평화로운 공간espace paisible' 중 하나를 택하여 자유롭게 표현하는 것이었다. 그림을 그리거나 무엇을 만들어도 된다는 건가 잠시 생각하다가 나는 일단 글을 적어 내려갔다.

계단참에서는 순간 멈칫하게 된다. 순식간에 발을 헛디며 맨 아래로 굴러떨어지는 장면이 먼저 눈앞에 그려진다. 아마 대여섯 살 때였을까. 할머니 댁 근처, 더는 사용하지 않는 아주 낮은 우물에 빠진 적이 있다. 나는 물을 길어 올리는 두레박 같은 것을 디딤돌 삼아 올라가려고 애쓰는데, 위에서 누군가가 나를 내려다보는 듯한 그림자가 드리워졌다. 내 얼굴이었다. 거울을 보는 듯했다. 내가 나를 보고 있었다. 그날 이후로 나는 경사진 곳이나 계단을 몹시 두려워했다. 그것이 무서운 꿈의 기억이었는지 실제로 일어난 일인지 헷갈려서는, 어른이 되어서도 "내가 우물에 빠진 날이 있잖아" 하면서 겪은 것처럼 몇 번 이야기했다.

계단의 디딤판이 넓든 좁든, 철판이 높든 낮든 나의 두려움은 평지에서 멀쩡하던 보폭의 감을 마비시켜 더듬거리게 만든다. 대학교 3학년, 학관 4층과 5층 사이에는 다른 건물로 건너갈 수 있는 지름길 계단이 있었는데, 그것은 내부 구조가 직관적이지 않아 미로같이 느껴지는 곳에 있었다. 타과 수업을 청강하려고 그 계단을 찾아 뛰어 올라갔는데, 그곳이 아니었다. 다시 급히 내려오다가 어김없이 발을 헛디뎠다. 그 순간 바닥에 데굴데굴 굴러떨어지는 내 모습이 이미 여섯 살 때 우물에서 나를 들여다본 것처럼 선명했는데, 어찌된 일인지 20단은 족히 되던 그 계단에서 구두는 벗겨졌으나 넘어지지 않고 균형을 잡아 마치 슬로프를 타듯 내려와서는 바닥에 착지했다. 스타킹은 구멍이 나고, 발바닥은 찰과상을 입었지만, 나는 넘어지지 않았다. 그날 이후로 계단을 두려워하지 않게 되었다. 계단 아래로 사라져 버린 불안, 불안이 존재하지 않으면 평화롭다고 말할 수 있을까.

이렇게 적고는 남은 다른 A4 용지 한 장을 좁은 폭으로 날렵하게 접고 접어 계단을 만들었다. 이 외에도 간단한 실기시험이 있었는데, 사실 나는 한국에서 불어불문학을 전공하고 미술 교육을 별도로 받지 않았다. 파리에서는 원하는 학교를 찾으려 응용예술 기초과정을 수료한 뒤, 실내건축과 제품디자인 학교에 지원했다. 그래서 내가 할 수 있는 한 최선을 다해 실기시험을 보고, 다음 날 오후에 면접시험을 기다렸다.

면접에서는 교수님 세 분이 나란히 앉아, 내가 필기 및 실기시험에서 작성한 글과 미리 제출한 포트폴리오에 대해 이야기했다. 대학 때부터 좋아했던 사진 작업을 포트폴리오로 만들었다. 내가 찍은 서울 사진들이었다. 회화나 조형, 건축 등을 전공한 다른 지원자들과 달리 불문학을 전공했다고 밝히며 나는 졸업논문으로 썼던 라마르틴의 시를 낭송했다. 이내 "내가 사랑하는 언어로 당신들의 고전을 알게 됐지만, 지금의 새로운 세계를 더 알고 싶다"라고 말했다. 어쩐지 시험에서 떨어진 것 같았다.

목에 두르고 갔던 필름카메라로 교수님 세 분의 사진을 찍어도 되는지 묻고, "지금이 우리의 마지막 순간일 것 같다"고 하며 셔터를 눌렀다. 그중 한 분이 "만약 합격하면 내 수업에 인화한 사진을 갖고 오렴"이라고 말씀하셨다. 그리고 파트릭 교수님의 첫 수업에 나는 그 사진을 들고 갔다. 2005년 여름이 막 지나던 참이었다.

학교는 카르티에재단의 커튼월 건물*을 마주하고 있었다. 왼쪽으로는 사진 전문 갤러리 '카메라 옵스큐라**'가, 오른쪽으로는 교정을 함께 쓰는 건축 학교가 자리했다. 파란색 철제 파이프와 난간이 마치 퐁피두센터의 그것과 비슷해 나중에 찾아보니, 렌초 피아노가 퐁피두센터를 건축할 당시에 이를 도운 쿠노 브룰만의 작업이었다.

한 달 남짓 단기 임대 스튜디오에 머물며 파리에서 살 곳을 보러 다녔다. 학교에서 걸어서 10분 거리에 있는 몽파르나스 거리에서 생애 처음 혼자 살 집을 찾았다. 그 골목은 크레이프 식당들이 모여 있는 거리로 점심이나 저녁이면 오가는 사람들이 늘 많았다. 집주인과의 불화, 월세 인상으로 해마다 이사를 다니던 다른 학생들과 달리 나는 그곳에서 다섯 번의 봄을 지냈다.

10평 남짓한 스튜디오에는 정사각형의 방과 작은 욕조가 있는 욕실, 얄팍한 나무로 된 현관문 옆에 옷장만 한 부엌이 있었다. 지층은 공용 공간으로 사용되고, 프랑스에서 1층으로 불리는 두 번째 층의 한쪽 벽면에는 크레이프 가게들이 모여 있는 길 위로 통창이 나 있었다. 따로 호수가 없어 우편물은 이름으로 구분했고, 이따금 친구들이 오면 엘리베이터에서 내려 바로 오른

---

* 장 누벨(Jean Nouvel, 1945~2008)이 설계했다. 유리와 철골을 주재료로 하여, 투명성과 가벼움을 강조하는 커튼월 시스템을 적극적으로 활용했다. 건물의 외벽이 마치 커튼처럼 유리로 덮여 있어 외부 환경과 내부 공간의 경계를 허물고 시각적인 개방감을 극대화한 것이 특징이다.
** 파리에 위치한 사진 전문 갤러리다. 사진 작품 전시와 판매, 그리고 사진 관련 출판물 등을 다루며 사진 예술 분야에서 중요한 역할을 한다.

쪽 첫 번째 집이라고 설명했다. 왼쪽 집에는 목소리와 발소리가 낮은 칠십 대 할머니가 혼자 사셨고, 엘리베이터 오른쪽 집은 갈리마르 출판사 집안 내외가 살았다. 그 건물의 유일한 외국인인 나를 이웃들은 '마드무아젤 문'으로 불렀고, 몇 년 사이에 가까워지고는 '클로디아'라고 불렀다. 문을 나서 6호선 에드가르키네역이 있는 광장 길을 따라가면 몽파르나스 묘지가 나온다. 에릭 로메르, 마그리트 뒤라스, 시몬 드 보부아르와 장폴 사르트르, 세르주 갱스부르가 잠들어 있는 곳을 산책 삼아 가끔 걸었다. 몸체만 한 화판 가방을 들고 등교하던 길이다.

이 작은 집을 나는 '조각배'라고 불렀고, 가까웠던 모든 것에서 멀어져 이 배를 타러 왔구나 싶었다. 밤마다 크레이프 가게 노상 테이블 위에서 접시들이 부딪히는 소리, 라디오처럼 끊이지 않는 불어를 자장가 삼아 잠을 청하고, 아침에 창문을 열면 건너편 식당 문 앞에 이미 도착해 있는 알록달록한 채소 상자들과 골목 끝에서부터 풍겨 오는 블랑제리 빵 냄새가 나의 소박한 항해에 명랑한 돛을 올려 주었다. 그 조각배에 처음 들어간 것이 스무 해 전이지만 지금도 몽파르나스는 골목골목 눈에 훤하다.

* * *

샤를로트 페리앙의 두 번째 스튜디오가 이곳에 있었음을 올봄에야 알게 되었다. 지도를 펼쳐 보니 내가 살던 곳에서 몽파르나스 타워를 중심으로 대로만 건너면 되는 가까운 거리에 있었다.

샤를로트가 10년을 오가며 협업한 르코르뷔지에의 아틀리에가 있는 세브르가 역시 매일 걸으며 지나던 곳이라 새삼스러웠다.

일주일만 여행을 다녀와도 없던 것이 생겨나는, 내가 나고 자란 서울의 비범한 속도는 나아가는 동력이 되기도 하지만, 떠나온 뒤 몇 번을 찾아가도 여전히 스물다섯의 내가 살고 있는 것 같은 얼굴의 파리는 1930년대 샤를로트가 스튜디오와 아틀리에를 오가며 쉼 없이 만들고 떠나고 돌아오기를 멈추지 않았던 시절과 크게 다르지 않았다.

이 책을 읽는 동안 자꾸 지도를 펼치게 되는 것은 그런 연유였다. 어딘가에서 마주쳤을 법한데……. 그녀가 금속 부속품을 사거나 장 도르도뉴의 밤나무 안락의자를 처음 발견한 BHV 백화점이나, 훗날 그녀의 독점 가구 에디션 제작과 커미션 작업의 에이전트 역할을 했던 스테프 시몽 갤러리가 있던 고블랭가도 내가 자주 지나가던 곳이었다. 그녀가 창작을 위해 수많은 협력자를 찾아 나선 모습은, 만드는 과정을 깊이 이해하는 이가 구상한 디자인야말로 얼마나 강력한 현실이 될 수 있는지를 잘 보여 준다. 르코르뷔지에가 자신의 아틀리에 문을 샤를로트에게 활짝 연 것도 사실은 그녀가 종이 위의 희미한 그림으로 머물 수 있던 그의 디자인을 실재로 구현해 줄 유일한 사람임을 알아보았기 때문이다.

1927년, 내가 파리에 도착했던 나이와 같은 스물네 살에 샤를로트는 생쉴피스 광장에 위치한 건물 꼭대기 다락방에 자신의 첫 번째 스튜디오를 마련했다. 단순한 주거 공간이 아닌 그녀의 독립적인 디자인 철학이 움트고 모양을 갖추기 시작한 상징적인 장소다. 그녀는 당시의 장식적인 사조와 전통의 재료를 벗어나 강철, 알루미늄, 유리와 같은 산업 재료에 관심을 갖고 대담한 디자인을 실험하고 아이디어를 실제로 구현했다. 크롬 도금된 금속 튜브 프레임의 회전식 의자, 확장 가능한 식탁으로 연출된 기능적이고 유연한 공간, 그리고 효율적인 '주택 설비 équipement intérieur'로서의 가구 개념을 확립해 나갔다. 이때의 작업으로 페리앙은 살롱 도톤 Salon d'Automne 전에 참여하고, 르코르뷔지에와 피에르 잔느레와 협업을 시작했다. 이는 2년 후면 100년을 맞이하는 디자인 작업이었다.

지난해 3월, 아직 봄이 오기 전이었다. 10년 넘게 알았고, 같은 나이지만 서로 존대하며 존중하고 아끼는 지인이 첫 둥지를 마련했다고 집으로 초대했다. 업무가 과중한 날이었지만 축하하고 싶어서 늦은 저녁 시간에 강을 건너갔다.

서촌의 오래된 빌라는 속살을 유백색으로 뽀얗게 덮고 있었다. 둥근 모서리가 적당한 아르텍 식탁이 놓인 거실은 마주하는 창 덕분인지, 기차의 맨 앞 칸처럼 모든 것에 빨려 들어가는 듯, 혹은 그것들이 정면으로 돌진해 오는 것같이 영화적인 공간으로 느껴졌다. 주인들은 'ㄷ'자로 열린 부엌을 오가고, 모인 이들의 손이 식탁 위를 가로지르며 음식을 나누기 시작하자 방금 전까지 모르던 이들이 서로를 알게 되는 장치가 작동하는 듯했다. 누군가의 집으로 간다는 건 참 신비로운 일이다. 그리고 어떤 형태로든 둥지를 마련한다는 건 대단하고 근사한 일이다.

샤를로트 역시 생쉴피스 스튜디오와 몽파르나스 스튜디오에 친구들을 자주 불러 모았다. 물질과 기술, 상징적인 사물들을 이야기하고 다양한 감각을 그리며 자유를 꿈꾸는 이들이 모였다.

'지붕 아래 바Bar sous le toit'라는 첫 살롱 출품작 역시 그녀가 실제로 생활하던 스튜디오에서 구상한 것이고, 1938년에 디자인한 '몽파르나스 테이블Table Montparnasse' 또한 넓지 않은 공간에 최대한 많은 친구를 초대하고 싶어서 여섯 면의 모서리를 다른 각도로 재단한 것이었다. 때로는 여섯 명, 친밀하게 앉으면 아홉 명까지도 수용할 수 있다고 자신 있게 말했을 거다. 직사각형이 아니기에 여섯 면의 모서리를 둘러앉으면 서로의 얼굴을 고르게 바라볼 수 있었다. 테이블의 다리는 세 개로 팔과 다리를 뻗어도 서로 방해되지 않고, 중앙부는 넓고 개방적이라 그릇도 넉넉히 올릴 수 있다. 식탁 위의 음식 또한 누구에게도 소외되지 않도록 배려된 디자인이었다.

그날 밤 초대된 식사 자리에서 샤를로트 페리앙의 자서전 이야기를 들었다. 한국어판의 출간을 준비 중이라는 이야기였다. 예기치 않은 소식과 함께 흘러나온 이름에 심장이 두근거렸다. 공간을 공부하기 시작하고 파리에서 그녀를 알게 된 이후로, 나는 그녀에게 특별한 마음을 품고 있었다. 수업 시간에 산책하듯 갔던 '메종 라로슈Maison La Roche'나 '빌라 사부아Villa Savoie'에서 야외 수업을 하면서 샤를로트의 이름을 처음 들었다. 집 안의 빌트인 키친과 욕실 시스템, 다양한 형태의 가구들이 그녀의 작업이었다. 손끝에 닿는 면들은 모서리가 진 것 없이 둥그스름하게 굴려져 있어 자꾸 만져 보고 싶었다.

그녀는 친구들과 함께 바닷가에서 평범한 사물들을 수집하고 촬영하는 작업을 했다. 일상과 자연에서 아름다움을 발견하고 이를 예술과 디자인에 접목하려 했음을 보여 준다. 이 시기에 그녀의 사진 작업은 아르 브뤼 art brut의 정신, 즉 날것 그대로의 본질적 형태에서 아름다움을 찾으려는 시도와 맞닿아 있다.

해변에서 마모된 조약돌을 마주하고 때로는 유목이나 나무 단면을 어루만지며 자연이 빚어내는 조화로움을 탐색했다. 이는 의도적으로 모방할 수 없는, 자연 부여의 균형이었다. 그녀가 추구한 형태는 이러한 깊은 관찰에서 비롯되어 가구의 모서리는 손끝에 닿아도 부드럽게, 둥글게 처리되었고, 테이블 측면은 자연의 선처럼 미묘하게 잘려 나갔으며, 타원형은 가장 자연스러운 비율을 찾아갔다. 그녀는 금속의 정밀함을 누구보다 좋아했지만, 목재를 감싸는 느낌 또한 중요하게 여겼다. 인간의 손길과 감각은 얼마나 연약하고도 예민한가.

앞서 언급한 우물이 있는 할머니 댁은 모래사장까지 걸어갈 수 있는 서해안 바닷가 근처에 있었다. 마을에는 또래가 없어 혼사 놀곤 했는데, 나는 아침부터 돌멩이를 그릇 삼아 떨어진 열매들을 주워다가 식탁을 차렸단다. 한참 놀다가 그대로 두고 몇 발치 떨어져서 다시 포도나무 잎을 모아 또 다른 식탁을 만들어 소라껍데기를 올리며 새로운 살림을 차린다. 한나절을 이렇게 마당을 빙그르르 돌며 노는 것을 보고 할머니께서는 "아이가 스스

로 싫증 나서 그만둘 때까지 그대로 둬라. 건드리지 마라" 하셨
단다. 그 뒤로도 나는 평생 그 놀이를 한다. 곁의 사물들에 마음
을 주고, 책상 위와 서랍 속에는 기억해야 할 것들과 가끔 꺼내
봐야 하는 것들로 늘 가득하다. 니팅으로 옷이나 모자를 만들어
주거나 직조를 배우는 등 손을 움직여 만드는 것을 사랑하던 엄
마와 35년간 가구 사업을 하신 아빠 곁에서 나는 만드는 기쁨을
목도하는 가장 어린 목격자였다. 내가 가장 좋아하는 샤를로트
의 문장이다.

　예술은 모든 것에 깃든다. 행동이나 화병, 냄비 혹은 유리잔, 조각
　품, 보석 그리고 존재하는 방식에도.

　인문대에서 프랑스의 언어와 문학을 수학하고 나서, 다시 공
간을 공부하겠다고 생각한 것과도 같은 이유다. 매일의 삶과 유
리된 채 각별한 세계를 찾는 것이 아니라 마주하는 것들에 대한
애정과 이해, 거두지 않는 시선. 손바닥만 한 커피잔을 찾으면
일기고, 접시를 두 개 놓으면 초대고, 식탁에 마주 앉는 이가 있
다면 그것이 집이다.
　1940년대와 1950년대 사이에 프로젝트 및 지인들과 컬렉터
를 위해 단 일곱 개만 생산된 이 몽파르나스 테이블이 2024년
카시나Cassina에서 샤를로트 페리앙과의 협업 20주년을 기념하
는 컬렉션을 통해 재생산된다는 소식이 들려왔다.

* * *

샤를로트의 중요한 협력자 중 한 명인 페르낭 레제는 그녀가 가장 자주 만난 친구였다. 몽파르나스 스튜디오의 이웃이기도 했던 그는 1930년대 샤를로트가 기계와 산업의 미학에 집중하던 시기에 이를 회화로 탐구했다. 예술이 일상의 모든 것에 깃들어야 한다고 믿은 샤를로트는 페르낭과 깊은 유대를 나눴다. 이들의 협업은 당시 사회적 메시지를 담은 여러 프로젝트로 구체화되었다.

1935년 브뤼셀국제박람회의《청년의 집 La Maison du Jeune Homme》에서 페르낭은 체력훈련실을 위한 프레스코화를 선보였다. 차가운 금속과 인간의 손이 다듬은 나무의 결이 공존하는 공간에 그의 그림이 더해졌다. 1937년 파리국제박람회의《필수적 행복, 새로운 즐거움 Essential Happiness, New Pleasures》은 그들의 대표적인 협업 결과물이다. 농업관에 설치된 이 대규모 포토콜라주 작업은 유토피아적인 농촌 생활과 공동체의 비전을 제시했다. 샤를로트가 대형 사진 몽타주로 덮은 개방형 목재 구조물을 고안하고 페르낭은 여기에 전위적인 그래픽과 색채를 더하며, 새로운 삶의 방식에 맞는 미래를 향한 공동의 성찰을 나눴다.

두 사람은 기능적이고 실용적인 디자인이 강한 시각적 아름다움을 지녀야 한다는 공통된 생각을 가지고 있었다. 페르낭은 그림을 단순히 감상용 오브제로 두는 것을 넘어, 건축 환경에 통합되어 사람들의 일상 경험을 풍요롭게 하는 역할을 하기를 바랐다. 특히 르코르뷔지에와 같은 모더니즘 건축가들이 추구한 하얗고 중립적인 공간에 자신의 강렬한 색채와 기하학적 형태의 그림을 배치함으로써 공간에 색과 생명을 불어넣고자 했다.

샤를로트 역시 디자인이 특정 계층을 위한 것이 아니라 모든 사람의 삶을 개선해야 한다고 여겼다. 그녀가 활동했던 20세기는 두 차례의 세계 대전과 냉전으로 대변되는 이념의 대립, 식민주의의 해체와 신생 독립국가의 탄생 등 인류 역사상 가장 격동적인 시기였다. 특히 전후 유럽은 폐허 속에서 새로운 세계에 대한 의지와 비전이 절실히 필요했다. 모더니즘은 이러한 시대적 요구에 부응하며 합리적이고 기능적인 디자인을 통해 더 나은 미래를 제시하고자 했다. 그러나 모더니즘이 때로는 차갑고 획일적이라는 비판에 직면했던 것과 달리, 샤를로트의 디자인은 그 안에 인간에 대한 깊은 사려와 다정한 시선을 담고 있다.

그녀는 단순히 미학적 추구를 넘어, 사회적 책무와 연대 의식으로 근대건축국제회의CIAM, 현대예술가연합UAM, 혁명작가예술협회AEAR와 같은 사회 활동에 적극적으로 참여했다. 엄청난 무급 노동이 뒤따랐음에도, 그녀는 그것이 사회적으로 꼭 필요한 일임을 환기하며 더 나은 세상에 대한 근본적인 믿음으로 활동했다.

대량 생산이 가능한 가구를 통해 많은 사람이 합리적인 가격으로 양질의 디자인을 누리게 하고자 했으며, '최소의 비용으로 더 나은 삶의 질'을 제공하는 주거 모델을 끊임없이 모색했다. 이는 전후 물질적 부족함과 계층 간 격차가 심화되던 시대에 디자인이 소수의 특권이 아닌 모두의 '생활을 위한 설비'가 되어야 한다는 그녀의 신념을 보여 준다. 그녀에게 가구는 단순한 장식품이 아니라 사람들이 더 효율적이고 편안하며 아름다운 삶을 영위하도록 돕는 도구이자 시스템이었다. 이처럼 삶과 예술이 분리될 수 없다는 확고한 믿음은 친구들과의 끊임없는 교류와 협업 속에서 더욱 단단해졌다.

당시 건축과 디자인 분야가 남성 중심적이었음은 부인할 수 없다. 따라서 르코르뷔지에 스튜디오에서의 경험이 그녀의 역량을 입증하는 기회였음과 동시에, 때로는 여성이라는 이유로 과소평가되거나 배제되기도 하는 게 현실이었다. 그럼에도 불구하고 샤를로트는 자신만의 확고한 철학과 비전을 가지고 세계를 무대로 활동하며 독자적인 영역을 구축했다. 이는 단순히 '여성으로서의 성공'을 넘어, 특정한 성별이나 고정관념에 갇히지 않는 예술가의 순수한 열정과 역량이 어떻게 시대를 변화시킬 수 있는지를 상징하기도 한다.

2020년 1월, 한국에서 코로나19 바이러스가 유행하기 전, 즉 하늘길이 닫히기 직전에 독일 출장에서 돌아오는 길에 파리를 경유해 루이비통파운데이션에서 열린 대규모 회고전 《르 몽드 누보 드 샤를로트 페리앙Le Monde Nouveau de Charlotte Perriand》을 관람했다. 다양한 재료에 대한 실험, 그리고 가구 디자인을 넘어 건축, 사진, 전시 디자인, 사회 활동에 이르는 그녀의 광범위한 작업이 한데 모여 재조명되고 있었다. 사신의 역할을 제한하지 않고 도시와 자연의 경계를 자유롭게 오가며 도시실세자이자 건축가, 가구 디자이너, 사진가, 사회 운동가, 전시 기획자 때로는 산악인처럼 살아가며 구하고자 하는 것을 향해 나아갔던 그녀의 여정이 눈앞에 펼쳐졌다.

올해 초에는 샤를로트의 딸 페르네트 페리앙과 그녀의 남편이자 예술학자이며 샤를로트 페리앙에 관한 연구를 하기도 한 작가 자크 바르사크가 카시나와 샤를로트 페리앙의 디자인 협업 20주년을 기념하는 컬렉션 행사를 위해 한국에 방문한다는 소식을 들었다. 더불어 업계의 건축가, 인테리어 디자이너, 언론인 들이 함께 대화하는 자리가 마련될 예정인데, 거기서 내가 모더레이터와 통역을 맡아 줄 것을 부탁받았다. 나는 전문 통역가도, 진행자도 아니었지만, 감출 수 없는 설렘으로 용기를 내어 그 제의를 받아들였다. 그들의 프로모션 활동은 도쿄를 거쳐 서울 그리고 상하이를 투어하는 일정이었다.

페르네트와 자크를 만나기 전에 여러 자료와 인터뷰를 찾아보던 중 페르네트가 한 라디오 프로그램에서 샤를로트가 활동한 남성 중심적인 시대를 "여성 디자이너의 이름이 지워지던 시대"라고 표현하는 것을 들었다. 당시에는 구상 초기 단계의 이미지를 구체화하여 제작 단계의 모든 프로토타입과 실험을 주도적으로 하고 제품화해도 여성이라는 이유로 도면 맨 앞에 있던 이름이 뒤로 물러나거나 출시 이후 아예 바뀌는 사례가 빈번했다고 한다. 사회자가 샤를로트는 이에 분노하지 않았느냐고 되물었다. 페르네트는 "아니요, 어머니는 계속해서 디자인을 했을 뿐이에요. 그러한 시대상이 그녀를 멈추게 할 수는 없었죠.

그게 샤를로트입니다"라고 답했다.

샤를로트를 서술하는 많은 단어 중에 하나가 개척가다. 나는 이 책에서 당시 시대상과 그와 결부된 여성상에 대한 그녀의 실망이나 좌절은 읽지 못했다. 그녀 자신이 지형 자체이자 지도며, 스스로가 나침반이 되어 나아가는 삶의 주인으로, 사회를 사유하며 동료와 연대하고, 그러면서도 발아래 돌과 나뭇가지를 지나치지 않고 끊임없이 노래하는 목소리를 들었을 뿐이다.

르코르뷔지에는 20세기 영향력 있는 건축가 중 한 명이었고, 그의 스타성은 이미 확고했다. 그의 이름은 모더니즘의 상징과도 같았다. 당시 디자인 스튜디오의 위계 관행상 수장인 르코르뷔지에의 이름으로 작품이 발표되는 것이 일반적이었다. 참여 디자이너들의 개별 기여는 덜 조명되는 경우가 많았다. 샤를로트 페리앙, 르코르뷔지에, 그리고 피에르 잔느레. 20세기 모더니즘 건축과 디자인의 역사를 이야기할 때 이 셋의 이름은 떼려야 뗄 수 없고, 이 책에도 매우 생생하게 담겨 있다. 그들은 단순한 협력 관계를 넘어, 깊은 연대와 때로는 갈등 속에서 서로의 작업을 발전시키고 인간적 관계를 맺으며 시대를 앞서간 결과물을 만들어 냈다.

르코르뷔지에는 건축의 큰 그림을, 잔느레는 구조적이고 실용적인 부분을, 그리고 페리앙은 가구 디자인과 재료에 대한 깊은 이해를 바탕으로 공간과 가구의 유기적 결합을 이끌었다. 이들의 연대 속에는 공공을 위한 디자인과 사회적 책무라는 굳건한 믿음이 자리 잡고 있었다. 피에르 잔느레는 르코르뷔지에와 페리앙 사이에서 중재자 역할을 하기도 했으며, 페리앙의 작업에 대한 이해와 지지를 아끼지 않았다. 샤를로트가 아틀리에를 떠난 이후에도 둘은 함께 스위스 알프스에서 스키 샬레를 설계하는 등 더욱 개인적인 프로젝트를 진행하며 깊은 교감을 나누기도 했다.

2022년 제조업체 카시나가 LC(Le Corbusier) 시리즈의 공식 명칭을 '포퇴유 그랑 콩포르Fauteuil Grand Confort'라는 원래 프랑스어 명칭으로 회귀한 것은 이러한 재평가 흐름과 무관하지 않다. 이는 르코르뷔지에, 피에르 잔느레, 샤를로트 페리앙의 상속인 및 재단과의 협의를 통해 이루어졌고, 단순히 제품 이름의 변화를 넘어 공동 작업자들의 기여를 더욱 존중하고 디자인의 역사적 진정성을 회복하고자 하는 노력이다.

르코르뷔지에 아틀리에에서 1927년부터 1937년까지 10년간 일한 그녀는 자신의 독립적인 여정을 준비하던 차에 일본 통상산업성의 초청을 받았다. 일본 공예품 생산에 대한 자문 역할을 하기 위해 탑승한 배(하쿠산 마루호)는 두 달 하고도 엿새나 걸려 일본에 도착했다. 제2차 세계 대전이 한창일 때 전쟁의 위험을 무릅쓴 이 대담한 결정은 디자인에 대한 그녀의 열정과 새로운 문화에 대한 갈증이 얼마나 컸는지를 보여 준다. 이는 급변하는 정세 속에서 알지 못하는 세계로 떠난 모험의 지도이자 격동의 나침반이다.

일본 생활은 이국적인 경험을 넘어선 치열한 문화적 교류와 융합의 과정이었다. 민예 운동가 야나기 무네요시와 그의 아들 야나기 소리와 인연을 맺는 장면에서 나는 복잡한 감정이 들었다. 무네요시는 1910년대에 조선 도자기의 아름다움을 접하면서 조선 사람들과 조선 문화에 깊은 경외의 마음을 품고 생애 전반에 걸쳐 방대한 양의 조선 도자기·목공예품·그림 등을 수집했고, 그만큼 조선을 사랑했다.

무네요시는 공예를 사회 현상으로 보고, 공동의 번영이 없는 곳에서는 올바른 공예 작업이 보장되지 않는다고 여겼다. 공예는 협력의 세계고 단결의 영역이며, 독립적인 개인의 힘이 아닌 중세 유럽의 길드guild처럼 여러 사람의 품에서 만들어짐으로써 아름다움이 생긴다고 강조했다. 이러한 인식은 개인의 천재성이나 작가주의적 예술 작품보다는 이름 없는 장인들이 공동체에서 일상적으로 만들어 내는 생활 공예품에 진정한 아름다움이 깃들어 있다는 그의 관점을 뒷받침한다. 그의 '민예—생활 공예'라는 개념은 공예품이 일상의 용도에 충실하고 대중이 쉽게 접근할 수 있을 때 진정한 의미를 가진다고 보았다. 따라서 공예는 소수가 감상하는 대상이 아닌 다수의 삶에 스며들어 생활을 풍요롭게 하는 것이어야 했다.

이러한 이론에 그치지 않고 실천하는 운동가로서의 모습을 보이기도 한 그는 일제강점기였던 1920년대 초, 일제가 경복궁 정문인 광화문을 철거하고 조선총독부 청사를 짓겠다는 계획을 발표했을 때, 「사라지려는 한 조선의 건축을 위하여」라는 제목으로 철거를 격렬하게 반대하는 글을 일본 잡지 『개조』에 기고

하기도 했다.

무명의 아름다움을 이야기하는 무네요시의 철학은 서구 모더
니즘의 합리성을 추구한 샤를로트에게 새로운 시각을 열어 주
었다. 그녀는 기능적 효율성을 넘어 이름 없는 장인들의 손에서
빚어진 일상 용품의 소박하고도 깊이 있는 아름다움에 매료되
었다. 과도한 장식 없이 일상적인 재료와 연결시키는 것은 바우
하우스Bauhaus의 '기능에서 파생한 형태'와도 같은 맥락이었고,
여기에 샤를로트는 시각, 촉각 더 나아가 청각까지 연결되는 다
감각적 디자인을 이야기한다. 야나기 무네요시의 민예관에서
공예품의 기원을 거슬러 올라가며 과거의 작품들을 감상하던
그녀는 무네요시가 사랑하고 극찬해 마지않던 한국 도자기에
대해 이렇게 표현한다. "아, 그 도자기! 그것은 또 하나의 채워지
지 않는 갈망이 되어 나의 꿈속을 맴돌았다." 이 대목에서 나는
그녀가 본국으로 돌아가는 여정에 한국에 들렀다면, 조선의 백
자에 빠지지 않을 수 없었을 거라 확신한다. 아마 민요民窯의 터
를 찾아 장작 가마 불 앞에서 사금파리를 들여다보며 밤을 새웠
으리라.

샤를로트가 생전에 한국을 방문하지 못한 것에 대해 딸 페르
네트는 못내 아쉬워했다. 그녀 자신은 1972년 한국을 여행하며
버스를 타고 부산까지 다녀왔다고 눈을 반짝이며 이야기했다.
프랑스로 돌아갈 때 엄마를 위한 선물로 서안書案을 들고 갔고,
샤를로트는 그 작고 낮은 나무 책상을 가까이 두고 평생 아꼈다
고 한다. 엄마를 너무나 잘 아는 딸다운 선물이다. "샤를로트넌

페르네트 같은 딸이 있어 얼마나 행복했을까” 하는 누군가의 이야기에, 페르네트는 “샤를로트를 어머니로 부른 나야말로 행운이었죠. 그녀가 만든 것들에 둘러싸여 그녀의 에스프리esprit 안에서 평생을 살았으니까요”라고 답한다.

* * *

1941년 태평양 전쟁이 발발하면서 일본에 고립된 페리앙은 본국 프랑스로 돌아갈 수 없게 되자, 일본 정부의 결정에 따라 인도차이나 베트남으로 향한다. 이곳에서 현지 장인들과 교류하며 전통 공예 기술을 배우고, 열대 기후에 맞는 건축 및 디자인 연구를 계속한다.

인도차이나에서 돌아온 뒤인 1950년대에는 인도가 영국으로부터 독립하면서 펀자브주의 주도를 재건해야 할 필요성이 생긴다. 페리앙은 도시 전체를 디자인하는 르코르뷔지에의 찬디가르 프로젝트에서 가구와 내부 공간의 디테일을 채워 넣는 중요한 역할을 한다. 그리고 1960년대에는 브라질의 역동적인 건축과 문화가 그녀에게 또 다른 영감을 선사한다. 오스카르 니에메예르 같은 건축가들과 교류하며 열대 기후와 현지 재료를 어떻게 활용할 수 있을지 탐구한다. 그리고 같은 시기에 사이공(현재 호찌민)에서 이루어진 프랑스 대사관 작업은 서구와 비서구, 전통과 현대 사이의 균형을 찾아가는 그녀의 노력이 담긴 또 하나의 의미 있는 이정표가 된다.

샤를로트는 작업 초기에 금속이라는 재료에 심취했지만, 일본이나 인도차이나, 브라질의 나무를 다루는 기술을 가까이에서 보면서 나무와 금속 두 재료 사이에는 어떤 경계나 모순도 없다고 생각했다. 장소, 재료, 기술, 관습, 생산 및 보급의 여건 등 다양한 요소가 '다르게 표현하는 것'을 가능하게 한다고 보고 어떤 한계도 두지 않았다.

그녀는 이 책에서 "살아 있는"이라는 표현을 여러 번 쓴다. "살아 있는 재료, 살아 있는 자들의 세계, 살아 있는 것들에 대한 사랑, 살아 있는 창조물을 위한 둥지……."

2025년 경복궁 담을 곁으로 한옥의 기와가 창 너머로 펼쳐지는 카시나 쇼룸에서 샤를로트의 유일한 자녀이자 오랜 시간 곁에서 함께 작업했던 페르네트는 샤를로트의 디자인이 '고착된' 형태로 존재하지 않기를 원한다고 말한다. 시간이 흐르면서 지속적으로 변화하고 발전해 현재 우리들의 필요와 맥락에 맞게 새로이 해석되고 재창조되는 '살아 있는 형태 l'édition vivante'. 이는 새로운 소재와 현대적 기술을 적용하는 과정인 동시에 정서적 부분과도 깊이 연결되어 있다고 느껴졌다. 단순히 과거의 노스탤지어에 머무는 것이 아니라 과거와 현재를 이어 주는 연결 고리를 찾는 작업이기도 한 것이다. 페르네트는 그녀의 가구를 상업적으로 제작하는 것만을 목적으로 삼지 않고 샤를로트의 디자인 철학과 작업을 역사 속에 깊이 뿌리내리게 하고, 새로운 세대에게 그녀의 여정과 비전이 왜 여전히 중요한지를 알리고 싶어 했다.

샤를로트의 어머니는 유년 시절에 딸에게 "샤를로트, 일어나 공부해. 공부는 곧 자유야. 배움이 너를 자유롭게 할 거야"라고 누누이 이야기했다. 그리고 샤를로트는 그녀의 딸 페르네트에게 이렇게 이야기한다.

네가 살아가는 시대에 목소리를 내야 한다. 이 시대의 생각, 가치관, 문화에 대해 말해야 해. 단순히 예쁜 것만 만드는 것이 아니라 어떤 세상에 살고 있고 무엇이 중요하고 어떤 가치를 가지고 사는지 표현하고 행동해야 해.

이어서 내가 좋아하는 표현이 나온다.

눈을 부채처럼 크게 뜨고 봐야 해. 세상은 발명하는 것이 아니라 발견하는 거야.

카시나의 브랜드 필름에서 페르네트는 샤를로트의 디자인 세계를 떠올리며 여섯 단어를 말한다.

Regard, Energie, Poésie (⋯) Souplesse, Légèreté, Rythme.

이를 내가 느끼는 대로 표현한다면,

거두지 않는 깊은 시선, 나아가고자 하는 마음, 시적인 사유 (⋯)

유연하고 경쾌하게 그리고 조화롭게.

　화창한 토요일, 나는 에드가르 키네 광장의 재래시장에서 은
방울꽃 한 다발과 복숭아 타르트, 체리를 잔뜩 사 들고 큰길을
건너 그녀의 스튜디오로 찾아가서 몽파르나스 테이블에 마주
앉고 싶다. 그녀의 손님을 자처해 밤새도록 이야기하고 싶다.
　이 책은 그녀의 목소리로 직접 들려주는 수많은 밤이 모인 기
록이다.

차례

1
1903년에 시작된 이야기

아버지는 1865년 사부아에서 장녀 한 명과 아들 열한 명인 12남매 가정에서 태어났다.

　매년 겨울이 지나면 여자들은 화덕에서 나온 재로 빨래를 하고 들판의 이슬로 재를 씻어 낸 후에 다음 해를 위해 빨래한 옷을 옷장에 개켜 두었다. 고모도 여느 소녀들처럼 손수건이나 행주, 침대 시트, 스카프, 옷—전부—에 수를 놓았고, 심지어 재고 조사표로 활용되도록 번호도 수놓았다.

　우리는 사부아에서 살았고, 할머니가 앵에 가려고 라발므 다리를 건너면 프랑스였다. 하지만 사부아 사람들의 말처럼 "우리는 프랑스에 합병된 것이 아니다. 우리는 자발적으로 우리를 할양했다." 여기에는 미묘한 차이가 있다.

　할머니는 열한 명의 아들을 감당해야 했다. 막내인 이비지와 위험을 즐긴 원기 왕성한 형들은 모자를 비스듬히 걸쳐 쓴 채 라발므 협곡을 지나가는 역마차를 호위했다. 전설로 남아 있는 망드랭*은 멀리 있지 않았다. 론강에 접해 있는 엔 지역은 라발므 협곡과 몽뒤샤 고개 사이에 끼어 있었고, 협곡과 고개를 통해 엑스레뱅으로 다시 내려갈 수 있었다. 엑스레뱅이 역마차의 중계 지점이었다.

할아버지는 제철공으로, 말에 편자를 박고 발코니 창살을 만들었다. 할아버지에게는 바이올린 두 대가 있었는데, 하나는 주중에, 다른 하나는 일요일에 연주했다. 명절이면 할아버지의 바이올린 소리에 맞춰 여자아이들과 남자아이들이 춤을 추었다.

아버지는 성격이 유순하고 조금 유약한 탓에 '사내답지 못한 녀석'으로 여겨져 형들에게 핀잔을 들었다. 언젠가는 형들 중 한 명이 화가 나서 아버지의 카나리아 새장을 창밖으로 던졌다. 그건 앞날에 대한 어떠한 징조였다. 진정한 사부아 지역의 어린이는 어깨에 보따리 짐을 짊어진 채 집을 떠나 엑스레뱅으로 향했다. 언젠가 멋지게 차려입은 신사가 되어 아름다운 파리의 여인을 데리고 고향으로 돌아와 형들을 비웃어 주리라 굳게 다짐하면서 말이다. 엑스레뱅에서 아버지는 어떻게 생계를 꾸렸을까? 그건 알지 못한다. 엑스레뱅에서, 나중에는 샹베리와 리옹에서 재봉 기술을 배웠고, 이후 남성복 재단사로 승진해 마침내 파리의 스크리브가에 있는 영국 양복점 컴벌랜드에 이르렀다는 사

---

* 루이 망드랭(Louis Mandrin, 1725~1755). 프랑스의 유명한 밀수업자

실만 알 뿐이다. 아버지의 목표대로였다. 이제 아름다운 파리의 여인을 찾는 일만 남았다.

어머니는 1889년 부르고뉴 물레리에 있는, 내가 "데물랭 Desmoulins 할아버지"라고 부르던 외삼촌의 아름다운 농가에서 태어났다. 다른 가족들은 파리에서 거주하고 있었다. 어머니는 세 자매 중 막내였는데, 첫째는 눈부신 금발에 북유럽인처럼 생겼고, 둘째는 피부가 까맸고, 어머니는 게르만족의 특성을 다소 지닌 멋쟁이 여성이었다. 사람들은 그들의 부모가 세 자매를 각각 훔쳐 왔을 거라고 농담하곤 했다.

외할아버지는 바르베디엔*의 작업실에서 금은 세공사로 일했다. 전성기에는 프랑스가 '미국'에 선물한 뉴욕 자유의 여신상과 함께 미국으로 가기도 했다. 외할아버지는 특히 첫째 딸을 예뻐하여 장식미술연맹학교에 입학할 수 있도록 지원했다. 둘째 딸은 딱히 적성이 없어 결혼하여 아르헨티나로 떠났다. 이유는 알 수 없으나, 엄마는 열다섯 살이 될 때까지 데물랭 할아버지 집에서 자랐다. 사람들은 엄마를 '집회를 여는 마녀'라고 불렀다. 엄마는 경작용 말과 망아지, 암소에 올라타고, 사다리를 기어오르고, 이웃집에 불쑥불쑥 나타나고, 학교를 빼먹곤 했다. 여기에는 현실적인 이유도 있었는데, 학교는 물레리의 작은 마을에서 4킬로미터 떨어진 곳에 있었다. 엄마는 장날에 가서 밀 타작을 하고, 마을 연못에서 빨래하는 아낙네들과 빨래를 두들기고,

---

* 페르디낭 바르베디엔(Ferdinand Barbedienne, 1810~1892). 당시 최고의 예술가들과 함께 금속을 세공 및 주조, 판매했으며, 프랑스에서 가장 큰 청동 주조소를 운영했나.

암탉 우리에서 갓 꺼내 온 알을 꿀꺽 삼키고, 저녁에는 프레투아 숲의 늑대들이 겨울이면 눈 덮인 농장 주변을 어슬렁거린다는 옛날이야기를 밤새 듣곤 했다. 그러고는 애지중지하던 사냥개와 그리 예뻐하지 않은 한쪽 눈이 먼 목동 개까지, 모든 개를 다 데리고 들어와야 했다. 울타리 쳐진 안마당에는 거름 구덩이가 있었는데, 이를 봄이 올 때마다 치웠다. 구덩이가 따뜻하고 습해서 독사들이 그 안에 똬리를 틀고 있는 바람에 매번 쫓아내야 했기 때문이다. 만일 독사가 마구간에 있는 젖소를 물기라도 하면 젖소는 사람의 손길에도 우유를 내놓지 않았다. 데물랭 할아버지는 어스름한 달밤에 잠든 소들의 우유를 슬쩍하러 가곤 했다.

강한 공동체 정신이 이 작은 마을을 하나로 묶어 주었다. 건초를 베거나 타작할 때, 또는 장터에 나설 때면 서로 품앗이를 했다. 고되지만 조화롭고 다채로운 삶이었다. 사냥하는 날이면 어머니는 손수레를 몰고 사냥꾼들이 만나는 장소로 갔다. 사냥꾼들은 어머니가 가져온 식량과 마실 것을 노간주나무 아래에서 먹었다. 들판 가장자리와 움푹 파인 길가에 길게 늘어선 산사나무와 아카시아, 벚나무가 그늘을 드리웠다. 나무들이 드리운 그늘은 산토끼와 새, 곤충, 나비 등 모든 생명체의 은신처가 되었고, 비 오는 날이면 우리의 피난처가 되어 주기도 했다.

나 역시 세 살 때까지 바람과 햇빛, 자연의 향내와 애정이 넘치는 자유로운 삶을 살았다. 계절에 따라 변하는 자연을 사랑했고, 머리 위로 떠오른 별들을 바라봤고, 세상의 모든 농부, 특히 이 땅에서 오랜 시간 터전을 일궈 온 농부들을 존경했다.

농부들은 사색하는 시간을 갖곤 했다. 그들은 철학자였다. 시간이 한참 흘러 농가로 다시 돌아왔을 때, 데물랭 할아버지는 나를 보고 이렇게 말했다. "이게 누구야, 샤를로트*잖아. 애야, 잘 지냈니?"

자신이 무척 사랑한 곳에는 절대 되돌아가지 말아야 한다. 나는 최근에 그런 실수를 저질렀다. 농가는 방치되어 있었고, 건물은 도시 사람들에게 팔린 상태였다. 나는 어린 시절을 보낸 농가로 조금 더 걸어갔다. 거대한 건물이―부서진―담장으로 길과 분리된 아름다운 마당을 에워싸고 있었다. 마당 문은 닫혀 있지 않았다. 주거 건물 옆으로 웅장한 금속 구조물이 길게 이어졌고, 그 아래에는 가축들이 빼곡하게 모여 있었다. 채소밭은 과도한 굴착으로 황폐해져 악취가 진동했다. 나는 황급히 그곳을 빠져나왔다. 농촌은 전체적으로 구획이 정리되어 울타리가 쳐진 작은 길이 많이 있었다.

어머니는 열다섯 살에 파리로 송환됐다가 단식투쟁을 벌이고 잠시 물레이로 되돌아왔다. 그 시간 동안 부모님의 바람을 따라야 한다고 스스로 설득하면서도 한편으로 자유를 쟁취하겠다고 다짐한 어머니는 결국 일해도 좋다는 약속을 받고 파리로 다시 올라왔다. 처음에는 임시로 재봉 일을 택해 바느질 직공들에게 고용되었는데―어머니는 솜씨가 무척 뛰어나서―이곳저곳 불려 다녔다. 그런 탓에 안정적이지 못하다는 평을 받기도 했다.

---

* Charlotte에는 '부인용 모자'라는 뜻도 있다. 동음이의어를 활용한 장난스러운 호칭으로 보인다.

어느 날 어머니는 스크리브가 컴벌랜드에 작업물을 전하러 갔다가 아버지를 만났다. 아버지는 어머니에게 제비꽃다발을 건넸고, 두 분은 결혼했다. 이때 어머니는 가족과 사이가 틀어져 자유를 얻었다. 적어도 어머니는 그렇게 생각했다. 어머니와 아버지는 생토노레 시장 광장의 모퉁이에 있는 곰부스트가에 자리 잡았다. 그리하여 1903년 10월 24일, 아름다운 가을날 새벽 4시경에 나는 세상의 빛을 보았다.

생토노레 시장 광장

명품 거리로 유명한 방돔 광장의 핵심 장소인 생토노레 시장 광장에는 발타르 양식의 네 채의 파빌리온이 세워져 있었다. 그중 하나에는 소방서와 경찰서가 있었고, 다른 하나에는 상설 시장이 들어서 있었다. 세 번째에서는 청과물 상인들이 일주일에 이틀 정도 장사했고, 마지막에는 헐린 세탁장이 있었다. 이 비워진 공간은 용감한 소방대원들의 훈련장으로 사용되었다. 내 방 창문으로 거대한 사다리 위에서 곡예와도 같은 훈련을 하는 소방대원들의 모습을 볼 수 있었다. 나는 그 모습을 보며 감탄하곤 했다. 그들은 모든 균형을 초월하는 것처럼 보였다. 하늘로 올라가는 모습은 그야말로 매혹적이었다. 나는 조용히 집을 빠져나와, 소방대원들이 쉬는 틈을 노려 그들에게 구리로 장식된 번쩍이는 멋진 빨간 기계에 올라타도 좋은지 허락을 구하기도 했다.

7월 14일에 소방대원들은 광장을 대중과 소방대원들을 위한 거대한 무도회장으로 꾸몄다.

어머니는 내가 세 살 때까지 부르고뉴에서 살다가 파리로 올라오자마자 이 광장의 34번지 5층에 동서 방향으로 있는 방 네 칸을 세냈다. 안뜰로 창이 나 있어 직접적으로 마주 보는 곳이 없는 방은 어머니의 작업실이 되었다. 어머니는 햇살이 잘 들고 공간도 널찍해서 그 방을 좋아했다. 또 광장에 상인들이 있다는 점도 어머니가 흡족해한 이유였다. 어머니의 발아래에서는 활기가 넘쳐났다.

우리가 지내는 건물에는 층마다 장인이 한 명씩 살고 있었다. 모피 제조인, 모자 제조인, 깃털 세공인, 재단사가 있었고, 6층에는 스키아파렐리의 양재사 조수들이 있었다. 이들은 지붕 아랫방에 세 들었다. 아침마다 우유 장수와 제빵사가 우유와 빵을 배달했다. 현관 발판 위에 놓고 간 우유와 빵은 때때로 털 많은 꼬리를 가진 뚱뚱한 쥐를 유인하기도 했다.

정오 무렵, 재봉 작업장 출구에서 거리의 노래꾼들이 그날의 멜로드라마풍 애가哀歌를 부르며 젊은 여자 재봉사들의 관심을 끌었다. 이들은 잘생긴 남자에게 버려진 엄마와 아이 이야기 등 세상의 온갖 비참함을 노래하고 여자 재봉사들에게 악보를 팔았다. 내가 이런 노래들을 알게 된 것도 그래서였다. "그래, 내일 우리는 결혼할 거야. 그래, 내일 맘마를 먹게 될 거야. 그래, 내일 우리는 행복할 거야." 이 노래를 들으면 인생이 눈물겹도록 슬퍼졌다.

바로 인근에 있는 레 알Les Halles*은 오늘날의 룅지스Rungis** 역할을 했다. 어머니는 일요일마다 정오 직전에 팔리지 않은 것들을 사러 갔다. 우리는 당근이나 샐러드 채소 다발, 강낭콩 자루 혹은 잼을 만들기 위한 과일 상자를 양손 가득 안고 돌아왔다.

투박하고 생기 넘치는 레 알 사람들은 친절했다. 엄마 뒤에서 아장아장 걷던 내게 상인들은 이렇게 말을 걸곤 했다. "꼬마 외제니***가 뒤따라가고 있네."

쾌활했던 어머니는 계절노동으로 작업실 생활을 유지했다. 아침 배달 시간에 맞추려면 하루에 네 시간밖에 자지 못했다. 어머니의 전문은 컴벌랜드를 방문한 멋쟁이 신사들이 연미복 안에 받쳐 입는 흰색 누비 조끼를 만드는 것이었다. 어머니는 솜씨가 탁월해서 모두가 일을 맡겼고, 어머니도 그 점을 매우 자랑스럽게 여겼다. 만약 아버지와 어머니가 오늘날 일본에서 일했더라면 '인간 국보'라는 칭호를 얻었을 것이다.

어머니는 비수기에는 저녁에 레스토랑 '카페 드 라 페Café de la Paix' 혹은 극장에 가기 위해 멋지게 옷을 차려입고 아버지와 함께 외출하곤 했다. 어머니가 고데에 열을 올린다는 건 곧 외출하고 직공이 나를 돌볼 거라는 뜻이었다. 그럴 때면 갑자기 집 안의 태양이 사라진 것만 같았다. 당시에는 전기로 거리나 집 안을

---

* 1970년대 초까지 파리의 중앙 시장이 운영되었고, 오늘날에는 방문객이 많이 찾는 대형 쇼핑센터 포럼 데 알Forum des halles이 운영된다.
** 유럽 최대 규모의 도매시장
*** 외제니 드 몽티조(Eugénie de Montijo, 1826~1920). 나폴레옹 3세의 황후

밝히던 때가 아니어서 어두워지면 침울한 가스등에 불을 붙여야 했다. 그래서 땅거미가 지면 땅속에 사는 작은 괴물들과 무시무시한 마녀들이 나타날까 봐 두려웠다. 나는 밤이 무서웠다.

네 채의 파빌리온이 있던 이곳이 내가 자란 동네였다. 시간이 꽤 지나고 이 파빌리온은 철거되었다. 그 빈자리에는 예정대로라면 공원이 조성되어야 했지만, 실제로는 흉측하게 생긴 주차장이 5층 높이까지 들어섰다. 그리하여 연로한 어머니의 창밖 풍경은 이 몹쓸 옥상 주차장이 되었다. 어린이집이나 유치원이기만 했어도 괜찮았을 테다. 다행히도 이제 주차장은 철거되었다. 옳거니! 그러면 대신 무엇이 들어섰을까? 바로 파리바Paribas 그룹의 멋진 센터였다. 리카르도 보필*이 건축을 맡았다. 아아, 이로써 이 동네의 정신이었던, 시장 광장의 생생한 옛 모습은 자취를 감추었다.

파리에서 나는 견디기 힘든 이중의 시련을 겪었는데, 그것은 바로 제한된 공간에서 자유를 억압당하는 것과 매일 유치원에 가는 것이었다. 유치원의 주요 역할은 우리의 품행을 감시하고 튀일리 정원에서 공기를 마시도록 하는 것이었다. 나는 단 한순간도 튀일리 정원을 좋아한 적이 없었다. 공원 벤치는 서로에게 푹 빠진 연인들이 항상 차지했고, 덤불 뒤로 이들을 몰래 엿보는 구경꾼들이 있었다. 그 어느 때보다 진드기가 가득한 잔디밭은 출입이 금지되었다. 그래서 놀이나—지도하에—산책을 할 수

---

* Ricardo Bofill, 1939~2022. 스페인 출신의 세계적인 건축 거장

있는 공간은 자갈길밖에 없었다.

매년 꽃축제위원회는 초롱초롱한 어린 소녀들로 꾸며진 마차 중에서 가장 아름다운 마차에 상을 주는 퍼레이드를 개최했다. 어느 날, 엄마는 나를 이 퍼레이드에 데려갈 요량으로 내가 입을 장미 꽃잎과 초록색 이끼로 된 드레스를 밤새 만들었다. 그리고 이른 아침부터 화려하게 차려입은 멋진 흑인들이 이끄는 꽃 행렬에 나를 두었다. 그러나 화려함에 휩싸인 '꽃을 파는 귀여운 소녀'는 겁에 질려 대성통곡하고 말았다.

나는 인형에는 관심이 없었다. 엄마가 나 대신 인형을 꾸며 놓으면 접착제 냄새가 진하게 나는 인형의 분절된 눈 안쪽을 보기 위해 인모로 만든 인형 가발을 벗기곤 했다.

외동딸이었던 나는 가족 구성원이 더 늘어나길 바라진 않았다. 엄마가 여동생을 만들어 주겠다고 약속했지만 나는 원치 않았다. 어느 크리스마스 날, 양배춧잎에 싸인 아기가 벽난로에 장식되어 있었다. 내가 세상을 다 잃은 듯 악을 쓰며 울자 엄마는 포장을 뜯어 인형을 내 팔에 안겨 주었다. 이틀 후 인형은 완전히 망가져 버렸다.

나는 매주 하루, 목요일마다 주방을 차지하곤 했다. 그때마다 완벽한 화이트소스를 만들기 위해 갖은 애를 썼지만 늘 실패했다. 나는 채소 껍질을 벗기고 쌀이나 소금, 파스타를 가지고 상인 놀이를 하며 노는 걸 좋아했다. 설거지도 곧잘 했는데, 지금도 고무장갑 없이 설거지를 흔쾌히 할 수 있다. 정리정돈하고 깨끗하게 치우면 마음이 편안해졌다.

열 살 때 어린이병원에 입원한 적이 있었다. 당시 모든 어린이가 거쳤다는 맹장 제거 수술을 받기 위해서였다. 학교를 빼먹을 아주 좋은 기회였다. 새하얀 병원이 마음에 쏙 들었다. 병실은 간결했고, 창밖으로 나무가 심어진 정원이 보였다. 엄마는 내가 기운을 차리도록 오렌지 샴페인을 가져왔다. 하지만 정작 나는 집에 와서 가구나 온갖 잡동사니를 보고 울음을 터트렸다. 병원의 간결함이 딱 맞았다. 그때 처음으로 무의식 속에서 여백은 '모든 걸 담을 수 있기에 강력하다'는 걸 깨달았다.

아주 어렸을 때는 동네 유제품 가게나 정육점, 내장 가게에 심부름을 가곤 했다. 고양이를 위한 비장과 나를 위한 다진 말고기를 사서는 계단을 올라가며 맛보곤 했다. 그리고 프티스위스petits-suisses*의 모서리가 납작해질 때까지 양껏 핥아먹고는 시치미를 뗐다. 상인들에게 루이도르louis d'or**로 돈을 지불했다.

나는 건물 관리인 아주머니를 싫어했다. 치아가 암말의 이빨처럼 큰 데다 손에 항상 빗자루를 들고 있었기 때문이다. 한번은 내가 꼭대기에서 우당탕 뛰어 내려가자, 관리인 아주머니가 마치 그림 동화 속 마녀처럼 쫓아 나왔다. 그 일로 엄마는 내게 무릎을 꿇고 용서를 구하도록 했다. 그게 내가 처음으로 겪은 굴욕이었다.

나는 마치 하인처럼 상인들에게 돈을 깎아 달라고 했다. 깎은 돈으로 지우개나 연필, 필통을 사서 짝꿍이 가져온, 일본에서 수

---

* 소젖으로 만든 생크림 치즈의 일종
** 대혁명 때까지 통용된 프랑스 금화, 20프랑

입한 꽃과 교환했다. 그러고는 수면에서만 피어나는 꽃을 보며 감탄했다. 들키지만 않았다면 나는 이 '하루살이꽃'을 위해 모든 걸 바쳤을지도 모른다. 하지만 이 물물교환은 발각되고 말았다. 내가 무서워하면서도 사랑하는 어머니는 이렇게 말했다. "이 아이를 어찌해야 할까?"

유치원 다음으로 라수르디에르가에 있는 공립학교에 진학했다. 초등학교 졸업장을 딸 때까지 이 침울한 학교에 다녔다. 학교생활은 시작부터 좋지 않았다. 나의 유일한 관심사, 나의 유일한 기쁨은 리옹역에서 기차를 타고 사부아나 물레리에 가는 것이었다. 그곳에서 암탉과 오리―예컨대 전원생활―를 애정을 담아 그렸다.

어머니는 매일 아침 나를 등교시키기 위해 깨웠다. "샤를로트, 일어나." 심지어는 건너편 집 앵무새도 거들었다. 어느 날 몸단장하는 시간을 아침에서 저녁으로 바꿔 아침 시간을 벌었다. 나는 씻고 나서 속옷과 원피스, 덧옷을 입고, 양말을 신고, 심지어는 신발까지 신고 잤다. 하지만 운 나쁘게도 다음 날 아침, 나를 깨우러 방까지 들어와 침대 발치에 서 있는 엄마와 마주치고 말았다. 나는 턱까지 이불을 끌어올렸지만, 화가 단단히 난 엄마는 이불을 젖혔고 검은색 알파카로 된 덧옷을 보고 말았다. "당장 나오지 못해!" "네." 엄마가 이불을 걷어치우자 미처 벗지 못한 양말과 신발이 모습을 드러냈다. "네 머릿속에는 대체 뭐가 들어 있는 거니?"

자, 이제 그것을 알아보러 가자!

제1차 세계 대전

8월 어느 날, 작업실에 있던 어머니는 경찰서로 달려가는 사람들을 보고는 이상하다고 느껴 그곳에 직공을 보냈다. 무슨 일인지 알아보러 간 직공은 울며 돌아왔다. 제1차 세계 대전이 터진 것이었다. 어머니는 작업실을 닫고 얼마 후 모든 침대 시트를 얇은 띠 모양으로 자르기 시작했다. 나는 어머니의 기이한 행동을 이해할 수 없어 놀랐으나, 어머니를 도와 빨래통에서 삶은 띠를 둘둘 말았다. 알고 보니 그것들은 어머니가 적십자를 위해 마련해 둔 붕대였다.

어머니는 군인들이 겨울을 날 수 있도록 신문지를 채운 조끼를 만들었다. 어머니는 애국자였다. 아버지는 애국자까지는 아니었지만, 어머니의 압박에 조국을 위해 금과 사냥용 소총을 기부했다.

전쟁이 터지고 얼마 지나지 않아 마른전투가 벌어지자 부모님은 사부아를 떠나기로 했다. 우리가 탄 여객 열차는 부상자를 실은 열차들을 먼저 보내기 위해 쐐기풀밭 한쪽 구석의 차고행 선로에서 몇 시간을 대기했다. 우리 객실 칸에는 어린 신병들이 타고 있었는데, 그중 한 명이 악천후에 뻣뻣해진 군용 외투에서 갑자기 실로 귀를 줄줄이 꿴 목걸이를 꺼내며 말했다. "독일놈 귀 좀 줄까?" 세상의 종말이었다.

나는 중간 크기의 포격 구덩이를 골랐다. 나무판자 잔해들을 찾아 천막천으로 은신처를 만들어 그 안에서 엿새를 보냈다. 시체를 피하는 것이 나의 주요 관심사였다. 그런데 머리를 둘 곳을 만들려다가 그만 구덩이를 파는 실수를 저지르고 말았다. 단화가 신겨진 두 발을 발견해 끄집어냈다. 프랑스군 시체였다. 독일놈들은 장화밖에 없다. 더 나은 구덩이를 찾으러 조금 더 위로 올라갔다. 소용없었다. 곳곳에 인간의 잔해가 있었다. 인근 구덩이에서는 심지어 '대령'이라고 새겨진 나무 십자가 잔해를 발견했는데, 그 아래로 삐져나온 게 아마도 대령의 발인 것 같았다. 알 게 뭐람. 나는 이 두 발과 함께 지내기로 했다. 자연스럽게 그것들을 활용했고, 하나는 꽤 잘 견뎠다. 군용 잡낭을 거기에 걸어 두었다. 여기에서 잡낭은 흔했다. 땅은 하도 파헤쳐진 탓에 나무 한 조각도 고정할 수 없었다. 온갖 것을 동원해야 했다. 그렇게 그곳에서 삶은 단순한 것으로 전락했고, 그게 너무나 자연스러울 정도로 자원이 제한적이었다.

– 페르낭 레제의 편지, 『전쟁 서신 *Correspondance de guerre*』

나는 사부아에서 태양빛을 만끽하고 포도밭을 누비며 복숭아와 견과류, 그리고 몽뒤샤산에서 따온 산딸기를 즐겼다. 모리엔의 설봉을 바라보며 생각했다. '언젠가 저 위에 가겠어.' 그곳은 중국 혹은 달나라, 즉 도달할 수 없는 곳이었다.

파리로 돌아오자 '빅 베르타Big Bertha*'의 폭격이 시작됐다. 우리는 지하실을 개조했다.

---

* 제1차 세계 대전 말에 사용된 독일군의 곡사포에 붙여진 별명

부모님은 내게 남학교 교사의 아들을 본받도록 했다. 이공과 대학교 학생이었던 그는 공부만 하는 모범생으로, 대학을 졸업한 후에는 토목 기사가 되었다. 반면 나는 여전히 공부에 대한 열정이 없었고, 미래에 대해 걱정하시도 않았다.

라수르디에르가의 학교를 졸업한 후 보충 수업을 듣기 위해 라르브르세크가의 학교에 들어갔다. 이 학교에 대해서는, 내가 그림에 솜씨가 있고 도안을 정밀하게 잘 그리며 이 분야에 흥미가 있다는 걸 미술 선생님이 알아본 것 외에 기억나지 않는다. 세밀화에 큰 열정이 있던 미술 선생님은 내게 작은 타원형의 아름다운 상아판을 가져다주었다. 나는 기기에 사랑스러운 루이 15세 궁정 귀부인의 판화를 모사했는데, 좋은 평가를 받았다.

영어를 비롯해 일부 수업을 면제받았다. 매주 선생님들이 어린 자녀의 사진을 가져다주면, 나는 색을 다채롭게 조금씩 칠해 사랑스러운 아기 천사의 모습을 상아판에 담아냈다. 그런 나를 매우 자랑스럽게 여긴 미술 선생님은 세밀화가 내 적성이며 세밀화에 내 미래와 생계가 달려 있다고 결론지었다. 매우 열성적이었던 선생님은 내 재능을 확인하기 위해 나를 루브르 백화점의 세밀화 코너로 데려갔다. 실망스럽게도 내 그림은 상아값에도 미치지 못했다.

나는 오페라 거리에서 보석 디자인 수업을 들으며 다른 시도도 했으나, 결국 선생님은 뒤페레가에 있는 응용예술학교와 시계학교 입학시험을 준비할 것을 권했다.

이런 식의 분산된 진로 계획에 대헤 염려한 어머니는 거의 연락을 끊고 지낸 언니에게 의견을 구하기로 했다. 어머니는 이모의 모교인 장식미술연맹학교가 내가 다닐 만한 곳인지, 들어갈 수는 있는지 물었다. 긍정적 성과가 있었다. 이모의 주선으로 나는 장학생으로 입학하게 되었다. 단, 그해에 바칼로레아를 통과하고―그럴 가능성은 희박했다―최소한 졸업은 해야 한다는 조건이었다.

일이 점점 더 심각해졌다. 우리 건물 3층에 살던 남학교 교사가 저녁마다 나의 시험 준비를 도와주었다.

그렇지만 나는 그림뿐만 아니라 여덟 살 때부터 즐겨 치던 피아노에 대한 관심도 놓지 않았다. 일주일에 한나절은 코메디프랑세즈에 극작품을 보러 갔다. 방에 있는 거울 달린 장롱 앞에서 종아리를 내보이며 『에르나니 *Hernani*』를 낭독했다. 신체 활동도 소홀히 하지 않았다. 봄마다 부모님과 함께 세나르숲에서 은방울꽃을 땄다. 파리에서 학교 걸상 탓에 척추측만증에 걸리는 바람에 뤼피에 박사의 강연을 들으며 체조도 했다.

분리될 수 있는 건 아무것도 없다. 정신과 신체를 분리할 수 없고, 인간과 그 주변 세계를 분리할 수 없으며, 하늘과 땅을 분리할 수 없는 법이다.

• 빅토르 위고의 작품. 에스파냐 귀족의 딸 도냐 솔과 산적의 우두머리 에르나니와의 비극적 사랑을 그린 5막짜리 낭만파 희곡이다.

장식미술연맹학교에서

1920년은 빠르게 지나갔다. 나는 매일 새로 개교한 응용예술학교의 임시 본부가 있는 말레르브 대로로 향했다. 그곳에서 또 다른 환경을 발견했다. 나처럼 바칼로레아에 합격해 장학생으로 입학한 지역 출신의 친구들은 기숙사 생활을 했다. 기숙사의 생활 수칙은 매우 엄격했으나 얼마 가지 않아 잘 지켜지지 않았다. 흡연이 금지되었으나 학생들은 한방에 모여 담배를 피웠다. 그곳은 그야말로 흡연실이었다. 친구들은 뷔슈리가에 있는 학생회와 뤽상부르 공원을 자주 드나들었다. 나는 아직 친구들을 따라다니지는 못했다. 하지만 집에서 아버지의 작은 시가 하나를 슬쩍해 방에서 혼자 피워 보았으나 대실패했다. 심장과 머리가 아팠고 담배 알레르기까지 생겼다.

또 다른 부류의―학비를 지불하는―학생들도 이 학교에 다녔는데, 이들 중 대다수는 그저 무도회와 멋진 파트너를 꿈꿨으며 화려한 결혼을 하는 것이 목표였다. 가구 디자인과 제작 수업을 보충하기 위해 학교장이기도 한 랑그랑 교수님이 준비한 예술사 대강당 수업이 진행되었다. 수업은 제본술과 목판 조각으로 보완되었다. 장식가이자 건축가인 앙리 라팽* 교수님은 우리의 학습에 주도적 역할을 했다.

나는 어느 정도 자율성을 가지고 주제를 선택해 잘 표현했지

---

* Henri Rapin, 1873~1939. 아르 데코에서 영감을 받은 도자기, 가죽, 조명, 실내가구 등 다양한 매체에서 유명한 프랑스 공예가

만, 새로운 것에 눈이 팔려 기회가 될 때마다 학교를 빠져나와 뤽상부르 공원을 산책하러 나가곤 했다. 어른이 된 것 같은 기분이 들었다. 그러나 이제 집으로 돌아갈 시간이 다가왔다.

결국 예상한 일이 일어났다. 장학생이었던 나는 학업으로 학교 명성에 기여해야 할 의무가 있었으나 잘 해내지 못하고 있었다. 학년이 끝날 무렵, 라팽 교수님이 나를 불러 퇴학 처리될 거라고 알려 주었다. 교수님은 당황해하는 내게 무슨 일을 하며 살지 물었다. 나는 반항적으로 답했다. "건축이요." 내 말에 그가 답했다. "그러려면 다르게 행동해야 할 거야. 방학 동안 드로잉북을 가득 채워 가져오도록 해. 그때 가서 보자고."

나는 이때의 낙제에 대해서, 또 낙제 이유에 대해서도 부모님께 한 번도 털어놓지 않았다.

학교 다니는 게 즐거울 뿐 내가 무엇을 하고 싶은지에 대해서는 아무 생각이 없었다. 나는 에둘러 말하며 그저 궁지를 모면하려 했다. "엄마 작업실에서 일하고 싶어요." "아니, 무언가를 시작했으면 끝을 봐야지." 나는 밥벌이를 하고 싶다고 말했다. 1년 동안 학교에서 디자인한 경험 덕에 자격은 갖추게 되었다. "좋아." 어머니는 나를 고객이기도 한 어머니의 친구분과 함께 상티에가에 있는 봉마르셰 백화점의 장식끈 제조업자에게 보냈다. 대규모의 작업실은 음산하고 우중충했다. 내가 맡게 될 일은 장식끈 제조업체의 디자이너 업무였다. 나는 낙담하며 드로잉북을 채워 라팽 교수님에게 제출하는 것 외에는 다른 방법이 없다는 걸 깨달았다.

튀일리 정원의 나무와 조각상들이 나의 모델이 되었다.

"드로잉북은 두고 가 봐. 생각해 보자고." 라펭 교수님이 말했다. 내 머리 위에 매달린 이 '다모클레스의 검'은 공부하는 것 외에는 다른 선택의 여지가 없다는 걸 깨닫게 했다. "공부는 자유야"라고 어머니는 누차 말했다.

어린 시절부터 매일 아침에는 "샤를로트, 일어나" 그리고 저녁에는 "샤를로트, 공부해, 공부는 자유야"라고 누누이 말하던 어머니는 약속대로 내가 열여덟 살이 되는 1921년 10월 24일에 자유를 주었다. 그리고 행운의 상징인 검은 오팔로 장식된 반지를 선물해 주셨다. 내 삶의 추억과도 같은 그 반지는 여진히 내 손가락에 끼워져 있다.

늦게 귀가할 때면, 기계적으로 이유를 설명해야 할 것 같은 의무감이 들었다. 그러면 어머니는 한결같이 이렇게 말씀하시곤 했다. "그럴 필요 없어, 샤를로트. 네게 아무것도 묻지 않을 거야." 어머니는 내가 한 일에 대해 스스로 책임지도록 했지만, 나는 여전히 가정 안에서 보호받았다. 가정은 내게 안정과 일 그리고 어느 정도 행복에 대한 좋은 본보기가 되었다.

사회적 보호가 아직 존재하지 않던 시기였다. 큰 보호를 받지 못한 삶은 더 강인했고, 삶의 부침을 더 잘 견뎌 냈다. 반면 나는 다른 하늘을 향해 날아가면서도 부모님에게 의지할 수 있었다.

우리 학교는 파시의 베토벤가에 새 건물이 지어질 때까지 잠정적으로 루브르의 장식예술미술관의 꼭대기 층으로 이전했다.

우리는 '비둘기집'에서 지내면서 봄이면 화단에 심어진 네덜란드산 튤립을 보며 감탄하고, 걸어서 박물관, 도서관을 드나들었다. 꿈만 같았다. 당시 표현에 대한 갈망에 사로잡혔던 나는 학교 밖에서는 파리 동식물원에 가서 동물을 그렸고, 그랑드쇼미에르 아카데미에 가서 베르나르 부테 드 몽벨*의 수업과 앙드레 로트**의 수업에서 누드모델을 그렸다. 수업은 몇 차례 듣고 나서 미련 없이 그만두었다.

저녁마다 당시 장식미술전 회장인 모리스 뒤프렌*** 교수님의 수업을 매우 유심히 들었다. 그는 당대 '거장' 중 한 명이었고, 갤러리 라파예트의 예술 감독으로서 일반 대중에게 재능을 인정받는 예술가였다.

그의 제자들이던 우리는 그에게 예상치 못한 아이디어를 일부 제공하기도 했다. 그는 우리의 상상력을 자극할 줄 알았는데, 한번은 우리에게 '부유한 미국인 여성을 위한 침실'을 디자인하는 프로젝트를 내주었다.

나의 상상 속에서 부유한 미국 여성이 무엇을 할 수 있었을까? 클럽에서 밤새 술에 취해 있다가 이른 아침에 잠자리에 드는 모습을 상상했다. 미국의 스타를 모티브로 삼은 내 프로젝트는, 공간에 완만한 경사를 주어 경사지를 따라 곧바로 여성이 욕

---

* Bernard Boutet de Montvel, 1884~1949. 프랑스의 화가이자 조각가, 패션 일러스트레이터, 인테리어 데코레이터
** André Lhote, 1885~1962. 프랑스에서 화가이자 비평가, 교육가로 활동했다.
*** Maurice Dufresne, 1876~1955. 프랑스의 유명한 가구 제작자이자 아르 데코 스타일 지지자

망하는 대상인 침대로 이어지도록 표현했다.

우리는 가구용 직물과 다른 주제들을 자연스럽게 공부할 수밖에 없었다. 그중 최고로 뽑힌 작품은 백화점에 진열될 예정이었다. 우리는 이미 현역인 것처럼 느껴졌다. 나는 예술 공모전과 산업 공모전에 참가하고 무대장식에도 참여했다.

그사이 베토벤가에 문을 연 우리 학교는 순항 궤도에 올랐다. 나는 더 이상 주변인이 아니었다. 나를 표현하며 존재감을 드러냈다. 1925년 장식미술박람회 날이 점차 가까워지면서 우리는 출품작을 준비해야 했다. 엄격한 선발 과정을 거쳐 나는 두 가지 프로젝트에 선정되었다. 하나는 아홉 명의 뮤즈를 주제로 한 아홉 개의 패널로 구성된 음악실이었고, 다른 하나는 철제 격자문이었다. 뮤즈를 위한 작업에는 아름다운 누드모델이 필요했다. 보수적인 여학생들이 놀라지 않도록 학교가 문을 닫는 토요일에 작업하기로 했다. 물론, 내 작품들은 당시 장식미술 스타일을 가장 순수하게 반영한 것이었다. 그것은 1925년 국제장식미술 및 현대산업박람회의 전형적인 장식처럼, 기하학적으로 양식화된 형태와 레몬 조각처럼 기계화된 꽃들로 표현되었고, 학교에서도 그런 해석들을 많이 시도했었다. 심지어 거울 장식 틀조차도, 내가 부모님의 집 방 문 위에 장식해 드린 것과 비슷한 모양이었다.

박람회에서 나는 뒤프렌 교수님이 장식한 갤러리 라파예트의 파빌리온을 비롯해 백화점들의 피빌리온과 유냉 파빌리온도 살펴봤다. 그리고 나서 가장 눈에 띄는 소련 파빌리온을 거쳐 르코르뷔지에와 피에르 잔느레의 '에스프리 누보Esprit nouveau*' 파빌리온을 지나쳤다. 에스프리 누보 파빌리온은 장식이 너무 간결한 탓에 한쪽 구석으로 밀려나 있었다. 놀랍긴 했지만 크게 와닿지는 않았다.

학교를 떠날 때가 되었다. 무엇을 해야 할까? 뒤프렌 교수님과 라펭 교수님은 여유 자금이 있다면 1926년 가을살롱전과 장식미술전에 작품을 전시해 이름을 알리라고 권했다. 나는 소박한 거실 공간을 구상했다. 뒤프렌 교수님은 내 프로젝트의 비용을 산정하기 위해 포부르 생탕투안의 목공인을 소개해 주었다. 프로젝트 계획안을 제출하자 부모님은 잠시 당황해했지만, 이번이 마지막이라는 조건으로 재정을 지원해 주었다.

1926년의 첫 번째 전시는 반향이 없었지만, 그래도 그 거실 공간을 팔았다. 1927년 장식전에는 퓌포르카의 금은세공품으로 장식된 식기장을 다시 출품했다. 이번에는 일부 비평가들이 호평을 쏟아 내며 나를 주목해야 할 작가로 평가했다. 나는 장식전에 참여한 아방가르드 예술가들과 접촉했다. 도발적인 나의 존재가 반향을 일으키기 시작했다. 출품한 식기장을 판 나는 여전히 장식예술의 영향권 내에 있었다.

동시에 나는 재단사를 위한, 니켈로 도금한 구리와 유리로 된 테이블과 조명을 함께 고안했다. 시련이 끝난 걸까?

스물네 살을 앞두고 내 인생은 변화의 기로에 놓여 있었다. 나

---

* '새로운 정신'이라는 의미를 담고 있다.

를 다듬고 풍요롭게 하고 보호해 주던 학교를 떠나야 했다. 두 교수님은 진심 어린 마음으로 나를 지지해 주셨다. 라팽 교수님이 기분 좋을 때 부르시던 오페라 곡이 여전히 귓가에 들렸다. "사탄이 무도회로 데려가네, 무도회로 데려가네." 오페라 곡은 그의 창작물에 리듬을 주었다. 반면에 뒤프렌 교수님은 오색찬란한 희귀어와 사랑에 빠졌는데, 그는 물고기를 관찰하며 습관을 연구하곤 했다. 희귀어는 뒤프렌 교수님이 가장 좋아하는 화제였다. 두 교수님 모두 실천가이자 장인이었다. 나중에 안 사실이지만, 그들의 한계는 덮어놓고 장식예술의 유행을 표현하는 것이었다.

상대적으로 자유롭게 6년을 보냈다.

6년 전, 어머니는 내게 자유를 허락하면서 내가 모르던 한 가지 사실을 이제는 말해 주어야 한다고 생각하셨다. "손녀가 세례를 받을 거라고 맹세해 다오." 신앙심이 매우 깊은 충실한 신자였던 친할머니는 어머니에게 세례를 부탁했다. 당황스러웠던 어머니는 할머니를 우선 안심시키기 위해 그러겠다고 약속했지만, 약간은 불편한 마음을 가지고 있었다. 아버지는 수도원에서 자랐음에도 불구하고 완강한 무신론자였다. 어머니는 수없이 자문한 끝에 할머니와의 약속을 지키지 못한 것을 내게 솔직히 알려야 한다는 결론을 내렸다. 이 문제를 푸는 것은 내 몫이었다. 나는 세례를 받았다. 종교적 가르침에 따라 1921년 성탄절에 생로크 교회의 예배당에서 첫 성찬식을 했다.

나는 정말 순진하게 인생의 첫걸음을 내디뎠다. 뤽상부르 공원을 걷고, 뷔슈리가의 기숙사에서 탈출해 애인을 만나러 가는 친구들을 따라갔다. '앵크루아야블incroyable*'로 변장해 파리 오페라 극장에서 열린 학생 무도회에 가고, 물감 튜브로 변장해 물랭드 라 갈레트Moulin de la Galette** 무도회에 갔다. 완전히 뻣뻣한 은색 천으로 몸을 감싸고 튜브 내용물의 색깔인 빨간색의 커다란 줄무늬가 가슴 아래를 가로질렀다. 양쪽 뺨에는 연지곤지를 찍고 머리에는 튜브의 뚜껑이 되는 은색 군모를 썼다. 춤추기에 편한 복장은 아니었다!

나는 '교황'이라 불리던 산악 가이드 블랑과 함께 본발쉬르아르크에 있는 에베트 대피소에서 고산 등반에 입문했다. 그곳은 빙하 아래 자리 잡고 있었다. 내가 꿈꾸던 장소였다. 내 꿈의 대상인 빙하로 뒤덮인 에베트 대피소에서 본발쉬르아르크보다 높은 산에 올랐다. 스스로의 한계를 넘어서 정상에 도달하자 무한히 펼쳐진 하늘과 함께 이 거대한 고독과 순백의 공간을 맛볼 수 있었다. 이는 내가 절대로 포기하지 않은 도취의 순간, 재창조의 순간이었다.

열여덟 살 때는 생말로에서 바다를 처음 접했다. 수영할 줄 몰랐기에 한낮에 파리의 한 수영장에서 거의 익사할 뻔했다.

나는 위르쉬린 스튜디오 영화관에서 영화를 보며 머릿속에서 벌어지는 아방가르드 영화들의 흑백 무성 불꽃놀이를 마음껏 즐겼다.

---

* 프랑스혁명 후 총재정부를 지지하는 남성과 그 복장을 지칭하는 표현
** 19세기 제분소용 풍차가 있는 정원이다. 파리 몽마르트르에 있는 전설적인 명소. 르누아르의 〈물랭 드 라 갈레트의 무도회〉라는 작품으로도 유명하다.

이탈리아 도모도솔라 위쪽에 있는 작은 마을 트라스쿠에라에서 토요일 밤마다 밀수업자들이나 헌병들과 '모라mora*'를 했다. 어떤 날에는 저녁의 홍분이 절정에 달하면서 가끔 밀수업자들과 헌병들 사이에 싸움판이 벌어지곤 했는데, 그럴 때는 숙소로 피신했다. 그들은 일요일 아침마다 마땅히 신부님의 설교를 들었고, 나는 오후가 되면 신부님의 사택에서 피아노를 쳤다.

밀라노의 스칼라 극장으로 가다 마주친 청년들은 파시스트당의 당가를 편곡해 불러 주었다. "아름다운 여성을 위하여 풍성하게 키스, 키스를E per le belle signorine, baci baci in quantità."

친구 피에라와 함께 몽세니산에 갔을 때 알프스의 사냥꾼들이 오바드aubade**를 불러 주었다. 모자에 깃털을 꽂은 잘생긴 청년들이었다. 혼자 사냥꾼들을 따라 토리노까지 트럭을 타고 간 적도 있다. 그저 세상이 보고 싶어서였다.

생애 초기에 놓인 덫들을 천진난만하게 지나쳤다. 충동적인 사랑을 하지 않았고, 그러한 낌새도 느끼지 못했다. 나는 미련 없이 생의 다음 페이지로 넘어갔다.

생쉴피스 광장

결혼은 반항심에 결정했다. 그의 이름은 퍼시Percy였다.

---

* 펼쳐진 손가락의 총합을 맞히는 이탈리아 놀이
** 이른 아침에 집 밖에서 누군가를 위해 부르는 노래

"영국인이라고? 왜 하필 영국인이니?" 아버지는 당황해하면서도 원한을 품은 애국자처럼 말했다. "안 된다." 아버지는 1년 동안 매달 '안 된다'고 답했다. 어머니는 중립을 지키면서도 내가 결혼에 맞지 않는 사람이라는 것을 이해시키려 했다. 퍼시는 프랑스인으로 귀화했고, 그럴 필요는 없었지만 개신교에서 가톨릭교로 개종했다. 1926년 12월 22일, 나는 붉은 벨벳 코트를 입고 장미 코르사주를 단 채 생로크 교회에서 결혼식을 올렸다. 세례를 해 주신 신부님에게 장미 코르사주를 드렸다. 결혼식에는 아버지와 어머니만 동행했다. 나는 웨딩드레스를 입는 결혼을 원치 않았는데, 도살장으로 끌려가는 살찐 송아지처럼 보이고 싶지 않았기 때문이다. 그리고 몇 년 후, 종교 당국의 금지에도 불구하고 이혼했다.

오늘날 돌이켜 보면, 당시 결혼은 번데기가 나비가 될 유일한 통로였던 것 같다. 그리고 나비는 날아올랐다.

무거운 마음을 안고 부모님의 아늑한 둥지와 나의 마을, 생토노레 시장 광장을 떠났다. 뒷걸음은 치지 않는 법이다. 새로운 거주지에 자리 잡기 위해 센강의 좌안 지구에 있는 생쉴피스 광장을 택했다. 강 하나 건넜을 뿐인데, 공기의 질과 날씨가 바뀌다니 놀라웠다. 차량은 더 적었고 분위기도 더 차분했으며, 다소 시골 같은 면이 있고 개인 저택은 녹지에 둘러싸여 있었다. '보수주의적인' 생쉴피스 광장은 라울 퐁숑*의 "나는 생쉴피스의

---

* Raoul Ponchon, 1848~1937. 프랑스 시인. 먹는 것과 마시는 것을 주제로 한 시를 많이 썼다.

탑을 혐오한다. 어쩌다가 마주치면 오줌을 갈긴다"라는 시구 때문에 정반대의 이미지가 연상되었다.

예전에 사진작가의 작업실로 쓰이던 곳에 세를 얻었다. 작업실의 널찍한 유리창으로는 광장이 내려다보였다. 작업실을 개조하면서 교육의 제약에서 해방되었다고 느꼈다. 아마 이번에는 나 자신을 위한 창작이었기에 그런 것이리라. 그리고 내 '자아'는 거리의 표현에 빠져 있었다. 폴 콜랭*의 포스터는 샹젤리제 극장에서 공연하는 조제핀 베케르**의 모습을 불멸의 것으로 만들었다. 그녀가 공연하는 〈르뷔 네그르Revue nègre〉를 본 적이 있는데, 충격적이었다. 흑인인 조제핀은 조그마한 잉덩이에 바나나 한 다발을 단 채 거의 나체로 격정적인 리듬을 탔다. 야생적이고 진실된 여성이었다. 쇼 비즈니스가 그녀를 데려가 다듬고 세련되게 만든 것은 안타깝지만, 그녀는 여전히 아름답고 시원시원했으며 용감했다. 우리는 그녀가 우리에게 준 것만큼 그녀에게 답례하지 못했다.

영문학, 장 콕토의 영화, 루이 암스트롱을 접하며 찰스턴 춤에 입문했다. 찰스 린드버그가 뉴욕-파리 간 비행을 이제 막 성공한 때였다. 머리를 단발로 자르고, 목에는 보잘것없는 크롬 도금 구리 구슬로 직접 만든 목걸이를 하고 다녔다. 나는 이 목걸이를

---

* Paul Colin, 1892~1985. 장식예술 포스터를 다작한 그래픽디자이너이자 무대미술가, 극장 화가
** Joséphine Baker, 1906~1975. 미국 출신의 프랑스 무용인이자 가수. 파블로 피카소, 어니스트 헤밍웨이 등 많은 예술가로부터 찬사를 받았으며, '검은 비너스'로도 불렸다.

'나의 볼 베어링'이라고 불렀다. 그것은 20세기 기계 시대에 내가 속해 있다는 소속감을 드러내는 상징이자 도발이었다. 또한 나는 영국 여왕의 보석과 경쟁하지 않아도 되는 것을 자랑스럽게 여겼지만, 마르셀 레르비에 감독의 영화에 나오는 '비인간적인 여자'로 취급받았다. 거리를 지나갈 때면 파리의 건방진 젊은 이들이 나를 가만두지 않았다.

나는 목재, 태피스트리, 장식 천 등 포부르 생탕투안에서 번성한 가구에 적용된 다양한 공예와 예술, 그리고 기계화된 꽃 장식, 비스듬한 모서리 등 고전 양식을 그대로 재현한 복제품 등 전통적인 기술로 만들어진 작품과는 직업적으로 차별화하고자 했다.

모든 것이 나를 포부르에서 멀어지도록 했다. 다만, 철물공인 라바디는 예외였다. 그는 잠수 인형이나 작은 오토마타처럼 별난 골동품들을 파는 상점을 운영했다. 그는 가게 뒷방에서 수리하거나 오래된 병으로 어항이나 램프를 만들며 온갖 흥미로운 목공 일을 취미 삼아 했다. 발명가의 기질이 있었다. 뒤프렌 교수님이 그에게 작업을 맡기곤 했고, 나에게도 적극적으로 추천해 주었다. 라바디는 내게 그의 직업에 관한 지식을 가르쳐 주었고, 나는 완전히 새로운 도안으로 그에게 신선함을 불어넣었다. 그는 모든 프로젝트에 열정적으로 뛰어들었다. 프로젝트는 착수되자마자 구체화되어 매우 큰 행복감을 주었다. 이후 그는 내 창작물에서 핵심적인 역할을 했다.

샹젤리제 거리에서 멋진 차체를 지닌 고급 차들이 지나가는 것을 보았다. 자동차박람회에 가서 자동차 기술에 감탄했고, 부속품 섹션에서 나의 미래 응접실을 밝혀 줄 전조등을 하나 샀다. 내 정교한 확장형 테이블에는 식탁보 따위는 없었다. 그 테이블은 크롬 도금된 강철 레일 사이로 검은 고무가 기계적으로 펼쳐지는 구조였다.

층계참으로 통하는 문은 별나른 보안 장치 없이 래커로 칠한 미닫이문으로 교체했다. 열쇠는 현관 매트 아래에 두었다. 출입구에는 니켈 도금 구리로 만든 바Bar가 있었는데, 앞면이 양극산화 처리된 알루미늄판으로 이루어졌다. 술기운에 만든 게 아닐까 생각하지는 마시길. 낮은 테이블에 빙 둘러앉는 것보다 더 친근하고, 더 자유롭고, 더 편안한 방식으로 친구들을 맞이하고 즐겁게 지내기 위해서였을 뿐이다. 내가 응접실에 있는 시간은 거의 없었다.

이어서 햇빛이 흠뻑 들어오는 작업실과 침실이 있었다. 침실에는 광장이 보이는 창과 보나파르트가 쪽으로 나 있는 창이 있었다.

전시회에 출품해야 한다는 라팽 교수님과 뒤프렌 교수님의 조언을 잊지 않았다. 문제될 건 없었다. 우리는 임시로 나의 새 작업실에서 지내기로 했다. 내 다이닝룸은 1928년 장식전에, '지붕 아래 바Bar sous le toit'는 1927년 살롱 도톤Salon d'Automne에 소개되었다. 나는 친구들과 함께 샴페인을 곁들이며 개막식을 치렀다. 품위 있는 살롱 도톤도 이 무례한 젊은이들의 흥분을 예상하진 못했다.

전시는 엄청난 성공을 거두었다. 전날까지만 해도 거의 무명에 가까웠던 나는 갑자기 세간의 주목을 받게 되었다. 나로서는 말도 안 되고 당연하지 않은 일이었다. 이제 무엇을 해야 하는 걸까?

모든 기자가 내 뒤를 쫓는 상황에서, 나는 두려움을 느끼며 성공과 관련된 속물근성을 발견했다. 나는 젊고, 게다가 '가장 예쁘고, 재능이 출중'한 사람이 되어 있었다. 그러니 이제 추락하는 일만 남았다. 다음 계획도, 프로젝트도 없었다.

장 푸케*에게 솔직한 심정을 털어놓았다. 농업 명문 대학인 그리뇽 학교에 입학해 쇠스랑을 손에 쥐고 태양빛을 받으며 맑은 공기나 마시고 싶다고 말했다.

"너 미쳤구나!" 그는 책 두 권을 주며 반드시 읽어 보라고 했다. 르코르뷔지에라는 사람이 쓴 『건축을 향하여』와 『오늘날의 장식예술』이라는 책이었다. 책을 읽고 정신이 아뜩해졌다. 두 권의 책은 나의 미래를 가로막던 벽을 뛰어넘게 했다.

르코르뷔지에와 함께 일해야겠다고 결심했다. 옛 수녀원 자리였던 세브르가 35번지에 있는 그의 작업실을 찾아갔다. 르코르뷔지에의 사촌인 피에르 잔느레가 맞아주었다. 르코르뷔지에는 아침에는 작업실에 없다고 했다. 처음 보는 사람에게 찾아온 이유를 밝히고 싶지 않아 나중에 다시 오기로 했다.

---

* Jean Fouquet, 1899~1984. 프랑스의 보석 예술가

2
르코르뷔지에, 개척자 시대

어느 오후, 드로잉북을 껴안은 채 작업실의 엄숙한 분위기에 다소 위축된 나는 커다란 안경 너머로 눈빛을 읽을 수 없는 르코르뷔지에 앞에 섰다. 그의 첫 인사말은 다소 차가웠다. "용건이 뭡니까?" "함께 일하고 싶습니다." 그는 드로잉북을 빠르게 훑어보고는 이렇게 답했다. "우리는 쿠션에 수놓지 않아요." 그러고는 출입문까지 안내해 주었다. 마지막으로 용기 내어 집 주소를 남기며 살롱 도톤에 작품을 냈다고 알려 주었다. 다시 만날 거란 기대감은 없었다. 오히려 홀가분한 마음으로 떠났다. 누구도 내 매력이 작용했다고 말할 수 없으리라.

다음 날 오후, 살롱전에서 장 푸케를 만났다. 그는 환한 얼굴로 말했다. "오늘 아침에 네 부스에서 르코르뷔지에와 피에르 잔느레를 봤어. 함께 일하자고 할 거 같아. 편지가 오지 않을까

싶은데."

지도 없이 숲속을 헤매다 보면 갈림길이 계속 나타난다. 여러 갈래의 길 중에서 어느 길을 택할 것인가? 우리는 망설이다가 직감대로 하나를 고른다. 우리의 인생이 바로 그렇다. 갈림길은 한 번 지나치면 되돌아갈 수 없기 때문이다. 삶은 그렇게 이 갈림길에서 저 갈림길로 구불구불하게 흘러가고, 매 갈림길에는 선택의 여지가 있다.

그 시절은 성찰과 어느 정도의 안정감을 누리던 시기였다. 앞으로 쭉 뻗은 길은 길었고, 그곳에서 마주치는 갈림길은 더 적었다. 예측 불가능한 일들을 제외하면 앞날을 쉽게 그릴 수 있는 인생이었다. 반면 오늘날은 갈림길이 늘어나, 그로 인해 위험 부담도 더 커졌다. 자신이 세운 목표를 향해 전념하기에 앞서 숙고하고, 더 나아가 사색할 시간을 가져야 한다. 모든 것이 가속화되면서 진보의 최전선에 있던 것이 다음 날에는 더 이상 그렇지 않아 버리기에, 이런 상황에 적응하고 이해해야 한다. 우리는 하루살이 왕국에 들어서고 있다.

카페에서 모리스 뒤프렌 교수님께 르코르뷔지에의 작업실에서 일하게 된 사정을 설명했다. "힘들 텐데." 그는 섭섭한 기색을 드러내면서도 "시작이 좋다"고 말해 주었다. 나는 더 이상 그의 신진 작가는 아니었지만, 그는 변함없이 호의적이었고 행동으로도 여러 차례 호의를 보여 주었다.

세브르가의 작업실

1937년까지 나의 발걸음은 정기적으로 세브르가로 향했다. 나의—뜻밖의—역할은 동업자로서 르코르뷔지에와 피에르 잔느레가 1925년 에스프리 누보 파빌리온에서 선보인 가구 프로그램《서랍, 의자, 테이블》에 참여해 연구를 이어 나가 장인들이 시제품을 제작할 수 있도록 하는 일이었다. 그뿐만 아니라 내가 바라던 대로 건축에 입문하게 되었다. 이 모든 게 서로 연관되어 있기 때문이다.

지금은 사라진 옛 수녀원 건물에서 일하는 것은 특권이었다. 이곳은 영감을 주는 장소였다. 수위실을 지나 넓은 복도에 들어서면 첫 번째 층계참이 나오는데, 왼쪽 위층에는 작업실 입구가 있고 문을 지나면 광활한 야영지 한가운데에 있는 듯한 느낌이 들었다. 도면들을 빨래집게로 고정해 걸어 둔 가는 끈이 벽을 따라 끝없이 이어졌다. 높은 창문은 수녀원의 안뜰을 향해 나 있었다. 작업실 중앙에는 화목난로가 외로이 있었고, 별도의 숨겨진 사무실은 없었다. 우편물은 제도판製圖板 위에 놓여 있어 모두가 읽을 수 있었다. 여름에는 새들의 노랫소리가 들려왔지만, 겨울이면 온몸이 얼어붙을 것처럼 추웠다(나는 발이 얼지 않도록 신문지로 다리를 감싸곤 했다).

자금과 자원이 부족했던 이 영웅적인 개척 시대를 생각해 보라. 절대 실현되지 않았지만, 공들여 연구되던 모든 건축 프로젝트 혹은 도시계획 프로젝트를 떠올려 보라. 그것들은 사물 그 자체를 넘어 인간과 관련되고, 인간과 조화를 이루며, 그 시대와 조화로웠다. 그렇지 않다면 우리 직업이 왜 존재하겠는가? 결과는 눈에 보이고 경험된다. 그것은 정직한 설계에 따라 인간을 행복하게도, 불행하게도 만들 수 있다.

마침내 사람들은 인간의 둥지를, 또 그것을 지탱해 줄 나무를 창조하는 것을 생각했다. 명문 학교 출신의 열정적인 청년들이 세계 각지에서 모여들었다. 그들은 그저 건축만이 아니라 르코르뷔지에라는 사람, 그가 문제를 해결하는 방식과 내뿜는 아우라 때문에 이곳을 찾았다.

르코르뷔지에는 자신을 표현하기 위해 프랑스를 택했지만, 프랑스는 그를 품지 않았다. 아카데미즘이 지배적이었다. 서로서로 상대를 거부했으며, 비열하기까지 한 경쟁도 통용되었다. 르코르뷔지에는 세브르가 작업실에 에콜 데 보자르 출신 학생을 절대 받아들이지 않았다. 제도 실력이 형편없는 데다 생각도 비뚤어졌다고 했다. 르코르뷔지에가 건축가가 되고 싶다고 찾아온 장 보쉬*를 받아들인 이유이기도 했다. 그는 낮에는 작업실에서 일하고 밤에는 레 알에서 하역 인부로 일했다. 그러나 르코르뷔지에는 우리에게 그러듯 보쉬에게도 비판을 아끼지 않았고, 심지어 언짢은 기색도 여과 없이 드러냈다. 결국 보쉬는 완전한 자유를 찾아 떠났다.

바벨탑과도 같았던 세브르가 작업실에서 우리는 프랑스어보

---

* Jean Bossu, 1912~1983. 프랑스 건축가

다는 온갖 언어로 대화했지만, 동일한 용어를 사용했다. 자주 있던 '급한 일'이 있을 때면 상부상조하기는 했으나 참여하는 인원이 그다지 많지 않았다. 그런 날에는 르코르뷔지에가 퇴근한 저녁 8시 이후로 소란스러워졌다. 거의 언제나 피에르 잔느레가 우리와 함께 남아 있었다. 어떤 때는 나홀간 잠을 자지 못했는데, 극기심이 강한 키 작은 일본인 동료 사카쿠라*가 우리와 함께했다. 날이 갈수록 사카쿠라의 안색이 잿빛으로 변했다. 나는 그에게 도면에서 오류 난 부분을 긁어 지우는 일을 부탁했는데, 이 오류는 새벽에 급증했다. 아침에 면도날로 긁어 지우던 그의 작은 손이 앞뒤로 움직이다 조금씩 느려지더니 걸국엔 완전히 멈추는 것을 보았다. 도면 위에 쓰러져 잠든 그의 얼굴은 우리에게 도움이 되어 만족한다는 듯 복자福者처럼 평온했다.

이른 아침마다 우리는 일과를 시작하기 전에 기운을 차리기 위해 잠이 덜 깬 상태로 루테티아 카페테라스에서 만나곤 했다. 이는 르코르뷔지에의 신경을 상당히 거슬리게 했다. 칭찬은 없었고, 일을 체계적으로 할 줄 모른다고 질책했다.

이 '급한 일'을 끝으로 우리는 8~10일간 결근했다. 그것은 출산하는 것보다 더 힘겨운 최악의 일이었다. 우리는 회복기에 접어들었다. 그리고 세브르가 작업실은 다시 침묵으로 돌아갔다.

사카쿠라 준조, 에르네스트 바이스만,** 알프레트 로트,*** 마에

---

* 사카쿠라 준조(坂倉準三, 1901~1969). 일본 건축가
** Ernest Weissmann, 1903~1985. 크로아티아 건축가
*** Alfred Roth, 1903~1998. 스위스 건축가

카와 구니오,* 노먼 라이스,** 호세 루이스 세르트,*** 이들의 얼굴이 기억 속에 영원히 시들지 않는 아름다운 꽃처럼 남아 있다. 르코르뷔지에가 말했듯이, 피에르 잔느레를 포함해 우리는 하나의 대가족이었다. 나는 애정과 고마운 마음을 담아 '르코르뷔지에의 최고 지지자들'이라는 말을 덧붙이고 싶다.

그 당시에는 수익을 올리지 못했다. 대부분의 프로젝트, 특히 돈이 많이 드는 프로젝트들은 실현되지 않아 잔고를 바닥으로 만들었다. 학생들은 임금을 받지 못했다. 돈이 우리의 동기는 아니었고, 르코르뷔지에와 피에르가 본보기를 보였다. 모두가 금전적 어려움으로 고통을 겪었다. 그러나 우리는 미래를 건설하고 있었다. 더 정확히 말하자면, 미래를 연대적으로 구상하고 있었다. 그때는 발견의 시기였다.

피에르는 우리 모두에게 형제였고, 르코르뷔지에와 우리 사이의 매개자였다. 피에르는 작업실에서—모든 것을—아주 사소한 것까지 그리고 또 그렸다. 그는 신시대의 기계공이기도 했는데, 기계에 마음이 완전히 사로잡혀 심지어는 부아쟁 Voisin 자동차를 수리하기도 했다. 르코르뷔지에는 피에르의 그런 점을 놀리곤 했다.

나는 건축, "빛 아래에서 볼륨이 정확하면서도 장엄하게 어우러지는 유희"(르코르뷔지에)에 입문했다. 오늘날 르코르뷔지에

---

* 前川國男, 1905~1986. 일본 건축가
** Norman Rice, 1903~1985. 미국 건축가
*** José Luis Sert, 1902~1983. 스페인 건축가

재단이 들어선 '빌라 라로슈Villa La Roche'보다 더 뛰어난 예가 있을까? 나의 첫 번째 작업이 바로 이 빌라 라로슈의 설비를 갖추는 일이었다. 이 저택은 1922년 르코르뷔지에와 피에르 잔느레가 은행가이자 페르낭 레제와 피카소 작품의 열렬한 수집가인 그의 친구 라울 라로슈를 위해 지었다.

요한 제바스티안 바흐의 칸타타가 흘러나오는 이 공간에 들어서는 것은—르코르뷔지에가 그라모폰 축음기를 틀어두었다—조화로운 미지의 음악 세계를 종교적으로 관통하여, 인간의 모든 감각을 통해 모든 것과 완전히 일체되어 조화를 이루는 것이었다. 르코르뷔지에는 나를 완전히 매료시켰다. 1927년, 라로슈를 처음 방문한 때의 일이었다.

행복감에 질식할 것만 같은 충격적인 경험이었다. 나는 이 저택의 장점을 겸허하게 받아들여야 했다. 공간은 전체적으로 흰색 톤으로 꾸며졌고, 색채의 명도와 채도에 따라 강조되거나 사라지는 듯한 색색의 벽들이 리듬을 주었다. 눈과 감각은 연속적인 진동을 경험했다. 그 점을 고려하면 조화가 생기지만, 그렇지 않으면 우리는 인식하지 못한 채 우리 내면에 영향을 미치는 단절이 일어난다.

이러한 요소들을 통합하지 않고 공간을 별개로 구상하는 것은 오류다. 하나의 선율에 틀린 음이 하나라도 있으면 언제나 그 매력은 깨져 버린다.

1934년 르코르뷔지에는 자신의 색상 범위를 표준화해 살루브라Salubra사의 벽지에 사용하도록 했다. 재단된 샘플 벽지가 있는 두 권의 카탈로그를 통해 사용자는 만족스러운 색상 조합을 선택할 수 있었을 뿐 아니라—매우 영리하게—시간도 절약하고 안정적인 결과물을 낼 수 있었다.

빌라 라로슈를 건축할 때는 분체 도료를 사용했다. 샤롱 블루, 감청색, 시에나토, 로엄버 raw umber, 번트엄버 burnt umber가 흰색과 혼합되어 은은하고 우아한 장밋빛을 띠었다. 라디에이터 등 금속품은 쇳빛을 띤 회색이었다. 기계실 안의 배관들은 뜨거운 것은 빨간색, 차가운 것은 파란색 등 신호 체계의 색상대로 칠해져 있었다. 도장공이 무작정 칠한 것은 아무것도 없었다.

르코르뷔지에는 마틸라 기카*의 책 『황금수 The golden number』를 읽어 볼 것을 권했다. "그리스인은 부분과 전체 사이의 조화를 비율이라고 부른다"(기카가 인용한 비트루비우스의 말). 나는 건축에 적용되는 황금 분할을 기반으로 하는 규준선을 배웠다. 이는 비율을 맞추고 조화를 이루도록 하는 것이다. 새로 만든 형태가 이미 감각의 거울인 눈을 만족시켰다고 해도 규준선을 사용해 점검해야 했다.

인간과 우주는 밀접하게 연결되어 있어서 내 분야와 관련된 전체에서 일부분을, 환경에서 건축을, 건축에서 설비를 분리할 수 없다.

라로슈 다음은 빌다브레에 있는 '빌라 처치 Villa Church' 설계였다. 이 프로젝트를 통해 나는 정해진 공식은 없다는 걸 알게 되

---

* Matila Ghyka, 1881~1965. 루마니아의 수학자, 역사가, 철학자, 외교관

었다. "건축은 본래 기능적입니다. 기능적이지 않다면 그것은 무엇일까요? 잡동사니죠." 르코르뷔지에가 인터뷰에서 한 말이다.

건축은 내부에서 외부로, 외부에서 내부로 교차하며 진행된다. 또한 우리의 필요에 부응하고, 우리의 일상 행동을 확장해야 한다. 그게 집이든 병원이든 대사관이든 상관없으나, 먼저 잘 수립된 계획이 필요하다. 잘못 수립된 계획은 큰 비용을 들게 하고, 살기 힘든 결과물을—결국 설계자나 사용자 모두를 만족시키지 못하는, 계약을 취소할 만한 결함을—초래할 수 있다.

개인적 또는 집단적 차원에서의 인간, 그 사람의 습관과 제약, 그 사람을 둘러싼 사회, 지리적 위치, 기후, 환경을 고려해야 한다. 또한 생산해야 하는 양(수공예 생산 또는 산업적 생산을 결정짓는다), 사용할 수 있는 자재, 프로젝트의 경제성 및 유지 보수를 고려해야 한다.

설계자는 이러한 분석을 마친 후에 선택할 것이다. 선택한다는 건 포기하고 의심하며 고통받는 것이다. 하지만 전체의 부분들이 더하거나 빼지 않고 적절한 자리를 찾았을 때 얼마나 황홀한가—그러면 나는 노래한다!

건축은 생물학적이나. 태양은 건강에 필수적이고, 쾌적한 소리 환경은 정신적 안정을 위해 필요하며, 환기는 보이는 것과 무관하게 보장되어야 하며, 더위와 추위는 통제되어야 한다.

설계자는 자신의 예술을 수행할 때 혼자가 아니며, 자신이 선택한 모든 전문가와 함께한다. 나는 프로젝트 초기 단계부터 전문가들의 협력 없이는 절대로 결론을 내리지 않는다. 그들로부터 작품에 생명을 불어넣는 데 필요한 실질적인 행동을 배우고, 그들에게 새로운 아이디어를 제공한다.

건축은 음악적이다. 르코르뷔지에는 황금 분할에 기반한 측정 체계인 '모뒬로르Modulor'를 만들어 냈다. 모뒬로르에서 치수는 인간과 연관되어 있으며 수의 법칙이 고려된 것이다. 나는 모뒬로르를 만족스럽게 사용한다. 비율은 결코 단순한 숫자의 일률적인 반복으로 형성되지 않았다.

건축은 인간, 즉 사용자에게 자신의 '자아'를 통합할 수 있는 완전한 자유를 허용해야 한다. 그 결과가 좋든 나쁘든, 사용자가 행복하다면 그것으로 충분하다. 이를 위해 사용자는 실내 장식가의 도움을 받지 않고 적극적으로 참여해야 한다. 그러면서 스스로 창작자가 된다.

퐁피두센터 건립을 기념하는 한 강연에서 장 프루베*는 이렇게 말했다. "낭시행 열차를 타면, 제 시선은 큰 임대 건물들이 끝없이 펼쳐지는 교외 지역을 훑습니다. 지나가는 기차가 보이는 전망이라니. 일종의 집착이죠. 그러다가 하나둘, 사랑스럽게 꽃이 핀 깔끔한 작은 정원이 딸린 교외의 집들이 나타납니다. 집들을 보면서 이런 생각이 들었죠. '이 사람들은 행복하겠구나.'" 그의 말은 깊은 침묵 속에서 아무 반응도 얻지 못했다. 청중은 그 말을 이해하지 못했다.

• Jean Prouvé, 1901~1984. 프랑스 건축가

나 역시 샌프란시스코에서 같은 생각을 했다. 거대한 다리를 지나 티롤, 아랍, 현대, 고전 등 각종 양식의 집들이 아름다운 정원 안에 위엄 있게 자리 잡고 있었다. 집주인들이 자신의 꿈을 옮겨 놓았다고 생각했다. 보기 흉하면서 애처로웠다.

모든 것에는 '여유 공간'이 필요하다. 나는 그것을 큰 대가를 치르고 배웠다. 르코르뷔지에는 출장을 가면서 자신이 없을 때 부르제에 설치할 예정인 패브리브 항공 파빌리온의 설계를 내게 맡겼다. 나는 작은 묘안을 만들었고, 피에르는 나의 방식을 격려해 주었다. 현장에서 조립할 표준화된 요소들이 잘 맞물렸다.

만족감에 두근거리는 가슴으로 르코르뷔지에의 판단을 기다렸다. 찬사가 나올 수밖에 없다고 생각했으나 혹평이 돌아왔다. 공간의 유연성이 그의 마음에 들지 않았다. 그는 칸막이벽, 유리면, 수납공간을 옮기기 시작했다. 나는 내 방식을 바닥에 내던지는 것으로 여겨져 반대했다. "여유 공간은 필수적이며, 이음새 틈은 콘크리트에 반드시 필요합니다. 동공이 빛의 영향을 받아 수축하듯이 모든 구조적 결합에는 여유 공간이 필요하며, 이는 명확하게 드러나야 하는 요소입니다." 다시 처음부터 시작해야 했다. 내가 어떤 사람인가? 나는 저녁 8시에 상처받고 기분이 상한 채 물러났다. 나 자신이 쓸모없고 이 일에 적합하지 않은 사람이라고 생각됐다.

사흘 후, 작업실에 모습을 다시 드러냈다. 르코르뷔지에가 말했다. "거기 서서 뭐 해요? 가서 앉아요." 1930년의 일이었을 것이다.

1914년 이후로 르코르뷔지에는 평면과 정면으로부터 자유로운 콘크리트 구조, 일명 '돔-이노Dom-ino 시스템'을 제안했다. 더이상 내력벽은 없고, 오직 파사드 안쪽으로 물러난 기둥들이 천장을 지지했다. 그것은 공간의 자유였으며, 현대 건축의 출발점이었다.

르코르뷔지에와 피에르 잔느레는 건축가 오귀스트 페레에게서 콘크리트 사용법을 배웠다. 고전적 철학관을 지닌 페레가 "사람은 서서 다니니 세로로 긴 창이 필요하네"라고 말하자, 르코르뷔지에는 이렇게 반박했다. "시선은 수평 방향이어서 창은 가로로 길어야 합니다." 이는 입면이 자유로워지고 평면이 더이상 한정되지 않았기 때문에 가능해졌다. 파리국제대학촌 스위스관(1930~1932)에 이 원칙이 잘 드러나 있다. 지상 공간은 제한적이고, 1층은 비워지고 조경 공간으로 구성되어 있다. 리셉션, 도서관, 카페테리아 등 모든 공동 공간은 자연과 접해 있다. 2층의 콘크리트 슬래브 내부에는 접근 가능한 수평 배관이 포함되어 있다. 그 위에는 격자형 금속 구조물이 설치되어 있으며, 이는 학생들의 방을 수용하는 반복적인 모듈로 설계되었다. 이 구조는 건식 공법으로 시공되었으며, 르코르뷔지에에게는 '건축을 장악하는 산업'의 미래를 예견하는 것이었다. 수직으로 배치된 접근 가능한 덕트는 각 층의 유체를 모은다. 내가 르코르뷔지에와 피에르 잔느레의 이 설계를 자세히 설명하는 까닭은, 이 설계가 건축의 모든 요소를 포함하고, 이를 명확하고 우아하며 단순하게 해결하기 때문이다.

나는 5년 사이에 건축에 눈을 떴다. 처음 2년 동안은 쉽지 않았다. 진화하고 있기에 정해진 공식이 없다는 것을 완전히 납득하는 데에 시간이 필요했다. 르코르뷔지에는 1년 미만이라는 시간 동안 체류하는 대학생을 두고 "바람 쐬러 온다"고 말했다. 칭찬은 아니었다.

작업실에서 내가 맡은 일은 건축이 아닌 '주택 설비'였다. 르코르뷔지에는 내가 가구에 생명을 불어넣기를 간절히 바랐다.

포부르 생탕투안에서 판매된 '태피스트리 타입' 의자는 전통적인 방식으로 제작되었는데, 나무 골조에 속을 채워 넣고 그 위를 천으로 감싼 후 못으로 고정하는 식이었다. 르코르뷔지에는 이를 과거의 유물이며 더 이상 신기술에 해당하지 않는다고 비난했다.

이러한 시각이 사회에 만연했다. 1925년 마르셀 브로이어와 1926년 발터 그로피우스 같은 창작자들은 경량 구조로서 강철 튜브를 채택했고, 좌석이나 등받이, 팔걸이에 팽팽하게 당겨진 직물의 탄력성을 이용했다.

프랑스에서는 1926년부터 르네 에르스트[*]도 강철 튜브 프레임에 뛰어들었지만, 팽팽하게 당긴 천을 사용하지는 않았다. 대신에 주로 운동기구에 쓰이는 '익스팬더' 타입의 고무 텐셔너를 활용했다.

---

[*] René Herbst, 1891~1982. 프랑스 가구 디자이너이자 건축가

단지 도면을 그리고 공상하는 것에 그치지 않고, 보여 주고 시험해야만 했다. 르코르뷔지에는 이렇게 말하곤 했다. "말하지 말고, 행동으로 보여라."

우리의 의자 연구는 인간 몸의 자세에 의해 좌우되었다. 그러나 빌라 라로슈와 빌라 처치는 건축물, 분위기, 명성과 연결되어 있어 이러한 연구 방식에 영향을 미쳤다. 다양한 부속 재료로부터 독립적인 크롬이나 래커를 칠한 강철 튜브로 된 경량 프레임을 사용했다. '포퇴유 도시에 바스퀼랑Fauteuil dossier basculant*'과 '셰즈 롱그Chaise Longue***'는 탈부착이 가능한 천이나 송아지 가죽을 스프링으로 팽팽하게 당겨지도록 하고, 강철 스프링 위에 가죽, 새틴 가죽, 망아지 가죽을 씌운 쿠션을 두었다. 소파 '그랑 콩포르Grand Confort****'의 래커로 칠한 강철 튜브 프레임은 '쿠션 바구니'라고 불렸다. 실제로 쿠션을 얹을 용도로 만들어진 부분이었다. 쿠션은 가죽이나 두꺼운 리넨 아니면 두 가지를 혼합해 씌울 수 있었다.

상상력은 강력한 힘을 발휘했다. 나는 낮에는 피에르 잔느레와, 해가 저물면 르코르뷔지에와 함께 작업실에서 실물 크기의 도면을 연구했다.

피에르와 나는 키가 작아서 높이와 크기를 최소화하는 경향이 있었다. 우리는 20센티미터 더 높은 곳에서 바라보는 세상은

어떤지 보기 위해 작은 벤치 위에 올라서곤 했다. 직접 해 보시길. 공간이 완전히 다르게 보일 것이다. 르코르뷔지에는 우리의 1미터 60센티미터 키와 그게 가구에 적용되는 것을 두고 자주 놀렸다.

셰즈 롱그의 다리가 애를 크게 먹였다. 여러 시행착오와 스케치 끝에 빌라 처치를 위해 그린 유리판 테이블의 다리를 참고해 해결했다. 이는 우리의 창작물에 통일성을 주었다. 작은 묘안은 우연히 항공 카탈로그에서 발견한 래커 칠을 한 강판으로 만든 달걀 모양의 옆모습이었다.

시간이 흘렀다. 공들여 다듬고 손질한 의자들의 도면은 편안함을 증명하지 못했다. 실제로 제작되지 않았기 때문이다.

피에르는 스스로 임시 안락의자를 동여맸다. 예를 들면 철근으로 공기가 꽉 찬 튜브를 고정하는 식이었다. 작업실에서 일하는 한 동료는 장난삼아 철사로 만든 쓰레기통 안에 앉았다. 그의 넉넉한 풍채에 짓눌린 쓰레기통은 의자 겸 쓰레기통이 되었다.

르코르뷔지에는 우리의 쓸데없는 장난에 싫증을 냈다. "당신이 하던 일을 하라"는 스위스 쥐라의 속담이다. 나는 상황을 직면했다. 초안을 들고 작업실을 벗어나 함께 일하던 장인들에게 시제품 제작을 의뢰하러 갔다. 이들은 이미 나의 개인적인 작업에 많이 참여한 적이 있었다. 라바디는 철물 작업장에서 철골을 제작한 후 나와 함께 의견을 맞춰 첫 시제품을 만들었다. 크롬 도금이나 래커 칠로 마감했다.

동시에 나는 BHV 백화점에서 금속 스프링을 사고, 피혁 가게에서 사산된 망아지와 송아지의 훌륭한 가죽을 선별하고, 셰즈 롱그를 만들기 위해 돼지가죽 장식 줄이 달린 에르메스 스타일의 두꺼운 리넨 캔버스를 선택해 마구 제작자*에게 가져갔다. 그러다가 세상에서 가장 아름다운 영국산 가죽을 발견했다. 태피스트리 직조공이 소파 그랑 콩포르의 쿠션을 제작했다. 쿠션은 천으로 된 움푹 들어간 곳에 깃털을 가득 채워 폭신하게 만들었는데, 이것은 깃털이 어느 정도 제자리에 머물도록 하기 위한 전통 기법이었다(완충 스펀지가 만들어지기 전이었다).

생쉴피스에 있는 내 작업실에서 전체를 조립했다. 조형적으로 아름다운 받침대가 달린, 편안한 휴식을 위한 셰즈 롱그, 손님용 포퇴유 도시에 바스퀼랑, 천연 가죽으로 만든 그랑 콩포르와 프티 콩포르, 이 네 가지 모델에 추가로 다이닝룸에서 사용할 회전의자를 만들었는데, 디자인을 다르게 했다. 부속 재료는 크롬 도금된 강철 구조물과 연관되어 있었다.

결과물이 자랑스러웠던 나는 르코르뷔지에와 피에르 잔느레를 작업실로 초대했다. 그들을 깜짝 놀라게 해 주려고 도안 그대로 완벽하게 제작된 의자들이 기다린다는 사실을 미리 알리지 않았다. 서프라이즈는 성공적이었다. 르코르뷔지에는 몇 가지를 지적한 후에 마침내 이렇게 말했다. "예쁘장하네."

이 의자들은 대사관, 궁, 친구 라로슈의 집에 자리 잡을 수 있었다. 의자의 유연성을 통해 가구에 적용되는 강철 튜브와 같은

---

* 말에 장치하는 장구류를 전문적으로 만드는 사람

새로운 제품이 일명 '비스트로용' 또는 '병원용' 의자의 틀에서 벗어날 수 있는 동시에 바우하우스의 의자와는 어떤 면에서 확연히 다르다는 것을 입증했다.

또한 우리의 의자가 대중보다는 특정 계층을 위한 것이라는 점을 인정해야 했다. 우리는 공동주택 프로그램의 경우에는 굽은 목재로 정직하게 디자인된 경제적인 토넷Thonet사 의자를 고수했고, 고급 저택의 경우에는 1928년에 만들어진 우리 의자를 사용했다.

우리는 연구를 더 진척시킬 기회를 얻지 못했다. 새로운 제품은 공장과 공장의 기술, 전문성을 통해서만 설계할 수 있다. 한 규모에서 가능하거나 적절한 것이 다른 규모에서는 그렇지 않을 수 있다. 이에 따라 창작의 성격이 달라진다.

어떻게 다를 수 있었겠는가? 현대적이고 경제적이며 산업적으로 생산되는 가구를 받아들일 시기는 아직 무르익지 않았다. 업체들은 판매자들에게 의견을 물었고, 이들은 "대중이 원하지 않는다"라고 답했다. 대중이 원하지 않는 것을 왜 만들겠는가? 가구업은 준비되지 않았다. 시클 푸조Cycles Peugeot사와의 작은 대화를 위한 시도는 이해 부족으로 30분 만에 끝나 버렸다.

르코르뷔지에의 작업실에서는 이 작업과 함께 두 빌라의 내부 설비를 연구했다. 건축에 통합된 칸막이 선반, 생고뱅Saint-Gobain사의 멋진 유리 제품을 사용한 '하늘빛' 색상의 큰 순수 유리판으로 만든 테이블을 비롯한 여러 테이블을 제작했다.

'탁자, 의자' 프로그램은 실질적으로 해결됐다. 이제 가장 중요한 것이 남았다. 바로 질서와 조화의 요소인 수납장이다.

오래된 농가의 노르망디식 옷장, 개인 저택에 있는 루이 15세 서랍장, 앙리 4세 양식의 찬장, 그리고 포부르 생탕투안의 거울 달린 장은 더 이상 건축 부지의 비좁은 주거 공간에도, 현대 건축의 관점에도 부합되지 않았다. 완벽하게 설비를 갖춘 우리의 수납 선반 시스템 '카지에 스탕다르Casier standard'가 이 문제를 해결했다. 나는 1925년의 칸막이 선반과 개념은 비슷하지만, 산업 생산으로 이어지는 기술적 접근 방식에서 달랐던 카지에 스탕다르가 취지에 맞게 설계 및 실현되도록 자금과 제조업체를 찾아야 했다.

1929년 장식예술가협회전에 출품하기 위해 토넷사와 협의했고, 토넷사가 시제품 제작과 편집을 맡기로 했다.

카지에 스탕다르는 1928년 버전으로 표준화되었다. 하나가 두 배 높이를 가진 모듈을 포함한 두 개의 모듈은 나란히 설치되거나 겹쳐 쌓일 수 있었다. 그리고 부분적으로 혹은 전체적으로 칸막이벽을 형성할 수 있었고, 가정의 필요한 모든 수납을 충족하도록 했다. 래커로 칠한 철판을 갖춘 선반의 높이를 조절할 수 있는 철제 프레임은 서랍, 철망, 목제 선반, 투명 유리 선반, 반투명 유리 선반 등 다양한 내부 장치를 매우 유연하게 배치하고, 칸막이처럼 두고 양쪽에서 사용할 수 있었다. 전면에는 슬라이딩 금속 틀이 있어 투명 유리나 불투명 유리 또는 알루미늄판으로 만든 문을 설치할 수 있었다.

우리는 순진하게도 건축가들이 그것들을 설계에 사용하리

라 생각했다. 도면은 자유롭지 않았던가? 하지만 한 가지 사례를 제외하고는 르코르뷔지에 작업실에서조차 사용하지 않았다. "사물함을 표준 형식으로 대량 제작할 제조업체를 찾고 있습니다." 르코르뷔지에의 호소에도 불구하고, 키지에 스탕나르는 결코 산업화되지 않았고, 시제품으로만 남아 있다.

에스프리 누보 파빌리온의 카지에 스탕다르는 또 다른 운명을 맞이했다. 다른 기술, 즉 목재 기술을 만나게 됐다. 카지에 스탕다르는 완전히 목공으로 개조되고, 다색을 띠며, 르코르뷔지에가 중요하게 생각한 높은 유연성을 갖게 되었다.

1977년 조제 우브르리*와 줄리아노 그레슬레리**가 볼로냐에 재건한 1925년 에스프리 누보 파빌리온을 위해 카시나Cassina사는 몇 가지 필요한 카지에 스탕다르를 빠르게 제작했다. 그것들을 출시하는 건 어떨까? 접근 방식을 심화시키는 건 어떨까? 우브르리가 이 기획에 참여해 달라고 요청했다. 나는 흔쾌히 수락하고, 진정한 복원, 즉 원래 의도를 충실히 반영한 시제품을 제작할 수 있도록 당시의 사진, 스케치, 도면, 글을 찾았다. 1925년 버전의 카지에 스탕다르의 각색 작업은 르코르뷔지에 재단의 관리하에 1978년 이후 카시나에서 출시되고 있다. 1965년부터 카시나 카탈로그에는 1928년에 디자인한 우리의 의자와 테이블도 포함되었다.

---

* José Oubrerie, 1932~2024. 프랑스 건축가
** Giuliano Gresleri, 1938~ . 이탈리아 건축가

현대예술가연합 탄생

이전 전시회에서 르네 에르스트를 만날 기회가 있었다. 우리는 성향이 비슷했다. 나는 개별적 시연에 더 비중을 두기 위해, 1928년 장식전에서 '위니테 드 쇼크Unité de choc'라는 그룹을 만들어 단체 부스를 신청하자고 제안했다.

드조 부르주아*에게도 제안했는데, 그는 이 제안은 물론이고 다른 분야로 확장해 선정한 물건들도 포함하자는 의견에도 동의했다. 이를테면, 장 푸케와 제라르 상도즈**의 보석, 퓌포르카의 은제품, 장 뤼스***의 식기, 니콜라의 와인 시음잔 등이 거론되었다.

이 제품들은 나의 1928년 다이닝룸, 르네 에르스트의 흡연실, 드조 부르주아의 응접실 등 일관성 있게 저택의 일부로 전시되었다. 이 그룹전에는 목재보다 20세기 재료인 강철이 더 적극적으로 사용되었다. 전시는 신선함, 창의성, 신기술에 대한 개방성과 함께—장식전에서는 생소한—새로운 분위기를 불러일으켰다. 일부 곱지 않은 시선도 있었지만, 대체로 언론의 반응은 뜨거웠고 우리의 시도에 호의적이었다.

1929년, 나는 르코르뷔지에와 피에르 잔느레 등 새로운 인물들과 함께 우리의 주요 프로그램인《주택 내부 설비 L'Équipement

---

- Djo Bourgeois, 1898~1937. 프랑스 건축가
- Gérard Sandoz, 1902~1995. 아르 데코 시대의 프랑스 보석 세공사이자 영화배우
- Jean Luce, 1895~1964. 프랑스 도예가이자 유리제품 디자이너

intérieur de l'habitation》를 보강해 장식전에서 재실험해 보자는 의견을 제안했다. 그러나 장식예술가협회의 답변은 부정적이었다. "장식전 안에 또 다른 장식전을 허용하는 꼴입니다." 그룹전은 불가능했고, 우리의 자리도 뿔뿔이 흩어져 배치될 예정이었다.

일부 압력에도 불구하고 협회의 답변을 받아들일 수 없었던 나는 르네 에르스트와 협력해 드조 부르주아를 제외하고 소그룹의 협회 탈퇴를 설득했다. 이는 되돌릴 수 없는 결정이었다.

그다음 단계가 필요했다. 무엇을 해야 할까? 빠르게 생각해야 했다. 우리는 파비용 드 마르상 근처의 한 비스트로에 모여 논의했다. 탈퇴는 이루어졌다. 이제 우리는 투쟁 도구를 만들고, 우리의 운동을 현대 생활과 관련된 모든 분야로 확장할 필요가 있었다. 도시계획가, 건축가, 실내장식가, 조각가, 화가, 사진작가, 조명 기사, 직조공, 보석 세공인, 포스터 디자이너, 제작자 등 우리의 성향과 정신에 동조하는 창작자들과 힘을 합해야 했다.

우리가 내린 결론은 1929년 5월 15일 창립총회에서 공식화된 현대예술가연합Union des Artistes Modernes, UAM의 탄생으로 이어졌다. 창립 총회는 운영 위원회를 임명했고, 운영 위원에는 엘렌 앙리,* 르네 에르스트, 프랑시스 주르댕,** 로베르 말레스테방***과 간사를 맡은 레몽 탕플리에****가 포함되었다.

---

* Hélène Henry, 1891~1965. 프랑스 장식가
** Francis Jourdain, 1876~1958. 프랑스 실내장식가
*** Robert Mallet-Stevens, 1886~1945. 프랑스 건축가 및 디자이너
**** Raymond Templier, 1891~1968. 프랑스 보석 디자이너

확장된 운동은 정상 궤도에 올랐고, 로베르 말레스테방이 회장직을 맡았다. 나는 계속 연대하며 많은 시간을 할애하고 깊이 숙고했다. 그러나 이후 르코르뷔지에의 일에 몰두하면서 더 이상 전적으로 동참하지는 못했다.

1930년에 우리 그룹은 피에르 르그랭*이 고안한 약자 UAM으로, 파비용 드 마르상에서 모든 구성원이 참여한 전시를 통해 처음으로 모습을 드러냈다.

주택 내부 설비

장식전에서 더 이상 전시하지 않으면서 나는 1929년 살롱 도톤에 100제곱미터의 공간을 요청해 르코르뷔지에 그리고 피에르와 함께 '칸막이 선반, 의자, 테이블'을 주제로 한 전시《주택 내부 설비》를 선보였다.

주택은 침실 두 개, 욕실, 주방으로 구성했고, 각 공간은 우리가 토넷에서 제작한 칸막이 선반을 이용해 거실과 분리했다.

관람객은 거실을 관통해야 했다. 바닥에 모래를 깔고, 그 위에 간단하게 생고뱅의 커다란 순수 유리판을 덮었다.

자유로운 평면에 공간은 개방적이었다. 주방 선반에는 냄비와 접시, 나무 발을 놓고, 그 위에 사과를 올려 장식했다. 중앙에

• Pierre Legrin, 1889~1929. 프랑스 시각예술가

는 커다란 양배추가 마치 꽃다발처럼 스테인리스 체에 들어 있었다. 각 침실에는 나의 매혹적인 옷가지들을 걸고, 홈 위를 이동하는 볼 베어링 장치가 달린 철제 프레임의 대형 침대를 두었다. 철제 프레임은 세면대 쪽으로 수건걸이가 되었다. 정전기 때문에 멋진 야생 고양이 가죽 모피를 활용해 침대를 장식했고, 두 번째 침대의 커버는 리넨 캔버스로 제작해 금속 아일릿으로 구조물에 고정했다.

두 침실 사이에는 둥근 욕실을 두었다. 미닫이문이 달린 원통형의 알루미늄 칸막이벽이 욕실의 일부를 구성했다. 이 자유분방한 개념은 완벽하게 밀폐되고 내면화된 공간에서 통용되는 주거 방식과는 달라서 다른 행동을 유도했다. 우리 설계에서는 벽이 없었고 칸막이 선반만이 공간을 나누고 구조를 형상하는 역할을 했다.

피에르 잔느레는 장식장을 꾸미기 위해 잡지 『에스프리 누보』와 세련된 점토 파이프 수집품을 가져왔다. '세로로 긴 창문'의 턱 앞에는 다른 칸막이 선반들을 놓았고, 그 위에는 관절 마네킹 인형, 조약돌 그리고 활짝 핀 장미꽃이 꽂힌 데롤Deyrolle사의 유리 시험관을 두었다. 이러한 선택으로 우리는 장식예술품을 무시했다.

조명 기구는 없었다. 코닥Kodak사에서 빌려준 두 대의 대형 플로어 스탠딩으로 거실을 비췄다. 사진작가용으로 만들어진 이 제품은 '사물을 비추는 것'을 등한시하고 벽이나 천장에 다는 장식용 조명 기구와 달리 우리의 필요에 적합한 특성을 갖추고 있었다.

탁자 위에는 르코르뷔지에의 커다란 안경과, 그가 모자로 받아들일 수 있다고 본 유일한 기하학적 모양의 중산모가 빠져 있었다.

우리가 꿈꾸는 변화가 거기에 있었다. 그것은 현존하고, 만질 수 있고, 오래된 관습에서 벗어나 있었다.

사무실 전체가 동원되었다. 우리는 샌드위치로 끼니를 때우며 이틀 밤을 새웠지만, 개막식을 열 준비가 되지 않았다는 것을 인정해야 했다. 나는 부스의 출입구를 가리기 위해 침대 시트 두 장을 가져갔다. 그리고 공식적인 행사가 끝났다. 다행스럽게도 르코르뷔지에는 현장에 없었다. 상파울루와 리우데자네이루에서 강연하기 위해 남미로 떠난 상태였다. 그는 전시가 끝나는 날에 조제핀 베케르와 함께 줄리오 체사레호를 타고 보르도로 돌아왔다. "그녀는 삶의 풍파를 유연하게 넘깁니다. 따뜻한 마음씨를 가지고 있죠. 춤을 출 때는 사람들의 감탄을 자아내는 예술가예요." 르코르뷔지에는 그녀에게 매료되었다.

그는 전시를 보지 못했다. 그래서 우리는 그를 위해 많은 사진을 찍어 두었다. 오늘날 이 사진들은 우리의 수고를 증명해 준다.

우리는 열심히 작업했고, 토넷사의 프랑스 이사인 바일 씨와 함께 가구 판매 계약서를 초안까지 준비했다. 계약을 체결하기 위해 가장 중요한 게 남아 있었다. 바로 르코르뷔지에였다.

1929년 봄에 우리가 일으킨 소동이 장식예술가협회를 뒤흔

드는 동시에 각성시킨 것이 분명했다. 1930년 협회는 독일공작연맹을 파리로 초청해 대규모 현대 미술 행사를 조직했다. 행사는 큰 성공을 거두었고, 잡지 『르탕 *Le Temps*』의 한 기자는 우리를 비판하는 기사를 썼다. "1925년 브로이어는 최초의 금속 의자를 전시했다. 그 이후로 별것 아닌 일에 요란을 떠는 이들이 브로이어의 의자를 모방했다. 이들은 유치하고 요란한 성명서를 통해 우리를 속이려 든다. 일부 프랑스-스위스 장식가들의 독창성이라 일컬어지는 것들은 사실 독일에서 본 것을 모방한 것이다. 원작에서 우리를 감동시킨 점이 모조품에서는 구역질을 일으킨다."

르코르뷔지에는 혐오 대상이었고, 피에르와 나는 그와 한배를 타고 있었다. 우리는 이런 식의 모욕을 지겹도록 들었다. 그 어떠한 것도 우리의 확신, 창작자로서 가진 평정심과 우리가 살고 있는 이 시대를 구성하고 표현하는 기쁨을 방해할 수 없었다. 우리는 연속성 속에 있으며, 시간의 긴 사슬과 연결될 고리를 단련하고 있음을 알았다. 우리는 동시대인이라는 사실만으로 전통 안에 있었다. 셰즈 롱그는 금세기의 '신호' 중 하나가 되었다.

독일 대사관에서 성대한 만찬이 열렸다. 나는 그곳에서 친구들과 재회했고, 발터 그로피우스와 바우하우스 팀 전체, 페르낭 레제를 처음 만났다. 이날 저녁은 내게 기념비적인 날로 남아 있다.

레제는 지루함이 얼굴에 드러나는 사람이었다. 행사가 끝날 때까지 기다리지 않고 나는 키 작은 피에르와 키 큰 레제와 함께 맛있는 카페테라스를 찾아 떠났다. 우리는 밤새 떠들썩한 시간을 보냈다. 파리의 쓰레기통 위에 걸터앉은 나는 물개처럼 손뼉을 치며 즐거워했다. 새벽에 레제와 헤어지면서 친구가 생겼다는 것을 알았다.

1930년과 1933년, 두 차례 소련 방문

작업실에서의 책임감, 매일의 새로운 발견을 향한 생각 그리고 시간에 쫓기는 일상은 가정생활에 우호적인 분위기를 만들지 못했다. 생쉴피스에서, 심지어 식탁에서도 다른 데 정신이 팔려 있었다. 누가 "무슨 생각을 하나요?"라고 묻는다면 르코르뷔지에처럼 답할 수도 있었을 것이다. "화장실에 있는 이상하게 설계된 작은 창문이요."

종종 늦은 시간에 귀가해 저녁을 먹곤 했다. 두 사람에게 이상적인 삶이 아니었다. 우리는 일요일마다 바위를 오르기 위해 퐁텐블로에서 30킬로미터 정도 걷고 나서 기진맥진한 상태로 돌아왔다.

8월에 작업실이 문을 닫자 우리는 모리엔으로 가서 산악 대피소를 돌아다니며 잤다. 나는 신선한 공기, 먼 지평선, 고산 목초지의 작은 꽃들에 흠뻑 취했다. 동반자는 동요하지 않고 나를 따랐다. 그러나 내가 첸트로소유즈 빌딩 건설 현장을 방문하기 위해 소련에 가겠다고 했을 때는 그러지 않았다. 사실, 더 많은 걸 알고 싶었다…….

1928년 작업실은 소련대사관으로부터 막대한 규모의 발주를 받았다. 모스크바협동조합 본부로 사용될 첸트로소유즈를 설계하는 것이었다. 두 소련 기술자가 모스크바에서 건설을 감독하기 위해 파리에서부터 설계에 참여하기로 되어 있었다. 우리는 또 다른 세계, 공산주의 세계시민들과의 교류를 궁금해하면서 이들의 방문을 학수고대했다.

한 명은 기술자이자 당의 노선 책임자로 실제 인민위원이었고―쉿!―다른 한 명은 니콜라이 콜리라는 건축가로 프랑스어를 완벽하게 구사했다. 이 프로젝트는 순전히 건축에만 관련되어 있어 나는 참여하지 않았지만, 귀를 열어 두고 이 새로운 분위기에 함께 젖어 들었다.

우리는 소련대사관과 직접 소통했다. 대공사, 댐, 농촌의 현대화를 찬양하는 온갖 형태의 문화 선전을 접할 수 있었다.

우리는 비공식적으로 최고의 영화들, 특히 니콜라이 에크 감독의 최신작 〈로드 오브 라이프〉(1931)를 볼 수 있었다. 구체제, 훌리건, 아나키스트들에 맞서는 뿌리 깊은 투쟁에 관한 영화였다. 또 기억에 남는 영화가 있다. 멀리 떨어진 소수민족 학교를 지원하는 빛나는 젊은 여교사의 이야기였다. 그녀는 떠나기 직전, 기차 문 앞에서 고별인사를 했다. 흑백영화였는데, 기차가 움직이기 시작하자 이 아름답고 용기 있는 교사 주변으로 강력한 색채의 천 송이 꽃이 피어났다. 필름에 손으로 직접 그린 것이었다. 매우 효과적인 표현이었다.

소련대사관 소속의 바르코프를 알게 되었다. 그는 매우 중요한 임무를 수행하기 위해 소집되었으며, 신중하고 세심한 성격으로 파리의 주요 사교 행사나 문화 행사에 빠지지 않고 참석했다.

그를 생쉴피스 작업실로 초대해 내 식대로 테이블 장식법과 아티초크 잎을 떼는 방법을 알려 주었다. 그에게 겨울에 눈으로 뒤덮인 콩피에뉴숲을 산책하자고 제안했다. 그가 혁명 초기에 젊은 공산주의자로서 품었던, 그러나 실현하지 못한 꿈에 관해 이야기했다. 그는 현재 일어나고 있는 혁명 교리의 심오한 변화에 대해서도 흘리듯 언급했다.

바르코프가 페르낭 크롬랭크*의 극작 〈멋진 오쟁이 진 남편 Le Cocu magnifique〉에 나를 초대했다. 처음엔 깜짝 놀랐다. 그는 왜 이 연극에 관심이 있었을까? 그리고 내게 왜 이걸 보여 주려는 걸까? 그에게 그 이야기는 부패해 가는 사회의 전형적 모습이었다.

그러던 어느 날 그가 작별 인사를 하러 왔다. 그는 프랑스-소련 불가침 조약을 조인시켰다. 그때가 1932년 11월 28일이었다. 그는 다른 임무들을 위해 다시 떠났다.

1930년 첸트로소유즈 설계가 완료되자, 우리는 친구가 된 콜리와의 이 긴밀한 협력을 기념하고 싶었다. 르코르뷔지에는 설계대로 이행되도록 하려면 그를 믿어야 한다는 것을 알았다. 그

---

* Fernand Crommelynck, 1886~1970. 벨기에 출신 프랑스 극작가

것이 쉽지 않다는 것도 잘 알고 있었다. 오늘날 보수 공사를 마친 첸트로소유즈는 국가 기념물이 되었다.

1931년 우리의 꿈을 만나러 떠났다. 르코르뷔지에는 내가 실망할지도 모른다고 경고했다. 나는 이 위대한 첫 여정을 위해 세심하게 준비했다.

1927년에 조성된 바이센호프 주거 단지를 방문하려고 슈투트가르트를 처음 들렀다. 이곳에는 루트비히 미스 반데어로에, 발터 그로피우스, 브루노 타우트, 아돌프 로스, 르코르뷔지에가 설계한 빌라들이 모여 있었다. 또 다른 이유는 크리스마스 저녁에 오스트리아의 훌메 후테 대피소에서 만난 독일 대학생들과 재회하기 위해서였다. 노랫소리와 웃음소리 속에서 눈에 도취되었다가 자정에 뜨거운 펀치칵테일을 함께 마셨다. 흥분의 정점에 이르러서는─모두 바깥에서─별 아래에서 스키를 타고 발룽가로 내려가 떠오르는 태양빛을 보며 새해를 맞이했다. 또한 나치 이전 독일의 베를린에서 젊은 공산주의자 부부를 만나기로 되어 있었고, 이후 가능성으로 가득한 세상, 모스크바로 향할 예정이었다. 나를 기다리던 모든 모순된 감정을 이때까지만 해도 알지 못했다.

바이센호프에 있는 르코르뷔지에와 피에르의 빌라 두 곳은 엄청난 비난을 받았다. 욕실에 비데가 있었는데, 독일에서는 그 사용법이 알려지지 않았었다. "더러운 프랑스인들……", 비데를 변기로 착각했다는 후문이 있었다.

바이센호프를 방문한 후에는 독일인 청년들을 따라 시골에 있는 그들의 가족을 만나러 갔다. 청년들은 2주에 한 번씩 식량을 보급 받으러 떠났다. 그들에겐 돈도, 미래도 없었다. 파란 많고 삶을 갈망하는 필사적인 청춘이었다. 그들은 나를 위해 멋진 저녁을 준비했고, 신년 축하의 흔적이 여전히 곳곳에 남아 있었는데, 천장에 겨우살이 화환이 매달려 있었다. 위험을 무릅쓰고 그 아래를 통과하는 아름다운 여인에게─사심 없이─입맞춤할 수 있었다. 그들은 괴테의 시를 암송했다. 독일어는 아름답게 들렸지만, 그들은 자신들의 불확실한 미래에 관해 이야기했다. 한 사람은 힌덴부르크에 대해, 또 다른 이는 히틀러에 관해 이야기했다. 그리고 나는 공산주의 운동에 매료되어 모스크바로 떠날 예정이라고 했다. 빈곤이 만든 거대한 무질서가 느껴졌지만, 그들의 가족은 의연했다.

프랑크푸르트에서는 사회복지 건물들을 방문했는데, 그중에는 매우 큰 노인 수용 시설도 있었다. 그때 본 광경을 생각하면 아직도 등골이 오싹하다. 두 동이 있었는데, 하나는 남성용, 다른 하나는 여성용이었고, 연령대와 성별에 따라 구분했다. 효율적이고 매우 깨끗했지만 인간미가 없었고, 인색할 정도로 기능적인─흠잡을 데 없는─무미건조한 양로원이었다.

메리벨 지역에 있는 친절한 '페페'의 평온한 이미지가 떠올랐다. 반바지 아래로 햇볕에 빨갛게 그은 허벅지가 드러난 스카우트 여교사와 한 무리의 아이들이 지나가는 것을 반짝이는 눈으로 바라보던 할아버지를 향해 소리친 일이 생각난다. "아이참, 할아버지!" 할아버지는 꽤 애석한 말투로 "나무가 죽었어"라고 답했다. 대신 할아버지는 살아 있었다. 평화롭고 차분하게 외벽에 기대어 벤치에 앉아 있던 할아버지의 모습을 자주 보곤 했다.

훨씬 후에 전쟁이 끝나고 런던에서 에르노 골드핑거°와 함께 세대 문제를 고려한 록캠프턴의 신도시를 방문한 적이 있었다. 지형은 완만하게 기울어져 있었는데, 위쪽에는 가족을 위한 주택 건물들이, 아래에는 학교 단지가 있었고, 그 사이에는 노인들을 위한 작은 개인 별채들이 녹지에 둘러싸여 있었다. 할아버지와 할머니는 하교하는 손주들을 지켜보거나 반길 수 있었다. 더 많은 인간성을 지향하는 도시계획 실험인 셈이었다.

그리고 베를린의 길거리에는 반짝거리는 상점 진열창마다 여러 음식과 돼지고기 요리로 넘쳐 났고, 익명의 굶주린 군중이 이를 눈으로만 삼켰다.

저녁이 되자 나이트클럽 문 앞에 줄을 길게 선 사람들은 말없이 의연하게 서서 구걸하지는 않고, 이 화산 위에서 다른 순간을 살기를 갈망하며 클럽을 오가는 사람들이 건네는 돈을 받았다.

공산주의자 친구들의 집에서는 점심 식사를 마친 2시쯤이면 초인종이 울렸다. 남자들과 여자들, 아이들이 남은 음식을 정중히 부탁하러 온 것이었다. 흔히 있는 일이었다. 그들은 매일 생존을 위해 모든 층의 초인종을 눌렀다. 어떻게 사람을 굶주림과 절망에 빠트릴 수 있을까? 일은 없고 미래는 가혹할 것이다. 이 문제에 대해 새로운 친구들과 이야기를 나누었다. "그들은 히틀

• Ernő Goldfinger, 1902~1987. 헝가리 출신의 영국 건축가

러를 택할 거예요. 히틀러는 청년들에게 군복을 주거든요."

바르샤바에서는 슬라브 세계라는 전혀 알지 못하는 또 다른 세계가 나를 기다리고 있었다.

창문을 통해 눈으로 뒤덮인 광활한 평원을 발견했다. 안개가 자욱했고 날이 추웠다. 두 개의 쟁기 바큇자국은 나의 시선을 저 멀리 지평선에 놓인 전나무와 자작나무로 가득한 숲으로 이끌었다. 잠든 사이 국경에 도달했고, 선로 폭이 다른 기차로 갈아 탔다. 내 자리는 단단한 객차 안 커다란 목재 간이침대칸이었는데, 이미 온갖 짐 꾸러미와 남자와 여자들로 가득했다. 그들이 입고 있던 헐렁한 웃옷의 갓 가공된 양가죽에서는 악취가 났고, 그 냄새는 파리로 돌아올 때까지 나를 쫓아다녔다.

허기가 졌다. 열차 안내원이 나를 외국인 전용 식당차로 안내했다. 대단한 특권이었지만 처음으로 환멸을 느꼈다. 커튼이 쳐져 있어 사생활이 보장되었고, 테이블 위에는 전등갓에 진한 장밋빛의 방울 술이 달린 램프가 놓여 있었다.

간이침대로 돌아와 눈을 감고 객차의 흔들림을 자장가 삼아 잠에 빠졌다. 이따금 급정거나 급출발로 잠에서 깨기도 했지만, 계속해서 펼쳐지는 설원 풍경에 인식이 무뎌졌다.

꿈이었을까? 창백한 달빛이 눈 내린 평원을 더욱 신비롭게 만들었다. 지상의 작은 불빛들이 켜지고 꺼지면서 광활한 빙판에 고립된 작은 이즈바Izba*에 생명력을 불어넣었다.

---

* 러시아 전통 목조주택

그렇게 도착한 모스크바. 기차역은 체념한 군중으로 붐볐다. 아버지, 어머니, 아이 들은 사모바르samovar*를 둘러싼 채 승강장에서 살았다. 시골에서 온 이주자들은 받아들여지지 않았다. 그야말로 영화 〈니체보Nitchevo〉(1936)였다. 그들은 기차를 기다렸다. 며칠이나 되었을까?

콜리가 마중 나왔다. 국가 기관인 인투어리스트Intourist**를 통해 숙소를 잡았다. 내가 묵은 호텔은 겨울에는 얼어붙는 모스크바강 근처에 위치해 있었다. 선로의 흔적에서 스키를 타는 사람들이 고개를 들고 전속력으로 질주했다. 자유를 향한 질주일까? 어느 화창한 봄날 아침, 갑자기 얼어붙은 강이 갈라졌다. 얼음덩어리들이 굉음을 내며 서로 포개졌다. 예상치 못한 해빙이었다. 단숨에 여름이 다가오고 있었다.

인투어리스트는 젊은 여성 가이드를 배정해 주었다. 그녀는 방문 계획을 함께 세우고 당국의 승인을 받도록 도와주었다. 물론 나는 그 과정에서 통제를 받았다.

그녀는 거리에서 노인들을 많이 볼 수 없다고 지적했다. 정말이었다. 왜일까? "모두 죽었기 때문이죠." 그녀는 혁명 이후 민중이 겪어야 했던 역경에 대해 말해 주었다. 그리고 끝내 마을 주민들과 아버지들, 어머니들을 그야말로 휩쓸어 간 티푸스에 관해 이야기했다. 결국 누구도 더는 시신을 매장할 기력이 없었다.

베를린에서 모스크바로 이동하는데 차이가 정말 극심했다!

---

* 러시아의 물 끓이는 주전자
** 러시아의 외국인 관광국

가난하고 굶주린 사람들이 아름다운 진열창 뒤로 안전하게 쌓인 소시지, 소시송, 고기파이 더미를 갈망하는 눈빛으로 쳐다봤다. 반면 모스크바에서 사람들은 반쯤 부서진 진열창 뒤, 때때로 네덜란드 치즈의 빈 포장지로 무심하게 장식된, 사람이 없는 상점 앞에서 음식을 꿈꾸었다.

거리에서는 커다란 천과 확성기를 든 사람들이 구호를 외치고 있었다. 트럭 몇 대만 보이고 차량은 거의 없었다. 차들은 보행자보다 우선권을 가진 것처럼 보였다. 나는 무자비하게 지나가는 차량에 치일 뻔하기도 했다. 한 남자가 사람들의 무관심 속에 도랑에 누워 있었다. 남자는 동상에 걸린 것 같기도, 잠든 것 같기도, 술에 취한 것 같기도 했다. 어쩌면 죽었을지도 모른다.

유일한 교통수단인 트램을 타는 것은 경솔했다. 나는 내가 힘센 줄 알았지만, 러시아 여자들은 아주 건장했다. 인파에서 간신히 트램에 오르자 이리저리 치였다. 몇 차례 경험한 후에는 한쪽 구석에 몸을 웅크린 채 종착역까지 가만히 있었다. 한번은 트램에 오르다가 바닥에 떨어진 책을 주우려는 무모한 행동으로 발판이 된 적도 있었다.

그곳에서는 나의 유럽식 옷이 적합하지 않아 러시아식으로 옷을 갈아입었다. 선전 매체는 토끼 사육을 권장했다. 토끼 고기를 얻을 수 있는 데다 모피나 털로 따뜻하고 질긴 실내용 부츠나 덧신이 가미된 실외용 부츠를 만들 수 있으므로, 나라 경제에 도움이 된다는 이유에서였다.

작은 띠로 발 주변을 둘둘 감쌌다. '러시아 양말'이라고 불렸는데, 사실 모직 양말은 쉽게 마모되었다. 나는 점차 러시아 농민으로 변해 갔다. 핵심 단어들을 배웠다. '니에 포니마요'는 '이해할 수 없다', '치차'는 '오늘 내일은 절대 아닌', '니체보'는 '그건 중요하지 않다'라는 뜻이다. '야 바스 다로비아'는 '건배'라는 뜻으로, 르코르뷔지에가 '암소의 다리가 풀린다'라고 오역한 말이다. 보드카의 도움을 받아 친한 사람들끼리 '암소의 다리가 잘 풀렸다.' 작업복과 점퍼를 벗은 남자들은 즐겁게 노래하며 무아지경으로 춤추었다. 러시아 사람들의 영혼은 아름답고 시적이다. 나는 망명자의 향수병을 이해할 수 있었다.

콜리는 자본주의자의 모자를 파리에 두고 투바리치Tovaritch 사의 모자를 다시 썼다. 그는 건설 공사가 일부 중단된 첸트로소유즈 외부를 보러 가는 데 동행했다. 르코르뷔지에 작업실은 자신들도 모르게 국가 방위를 위해 사용될 자재들을 준비했다. 그렇지만 정확한 나이를 알 수 없는 여자들이 눈 속에 웅크리고 앉아 깨부순 캅카스의 아름다운 장밋빛 돌은 그렇지 못했다.

박물관과 사회사업, 역사적 기념물을 찾으면서 보름이 지났다. 통역사가 떠났고, 인투어리스트와 약속한 시간이 끝났다.

파리를 떠나기 전에 바르코프가 그의 친구 중 한 명인 레테이셴에 대한 소개장을 써 주었다. 중앙위원회 소속인 그녀는 나를 집으로 초대해 휴식을 취할 수 있도록 방에 있는 빈 침대를 하나 제공했다. 방이라기보다는 밟아 다져진 흙바닥에 침대 세 개가 놓인 합숙소 같았다. 방 한구석에 있는 책이 가득 꽂힌 책장이 이곳을 다른 곳과 구분해 주었다. 그녀는 담담하고 무관심한 듯이 열쇠를 건넸고, 우리는 더 이상 대화하지 않았다. 그녀는 내가 기대한 대로 행동했다.

그날 저녁, 작은 여행용 가방과 등산 가방을 챙겨 호텔을 나섰다. 1층에 있는 새 거처에는 여전히 아무도 없었다. 창밖으로는 폐쇄된, 황폐하고 넓은 뜰이 보였다. 한쪽 벽면에는 반쯤 얼어붙은 분수 물줄기가 수반水畔으로 흘렀다.

캠핑용 랜턴과 함께 챙겨 온 침낭 안으로 기어들어 갔다. 랜턴은 내게 꼭 필요했다. 자정 무렵에 누군가 들어와 침대에 누웠고, 새벽 2시경에 또 한 사람이 옷도 벗지 않고 침대로 올라갔다. 나는 이 괴상한 유령들을 한쪽 눈으로 관찰했다. 그들은 새벽에 하나둘씩 떠났다가 어깨에 수건을 걸친 채 돌아왔고, 눈길 한 번 주지 않고 사라졌다.

나는 혼자 남은 것을 알아차리고 침대 밖으로 나왔다. 어떻게 씻어야 할까? 밤에 룸메이트들이 한 것처럼 어깨에 수건을 두르고 얼어붙은 분수대에서 얼굴과 손을 씻었다. 배가 고팠지만 빵한 조각도 없었다. 무언가 조치가 필요했지만, 그리 간단하지 않았다. "일하지 않은 자 먹지도 말라." 바로 나의 경우였다. 배급표는 없었으나 다행히 외화는 있었다.

통역사는 식료품이 잘 갖춰진 국영 상점으로 나를 데려 갔다. 성상, 금, 외화를 내고 배급표를 받을 수 있었다. 그곳은 나의 '협동조합 매점'이었다.

세 시간 동안 줄을 서서 맛있는 냄새가 나는 햄과 작은 빵을 받아 나왔다. 걸어서 교회로 향했으나 그곳은 닫혀 있었다. 교회

앞 벤치에 자리를 잡았다. 나는 눈 속에 내가 흘린 음식 부스러기를 쪼아 먹으러 날아든 새들에게 둘러싸여, 마침내 아침을 맞보며 다음 식사를 생각했다.

과연 고집스럽게 버틸 가치가 있는 일일까? 나는 더 이상 인투어리스트의 관리 아래에 있지 않았고 한계에 도달한 상태였다. 이런 식으로 얼마나 더 견딜 수 있을지 알 수 없었다.

합숙소는 난방이 되지 않았다. 추위를 견디기 위해 옷가지를 전부 껴입은 채 방에 놓인 테이블 의자에 앉아 글을 썼다. 그때 문을 두드리는 소리가 들렸다. 누군가가 러시아어로 나를 불렀다. 나는 꿈쩍도 하지 않고 무심하게 말했다. "니에 포니마요(전혀 이해하지 못 해요)." "프랑스 사람이세요?" 깜짝 놀라 뒤돌아봤다. "제 여동생도 거기 있나요?" 이미 러시아화되어 자본주의의 쾌적함과는 거리가 먼 수척해진 내 모습 앞에, 파리 유학 시절에 습득한 프랑스어를 완벽하게 구사하는 젊은 군인이 서 있었다. 그는 나의 우스꽝스러운 옷차림을 보고 재미있다는 듯 웃었다. "하나도 이해되지 않나요?" 그렇다. 실제로도. 나는 이 나라에서 나의 꿈을 어렴풋하게나마 볼 수 있을 줄 알았다. "오늘 오후에 뭐 하세요? 같이 가요."

그를 따라 그의 부대인 디리게아블레스트로이 회관을 방문했다. 회관에 걸린 사진에는 혁명의 단계가 묘사되어 있었다. 그는 트로츠키*는 지워졌다고 말해 주었다. 트로츠키는 더 이상 존재

• 레프 트로츠키(Лев Троцкий, 1879~1940). 러시아의 혁명가

하지 않고, 존재한 적도 없는 사람이 되었다.

그는 거리에서 사람들이 확성기로 요란하게 외치는 구호들과 상점 진열창에 붙은 문구들을 번역해 주었다. "찢어진 양말, 당신은 새 양말을 살 권리가 있다." 같은 발에 두 짝의 펠트 부츠, "당신은 각 발에 맞는 한 짝의 부츠를 가질 권리가 있다." 놀라웠다. 그는 말했다. "우리가 태어난 곳을 이해해야 해요. 러시아는 공장을 짓지 않아서, 심지어 바느질 바늘도 수입하죠. 모든 걸 만들고 건설하고 인민을 교육해야 해요." 그는 이전에 유럽과 러시아 사이에 존재한 거대한 차이를 확실히 이해시켰다. "일상의 개선을 다루기 전에 국방이 우선입니다." 이 모든 게 서로 연관되어 있었으나, 한 구호는 예외였다. '각자 형편에 맞게'는 '각자 필요에 맞게'로 대체되었다. 위계질서는 거리 청소부가 기술자나 당 간부와 동일한 필요를 갖지 않는다고 주장했다. 파리에 있을 때 나는 거지가 구걸해 번 돈으로 신선한 달걀을 살 수 있다고 생각했는데, 모스크바에서는 그렇지 않았다. 자유는 어디에 있는 걸까?

이러한 생활이 열흘 정도 지속되었다. 걱정한 콜리는 어느 날 아침 찾아와 나를 자기 집으로 초대했다. 콜리의 아내는 내가 더 나은 생활을 할 수 있도록 애써 주었다. 두 사람에게는 열 살배기 아들이 하나 있었는데, 아이가 나를 어린이 극장으로 데려가 자신이 직접 쓰고 공연한 연극을 보여 주었다. "파리에는 이런 극장이 있어요?" 나는 "없지"라고 답했다. 주위에 있던 아이들이 자랑스럽고 행복해했다. 생각해 보라, 파리에는 그런 극장이 없지 않은가! 돌아오는 길에 아이들은 두 명씩 짝을 지어 나와 동행했다. 나는 질서 의식이 투철한 이 꼬맹이들 스무 명의 '물건'이었다. 집에서 콜리와 아내는 아들 앞에서 정치 이야기를 꺼렸다.

프랑스에 돌아와 여행에 관해 이야기하길 자제했다. 나의 진리 탐구 과정에서 아낌없이 도움을 준 모든 사람에게 피해를 주고 싶지 않았기 때문이다.

3년 후인 1933~1934년에 모스크바를 다시 방문했을 때 많은 것이 달라져 있었다. 구호가 바뀌었다. 1933년에 당원들에게는 이혼하지 않는 등 모범을 보이라는 조언이, 여성들에게는 낙태하지 말라는 권고가 내려졌다. 1930년대 초반의 무분별한 허가는 혼란을 초래했다. 극장에 갈 때는 작업복 대신 제대로 갖춰 입을 것을 권장했다. 그러나 그 결과는 애처로웠다. 모든 여성이 내게 패션 카탈로그를 부탁했다. 그건 예상치 못한 일이었다.

그들은 자본주의 국가에 필적하거나 그보다 더 앞서야 했기에 지하철역을 대리석으로 건설했다.

1931년에는 소비에트 궁전을 건설하기 위한 국제 설계 공모전이 실시되었다. 나는 300여 점의 출품작을 선보이는 전시회에 갔다. 르코르뷔지에와 피에르 잔느레의 설계안은 순수주의로 빛났지만, 두 사람의 백지 위 화려한 계획안은 위대한 레닌을 찬양하는 경쟁자들의 자극적이고 거창하고 상투적인 도면에 묻혀 버렸다. 그중 하나가 선정되었지만, 실제로 건설되지는 않았다.

그러나 앞서 1925년에 소련은 멜니코프*와 로드첸코**가 디자인한 파빌리온, 소련의 화가와 시인들, 영화, 무용, 오페라를 통해 현대성을 보여 주었다. 왜 회귀했을까, 왜 아카데미즘이 이겼을까?

'민중은 궁전을 가질 권리가 있다.' 궁전이라고 하면 대리석과 주랑이 들어가야 했다. 그들은 모범 사례를 찾다가 로마와 아테네에서 발견하고, 이를 그대로 옮겨 와 조화롭지 못하고 압도적인 기념비적 건축물을 만들어 냈다. 이는 중국에서부터 유럽까지 공산주의의 영향 아래에 있던 국가들에서 볼 수 있는 현상이다.

마음에 들지 않았다. 소련의 현대 건축과 아카데미즘 사이에 있었던 투쟁의 잔재를 어떻게 설명할 수 있을까? 실제로 1930년 초기 건축물들은 현대성의 좋은 사례가 되지 못했다. 체제가 바뀐다고 하여 사람들이 눈 깜짝할 사이에 쉽게 변하는 것은 아니다. 여전히 설계안과 건축을 혼동하고, 새로운 설계안은 현실이 고려되지 않아 효과가 없었다.

1930년에 소련의 여러 민족 출신의 학생들을 수용하기 위해 지어진 대학 단지를 방문한 적이 있다. 이곳에는 커다란 공동 도서관이 있었는데, 그 주위에 작은 학습실로 세분된 메자닌Mezzanine***과 그 위층에는 잠만 자도록 설계된 작은 방들이 있

---

* 콘스탄틴 멜니코프(Константин Мельников, 1890~1974). 러시아 건축가 및 화가
** 알렉산드르 로드첸코(Александр Родченко, 1891~1956). 러시아와 소련의 조각가, 사진가, 그래픽디자이너
*** 중이층中二層. 다른 층들보다 작게 두 층 사이에 지은 층

100

었다. 학생들은 저녁에 자기 방으로 돌아가려면 탈의실을 지나칠 수밖에 없었다. 낮 동안 입었던 옷을 벗고 샤워를 마친 다음에 잠옷으로 갈아입어서 완전히 깨끗해진 상태로 방으로 돌아가는 식이었다.

이 체계는 효과적이었을 수도 있다. 그러나 학생은 혼자가 아니었다. 아버지, 어머니, 아기, 형제, 삼촌, 사촌 등 온 가족과 함께 저 멀리 지역에서 이주했다.

방에서는 긴 복도가 내려다보였는데, 복도에서 여성들이 열심히 청소했다. 손에는 양동이와 수세미가 들려 있었다. 나는 관리자의 동행하에 그 여성들과 공적으로 이야기를 나누었다. 그들은 어떻게 하면 작업 능률을 향상할 수 있을지 조언을 구했다. 나는 "수도전이 어디에 있나요?"라고 물었다. "어떤 수도전이요? 한두 층 아래에 있을 걸요."

이런 식으로는 현대 건축이 원하는 방향으로 나아갈 수 없었다. 이는 모더니즘을 비난하고 아카데미즘으로의 회귀를 촉구하는 새로운 논거를 제공했다.

1933년 소련은 선의의 외국 기술자들에게 대형 사업에 참여하러 와 달라고 요청했다. 그리하여 르코르뷔지에 작업실의 수습생이었던 새머가 콜리의 부대에 합류했다.

장 뤼르사와 레옹 무시냐크가 모스크바에 있었는데, 이들은 건축학과 학생들을 위해 대규모 강연을 하고 있었다. 콜리는 르코르뷔지에에 대한 문제 제기가 있을 거라고 내게 미리 알려 주었다. 그는 새머와 나를 데리고 갔다.

슬라이드로 진행되던 뤼르사의 강연은 혼란스러웠다. 공산주의 건축가인 뤼르사는 빌쥐프Villejuif 학교를 지었고, 자본주의 건축가인 르코르뷔지에는 부유한 미국인들 혹은 구세군을 위해 작업했다. 그는 건축가의 사회적 지위를 고객의 사회적 지위와 동일시했기에 그의 건축물은 매우 자연스럽게 이를 따랐다.

혁명작가예술가협회에서 만난 적이 있는 뤼르사는 근대건축국제회의CIAM의 일원이기도 했다. 그는 어떻게 그런 이질적 혼합으로 어린 학생들의 머릿속에 그리 큰 혼란을 초래할 수 있는 걸까?

작은 용지를 통해 관객석에 발언권이 주어졌다. 격분한 나는 다음과 같이 썼다. "뤼르사의 공산주의 건축과 르코르뷔지에의 자본주의 건축 사이에는 어떤 차이가 있나요? 구체적인 예를 들어 주세요."

쪽지를 읽은 뤼르사는 이렇게 답했다. "저는 페리앙 동지에게 답변하기 위해 온 것이 아닙니다. 여기에 계신 러시아 동지들에게 답변하기 위해 왔습니다." 또 다른 쪽지. "러시아 동지와 프랑스 동지의 차이점은 무엇인가요?"

무시냐크는 뤼르사와 연단에 앉아 위원회에 둘러싸여 있었는데, 그중 한 위원이 일어나 딱 잘라 말했다. "논쟁은 그만두시죠." 밖으로 나오자마자 무시냐크가 다가왔다. "뤼르사의 답변은 좋지 못했어요." 동감이었다. "사장 르코르뷔지에를 변호하는 페리앙에게 답변하려고 여기 온 게 아니라고 말했어야 했어요." 도저히 믿을 수 없는 말이었다.

사흘 후에 콜리는 건축위원회에 함께 가 달라고 청했다. 강연에서 뤼르사의 옆자리에 있던 정치 위원인 한 구성원이 내게 말을 걸고 싶어 했다. "당신의 발언 내용에 동의한다는 말씀을 드리고 싶었습니다. 그러나 그 형식에는 동의하지 않습니다." 콜리는 위험할 뻔했지만 큰 용기를 보여 주었다. "변증법을 조심하세요." 레테이센이 내게 경고한 말이다.

1934년 2월 6일 파리 콩코르드 광장에서 열린 시위는 귀국을 결심하도록 만들었다. 사랑하는 사람들과 단절될 위험을 감수하고 싶지 않았고, 내게는 이민자의 영혼도 없었다.

1934년 2월 12일, 빈을 거쳐 파리로 돌아가는 기차는 몇 시간 동안 멈춰 있었다. 카를마르크스 주택단지가 폭격당하고, 공산주의자들은 체포되었다. 세상은 정말로 급변하고 있었다.

파리로 돌아온 후 뤼르사를 다시 보지 못했다. 6년 후인 1939년 9월 5일 샹베리역에서 군용 열차가 출발하던 때였다. 열차 문 사이로 낯익은 얼굴과 함께 "샤를로트!" 하고 외치는 소리가 들렸다. 뤼르사였다. 나는 달려가 팔을 힘껏 뻗어 그와 악수했다. 그 순간 우리 사이의 불화는 흔적 없이 모두 사라졌다. 우리는 둘 다 인간이었고, 전쟁 중이었다.

1931년 봄, 두 달간의 대장정을 마치고 가족들과 친구들, 작업실 동료들과 재회했다. 고작 두 달이었지만 정말 영원처럼 느껴졌다!

나는 아주 자연스럽게 '지붕 아래 바'에서 건축으로 옮겨 갔고, 르코르뷔지에의 사상과 우리가 헌신하고 투쟁한다면 도래하리라 믿었던 황금시대에 대한 비전으로 인해 풍성해졌다. 하지만 이 소련 여행은 히틀러주의의 그늘과 공산주의 혁명의 여파로 빚어진 잔혹한 세계의 현실을 보여 줌으로써 나를 각성시켰다. 모든 정보를 완전히 파악한 것은 아니었으나, 내가 기록해 둔 것만 해도 이미 많았다.

발레아레스제도

파리로 돌아온 이후 생쉴피스에서 일상생활을 이어 나갔다. 나의 소련 여행이 퍼시의 평온함을 뒤흔든 까닭에 분위기는 악화되었다.

우리는 숲속 산책 대신 카누를 타고 강을 따라 내려가기로 했다. 큰 프로젝트를 대비한 훈련이었다. 큰 프로젝트란 카누를 타고 발레아레스제도에 있는 마요르카섬을 450킬로미터 정도 일주하는 것이었다. 이 탐험대는 캐나다 카누를 타고 잘 훈련받은 청년들이 이끌었다.

팔마에서 이 최강의 팀을 다시 만났다. 그들의 하모니카와 외설적인 노래는 아름다운 별빛 아래서 우리의 밤을 흥겹게 만들었다.

일정은 매우 엄격했다. 캠프에서 매일 오전 6시에 기상하여 오후 2시까지 항해했다. 오후 2시를 넘기면 위험해질 수 있었다. 각각의 카누에는 항해 지도와 물병, 옷이 담긴 방수 가방, 식량이 담긴 방수 가방, 돈과 신분증이 담긴 방수 가방이 들어 있었고, 전복될 경우를 대비해 모든 짐은 갑판에 단단히 고정되어 있었다.

우리는 매우 가파른 해안 절벽을 따라 북쪽으로 포르멘토르를 향해 갔다. 거대한 절벽 때문에 30~40킬로미터를 돌아가서야 우리를 수용할 만큼 충분히 큰 '칼라Cala*'를 발견했다.

모기들을 쫓기 위해 큰 불을 피우고 사투를 벌이며 며칠간 밤을 새운 후에야 마침내 낙원, 칼라도르에 도착했다. 작은 산으로 둘러싸인 작은 만에는 아주 작은 모래사장과 협죽도로 뒤덮인 평지가 있었고, 우리는 그곳에 네 개의 텐트를 쳤다.

한밤중에는 경계를 했으나 멧돼지의 습격을 받았다. 나는 새벽에 텐트 틈새로 코를 박고서는, 수상쩍어 보이는 대여섯 명의 남자가 머리에 바구니를 이고 줄지어 조용히 지나가는 것을 보았다. 낮에 바다에서 온 어부가 우리 일행 중 한 명이 말하는 프로방스어와 매우 흡사한 사투리로 지나가는 사람을 본 적이 있느냐고 물었다. 우리는 조심스럽게 보지 못했다고 답했다. 우리는 오늘 하루를 무위하고 안일하게 보내고 싶었다.

우리는 지도에서 칼라도르 근처에 마을 하나가 있다는 것을 발견했다. 아마도 그곳에는 물과 식량이 있지 않을까?

마을은 올리브나무들 사이에 숨어 있었다. 매미가 노래를 부르고, 반은 어부이고 반은 농부인 마을 주민들이 들판에 있었다.

• 작은 만 또는 작은 해변

정오가 되자 소라고둥 소리가 오랫동안 울려 퍼졌다. 남자들은 점심을 먹으러 한 명씩 마을로 돌아왔다. 회칠해진 집들이 좁은 골목을 따라 늘어서 있었고, 햇빛을 가려 주는 채반 위에는 토마토가 익어 가며 양파와 고추가 매달려 있었다. 식당은 없었지만, 집을 지키는 여자들의 사려 덕분에 세 시간 후 남자들이 낮잠을 자는 동안 우리는 생선, 쌀, 산해진미로 가득한 호화로운 파에야—인생의 향신료—를 대접받았다. 왕을 위한 상차림이었다.

이 축복받은 곳에 다시 가 보고 싶지는 않다. 지금은 완전히 달라진 것을 알기 때문이다. 레저 시대에 맞춰 변모한 칼라도르는 유행에 민감한 매우 속물적인 장소가 되었다.

우리가 떠나는 날에는 파도가 매우 거칠었다. 우리는 바다에서 어선을 탄 다음에 크고 아름다운 레저용 요트로 옮겨 갔다. 선상 주인은 우리를 위해 호화로운 연회를 마련했지만, 이 가련하고 무모한 항해자들은 처음으로 뱃멀미를 경험했다. 나는 결국 로프 안에 자리를 잡고 누웠다. 우리는 깨어나자마자 승무원에게 다음 정박지에 내려 달라고 부탁했다. 우리는 포르멘토르만을 향하고 있었고, 어떤 일이 있어도 우리 힘으로 항해를 완주하고 싶었다. 우리의 힘없는 소형보트를 타고 어서 항해하고 싶었다. 우리의 하선은 장관이었다. 우리에게 작별 인사를 하는 요트의 경적에 구경꾼들이 몰려왔다. 식량을 비축하는 건 포기해야 했다. 우리의 성대한 도착으로 인해 가격이 올랐기 때문이다.

다음으로 기착한 마을에서는 별이 빛나는 늦은 밤까지 투우,

춤, 즐거운 노래로 축제 분위기가 가시지 않았다. 퍼시는 함께하지 않고 중도에 포기했다. 아침에 그가 입을 앙 다문 채 카누를 접으며 우리를 떠날 준비를 했다. 그를 쫓아갈지 말지는 내게 달려 있었다. 그건 최후통첩이었다.

사유에 도취된 나는 그곳에 남았다. 나를 기다리는 그 거대한 황금빛 모래사장, 새벽녘 바다의 하얀 포말 속에서 말에 올라탄 벌거벗은 사람을 보기 위해 머물렀다. 지중해의 향기를 다시 음미하기 위해 머물렀다.

바다가 내려다보이는 작은 오솔길을 혼자 걸으며 뜨거운 태양 아래 덤불숲을 가로질렀다. 다음 구간에서 동료들과 재회했고 다시는 무리에서 떨어져 나오지 않았다.

결혼 생활에 마침표를 찍을 때가 왔다. 1932년 초에 생쉴피스를 떠나 몽파르나스에 새 작업실을 구했다. 지붕 아래 바, 확장형 테이블, 자동차 전조등, 나의 거대한 선인장, 생쉴피스 탑, 심지어 내 드로잉북까지…… 거기다 퍼시도, 전부 남겨 두고 나왔다. 그가 그러길 원했기 때문이다.

"줄이 끊어졌어, 샤를로트. 너무 세게 당긴 건 당신이야." 이를 기념하기 위해 접시 두 개, 포크 두 개, 냄비 두 개와 빗자루를 챙겨 이사했다. 8층에서 미미 팽송Mimi Pinson*처럼 걱정 없는 삶을 살기 위해 필요한 최소한의 것들이었다.

"어라, 작은 물개. 우리 동네에서 뭐 해?" 레제였다. 그의 작업

• 알프레드 드 뮈세의 단편 소설에 나오는 주인공으로, 독립적으로 생활하는 전형적인 파리의 여공 모습을 보여 준다.

실은 몽파르나스의 노트르담데샹가에 있었는데, 내 작업실과 벽을 맞대고 있었다.

자유로웠다. 인생은 아름다웠고, 나는 숨을 깊게 들이마셨다.

구세군회관과 파리국제대학촌 스위스관

발레아레스제도에서 멋진 휴가를 마치고 나서 아주 자연스럽게 르코르뷔지에 작업실을 다시 드나들었다.

두 개의 단체 프로젝트가 나를 기다리고 있었다. 파리국제대학촌의 스위스관과 구세군회관의 설비 설치였다.

구세군회관 프로젝트 과정에서 보호망도, 집도, 일도 없이 사회로부터 배척당한 미혼모들과 궁핍한 부랑자들을 만나면서 인간의 비참함을 마주했다. 미혼모와 아이가 지낼 수 있는 집과 부랑자들이 긴긴 겨울밤을 날 수 있는 합숙소가 필요했다.

제작을 하려면 설계부터 해야 하는데, 나는 이 문제에 접근할 준비가 전혀 되어 있지 않았다. 아기를 안아 본 적도 없었고, 부랑자들과 이야기를 나눈 적도 없었다.

파리에서 모범 사례로 꼽히는 모든 탁아소를 방문했다. 루브르 백화점과 갤러리 라파예트의 탁아소가 가장 잘 갖춰져 있었다. 두 곳은 내 프로그램에 딱 맞았다. 엄마들은 일하는 중간중간 탁아소에 있는 아이에게 모유 수유를 하러 올 수 있었다. 이 탁아소들은 어떻게 되었을까? 수익성이 더 좋은 식당으로 대체되었을까?

부랑자에게는 손에 닿고 눈에 보이는 곳에 짐을 보관하고 이, 벼룩, 빈대와 온갖 냄새를 씻어 낼 수 있도록 하는 것이 가장 중요하다. 내가 찾아낸 유일한 모델은 경찰서 안에 있었는데, 바로 잠잘 수 있도록 팽팽하게 걸어 둔 밧줄이었다. 밧줄 위에 두 팔을 포개어 머리를 대고 잘 수 있었다. 그리고 아침에는 밧줄을 풀어서 깨우는 거였다. 상상도 못 할 일이었다!

단체 프로그램을 위해 우리가 좋아하는 물품들을 선정했다. 소지품 상자로 사용될 생고뱅의 유리판, 두꺼운 백자로 만든 아름다운 비스트로 식기류, 브르타뉴 지역 전용으로 만들어진 검은색 테두리의 녹색과 빨간색이 섞인 담요, 방과 합숙소에 재미를 더해 줄 꽃, 광물에 관련된 대형 교육용 포스터, 실린더 화병, 바구니, 등나무로 짜서 만든 휴지통, 무거운 캔버스 차양 천, 야간 커튼으로 활용하기 위한 밝은 색상의 플리스였다.

테이블을 만들기 위해 병원 설비 제조업체에 문의했다. 협의를 거쳐 업체에서는 설비를 우리 치수와 색상에 맞게 수정해 주기로 했다. 회청색 래커로 칠한 강철관으로 다리를 만들고, 강판으로 된 상판은 검은색 리놀륨으로 덮인 정밀하게 가공된 입자를 가진 다른 모델로 교체되었다. 이번에도 역시 의자는 유명한 토넷사의 곡목 의자를 택했다.

이러한 요소들은 구세군회관과 파리국제대학촌 스위스관에서 찾아볼 수 있다. 소박하고 수수한 이것들은 한 공간에 모여 어떤 시적詩的 정취를 자아냈다. 그리고 경제적이어서 예신 대부분을 건축물의 내부 공간과 완벽한 조화를 이루는 빌트인 설비에 쏟을 수 있었다.

스위스관의 리셉션은 위엄이 드러나도록 처리했다. 우리가 1928년에 디자인한, 포퇴유 도시에 바스퀼랑을 두었다. 우리는 깎은 나무로 만든 프리패브 프레임에 돼지가죽을 팽팽하게 씌운 의자를 선택했다. 프레임의 목재는 오랜 세월 라틴아메리카의 목동들이 말안장 위에 얹어 사용한 것이었다. 어쩌면 젖혀지는 등받이를 만들 때 분절되는 등받이가 우리에게 영감을 주었는지 모른다. 창작물은 한 번의 시선과 한마디만으로도 충분히 탄생할 수 있다.

리셉션의 내부 벽면은 르코르뷔지에가 디자인한 대형 장식으로 가득했다. 피케에서 찍은 사진 중에서 피에르 잔느레와 함께 신중하게 선택한 사진들을 확대하여 구성하였다. 바람이 만들어 낸 모래의 움직임, 바다로 굴러가는 통나무와 바위 사진을 미생물학적으로, 또 미세광물학적 시선을 가미해 완성했다.

그 강렬함으로 볼 때, 르코르뷔지에의 벽 장식은 신앙 행위이자 건축 행위였다. 정해진 위치에 놓인 대형 테이블로 벽 장식을 보완했다. 줄무늬를 세심하게 선별한 후 주마프 강변의 대리석공이 작업한 무거운 흰 대리석판을 상판으로 사용했고, 주철 원판을 장착한, 래커로 칠한 두 개의 금속관을 다리 삼아 바닥에 고정했다.

이 테이블은 오늘날까지도 견고하게 남아 있지만, 대형 벽 장식은 그러지 못하고 전쟁이 끝난 후에 르코르뷔지에가 그린 아름다운 벽화로 대체되었다.

말해 두자면 스위스관의 개관식 날, 이 작품은 스위스 일간지 『가제트 드 로잔*Gazette de Lausanne*』에서 "미성년자를 유인한다"라는 악평을 받았다. 르코르뷔지에가 말했듯이, "그것은 자연의 장임함, 신의 장엄함을 노래하는 것이었다."

구세군회관은 그보다 몇 달 뒤인 1932년 10월에 개관했다. 르코르뷔지에는 "거기에는 찬물을 끼얹을 스위스 로망드* 사람이 없을 겁니다"라고 말했다.

지상낙원에서 쫓겨난 이브

저녁 6시경에 르코르뷔지에가 스위스관 공사장에 동행할 것을 제안했다. 나는 서로에 대한 많은 오해로 점철된 그날을 잊지 못할 것이다.

정확한 날짜를 정하지는 않았지만, 나는 모스크바를 재방문하려는 계획을 막연하게 세우고 있었다. 이번에는 꽤 오랫동안 머물면서 새로운 사회 질서를 경험한 후에 내 의견을 개진할 생각이었다.

르코르뷔지에와 피에르는 나의 이 막연한 계획을 알았고, 우리는 이에 관해 이야기를 나눈 적도 있었다. 이것이 내가 르코르

• 스위스에서 프랑스어를 사용하는 지역

뷔지에와 나누려고 했던 대화의 시작점이었다. 우리의 방문은 핑계에 불과했다.

메모하고 수정하면서 진지하게 작업을 마친 후, 르코르뷔지에는 한 학생의 방에서 잠시 멈추더니 전혀 예상치 못한 질문을 내게 던졌다. "이혼 후 어떻게 지내고 있어요?" 나는 경악했다. 그의 무례한 질문은 경제적 문제에 관한 것일까, 정서적 문제에 관한 것일까? 그런 질문을 왜 하는 걸까? 간신히 "잘 지내죠"라고 답했다. 깜짝 놀란 나의 표정에 그는 더 명확하게 물었다. "여자를 좋아해요? 이해할 수 있어요." "전혀요. 그게 웬 말이에요!"

지금까지 잘 지켜 온 사생활이 기습당하자 점점 혼란스러워진 나는 당황한 채 침묵을 유지했다. "만약 아직도 소련에 갈 계획이라면, 피에르가 당신만 생각한다는 걸 알려 주려고요. 잘 생각해 보세요." 벼락을 맞은 듯했다. 순식간에 앞으로 닥칠 모든 혼란이 머릿속에 그려졌다.

마치 아무 일도 없었던 것처럼 방문은 계속되었다. 나는 두들겨 맞은 것 같았고, 양가적 감정에 사로잡혔다.

다음 날 아침, 의연하게 작업실에 들어섰다. 아무 일도 일어나지 않았다. 이후의 날들도 겉보기에는 이전과 다를 것 없이 매듭을 풀지 못한 채 흘러갔다. 계속해서 맴도는 생각에 괴로웠다. 그때까지 내 인생은 '고치 같은 작업실' 안에서 명료하게 흘러갔으나, 이제 '고치'는 예전 같을 수 없었다. 이혼 후에 나는, 특히 작업실에서는 감정적 간섭을 잘 피해 왔다. 그러나 르코르뷔지에가 그 부분을 건드리고 말았다.

한 번도 의심해 본 적이 없고 속을 알 수 없는 피에르가 내 앞자리에 있었다. 어느 날 저녁, 나는 피에르와 단둘이 남으려고 제도판 주위에서 꾸물거렸다. 그는 출입구 근처의 '테이블 겸 책상'에서 매우 바빠 보였다. 그는 내가 지나가길 기다렸다.

나는 멈춰 서서 그에게 물었다. "르코르뷔지에가 우리 대화에 대해 말해 주었나요?" 그가 올려다보며 말했다. "네, 그래서요?" "전 자유가 좋아요"라고 내 생각을 드러냈다. 그는 "나도요"라고 답했다……. 그리고 피에르가 나를 배웅했다. 우리 둘은 조심스럽게, 당혹해하면서 조금은 어색하게 이런저런 이야기를 나누었다. 시간이 해결하도록 두어야 했다.

나중에 르코르뷔지에와 대화를 재개하려 했으나 그는 무미건조하게 내 말을 자르며 이렇게 말했다. "난 당신 유모가 아니에요."

그것은 영원한 아담과 이브의 이야기였고, 이브는 에덴동산에서 쫓겨났다. 르코르뷔지에와 함께 있을 때면 어떤 것도 예전 같지 않았고, 나는 그에게 상처를 입힌 것 같았다.

나는 오늘날까지도 이 질문에 답하지 못했다. 도대체 왜?

닝게세르에콜리가, 르코르뷔지에의 집

작업실에서 닝게세르에콜리가Nungesser-et-Coli-街에 지을 주거용 건물을 연구하고 건설하게 되었다. 르코르뷔지에는 이 기회를 이용하여 옥상 공간을 확보해 자신의 주거 공간으로 만들었고, 마침내 꿈꾸던 건축 환경에서 살 수 있게 되었다.

그리하여 그는 1930년 12월 18일에 결혼한 이본과 22년간 살면서 많은 글을 쓰고 그림을 그린 자코브가를 떠났다. 두 사람은 사랑의 요람이었던 이 집의 2층에서 살았고 그 위층에는 르코르뷔지에의 사촌 피에르 잔느레가 살았다. 커다란 참나무가 보이는 집이었다. 세 사람은 언제나 붙어 다녔다.

매일 저녁 일을 마친 후에 피에르와 르코르뷔지에는 카페 되마고에서 이본과 만났다. 그녀는 파스티스pastis*를 홀짝이며 두 사람을 기다렸다. 그녀의 구수하고 열정적이며 거칠고 또 때로는 격앙된 억양은 지중해의 햇살이 내리쬐는 연안을 연상시켰다. 세 사람은 되마고에서 단골 비스트로인 프티생브누아로 자리를 옮기거나, 토요일 밤이면 라파고드 영화관으로 향했다.

생제르맹 광장을 떠나는 것이 이본에게는 악몽이었을지 모른다. 르코르뷔지에는 피에르와 함께하던 활기 넘치던 삶을 버리고 파르크데프랭스 경기장을 맞은편에 둔 넝게세르에콜리가의 건물 꼭대기 층으로 이본을 이주시켰고, 피에르는 자코브가에 홀로 남게 되었다.

더 이상 페인트 냄새도, 아이디어를 내며 서로 농담을 주고받던 즐거운 저녁도 없을 것이다. 이본은 그런 순간에 특히 뛰어났다. 그녀는 1934년 10월 9일 넝게세르에콜리가로 이사했고, 르

---

* 아니스 향의 리큐어

코르뷔지에를 정말로 사랑했다. 누군가 그를 건드리면 호랑이로 변하곤 했다.

르코르뷔지에는 새집을 꾸미는 일에 나 혼자 참여해 달라고 부탁했다. 다행히도 피에르는 따뜻하고 이해심이 많은 사람이었다. 르코르뷔지에 부부는 각자 분리된 공간이 있되 중앙에 서로 소통할 수 있는 합류 지점을 만들기를 원했다. 이를 기반으로 집 도면이 구성되었다. 집 안에 들어서자마자 우측, 동쪽에는 르코르뷔지에의 작업실이 있었다. 신성불가침한 그곳에서 그는 글을 쓰고 그림을 그렸다. 그곳에서는 그의 질서가 유지되었다. 좌측, 서쪽으로 경기장이 내려다보이는 공간은 이본의 구역으로, 주방과 다이닝룸, 침실(그의 부부관을 벗어나는 부분)이 있었다. 두 공간의 교차점에는 친구들을 맞이하는 곳과 계단으로 올라가는 독립된 침실 그리고 위층으로 가는 옥상 테라스가 있었는데, 그곳에는 바람에 실려 온 제비꽃, 데이지, 민들레가 가득한 야생 정원이 있어 작은 새들이 날아들었다.

르코르뷔지에는 침실에 비정상적으로 높은 부부 침대를 원했다. 큰 유리창을 통해 하늘을 더 잘 보기 위해서일까, 아니면 야간 경기를 더 잘하기 위해서일까? 르코르뷔지에는 장난스럽게 말하곤 했다.

르코르뷔지에는 자기 집을 '가족의 신전'으로 만들어 친구들만 초대했다. 협잡꾼이나 구경꾼 말고 자신이 선택한 사람만 초대했다. 그의 집에 초대받는 건 영광스러운 일이었다.

1957년 어느 날 오후 5시경, 르코르뷔지에로부디 전화가 왔다. "이본이 정말 아프대, 보러 가 줘." 나는 급히 병원으로 갔다. 이본은 의식이 없었다. 르코르뷔지에가 도착하자 그에게 말했다. "이본이 기다리고 있어."

다음 날 이본은 넝게세르에콜리가에 있는 손님방에서 그와 단둘이 휴식을 취했다. "그녀가 얼마나 아름다운지 봐." 그는 마치 짝을 잃을 뻔한 작은 새처럼 숨을 몰아쉬며 그녀를 그렸다. 그때 나는 르코르뷔지에가 냉랭한 겉모습 이면에 매우 상냥하면서 연약한 면을 지닌 사람이란 걸 알았다. 그는 치열한 투쟁을 치르기 위해 십자군의 갑옷을 입었던 것일까.

1932년, 몽파르나스의 미미 팽송

몽파르나스 작업실은 생쥘피스 작업실처럼 승강기가 없는 8층에 있었다. 전에는 사진작가의 작업실이었는데, 나무 장식을 덧댄 두 개의 유리 벽면으로 일출을 볼 수 있었다.

넝게세르에콜리가에 있는 르코르뷔지에의 아파트와 정도의 차이만 있을 뿐 원칙적으로는 같은 구조였다. 중앙에 현관과 화장실이 있고, 두 개의 공간으로 분리되어 있었다.

남쪽 공간에는 지붕창 하나가 있고, 양쪽으로 하얀 장미가 자라고 있었다. 굴뚝과 배관 사이에 빈 곳이 있었는데, 여기에 스키, 스키 스틱, 피켈, 아이젠, 로프, 아코디언 등 내가 아끼는 물건들이 진열되어 있었다. 방에는 패널 아래에 놓인 칸막이 선반,

이동할 수 있는 제도판과 작은 침대가 간단히 놓여 있었다.

북쪽의 다른 공간은 페르낭 레제의 작업실과 맞닿은 벽으로 경계를 지었다. 원래 없던 작은 개구부를 내 멋대로 뚫어 공간에 생명력과 조화로움을 더하여 파리의 먼 경치를 감상하며 시각적 즐거움을 느낄 수 있게 했다.

길게 뻗은 이 공간은 중간 높이의 수납 가구를 사용해 형식적으로 분리시켰는데, 수납 가구는 공간을 분리하면서도 시야를 가리지는 않았다. 유리 지붕 아래에는 큰 침대를 두었는데, 겨울에는 이곳에 1929년 전시회에서 수집한 야생 고양이 가죽 담요를 덮어 두었다.

비 오는 날이면 창으로 흘러내리는 빗소리를 자장가 삼아 평화롭게 잠들곤 했다. 그러나 천둥과 번개가 치는 날이면 갑작스럽게 잠에서 깨어, 뜬눈으로 밤하늘의 별빛과 달빛 아래 홀로 취해 있곤 했다.

또 다른 유리 지붕은 이 방의 두 번째 부분을 밝혀 주었다. 이곳은 식사를 위한 테이블이 있는 일종의 접대 공간이었다. 편자가 달린 아주 작은 주방이 있어 식사 준비를 할 수 있고, 저녁 파티를 할 때는 엉망이 된 주방이 보이지 않도록 문을 닫아 시선을 차단했다.

파티가 한창일 때면 우리는 대들보에 걸어 둔 체조 링에 매달리며 종종 곡예를 즐기기도 했다. 어떤 친구들은 공중에서 다리를 스윙하며 뛰어난 솜씨를 보여 주었고, 나는 원피스를 입고 거꾸로 매달리기도 했다. 매일 아침 친구들은 내가 훈련할 수 있도록 도와줬는데, 나는 평평한 지붕에서 메디신볼médecine-ball*을 탔다. 이웃 건물 사이에는 난간이 없었다—듀플렉스 건물이었다. 지붕으로 가려면 변기를 발판 삼아 화장실의 천창을 통해 올라가야 했다. 9층 높이의 상공에 복원 공사를 통해 아연 지붕에 접근할 수 있게 했는데, 이 지붕을 우회해야 했다. 이 훈련으로 나의 산악인 역량을 시험해 볼 수 있었다. 같은 층에 살던 이웃은 공범이었다. 어느 날에는 공을 잡으려다가 균형을 잃어 하마터면 바깥으로 떨어질 뻔했다. 그런데도 나는 계속해서 같은 경로로 유리 지붕을 청소했다. 생월피스 작업실 다음으로 나의 새 숙소가 매력적이라고 생각했다.

1926년 말, 생토노레 시장 광장을 떠날 때 어머니는 이렇게 말했다. "무슨 일이 있어도 항상 우리에게 의지하렴." 어머니는 나의 이혼과 정착을 도와주면서 이유를 묻지도, 무언가를 바라지도 않았다. 어머니의 친구 중 한 분이 어머니에게 이렇게 말했다. "샤를로트는 절대 재혼할 수 없을 거예요. 생각해 봐요. 이혼한 여자는……." 나는 이렇게 대답했다. "그게 저를 보호해 줄 거예요."

하지만 물질적으로 어려워졌다. 르코르뷔지에와 피에르 잔느레의 작업실에서 열심히 작업하면서 생계를 위해 개인적으로 일거리를 구해야 했다. 그렇게 두 가지를 병행하는 생활을 했다.

정오에는 옛집에 돌아와 기쁜 마음으로 생토노레 시장으로 향했다. 아버지와 어머니가 따뜻하게 맞아 주었다. 어머니는 내

---

* 체조 용구로 쓰이는 공

가 독립적으로 지내는 것을 굳게 원하셨기에, 나는 매일 저녁 몽파르나스로 돌아갔다. 어머니는 마네킹을 내 치수에 맞게끔 변형하여 원피스와 외투를 만들어 주었지만, 나는 입어 보길 꺼렸다. 과하게 꾸민 듯한 스타일과 소재가 내 취향이 아니었다—세대 차이였다. 어머니는 기념일이나 생일 때마다 내가 더 이상 즐길 수 없는 것들을 선물했다. 나의 내밀한 욕구를 감지한 것이었다. 어머니가 선물한 3등석 열차 정기권과 스키 한 켤레로 나는 마침내 떠날 수 있게 되었다. 정기권은 도시와 산을 오가는 데 경제적 수단이었다. 더 자주 떠날수록 더 많은 이득을 남길 수 있었다. 배낭 하나를 메고 여름에는 텐트에서, 겨울에는 알파인 클럽 대피소에서 잠자곤 했다. 등산 친구 중 한 명이 피켈 위에 쌓인 눈을 쪼개기 위한 두랄루민으로 된 삽과 톱을 제작해 주었는데, 그걸로 겨울에 이글루를 만들었다.

주말이면 새머, 바너, 사카쿠라 등 작업실의 스키 애호가들을 꼬드겨 함께 곧잘 떠났다. 우리는 금요일 저녁마다 쥐라나 알프스 산맥으로 떠났다가 월요일 아침에 작업실로 돌아오곤 했다. 몸은 항상 성치 않은 상태였으나 행복했다. 덜 행복한 사람은 르코르뷔지에뿐이었다. 피에르가 우리 여정에 동참할 때면 더욱 그랬다. 우리의 이러한 거친 모험은 르코르뷔지에가 추구한 목표, 즉 싸울 가치가 있는 유일한 목표인 20세기에 걸맞은 집을 짓는 것에서 멀어지게 했기 때문이다.

매년 크리스마스에 사카쿠라와 나는 파리-장크트안톤행 야간 열차를 타고 가 등산 스키를 배우곤 했다. 어느 날에는 발레Valais

의 해발 4,000미터 지점에서 사카쿠라가 베르크슈룬트bergschrund[•]를 발견하곤 놀라 감탄했다. "이게 만년설인가요?" 여행의 목표였던 만년설을 보고 만족한 사카쿠라는 다음 날 파리로 돌아갔다. 일본에는 빙하가 없었다.

어느 여름, 휴가를 보내기 위해 아드리아해 연안으로 갔다. 바다와 접한 포도밭이 있는 작은 저택에 머물렀는데, 자그레브의 별장 소유주들이 손님용으로 사용하던 별채였다. 그곳에서 나는 정어리 떼를 따라가며 신기한 참치 어획을 목격했다. 물기를 닦고 단장한 후에는 마을 광장에서 집시 오케스트라의 연주에 맞춰 춤을 추거나, 바위에 걸터앉은 사람들의 노랫소리를 들으며 빛나는 바다에서 야간 해수욕을 하곤 했다. 인생은 정말 살만한 가치가 있었다.

그때는 시간적 여유가 있었지만, 다른 한편으로는 사회보장도 받지 못하고, 세금도 없고, 작성해야 할 서류 더미도 없이 그저 모래 위에 앉아 있었다.

근대건축국제회의

여덟 살이 되기 직전이었다. 은빛 몸통에 반투명한 하늘색 긴 날개가 달린 금색 눈의 예쁘고 작은 곤충이 집 외벽에 걸터앉아 있

• 빙하의 빙설과 산 쪽의 빙설이 갈라져서 생긴 틈새

었다. "엄마, 이것 좀 보세요. 이게 뭐예요?" "그건 네 요정이야."
나는 꿈에도 나올 만큼 아름답고 신성한 요정을 갖게 되었다.

학교에 갔다가 서둘러 집으로 돌아왔을 때, 요정은 사라지고
없었다. 나는 울음을 터뜨렸다. "엄마, 요정이 떠났어요." 하지
만 바닥에는 찌부러진 작은 금속 구슬이 있었다. "이게 뭐예요?"
"네 부적이란다"라고 엄마가 답했다. 마음이 진정된 나는 그것
을 내 방 열쇠 구멍에 숨겼다. 그것은 아직 그곳에 있을 것이다.

세월이 한참 흘러, 라팽 교수님이 무슨 일을 하며 살 건지 물
었을 때, 나의 '착한 요정'은 내가 반항적으로 "건축이요"라고
답하게 했다. 1921년의 일이었다.

1933년, 르코르뷔지에 덕분에 나는 제4회 근대건축국제회
의CIAM에 참여할 수 있었다. 각 나라에서 온 저명한 건축가들을
만나 그들의 지식과 생각에 빠져들었다. 그리고 그리스 땅을 밟
고 스파르타, 에피다우로스, 아크로폴리스를 볼 수 있었다.

르코르뷔지에는 말했다. "순결하고 깨끗하며 강렬하고 거대
하며 격렬한 파르테논을 기억해. 우아함과 폭정이 공존하는 풍
경에서 시작된 그 외침을 말이야."

예술가 협회인 '예술가의 집 Maison des artistes'을 설립한 스위스
라사라의 성주 엘렌 드 망드로는 프랑스, 독일, 스위스, 이탈리
아, 영국, 스페인 각국의 젊은 건축가들을 모으고자 애썼다. 그
녀는 1928년 파리에서 르코르뷔지에와 피에르 샤로, 가브리엘
게브레키안 등 몇몇 친구와 함께 꿈을 실현했다. 그녀는 취리히
에 있는 지크프리트 기디온에게 건축가들을 결집할 것을 부탁

했다.

당시 르코르뷔지에는 큰 분노를 품고 있었다. 제네바에 있는 UN 유럽 본부 건축을 위한 국제 공모전에서 심사위원단이 내린 결정에 큰 환멸을 느꼈다. 처음에는 그의 계획안이 수상작으로 고려되었으나, 기이한 음모에 따라 폴 네노의 계획안이 최종적으로 선정되었다. 아카데미즘의 승리였다. "아카데미즘이 무기를 갈고닦았다. 그것은 감시하고 행동하며 달려들고 죽인다"(르코르뷔지에).

르코르뷔지에와 피에르 잔느레의 설계안은 그럴듯한 명분으로 탈락했다. 규정에 반하여, 설계안을 먹물로 그리지 않고 먹물 흔적을 이용하는 도렐 기법으로 재현했기 때문이었다.

반응은 즉각적이었다. "고국에서 처절하게 고립된 건축가들에게 이론적이고 객관적인 기반을 제공해야 한다"(S. 기디온, 『공간, 시간, 건축 *Espace Temps Architecture*』). 그리하여 르코르뷔지에는 엘렌 드 망드로의 프로젝트에 참여하게 되었다.

첫 번째 CIAM 회의는 1928년 라사라 성에서 열렸다. 취리히 출신의 카를 모저 교수가 CIAM 회장으로 지목되었다. '회의'라는 용어는 대화에 기초한 협력의 의미로 이해해야 했다. "당시 건축계 전반을 지배하던 강력한 아카데미즘 세력에 맞서며 현대 건축의 생존권을 지켜야 한다"(S. 기디온, 앞의 책).

나는 첫 번째 회의와 이후 두 차례의 회의에도 참석하지 않았다. 아직 준비되지 않았고, 참여할 생각도 하지 못했다. 그러나 분위기를 재현할 수는 있다. 관대하고 명망 있는 성주였던 엘렌 드 망드로는 구성원들끼리 잘 화합하도록 신경 썼으나 다양한 감수성을 지닌 남성들은 격렬한 토론을 벌였다.

긴장이 클수록 이완은 더 급격해진다. CIAM 창립이라는 역사적인 날을 기념할 필요가 있었다. 건축가들은 다시 신참이 되어 자유롭게 꾸몄다. 사진에서는 제국의 정예병으로 분장한 르코르뷔지에, 피에르, 기디온, 게브레키안의 모습을 찾아볼 수 있다.

1929년에 두 번째 회의가 프랑크푸르트에서 열렸다. 처음으로 발터 그로피우스, 알바르 알토, 호세 루이스 세르트가 회의에 참여했다. 주제는 '최소 주택에 관한 연구'였다.

나는 작업실에서 이 연구에 간접적으로 참여했다. 최소한의 공간, 즉 거주자당 14제곱미터의 공간에서 두세 명 혹은 네 명의 자녀가 있는 가족의 화합을 유지하는 설계안을 어떻게 구성할 수 있을까? 먼저 아이들이 부모가 있는 거실에서 노는 것이 아니라 아이들끼리 놀 것이라고 가정했다.

이를 위해 아이들의 방은 미닫이 칸막이벽으로 연결되어야 했다. 칸막이벽을 열면 넓은 놀이 공간이 확보되고 닫으면 사생활이 보장된다. 이 개념은 이후 마르세유에 있는 '위니테 다비타시옹 Unité d'habitation*'에서도 사용되었고, 오늘날에도 기념일에 모든 칸막이벽을 열어 온 집안에 기쁨이 스며들도록 한다. 사생활을 보장하면서 소통할 수 있다. 반면 부엌이 거실과 완전히 통합

• 르코르뷔지에가 설계한 첫 공동 주택으로, 33가구가 들어가 17층짜리 단일 건물이다.

되는 개념은 아직 나타나지 않았다.

빅토르 부르주아의 발의로, 1930년 브뤼셀에서 제3차 회의가 '주택 단지 건축을 위한 합리적인 방법'이라는 주제로 개최되었다. 그로피우스, 르코르뷔지에, 그리고 노이트라와 같은 연사들이 결정을 내려야 했다. 단층 건물과 다층 건물 중에 어느 것을 택해야 하는가? 건축가 카를 모저는 암스테르담의 도시계획사무소의 젊은 소장인 코르넬리스 판 에이스테런에게 회장직을 넘겼다. CIAM은 이 분야로 나아갔다.

1932년 소련 주택건설협동조합 최고위원회는 제4차 회의를 모스크바에서 열자고 제안해 왔다.

주제는 '기능적인 도시'였다. 판 에이스테런은 암스테르담에서의 경험을 바탕으로 세 가지 설계안을 준비하는 일을 맡았다. 설계안에는 토지 이용, 교통망, 도시와 환경 사이의 비율을 적절한 기호로 이해하기 쉽게 나타내도록 했다. 런던, 파리, 베를린, 디트로이트, 로스앤젤레스, 바르셀로나, 아테네, 로마 등 33개 도시를 다양한 기능, 즉 주거, 노동, 여가, 교통에 따라 분석해 도시 간에 비교했다.

소련은 회의 개최를 1년 유예할 것을 요청했다. CIAM 집행위원회는 난처해했다.

예상치 못한, 받아들일 수 없는 소식이 전해졌다. 1932년 2월 29일, 소련 국영 통신사 TASS는 모스크바에 있는 소비에트 궁전 건축위원회의 권고를 발표했다. 위원회는 그들이 최고라고 생각한 설계안을 택했지만, 최종 결정을 미루고 다음과 같은 지침을 내렸다. "현대 건축 기술의 성과에 최상의 고전 건축 방법들을 적용할 수 있을 것." 이 지침을 통해 현대 건축이 더 이상 소련에 설 자리가 없다는 것을 깨달을 수 있었다. 오늘날 나는 이를 포스트모더니즘이라고 부른다.

이에 반발하여 회의를 준비하던 국제건축문제해결위원회 CIRPAC는 1932년 3월 바르셀로나에 모여 모스크바에서 회의를 개최하지 않기로 했다. 위원회는 이오시프 스탈린 인민위원평의회 의장에게 격렬한 어조의 서한을 보냈다.

서한에서 CIRPAC는 선정된 설계안들을 분석해 이렇게 결론을 내렸다. "소비에트위원회의 결정은 러시아혁명의 정신과 5개년계획의 실행에 대한 직접적인 모욕이며, 소련에서 처음으로 표현된 현대 사회의 열망에 등을 돌린 것이다. 이번 결정은 과거 왕정 체제의 화려함을 신성시하는 것이다."

회의 장소로는 아테네가 선택되었다. 브로이어는 선상船上 회의를 제안했다. 르코르뷔지에는 자신이 아는 그리스 회사에 연락했다.

그리하여 1933년 7월 29일 토요일 오전 11시에 '파트리스 II' 호는 CIAM의 회원들과 그들의 친구, 시인, 화가 들을 싣고 출항했다. 16개국의 세계 각지에서 온 이들은 자기 도시의 설계안을 분석한 작업물을 가져왔다. 마르세유와 피레아스 사이 그리고 하늘과 바다 사이에서, 지상의 영향으로부터 차단된 채 33개 도시를—각 도시의 법률을 포함해—살펴보고 비교했다. 선원들은 닻을 올리자마자 갑판을 바닷물로 충분하게 적셨다. 하나의 상징, 하나의 정결 의식이었다.

이 대대적인 작업을 위해 이틀 반이 예정되었고, 위원회가 구성되었다. 우리는 마치 개미집에 있는 것 같았다.

나는 작은 타나그라 인형 같은 문차 세르트와 함께 고요한 바다 공기와 태양을 만끽하기 위해 한적한 곳을 찾아 나섰다. 작업에 다시 착수하기 전에 잠시 긴장을 풀러 나온 페르낭 레제, 제르보스, 모호이너지와 함께 르코르뷔지에, 피에르, 세르트의 모습이 보였다. 8월 1일, 피레아스에 도착하자 작업이 완료되었다.

우리가 그리스의 신성한 땅에 발을 내딛자마자 우리는 이미 모두의 관심사가 되었다. 환대라는 삶의 기술은 여전히 그리스에서 쾌활하게 유지되고 있었다. 나는 모든 초대장을 소중하게 간직했다.

우리를 위해 마련된 축하 행사가 기다리고 있었다. 관광청에서는 밤 10시쯤 필로파포스 언덕과 헤파이스토스 신전에서 충분히 즐기라고 권했다. 다음 날 개별적으로 도시를 방문한 뒤 연회가 제공되었다.

8월 3일 목요일에는 피레아스에 있는 담배 공장을 방문했다. 공장에서는 에어컨이 가동되고 있었고, 공장장인 파파스트로토스 씨는 르코르뷔지에에게 불행히도 이러한 쾌적함이 노동자의 숙소에는 제공되지 않는다고 설명했다. 공장은 모범적이었지만 숙소는 아니었다.

11시에는 베나키 박물관을 방문했고, 같은 날 저녁에는 국립이공과대학의 람파다리오스 학장이 학교 정원에서 우리를 위해 호화로운 연회를 열어 주었다. 르코르뷔지에는 오후에 공식 회의를 한 정부 장관들과 일반 시민, 의회 참석자들 앞에서 매우 정교한 연설로 이날의 마침표를 찍었다.

나는 혼자서 한 나라를 방문하거나 한 가지 기념물에 깊이 빠져드는 것을 좋아한다. 간섭 없이―홀로라면 서두르지 않아도 되고, 특히 일행을 두고 경탄하지 않아도 된다―장소와 직접적으로 연결되어 있다고 느끼는 것을 좋아한다. 겸허하게 작은 발걸음으로 장소에 다가서고, 그것들의 시초를 떠올려 보고, 그것들이 겪었던 것, 신념, 전설, 노래를 부르던 시인들을 경험해 보는 것을 좋아한다. 그리고 땅의 향기, 수지 향이 나는 와인, 한낮에 올리브나무 그늘에서 낮잠을 자는 것을 좋아한다. 죽은 것들을 좋아하지 않아도 여전히 그곳에 사는 영혼을 느낄 수 있다. 황혼 녘에, 새벽녘에, 새들이 깨어나는 때, 홀로 신들과 마주할 때도. 이에 대해 마음의 준비가 되어 있어야 하는데, 나는 이 사라진 세계에 대해서는 그러지 못했다.

우리는 주어진 엿새의 자유 시간 동안 키클라데스제도에 갈 예정이었으나, 나는 헤로도토스의 땅, 펠로폰네소스반도를 여행할 계획을 은밀히 세웠다. 에피다우로스 원형극장과 스파르타, 민주적인 아테네의 경쟁 도시였던 독재적인 군사 도시 스파르타에 가 보고 싶었다. 하지만 무엇보다 해발 2,420미터의 타이게투스 산맥에 오르고 싶었다. 당시 나는 산간 지역에 가면 반드시 최고봉에 오르곤 했다.

그리스알파인클럽에 연락했다. 클럽에서 일정을 짜 주고, 아르카디아 지부장을 소개해 주었다. 아르카디아 지부장은 트리폴리에서 우리와 동행했다.

등산화, 침낭, 산악용 배낭 등 이 여정에 필요한 모든 장비를 챙겼다. 르코르뷔지에, 레제, 제르보스는 미코노스와 산토리니로 가기로 했다. 양심의 가책을 조금 느끼긴 했지만, 그들을 두고 떠났고 피에르가 나를 따라왔다.

우리는 택시를 타고 스파르타까지 갔고, 이후 신전을 걸어 다니며 자연을 즐길 수 있는 자유를 누렸다. 첫 번째 목적지는 엘레프시나였고, 새벽에 기분 좋은 해수욕을 즐겼다. 코린토스와 미케네를 방문해 점심을 먹고, 나플리오에 가서 하룻밤을 보냈다. 그리고 해 질 녘에는 꼭 가 보고 싶었던 에피다우로스 극장을 발견했다. 전나무로 뒤덮인 산속에 석재를 계단식으로 쌓아 만든 원형극장이었다.

저녁 무렵에는 아주 작은 속삭임조차 느낄 수 있는 침묵 속에서 맨 위쪽의 단에 앉아 사색에 잠겼다. 피에르와 나, 우리 둘뿐이었다. 우리는 인간의 작품이 하나로 어우러지는 이 모든 것, 땅, 하늘과 교감했다.

우리는 그 장엄함과 단순함에 경탄했다. 신을 감동시키는 충실한 작품이었다. 나는 모든 것이 하나로 모이는 이 마법 같은 순간을 온전히 느꼈다.

이웃 마을에서 온 목동들, 남자들, 여자들, 아이들이 고대 작품들을 다시 체험하고, 아가멤논의 운명 혹은 메데이아 자식들의 운명을 한탄하고, 그들의 시인과 역사에 교감하는 모습을 상상할 수 있었다.

오늘날 에피다우로스 극장은 국제적인 음악 행사 장소가 되었다. 때때로 무료 저녁 행사를 열어 현지인과 외국인을 반긴다.

우리는 나플리오에 차를 두고 왔다. 그 덕분에 수많은 자갈과 향기로운 건초로 이루어진 이 황량한 땅을 밟았다. 땅에는 목동과 양 떼가 있고, 우리의 프로방스 고지대의 작은 산에서처럼 머리 위로 별들이 가득했다. 나는 이곳에서 나 자신을 발견했다.

그날 저녁, 스파르타를 향해 가던 길에 해 질 녘 커다란 짙은 붉은빛 카펫에 앉아 일을 마치고 돌아온 양치기들과 마을 사람들이 아직 온기가 남아 있는 땅의 부드러운 흙내를 들이마시고, 다시 찾아온 저녁의 서늘한 기운을 느끼며 옹이 진 올리브나무 혹은 아름다운 오렌지나무 아래에서 평온하게 파이프를 피우는 모습을 보았다. 마치 시간이 멈춘 것 같았다.

산책은 멋졌지만, 가까이에서 본 스파르타는 크게 흥미롭지 않았다. 시장은 시민 몇 명과 함께 타이게투스산으로 가서 여름 피서를 보냈다. 날씨가 매우 더웠다. 우리는 미련 없이 산속에 있는 미스트라스로 갔다. 미스트라스는 비잔티움 그리스의 중심지이자 성스러운 도시로, 가장 아름다운 건축물로 손꼽히는 교회, 수녀원, 수도원을 거의 그대로 보존하고 있었다. 두 시간 반을 걸으니 아나브리티로 향하는 오솔길이 나왔다. 산골에 있는 아름답고 작은 정교회 마을이었다. 마을 사람 한 명이 우리를 회칠한 집으로 안내했다. 바닥은 돌로 포장되고, 자는 곳에는 샘물로 색이 더욱 선명해진 전통적인 붉은색 양털 카펫이 깔려 있었다. 이 나라의 진정한 부富는 바로 맑은 물이라는 것을 금세 깨달을 수 있었다.

새벽에 한 아이가 달콤하게 절인 체리 한 컵과 진미처럼 보이는 맑은 물이 담긴 큰 잔을 가져왔다. 일요일이었다. 마을에 연대감을 느낀 우리는 경건하게 예배를 드리러 정교회에 갔다. 외국인인 나는 남자들이 앉는 신도석에 머물렀다.

떠나야 했다. 마을 사람들이 배웅해 주었다. 닭 한 마리와 민트 잎가지가 담긴 올리브오일 한 병을 선물로 받았다.

세 시간을 걸어 트상가리 수원水源과 스파르타인의 여름 별장에 도착했다. 스파르타 시장인 엘리 고르츠올로고스는 우리를 점심 식사에 초대했다. 무엇이 우리를 기다리는지 전혀 알지 못했다.

오솔길을 따라 굽이굽이 늘어선 나무들에서 약간의 생동감이 느껴졌다. 새잎이 움트기 시작했고, 나뭇가지들은 층층이 각기 다른 기단을 형성했다.

아래쪽으로는 돌담으로 둘러싸인 반도半島가 바구니, 커다란 장작불, 레치나petσíva' 술통, 단지와 노새 한 마리로 장식되어 있었다. 우리 앞에는 여왕처럼 홀로 긴 나무 탁자가 좌판 위에 놓였고, 그 위에 깨끗한 흰색 리넨 식탁보가 덮여 있었다. 시장은 햇빛을 피해 30여 명의 친구와 함께 우리를 기다렸다.

• 송진향의 그리스 전통 와인

우리가 얼핏 본 기단은 침대로 사용되었다. 자연이 제공할 수 있는 모든 것은 옷을 걸기 위해, 위층으로 올라가는 데 사용되었다. 마치 새들처럼 높은 곳에 사는 인간의 삶이었다.

군 복무에 부적합하고 제대로 훈련받지 못한 아이들을 타이게투스산의 어두운 틈에 잔인하게 던져 버리는 고대의 끔찍한 이미지와는 거리가 멀었다.

환영은 따뜻했다. 장작불에 구운 맛있는 양고기가 제공되었고, 통에서 가져온 '레치나' 와인이 곁들여졌다. 아테네에서 맛보던 것과는 전혀 달랐다. 음악과 노랫소리에 마음이 홀가분해졌다. 행복했다. 오랜 친구들과 집에 있는 것처럼 편안했다.

우리는 성 엘리아스산이라고도 불리는 타이게투스산에 오르려 했다. 내가 기억하기로 그리스에서 가장 높은 산봉우리에는 조난된 순례자들을 보호하기 위해 성 엘리아스라는 이름의 예배당이 있었다. 바로 그것이었다. 우리는 관광객이 아니라 순례자였고, 성 엘리아스를 기리고, 타이게투스산에서 떠오르는 태양을 맞이하려 했다. 그게 모든 것을 바꾸었다.

맛있는 식사를 마치고 낮잠을 잤다. 우리는 각자 숲의 고요 속에 있는 간이침대에 누웠다.

시럽에 담긴 체리와 큰 잔에 남긴 깨끗한 물로 잠에서 깨어났다. 우리는 떠나야 했다. 정상에 도달하기 전에 폭풍우가 칠 것 같았기 때문이다.

세 시간 후, 마치 열대 지역에서처럼 하늘에서 엄청난 폭우가 갑작스럽게 쏟아졌다. 밤이 되자 예배당이 우리 앞에 나타났다.

옷을 말리고, 불을 피우려 애쓰고, 선물로 받은 닭을 구우려 했지만 소용없었다. 자정쯤 포기하고 내일의 해가 뜨길 기다렸다.

아침 안개 사이로 지평선이 모습을 드러냈다. 우리는 새벽부터 가파른 경사를 타고 서쪽으로 내려왔다. 발아래 굴러다니는 작은 조약돌들을 따라 아래쪽으로 나아갔는데, 내려온 곳에는 한 무리의 양 떼와 온화한 그리스 목자의 얼굴을 한 양치기가 있었다.

간신히 네모나게 자른 가느다란 나무줄기 네 개가 나뭇가지와 잔가지, 양가죽으로 이루어진 잠자리를 떠받치며 필로티 구조의 빈약한 임시 거처를 형성했고, 메마른 자연 속에서 한낮에 약간의 그늘을 제공했다. 나무줄기에 일부 가지가 남아 있었는데, 거기에 물기를 빼야 할 버터, 치즈, 냄비, 외투가 걸려 있었다. 놀라운 구성이었다.

에프스트라티오 파불라레아스라는 이름의 양치기는 우리에게 양젖 한 사발과 앞으로의 여행을 위한 버터와 치즈를 주었다. 그것은 그가 가진 유일한 보물이었다. 우리는 받을 수밖에 없었다. 피에르와 나는 이 양치기가 기계 문명으로부터 영향받지 않은 순수한 사람이라는 데에 동의했다. 우리는 알파인 클럽 회장인 조르주와 함께 오랫동안 대화를 나누며 이 남자에 관한 이야기를 들을 수 있었다. 그는 양 떼를 사기 위해 돈을 빌렸지만, 제때 갚지 못하는 바람에 뉴욕의 대형 호텔에서 접시닦이로 일해야 했다. 그는 빚을 갚기 위해 2년을, 양을 사기 위해 2년을 그곳에 머물렀다. 몸은 미국에 있지만 마음은 산속에 있는 남자의 모습을 상상해 보았다. 그는 자신의 전통을 잃지 않았다. 타향살이는 그에게 단지 인생의 한 과정일 뿐이었다.

그는 우리에게 길을 가르쳐 주었다. 어두운 단층, 점점 더 깊어지는 음산한 협곡, 메마른 급류 골짜기를 지났다. 한 걸음에 가기에는 너무 크고, 두 걸음에 가기에는 너무 작은 포석을 걸었다. 5시경에 폭풍우가 몰아쳤다. 윗부분이 앞으로 돌출된 바위 밑으로 몸을 피했다. 나는 지쳐 잠이 들었다. 얼마 지나지 않아 피에르가 나를 흔들어 깨웠다. 해가 지기 전에 그곳을 벗어나야 했다. 마침내 협곡을 지나니 소흐리Xohri라는 작은 마을이 나타났다. 문간에 검은 옷을 입은 여자들이 평화롭게 실을 삿고 있었다. 우리는 하룻밤 묵게 해 달라고 부탁할지 망설였다. 항구에 가려면 자갈길을 두 시간이나 더 걸어야 했고, 카르도밀리에서 칼라마타로 넘어가는 배는 아침 7시에 있었다. 그 배를 놓치면, 아홉 시간을 더 걸어가야 했다. 우리는 기진맥진했으나 마음은 평화로웠다. 카르도밀리로 향하고 있지 않은가! 사랑스러운 어선 정박지를 상상했다. 우리는 바다와 접한 목가적인 여관을 찾아 해수욕할 수 있을 것이다.

낙원을 떠난 후 우리의 꿈은 불결한 것으로 뒤바뀌었다. 여관 안뜰에 들어서자 삐걱거리는 계단 하나가 있었다. 올라가니 의심스러울 정도로 깨끗한 모기장이 덮인 다섯 개의 야전 침대가 있는 공용 숙소가 나타났다. 남자 두 명이 이미 코를 골며 자고 있었고, 우리는 나머지 침대를 사용했다. 갑자기 피로가 몰려와 어깨가 뻐근해지고 기운이 쭉 빠졌다. 나는 당황한 채 깊은 잠에 빠졌다. 한숨 자고 난 후, 그리스에서는 저녁 시간이 길고 매혹적이기에 밤늦게 저녁 식사를 하러 내려갔다. 테이블 아래에 모기들이 있는 것 같았다. 피에르가 내 맨다리를 무는 건 아주 큰 새까만 벼룩이라고 알려 주었다. 식사가 끝난 뒤 다시 잠자리에 들 시간이었다. 조르주는 이상한 잔꾀를 냈다. 사용할 수 있는 요강을 전부 찾아와 물을 채운 후 침대로 가져와 발을 담갔다. 빈대들을 따돌리면서 잠들기 위해서였다. 내 모기장 안에 숨었던 모기, 벼룩, 빈대가 날뛰었다. 정말 굉장한 밤이었다.

아침이 되자마자 미련 없이 칼라마타로 출발했다. 서해안을 따라 나 있는 기찻길을 통해 돌아오는 코스를 제안했었는데, 사람들을 만나 접촉하는 좋은 방법이 아니었던 걸까? 칼라마타에서부터 열차는 한나절 동안 자주 그리고 오랫동안 정차했다. 느린 속도로 털털거리며 나아가는 열차 안은 열기와 승객들의 땀 냄새로 숨 막힐 것 같았고, 역마다 새로운 인파가 끊임없이 올라탔다. 나 또한 여러 역에서 내려 혼잡함에 가담했다. 우리의 차림새는 사람들의 눈길을 너무 끌었다. 관광객은 누더기를 겹겹이 걸친 걸인들의 주요 표적이었다. 지독한 열기에도 불구하고 나는 객차의 창문을 닫고 커튼을 쳤다.

다음 역에 다다랐을 때였다. 닫힌 창문 밖으로 끈질기고 격렬하게 애원하는 아이의 목소리가 들렸다. 나는 어떤 이기적인 괴물이 되어 버린 걸까? 커튼을 올렸다. 그 목소리의 주인은 볼살이 통통한 남자아이였다. 아이는 자신의 상처, 딱지, 고름 물집, 잘린 팔의 남은 부분, 터질 것처럼 부푼 발을 아무렇게나 드러내

보였다. 그리고 집요하게 많은 것을 요구하며 점점 사나워졌다.

나는 그 인파, 끊임없이 침략당한 땅 펠로폰네소스의 서해안을 달리는 열차, 활발히 상업 활동을 벌였던 알바니아와 터키 해적의 후손인 그 여행자들을 기억한다. 동쪽에는 여전히 영원한 낙원이 존재했다.

10일 오전, 꾀죄죄하고 피곤한 상태로 피레아스에 도착했다. 피에르는 컨디션이 좋지 않았지만, 우리가 머무는 고급 호텔로 돌아와 레제와 르코르뷔지에, 알베르 잔느레와 재회하게 되어 행복해했다. 그들은 섬 산책을 즐기며 경관에 감탄했다.

아테네에 체류한 것은 단순히 축하 행사를 위해서만이 아니었다. CIAM의 핵심 구성원들은 아테네에서 참여할 회의를, 그들의 차이점을 드러내는 자리라고 여겼다. 그래서 르코르뷔지에는 1933년 에콜 폴리테크닉 환영회에서 '공기, 소리, 빛: 주거 기능 설비'를 주제로 정했다. 그는 스물세 살에 아크로폴리스 앞에서 '불변의 진리 개념'을 습득했고, '삶의 표현 그 자체'인 색을 찬미하며 그림을 그렸으며, 현대로 넘어와 '새로운 도시 환경'을 창조함으로써 인간 생물학의 '천년의 명령을 충족'시켰다.

'공기, 소리, 빛'은 폐와 귀, 눈을 만족시키는 것이다. 그는 세 가지 구성 요소에 대한 해법이 담겨 있는 '중화벽 mur neutralisant'이라는 해결책을 제시했다. "한 번에 모든 난방, 냉방, 환기 문제가 간소화되어 단 하나의 기술로 환원된다. 그것은 바로 올바른 호흡이다. (…) 창문을 닫아야 한다. 그보다 더 좋은 것은 창문을 두지 않는 것이다. (…) 유리 파사드의 밀폐성은 집에 고요함을 가져다주고 (…) 집 안은 햇빛으로 가득 찰 것이다."

르코르뷔지에는 모스크바의 첸트로소유즈 프로젝트와 파리
의 구세군회관, 소비에트 궁전 공모전에서 이 방안을 제안했지
만, 채택되지는 않았다.

르코르뷔지에가 신기술에 투자하는 것이 어느 정도는 옳았
다. 이는 추위가 심한 나라들의 필요에 부합했기 때문이다. 어쨌
든 그의 유리 파사드는 전통 방식의 연장선에 있었다. 러시아의
전통 가옥들은 난로로 인한 따뜻한 공기의 순환용 도자기가 있
는 내벽의 방사열로 난방되지 않았던가? 이와 같은 기술은 중국
에서도 찾아볼 수 있는데, 대신에 수평으로 적용되어 바닥에 온
기가 돌게 했다. 종족宗族은 그런 방식으로 실내를 난방했다. 그
래서 자연스럽게 르코르뷔지에는 두 개의 유리판 사이에서 따
뜻한 공기가 순환하도록 파사드에 유리를 사용했다.

르코르뷔지에의 상상은 예언적이었다. 60년 후 생고뱅은 태
양열 차단 유리, 난방 유리, 냉방 유리, 무단침입 방지 유리를 제
안했다. 이는 프랑스 은행을 보호할 정도로 매우 효과적이었다.
르코르뷔지에는 이카로스처럼 꿈을 꾸었다. 날아다니는 광인들
은 나무에 처박혔지만, 그들은 이제 우주로 향하게 되었다.

페르낭 레제는 며칠 후 르코르뷔지에에게 담화로 응답했다.
분별력 있는 이 노르망디 출신의 화가는 이젤 그림을 넘어서고
자 했다. 그는 회화의 사회적이고 건축적인 벽면 표현을 지지했
으며, 건축물에 통합된 작품을 만드는 것을 꿈꿨다. 레제는 아방
가르드 건축가들과 잘 알고 지냈고 그들의 문제에 대해 잘 알았

기에 그들에게 이렇게 말할 수 있었다.

"당신은 이 우아한 소수 집단을 떠나서, 언제나 벽면을 최대한 장식하고 창문을 커튼으로 가린 사람들, 가구, 벽지, 실내 장식품 속에서 살던 '보통' 사람들에 맞서고 있습니다. 단순하고 느리며 소심한 이 사람들, 당신은 그들의 옷을 벗기고 그들을 '벽' 앞에서 완전히 망연자실하게 만듭니다. 당신이 이제 막 부활시킨 이 벽은 그들의 아버지와 할아버지가 감추려고 애썼던 것입니다. 당신은 그것을 과감하게 드러내고 있습니다. (…) 그들은 갑자기 숨을 곳이 없고, 그림자조차 자리를 찾을 수 없는 새로운 매끄러운 표면 앞에서 빛에 휩싸입니다. (…) 당신의 설계도를 주머니에 넣고 거리로 나가 그들의 숨소리를 들어 보세요. 사람들과 접촉하고, 원재료에 몰입하며, 같은 먼지와 진흙 속에서 걸어가야 합니다. (…) 당신은 예술가를 넘어선 사회적 존재입니다. 당신은 뒤를 보지 못할 정도로 너무 빨리 떠나 버렸습니다. 하지만 돌아보면 당신을 따르는 사람들이 있음을 알게 될 것입니다. 이제 무엇을 하시겠습니까?"

당장 대화를 계속 이어 나가야 했다. 이론은 이러한 특수한 경우 없이는 존재하지 않으며, 이 특수한 경우들은 다양성과 생명뿐만 아니라 모순을 발생시킨다.

제4차 회의의 야심은 1928년부터 진행된 사전 연구와 준비 작업을 통해 이루어졌다. 회의의 목표는 향후 모든 도시계획 작업의 기초가 될 도시계획 헌장을 제정하는 것이었다. 따라서 헌장의 기초가 될 결의안을 도출하기 위해 33개 도시를 분석하면서 참석자 각각이 제기한 모든 사항에 대해 합의해야 했다.

우리는 다시 출항하러 갔다. 이견을 조율하고 취합할 시간이 이틀 반 정도 남아 있었다.

11일 아침에는 그리스를 떠났다. '파트리스 II'호는 로마가 모방한 이 땅, 사고의 발전을 저지하는 아카데미즘을 간접적으로 전파한 이 땅, 우리 문명의 요람인 이 환영의 땅에 쓸쓸한 작별의 경적을 울렸다.

선원들은 의례적으로 갑판을 청소했다. 우리의 가엾은 피에르는 등산하면서 몰타열에 걸리는 바람에 선실로 들어가서는 다시 나오지 못했다. 회의 참석자들은 또다시 배에 올랐다. 몇 가지 부분에서 합의를 끌어내지 못했다.

최후 논의 끝에 8월 14일 마르세유에서 최종안이 표결에 부쳐지지 않은 채 그들은 헤어졌다. 그렇지만 다양한 의견을 교류한 '파트리스 II'호에서의 작업과 아테네에서의 체류에 대해서는 매우 만족해했다. 모든 의견을 종합하기 위해서는 성찰의 시간이 필요했다.

이 귀중한 작업을 보전하기 위해 취리히에서 카를 모저와 루돌프 슈타이거는 CIAM의 다양한 구성원과 협의한 후 토론에서 도출된 내용으로 초안을 작성했으며, 이를 1933년 11월 15일 그리스 기술 연보에 발표했다. 1941년, 호세 루이스 세르트는 방대한 출판물인 『우리 도시는 살아남을 수 있을까? *Can Our Cities Survive?*』에 회의 결과를 요약했다.

이듬해 르코르뷔지에는 서명 없이 아테네 헌장을 작성했다.

헌장은 판 에이스테런, 르코르뷔지에, 세르트, 모저, 슈타이거, 프로트루스키, 보토니, 시르쿠스, 웰스 코츠가 재검토하고 교정한 95개의 결의문과 르코르뷔지에의 논평으로 구성되었다.

이 결의문에는 무슨 내용이 담겼을까? 객관적 사실, 권고 사항, 요구 사항, 심지어 금지 사항도 포함되었다. 이는 시간과 공간 속에서 사고방식에 영향을 받기 때문에 다양한 방식으로 적용될 수밖에 없다.

"따라서 도시 발전의 근본적 이유는 지속적인 변화에 영향을 받는다." 결의문 7호의 내용이다. 이런 이유로 도시계획 헌장을 만드는 데 어려움이 있었다. 도시계획 헌장은 연구가 진행되면서 건축 및 도시계획 헌장, 즉 3차원 도시계획 헌장이 되었다.

'파트리스 II'호에서 두 가지 경향이 충돌했다. 하나는 헬레나 시르쿠스가 이끄는 폴란드 그룹의 마르크스주의적 사고로, 이들은 도시계획이 사회적·정치적 문제에 우선순위를 두지 않는 것을 비판했다. 이는 결의문 91호에서 찾아볼 수 있다. "사건의 진행은 필연적으로 정치적·사회적·경제적 요인에 의해 영향을 받는다." 그리고 또 다른 경향은 르코르뷔지에의 사고로, 이는 결의문 76호에 나와 있다. "인간을 우선시하며, 도시 장치에서 모든 요소의 치수는 인간의 척도에 의해서만 좌우될 수 있다."

95개의 결의문은 반대 성향을 보인 이들 간의 연합 혹은 타협의 결과물이었다. "……삶은 인간의 개성을 좌우하는 두 가지 상반된 요소, 즉 개인과 집단이 서로 일치할 때만 번성한다." 결의문 2호의 내용이다. 이를 적용하는 데 혼동해서는 안 된다.

'이데아'를 '주체'로 착각하지 말아야 한다. 주체는 '인간'이다.

해변을 언급하지 않을 수 없다. 길게 펼쳐진 고운 모래사장을 좋아하며, 바람을 맞으며 갈매기, 가마우지와 함께 파도 거품 속을 걷는 것도 좋아한다. 니스, 라볼, 리우데자네이루의 코파카바나 등 크든 작든 다른 도시들의 산책로는 좋아하지 않는다. 왜일까?

이 도시들의 해변은 주거지로 통하는 도로에 접해 있다. 따라서 호텔, 주택, 클럽 등은 가장 앞에 지나가는 차량들을 바라보게 되며, 해변으로 가기 위해서는 이 도로를 건너야만 한다. 이 배치는 결의문 27호과 완전히 배치된다. "교통로를 따라 주거지를 정렬하는 것은 금지되어야 한다." 그러나 결의문 95호의 내용과는 일치한다. "공익이 사익을 우선한다."

공익인 도로가 선택되었다. 사실상 인간이 아닌 자동차가 선택되었다고 할 수 있다. 이데아가 주체를 이겼다. 아이들이 도로를 건너야 한다는 걸 생각하지 않았기 때문이다.

생말로에 있는 파라메 해변을 좋아한다. 화강암 성벽 위에 자리 잡은 부두는 앞에 개인 정원이 있는 주거지와 접했다. 저택의 정원은 매우 낮은 담장으로 둘러싸였고, 그 앞에는 친절하게도 산책하는 사람들이 담소를 나눌 수 있도록 벤치가 놓여 있었다. 자동차는 건물 뒤쪽으로 밀려나 있었고, 자동차 출입이 금지된 부두로 막다른 샛길이 이어졌다.

공동 주택과 개인 주택은 바다 수평선, 긴 해변과 파도가 격렬하게 부딪히는 부두를 직접적으로 마주하고, 파도는 부두에 격렬하게 부딪히면서 추분날 땅에 물을 흠뻑 준다.

부두는 파라메, 생말로 및 인근 지역 주민들과 온천객, 호텔과 별장 투숙객들이 모이는 만남의 장소다. 시간대에 따라 산책하는 엄마와 아기, 젊은 연인들, 미소년을 찾는 소녀들, 젊음을 과시하며 잠수복을 입고 형형색색의 돛을 펼치는 윈드서퍼들이 거닌다. 더 아래쪽으로 멀리에는 윈드서핑 보드들이 아름다운 나비처럼 바람을 따라 빙글빙글 돌고, 해변에는 파도를 즐기는 사람들이 있다.

저녁이 되자, 검은색 테두리의 모자를 쓰고 사색에 잠긴 늙은 어부들이 꼼짝하지 않거나 천천히 걸으며 수평선 위로 천천히 지는 태양을 주의 깊게 바라본다. 태양은 마지막으로 타오르다가 갑자기 바닷속으로 떨어진다. 기적 같은 숭고한 순간이다.

인간, 주체가 우선시되었고, 도덕은 안전했다.

마르세유에 도착한 피에르 잔느레는 선실에서 나와 병원으로 향했다. 나는 연대 의식으로 그의 옆에 있었다. 회의에 참석한 두 명의 젊은 네덜란드 건축가가 동행했다. 그들은 암스테르담의 낭만적인 운하가 있는 정겨운 구시가지에서 주말을 보내라며 나를 초대했다. 나는 초대를 받아들였다. 돌아오는 길에 로테르담에 들렀는데, '푸른 천사"의 그림자가―길을 잃어―항구 시설과 선술집을 배회하는 나를 반넬 담배 공장까지 이끌었다.

공장은 설계와 실행에서 모범적이었다. 근로자의 건강을 위

• 1930년에 개봉한 독일 영화 〈푸른 천사Der blaue Engel〉의 제목이자 영화에 니오는 술집 이름

해 니코틴 증기가 원천적으로 흡수되었다. 노동자의 편의를 위해 구내식당, 어린이집과 보육 시설, 호화로운 안내대가 있었다. '공장이자 궁전'이었다. 그곳에서는 이브닝드레스를 입고 일할 수 있을 것 같았다.

'주택과 여가'를 주제로 한 제5차 CIAM 회의는 '파트리스 II' 호에서 열기로 했으나, 르코르뷔지에가 큰 희망을 품던 국제예술기술박람회에 참석할 겸 1937년 파리에서 열렸다.

1939년으로 예정된 다음 회의는 연기되었다. 파시즘과 전쟁은 유럽을 잔혹한 고통과 희망이 공존하는 긴 밤으로 밀어 넣었고, 우리는 그로 인한 여파를 견뎌야 했다.

영국 그룹의 주도로 CIAM 회원들은 1947년 브리지워터에서 제6차 회의를 열었다. 그리고 2년 후인 1949년 베르가모에서 제7차 회의를 열고 호세 루이스 세르트를 회장으로 선출했다. 잠재했던 동서 분열이 공공연하게 표출되었다. 폴란드 대표단은 스탈린주의 이론을 채택할 것을 요구했다.

제9차 회의는 1953년 엑상프로방스에서 '인간의 주거지'라는 주제로 열렸다. 건축 리노베이션을 위한 건설자협회 ASCORAL에서 주관했다. 나는 이 회의에 참석했다.

동서의 긴장과 함께 남북의 긴장도 느껴졌다. 이에 더해 세대 갈등도 겪었다. 세르트가 회의를 주재했다. 세상을 발견한 청년 회원들은 이미 거쳐 온 길을 되풀이하면서 이야기를 처음부터 다시 시작했다. 짜증이 난 세르트는 그들에게 이렇게 말했다. "우리는 우리 시대에 필요한 일을 했고, 목소리를 냈습니다. 이제는 여러분이 지금 이 시대에 필요한 일을 해야 할 때입니다."

1956년 두브로브니크에서 열릴 제10차 회의는 젊은 건축가들로 구성된 그룹 'TEAM 10'이 준비하고 이전 집행부가 옆에서 도왔으나, 그룹은 개최 직전에 최종적으로 물러났다.

폐회식에서 르코르뷔지에가 젊은 세대에게 보내는 편지를 낭독했다. "신사 여러분, 동료 여러분, 전환점을 조심하세요……."

르코르뷔지에는 1953년 엑상프로방스 회의에 참석하기 위해 1952년 10월 14일 준공된, 마르세유에 있는 자신의 '작동 가능한' 위니테 다비타시옹을 방문할 계획이었다. 내부 통로와 듀플렉스 아파트, 거실에 통합된 부엌, 분리된 공간 구성, 아이들 방 사이의 통로, 공용 서비스, 넓은 야외 발코니 공간, 필로티 건물, 그리고 산책과 체조를 위한 공간과 놀이터로 사용할 수 있는 옥상 테라스 등 그것은 공동 주택의 새로운 개념을 제시한 실험적인 건물이었다.

그는 위니테 다비타시옹의 방문 계획을 보겐스키에게 맡겼다. 옥상 파티가 일정의 마지막 계획이었다. 보겐스키의 질문하는 듯한 눈빛에 르코르뷔지에는 답했다. "상상력을 발휘하여…… 굴뚝 주변으로 벌거벗은 예쁜 여자를 데려와 주게." 우리는 이 즉흥적으로 꾸며 낸 밀이 어떻게 실현될지 기대했다. 깜짝 놀랄 만한 일이 기다린다는 생각에 벌써 분위기가 소란스러워졌다. 금방 저녁이 되었다. 나는 맨 앞줄 바닥에 웅크리고 앉았다. 내 옆으로 세르트, 피에르, 레제 그리고 조금 더 먼 곳에 기디온 부부가 있었다.

반쯤 어두워지자, 문이 열리면서 반쯤 벌거벗은 관능적인 여성들이 들어왔다. 그들은 리듬에 맞춰 아름다운 다리를 흔들며 도발적으로 맨 앞줄로 다가왔다. 세르트는 기디온을 공략하라는 신호를 보냈다. 포위된 기디온은 도망칠 수 없었다.

뒤에서 분노에 찬 목소리가 울렸다. "젊은이들은 나를 따라 나오게." 북부 지역에서 온 한 반체제주의 참석자는 대열에서 빠져나왔고, 그 뒤로 불운한 두 청년이 난처해하며 고개를 숙인 채 뒤따라 나갔다. 그들이 지나가자 환호와 박장대소가 터졌다. 마르세유 사람들은 즐거워했다.

르코르뷔지에에게는 이런 짓궂은 면이 있었다. 과도한 지성주의에 대한 반발이었다. 이와 관련하여 1931년에 있었던 또 다른 이야기가 떠오른다.

1931년 쾰른 출장

르코르뷔지에 작업실은 쾰른시로부터 바우하우스 정신에 따른 현대 가구에 관한 대규모 아방가르드 행사에 초청받았다. 우리는 '파리 부아쟁 계획'의 디오라마와 가구 요소, 카펫을 제안했다. 르코르뷔지에가 제작한 귀중한 카펫을 개막 직전에 직접 들고 가서 설치해야 했다.

나는 르코르뷔지에의 권장 사항을 엄격히 실행했다. 아침에 정부 관계자들이 도착하기 전에 행사 주최 측에서 나온 두 사람이 카펫을 배치하는 것을 도와주었다. 그들은 주제를 보고 경악했다. 소식이 퍼졌고, 주최 측은 당혹스러워했다. 행렬은 이미 시작된 후였다. 책임자는 물건의 취약성과 작품 보존의 어려움 등 여러 이유를 들어 카펫을 철수해야 한다고 정중하고도 강한 어조로 설명했다. "결정은 르코르뷔지에만 내릴 수 있습니다." 나는 단호하게 거절했다. 도착한 행렬은 빠르게 지나갔고 이 일이 스캔들이 될 것이라고 예상했다. 며칠 후, 르코르뷔지에는 저명한 독일 수집가로부터 한 통의 편지를 받았다. 카펫을 구매하려는 사람이었고, 르코르뷔지에는 이렇게 답장했다. "카펫은 판매용이 아니라 '대가'의 특별 소장품입니다."

피에르와 르코르뷔지에는 이 유쾌한 장난에 즐거워했다. 그것은 독일의 형식주의에 대한 작은 유머였다. "실체를 알 수 없는 것들은 어떻게 하시겠습니까?"

두 사람은 카페 되마고의 테라스에서 카펫을 팔던 행상인을 보곤 카펫에 대한 아이디어를 떠올렸다. 그들은 곧장 행상인을 작업실로 데려왔다. 그리고 그날 저녁 나를 초대해 인조 비단 카펫이 호화로운 카펫으로 변신하는 것을 보여 줬다. 파란색과 빨간색 바탕의 실물보다 더 실물처럼 보이는 호랑이와 사자 가죽 패턴의 고급스러운 카펫이 탄생했다. 놀라운 결과였다. 카펫은 웅장해 보였고, 르코르뷔지에의 손님방에서 한동안 당당히 자리 잡고 있다가 다른 카펫으로 교체되었다.

나는 꽤 많은 예산을 사용할 수 있었다—르코르뷔지에를 대리했기 때문이다—하지만 내가 부린 호사는 새머, 바너, 사카쿠라, 경호원들과 수습생들을 데리고 라인강을 따라 로렐라이까지 내려갔다 돌아오는 것이었다.

돌아오는 길에, 내가 자주 하는 미친 짓 중 하나가 나를 기다렸다. 해 질 녘 라인강 다리를 건너던 중 라인강에서 수영하고 싶다는 생각이 들었다. 친구 둘이 먼저 들어갔다가 이내 벌벌 떨며 밖으로 나왔다. 그들은 들어가지 말라고 충고했다. 하지만 너무 차가운 물에 발을 담그는 것이 싫어서 곧장 뛰어들었다. 곧바로 거센 물살에 휩쓸린 나는 강둑에 붙어 있으려 안간힘을 썼다. 1킬로미터는 더 떠내려가서야 꽁꽁 언 알몸으로 곤경에서 벗어날 수 있었다. 불안해하는 친구들에게 달려갔다. 거리에는 다행히 사람이 없었다.

1935년 브뤼셀국제박람회

1935년 브뤼셀국제박람회에서 모리스 뒤프렌이 프랑스 부문 책임자로 임명되었다. 그는 1929년에 장식예술가협회전에서 사임한 반체제 젊은이들을 잊지 않았다. 아마도 당시 그는 우리가 현대성을 주장하기 위해 그룹으로 표현하고자 한 우리 생각에 아주 반대하지는 않았던 것 같다. 그는 르네 에르스트, 루이 소뇨와 내게 프로그램을 제안했는데, 나는 르코르뷔지에와 피에르 잔느레도 참여시켰다. 주제는 '청년의 집 La maison du Jeune Homme'이었다. 이번에는 실행을 위해 필요한 예산이 마련되어

146

있었다. 1928년에 이어 두 번째로 합심하여 표현의 자유와 서로의 다름을 유지하면서도 동질적인 창작물을 만드는 것이 가능하다는 것을 증명해 냈다. 우리에게는 만족시켜야 할 역할, 지켜야 할 기술, 그리고 관계 속의 조화라는 공통점이 있었다.

그렇다면 이 프로그램을 어떻게 표현할 것인가?

르네 에르스트는 친구들과 카누를 타곤 했다. 목요일마다 함께 클라리지 호텔 수영장을 빌려 수영하고, 장난치며 놀고, 수구를 했다. 이 집의 청년은 운동을 좋아하는 것 같았다.

르네 에르스트는 스포츠를 찬양하는 페르낭 레제의 대형 그림으로 생동감을 더한 체육 문화실을 디자인했다. 공이 사빙으로 튀겨 나가는 것을 막으려고 큰 그물망으로 피트니스 공간과 공부방을 분리했다. 각각은 신체와 정신을 드러내는 상징물이었다. 그 외에도 체육관의 팽팽한 그물 앞에 칸막이를 형성하는 우리의 '선언적 가구Meuble manifeste' 즉, 사무용 가구 제조업체인 플랑보의 작업실에서 래커로 칠한 금속판으로 만든 칸막이 선반 세 개를 나란히 배치했다. 그러나 이게 왜 '선언적'일까? 르코르뷔지에는 칸막이 선반에 '새로운 시대'를 환기하기 위해 '선화線畫 철판'을 넣자는 의견을 냈다(어두운 배경 덕에 선들이 반짝거리는 것처럼 보였다). 가운데 선반 문에 박아 넣은 철판은 부아쟁 계획을 상징했고, 가구 측면의 철판은 파리를 찬양하는 그림으로 에펠탑의 아버지 귀스타브 에펠에게 경의를 표했다. 브뤼셀에 있는 한 건축가의 작업장에서 홍수로 이 가구를 잃어버렸다는 소식을 듣고 얼마나 아까워했는지 모른다. 많은 뜻이 담긴 하나뿐인 가구였다.

그중 한 벽은 석판으로 구성했다. 나는 석판에 분필로 《청년의 집》도면을 그렸다. 여러 창작자의 이름과 함께 CIAM, UAM 소속을 기재했다. 이는 우리 자신을 부각하기 위해서라기보다이 투쟁 운동, 즉 사회의 진화, 건축 기술, 새로운 삶의 방식에 알맞은 미래를 지향하는 공동의 성찰을 위한 우리 직업의 규율을하나로 모으는 운동에 주의를 끌기 위해서였다.

작업대는 분필로 메시지를 쓸 수 있는 매우 무거운 석판과 이를 지탱하는 주철 다리로 만들었고, 직사각형으로 파인 홈이 펜과 연필이 굴러떨어지지 않도록 했다. 규준선에 따라 파낸 이 선은 테이블을 사용하는 기능을 구분하고 이 집의 청년에게 숫자의 아름다움에 대한 개념을 알려 주었다. 청년은 1928년산 크롬도금 파이프로 만든 회전형 안락의자에 앉아 있고, 그 앞에는 자연의 재료인 짚을 엮어 만든 나무 의자가 놓였다.

수집품을 전시하는 벽에는 금속 리벳이 가득 박혀 있는데, 이는 작은 금속 제품과 전시대로 사용될 선반으로 고정성과 이동성을 보장했다. 전시품은 고래 등뼈와 규석 등 자연이 만든 형태의 아름다움을 느낄 물건들로 구성했다.

나는 페르낭 레제에게 벽화 기법의 문제를 제기하고 프레스코화를 시도하자고 했다. 이 고대 기법을 건축에 접목해 현대적으로 표현하는 것은 어떨까? 그는 망설이지 않고 이를 받아들였다. 그리고 근사한 패널을 가져다주었고, 나는 이를 수집품 벽에전시했다. 어떻게 되었을까?

나는 플랑보 작업실에서 바닥부터 천장까지 이어지는 실린더 튜브에 장착된 회전 선반을 골랐다. 이것을 작업 공간과 루이 소 뇨가 디자인한 휴식 공간을 상징적으로 분리하는 대형 탈착식 게시판으로 꾸몄다. 패널 두 개에 의사소통 수단의 역사, 사회 발전과의 관계, 인간의 발견으로 인한 의사소통 수단의 단계적 출현, 그 발견의 적용 및 사용을 추적하는 포토몽타주를 전시했다.

그 뒤에는 달의 지도를 두어, 청년이 침대에 누워 이 '평온의 바다'에 푹 빠질 수 있도록 했다. 당시 우리는 우주를 정복하고 인간이 달에 첫발을 내디딜 수 있으리라고는 상상조차 할 수 없었다(우주에 대한 모독처럼 느껴졌기 때문이다). 나는 미셸 세르*의 방송과 거대한 망원경을 통해 팽창하고 변화하며 영원히 지속되는 우주 공간을 바라보길 좋아한다. 저항할 수 없을 만큼 나를 끌어당기는 우주는 내 감각으로는 아직 온전히 파악할 수 없었다.

우리의 전시는 물질, 기술, 상징적 물건들, 다양한 감각, 자유를 한곳에 모아 놓은 것이었다. 마치 오늘날 창고를 개조한 작업실처럼 제약 없는 공간이었다. 우리의 '양식 훈련', 즉 자신의 시대를 따르는 한 청년의 보금자리를 상상한 작업은 만족스러웠다.

샤로는 나와 의견이 달랐다. 나는 나무와 짚으로 된 안락의자를 만들었는데, 그는 이 작업을 완전한 역행으로 받아들였다. 사

---

* Michel Serres, 1930~2019. 프랑스의 철학자이자 과학사학자

실 나는 1930년에 나무보다 금속을 우선시하는 것을 공개적으로 지지했지만, 곧 두 재료 사이에 경계도, 모순도 없다는 것을 깨달았다. 장소, 재료, 기술, 관습, 생산 및 보급 조건 등 다양한 요소가 자신을 다르게 표현하도록 해 준다는 것을 알게 되었다.

시소가街와 생제르맹 대로 145번지의 모퉁이에 나무를 깎아 만든 짚 의자를 파는 가게가 있었다(1950년대에 이 자리에 스테프 시몽의 가게가 들어섰다. 정말 재미난 우연이지 않은가). 그곳에서 매우 저렴한 의자를 발견하곤 내 안락의자에 대한 아이디어가 떠올랐다. 나는 이 의자를 만든 장인을 만나고 싶었으나 불가능했고, 이는 그럴 만한 이유가 있었다. 장인은 수감자였다. 그래서 도면과 실물 크기의 단면도를 가게에 제공해 제작을 의뢰했다. 두 달 후 결과물이 나왔는데, 의자는 안락했고 특별한 문제가 없었으며, 경제적이었다. 감옥에 있는 수감자는 나를 위해, 그리고 아마도 본인의 즐거움을 위해 자꾸 쓰다듬고 싶게 하는 팔걸이를 만들어 주었다. 이를 통해 산악인이나 양치기나 누구든 인간은 자신에게 필요한 것을 언제나 매우 간단한 수단으로 창작할 줄 안다는 것을 확인했다.

페르낭 레제가 이 의자를 채택해 기뻤다. 나는 메리벨의 초기 샬레 chalet*에 이를 도입했다. 의자는 고상한 멋이 있었다. 공장에서 생산된 제품이 아니었다. 이후 편집된 새로운 제작 방식은 의자의 성질을 바꾸어 본래의 멋을 잃게 했다.

---

* 유럽 산악 지역의 작은 목조 건물

혁명작가예술가협회

근대건축국제회의CIAM와 현대예술가연합UAM 그룹은 상호 보완적이었고, 대립적이지 않았다. UAM은 동업 조합 체제가 아니었고, 구성원들이 행사에서 본보기가 될 만한 창작물을 전시할 수 있도록 지원하고자 했다. 반면, CIAM은 주로 20세기 건축과 도시계획이라는 민감한 주제를 공동 연구하고자 했다. 이들은 연구를 통해 행정 당국에 영향을 미칠 만한 해결 방안을 도출하고 법률을 개정 및 제정하는 것을 목표로 삼았다. 이는 엄청난 무급 노동이었으나 사회적으로 꼭 필요한 일이었다.

진보를 지향하는 다른 사회정치적 운동들이 생겨났으나 내가 참여한 운동에 대해서만 언급하려 한다.

시대는 피할 수 없는 암울한 모습을 보였고, 히틀러와 파시즘의 그림자가 유럽 전역에 드리워져 있었다. 그러나 그와 정반대의 밝은 면도 있었는데, 더 나은 세상에 대한 근본적인 믿음이었다. 지식과 기술, 어떤 종류의 윤리가 이러한 투쟁에 동참하도록 만들었다.

황금시대가 손에 잡힐 듯 가까이 있었고, 이는 우리에게 동기를 부여했다. 프랑스 공산당PCF은 진보를 위해서뿐만 아니라 전쟁과 파시즘에 맞서 싸우도록 했다. 1932년에 나는 새로 창설된 혁명작가예술가협회AEAR에 가입했다. 정치적 의견은 다양했으나 국가 문화를 수호하고 풍요롭게 만들기 바라는 작가, 조형 예술가, 음악가, 영화인, 연극인이 협회에 모여들었다. AEAR

은 예술가들과의 협력에 대한 프랑스 공산당의 열린 태도를 보여 주며, 혁신을 이룰 관리자로서의 입지를 확립했다. 폴 바양쿠튀리에가 사무국장, 로맹 롤랑이 명예회장을 맡았고, 루이 아라공과 레옹 무시냐크, 프랑시스 주르댕 등이 창립 회원이었다.

나는 저녁마다 새로운 사람들을 만나러 혼자 혹은 친구들과 함께 AEAR 본부에 가곤 했다. 그중 청년 앙드레 마송과 장 니콜라와의 만남이 내게 중요했다. 두 사람 모두 고등응용예술학교 출신으로 열렬한 공산주의자였다. 나는 그들과 친구가 되었다. 그들의 정직함과 엄청난 성실함에 끌렸다. 어떤 때는 저녁에 페르낭 레제와 앙드레 뤼르사를 만나곤 했다. 앙드레 뤼르사는 당시 빌쥐프 학교를 짓고 있었는데, 때때로 르코르뷔지에와 건축 이야기를 나누러 작업실에 오곤 했다. AEAR은 마치 물레방앗간 같았다. 사람들이 오가고, 의견을 나누고, 강연에 참석했다. 모든 연령대와 배경이 다른 사람들이 마치 빛에 이끌려 날아드는 불나방처럼 어우러졌다. 니콜라는 일을 능숙하게 처리했다. 피에르는 니콜라를 도와 뤼마니테 축제* 무대와 모리스 토레즈**의 연설을 위한 연단을 준비했다. 나는 그들을 따라갔다. 우리 주변은 늘 사람들로 북적였다(비록 나는 혼자만의 시간이 필요한 사람이었지만 말이다). 피에르의 '전동 킥보드'가 고장나자 우리는 트럭 짐칸에 서서 혁명가를 부르며 집으로 돌아가

---

* 일간지 『뤼마니테L'Humanité』에서 매년 주최하는 행사
** Maurice Thorez, 1900~1964. 1930년부터 1964년까지 프랑스 공산당 지도자였으며, 1946년부터 1947년까지 부총리를 역임한 프랑스 정치가

곤 했다. "아, 잘될 거야, 잘될 거야, 잘될 거야……."

1936년에 AEAR은 문화수호협회에 자리를 내줬고, 장 니콜라는 문화수호협회 사무국장이 되었다. 사실 니콜라의 역할은 모든 진보적인 지식인을 그의 영향력 아래로 모으는 것이었다.

다음 해에 문화원은 사무국장 루이 아라공의 추진으로 앙드레 말로, 앙드레 샹송, 조르주 오리크, 그로메르, 앙드레 로트, 다리우스 미요, 장 뤼르사, 페르낭 레제, 아르튀르 오네게르, 장 카수, 장리샤르 블로흐, 르코르뷔지에 등 많은 인사를 회원으로 두었다.

1934년 모스크바에서 레테이셴은 "변증법을 조신하세요"라고 말했었다. 나는 뤼르사의 강연에서 그 말을 몸소 체험했고, 그 이치를 꼭 배우겠다고 굳게 다짐했다. 파리로 돌아와 니콜라에게 어떻게 해야 하는지, 그리고 그것을 어디서 배울 수 있는지 물었다.

그는 노동대학을 권했다. 노동대학은 조르주 코니오의 지휘 아래 2년 전에 설립된 마르크스주의 자치 기관이다. 로맹 롤랑은 후원 위원회에 보내는 지지 서한에 이렇게 쓰기도 했다. "노동자 대중이 싸워야 할 위대한 전투에 대비하기 위해 정신적 무기를 제공해야 한다. 이 세계는 새로운 사회 세계의 정복을 향해 나아가고 있다."

기관의 목적은 모든 노동자와 지식인에게 "과학에 기초한 세계관을 제공함으로써 현재를 파악하고 미래의 길을 분별하도록 하는 것"이었다.

노동대학에서는 매일 저녁 다섯 강좌가 진행되었다. 그중에는 마르셀 프르낭의 〈세계의 기원〉, 라브리 올르베크의 〈아동의 사회적 지위〉, 앙리 왈롱의 〈과학적인 노동 조직〉이 있었다.

나는 앙리 왈롱의 강좌에 등록했다. 몽파르나스 작업실에 나의 볼 베어링 목걸이를 빼 두고, 검은색 우비를 입고 학교가 있는 19구로 향했다.

수업은 반은 강의, 반은 주제에 대한 자유 토론이라는 능동적인 방식으로 진행되었다. 나는 그 생산의 형태와 양식을 혼동하고 있었다.

학생 대부분은 노동자, 당원 또는 지지자여서 마르크스주의 변증법에 대해 매우 잘 알고 있었으나, 이는 내게 낯선 사고방식이자 표현 방식이었다. 불편했다. 길 잃은 소시민이 된 기분이었다. 무얼 하러 여기 온 걸까 하는 생각이 들었다.

마르셀 프르낭의 강의를 들으면서 학습을 보충했다. "변증법은 자연을 휴식 상태, 부동 상태로 보는 것이 아니라 운동, 끝없는 변화, 쇄신, 끊임없는 발전 상태, 즉 항상 무언가가 생겨나고 발전하고, 분해되고 사라진다고 보는 겁니다."

카를 마르크스의 『자본론』을 읽었다. "일정한 사회유기체의 발생, 생존, 발전, 사별과 더 우월한 다른 사회유기체에 의한 교체를 규제하는 법칙들."

우월하다고? 아, 그리하여 무슨 일이 일어났는가? 이러한 생명의 변화와 쇄신이 죽음을 통해 이루어지는 관념들은 제약, 억압, 독재로 이어져서는 안 된다. 진화는 어떤 식으로든 독재가 아닌 자유, 놀이의 관념을 내포한다.

문제 되는 것은 철학 자체가 아니라 철학의 정치적 적용이다. 이러한 적용은 인간의 본성 자체, 인간의 진화 정도를 고려하지 않았다. 개인의 높은 의식 없이는 가치 있는 집단생활은 불가능하다. 인간의 이익을 위해 자연을 '정복한다'라는 말을 기억한다. 그러나 자연을 정복하는 것은 인간을 정복하는 것과 마찬가지로 결국 반작용을 불러일으킨다. 인간과 자연을 모두 소중히 여기는 것이 더 나았을 것이다.

삶의 충동이 언제나 가장 강력하기를 희망한다.

나의 이러한 사회적·정치적 참여는 내가 직업 활동을 선택하는 데 영향을 미쳤다. 그리고 대학은 "프롤레타리아가 역사와 정치, 경제뿐 아니라 도덕, 과학, 예술, 문학 등 가장 보편적인 문제들을 이해할 수 있도록 만들었기" 때문에, 나는 내 직업 활동에서 그러한 관심사에 부응하려 했다.

1934년 앙드레 샹송은 파시즘에 반대하는 투쟁에 참여했다. 그는 여론을 더 동원하기 위해 '자유인들에게 호소하는 자유인들의 기관지'를 표방하는 일간지 『방드르디 *Vendredi*』를 창간했다. 『방드르디』는 훗날 '주부와 가정생활'란에 주택 설비에 대한 실용적인 조언을 기고할 것을 내게 제안했다. 나는 수납과 관련된 삽화 글을 연재했다. 수납은 일상 행동, 질서와 조화의 필요를 충족시키는 동시에 다양한 가구로 혼잡해진 공간을 해방해야 한다. 나는 벽을 활용해 건축에 통합된 수납공간을 만들기 위한 다양한 단계를 분석했다. 여성의 실루엣을 함께 그려 손이 닿는 부분과 시야에 들어오는 부분을 명확하게 나타냈다. 손이 닿는 높이에서 천장까지는 보관용으로, 아랫부분은 일상적 용도로 사용했다. 이와 함께 십자가를 그려 넣은 포부르 생탕투안의 찬장 광고를 배치했다. '왜곡된' 눈이 이를 아름답다고 여긴다고 해도 수납공간의 필요는 충족되지 않았다. 나는 두 시스템의 수납 용량을 비교했다.

그리고 이는 실용적이고 즉각적인 조언이었기 때문에 사용자나 DIY 애호가 또는 소규모 장인이 제작할 수 있는 매우 단순한 제작 도면을 추가해 독자들이 직접 만들어 보라고―시장에는 아무것도 없었다―독려했다. 마지막은 이렇게 맺었다. "가구 산업에서 보조 수납장, 인기 있는 주방용 가구, '앙드레 드 셰니에' 책장을 대체할 수납 가구를 대량 출시할 때까지 기다리면서 여러분의 목수에게 맡기시길 권합니다."

가정예술박람회

제1차 세계 대전 이후 여성들은 노동권을 주장했다. 전쟁 중에 여성들은 최전선에 있는 남성들을 대신해 공장에서 꿋꿋하게 일하면서 여성의 자유를 주장하기 시작했다. 새로운 조건의 제약에도 불구하고 자유를 포기하지 않았다. 계속해 집안일을 책임지고, 생계를 유지하기 위해 일하러 가고, 집에서 아이들을 돌보고, 지친 몸을 이끌고 돌아온 전사를 맞이해야 했다. 1일 3교대제는 큰 희생을 치르고 얻은 자유였다!

그 당시의 가정생활과 오늘날의 가정생활을 비교한다면, 얼마나 큰 진화인지 알 수 있다.

내 어머니는 여느 여성들처럼 빨래하기 위해 가스 불로 물을 데웠다. 그리고 이를 돌 개수대 위에 놓인 대야에 부었다. 커다란 빨래 기구 안에 빨랫감을 넣어 삶고, 지켜보면서 저어 주고, 손으로 짜냈다. 어머니는 바닥을 쇠 수세미로 문지르고, 손잡이 끝에 생 밀랍 덩어리를 고정한 후 마지막으로 가죽 끈으로 발에 솔을 부착했다. 그러곤 빛날 때까지 문질렀다. 이 작업에는 너무 많은 시간이 소요되었다. 어머니는 나를 양철 욕조에서 찬물로 씻기곤 했다. 여름에는 버터를 차갑게 할 얼음을 사러 가곤 했다. 다섯 층 아래에 있던 지하실에서 가져온 석탄을 스토브에 넣어 집을 덥혔다. 조명은 가스로 켰다. 램프 덮개가 쉽게 망가져서 조심스럽게 켜야 했다. 나는 매일 반복되는 이 동작들이 바뀌리라 생각하지 못했다.

1922년 연구발명사무국의 국장이던 쥘 루이 브르통은 여성의 가사 노동을 덜어야 할 필요가 있다는 것을 직감적으로 알아차렸다. 성가신 가정용품을 기계로 대체해 가사 노동을 줄이고, 그렇게 되찾은 시간 동안 가정생활을 더욱 편안하고 정겹게 누리도록 해야 한다고 생각했다. 이렇듯 그는 사회 변화로부터 발생한 새로운 요구들, 기계화의 가능성과 경제 활성화의 시급성을 인식하고 있었다. 이는 가정주부에게 도움이 될 뿐만 아니라 경제 활동에도 이바지해 성공을 보장하는 천재적인 종합 구상이었다.

그는 최초의 가정용품박람회를 열었다. 가전제품은 실험적이고 값이 비쌌다. 설거지·세탁·진공 청소 기계 등 호기심을 자극하는 실용적인 물건들이었다. 그것들을 누가 살 수 있었을까? 그것들을 누가 누렸을까? "1923년 옷을 화려하게 차려입은 세련된 젊은 여성들이 마르스 광장에서 열린 행사장에 몰려들었다. 1926년부터는 파리의 명성 있는 중심지로서 이미 미술전과 자동차 박람회로 사람들의 발길을 모은 그랑팔레에서 그 광경을 볼 수 있었다"(자크 루앙, 『60년간의 가정예술박람회 Soixante Ans d'arts ménagers』).

가정용품박람회는 '가정예술박람회'로 이름이 바뀌었다. 비평가들은 부르주아 예술이라고 말했지만, 객차를 끌기 위해서는 기관차가 필요한 법이지 않은가? 우리도 1928년 대중보다는 취향 있는 소수를 위한 가구를 만들면서 이를 경험한 적이 있었다.

쥘 루이 브르통의 원칙은 다음과 같았다. "더 행복해지기 위한 인간의 본질적인 필요와 열망에 영감을 받고, 과학과 기술의 진보로 뒷받침되며, 아름다움에 신경 쓰는 '가정예술 arts ménagers'은 하나의 사고방식이자 마음 상태라고도 할 수 있다. 만약 가정예술이 종교처럼 작용한다면, 그것은 적어도 한 가지 교리를 받아들이도록 하는 것이다"(자크 루앙, 앞의 책).

그는 산업가들에게 발 벗고 나서서 가정예술의 발전을 장려하도록 권유했는데, 이는 우리가 늘 그에게 빚지고 있는 진정한 혁신이었다. 이 혁신은 우리의 생활 습관에 너무 깊이 스며들어 있어 오늘날에는 이를 잊고 지낸다. 그는 60년 동안 아들 폴, 루이와 함께 이 소비문화를 조직화하는 데 기여했고, 그것은 산업가, 예술가, 노조, 정치인, 사회 전체의 관심을 끌어냈다.

가정예술박람회는 일반 대중에게 공개되어 혁신에 대한 인식을 높이고 나아가 새로운 도구와 제품 사용법을 교육하기 위해 열렸다. 가정교육 수업이나 경연대회를 개최하기도 했다. 그중에는 대통령과 보건부의 공식 후원으로 개최된 프랑스 최고의 주부를 뽑는 경연대회도 있었다.

박람회마다 우유, 버터, 치즈, 와인을 선전하는 행사들과 공연, 음악회 등 각종 새로운 행사들이 열렸다. 작곡가들이 협력하기도 했는데, 1937년에 다리우스 미요는 〈가정음악〉이라는 프로그램을 제공했다.

건축과 도시계획은 1934년 제1회 《주택 전시회》부터 주요 주제로 다뤄졌다. 현대 미술에 사로잡힌 교육 기술자 앙드레 블로크는 그가 창간한 잡지 『오늘의 건축 _Architecture d'aujourd'hui_』에서 후원받아 전시회 간사가 되었다. 『오늘의 건축』은 모든 혁신적인 건축가와 UAM 회원들에게 열려 있어서, 이들은 개인으로 혹은 공동으로 전시회에 참여할 수 있었다.

폴 브르통의 주도로 성사된 앙드레 블로크와 폴 브르통의 만남은 이상적인 조합이었다. 한 사람은 예술가들에게, 다른 한 사람은 국내뿐만 아니라 해외에 자신을 표현할 수단을 제공했다. 1936년 이후 나도 그 덕을 톡톡히 보았다.

우리의 일상생활을 변화시킬 만한 것은 가정예술박람회에서
도 자리를 꿰찰 수 있었다. 우편 전신 전화국, 가스, 전기, 패션
등 삶에 풍미를 더해 주기만 한다면 제한이 없었다. 현대인들과
과거의 향수에 젖은 사람들이 한자리에 모였다. 나는 미술품 및
골동품 상인연합회에서 주최한 무미건조한 전시를 좋아하지 않
았다. 이들은 고딕 양식의 다이닝룸을 시작으로 루이 13세 양식
의 침실을 포함한 회고전을 개최했다. 매년 과거를 되돌아보는
기회가 되었다. '오늘날의 집에 깃든 과거의 예술', '현대생활 속
고미술', '현재 속 과거'. 이 얼마나 족쇄 같은가. 혁신을 두려워
했던 포부르 생탕투안의 가구상과 그 단골들에게는 훌륭한 선
전 활동이었다.

1936년 가정예술박람회에서 『오늘의 건축』에 의해 제3회
《주택 전시회》가 조직되었다. 앙드레 에르망, 프랑시스 주르댕,
루이 아라공, 폴 사바투, 피에르 바고 그리고 나는 저가 주택 공
간에 마련된 가로세로 3×4미터의 방에서 전시해 달라는 요청
을 받았다. 주제는 '건축물의 어떤 것도 바꾸지 않고 공간을 창
조하는 것'이었다. 우리는 분석 후에 이처럼 결론 내렸다. "서민
의 생활 수준은 우리 시대의 기술 수준보다 낮다. 우리가 경제
상황에 맞추면 진보와 새로운 지식을 활용할 수 없게 된다."

우리는 상업이 과거 가구의 해석에 얽매여 있다는 것을 증명
하려 했다. 폴 사바투는 포부르 생탕투안에서 빌려온 시대 양식
을 모방한 침실을 선보이며 이를 실현했는데, 매우 효과적이었
다. 과거 양식의 침실은 최신 가정용품과 조화롭지 못했다.

이러한 반증을 통한 전시를 가구 역사에 관한 그래픽 연구로 뒷받침했는데, 한쪽에는 대중적으로 사용되는 수공예 제작 가구, 다른 쪽에는 왕실과 유명 인사들의 호화로운 가구를 두어 강조했다. 후자의 호화로운 가구는 그 시대에 가장 정교하고 고가의 기술과 재료가 동원되었다. 포부르 생탕투안은 이를 제작 기준으로 삼으면서 가구를 통해 정착과 부에 대한 환상을 심어 주었다. 그리하여 가구의 해석은 모두가 접근할 수 있는 모델이자 사회적 진보의 이미지가 되었다. 이 전시는 그래픽으로 표현한 보쉬가 진행했다.

나는 거실을 소개했다. 사무기기 전문 업체인 플랑보 메깅에서 선정한 철제 서류 캐비닛을 배치했다. 주거용 가구의 일반적인 양식과 기준이 아닌 수요와 기술에 기반한 효율적인 제품이었다. 그리고 전나무로 만든 긴 테이블과 다용도 접이식 의자를 제작해 보완했다.

앙드레 에르망은 자신을 위한 수납 가구를 만들었다. 전체 전시 공간은 경제적 제약을 충족해야 했다.

파리의 거대한 빈곤

기존의 저가 주택의 거실에 단순하게 가구를 들여놓는 이 프로그램은 나의 접근 방식과 일치하지 않았다. 내부 설비는 어느 정도 건축물에 영향을 받기 때문에 이전 단계에서 행동할 필요가 있었다. 건축과 도시계획이 가장 중요하기에 방대한 포토몽타주를 통해 '파리의 거대한 빈곤'을 환기해 보자는 아이디어가 떠올랐다.

포토몽타주는 관람 동선을 따라 설치되었다. 관람객에게 말을 걸고, 그들의 발길을 붙잡아 두거나 어깨를 으쓱하며 자리를 피하게 만들었다. 이 프레스코화는 단순하지 않았다.

앙드레 에르망은 파리 발전의 여러 단계를 연구하며 그래픽을 만들었다. 교역로의 교차로에 자리한 자연적인 도시, 파리는 센강에 둘러싸여 있는 시테섬부터 띠 모양의 연속적인 성벽 지대를 통해 자연스럽게 발전했고, 마지막 '요새'는 1936년까지도 여전히 존재했다.

나폴레옹 3세가 꿈꾸고 오스만이 실현한 19세기에 걸맞은 도시, 파리는 1859년에 200미터 너비의 녹지 벨트가 요새를 따라 계획되었다. 그 너머로 나무를 심은 광대한 대로를 통해 불로뉴 숲 공원을 뱅센숲 공원과 연결하고 파리 외곽 지역과 인근 지역 주민들을 위한 산책로를 보완하는 것이 골자였다. 국참사원은 황제가 없는 틈을 타 계획안을 거부했다. 정말 안타까운 일이었다.

나는 파리의 대형 지도에 카를로 림의 증언을 재현했다. "그 사이에 거대한 정원 벨트에 불과해야 할 도시 외곽에는 세입자를 구하지 못하고 수백 명의 투기꾼을 배 불리는 (…) 흉측한 주거지들이 이미 우후죽순처럼 생겨나고 있었다. (…) 그사이 파리 근교에도 악취를 풍기는 여행자 무리가 우글거렸다. 외국인이 얼빠진 채 마주할 수도의 첫 모습이란 이런 것이었다."

내 접근 방식을 보여 주기 위해 사진과 프랑스 관보의 인용문을 붙였다. 여기에는 1908년에 있었던 녹지 벨트 계획의 실패와 그 여파에 대해 씁쓸하게 언급한 파리 시의원 도세 씨의 인용문도 있었다. "초기 계획으로 파리는 현재의 성벽보다 훨씬 더 고약한 새로운 벨트에 영원히 갇힐 위험에 처했다. (…) 수많은 주택이 입시 세관 철책 뒤에 있을 것이고, 영원히 사라지지 않을 것이다."

교외 지역을 가로질러 파리로 들어갈 때 보던 작은 채소밭들과 일요일의 선술집 풍경이 아직도 선하다. 빈민촌에 가까운 이 구역에 도착하면, 입시 세관에 멈춰 수색을 받아야 했다. 데물랭 할아버지는 주기적으로 부르고뉴를 다녀갈 때면 우리에게 좋은 포도밭 브랜디 한 병을 챙겨 주었다. 우리는 세관에서 브랜디를 신고하고 세금을 내야 했다. 이후 파리로 들어가면 다음번 탈출할 때까지 파리를 벗어나지 못했다. 그렇지만 나는―이미―파리 없이는 살 수 없었다.

건축 중인 흉물스러운 건물들을 사진에 담았다. 이제는 이 건물들이 파리 주변에 벽돌과 콘크리트로 된 벽을 쌓아 갇힌 도시를 만들었다.

도시의 성벽 안에서 나는 비위생적인 구역으로 평판이 좋지 못한 잔다르크 시테를 돌아다녔다. 그곳에서 햇빛도 희망도 없는 삶을 보여 주는 한 아이의 사진을 찍었다. 하지만 아이는 미래를 향한 아름다운 탈출구를 의미하는―자신의 보물인   직은 종이비행기를 만들 줄 알았다. 우리는 재빨리 대응해야 했다. 새로운 에너지원, 기계화를 삽화로 나타내고 시간 절약을 강조하는 통계를 사용해 설명을 덧붙였다. 1904년에 자동차 한 대를 생산하는 데 1,291시간이 걸렸고, 1919년에는 380시간, 1929년에는 92시간이 걸렸다. 1861년에는 최초 자동차가 파리에서 주앵빌르퐁까지의 거리를 주파했다. 불과 125년 전인 1875년에 최초의 운전면허증이 등장했고, 출발 사흘 전에 의무적으로 도로와 교량의 기술자에게 경로를 미리 알려야 했다.

디트로이트에 있는 포드 공장의 147,000마력 발전용 터빈은 3,316,500시간의 노동력에 해당했다. 하루 노동 시간을 여덟 시간으로 가정한다면 이 기계는 1,000만 명을 대체할 것이며, 사람들은 불필요해지거나 실업자가 되는 대신 인류의 물질적·문화적 복지의 보편화에 기여하고 이를 누릴 수 있다. 1936년이었다. **"삶에 맞부딪쳐 보자……"**라는 노랫말로 포토몽타주를 마무리했다.

피에르 바고는 내 작업 방식을 걱정스럽게 지켜보면서도 행동에 자유를 주었다. 가정예술박람회 간사인 폴 브르통도 마찬가지였다. 그가 예술산업진흥위원회의 관계자들에게 우리 전시를 소개했는데, 〈파리의 거대한 빈곤La grande misère de Paris〉은 혹평을 받았고 나는 공산주의자로 낙인찍혔다. 상은 받지 못했으나 나는 법치국가에 있었고, 생각하고 표현할 자유를 지켰다.

폴 브르통은 한 번도 나의 전시장 문을 닫은 적이 없었고, 오히려 그 반대였다. 확실히 나는 CIAM에서의 경험과 AEAR과

노동대학이라는 두 가지 사회정치적 운동으로부터 영향을 받았다. 가정예술박람회에서 이 주제를 다룬 것은 공공연하게 이를 드러내는 일이었다.

1936년 인민전선

우리는 거대한 갈등의 시대에 살고 있었다. 1934년 2월 6일 극우 폭동으로 3월 3일에 감시위원회가 구성되었다. 민주적 자유를 수호하기 위해 결성된 감시위원회에는 폴 랑주뱅, 이렌 졸리오퀴리와 같은 학자들과 대학 교수들, 로맹 롤랑, 로제 마르탱 뒤 가르, 장 카수, 폴 엘뤼아르, 로제 비트라크, 파블로 피카소와 같은 작가들과 예술가들이 포함되었다.

창립 초기부터 위원회는 전쟁과 파시즘에 대항하는 대규모 전국 집회를 소집했고, 암스테르담-플레옐 위원회(1933년 6월 6일 설립된 반전 및 반파시즘 세계위원회)로부터 벨로드롬 디베르Vélodrome d'hiver*에 초대받았다. 노동총동맹 당원들과 함께 수백 명의 사회당 당원들이 어깨를 나란히 했다.

1935년 7월 14일, 인민전선의 맹세를 되새기기 위해 '행동 통일이 진행 중이었다.' 1년이 채 지나지 않아 파업이 시작되었고, 노동자들은 공장을 점거하고 작업 도구를 지키기 위해 철문을

• 실내 사이클 경기장

닫았다. 그들의 아내와 딸들은 도시락을 나르며 사기를 북돋웠다. 그들은 유쾌하게 농담하고, 가벼운 연애도 하고, 노래를 부르며 파업을 이어 나갔지만, 경제적 어려움을 피하지는 못했다.

백화점들은 문을 닫았다. 직원들은 직장에서 노동총동맹 노조와 고용주로부터 폭언을 들어야 했다. 딜레마였다. 무엇을 선택해야 할까? 파업이 끝나면 누가 일자리를, 고용을 보장할까?

파리에서 가두행진이 이어졌고, 사회적 요구를 외치며 인터내셔널가*와 1789년의 노래들을 불렀다. 겁에 질린 부르주아들은 파리를 떠났다. 레제는 연인에게 편지로 당시 상황을 전했다. "어제 갔던 코뮌 전사의 벽에서 기념식을 기다렸어. 정말 대단한 오후였어. 르코르뷔지에와 나는 평생 그날을 기억할 거야. 3구역이었어. 지식인들, 이 끔찍한 단어는 듣기만 해도 이를 갈게 만들지. 다들 피곤하고 신경질적인 얼굴에 머리카락은 또 어찌나 길던지. 마침내 1시 반에 도착해 4시에 출발했어. 두 시간 반을 꼼짝 못 하고 서서 기다렸어. 10미터 가고 멈추고, 다시 20미터 가고 멈추기를 반복했지. 우리는 6시에 페르라셰즈 Père-Lachaise**에 들어섰어. 더해 봐! **1시 반부터 6시까지.** 말도 안 되는 일이지!

코르뷔***는 짜증을 내며 떠나고 싶어 했어. 하지만 우리는 토

---

* 무정부주의, 공산주의, 사회주의, 민주사회주의, 사회민주주의 등 다양한 좌파 그룹이 채택한 국제 국가
** 파리에서 가장 큰 공동묘지로, 역사적 인물들이 많이 안장되어 있다.
*** 르코르뷔지에

레즈*를 꼭 보고 싶었지. 묘지를 가로질러 간다는 게 위안이 되었어. 정말 놀랍지. 묘지를 가로지르는 데 한 시간 반이 걸리다니. 당신이 우리와 함께 있다면 어떨지 상상했어(남자들만큼 많은 여자가 '버텼어'). 하지만 그 광경은 볼 만한 가치가 있었어.

부르주아 가족들의 **무덤**마다 비명을 지르고 몸부림하는 무리로 가득했고, 색깔도 화려했어. 50미터마다 어떻게 올라갔는지 모르겠지만 무덤 위에 인민 합창단이 있었어. 8~12세 아이들이 교외 공산주의 단체 제복을 입고, 운율 있는 산문을 경건하게 낭송하고 있었어. 이 모든 광경이 나무들에 둘러싸여 햇볕이 비추는 낭만적인 무덤 한가운데서 벌어졌어. '묘지'라는 개념이 사라진 거대한 축제 같았지. 사람들은 죽은 자들 위에 앉아 다가오는 삶을 외치고 있었어.

정말로 아름다웠지. 그걸 보면서 우리는 기운을 차렸어. 1871년에 수천 명의 불쌍한 영혼이 처형된 코뮌 전사의 **벽 끝부분**은 단순히 담장 일부였어. 특별한 장식 없는 그냥 벽이었어. 정말 감동적이었지. 그 아래에는 화환들이 놓여 있었어.

토레즈는 금발의 전형적인 북유럽인 얼굴이었는데, 아이처럼 천진난만하고 대단히 유쾌했어. 그와 몇 분 동안 이야기를 나눌 수 있었어. 그는 피곤한 기색 없이 웃고 있었어. 1시 반부터 이곳에 있었는데 지금은 7시 반이야. 그는 30만 명과 악수했어. 그리고 밤 10시, 지금까지 남아 있어! 정말 영웅적인 사람이야.

• 모리스 토레즈

르코르뷔지에에게 '여보게, 우리는 13세기 **십자군**이 어땠을지, 그리고 혁명이 어떤 모습이었을지 조금이나마 알게 되었네!'라고 말했어."

1936년 6월 3일, 레옹 블룸은 정부를 사회당과 급진당으로 구성했다. 공산주의자들이 참여를 거부했기 때문이다. 12일, 단체 협약, 유급 휴가, 주 40시간 근무에 관한 법률이 가결되었다. 사람들은 서로 팔짱을 끼고 노래했다. **"상관없어, 우리에겐 영국식 주일 근무제가 있어. 상관없어, 우리에겐 40센트가 있어……."**

파리 사람들은 부드러운 허브, 사과나무에 달린 사과, 벚나무에 달린 버찌, 밀밭에 핀 수레국화와 개양귀비를 처음으로 알게 되었다. 그들은 그것을 신의 선물처럼 이용하고 남용했다. 아이들은 닭을 쫓아다니고, 건초더미에서 버둥질하고, 그 뒤를 개들이 쫓아다녔다. 파리 사람들은 마치 정복한 영토에 있는 것처럼 행동했고, 농부들은 불신의 눈으로 그들을 맞이했다. 도시인들은 시골의 맑은 공기를 마시기 위해 파리에서 유모차를 뒤에 매단 채 자전거나 세발자전거를 타고 떠났다. 그러자 도시와 농촌, 서로를 무시하던 두 세계가 점차 조화로워지기 시작했다.

『오늘의 건축』은 가정예술박람회의 주택 전시회에 소개하기 위해 여가 활동을 중심으로 경연대회를 조직했다. 주제는 흥미로웠다. 강가에 있는 가볍고 이동 가능한 주말 주택, 바르주州의 크리드반도에 있는 주말 공동 주택, 그리고 해발 2,000미터 높이에 있는 대피소로 사용할 수 있는 샬레였다.

카누를 타고 강을 따라 내려가 본 경험 덕분에 육지가 아닌 물에서 바라본 집을 구상할 수 있었다. 물에서의 환경과 삶은 육지와 같지 않고, 어떤 면에서는 더 경이롭다고 인식했다.

판자로 만든 나의 '주말 주택La petite maison au bord de l'eau'은 필로티 구조로 설계되었다. 중앙에는 '바비큐'를 할 수 있는 넓은 실외 공간을 마련해, 이 공간을 중심으로 동쪽과 서쪽에 오버헤드 도어가 달린 사각형 실내 공간을 하나씩 배치했다. 저녁에는 도어를 내려 집을 안전하게 하고, 낮에는 도어를 올려 테라스에 캐노피를 형성해 비나 햇볕을 막아 주었다. 또한 물의 매력을 느낄 수 있는 다이빙대는 매일 수영하고 싶도록 자극했다.

확실히 나의 '주말 주택'은 전통적인 벌징 건축물이 아니었다. 수변 자연, 흐르는 물, 그리고 냇가에서 복닥거리는 삶과 통합된 매력으로 가득한 일시적인 공간이었다. 건축가의 도움 없이도 누구나 판자, 도끼, 톱, 그리고 몇 개의 못만으로도 만들 수 있는 집이었다.

두 번째 주제인 공동 주택의 경우에는 지형의 경사에 따라 설계가 좌우되었고, 기울기의 다양한 정도를 고려했다.

모든 주택의 지층은 아래층 지붕 너머로 먼 바다가 보이는 중정과 연결되었다. 1층은 침실로 사용되었다. 나는 구성 요소들을 표준화하여 각 가정의 사생활을 보호하면서도 높은 밀도를 유지하게 했다. 현장에서 발견한 석재로 만든 계단식 공동 주택은 언덕을 내려갈 때 보이지 않고 조심스럽게 경사면에 녹아들었다. 주택들은 마주 보는 건물 없이 바다를 향하고 있었다.

세 번째 주제를 구상하기 위해서는 눈 속에서 생활했다. 아를 베르크에서 스키를 타며, 고지대 숙소에서 자연의 즐거움을 만끽하며 산을 사랑하는 사람들과 함께 지냈다. 대피소의 지붕은 남북 경사면을 따라 길게 뻗어 있고, 정면에 있는 공용 시설들이 완전히 노출되도록 했다. 세 방향의 주방 블록은 남쪽으로 넓은 테라스를, 동쪽으로 등산객을 위한 '짐 보관소'를, 서쪽으로 식당을 접하고 있었다. 식당에는 중이층이 있어 저녁 시간, 다과 시간이 되면 오케스트라가 모두를 춤추도록 했다.

지하층에는 스키를 왁스로 칠하고 수리하는 공간이 있었다. 채광창으로 빛이 들어오는 현관에는 2층으로 이어지는 계단이 높이 솟아 있었다. 2층은 동쪽과 서쪽의 공동 침실로 연결되는 긴 복도가 있었는데, 두 개의 공용 샤워실 블록과도 이어졌다. 샤워실은 태양 아래 맨몸으로 돌아다닐 수 있도록 외부 시선이 차단된 테라스로 이어졌다. 여기서도 하나의 건축물이 아니라 지형에 통합된 전체를 추구했다. 이는 생물학적 필요의 흐름에서 비롯된, 즉 삶의 기쁨에 따라 지향되는 접근 방식이었다.

나는 실현되지 못한 이 세 가지 프로젝트를 서랍 속에 넣어 두고는 잊고 있었다.

인민전선의 농업 계획

1936년 8월 15일 당시 농업부 장관이었던 조르주 모네는 밀위원회에 관한 법안을 통과시켰다. 그의 고문이자 친구인 필리프

디올레는 농업부의 대기실을 인민전선의 농업 프로그램을 선전하는 장소로 만들 것을 제안했고, 그 작업을 내게 맡겼다. 한쪽 벽에는 고된 노동과 열악한 생활환경, 부진한 수확량, 농업 재해를 보여 주고, 반대편 벽에는 도로 건설, 상수도 건설, 전기화 등 발전되고 개선된 삶의 모습을 다루자고 제안했다. 그리고 두 벽을 연결하는 벽에는 밀위원회에 관한 법을 통해 누릴 혜택들, 예를 들어 정당한 보상 제공에 관한 내용을 포함하고, 이중 출입문에는 사회보장제도에 관한 내용을 담자고 제안했다.

나는 논의된 주제와 관련된 통계를 수집하고 그래프 형태로 제시하는 일도 맡았다. 농업부의 모든 산하 기관들이 도시 곳곳에 흩어져 있다는 것을 곧 알게 되었다. 자료가 전혀 취합되지 않았다. 많은 기관에 협조를 요청해야 했고, 요지부동한 기관들을 설득해야 했다. 장관은 잠시 체류했지만 부서들은 계속 남아 있었다.

어느 날 나는 밀을 먹는 바구미에 관한 문서를 찾았다. 기본적인 조사를 마치고 농업부에서 소개해 준 바구미 전문가인 연구원을 만나러 갔다. 연구실에는 홀로 신형 검출기 외판원의 전화를 받느라 바쁜, 연로한 학자가 있었다. 그는 나를 북아프리카의 메뚜기 번식 실험실에 홀로 남겨 둔 채 자리를 비웠다. 거기에는 다섯 면이 유리로 둘러싸인 30여 개의 상자가 있었고, 다양한 온도의 조명이 메뚜기의 번식 조건과 속도를 실험하기 위해 이를 비추었다. 의자는 없고, 상자들뿐이었다. 나는 기다릴 수밖에 없었기에 메뚜기들을 관찰하기 시작했다.

모래가 깔린 상자 바닥의 가운데에 놓인 작은 바위 위에서는 메뚜기들이 팔짝팔짝 뛰었다. 유리창과 바닥 등 온 사방에 메뚜기들이 붙어 있었고, 수컷들은 암컷들보다 더 작았다. 수천 마리가 동시에 뛰고 있었다. 어떤 놀이를 하고 있었던 걸까? 어떻게 하는 걸까? 수직 판유리에 붙어 있는 암컷과 모래 위에 있는 수컷을 관찰했다. 수컷이 갑자기 뛰어올라 암컷의 등에 올라탔다. 암컷은 능숙하고 본능적으로 측면의 두 다리를 직각으로 만들어 수컷을 출발 지점으로 쫓아냈다. 수컷은 더욱 격렬하게 다시 뛰어오르며 여러 차례 시도한 끝에 동의한 암컷 위에 올라타 균형을 유지했다. 두 메뚜기의 배는 점점 더 크게, 더 빠르게 뛰었고, 두 꼬리의 말단부가 벌어졌다. 그 광경은 피카소의 그림을 떠올리게 했다! 하지만 두 꼬리는 도대체 어떻게 합쳐졌을까? 암컷의 의지를 통해서였다. 암컷은 벌어진 틈을 움직이며 수컷의 틈에 갖다 댔다. 시간 가는 줄 모르고 정신을 빼앗긴 채 보고 있을 때, 갑자기 암컷의 두 다리가 침입자를 내쫓았고, 진정되어 지친 수컷은 바닥으로 떨어졌다.

주위의 다른 메뚜기 쌍들도 똑같이 행동하고 있었다. 한 시간 후, 학자는 나의 존재를 기억해 내고, 나의 방문 목적인 바구미에 관한 서류들을 건네주었다. 나는 파리의 길 한복판에서 얼빠진 사람처럼 메뚜기들이 보여 준 사랑의 충동에서 아직 벗어나지 못하고 있었다.

암컷 메뚜기가 되는 게 나을까, 암사자가 되는 게 나을까? 세르트, 피에르, 레제와 함께 보나파르트가의 이탈리아 비스트로에서 저녁을 먹으면서도 이 질문은 계속 머릿속을 맴돌았다.

나는 차이점을 잘 알고 있었다. 어느 아침, 그림을 그리기 위해 파리 동식물원에 갔다가 그 광경을 목격한 적이 있었다. 사자 우리에서 평화롭고 위엄 있는 수사자 한 마리가 졸고 있었다. 암사자는 관능적인 몸짓으로 그 주위를 맴돌았다. 무관심한 수컷을 머리로 스치며 지나다녔다. 갑자기 수컷이 엄청나게 포효하며 암사자를 바닥에 엎드리도록 만들었다. 옆 우리에 있던 원숭이들은 소리를 질렀다. 사자가 사랑을 나누자, 동물원은 흥분으로 들끓었다. 그래서 암컷 메뚜기와 암사자, 어느 쪽이 나을까?

모든 작업이 이렇게 유쾌하지만은 않았다. 포토몽타주를 이용해 파리의 빈곤을 표현한 것처럼 같은 방법으로 이 프로젝트를 해결하려 애썼다. 사진을 잘라 내고 분해하고 편집해서 우리가 원하는 바를 표현하고자 했다. 이는 현실적이고, 이해하기 쉬우며, 효과적인 표현 방식이었다. 나는 세 개의 벽을 벽면 끝까지 가득 채울 예정이었고, 전통적으로 사용되던 천 대신 사진들을 벽에 직접 붙이려 했다. 그곳은 바로 농업부의 대기실, 18세기의 품격 있는 공간이었다. 그것은 프로그램의 내용 면에서, 그리고 전통 파괴적인 표현 방식에서 도발과 다름없었다.

조르주 모네는 아르뷔가 만든 '위엄 있는' 아르 데코 가구를 선택했다. 로비는 경비원과 함께 방치되어 있었다. 경비원은 오랜 세월에 걸쳐 마모된 참나무로 만들어진 아주 낡은 책상을 사용하고 있었다. 삼면이 닫힌 진정한 벽감 공간이있다. 모네는 이 책상을 교체해 달라고 했다. 나는 아주 간단하게 두 개의 돌기둥 위에 얹을 아름다운 석판을 제안했다. 하지만 사용자, 즉 경비원의 의견을 듣는 것을 깜빡하는 큰 실수를 저지르고 말았다. 석판을 옮기면서 하나의 세상을 발견했다. 손수건, 사탕, 온갖 종이가 서랍 안에 가득 들어 있었고, 바닥에는 구멍 난 휴지통, 빈 병, 슬리퍼가 있었다. 며칠 후에 경비원이 와서 열쇠로 잠글 서랍을 요청했다. 불가피하게 장관에게 전달해야 하는 기밀 서류를 대신 받아 두는 경우가 있기 때문이었다. 그렇다면 탈의실 벽에 고정된 작은 이중 잠금 상자가 제격이었다.

후속 작업이 있었다. 1937년 국제박람회에서 농업부 구역은 포르트 마요로 밀려났다. 농업부 파빌리온 건축은 앙리 파콩과 마송 르투르베가 맡았다. 그들은 내부와 입구의 경계를 구분하기 위해 원목 격자판으로 만든 경량 구조물을 사용해 나뭇잎들이 하늘에서 흔들리도록 했다. 각진 면이 있는 형태 덕분에 조르주 모네의 프로그램으로 얻은 성과를 나타내는 패널을 매달 수 있었다. 조르주 모네는 내게 이 작업을 맡겼다.

한참 생각해 보니, 나의 흑백 포토몽타주가 내가 원하는 조형미를 갖추지 못했다는 것을 깨달았다. 야외에서 메시지를 명확하게 전달하기 위해서는 사진과 텍스트를 넣은 "눈길을 끌고 마음을 사로잡는" 생동감 있고 폭발적이며 매력적인 색감의 포스터 아트로 표현해야 했다. 페르낭 레제와 이 문제에 관해 이야기를 나누었다(실은 그와 함께 이를 실현하는 기쁨을 누리고 싶었다).

부처의 안뜰에 있는 창고를 사용할 수 있었다. 그때부터 협력과 쾌활한 분위기, 효율성으로 가득한 작업이 시작되었으며, 그런 절대적 수준의 우정에서 작업물은 다시 찾을 수 없을 만큼 완벽한 조화를 이루었다.

페르낭 레제는 나를 위해 각각의 사물과 인간에 대해 예리한 시선을 유지했다. 그는 나중에 이 작업에 대한 애정 때문에 〈건설자들Les Constructeurs〉을 그림으로써 자신이 그토록 만나고 싶어 한 민중을 이해하고자 했다. 어느 날, 그가 작업실에서 거의 완성된 커다란 캔버스 앞에 두 팔을 늘어뜨린 채 절망적인 목소리로 말했다. "더 나아가지 못하겠어. 그들이 원하는 건 조잡한 그림이야." 그는 자신의 그림에 대한 신념과 모든 노동자에게 이해받길 바라는 욕망 사이에서 갈등했다.

우리의 작업은 프로그램을 구축하는 것에서부터 비롯되었다. 그리고 나서 통계, 사진, 적절한 구호를 찾기 위한 경주가 다시 시작되었다. 수많은 문서를 품에 안고 머릿속에는 정보를 가득 채운 채 창고에 도착했다. 모든 게 너무 많았다. 이를 분류할 필요가 있었다. 페르낭 레제는 사진을 오브제처럼 다루었다. 명확하게 읽히는 텍스트와 그래픽을 추상적 형태로 배치했다. 그리고 나머지는 레제 스타일의 색상과 사랑스러운 작은 구름이 해결해 주었다.

농업 파빌리온 입구에는 오라토리오 수도회 물건들이 상징으로 걸렸다. 양쪽에 각각 걸려 있는 두 패널 중 왼쪽에는 농업국가 프랑스와 수탉이, 오른쪽에는 공장 굴뚝을 배경으로 산업국가 프랑스를 상징하는 연장을 든 강력한 두 손이 있었다. "농업

번영 없이는 경제 회복도 없다." 원형 건물 맨 끝에는 "농촌이나 도시 모두 노동자들은 사회 입법의 혜택을 받아야 한다"라는 구호가 세 패널에 걸쳐 쓰였다.

또한 '단체 협약, 근로 일수 제한, 고령 근로자를 위한 연금, 가족 수당, 유급 휴일'이라는 희망을 품은 밝은 불꽃들이 공간에 떠 있는 것처럼 보였다.

유급 휴일에 관한 법률로 인해 해방된 노동 시간은 너무나 자연스럽게 여가 활동으로 이어졌다. 나는 환희의 의미로 두 패널에 아름다운 들장미를 들고 있는 손을 표현했다.

이제 여가 활동을 표현하는 일이 남았다. 도서관 트럭 한 대를 통해 문맹과의 투쟁, 독서의 필요성과 즐거움을 환기했다. 잔디 위에 엎드려 책을 읽는 아이들, 전통 드레스를 입은 아름다운 브르타뉴 여성들, 색소폰 연주자, 낚시와 사냥, 축구 선수들, 그리고 에펠탑과 새로운 시대의 소통에 대한 상징인 매력적인 작은 구름이 있었다.

구체적으로 농업에 관한 문제로 돌아와서, 구호들로 다른 두 패널을 가득 채웠다. "공정한 보수를 보장하라", "국가와 업계의 협력 조치로 생산과 소비의 균형을 맞춰야 한다". 중앙 원반에는 "밀위원회—포도 재배 관련 법안—업종 간 합의—생산 보조금을 통한 장려—제품 표준화—외부 판로 모색—관세 보호—품질 개선" 등이 표시된 촉수가 달린 저울을 표현했다.

더 먼 곳에 실제보다 더 큰 돼지, 말, 소, 양의 머리를 모아 그 아래 아기자기한 흰 암탉 무리를 배치해 동물의 소비를 표현했다. 열여덟 개의 거대한 패널이 방문객보다 높게 떠 있었다.

프랑스 내 토지 이용 분포도와 같은 다른 주제들보다 더 까다로운 주제들은 그래픽으로 강조했다. 토지의 60퍼센트를 차지하는 한 농부의 도안화된 실루엣과 토지의 10퍼센트를 차지하는 54명의 실루엣을 극단적으로 배치했다. 자료를 찾으면서 발견한 인상 깊은 격차였다.

나의 통계 연구는 문서를 수집하는 데 그치지 않았다. 그것들을 통해 정보를 추출하고 관련성을 찾아내며 농업의 취약성과 새로운 법률의 타당성을 드러내고자 했다. 나의 곁에서 레제는 함축된 표현에 대한 자신만의 예리한 감각으로 도움을 주었다. 그는 매우 사실적인 사진들과 대비되는 추상적인 형태로서의 문자와 색을 재치 있게 다뤘다. 그것은 기쁨이자 축제가 되었으며, 당시 프랑스 인구의 50퍼센트를 차지한 농민층에 대한 감사 행위가 되었다.

오늘날 이러한 사회적 성과들은 60년 전 인민전선의 이 프로그램으로부터 시작되었음이 명백하게 드러났다.

아무것도 변하지 않았고, 오히려 경지 정리와 농업 기술 발전 덕분에 모든 것이 바뀌었다고 말할 수도 있다. 오늘날 유럽위원회가 시행한 할당 제도는 농민층의 거센 반발을 일으켰고, 그 결과 농민들은 자신들의 존재를 증명하기 위해 멋진 아이디어를 냈다. 아침에 샹젤리제 대로를 밀밭으로 만든 후 저녁에 수확하는 것이었다.

농민들과 그들이 기술로 풍요롭게 일군 땅 사이에는 깊은 애

정이 있다. 이는 경작지와 경작의 아름다움에서 분명하게 느낄
수 있다. 경작은 경제만큼 중요하게 여겨야 할 예술이자 화가 및
음악가 혹은 시인의 예술만큼 없어서는 안 될 예술이라고 말할
수 있다. 문제는 여전히 남아 있다. 우리는 어떻게 살고 싶은가?

초기 모형은 조르주 모네의 조언에 따라 재수정해야 했다. 조
르주는 더 많은 것을 추가하는 경향이 있었기에 우리는 패널의
일관성을 유지하기 위해 그의 조언을 반대해야 했다. 악천후에
도 견딜 수 있도록 비닐로 코팅한 완성된 패널이 현장에 설치
되었다. 패널 아래에 통나무를 반으로 갈라 만든 벤치를 두어
연인들이나 젊은이들, 부랑자들이 간식을 먹으며 쉴 수 있도록
했다.

농업부에서 작업 보수를 받았다. 레제의 참여에 대해 계약서
를 따로 작성하지는 않았지만, 나는 기쁜 마음으로 금액의 절반
을 그에게 전해 주러 갔다. 그는 전혀 기대하지 않은 듯 깜짝 놀
랐다. 다음 날 아침에 그는 우리의 작업을 기념하기 위해 몽파르
나스 작업실로 〈불가사리 L'Étoile de mer〉를 가져다주었다.

우리의 창고에 버려진 패널들, 색칠한 모형들은 모두 어디로
갔을까? 그 부분이 아쉬웠다. 당시 우리는 그것들을 중요하게
여기지 않았다.

조르주 모네가 농업부를 떠나자, 대기실의 벽이 새로 단장되
었다. 2년 후 신임 농업부 장관 앙리 쾨유가 지루한 통계 연구와
이를 나타내는 작업을 다시 맡아 달라고 했지만, 나는 거절했다.
그것은 내가 가야 할 길이 아니었다.

나는 농업공로훈장 '푸아로poireau*'를 받았다. 오늘날에도 여전히 농민층에 대한 애정으로 받은 이 훈장을 자랑스럽게 여기고 있다.

르코르뷔지에의 파리

오스만은 1853년부터 1869년까지 16년 만에 파리와 파리 교외 지역을 급진적으로 변화시켜 19세기의 수도로 만들었다.

진정한 격변이었다. 동서 교차로는 리볼리가에서 바스디유까지, 남북 교차로는 세바스토폴 대로에서 생미셸 대로까지, 관통로는 말셰르브 대로에서 마들렌까지와 오페라 가르니에에서 루브르까지, 그리고 개선문에서 뻗어 나가는 열두 개의 대로가 있는 샹젤리제까지 파시Passy의 밀밭을 정복하면서 1900년의 파리를 준비하고 있었다.

1920년대 초에 르코르뷔지에와 피에르 잔느레는 첫 번째 연구인 「인구 300만 명의 도시」(1922)와 뒤이어 「파리 부아쟁 계획: 빛나는 도시-녹색 도시」(1925)를 통해 주택과 도시 문제를 다루었다.

왜 르코르뷔지에는 기계화의 부작용인 오염된 공기, 소음, 보행자 및 어린이의 통행 위험뿐만 아니라 기술과 지식의 발전까

• 농작물 '파'를 의미하며, 훈장의 끈이 초록색이어서 붙은 별칭이다.

지도 고려한 그의 빛나는 도시를 실현하지 못했을까? 20세기의 파리를 말이다.

그가 계획한 새롭고 완전한 동서 교차로는 오스만의 교차로처럼 콩코르드 광장을 지나지 않았다. 샹젤리제와 평행하고 남북 교차로와 조화를 이루며, 프로스트-도세 Prost-Dausset 계획에 따라 결정된 지역 고속도로를 통해 외곽과 연결되었다.

오스만은 이러한 대대적인 변화에 하수도, 수도 공사를 포함했다. 당시 파리에서는 대부분 2만 명의 물장수가 센강에서 물을 퍼서 시민들에게 공급하고 있었다.

오스만은 원예 기술자를 임명해 파리를 녹색 도시로 탈바꿈하도록 했다. 1879년 제3공화국 시절에 개통된 오페라 거리를 제외한 새로운 도로를 따라 30년 수령의 나무들을 심고, 공원들을 개조 및 새로 조성하도록 지시했다. 그렇게 만들어진 공원이 오늘날의 불로뉴숲, 뱅센숲, 몽수리 공원, 뷔트쇼몽 공원, 몽소 공원이다.

오스만은 루이 필리프 통치하에 랑뷔토 백작의 구호 "파리 시민들을 위해 공기, 물, 그늘, 벤치"를 실현했다. 그는 교외 지역을 파리에 통합했고, 그로 인해 파리의 면적은 절반 이상 늘어났다. 파리시에는 큰 부담으로 작용했으나 그는 계속해서 파리가 시를 넘어 도까지 확장되길 꿈꿨다.

반면, 르코르뷔지에는 파리 안에서 도시를 혁신하길 원했으며, 이미 논의되고 있던 위성도시에 반대했다. 결국 그의 판단이 옳았다. 경험에 따르면, 위성도시에는 불안과 폭력이 만연해 있었다.

오스만에게는 명분이 있었다. 그건 바로 거리 전투에 대한 두려움이었다(1851년 12월 4일 번화가 그랑불바르에서 400명이 사망했다). 이 두려움이 공사를 촉발했고, 시와 국가에서 예산을 지원하도록 했다. 초기에 오스만은 나폴레옹 3세의 지지를 받았지만, 이후 시민사회의 불평불만으로 외면받았다. 그는 나폴레옹 3세에게 방해되어 결국 사임했지만, 승자로서 떠났다. 파리 시민들의 삶을 변화시켰기 때문이다.

주택에는 관심 없던 오스만과 달리 르코르뷔지에는 주거지 속 개인, 도시 속 주거지, 도道 속 도시에서부터 연구를 시작했다. 그는 우리의 문명이 기계화에도 불구하고 여전히 그가 "당나귀의 길"*이라고 부르는 길을 따라 질질 끌려가고 있음을 확인했다. 1932년에 '1937년 국제박람회'의 준비위원회는 아이디어 경진대회를 열었고, 세브르가의 작업실에서는 주택과 가정용 설비에 대한 주제를 연구했다. 계획안은 뱅센숲에 '빛나는 도시 Cité radieuse' 유형의 50미터 높이의 계단식 주택 단지를 세우는 것이었다. 지면을 비우기 위해 필로티 구조의 건물로 설계하고, 집 앞에 스포츠 시설과 옥상에 놀이터를 만들고, 보행자를 위한 녹지 길을 조성해 교통로의 소음으로부터 멀어지도록 했다.

이 건축물은 도시 동쪽에서 박람회를 위해 완공될, 세바스토폴 대로에서 뱅센까지 거대한 동서 교차로의 시작이 될 것이다.

---

* "굽은 길은 당나귀의 길이고, 곧은 길은 인간의 길이다"(르코르뷔지에, 『노시계획』, 1925).

그 연장선에서 이후 파리 중심부의 남북 도로 교차점에 상업 지구가 개발되었는데, 이는 20세기 주요 사업의 시작이었다.

이러한 주거 환경에 대한 개념은 현대 건축과 관련된 모든 분야, 즉 건축과 주거의 세계와 밀접하게 연관되었다.

르코르뷔지에는 성공했을까? 그렇지 못했다. 1932년 1월 15일, 그는 계획안을 소책자 형태로 박람회 위원회에 제출했다. 부위원장이었던 폴 레옹은 1925년 장식미술박람회를 재현하고자 했다. 다시 말해, 장식으로의 회귀를 추구했다. 그는 현대 예술은 프랑스적이지 않으며 모방이 쉬워 상업에 해롭다고 여겼다. 이런 인물에게 르코르뷔지에는 박람회 주제를 바꾸고 '장식예술박람회'라는 명칭을 '국제주택박람회'로 변경하자고 제안했다—가망이 없었다. 게다가 그 시기에 UAM의 로베르 말레스테방 회장이 박람회의 공식연구위원회에서 사임했다. UAM의 목표는 박람회의 목표와 너무 동떨어졌기 때문에, UAM는 '반항적인 정신'을 띤다는 이유로 모든 위원회에서 배제되었다.

르코르뷔지에는 포기하지 않았다. 1934년에는 아이디어를 발전시켜, 자신이 "CIAM 타워"라고 부르는 4,000명을 수용할 수 있는 새로운 주거 단위(위니테 다비타시옹)를 제안했다. 이는 파리 성곽에 마지막으로 남아 있던 켈러만 보루 자리에 계획되었다. 그는 자신의 첫 번째 프로젝트에서처럼 건축술의 시연을 고려했고, 하층부에서 모든 건축 단계를 일시적으로 볼 수 있도록 할 계획이었다. 박람회 시기에는 상층부만 완공될 예정이었다. 완벽하게 완성되고, 설비를 갖추며, 공간이 조화로운 듀플렉스 주택이었다. 박람회가 끝난 후에 완공된 이 주거 단위는 새로운 거주 조건들을 실제로 경험한 사례가 될 것이었다.

모든 바람은 받아들여졌다. 계획안은 상무부, 순수예술국 국장, 센 지사, 파리시의회에서 승인되어 의회에서 가결되었다.

1935년에 토지는 여전히 마련되지 않아 공사를 시작할 수 없었다. 흔히 말하는 행정 교착 상태였다.

말레스테방의 사임 이후 UAM은 반발했다. 연합은 UAM과 CIAM이 결합하면서 늘어났고, 여기에 현대화가조각가협회 PSM도 합류했다.

레제는 파리의 모든 경계 벽에 색을 칠해 밝은색의 빛을 투사해 파리를 '빛의 도시'로 만들기를 꿈꿨다. 삶의 기쁨이 더해졌을 것이다.

UAM은 1933년에서 1934년까지 프로그램을 수정하고 새로운 팀의 일관성을 인정받기 위해 박람회 측과 공식적으로 재교섭했다.

1935년 5월 17일 르코르뷔지에는 CIAM 타워에 대한 공동 작업을 UAM에 제안했고, UAM은 자율성을 보장받는다는 조건으로 이를 수락했다. 공동 작업을 위해 에르스트는 UAM과 CIAM, PSM의 모든 회원의 이름과 문서를 취합하는 서류 준비 작업을 맡았다.

한 그룹의 젊은이들이 우리와 합류할 예정이었다. 나는 그들을 '레죈 37 les Jeunes 37(37인의 청년)'이라고 불렀다. 에르스트가 프로그램과 회원 이름을 물었고, 나는 이를 서신으로 보냈다.

원래는 불Boulle 고등응용예술학교 졸업생들로 꾸려진 소규모 그룹으로 박람회에서 의사를 표현할 자리를 얻기 위해 모였으며, 공인 단체를 계획하여 파리시의 전문학교와 기술학교의 다른 학생들과 연합하려 했다. 이러한 계획은 응용예술학교, 장식예술학교, 에콜 데 보자르, 불 학교 지도부의 동의하에 공식적으로 추진될 예정이었다. 이 프로젝트는 앙드레 마송이 주도했다. 그는 뤼르사의 작업실에서 자크 우그와 피에르 샤자노프를 만났다. 그리고 장 니콜라의 제안으로 세브르가의 작업실에서 피에르와 나의 의견을 물었다.

우리는 긴밀하고 우호적인 분위기에서 공동 작업에 임했고, 장 보쉬는 그래픽 표현을 연구하기 위해 합류했다. 그리하여 '청소년 여가문화센터'의 실현을 위해 UAM, CIAM, PSM 그룹이 참여한다는 아이디어가 탄생했다.

센터에는 체육관, 수영장 등 모든 신체 활동을 위한 시설뿐만 아니라 정신 활동을 위한 시설도 포함되었다. 다목적 전시실, 전문 도서관, 작업실, 대중에게 개방된 수공예 작업실로 보완된 연구 스튜디오, 지역과 해외에서 온 학생들을 위한 안내 데스크, 500명을 수용할 수 있는 다목적 대강당으로 구성된 다기능 공간이 있었다. 대강당은 필요에 따라 200명을 수용할 수 있는 야외 극장과 연결된다는 특징이 있었다.

운동 경기는 대강당과 야외극장에서 동시 진행될 수 있었다. 무대 뒤에 비행기 격납고 문처럼 상하 개폐되는 스크린 장치는 대중 행진, 행사, 한니발과 그의 코끼리들에 이르기까지 대규모 공연을 가능하게 했다.

이 아이디어는 피에르 잔느레가 친구 니코와 함께 준비한 뤼마니테 축제에서 영감을 받았다. 또한 르코르뷔지에와 피에르 잔느레가 설계한 10만 명의 참가자를 위한 올림픽 경기장, 극장, 행렬, 연단, 체조 광장이 있는 국립대중축제센터 프로그램에 영향을 미치기도 했다.

1935년 7월 11일 UAM 단체는 박람회 위원회에 CIAM 타워 계획안을 제출했다. 답변을 받기까지는 오랜 시간이 걸렸다. 몇 달간의 투쟁을 벌인 후에야 답이 왔다. 겉보기에는 의회의 승인을 확인하는 것처럼 보이는 법안에 다음과 같은 짧은 문구가 추가되었다. "시의회는 박람회가 끝난 후 상황에 따라 건축물의 철거를 요구할 수 있다." 이 '세부 사항'으로 인해 계획안은 좌초되었다. 이는 진정으로 위선적인 행위였다. UAM 총회가 우리의 여러 프로젝트의 운명에 대해 논의하기 위해 회원들을 소집한 날이 떠오른다. 그중에서도 CIAM 타워가 토론의 중심에 있었는데, 모든 분야를 담고 있는 프로젝트였기 때문이었다. 이는 창작의 매개체였으며, 우리 각자의 흥미를 유발하는 예술의 종합체였다. CIAM 타워가 무산된다면, 각 그룹은 다시 원점으로 돌아갈 것이었다.

이런 가능성에 직면하여, 나는 '청소년 여가문화센터'를 구하려 애썼다. 파리시에서 50퍼센트의 보조금을 지원해 주기로 했고, 나머지는 우리가 마련하는 조건이었다. 하지만 이런 식으로 협상하기에 그들은 너무 어렸다. 그렇다면 만약 우리 단체가 이 프로젝트를 보증하고, 현재 비어 있는 켈러만 보루의 부지를 제안하고, 추가 보조금을 구한다면 어떨까? 일부에게 이는 너무 과도한 요구로 받아들여졌다. 아직 경험이 부족한 이 젊은이들의 창작물을 살리려다 자칫 우리 창작물을 희생해야 할 위험이 있었다. 총회 분위기는 격해졌고, 답변은 부정적이었다. 르코르뷔지에는 언짢은 얼굴로 나가다가 (켈러만을 포함해) 내가 개입한 사실을 알리지 않은 것을 두고 나를 질책했다. 계획적으로 의도한 일이 아니었고, 나는 아직 구할 수 있는 것을 '구하기 위해' 시도한 것뿐이었다.

PSM 회원들은 박람회에서 각자 흩어져 작품을 전시했다. 파리의 경계 벽들은 침실에서 주방, 폐쇄된 굴뚝의 흔적인 줄이 수직으로 그어진 부엌에 이르기까지 연속된 층의 벽지로 장관을 이루었다. 사라진 거주자들의 슬프고 작은 삶을 보여 주는 이미지였다. 1937년 8월 2일 페르낭 레제는 애인 시몬에게 이렇게 편지를 썼다. "진부한 것을 전시하는 박람회에 혐오감을 느껴. 가장 추하고 가장 눈길을 끌지 않는, 가장 잊힌 파리의 일부 모습이 천 배는 더 감동적이지."

'레쥔 37'은 환상을 잃었다. 앙드레 마송은 훨씬 후인 1983년에 이렇게 편지를 썼다. "우리가 서툴렀다고 생각합니다. 하지만 세상 물정 몰랐던 우리 처지에서 그러지 않을 수 있었을까요? 고전 양식의 지루한 학습을 거쳐 눈부신 건축적 반란 세계에 눈뜬 동시에 개인 이익과 사업 허가라는 현실의 제약을 받아들이길 거부하기란 완전히 비현실적이었죠."

파리국제박람회

UAM의 파빌리온은 팽귀송이 건축했다. UAM은 규약에서 정한 대로 각 구성원의 작품을 수용했다. "난장판을 만들자"라는 프랑시스 주르댕의 제안은 나중으로 미뤄졌다. 모든 것이 정상으로 돌아가고 일상화되었다.

'장식예술'이라는 명칭은 인민전선의 출현 이후 '현대생활예술기술 국제박람회'로 대체되었고, 그때부터 UAM은 여러 위원회에 다시 들어갔다.

나는 1936년 가정예술박람회에서 선보인 다목적 의자를 UAM 파빌리온에 전시했다. 대기실에서 사용할 용도로 만든 의자와 테이블 조합이었는데, 농업부에서 일하면서 영감을 얻었다.

알루미늄 프랑세Aluminium francais의 기술자인 앙드레 투르농과 피에르 잔느레와 함께 설계한 대피소 '비부악Bivouac'을 연구하고 전시할 기회가 주어졌다. 고산에서의 조립 조건을 전혀 고려하지 않은 채 몽블랑 산악 지대에 세워진 대피소 '발로Vallot'에 대한 반발로 만들어졌다.

퐁텐블로 바위 기슭에서 앙드레 투르농을 만났었다. 그는 알루미늄 프랑세에서 스포츠용 자재를 개발 중이었고, 활력과 활기가 넘치는 저돌적인 사람이었다. 파리-퐁텐블로행 열차에서 위험을 무릅쓰고 우리 열차를 추월하는 파리-니스행 열차의 외판을 떼어 맨 끝의 객차로 던져 버리는 소란을 피운 적도 있었다. 그는 알루미늄 스키를 만들기도 했다. 그가 고안하고 시험한 첫 번째 스키는 첫 커브를 돌면서 앞부분이 직각으로 접혔고, 그의 캐나다 알루미늄 카누는 처음 아르데슈강을 내려갈 때 수직으로 가라앉았다. 이는 단순하게 앞뒤 공기주머니를 닫는 걸 깜빡했기 때문인데, 그럴 때면 그는 옷도 돈도 신분증도 없이 알몸으로 강둑에 남겨지기도 했다. 그는 금발을 좋아했지만 갈색 머리 여자들만 만났기에, 나는 그와 절친한 친구가 될 수 있었다.

그는 목조 뼈대처럼 우스꽝스럽게 설계된 알루미늄 소재의 발로 대피소 조립 작업에 참여한 적이 있었다. 대피소를 해발 4,000미터까지 운반하기 위해서는 80킬로그램에 5미터짜리 패널을 등에 짊어지고 이동할 수 있는 샤모니 지역의 짐꾼들을 선발해야 했다. 이는 엄청난 바람의 저항을 받기 때문에 어려운 작업이라서, 길이 2.5미터에 무게 40킬로그램을 넘지 않는 비부악 대피소를 떠올리게 했다. 비부악은 시험을 위해 오트사부아에 있는 몽졸리산 어깨에서 조립되었다. 나는 산을 위한 여러 프로젝트 아이디어에 큰 열정을 쏟았다.

르코르뷔지에, 피에르 잔느레와 함께 산장 호텔용 위생 시설도 전시했었다. 위생 시설은 프리패브로 부피가 작고 청소가 쉬우며 샤워실과 세면대를 갖추었다. 그리고 특이한 조합의 터키식 변기도 전시했는데, 하나는 임산부나 장애인을 위한 여닫이 판이 달렸고, 다른 하나는 비데로 변환할 수 있었다. 모두 겹쳐지고 들어 올릴 수 있으며, 매우 기계적이었다.

박람회에 전시하기 위해 르코르뷔지에는 1936년에 세 번째 프로젝트를 제안했다. 《무한히 성장하는 박물관》이었다. 예산은 거절되었다. 1936년 8월 3일 페르낭 레제는 이런 메모를 남겼다. "르코르뷔지에의 박물관에 참가했다. 어렵다. 프로젝트가 성사되지 않았다. 르코르뷔지에는 실행자와는 거리가 멀다. 그는 예언하고, 자만심에서 오는 만족감으로 가득 차 있다. 그와 관련된 37번 서류를 검토하면서 알게 되었다." 하지만《무한히 성장하는 박물관》에 대한 개념은 눈여겨볼 만했다.

1937년 박람회에는 더 이상 참여할 자리가 없었지만, 르코르 뷔지에는 화가 들로네의 중재로 레옹 블룸으로부터 작품 제작에 대한 50만 프랑의 '위로' 보조금을 받았다. 하지만 작품은 어디에 설치되었을까? 자동차를 타고 피에르 잔느레와 함께 떠돌아다니면서 그는 네 번째 프로젝트인《새로운 시대의 파빌리온》을 구상했다. 밝은색 캔버스로 만든 거대한 정사각형 텐트를 케이블로 팽팽하게 당겨 조립한 피에르는 폭풍우가 치는 밤에는 잠을 이루지 못했다.

이 파빌리온은 조르주 모네의 초청으로 박람회 구역 밖에 설치되었다. 포르트 마요의 입구 맞은편에 아름다운 페르슈산 말 조각상이 놓인 농업부 파빌리온 바로 옆이다. 우리는 재회했고, 서로 의견을 주고받았다.

안타깝게도 CIAM 프로그램 〈주택과 여가〉의 구현을 위한 예산은 전혀 없었다. 절망적인 상황에서 틈새를 발견했다. 더 정확히는 한 친구가 내게 제안했다. 나는 박람회 부서에서 지시아, 바레, 보키에, 보쉬, 마리안 클루조, 에펠, 프레보스트, 우그 등의 예술가들을 위한 개별 보조금을 받기 위해 시공 책임자로 나설 수 있었다.

그들은 관대하게도 CIAM 프로그램을 위해 자신들이 받은 보조금을 공유하는 데 동의했고, 별도의 개인 지원금을 요구하지도 않았다. 잔 로랑은 "새로운 형태의 후원자들"이라고 표현했는데, 나는 여기에 '매우 헌신적인'이라는 말을 덧붙이고 싶다. 르코르뷔지에의 지휘 아래 행정을 책임지던 나는 13만 프랑의 예산으로 작업에 착수할 수 있었다.

CIAM의 회의 주제인 〈주택과 여가〉는 포토몽타주, 모형 및 도면을 이용해 발전되었다. 르코르뷔지에의 '파리 계획 37 Plan de Paris 37'이 시연의 주축이었다. 이 계획에는 철거 예정인 제6호 비위생 구역에 대한 '18,000명의 주민을 위한 빛나는 도시 모델' 계획안이 포함되어 있었다. 제6호 비위생 구역은 포부르 생 탕투안을 포함하여 볼테르 광장에서 도메닐가까지 장인들의 구역이었다.

박람회는 1937년 5월부터 11월까지 열렸다. 르코르뷔지에는 이 시기를 이용해 당국에 경고했다. 1937년 4월 13일에 레옹 블룸에게 이른바 'CIAM 프랑스 계획안'이라는 파리 계획안을 제안하는 서신을 보냈다. "세부 사항은 아주 사소한 부분까지 적용되었으며, 여기에는 중대한 산업 발전이 포함됩니다. 이제 대규모 산업이 건설업을 장악하고, 국가의 기반 시설에서 생산 프로그램의 상당 부분을 찾을 수 있는 때입니다……."

1937년 11월 18일에는 니콜라에게 이렇게 편지를 보냈다. "국무회의 의장으로부터 비위생 구역에 관한 결정이 곧 내려질 거라는 소식을 받았어요. 우리는 제6호 구역이 빛나는 도시 모델의 시험 구역으로 고려될 수 있도록 요청했어요. 그래서 이 단독 구역에 관해 시의회에 압박할 필요가 있어요. 노동총동맹CGT과 공산당을 통해 압박하는 것이 효과적일 수 있지만, 아라샤르는 여전히 전통적인 생각을 고수한다고 들었어요. 다시 말해, 그가 옛 방식을 따르는 건물을 구상한다는 뜻이죠."

박람회 폐막 후인 1937년 12월 30일에 레옹 블룸에게 보낸 또 다른 서신에서 그는 다음과 같이 말했다. "만약 제6호 비위생 구역이 언젠가 빛나는 도시 모델로 건설된다면, 이것이 전적으로 개인적인 사업이 되지 않길 바랍니다. 저는 강력한 지도하에 프랑스 CIAM(프랑스 그룹)이나 문화원에 소속된 젊은 건축가들에게 협력을 요청할 수 있습니다. 제6호 구역에 철골공, 석공, 냉방 기술자, 방음 기술자, 가구 제조업자 등이 참여할 것입니다. 그들은 공급 문제에 대한 해결책을 제시할 것입니다. 일상적인 여가. 출생률. 산업의학. 청년 작업실. 보행자와 자동차의 분리……'

그는 1938년 1월 6일에 레옹 블룸에게 또다시 서신을 보냈다. "……도시계획, 즉 전국의 육로, 철로, 수로 및 항로에 의해 결정되는 사건 관리는 더 이상 시 차원에만 머무를 수 없고 종합적인 추진력을 가져야 합니다. 새로운 시대의 그래픽디자인에는 이런 문구가 포함되지요. '국가 기반 시설은 시가 아닌 국가에 종속되어 있다.'"

르코르뷔지에는 입법에 변화가 필요하다는 것을 알았지만,

첫 번째 장애물은 시민사회, 더 낮은 규모에서 비롯된다고 생각했다. 제6호 구역 주민들이 보호 위원회를 구성했다. 그리고 이후 1938년 4월 8일에 레옹 블룸이 사임하면서 내각은 붕괴됐다.

1947년에 오스만의 계획안과 실현에도 불구하고 하수 펌프는 여전히 국회의사당 뒤편, 라스카즈가에 있는 나의 건물에 설치되어 있었다—"즐겁게 펌핑합시다".

1936년에 크리스마스 축제를 틈타 시청과 접촉하기 위해 생니콜라드베로스에 갔다. 1937년 박람회가 끝나면, 이미 투르농에서 확인한 부지인 크루아뒤몽졸리에 비부악 대피소를 설치하고 싶었다. 피에르에게 함께 가자고 제안했다. 그는 가족 전통인 성탄 전야를 제네바에서 보내고서야 갈 수 있다고 했다. 그렇게 나는 제네바의 정직한 명문가 식구들을 만났다.

여느 때와 마찬가지로 별생각 없이 스키복을 입었다. 배낭을 메고 운동화를 신고 티롤리안 머플러와 목에는 사부아 하트 목걸이를 걸었다. 피에르의 형은 스위스 국경으로 우리를 데리러 왔다. 피에르 가족은 성탄 전야를 함께 보내기 위해 우리를 기다렸다. 피에르의 형은 운전하면서 물었다. "트렁크는 어디 있어요?" "없어요." 당연히 야회복도 없었다. 큰일이었다. 어떻게 해야 할까? 나는 아주 부유해 보이는 저택에 몰래 들어가 은밀히 방으로 안내받았다. 파티가 한창인 때에 피에르의 여동생인 마들렌이 자기 야회복을 팔에 안고 나타났다. 혼자 옷을 입어 보는데, 허리가 꽉 끼었다. 옷도 옷이지만 신발을 잊고 있었다. 나는 산악용으로는 매우 우아하지만 크리스마스 저녁 식사 자리에는 어울리지 않는 티롤리안 운동화를 신고 있었다. 운동화가 보이지 않도록 작은 보폭으로 걸으며 용감하게 가족들이 모인 곳으로 갔다. 온 가족이 나를 기다리고 있었다. 피에르의 연로하고 다정한 어머니는 나를 안아 주었고, 손주들의 크리스마스 연극을 보며 한 명씩 칭찬하도록 맨 앞줄에 나란히 앉을 수 있게 했다.

모든 것이 순조롭게 흘러갔고, 모두가 각자 맡은 역할을 연기했다. 단 한 꼬마를 제외하고. 그 아이는 이상하다는 듯 손가락으로 내 운동화를 가리켰다. 불편한 침묵이 이어졌다. 그다음 상황도 썩 나아지진 않았다. 어른들은 이 신성한 밤을 축하하기 위해 다른 장소로 이동했다. 사교 행사가 시작되었다. 나를 지켜보는 젊은 사촌들에게 무슨 말을 해야 할까? "새해에 스키 타러 가나요?" "스키요?" 거만한 말투였다. "아니요, 저희는 승마하러 가요." 훨씬 더 세련되지 않은가? 그렇게 내 노력은 거기서 끝나 버렸다. 크리스마스 날 고속버스 안에서 피에르는 편안하고 매우 즐거워 보였다.

스페인 내전

1936년 같은 해에 세르트는 스페인 내전의 소용돌이에 휘말렸다. 스페인 귀족 가문 출신으로, 피레네 산맥으로 이주한 카탈루냐인인 그는 무정부주의자의 블랙리스트에 올랐다. 많은 위험을 무릅쓰고 그는 극단주의자들과 통제되지 않는 무리에 의해 약탈당할 위험에 처한 성당들과 고국의 성상들을 구하기 위해 애썼다. 이는 그야말로 속도전이었다. 그는 파리의 주드폼 파빌리온으로 그 성상들을 가져와 파리 시민들에게 카탈루냐의 예술과 그 뿌리를 담은 화려함과 강렬한 표현을 감동적인 전시회로 보여 주었다.

세르트는 문차와 함께 스페인을 떠나 몽파르나스 대로의 승강기는 없지만 햇볕이 잘 드는 꼭대기 층의 작은 내 집으로 피신했다. 두 사람과 함께하면서 형언할 수 없는 행복감과 '세월의 깊은 곳'으로부터 연대감을 느꼈다. 그들을 아침 키스로 품에 안았다. 그들은 몽파르나스에서 혼자가 아니었다. 피에르는 자코브가를 뒷전으로 했다. 그는 파리에 오기 위해 모국 스위스에 있는 가족을 떠나온, 차분하고 사심 없으며 따뜻한 마음을 지닌 청년이었다.

노르망디에서 온 큰 곰 같은 페르낭 레제는 거의 매일 아침 우리와 함께 아침 식사를 하기 위해 올라왔다. 아침 식사는 주로 잼 바른 토스트와 카페오레였는데, 그는 카페오레를 커다란 도자기 그릇에 담아 마시곤 했다. 그리고 잘 익은 사과 한 알을 곁들였다. 마치 자신의 과수원에서 지내는 것 같았다. 그는 때때로 '보석' 같은 애인과 함께 오기도 했다. 그녀의 이름은 시몬 에르망으로, 안트베르펜 출신의 총명하고 세련된 여성이었다. 그녀는 친구들이 '페페'라고 부르던 격정적인 호세 루이 세르트 앞에서 물 만난 물고기처럼 활기찼다. 그러면 사라고사 인근의 아주 작은 마을, 아라곤주의 불모지 출신의 작은 타나그라 인형 같은 세르트의 애인, 문차는 연인 세르트를 질투 어린 눈으로 바라보곤 했다.

이후 레제는 올라갈 때마다 신장이 1.54~1.60미터인 '작은 거인들'의 집으로 향했다. 다양성은 아름다운 것이다. 과학자 여러분, 부디 인간 복제는 하지 말아 주시길.

문차는 9시 30분경 참새 떼가 각자의 일을 위해 흩어질 때쯤에 집을 관리하기 시작했다. 그녀는 하루 일정을 정리하고, 즐거운 시간과 재회 계획을 세웠으며, 피카소를 카페 플로르에서 만났고, 몽파르나스에서는 파리에 잠시 들른 친구들을 만났다. 친구들에게 고국 소식을 전해 듣고 의견을 나누며 함께 고향을 그리워했다. 그럴 때면 문차는 파에야를 만들었다. 다른 저녁에 레제가 갑작스레 찾아올 때면 감자튀김을 곁들인 비프스테이크를 요리했다.

세르트는 마들렌 지구에 있는 스페인 관광 안내소에 가곤 했다. 그곳은 선전과 교류가 활발히 이루어지는 스페인 공화국의 중심지였다. 그는 정보를 얻을 목적으로 전쟁 특파원들로부터, 특히 로버트 카파로부터 모든 사진을 받았다. 전문가들이 사진 속의 무기들, 무기의 출처를 조사하러 오곤 했다. 그들은 특히 전차에 관심을 보였다.

세르트는 말로와 국제여단,* 니코를 문화원에서 만났다. 문화원은 파리에 코블라—훌륭한 카탈루냐 음악—를 알렸고, 발렌

---

* 스페인 내전 당시 세계 각국에서 스페인 제2공화국 정부를 지원하기 위해 모인 의용군

시아의 무용수들을 초청해 프랑스-스페인 친선을 기념하기도 했다.

어느 날 저녁, 세르트는 우리를 데리고 전문 배우들이 아닌 자원봉사 배우들이 공연하는 로르카의 연극 〈피의 혼례〉를 보러 갔다. 정말 감동적이었다. 그는 나를 위해 연극을 프랑스어로 번역해 주었다.

또 다른 저녁에는 페르낭 레제가 벨로드롬 디베르에서 열린 대중극에 우리를 초대했다. 1937년 국제박람회에서 문화원이 선보인 장리샤르 블로흐의 〈도시의 탄생 Naissance d'une cité〉이었다. 이 극은 특히 유스호스텔, 캠핑과 문화협회, 아미칼 모토 오토바이 클럽, 공산주의 청년회, 프랑스 젊은 여성연합의 협력으로 이루어졌으며, 오네게르와 다리우스 미요가 음악을 맡았다. 축제는 공중그네, 레슬링 경기, 메드라노 서커스단의 '샤리바리' 광대들로 활기가 넘쳤다. 무대와 의상을 담당한 페르낭 레제가 실력을 발휘했다. 그는 침실, 비스트로, 지하철, 선박, 노동을 상징하는 짙은 파란색의 노동자 상의를 환기했고, 기쁨, 축하, 해방을 상징하는 형형색색의 꽃들이 피는 것으로 끝을 맺었다.

또 한 번은 문차가 페르시아에서 돌아온 게브레키안을 위해 저녁 식사를 준비했다. 우리는 그의 여행 이야기를 몹시 기대했다. 그러나 저녁 시간은 재미없게 흘러갔고, 페르낭은 지루해하는 기색이 역력했다. 오후에 무엇을 했냐는 질문에 그는 눈을 반짝이며 벨로드롬 디베르에서 작업할 의상을 찾기 위해 상티에 지구를 온종일 돌아다닌 이야기를 시작했다. 오래된 거리에서

의류 상인들을 발견했는데, 낡고 허름한 옷가지들이 바닥에 놓이거나 천장에 매달려 있고, 선반 위에도 있었다. 손에 먼지떨이를 든 노파가 먼지를 털어 냈고, 그런 노파를 어둠 속에서 숨바꼭질하듯 반짝이는 녹색 눈을 가진 검은 고양이가 비웃는 듯한 시선으로 바라봤다. 마치 마법사의 소굴 같았다. 생동감 있는 묘사였다. 그는 무無에서 천일야화를 만들어 냈다. 레제와 상드라르는 그런 식으로 파리의 비스트로에서 원형 테이블 주위에 앉아 꿈꾸게 만들곤 했다. 이국정취는 파리에 있었다.

피에르와 그의 전동 킥보드를 타고 토요일 저녁과 일요일에 노르망디 해변─우리가 디에프에서 가장 좋아하는 해변─으로 가서 가장 아름다운 조약돌을 찾곤 했다. 돌아오는 길에는 종종 건초 더미에서 잠을 자곤 했다. 당시 건초 더미는 오늘날처럼 기계로 압축되지 않아서 둥글고 부드러웠다. 우리는 별빛 아래서 잠을 잤고, 농부의 쇠스랑과 거미만이 유일하게 두려웠다. 하지만 우리의 야영지는 새벽이 되자마자 월요일 아침 세브르가 작업실에 늦지 않게 도착하기 위해 빠르게 해체되었다.

우리의 배낭은 보물로 가득 차 있었다. 조약돌, 낡은 신발 조각, 구멍이 뚫린 나무 조각, 파도에 의해 고상하게 마른 말총 빗자루 조각 등등. 페르낭과 함께 그것들을 분류하고 감탄하고 사진을 찍고, 더 반짝이도록 물에 담가 두곤 했다. 이를 '아르 브뤼art brut*'라고 불렀다. 다른 일요일에는 자재 재활용 창고나 쓰

---

* 원생미술

레기장에 가서 순서대로 혹은 우연으로 자연스럽게 집합된, 예상치 못한 형태를 찾곤 했다. 그리하여 우리는 카이사르가 질투할 만한 압축된 금속 덩어리를 발견했다.

피에르와 페르낭은 남성용 공중변소에 있는 낙서에 관해 설명했다. 그들은 사진을 찍고 싶어 했지만 어둡고 뒤로 물러서서 찍을 공간이 부족해 그러지 못했다. 혹은 남성용 공중변소에 관한 짧은 영화를 만들 수 있을 것이다. 남성들의 발이 보이고, 용변을 마친 남성들이 하나둘씩 나와 행인의 무관심한 시선 속에서 바지 앞 단추를 채운다. "우리는 자유를 잃었다."

우리는 퐁텐블로숲을 산책하러 가면서 세르트와 문차를 끌고 가려 무척 애쓰곤 했는데, 그들은 딱 한 번 우리를 따라왔다. 페르낭 레제는 믈룅과 퐁텐블로 사이에서 비를 맞으며 칼바도스 한 병을 손에 들고 프랑스 전력 공사의 고압전선을 보면서 감탄했다. 가느다란 실로 수평선까지 연결된 모습이 마치 거대한 곤충 같았다. 그는 다시는 그 경험을 반복하지 않았고, 연인에게 보내는 편지에 이렇게 썼다. "지난 일요일, 두 꼬맹이가 나를 23킬로미터나 걷게 했어. 나를 골려 주려 했던 거지. 우리 공주님을 생각하며 버텼어. 공주님 생각이 났지. (…) 엽서를 보냈어. 둘은 열정적이고 약간은 과한 낭만주의자들이야. 새로운 경험이었지."

우리가 발견한 아름다운 것 중에 하나는 부롱의 모래 채취장에서 바람에 의해 형성된 멋진 사암이었다. 들고 가기에는 너무 무거웠다. 그다음 주 일요일에 피에르와 나는 채취장으로 다시 갔다. 그 바위는 여전히 그 자리에 있었고, 50킬로그램 정도였다. 바위를 등산 가방에 넣고 피에르의 등에 얹은 채 채석장 입구, 성의 철책 문 앞에 세워 둔 킥보드까지 약 1킬로미터를 걸어가야 했다. 둘 다 구부정한 자세로, 서로를 도와주면서 종종걸음을 치는 우리 모습을 분명 채취장 주인이 보았을 것이다. 새끼 멧돼지를 나르는 서리꾼처럼 보였을지도 모른다. 채취장 주인이 다가왔다. 우리는 우스꽝스럽게 보이지 않도록 나무줄기에 걸터앉았고, 발아래 놓인 가방은 너무 눈에 띄었다. "거기서 뭘 옮기고 있어요?" "채취장에서 이 사암을 발견했는데, 한눈에 반해 버렸어요. 너무 멋져요!" "들고 가세요. 그런데 여기는 사유지예요." 우리는 감사 표시로 채취장 주인에게 사암 사진을 찍어 보냈다.

세르트는 1937년 박람회에서 스페인 공화국 파빌리온을 지었다. 뜻이 맞는 그의 소중한 친구들이 함께했다. 피카소는 〈게르니카, 프랑코의 참상 Guernica, les horreurs de Franco〉, 미로는 2층 유리 지붕 밑에 매달린 대형 그림, 콜더는 수은이 담긴 수반 위 모빌을 준비하고 있었다. 박람회가 끝난 후에 나는 기념으로 생선 운반인을 위한 화려한 채반과 수은을 가득 담은 데롤사 시험관을 얻었다. 이 유물들은 나를 한 번도 떠난 적이 없다.

사카쿠라는 일본 파빌리온의 건축가로 파리에 돌아왔다. 파빌리온은 르코르뷔지에의 작업실에서 일하던 청년 조르주 폴라크와 함께 설계했다. 사카쿠라는 거의 만나지 못했다. 그는 1937년의 일본 모습과 일본의 근대성을 표현하는 어려운 과제에 너무 몰두해 있었기 때문이다. 그는 성공적인 작업물을 통해 자신의 '스승'인 르코르뷔지에와 피에르의 이름을 빛내고 싶어 했다. 일본에서는 전통적으로 스승이 제자보다 앞서가고 제자는 '센세(스승)'의 그림자도 밟지 않는다. 사카쿠라에게는 작업실과 파리가 전부였다. 7년 동안 거주하다가 일본으로 돌아갈 무렵에 사카쿠라는 마르세유에서 엽서를 보내왔다. 엽서에는 돼지 한 마리와 돼지 눈 아래 두 개의 큰 눈물방울이 그려졌고, 그 아래에는 "불쌍한 사카"라고 쓰여 있었다. "소중한 사카"라고 고쳐 주고 싶었다.

나는 조르주 모네, 제르맨 모네와 친구가 되었다. 사랑에 빠진 제르맨은 사랑스러운 아기들을 낳았고, 나는 아기들 사진을 찍어 주곤 했다. 그녀는 자신의 신념을 고수하는 정직한 여성이었다. 나의 반골 성향을 마음에 들어 했고, '격식을 갖춘' 농업부 만찬 자리에 나를 초대하며 이를 실천했다. 임시로 나만의 정장을 만들어 입었다. 연한 분홍빛이 도는 흰색 새틴 가죽을 골라 어머니에게 긴 치마로 만들어 달라고 부탁했다. 그리고 가죽 상인에게서 산 곱슬곱슬한 흰 양가죽 두 장으로 코르셋을 만들기로 했다. 재봉사였던 문차가 나를 위해 코르셋을 만들었다. 아드리아해 지역에서 하나씩 주운 조개껍질(생피에르 조개)로 만든 목걸이를 걸었다. 목욕하고, 속눈썹에 약간의 파란색을 바르고, 입술에는 빨간색 립스틱을 발랐지만, 화장을 견디지 못해 (생기만 주기 위해) 살짝 닦아 냈다. 이렇게 차려입고 식사 자리에 갔다. 그곳에는 예술부 장관 조르주 위스망스, 대중예술박물관의 조르주앙리 리비에르, 그리고 내가 알지 못하는 다른 유명 인사들이 많이 있었다. 식사가 끝날 때 어떤 생각이 제르맨에게 영감을 주었는지는 모르겠지만, 그녀는 큰 목소리로 내게 청했다. "샤를로트, 사부아 지역의 짤막한 노래 한 소절을 불러 주세요." 노래가 아무리 매력적일지라도 짤막한 노래를 부르는 모습을 사람들에게 보이고 싶진 않았다. 그러나 점잔을 빼는 것도 우스꽝스러웠다. "아, 노래를 듣고 싶으시군요." 나는 사부아식으로 거칠게 노래를 불렀다.

제가 집에서 뭘 마시는지 아나요.
화이트와인이 있어요.
하지만 그건 여주인을 위한 거예요.
화이트와인이 있어요.
하지만 그건 주인을 위한 거예요.
교황 만세—제기랄······.

언젠가 생봉에서 배운 노래였다. 이 노래로 광란의 저녁 시간이 시작되었다. 조르주앙리 리비에르가 피아노를 치고, 나는 거대한 세브르 화병을 오르려 했고, 마지막에는 마치 여덟 살 때 생토노레 시장 광장에서 그랬던 것처럼 계단 난간에서 요란한 출발이 시작되었다.

나중에 다른 공적인 행사에서 조르주 위스망스 옆자리에 앉은 적이 있었는데, 그는 내 귀에 대고 속삭였다. "교황 만세, 제기랄……." 이는 그날의 일에 대한 암묵적 사인이었다.

세르트는 내 롱드레스를 보고 레제에게 재미있게 장난칠 생각을 떠올렸다. 문차가 파티를 열고 레제를 초대했다. 문차는 레제에게 그의 그림에 매우 감탄한 스웨덴 출신의 젊은 여성을 소개해 주겠다고 말하며, 안타깝게도 그 여성은 프랑스어를 거의 하지 못한다고 일러두었다. 나는 미용실에 가서 머리를 말고, 진하게 화장하고, 문차에게 보석 장신구를 빌렸다. 레제가 도착했다. 소개 인사를 하고 그의 옆자리에 앉았다. 그는 당황하면서도 매우 흥미로워했다. 내가 웃음을 터트리며 그의 목덜미를 잡을 때까지는 그랬다. 그는 완전히 속아 넘어갔다.

1937년 세브르가 작업실과의 결별

몽파르나스에서 행복한 아침 나날들을 보내던 어느 날, 피에르와 내 앞으로 서신이 도착했다. 한 통의 서신으로 이제껏 아름다운 이야기들로 가득했던 책은 다음 장으로 넘어가게 되었다. 피에르와 르코르뷔지에의 작업실에서 보낸 10년 동안 나는 그들의 지식, 사고방식, 삶의 방식에 깊이 젖어 들었고, 그들의 우정과 환경, 친구들 그리고 미래에 대한 여러 계획에 둘러싸여 있었다.

방해 요소가 되지 않기 위해 내가 작업실을 떠나야 한다는 것은 자명했다.

그렇지만 서신 내용을 받아들일 수 없었다. 모든 게 너무 아름다웠다. 르코르뷔지에는 피에르와 내게 말도 없이 '레쥔 37'의 작업을 한다며 비난했다. 그건 오해였다. 나는 오해를 풀기 위해 노력할 수도 있었다. 다시 시작하기 위해 그래야 할까? 나는 아무 생각도 하고 싶지 않았다. 그래서 떠나기로 했다.

〈주택과 여가〉 계획이 차질 없이 진행되도록 시공 책임자의 권한을 내가 신뢰하는 앙드레 마송에게 넘겼다. 그는 진지하고 체계적인 사람이었고, 특별한 문제도 없었다. 피에르는 나를 탓하지 않았다.

그날 저녁 혼자 작업실에 가서 르코르뷔지에를 만났다. 그는 나를 보자마자 이렇게 말했다. "자, 소란 피우지 말자." "아니, 코르뷔, 이제 끝이야, 더 이상의 소란은 없을 거야. 나는 작업실을 떠날 거야." "아무렇지 않아?" "응, 전혀." 내 가슴은 넓은 마음을 담기에는 너무 작았다. 안타깝게도 나는 이런 말을 덧붙였다. "난 앞으로도 네 작업에 대해 존경심을 가질 거야, 코르뷔. 하지만 인간으로서는, 잘 모르겠네."

그날 저녁에 우리는 넝게세르가에서 르코르뷔지에의 어머니와 저녁 식사를 하기로 되어 있었다. 이 저녁 식사에 가야 할까? 방금 내린 이 끔찍한 결정에서 그녀는 제외해야 할까? 결국 나는 넝게세르가로 향했다.

더 이상 청년 예술가들은 르코르뷔지에가 자신들에게 일을 맡기지 않는다고 불평하러 오지 않았다. 르코르뷔지에도 지나간 날들과 진척되지 않은 일에 대해 불평하지 않았다. 사실 그는 개인적으로 매우 힘든 시기를 겪고 있었다. 통증이 극심한 3차 신경통 수술을 받은 직후였다. 피에르는 매우 부지런하지만, 자신의 천막 파빌리온 관리에 너무 몰두해 있어 르코르뷔지에의 빈자리를 메울 수 없었다. 친구들이 모두 동원되었다. 마송, 세르트, 레제, 그리고 젊은 화가들로 구성된 레제 그룹이 이 새로운 임시 대중교육박물관에서 〈주택과 여가〉의 성공적인 시연을 위해 참여했다.

잔 로랑은 레옹 지시아의 다음과 같은 증언을 발표했다. "화가 팀에는 레제학파의 구성원들이 포함되어 있었는데, 레제는 그들에게 보상하고 싶어 했다. 그래서 이를 르코르뷔지에에게 이야기했지만, 르코르뷔지에는 자재비와 인부들의 임금을 지급한 후라서 더 이상 파빌리온의 관리를 감당할 여력이 없었다. 그는 자신이 처한 불가능한 상황을 늘어놓는 대신에 이렇게 답했다. '천재성은 돈으로 살 수 없지.' 그러자 레제가 응수했다. '그래. 천재성은 돈으로 살 수 없지만, 노동 시간은 살 수 있지.'"

나는 더 이상 이 프로그램에 참여하지 않았고, CIAM의 제5차 회의에도 참석하지 않았다. 아름다운 청동인 페르슈산 말 조각상 하나를 두고 '새로운 시대' 파빌리온과 분리된 바로 옆 농업부 파빌리온으로 피신해 페르낭 레제와 함께 작업했다.

나는 마음의 문을 닫아 버렸다. 지금이었더라면 그 문을 열어 두었을 것이다. 세브르가 35번지 작업실에 들어가는 것은 마치 수녀원에 들어서는 것과 같다는 것을, 그곳의 규칙을 존중하고 따라야 한다는 것을 알았어야 했다.

내 기쁨이 머무르기를

그해 여름 농업부 파빌리온 개막식 후, 나는 학창 시절처럼 돌아가는 길에 장 지오노를 만나러 떠났다. 그의 책 『내 기쁨이 머무르기를 *Que ma joie demeure*』은 내가 이 길을 탐색하고 열망하도록 만들어 주었다. 지오노의 친구들이 9월 초 콩타두르에서 모임을 할 예정이라는 소식을 들었다. 약속 장소는 마노스크로 예정되어 있었다.

세브르가 작업실은 항상 8월에 문을 닫았다. 나는 휴가의 첫 목적지인 유고슬라비아 크랄예비차로 피에르를 끌고 가서, 백리향과 로즈메리향을 맡으며 산에서 내려오는 차가운 샘물과 따뜻한 바닷물이 만나는 곳에서 일광욕을 즐기며 벌거벗고 수영했다. 우리가 막 도착했을 때, 크랄예비차 병원의 병원장이었던 친구 델리치가 트로기르로 항해하자고 제안했다. 모터와 노를 사용하는 병원 위생 보트를 타고 아드리아 해안을 따라 내려오는 코스였다. 4인용 선실이 하나 있는 보트는 베링해를 항해한 선원이 지휘했다. 해안에서 온 전직 밀수업자와 신부님이 동행하기로 했다. 신부님은 신자들 사이에서 구설에 오르지 않도록 라브에서 합류하기로 했다.

피에르와 나는 갑판에서 잠을 잤다. 그런데 신부님이 선상에 있는데 어떻게 일광욕을 할 수 있을까? 그는 배에 오르자마자 수단,

---

* 성직자가 평상복으로 입는 발목까지 오는 긴 옷

칼라, 탄력 밴드로 고정한 셀룰로이드 소재의 커프스를 벗었다. 파란색과 흰색 줄무늬 수영복을 입고 있으니 의젓한 선원 같았다. 그를 보고 이 배에서는 듣지도 말하지도 보지도 못한다는 것을 깨달았다. 그래서 나도 옷을 벗을 수 있었다.

유고슬라비아 해안을 따라 650개의 섬이 떠 있었는데, 그중 많은 섬이 메말라 있었다. 물이 없어 대륙에서 식수를 보급 받아야 했다. 고된 일로 얼굴이 긴장되고 너무 일찍 늙어 버린 어린 아이들이 이 일을 맡고 있었다. 밀수업자는 자기 섬에서 파티를 열어 주겠다고 약속했다.

나는 해수욕과 몽상을 하며 시간을 보냈다. 지난 한 해의 모든 스트레스에서 해방되었다.

그러다 갑자기 큰 소동이 일어났다. 선장이 제정신이 아닌 것 같았다. 갑자기 뱃머리를 돌리더니 한 어선에 접근했고 양쪽 배의 선장은 서로 냅다 욕설을 주고받았다. 알고 보니 선장은 그저 우리에게 자기 나라에서 난 조개를 맛보여 주고 싶어 했던 것이다. 우리는 그의 섬에 도착했고, 극진한 환영을 받았다. 피에르와 나는 그의 아버지와 어머니의 침대에서 함께 벼룩을 공유하며 잠을 잤다. 엄청난 양의 식사가 우리를 기다렸다. 여자들은 부엌에 있거나 조심스럽게 음식을 내어오거나 우리 뒤에 서 있었다. 나는 이방인이고 손님이기에 예외였다.

우리의 여행은 시베니크까지 계속되었고, 장날에 도착했다. 선장의 다양한 민족 출신인 모든 지인이 우리의 작은 배에 몰려들어 소식을 주고받았다.

우리는 모터로 접근할 수 있는 협만을 거슬러 올라가 야생의 깊은 곳에 있는 한 여관에 도착해 1현 악기인 구즐라의 소리를 들으며 맛있는 점심을 먹었다. 그러나 저녁에 돌아가는 길에 모터가 고장이 났다. 신부님은 "하늘은 스스로 돕는 자를 돕는다"라며 우리에게 노를 건넸다. 트로기르에 도착하자마자 그의 신호를 받고 원피스를 입었다. 자유 시간은 끝이 났다. 배는 다시 5시경에 스플리트에 우리를 내려 주었다. 그 시간은 아름다운 여인들의 산책 시간이었다. 그 사이에서 신부님과 손에 기름병을 들고 채소가 가득 담긴 배낭을 멘 두 명의 선원이라니, 참 우스꽝스러운 광경이었다. 우리는 여관에 들어갔고, 그곳에서 돈을 다 썼다. 신사와 숙녀 그리고 신부님의 조합은 숙박비가 비쌌다.

우리는 크랄예비차로 돌아가기 위해 정기선을 기다리는 대신 정반대 방향인 두브로브니크로 향하는 첫 배를 탔다. 갑판 티켓 두 장이면 충분했다.

차량 없는 이 도시에서, 포석 위에서 서로 주고받는 말소리와 발걸음 소리가 기분 좋게 우리를 깨웠다. 큰 광장에서 여러 갈래로 갈라지는 골목은 덩굴식물로 뒤덮였고, 빨래를 널기 위해 한쪽에서 다른 쪽으로 빨랫줄이 늘어져 있었다. 멋진 거리였다.

두 번째 배가 우리를 남쪽에 있는 코토르만으로 데려갔다. 마침 장날에 도착했다. 해안도로를 따라 농부들이 걸어가고 있는데, 그들 중 한 명은 당나귀에 올라탄 채 두 다리를 흔들며 평화롭게 긴 파이프를 피웠다. 그의 아내는 종종걸음으로 뒤따랐다.

그리고 피곤하지 않게 하려고(내 추측이다) 짐이 비스듬히 둘러 메져 있는 송아지 한 마리도 함께 뒤따랐다.

그 이후로는 별다른 일이 없었다. 허름한 여관에서 우편환을 기다리며, 절대 멸종되지 않는 빈대들이 사는 침구에서 잠을 잤다. 3주가 지났다!

마지막 주는 내 일정의 두 번째 부분에 할애할 계획이었다. 산을 거쳐 스위스의 마르티니로 돌아가서 시에르로 내려가 모든 불필요한 짐을 보내고, 배낭을 메고 제날 계곡, 뒤낭 빙하, 발페린 고개, 몽브뢸레 고개, 콜롱 고개를 거쳐 그랑콩뱅을 지나 계곡의 발소레이 대피소로 내려갔다. 첫 알프스 목장에 도착했다. 신선한 우유, 버터와 빌베리를 곁들인 빵을 양껏 먹었다. 바다에서 산으로 바로 넘어가지 말아야 한다는 것을 깨달았다. 다리에 힘이 빠졌다. 우리는 진정한 횡단을 통해 부르생피에르, 메르드 글라스, 르캉 대피소에 도착했다. 그곳에서 악천후에 발이 묶였다. 관리인을 제외하고 아무도 없었다. 저녁이 되자 한 무리의 쾌락주의자가 합류했다. 길 잃은 그들은 비상식량으로 챙긴 정어리 통조림과 초콜릿을 세더니 분배하기 시작했다.

어떻게 해야 할까? 기다려야 할까? 다시 내려가야 할까? 당혹스러웠다. 게다가 눈이 내리고 있었다. 짙은 안개가 끼었다. 우리는 처량하게 빙탑을 바라보았다. 갑자기 헛것이 보였다. 길 잃은 사람인 걸까? 우리가 소리치자 한 남자가 모습을 드러내며 내려왔다. 그는 독일어로 말했다. 관리인이 물었다. "어디로 가세요?" "토리노요. 여권을 잃어버렸어요." "안개가 너무 짙어서 못

갈 거예요.""길을 잘 알아요. 조라스 산맥의 북쪽을 정복하려는 독일 팀 일원이었어요." 피에르와 나는 서로 눈길을 주고받았다. 그가 갈 수 있다면 우리는 왜 안 되겠는가? "아이젠 있나요?" 나는 가지고 있었다. 그는 피에르에게 아이젠 한 쌍을 빌려주었다. 관리인은 우리 계획에 반대했다. "저 남자의 광적인 눈빛이 보이지 않으세요?" 결국 그는 우리에게 자신의 기록부에 서명하도록 했다. "제가 당신들을 찾으러 갈 거라고 기대하지 마세요."

우리는 떠났다. 독일인은 매우 능숙했다. 그는 야생 염소처럼 크레바스 사이를 잘도 건너뛰었다. 하지만 가장 위험한 경로를 선택한 것 같았다. 그는 멈춰 서서 좌우를 둘러보고, 땅 위로 몸을 기울였다. "뭘 보고 계세요?" "흔적을 찾고 있어요." 그는 계속 찾을 수밖에 없었다. 전날부터 눈이 내렸으니까. 그는 피켈 위에 머리를 기댔고, 아침을 먹지 않아 배가 고프다고 했다. 음식을 여유 있게 준비한 나는 정어리 한 캔을 따서 건넸다. 우리는 계속 나아갔다. 두 시간 후에도 여전히 안개 속에서 헤맸다. 그러다 저쪽 크레바스 건너편에 흔적을 발견했는데, 우리가 남긴 발자국이었다. 우리는 같은 자리를 맴돌고 있었다.

그가 목마르다고 했다. 내게 달콤한 차와 독주가 있었다. 그에게 수통을 건넸다. 그런데 갑자기 기적처럼 안개가 걷혔고, 그 틈을 타 우리는 라 비에르주 기슭에 도달했다―곧바로 다시 안개가 꼈다. 확신에 찬 본능으로, 우리의 동행자는 토리노 대피소에 도착했다. 그의 동료들은 그날 아침 여권을 가지고 쿠르마이외르로 이미 내려갔다.

피에르와 나는 밤에는 도착하기 위해 출발했다. "우리는 아주 잘 시작된 여행을 계속했다"(로돌프 퇴페르, 『지그재그 여행 *Voyage en zigzag*』). 그리고 고개를 넘어 프랑스로 돌아왔다.

피에르는 일하러 파리로 돌아갔고, 나는 그르노블까지 계속 갔다. 디뉴에서 출발하는 매력적인 작은 기차를 타고 시스테롱과 마노스크에 도착했지만, 장 지오노는 이미 떠난 상태였다. 나는 작고 하얀 길을 따라 햇살 취한 저녁 매미 소리를 들으며 콩타두르로 갔다. 각계에서 모인 열다섯 명 남짓한 지식인으로 구성된 그의 팀은 모두 영감을 받은 듯 '대가' 주변에 몰려들고 있었다. 우리는 오래된 라벤더 증류소에서 묵었고, 증류소에는 벽난로가 있는 커다란 방이 있었다. 저녁에는 편자 모양의 테이블에 둘러앉아 지오노의 작품을 읽는 의식이 있었다. 땅거미가 질 무렵에 상징적인 고원의 나무 아래 웅크려 앉은 그의 실루엣을 볼 수 있었고, 그는 몽방투산 뒤로 해 질 때까지 움직이지 않았다. 그의 옆에는 반전과 반파시즘 운동에 참여한 살갑지 않은 다게르 부인이 있었다. 이 표현은 순서를 바꿀 필요가 있다. '반파시즘과 반전 운동'으로 말이다.

하루, 이틀, 사흘이 지났고, 우리는 꼼짝도 하지 않았다! 나는 양치기들과 양들을 만나기 위해, 자연으로 돌아가기 위해 왔는데 말이다. 분명 장 지오노는 움직이지 않을 것 같았다.

그는 친구 피에르 브로망에게 목장들의 이름과 경로를 알려주었다. 나는 그와 세 번째 동반자와 함께 맑고 가벼운 고독의 공기를 마시기 위해 떠났다. 지오노는 제자들에게 둘러싸인 채

포로처럼 남아 있었다. 나는 그에게 더 이상 할 말이 없었다. 우리의 여정은 뤼르산을 거쳐 자브롱 계곡으로 내려와 양들을 만나는 것이었다. 도중에 만난 불행한 양치기는 안경테가 부러지는 바람에 더 이상 『뤼마니테』를 읽을 수 없어서 양사를 돌아다녔다. 브로망은 그의 안경을 고쳐 주어 양치기에게 신뢰감을 얻었다. 그곳은 정말 아름다웠다! 지평선에는 오트프로방스의 작은 산들이 보이고, 양들의 울음소리가 들려왔다. 통통하고 매끄러운 젖주머니를 가진 하얀 염소 몇 마리가 다리를 벌리고 걸어가는 모습이 보였다. 가벼운 공기, 고요함, 영원함이 느껴졌다. 문명이라 불리는 곳으로 돌아가야 하는 불쌍한 파리 사람들! "머물다 가세요." 양치기가 관목을 쓸어 내리며 말했다. "공간은 충분하니 머물다 가세요." 그는 온화한 형제 같은 미소를 지으며 말했다.

땅으로의 회귀? 이는 역사의 뜻과는 반대되는 개별 행위다. 하지만 별이 빛나는 하늘 아래서 내가 '이 훌륭한 사람들'이라고 부르는 관대한 사람들이 아직 있다는 것이 위안이 되었다.

우리는 라벤더 창고에서 잠을 잤다. 머리가 아파서 잠에서 깼고 두통은 온종일 가시지 않았다. 라벤더가 향수뿐만 아니라 독가스를 만드는 데도 사용된다는 사실을 잊고 있었다. 떠날 때 양치기가 선물을 건넸다. 결혼식 날 음료를 만드는 데 쓰이는 말린 히솝이었다.

이 계곡의 깊은 곳에서 자브롱강이 흐른다. 맑고 시원한 물이 흐르는 작은 강에는 수영하기 좋은 매끄러운 바위가 깔린 만이 있었다. 우리는 로도르티에 고개를 거쳐 콩타두르로 돌아왔다.

장 지오노 주위를 둘러싼 일행과 다시 합류했다. 작별의 시간이 되었다. 그는 우리의 바람대로 꼬치에 구워 먹을 수 있는, 살아 있는 작은 양 한 마리를 주었다. "먹고 싶다면 직접 죽여야 합니다." 시련이었다. 나는 물러섰고 혐오감이 들었다. 누가 이 살육을 감행할 용기를 냈는지 기억나지 않는다. 채식주의자여야 했을까? 사랑스러운 작은 제비꽃을 먹어야 했을까? 산다는 게 그렇게 '어려운' 일이었던가?

파리로 돌아와 교육부 장관인 장 제의 집무실 설비를 위해 교육부가 주관한 공모전에 참가했다. 나에게 장관 집무실은 대표적인 장소다. 집무실은 단지 사저의 금 장식물 때문만이 아니라 인간의 천재성, 특히 동시대인의 천재성을 증명하는 장소이기도 하기 때문이다.

화려한 모형을 제출했다. 레제에게 같은 규모로 바닥에 그림을 그려 달라고 부탁했고, 레제는 테라코타 타일로 구상했다. 그리고 미로에게 벽화를 부탁했다. 동굴 벽화부터 현대 작품까지 가장 중요하다고 생각하는 작품들을 정확하게 재현하는 두 가지 기법을 활용하려 했다. 그 결과물이 장관 집무실의 출입문과 측면에 배치한 선화 철판 그리고 정교한 그래픽 구성으로 벽면에 배열한 석고에 자국을 낸 작품이었다. 브뤼셀에서처럼 바닥부터 천장까지 고정된 플랑보Flambo의 회전 선반을 추가하여 현대성을 더하고 교육부의 요구를 반영했다.

채택되지는 않았지만, 즐겁게 작업했기에 괜찮았다.

형태 있는 테이블

1937년 박람회가 끝난 후에 피에르는 '새로운 시대' 파빌리온에서 전나무 판자를 회수해 주었고, 나는 그것으로 테이블을 만들었다. 이것이 나의 첫 번째 '형태 있는 테이블Table en forme'이었다―설치 환경을 고려해 디자인한 까닭에 그리 불렀다. 두 사람이 벽에 기대앉을 수 있는 직선 면과, 앞으로 향해 있는 다른 두 면, 그리고 각각의 교차점에 컷어웨이가 있는 이 구조는 일곱 명의 손님이 서로 마주보며 편안하게 대화할 수 있는 형태였다. 이 테이블은 원형 테이블과 같은 역할을 했다. 원형 테이블은 공간을 충분히 확보할 수 있어야 하는데, 나에게는 그럴 공간이 없었다. 전나무 판자로 모양을 만드는 일이 남았다. 판자는 은살대*로 조립되었는데, 파리 목수에게는 매우 전통적인 건축 방법이었다.

　부드러운 곡선 없이 날카로운 접선과 직선만 있으며, 바니시로 칠하지는 않았다. 일반적으로 수지류 수목인 전나무는 가공하지 않고 있는 그대로 만들 때 아름답지만, 이를 유지하기 위해서는 솔과 마르세유 비누로 관리해 주어야 한다. 기름기를 흡수하기 위해서는 테시엔Teissiène 분말을, 와인 얼룩을 지우기 위해서는 수산칼륨을 사용한다. 그렇게 손질한 다음 날 아침, 아주 고운 사포로 건목을 나뭇결대로 사포질하여 쓰다듬기 좋은 감

---

* 두 판자를 맞붙이기 위하여 쓰는 가늘고 얇은 나무쪽

측을 만들어 낸다. 이 과정이 끝나면 나무는 허벅지 살결처럼 부드러워진다.

공짜로 얻는 것은 아무것도 없다. 지오노가 "진정한 부"라고 말했듯이, 시골의 비스트로 테이블은 대부분 현지의 호두나무로 만들어졌다. 테이블은 저녁마다 커피 찌꺼기를 묻힌 가벼운 천으로 닦아야 유지되었다. 커피가 밴 목재는 새틴처럼 된다. 일본에서도 같은 방식으로 수지류 목재로 만든 회랑 바닥을 관리하는데, 커피 대신 된장을 사용한다(나는 투명하고 광택 나는 래커로 이 바닥들을 보존한다고 오랫동안 생각했다).

'현대 예술은 유지 보수가 필요 없어서 최고'라고 생각하는 사람들이 있지만, 그것은 착각이다. 즐거움은 많은 노력으로 얻어진다. 우울한 어느 날, 나는 친구들과 함께 산에서 다리털을 길고 부드럽게 만들기 위해 그을렸다. 다리털은 길어졌지만, 말총 빗자루처럼 뻣뻣해졌다. 목욕하면서 경석으로 다리를 살살 문지른 후에야 부드러움을 되찾을 수 있었다. 어린 시절에 어머니는 오드콜로뉴l'eau de Cologne*와 말총으로 만든 목욕 장갑으로 내 몸을 거칠게 문질렀다. 그걸 본 아버지는 어머니에게 초연하게 말했다. "애 닳겠어."

나의 두 번째 형태 있는 테이블은 장리샤르 블로흐를 위한 것이었다. 일간지 『스 수아Ce soir』 편집장이었던 그는 자신의 사무실에 놓을 테이블 제작을 부탁했다.

• 화장수

그는 매일 10여 명의 집필자와 회의했다. 직사각형 상판은 적합하지 않았다. 장리샤르 블로흐의 자리를 회전형 안락의자와 함께 중앙에 두고, 집필자들이 방사형으로 모여들어 그를 마주볼 수 있도록 배치했다. 이렇게 해서 테이블은 세 개의 다리 위에 아름다운 상판이 있는 매우 유기적인 부메랑 형태가 되었다. 전화기, 연필, 종이 등이 들어 있는 보관함과 서류함이 걸려 있었고, 테이블 위에는 아무것도 없었다. 여기에 낮은 테이블을 하나 추가했다. 선화 철판으로 구성된 상판에는 〈게르니카〉와 함께 1937년도 작품 〈프랑코의 꿈과 거짓〉에서 발췌한 피카소의 석판화가 재현되었다. 나는 선화 철판에 피카소이 서명과 함께 복제 허락을 받았다.

그날 그는 나에게 그랑오귀스탱가에서 만나자고 했다. 닫힌 문 앞에는 어마어마하게 많은 카메라, 삼각대, 프로젝터가 있었다. 벨을 눌렀지만, 응답이 없었다. 종종걸음으로 안뜰을 가로질러 갔다. "어이… 어이……." 피카소였다. 그는 창문 앞에서 다시 올라오라고 손짓했다. 새벽부터 그는 상대하고 싶지 않은 기자들에게 포위되어 있었다. 그 광경은 말 그대로 진짜 포위였다.

이 테이블은 공간과 용도를 자유자재로 조절할 수 있었다. 살아 있는 나무의 움직임을 존중하기 위해 아무런 제약 없이 조립된 판자 상판은 목수들만이 제작할 수 있었다.

슈타유도 그중 한 명이었다. 나무 애호가인 그는 마치 좋은 와인을 관리하듯이 목재를 대량으로 비축해 두었다. 그는 나무만 보며 살았고, 그의 나무는 그를 통해 생명을 얻었다. 그는 나에게 많은 것을 가르쳐 주었는데, 그중 하나가 바로 나무를 어루만지는 법이었다.

최근에 한 친구가 물었다. "1929년에는 금속이 최고였는데 왜 목재를 예찬했어?" 이유는 단순했다. 1935년 이후 나는 밀짚의자를 사용하면서 어떤 것도 배제해서는 안 된다는 것을 배웠고, 무엇보다 이를 이해했기 때문이다.

나는 금속의 정밀도, 광택, 래커로 칠했을 때의 색상 등을 보는 것을 좋아하며, 나무를 쓰다듬는 것을 좋아한다. 하지만 주의해야 할 것이 있다. 나무에도 여러 종류가 있다. 증기로 처리된 나무, 절단된 나무, 얇게 잘라 다시 접착시킨 나무 등이 있는데, 특히 접착제의 품질이 중요하다. 나무를 보호하기 위해 폴리우레탄 바니시를 바르는 것은 상관없다. 하지만 그것이 기분 좋은 촉감을 위한 것은 아니다. 이러한 생기 없는 합성 재료는 그 장소와 용도, 창작물 자체를 다른 것으로 바꾸어 버린다. 물론 나는 합성 재료나 그 어떤 것도 배제하지 않는다. 창작이란 공식을 받아들이지 않는 것이다.

산악 지대의 레저 건축

해발 1,000미터의 햇살이 잘 드는 경사면에 위치한 르크레데네주Le Crêt des Neiges는 오트사부아에 있는 작은 마을 르플랑 바로 앞 생니콜라드베로스 도롯가에 있는 가족적인 호텔이다. 호텔 운영자는 사빈 기샤르다라는 이름에서 알 수 있듯이 사부아 사람으로, 중세 초기의 성모 마리아상을 지닌 내 또래의 여성이었다. 그녀는 고요함을 찾아 산의 맑은 공기를 마시러 오는 손님들을 끌어모을 줄 알았다.

생제르베에서 활공하던 앙드레 투르농이 몽졸리산 고개에 '비부악 대피소'를 세우기 위한 거점으로 이 호텔을 추천해 주었다. 겨울에 메제브에서 가거나 스키에 스킨을 착용하고 이 호텔에서 몽졸리산 고개로 갈 수 있었다. 생니콜라 시장에게 99년간의 토지 사용을 허가받았다.

짐꾼은 필요 없었다. 말이 끄는 수레로 드나들 수 있었다. 몽졸리산의 프랑스알파인클럽 CAF 샬레 관리인은 이 실험적이고 임시적인 부지에 설치를 위한 네 개 골조를 콘크리트로 주조하는 데 동의했다. 1938년에 대피소를 설치할 계획이었다.

겨울과 부활절에 여러 차례 호텔을 드나들면서 사빈과는 친구가 되었다. 투르농과 같은 팀원인 크탕, 그리고 그 외 여러 사람이 우리와 함께했다. 우리는 오직 난장판 속에서만 우리를 드러낼 수 있었다. 사빈의 손님 중에는 아룬 타지에프*와 그의 어머니도 있었는데, 그는 흔쾌히 우리와 함께 노래를 불렀다. 우리의 여주인은 우리의 노랫소리를 즐거워했지만, 모든 손님이 즐거워한 것은 아니었다. 그래서 그녀는 메제브에 있는 건축가 르멤에게 봄이면 꽃을 피우는 벚나무와 호텔을 마주보는 자리

---

* Haroun Tazieff, 1914~1998. 프랑스-벨기에 출신의 화산학자이자 지질학지

에 별관을 지어 달라고 부탁하면서 우리를 고립시키기로 결심했다.

르멤의 설계는 무미건조하고 전통적으로 따분했다. 하지만 이 지역에는 너무나 아름다운 고산 목초지의 샬레들이 있었기에 설계를 수정했다. 자연을 향해 열려 있으며, 사빈이 이 공간에 모아 두고 싶어 했던 들끓는 청춘이 표현되어야 했다. 결국 산은 바다와 닮아 있기에 '비외 마틀로Vieux Matelot*'라고 이름 지었다. 큰 돛대가 있어 매일 사부아의 깃발을 게양했다.

1층에는 커다란 홀이 있었다. 남쪽 정면의 절반은 테라스를 향해 있었는데, 4미터의 커다란 회전문을 통해 나갈 수 있었다. 문은 열려 있을 때 바람막이 역할을 했다. 맑은 날에는 탁자와 안락의자, 벤치를 들고 나와 먼 빙하를 마주 보며 긴 이야기를 나누었고, 저녁에는 벽난로의 모퉁이에 틀어박혀 있었다.

두 사람이 앉을 수 있는 일종의 둥지로 '흔들의자'를 추가했는데, 체인으로 대들보에 매달아서 접근하기가 어려웠다. '흔들의자'에는 항해 일지가 있었는데, 거기에 서명하는 것은 훌륭한 등반가라는 표시였다. 보상으로 농부가 증류한 진짜 용담주 한 병을 받을 수 있었다. 어느 접근 방식이든 그곳에 도달하기 위해서는 미꾸라지처럼 잽싸야 했다. 일부 사람들은 몰래 연습하기도 했다.

영화 제작자이자 글을 쓰는 작가인 친구 앙드레 카야트는 플

---

* '늙은 선원'이라는 의미

랑 도지에의 고산 목초지에 아름답고 차분하며 고요한 방을 빌렸다. 창문 너머로 풀을 뜯는 소들이 보였다. 가끔 저녁에 우리는 비외 마틀로에서 식사 후 목초지로 떠나기 전의 그를 보곤 했다. 우리는 짓궂은 장난을 쳤다. 그의 스키에 친절하게 스킨을 씌우는데, 한쪽은 털 방향으로, 다른 한쪽은 반대 방향으로 씌웠다. 사용해 보니 한 발은 앞으로, 다른 발은 뒤로 미끄러졌다. 우리는 그것을 보고 웃을 여유가 없었다. 카야트는 그 일에 대해 한 번도 언급하지 않았다.

우리가 한꺼번에 비외 마틀로를 나온 뒤에, 크레데네주에는 다시 고요함이 찾아온 동시에 우리의 부재로 어떤 상실감도 감돌았다.

투르농은 현장에서 우리와 함께 대피소를 조립할 수 없었다. 그래서 그의 동료를 파견했는데, 그는 스키, 등산, 카누, 동굴 탐험에 능했다. 피에르 잔느레와 나는 나흘 만에 산등성이에 비부악을 조립하고 케이블과 텐셔너로 고정해 두었다. 비부악은 겨울 준비를 마쳤다. 생제르베에서 비부악의 반짝이는 알루미늄이 보였다. 발로 대피소 설계의 어리석음이 증명되었다.

날씨는 우리 편이 아니었다. 비부악을 설치한 둘째 날에 비부악을 덮고 있던 방수포가 눈에 깔려 버렸다. 하지만 콘크리트에 내장된 네 개의 하중을 받는 지점으로 패널을 누르며 고정하는 앙트르포즈Entrepose사 골조를 체계적으로 배치한 덕분에 변경되지 않고, 바닥을 지면으로부터 약 50센티미터 띄울 수 있었다. 말하자면, 비부악은 필로티 구조였다.

태풍이라도 부는 날에는 비부악이 날아갈까, 겨울이면 폭설에 파묻힐까 걱정되기도 했다. 좋은 교훈을 얻기도 했다. 사용하다 보니, 대피소 아래에는 눈송이가 아닌 작은 돌들이 쌓였다. 반면, 몇 미터 떨어진 곳에는 비부악 아래로 지나가는 바람의 작용으로 코르니슈corniche*가 형성되었다.

비부악은 가로세로 4×2미터로 여섯 명을 수용하도록 설계되었고, 매우 컴팩트하고 변형 가능한 설비가 갖춰졌다. 낮에는 접어서 벤치로 쓸 수 있는 세 개의 분리형 적층 상판(매트리스 지지대), 접이식 테이블로 변형되는 식기장, 프로판 가스로 가열된 방사형 알루미늄 위에 매달린 눈 양동이, 개인 물품을 보관할 수 있는 상자 모양의 스툴 여섯 개, 그리고 배수가 되는 스키 보관함이 갖추어져 있었다.

우리는 단열 패널에 두 종류의 내장재를 사용해 시험해 봤다. 하나는 바니시로 칠한 합판으로 만들었고, 다른 하나는 하드보드로 만들었다. 여섯 사람이 숨 쉬고 요리하고 눈이 녹고 스키 장비가 마르면서 발생하는 모든 습기가 바니시로 칠한 표면에 맺혀 흐르며 하드보드에 흡수되었다. 대피소의 내부 온도를 떨어뜨리지 않기 위해 환기 장치를 설치해야 했다. 그 부분은 우리의 다음 프로젝트이자 전쟁으로 인해 모형 단계에 머물러 있는 '토노tonneau 대피소'에서 보완했다.

1938년 그해 여름, 바르셀로네트에서 앙드레 마송을 만나기

---

* 절벽 끝에 쌓인 눈이 바람에 의해 능선과 절벽 측면에 수평으로 쌓여 형성된 눈덩이로 얼음 처마라고도 불린다.

로 했었다. 그를 프랑스알파인클럽에 가입하도록 하고, 알프스 산악 부대에서 군 복무를 하도록 격려했다. 나는 그를 훈련시켜 야 했다. 알프스 산맥 아래에 있는 시스테롱으로 가는 길에 구름 한 점 없이 푸른 하늘을 배경으로 새하얀 산이 보였다. 그것을 참모본부 지도에서 디뉴 위쪽 지점에 표시해 두었다. 알고 보니 내가 본 것은 슈발블랑산의 흰 눈이 아니라 관목 지대에서 햇빛 을 받아 반짝이는 작고 하얀 조약돌이었다.

등산을 포기하고 양치기의 세계로 향했다―이미 등반가들이 너무 많았다. 이 척박하고 영광 없는 땅이 나를 끌어당겼다. 대 피소 조립을 마친 후에 피에르와 함께 디뉴를 떠나 배낭, 텐드, 침낭, 퀘이커 오트밀 바, 정어리 통조림, 차가 담긴 물통, 튼튼한 부츠, 햇빛 가리개 모자, 선글라스, 스카프를 챙겨 바르셀로네트 까지 종주했다.

디뉴에서 몇 킬로미터 떨어진 곳에 있는 작은 카페에서 정보 를 얻기 위해 잠시 휴식을 취하기로 했다. 자연석을 쌓아 만든 이 작은 카페에는 나비 채와 핀으로 고정된 나비들이 가득했고, 이는 세상에서 가장 아름다운 나비들을 발견한 열정적인 노학 자의 흔적이었다. 표본이 정말 훌륭했지만…… 다행히도 그는 잔인하게 핀으로 고정하기 전에 나비들을 마취시켰다.

한 양치기가 그곳에서 약 4킬로미터 떨어진 지점에서 모습을 드러냈다. 메뚜기 떼가 먹어 치워 가장자리가 너덜너덜해진 어 두운색의 긴 망토를 입은 커다란 실루엣이 한 마리 개와 여러 마 리의 양과 함께 나타났다. 나는 날씨가 더워 긴 바지를 배낭에 걸쳐 두고 반바지를 입고 있었다. 양치기가 나를 보며 말했다. "그런 차림으로 저 위를 오르는 건 좋지 않아요. 독사들이 있거든요." "물리면 어떻게 하나요?" "암모니아 병과 잭나이프를 가지고 있어요. 물리면 십자가 모양으로 절개한 후에 암모니아를 부어요. 사람과 동물 모두에게 같은 방식으로 처치하죠."

나는 옷으로 머리부터 발끝까지 온몸을 감쌌다. 지평선은 백색과 열기로 눈부셨다. "다음 샘을 어디서 어떻게 찾을 수 있을까요?" "그건 쉬워요. 근처에 가면 조금 더 푸른 풀들이 보이고, 그 가까이에 양 떼가 있을 거예요."

우리는 눈에 불을 켜고 풀 한 포기 혹은 양 한 마리를 찾으며 올라갔다. 양 떼는 마치 일부러 나타났다 사라지는 것 같다. 잠시 보였다가 이내 사라져 버렸다─마치 유령처럼. 기침 소리는 들리지만 모습은 보이지 않았다.

해 질 녘에 샘을 찾지 못하고 물 없이 슈발블랑산에 도착했다. 평온한 밤공기 속에서 '닭다리'라고 거창하게 불리는 정어리 통조림을 열어 피에르에게 주었고, 샹파뉴라고 불리는 기름을 열었다. 잠을 잤지만, 내일은 샘을 찾아야 했다. 해가 뜨자마자 산등성이를 향해 다시 출발했다. 메마른 계곡에 있는 한 마을을 찾았다. 오전 11시쯤에 회랑 그늘이 보이는 한 성당까지 힘겹게 뛰어갔다. 일사병과 갈증으로 죽는구나 싶었다. 아지랑이가 피어오르고 매미가 울었다. 집은 닫혀 있고 사람이 보이지 않았다. 분수 소리도, 콸콸 흐르는 물도 없었다. 물을 찾으러 피에르를 보냈다.

그날은 라벤더를 증류하는 날이었고, 점심 시간이었다. 내부에 작은 안뜰이 딸린 여러 집 중 한 곳에서 일꾼들이 긴 탁자 주위에 모여 있었다. 그들은 함께 식사하자며 우리를 살갑게 초대했다. 아이올리 소스, 고구마, 마늘로 속을 채운 토마토 그리고 아주 시원한 물을 탄 파스티스가 있었다. 감사하고 행복했던 이 순간들 속에 세상의 모든 아름다움과 삶의 지혜가 담겨 있었다. 그들은 우리에게 꿀 외에는 팔 것이 아무것도 없었다. 그들은 떠나는 우리에게 샬로네트강의 강줄기를 따라가다 보면 다음 마을이 나올 거라고 일러 주었다. 거기서부터 우리는 고집스럽게 산등성이를 향하는 길로 돌아갔다. 다음 날 아침에 라쇼 고개에서 산등성이를 찾았다. 덴주앙산 정상 부근 해발 2,404미터에 있었고, 알로 계곡을 따라 훨씬 더 멀리 뻗어 있었다. 테트누아르 산봉우리 근처에서 갑자기 악천후를 만났다.

젖은 땅 위에 텐트를 쳐야 할까? 아래쪽으로 약 500미터 떨어진 곳에 양사 하나가 있었다. 거기서 잠을 청해야 할까? 우리는 양 떼와—침울해 보이는—한 양치기에게로 향했다. 양사 주인은 8월 15일*을 위해 식량을 비축하러 계곡으로 내려간 상태였다. 주인을 기다려야 했다. 양사로 이어지는 바윗길이 있었다. 그가 노새를 타고 도착했고, 말없이 우리 이야기를 들었다. 그역시 침울해 보였다. 우리는 그의 풍경을 방해하고 있었다.

"기다려 보세요." 피에르와 나는 조심스레—조금 떨어져 있

---

* 성모승천 기념일

는―고요한 우리 텐트로 돌아갔다.

양들은 목장 안으로, 양치기와 그의 조수는 양사로 돌아갔다. 굴뚝에서 연기가 피어올랐다. 하인이 우리를 찾으러 와서는 헛간을 가리키며 그곳에서 잠을 자라고 했다. 주인은 저녁 식사를 위해 우리를 기다리고 있었다. 무엇으로 보답할 수 있을까? 우리는 가진 게 퀘이커 오트밀 바뿐인 불쌍한 나그네들이었다.

불판에서 비프스테이크가 구워지고 있었다. 아마도 이번 주에 잡은 고기였을 터다. 그에게 감사 인사를 전했다. 그를 성가시게 하고 싶지 않았고, 그의 기분이 상하지 않도록 조심했다. 그래서 우리는 저녁 식사를 정답게 칭찬했다.

"어디서 오셨나요?"

"슈발블랑에서요."

"세관원이세요?"

"아, 아뇨."

"그럼, 라벤더 수확자?"

"아뇨. 저희는 여기 산을 좋아하는 사람들이에요. 취미로요."

"이 경로를 이용하려면 저한테 상당한 돈을 내야 하는데."

그는 혼란스러운 듯하면서도 흥미롭게 나를 쳐다봤다.

"몇 살이세요?"

"서른다섯이요."

"근데 수염이 없어요?"

그가 손짓하며 말했다. 그는 짧은 머리에 반바지를 입고 가슴이 납작한 나를 청년으로 착각했다. 자러 갈 시간이었다.

날이 밝자, 그는 우리를 아침 식사에 초대했고, 대화는 다시 시작되었다. 나는 선수를 쳤다. "결혼하셨어요?" "약혼했어요. 약혼녀는 이 계곡 출신이고, 저희는 곧 결혼할 거예요." "그러면 양 떼는요?" "전 양들을 사랑해요. 제 삶은 여기 양사에 있지요." 그는 뜸 들이지 않고 노래하는 듯한 억양으로 물었다. "그쪽은요? 결혼했습니까?" 재빨리 생각하고 답했다. "네. 결혼했죠." "그런데 부인은 어디에 두고?" "부인은 도시에 있어요!" 빨리 떠나야 했다. 그의 무표정한 하인은 우리가 눈앞에서 그를 속인 것을 알면 용서하지 않을 것이다.

마지막 목적지인 트루아 에베셰를 향해 출발했디. 우리는 길고 척박한 능선을 떠나 손에 지도를 들고 플랑바로 다시 내려가 '블랑슈 드 라베르크'라는 기묘한 이름의 강가에 있는 첫 번째 마을을 발견했다. 해가 지고 그늘이 드리운, 흉흉한 풍경 속에서 산산조각이 난 바윗덩어리들과 뿌리째 뽑힌 나무줄기들이 보였다. 끔찍한 눈사태가 모든 걸 파괴했다. 왼쪽에 있는 폭포 소리 외에는 아무것도 들리지 않았다. 저녁 곤충도, 개 짖는 소리도, 아무것도 들리지 않았다. 마을은 폐허가 되어 있었다. 문과 창문이 삐걱거리고 아무도 없었다. 강기슭에서 가장 덜 을씨년스러운 집을 골랐다. 응접실에는 벽난로, 탁자, 벤치가 있었고, 바닥에는 깨진 유리 조각이 널브러지고 의자는 뒤집혀 있었다. 냉기가 가득한 벽난로에 불을 붙였다. 불을 쬐자 금세 위안이 되었다. 물을 길러 강으로 간 피에르가 창백한 얼굴로 돌아왔다. "죽음의 마을이야! 물병을 채우고 돌아오는 길에 어두운 밤하늘을 배경으로 거대한 십자가가 세워져 있는 걸 보았어!" 우리는 벽난로와 촛불의 희미한 빛으로 숙소를 살펴보기 시작했다. 방문하나가 닫혀 있었다. 그 문은 열어 볼 엄두가 나지 않았다. 그 외에 무엇을 발견했을까? 건초 더미였다. 우리에게 딱 필요한 것이었다. 꿈자리가 사나웠다. 적막함 속에서 어떤 소리가 들리고불빛이 보였다. 불붙은 장작이 떨어진 것이었다.

날이 밝자 모든 것이 괜찮아졌다. 적어도 날씨는 좋았다. 우리가 따라가려던 계곡은 사람이 다니지 않는 곳이었지만, 비교적최근까지도 사람이 다닌 듯했다. 경작한 흔적이 아직 눈에 띄게남아 있었다. 하지만 고지 목장은 닫혀 있었다. 우리는 더 이상지상이 아닌 세계에 떠 있는 것처럼 느껴졌다.

마침내 마을이 나타났다. 성당도 있고, 개도 있고, 크고 건장한 청년도 있었다. 이 마을에는 영혼이 있었다. 청년은 혼자 살고 있었다. 그는 사랑하는 집을 떠나야 했다. "어떤 여자도 여기와서 살고 싶어 하지 않아요!" 그는 결국 혼자가 될 것이기에 내려가야만 했다. 결혼한 그의 이웃은 아이가 학교 갈 나이가 되자집을 떠났다. 14킬로미터 아래에 있는 학교로 등하교하려면 겨울에 한 번도 제설되지 않는 길을 지나야 했기 때문이었다.

1938년의 슬픈 가을. 12월, 프랑코의 군대가 카탈루냐를 공격했다. 좋지 않은 소식이었다. 세르트는 그때 런던에서 스페인 공화국을 위한 선전 활동으로 피카소 전시회를 준비하고 있었다.

더 이상 문화가 아닌 무기의 시대였다. 세르트는 이번에는 총을 들고 자유를 위해 스페인으로 돌아가야 한다는 것을 깨달았다. 그는 여전히 무정부주의파의 블랙리스트에 올라가 있었다.

그는 떠나기로 결심했다. 문차는 그를 따라가고 싶어 했다. 그래서 연인은 피에르와 나를 증인으로 두고 생쉴피스 시장 앞에서 종교 의식 없이 결혼하기로 했다. 생애 가장 중요한 시기라는 것을, 그날 우리 네 사람은 모두 알고 있었다.

세르트와 문차는 내가 몽파르나스 집에서 작업할 수 있도록 임시로 보나파르트가에 있는 작은 호텔에서 머물렀다. 그들은 다시 몽파르나스로 돌아오지 않았다. 카탈루냐로 떠나기 이틀 전에 생쉴피스 광장을 지나던 중 세르트는 다리가 부러졌다. 그는 깁스하고 침대에 누워 친구인 망명자들의 행렬을 보았다. 그리고 바로 그곳에서 GATCPAC* 건축가 팀의 비극적인 운명을 알았다. 이들은 현장에 남아—탄약 없이—필사적으로 싸우면서 무기를 구하러 호세 토레스 클라베를 바르셀로나로 보냈다. 그리고 모든 것이 무너졌다.

호세 토레스 클라베는 그를 기다리던 동료들과 운명을 함께하기 위해—빈손으로—돌아가기 전 마지막 저녁을 가족들과 함께 보냈다. 바르셀로나는 1939년 1월 7일 함락되었고, 세르트는 다시 그곳을 볼 수 없었다. 1939년 3월에 마드리드가 함락되었다. 프랑스는 순식간에 망명자들의 땅이 되었지만, 이기적인 프랑스는 이 절망에 빠진 망명자들을 모두 따뜻하게 받아들이지 않았다. 자유를 위해 싸운 그들, 자랑스럽고 용감한 민

---

* 현대 건축의 진보를 위한 카탈루냐 건축가 및 기술자 그룹Grupo de Arquitectos y Técnicos Catalanes para el Progreso de la Arquitectura Contemporánea

족—우리의 이웃—을 말이다.

세르트는 문차와 함께 쿠바로, 이후 미국으로 떠났다. 우리와 헤어지기 전에 그는 지도에서 태평양의 작은 섬을 손가락으로 가리켰다. "여기가 우리가 만나게 될 곳이에요."

나는 산으로 돌아왔다. 미래가 갑자기 암울해졌다. 파시즘이 경계에 있었다. 플랑 도지에서 카야트가 쓰던 방을 빌렸다. 녹색과 빨간색 담요로 간이침대를 만들어 잠자리를 마련했다. 코발트색 면포로 둘레를 덮고, 실물보다 더 자연스러운 가시가 달린 빨간색과 분홍색의 큰 장미로 장식했다. 로티*의 방식대로 꾸민 나의 산악 보금자리였다.

전기가 공급되지 않는 이 방은 겨우 접합된 가공하지 않은 전나무 판자로 축사와 분리되어 있었다. 정면은 두 판자 사이의 건초로 단열 처리되었고, 문 하나와 작은 창문을 갖추고 있었다. 하얗게 회칠한 경계 벽, 흙바닥, 방을 데우기 위해 펼쳐진 커다란 연통이 있는 매우 전통적인 클로버 형태의 오래된 장작 스토브가 있었다. 판자 반대편에 아주 가까이 있던 소들은 밤마다 나와 함께 있었다. 소들의 목에는 신경쇠약에 걸리지 않도록 방울이 달려 있었다. 소들이 옆구리로 말뚝과 벽을 문지르는 소리를 자장가 삼아 잠들곤 했다. 그리고 낮에는 소들의 기분 좋은 냄새가 주변에 퍼졌다.

매일 새벽 4시쯤에 고산 목초지를 돌보던 친절한 할아버지가

---

* 피에르 로티(Pierre Loti, 1850~1923). 해군 장교이자 여행과 이국적인 주제의 작품을 주로 쓴 소설가

소젖을 짜러 왔다. 나를 안심시키는 아침 자명종이었다. 손가락으로 영양분 가득한 소젖을 짜는 소리, 커다란 양동이 안으로 소젖이 떨어지는 소리가 울려 퍼졌다.

잠시 후에 할아버지는 2리터짜리 통에 내 몫을 담아 가져다주시곤 하셨다. 그 일부를 응고시키기 위해 따로 보관한 다음 크림을 떠낸 후에 그것을 작은 하트 모양의 버드나무 소쿠리에 담아 물기를 뺐다.

나는 신선한 샘물이 담긴 돌 대야에서 세수했다. 샬레 끝에 연결된 작은 오두막집에 변소가 있었다. 뚜껑 있는 구멍 뚫린 전나무 판자가 있고, 그 옆에는 재가 가득 찬 양동이와 국자가 있었다. 볼일을 본 후에 뿌리는 것이었다. 아래에 있는 큰 통에 모인 귀중한 거름은 세계 각지의 모든 농부가 그러하듯이 토양을 비옥하게 만드는 데 사용되었다.

단순하고 투박하지만 활기찬 삶이었다. 나는 금전적인 문제와 마음 상태를 해결했다. 저녁마다 문 앞에 항상 놓여 있는 벤치에 앉아 소 치는 사람의 곁에 머물렀다. 그의 눈앞에는 봄이면 꽃을 피우는 벚나무가 있었고, 멀리 몽블랑 산맥의 둥근 산 돔드미아주가 보였다. 공기가 가볍고 아주 가벼웠다.

낮에는 사빈이 비외 마틀로를 마감하는 일을 도왔다. 상태를 점검하러 '비부악 대피소'에 올라가기도 했다. 피에르와 생제르베에서 활공하던 투르농은 주말이면 나를 보러 오곤 했다. 나는 지역 토박이인 목공인이나 사부아 사람들과 함께 산책했고, 파리 사람들과 마주치지 않기 위해 토요일과 일요일에는 절대 다니지 않았다. 나는 이 지역에 동화되었다. 산에서 일할 계획을 천천히 세웠다.

피에르와 재회하고 시장을 만나기 위해 바르를 거쳐 니스에서 샤모니까지 스키로 횡단할 계획이었다. 시장은 관광업을 발전시켜 농민들이 그들의 땅에 계속 살 수 있도록, 지역 특산물로 생계를 유지할 수 있도록 만들고 싶어 했다.

그는 산의 정신을 해치지 않으면서 합리적인 방법으로 숙박시설을 늘리기를 원했다. 우리는 각 층에서 지평선을 조망할 수 있는 단지를 형성하기 위해 경사면을 따라 올라가는 낮은 구조물을 떠올렸다. 그리고 객실 밀도를 높이기 위해 최근 이탈리아 세스트리에레의 리조트 고층 건물(우리는 낙성식에 참석했었다)처럼 단순한 고층 건물을 생각해 냈다. 아이디어는 과감하지만 실현 가능성이 있었다. 르코르뷔지에와 피에르가 도시계획 초안을 제안하기로 했다. 나는 나중에 내부 설비에 참여할 예정이었다. 시장은 우리의 제안서를 기다렸다.

그리고 피에르는 몽제네브르까지 동행했다가 파리로 돌아갔다. 나는 혼자 플랑피네로 가서 마송을 만났는데, 마송은 내 조언을 따랐다. 알프스 산악부대원이 된 그는 스키 타는 법을 몰랐지만 자원했다. 그런데 직선 활강으로 내려가다가 다리가 부러지고 말았다. 그 바람에 알프스 산악 부대에서 스키정찰 부대로 이동했다. 괜찮은 진급이었다.

나는 스키 강사 모임에 참석하기 위해 발디제르에 갔다가 프랑스 스키연맹 회장인 조르주 블랑숑을 만났다. 그가 타랑테즈에 새로운 리조트를 건설하는 프로젝트에 관심 있다는 것을 알고 있었다. 그는 레잘뤼 계곡 지대에 있는 뮈시용에서 피터 린지라는 영국인과 만나자고 했다. 피터 린지는 에밀 알레*와 제임스 쿠테**의 조언을 듣고 훗날 스키 리조트로 발전하게 될 쿠르슈벨과 레벨빌 사이에 있는 이 계곡에 푹 빠졌다. 레잘뤼 계곡이 가장 인간미 있었다. 고산 초원과 보호수인 희귀 침엽수종 켐브라 잣나무숲으로 덮인 산비탈을 따라 마을들이 늘어서 있었다. 곳곳에 개암 향이 나는 신성한 샘이 흘렀다.

지역 주민들은 사랑스럽고 명랑하며 즐기는 것을 좋아했다. 자유로운 '레잘뤼 사람들'은 13세기에 대주교구로부터 더 이상 세금을 내지 않아도 되는 특권을 얻기도 했다.

가족 소유 레벨빌의 목초지와는 달리 고산 목초지는 공동으로 운영되었다. 모든 가족은 소, 개, 염소, 닭, 오리, 어린아이들을 데리고 고지대로 이주해 5개월 정도 살았다.

피터는 자신의 모험 여행에 두 친구를 끌어들였다. 바로 키가 작고 피부가 검게 그은 강렬하고 우아한 테니스 챔피언 릴리 알바레스와 가야르 드 라 발덴이었다. 가야르는 "바람둥이면서 사업가 면모를 지닌 편안하고 매력적인 사람이었다"(브라이언 코넬). 농부들은 그를 좋아했고 신뢰했다. 그는 제곱미터당 1프랑의 가치가 나가는 땅에 대한 옵션을 얻어 택지를 조성할 계획이었다. 오늘날에도 여전히 그 가격이 당시 기준으로 알맞았다고

---

* Émile Allais, 1912~2012. 알파인 스키 선수
** James Couttet, 1921~1997. 알파인 스키 선수이자 스키 점프 선수

생각한다.

피터는 두세 칸의 방과 응접실, 햇볕이 잘 드는 큰 테라스를 갖춘 아주 작은 지휘소를 지었다. 영국인들은 자연에 대한 감각이 있었다. 썰매 '붉은 용'은 릴리가 원한 매력적인 첫 번째 고급 호텔의 건설이 계획된 고원 위로 200미터 더 높이 올라갔다. 안타깝게도 피터는 메제브의 건축가 르멤에게 의뢰했다. 그는 비록 사부아 양식의 매우 전통적인 샬레를 지을 수 있었지만, 샬레를 자연에 조화시키거나 객실과 부대시설 모두에서 즐거운 환경, 여가 생활에 도움이 되는 편안한 실내 요소로 만들어 내는 데에는 서툴렀다.

호텔의 기초 공사는 이미 끝났고, 1층을 막 짓기 시작했다. 설계를 변경하려면 신속하게 대응하고 초안을 만들고, 수락 후에 르멤과 연락해야 했다.

플랑 도지에로 돌아왔다. 나의 제도판과 축사(소들로부터 얻은 공간)는 판자로 분리되어 있었다.

어느 날 오후에 린지가 불시에 나를 찾아왔다. 나는 초안을 거의 완성했다. 린지는 자기 '장식가'의 실현성에 대해 파악하고 싶어 했다. 내 생각에 그는 깜짝 놀란 동시에 기쁜 것 같았다. 우리는 서로를 잘 이해했다. 뮈시옹에서 새로운 회의가 열렸다. 릴리는 전적으로 동의했고, 르멤도 동의했다. 브리드레뱅의 장인에게 목공 작업을 맡긴 후 파리로 돌아와 작업을 완료하고 견적서를 작성했다.

8월 초에는 플랑 도지에로 돌아왔다. 투르농은 글라이더를 타고 근처를 돌며 몽블랑산에 착륙하는 훈련을 하고 있었다. 사빈은 호텔에서 바삐 일하고 있었고 피에르는 며칠 동안 나와 함께 행복한 시간을 보냈다. 8월 말에 저 멀리 초원에서 콜키쿰이 움트기 시작했다. 날씨가 좋았다.

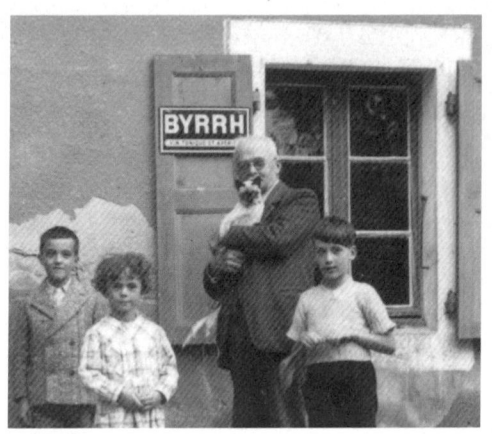

샤를로트 페리앙 아버지

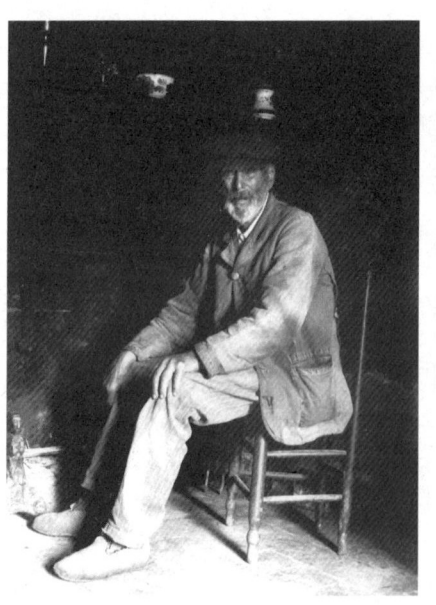

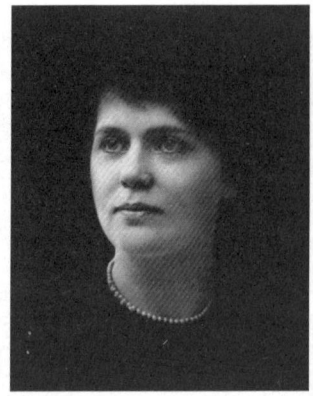

샤를로트 페리앙 어머니

데물랭 할아버지

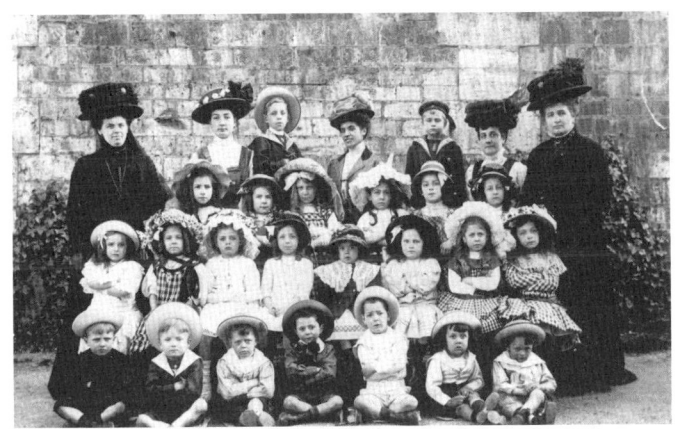

1908년 유치원에서

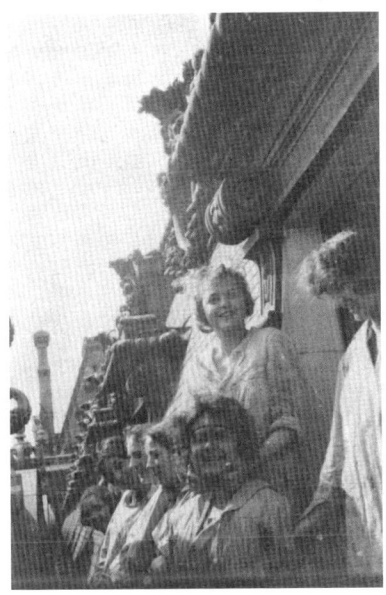

1923년 응용예술학교에서

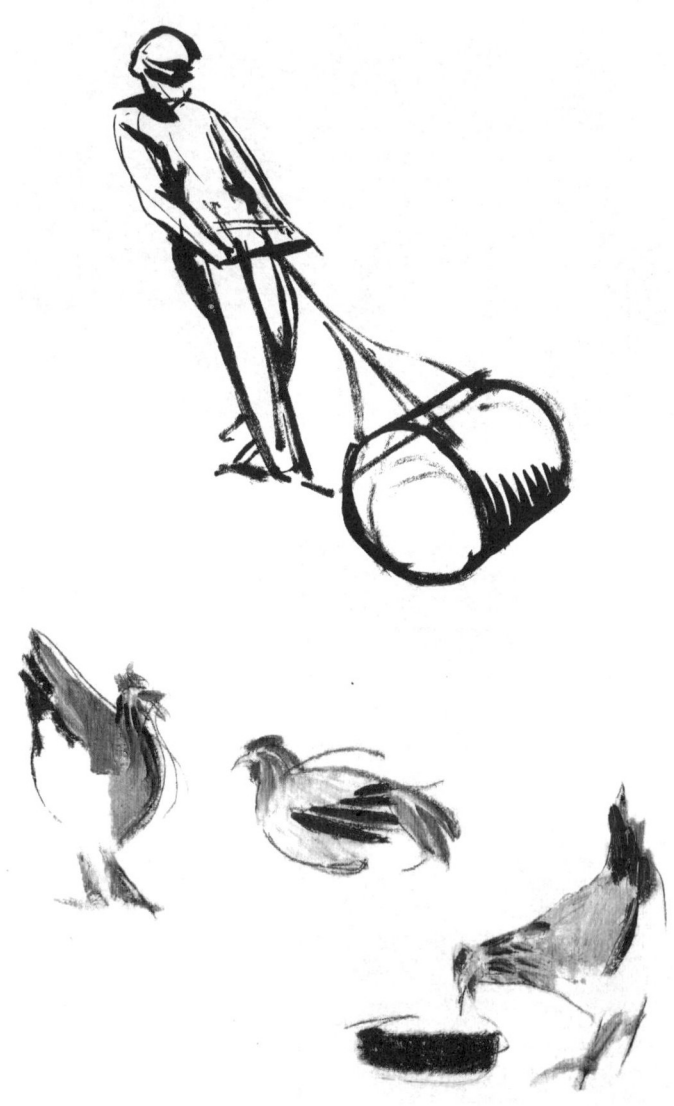

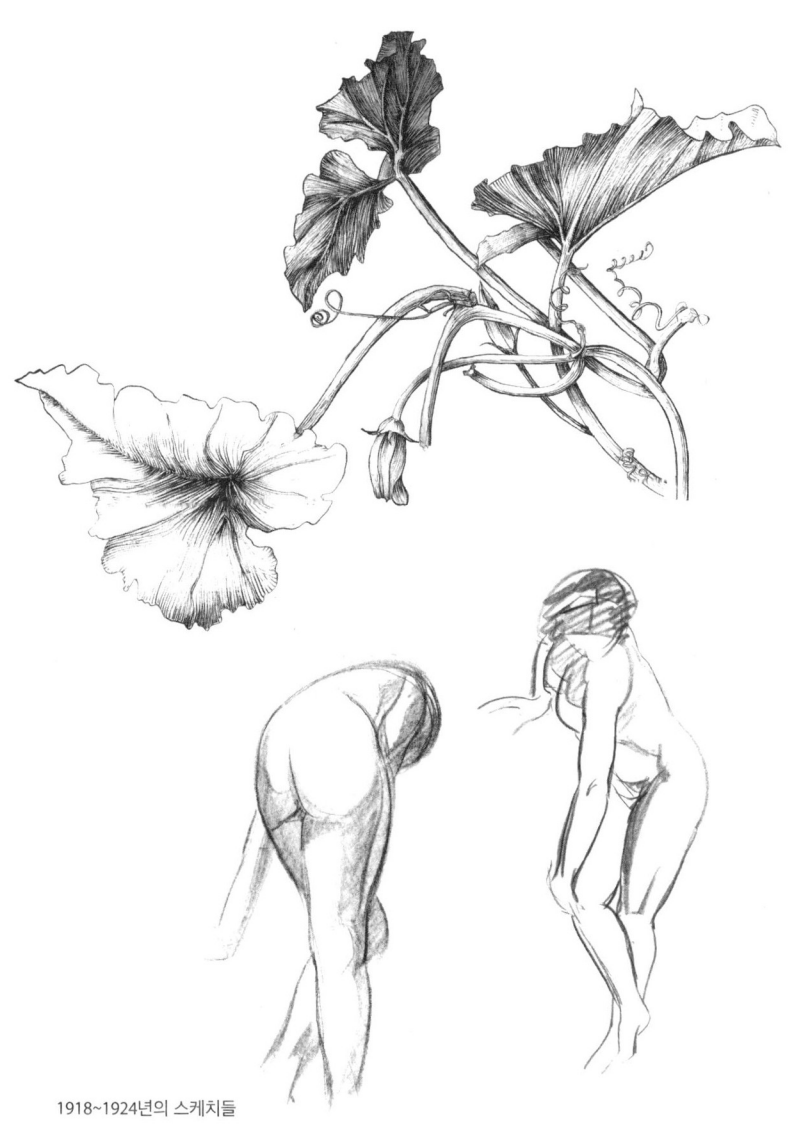

1918~1924년의 스케치들

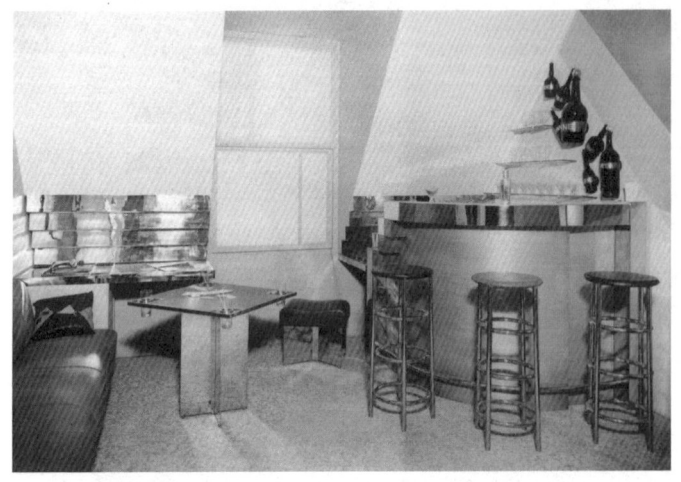

1927년 '지붕 아래 바'

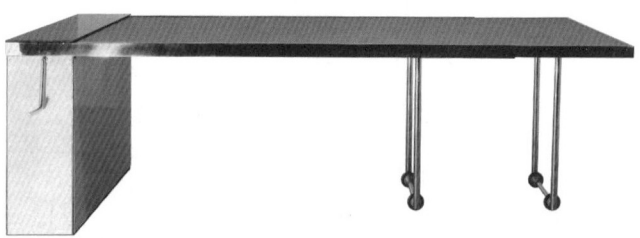

1927~1930년 확장형 테이블

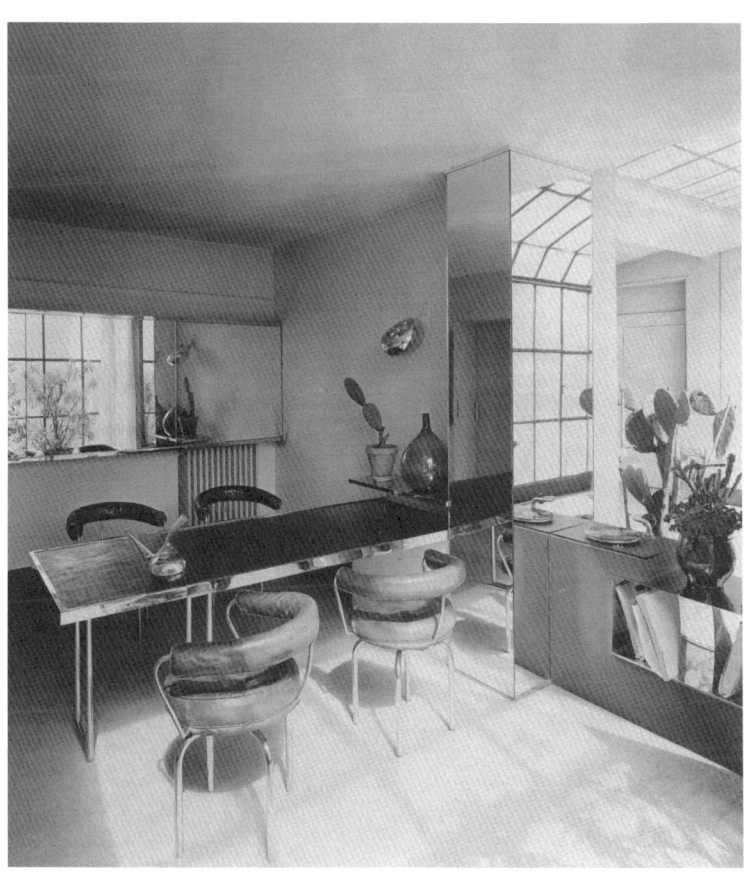

1927~1928년 다이닝룸

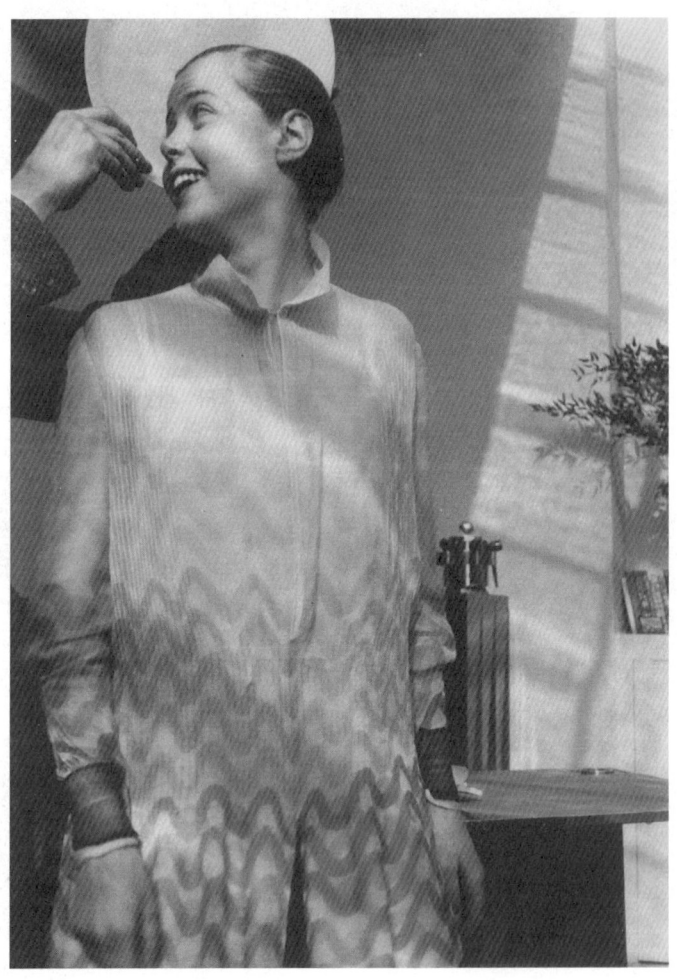

1928년

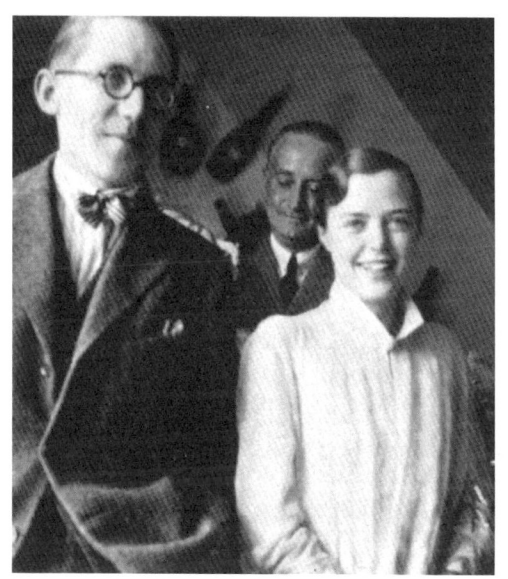

1928년 샤를로트 페리앙, 르코르뷔지에

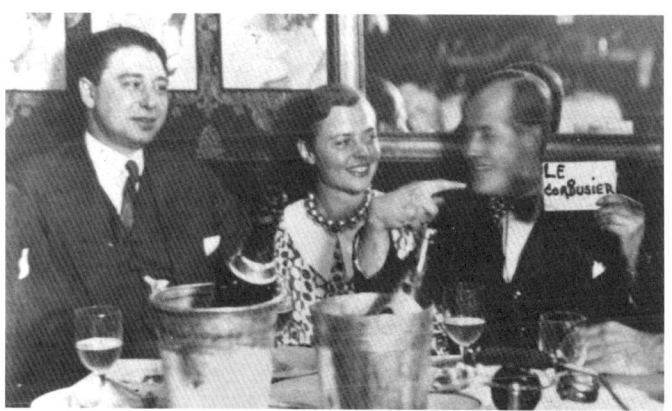

1929년 토넷사의 책임자, 샤를로트 페리앙, 피에르 잔느레

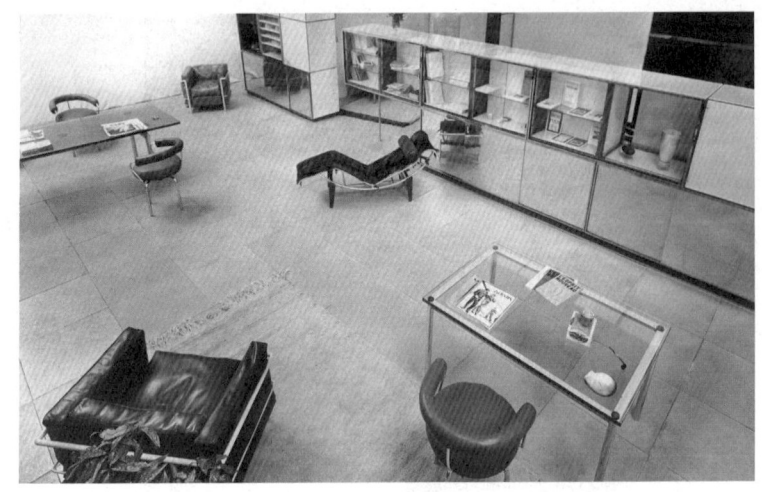

1929년 살롱 도톤에서 선보인 《주택 내부 설비》. 르코르뷔지에, 피에르 잔느레, 샤를로트 페리앙

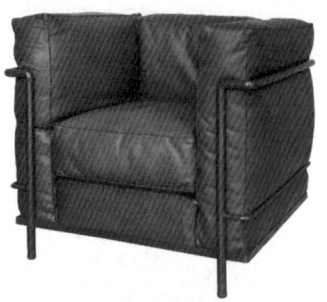

1928년 포퇴유 콩포르 프티 모델. 르코르뷔지에, 피에르 잔느레, 샤를로트 페리앙

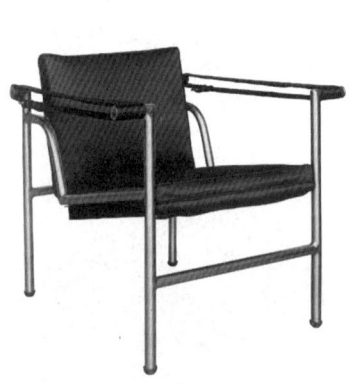

1928 도시에 바스큘랑. 르코르뷔지에, 피에르 잔느레, 샤를로트 페리앙

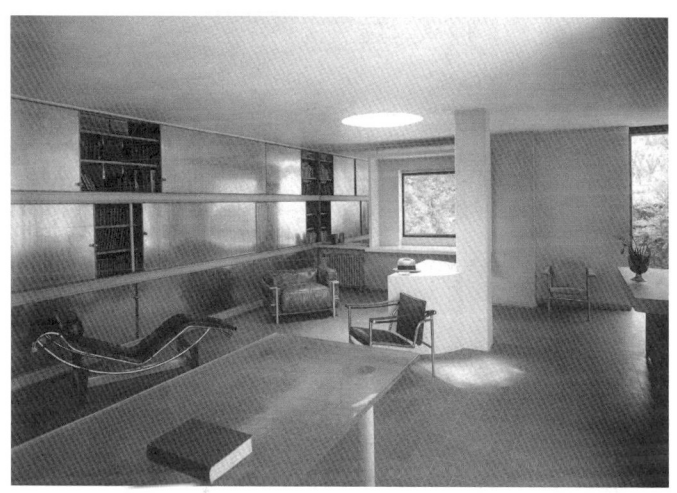

1928년 빌라 처치 내부 설비. 르코르뷔지에, 피에르 잔느레, 샤를로트 페리앙

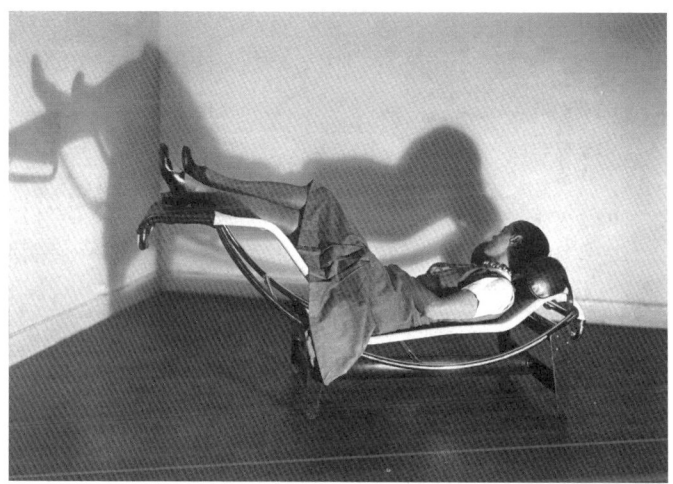

1928년 셰즈 롱그. 르코르뷔지에, 피에르 잔느레, 샤를로트 페리앙

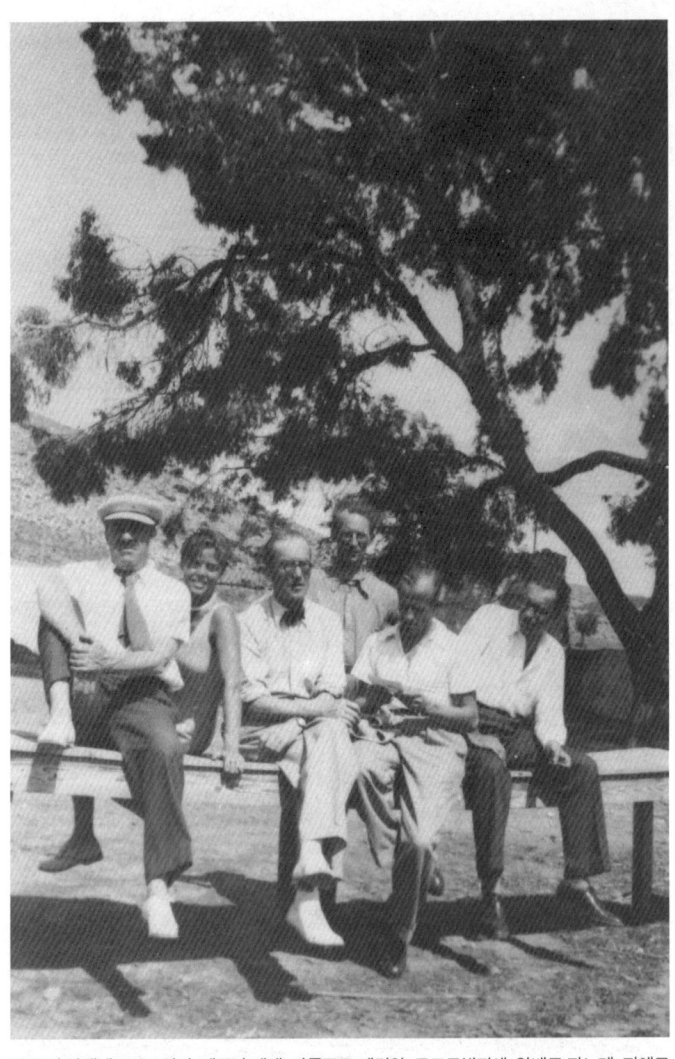

1933년 아테네 CIAM 회의. 페르낭 레제, 샤를로트 페리앙, 르코르뷔지에, 알베르 잔느레, 피에르 잔느레, 미상 인물

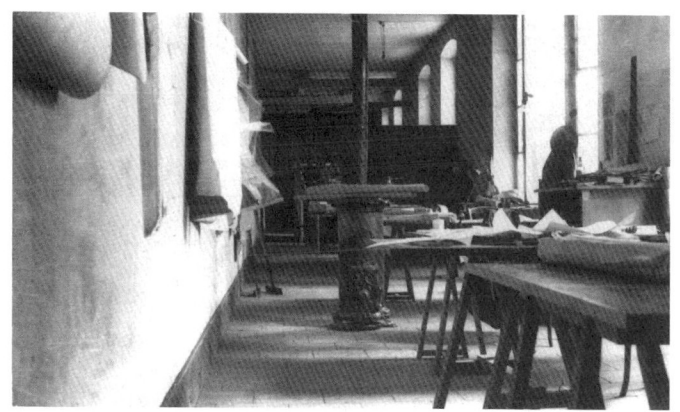

1928년 세브르가의 르코르뷔지에와 피에르 잔느레 작업실

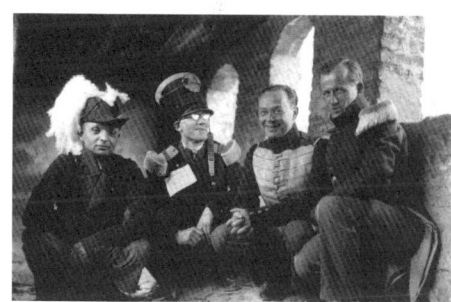

1928년 스위스 라사라.
CIAM의 창립. 게브레키안,
르코르뷔지에, 기디온,
피에르 잔느레

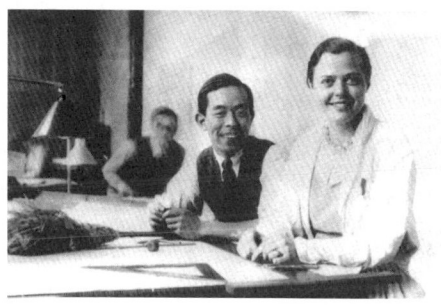

1928년 작업실에서.
르코르뷔지에, 마에카와
구니오, 샤를로트 페리앙

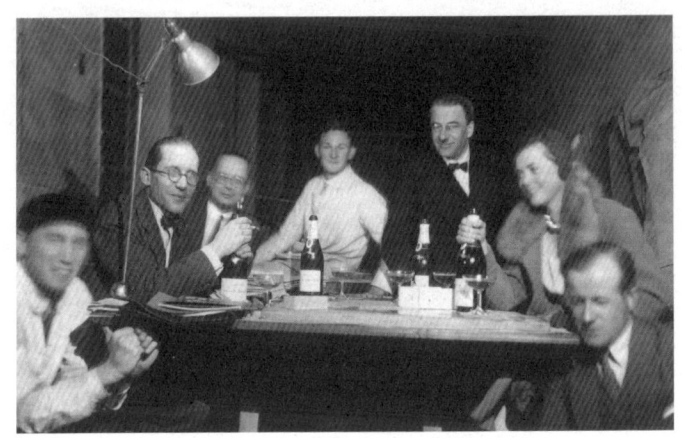

1930년 첸트로소유즈 프로젝트 종료. 바이스만, 르코르뷔지에, 콜리, 프레이(기술 담당 위원), 샤를로트 페리앙, 피에르 잔느레

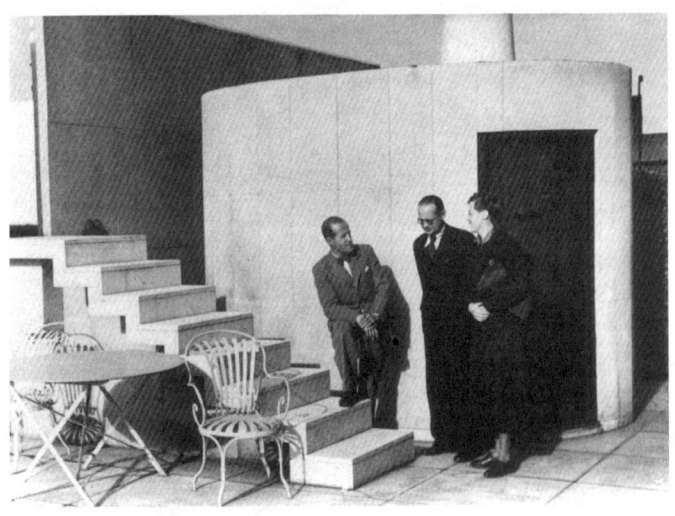

1930년 지붕 위에서. 베스테기, 피에르 잔느레, 콜리, 샤를로트 페리앙

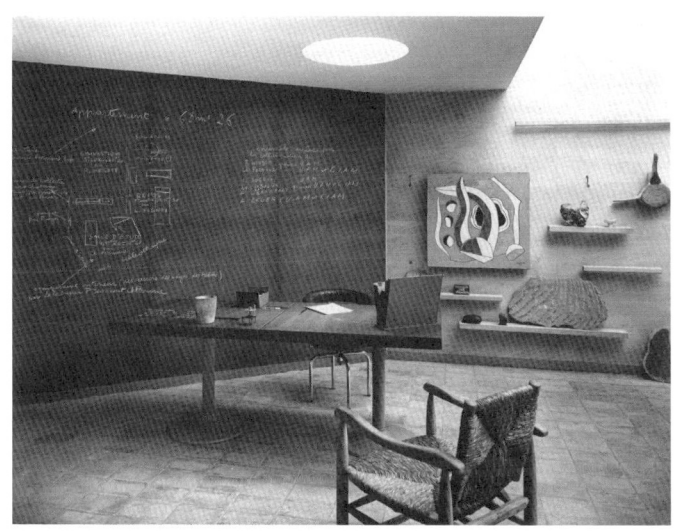

1935년 브뤼셀국제박람회《청년의 집》. 르코르뷔지에, 피에르 잔느레, 샤를로트 페리앙

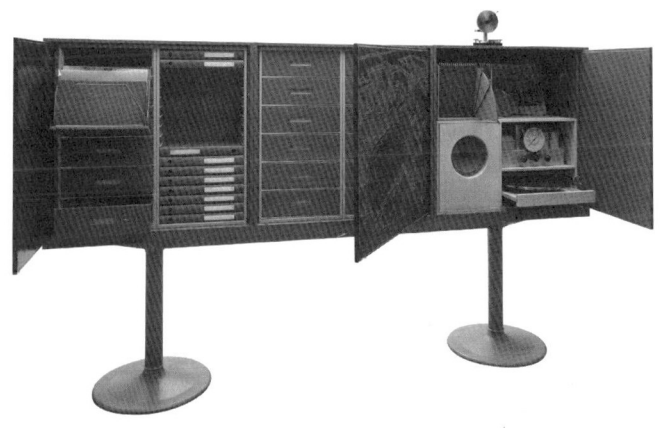

1935년 브뤼셀국제박람회 '선언적 가구'. 르코르뷔지에, 피에르 잔느레, 샤를로트 페리앙

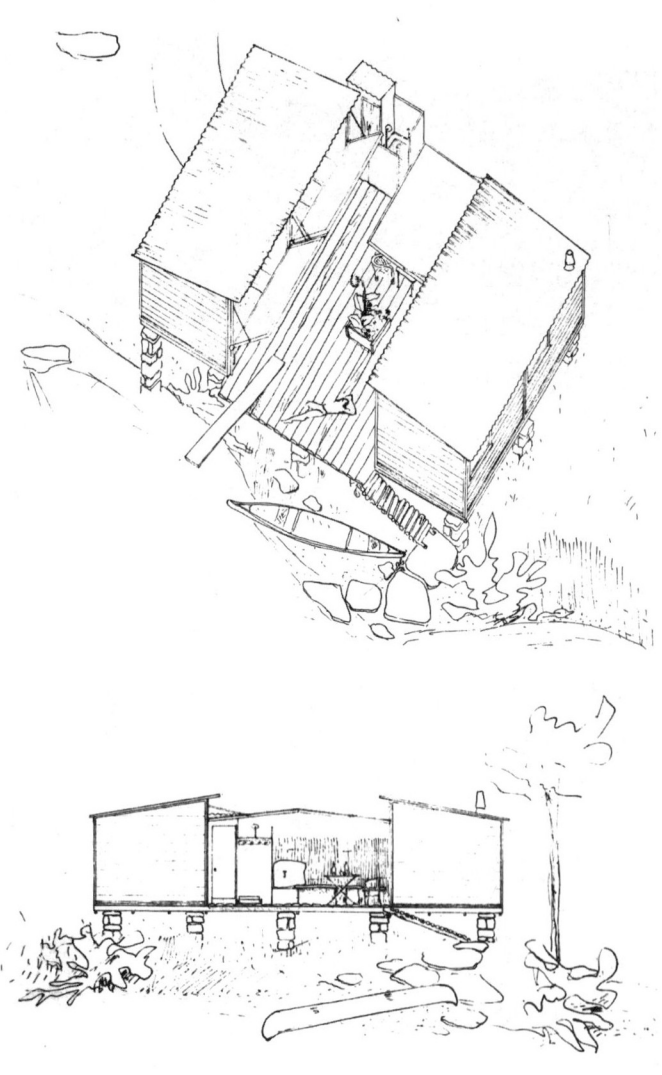

1936년 '주말 주택'. 샤를로트 페리앙

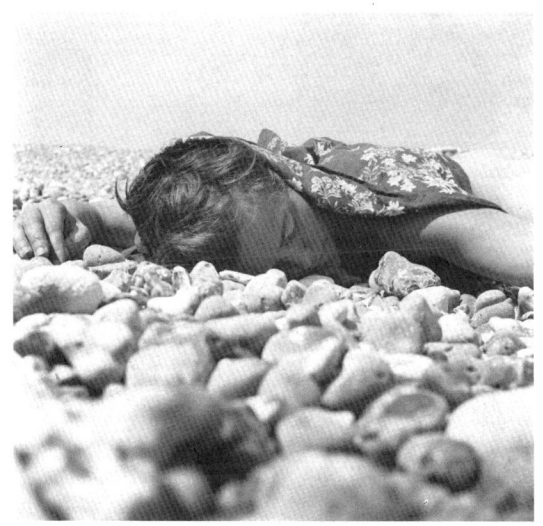

1935년 샤를로트 페리앙

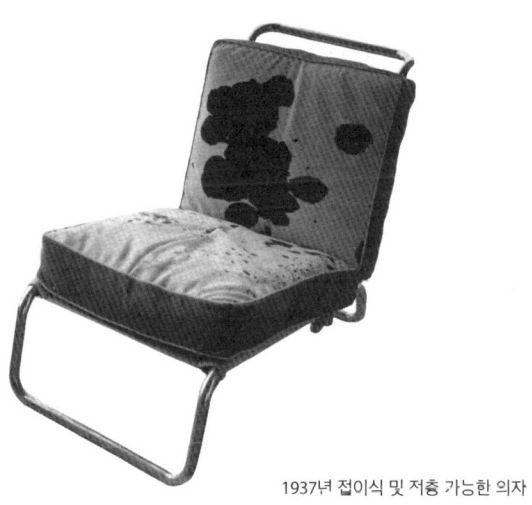

1937년 접이식 및 저층 가능한 의자

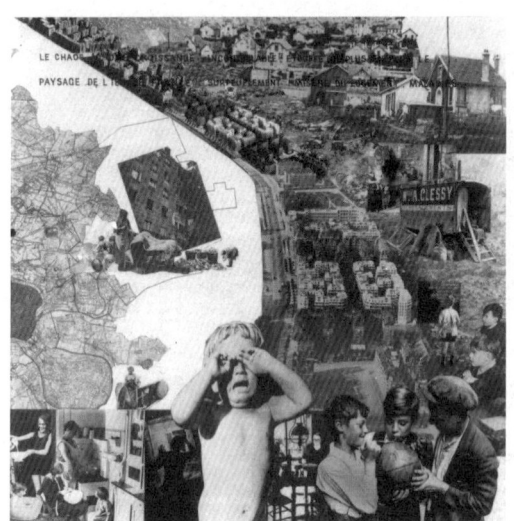

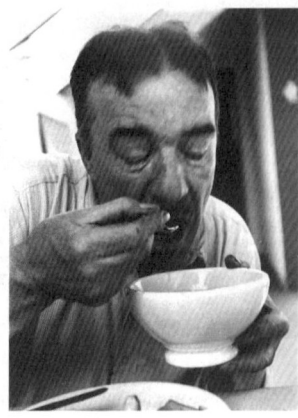

1936년 페르낭 레제

1936년 가정예술박람회의 포토몽타주 〈파리의 거대한 빈곤〉

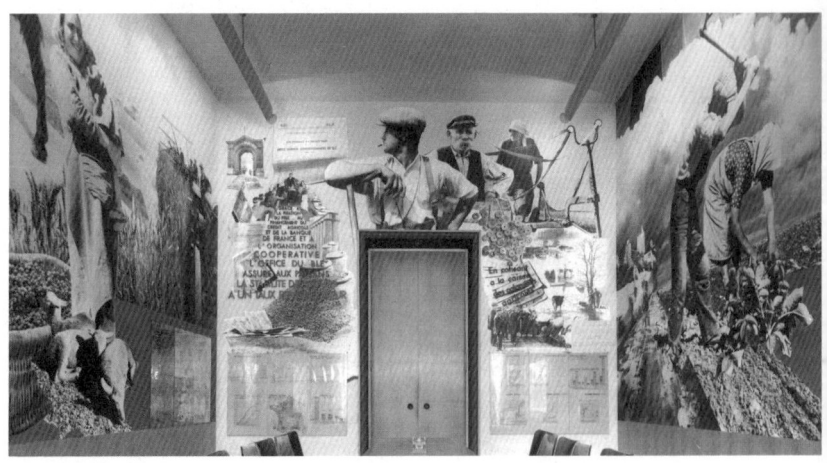

1936년 농업부 대기실

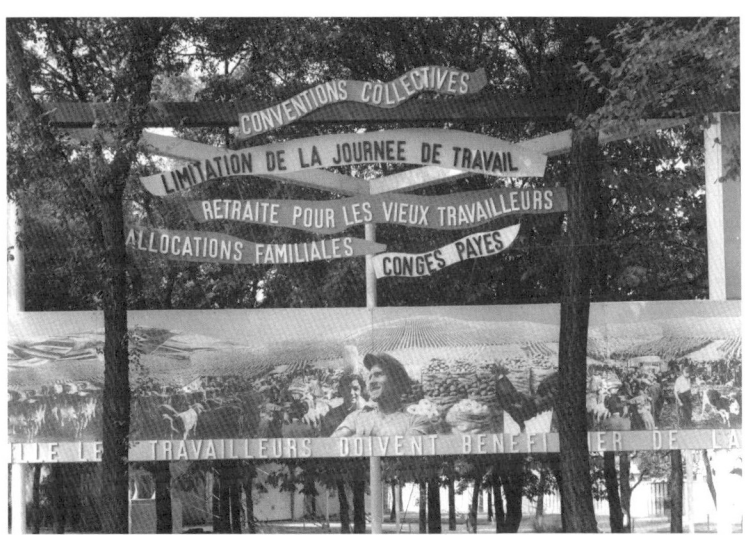

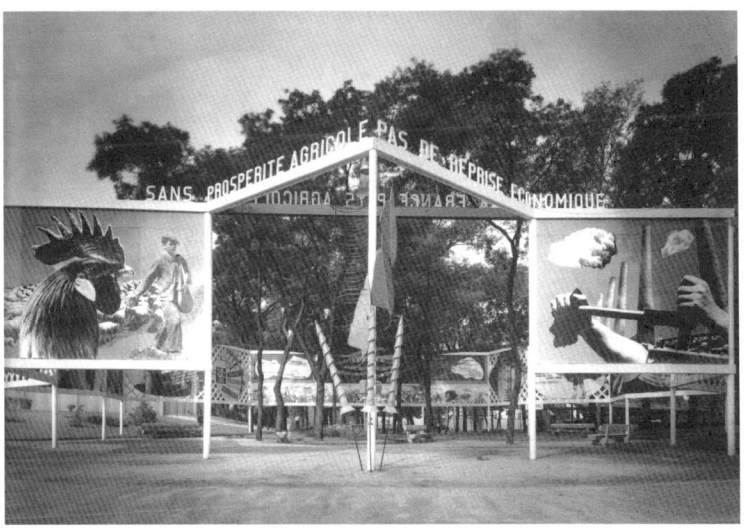

1937년 파리국제박람회의 농업부 파빌리온. 샤를로트 페리앙, 페르낭 레제

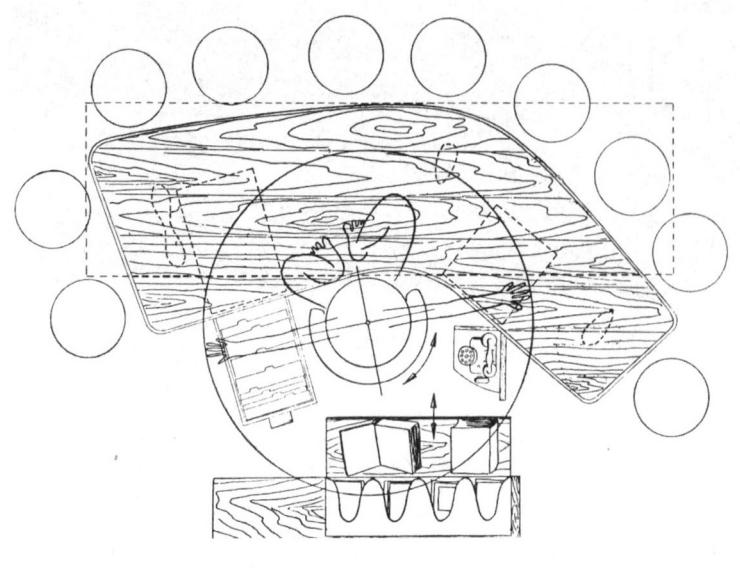

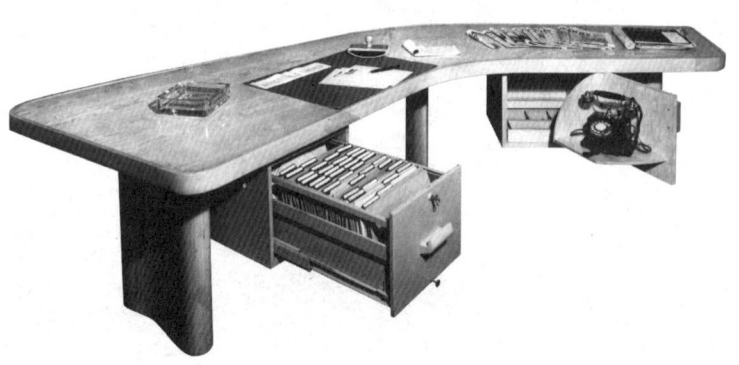

1938년 '형태 있는 테이블'

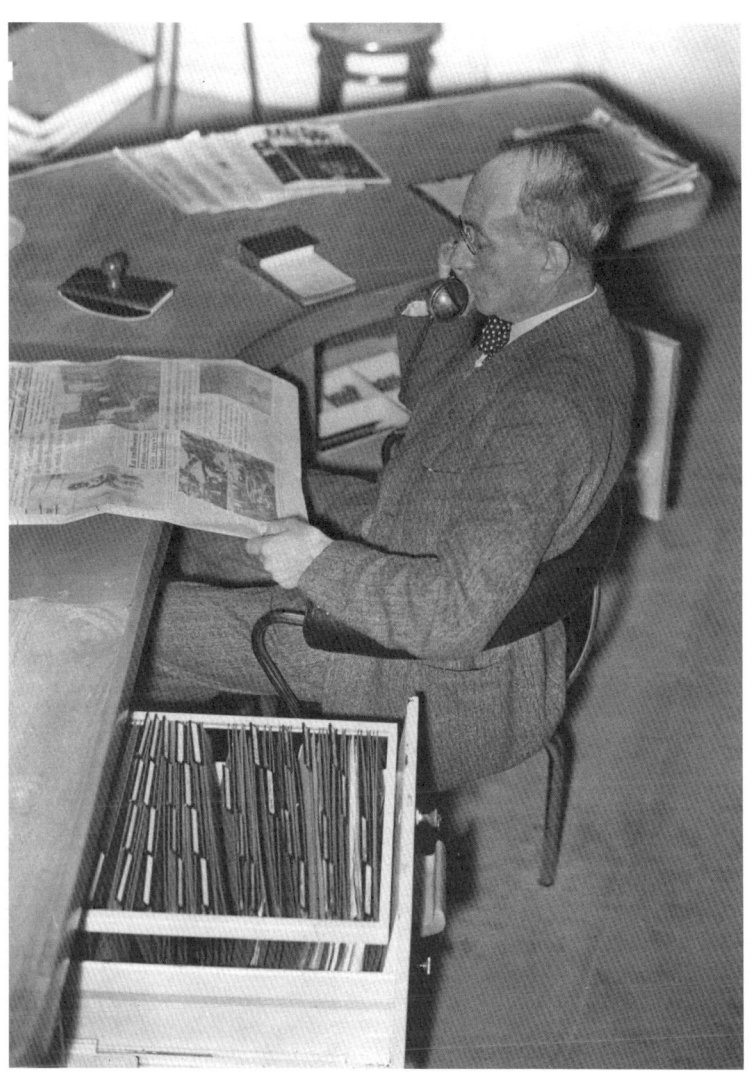

1938년 장리샤르 블로흐를 위한 '형태 있는 테이블'

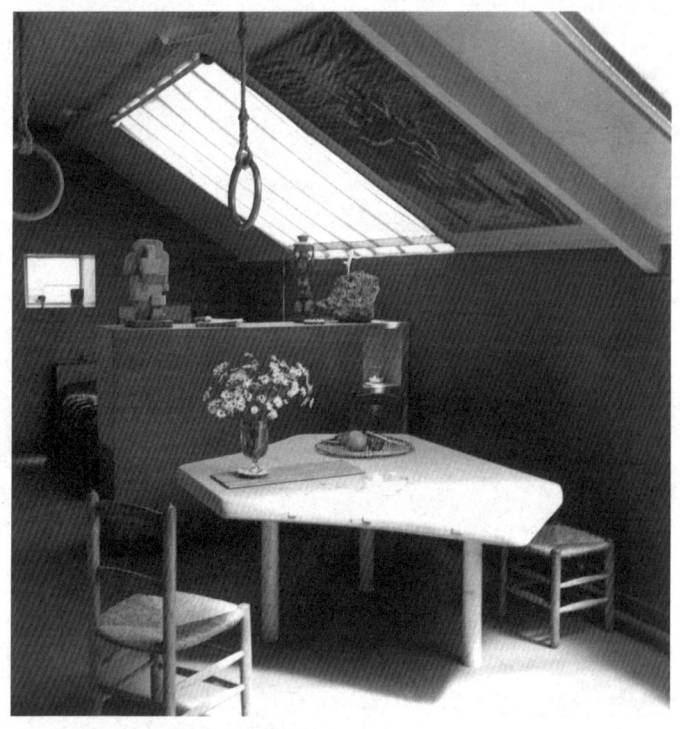

1932년 몽파르나스 작업실의 1938년형 '형태 있는 테이블'

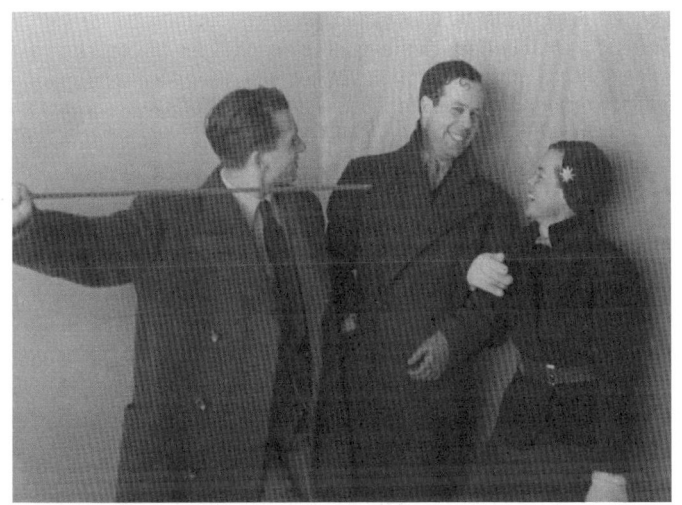

1935년 바이스만, 호세 루이스 세르트, 샤를로트 페리앙

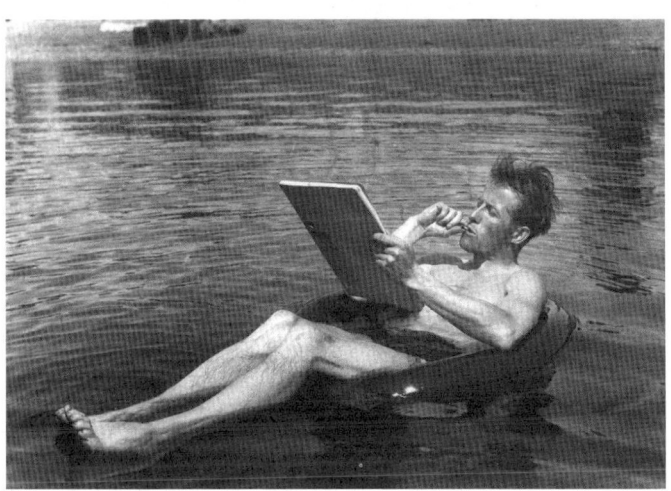

1930년 피에르 잔느레

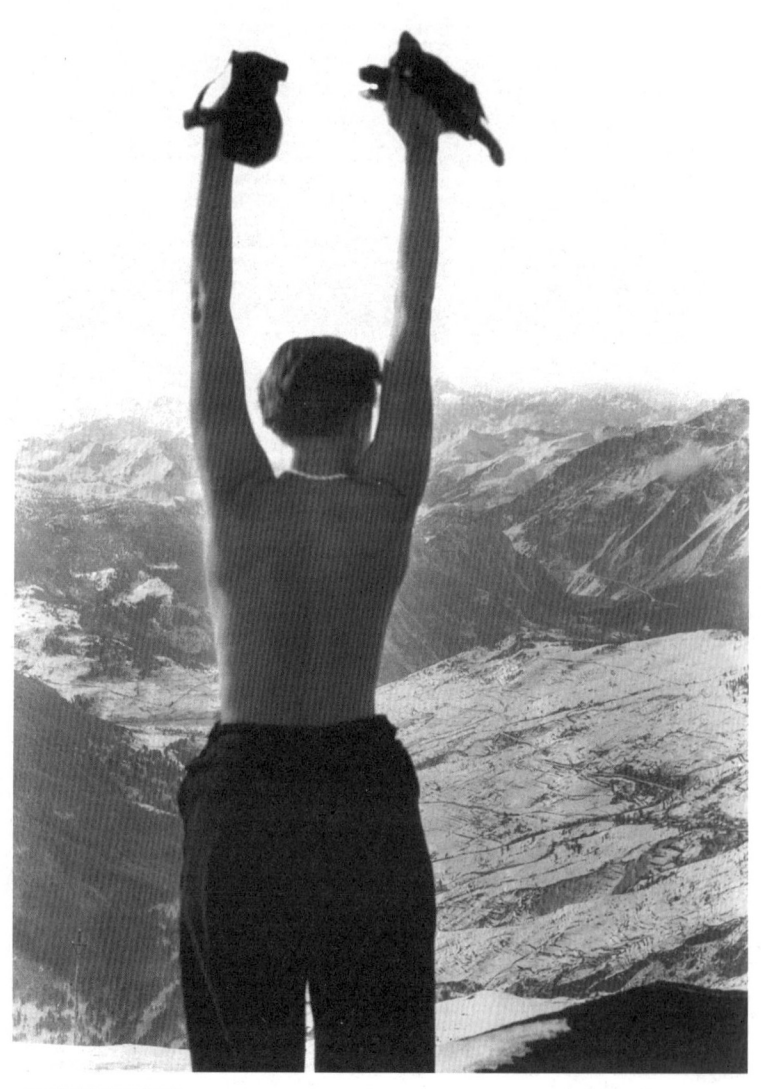

1935년 샤를로트 페리앙

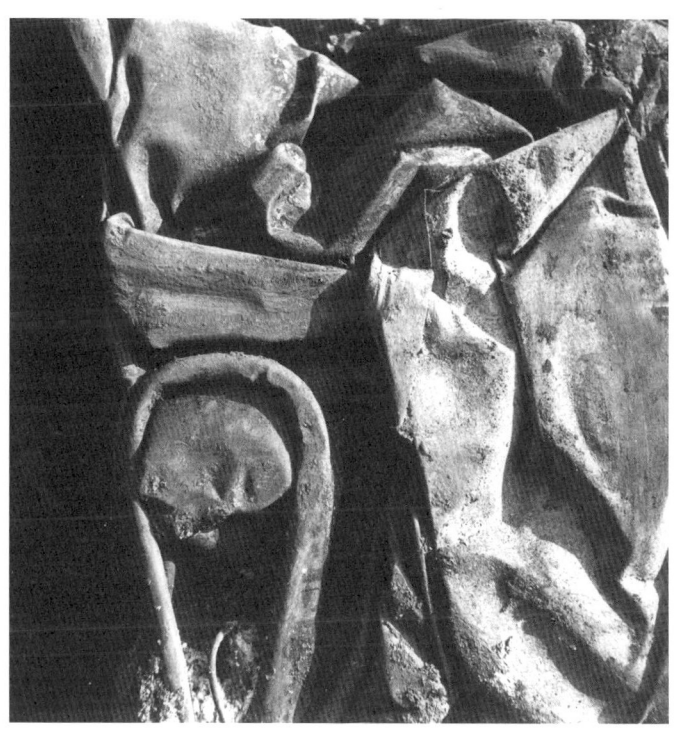

1935년 압축된 '아르 브뤼'

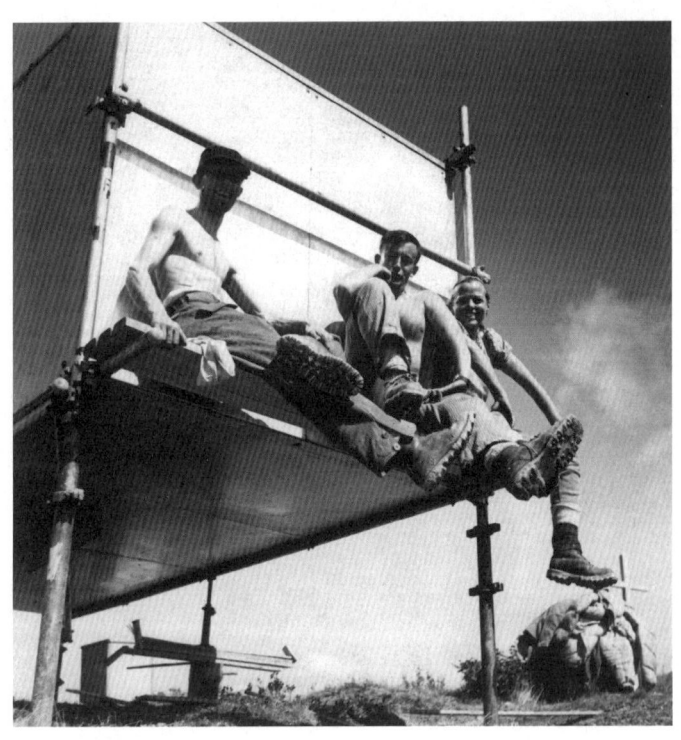
1938년 몽졸리산 고개의 '비부악 대피소'

3
전쟁 시기, 일본과 인도차이나

9월 1일에 전쟁이 터졌다. 무슨 전쟁이었을까? 바로 가짜 전쟁이다. '트로이 전쟁은 일어나지 않을 것이다.' 일간지 『르 프티 도피누아 *Le Petit Dauphinois*』의 헤드라인은 다음과 같았다. "프랑스, 실낱같은 희망을 품고 운명에 맞서다."

몽파르나스로 보내기 위해 짐을 쌌다. '페페*'의 가족은 피난에 대비해 깨끗한 옷을 마련해 두려고 빨래하러 올라왔다. 이탈리아 국경과 매우 가까웠다.

생니콜라에 있는 사빈과 메제브에 있는 뢰스너에게 비부악 대피소를 사용하도록 열쇠를 맡겼다. 사빈, 페페, 버들가지로 만든 작은 하트 장식품, 내게 신선한 우유를 주고 내 손을 핥

---

* 할아버지를 친근하게 부르는 호칭

던 블랑슈, 내가 사랑했던 이 세계에 작별을 고한 후 배낭을 메고 도보로 가장 짧은 길을 택해 콜뒤보놈 고개를 거쳐 레잘뤼로 갔다.

피터 린지는 버마$_{Bamar}$*로 떠났고, 가야르 드 라 발덴은 파리에 있는 공군부로, 릴리는 스페인에 있는 수도원으로 떠났다. 브리드레뱅 출신의 젊은 조수 자네트 보셰는 도롱에서 모든 파일을 분류해 조심스럽게 상자에 담고 있었다. 작업에 동원된 노새들은 모두 계곡으로 내려오고 있었다. 세상의 종말이 온 듯했다.

몽멜리앙까지 가는 버스를 타고 파리로 출발했다. 몽멜리앙에서 하룻밤을 보내기 위해 한 여관으로 들어갔다. 모차르트, 헨델의 곡으로 추정되는 연주 소리를 들으며 잠이 들었다. 이른 아침에 여관 주인에게 연주자들은 어디에 있는지 물었다. "어떤 연주자요?" 노랫소리는 없었다—그건 꿈이었다. 그 꿈은 나를 오랫동안 사로잡았다.

샹베리에 도착했다. 휴가 중인 부모님과 재회하기 위해 엔에 들렀다. 그리고 마침내 파리 몽파르나스에 도착했다.

1939년 8월 23일에 독소 조약이 체결되었다. 이는 배신이었다. 프랑스-소련 상호원조조약이 체결된 지 3년이 지난 후에 어떻게 그런 일이 가능한 걸까? 목적이 수단을 정당화하지는 않는다. 윤리는 어디에 있단 말인가? 파리로 돌아오자마자 니코에게 전화했다. 그는 내 질문을 예상했는지 그저 이렇게만 말했다.

---

* 미얀마의 옛 이름

"걱정하지 마. 항상 네 분야에서 최고가 되도록 해." 그것은 예상치 못한 답이었다.

어떻게 하면 이 전쟁 시기를 유용하게 보낼 수 있을까? 그때는 '가짜 전쟁' 시기였다. 투르농은 마지노선* 뒤에서 은방울꽃을 따서, 나에게 행운을 빌어 주기 위해 가장 아름다운 나뭇가지들을 보냈다. 이탈리아 국경의 알프스에 있는 마송은 담배를 키안티 Chianti**와 교환했다. 북쪽 전선에 있던 조르주 모네는 제르맨이 그를 보러 오길 기다렸다.

스키 정찰 부대의 에밀 알레와 제임스 쿠테는 에두아르 프랑도와 함께 몽탕베르에 있었고, 나는 부대의 대모代母가 되었다. 샴페인 한 상자와 무스 오 쇼콜라를 들고 그들을 방문해 한바탕 어울려 놓았다. 그들은 그 위에서 잘 조직되어 있었다. 자고새의 붉은 다리, 산토끼 발, 흰담비 발 등 산에서 정복한 모든 전리품으로 장식된 이상한 모자를 가지고 있었다.

그들의 상징기를 만들어야 했는데, 이는 파리에 있는 전문 회사에 맡겼다. 마송이 내게 알려 준 지켜야 할 규칙이 있었다. 스키 정찰 부대에서는 여자의 입술과 깃발을 제외하고는 붉은 버찌가 아니라 푸른 버찌라고 말했다. 요일을 부르지 않고 그날의 나팔 소리와 함께 가사로 불렀다. 예를 들어 3일에는 이런 가사로 불렀다. **"마리, 너의 벌거벗은 엉덩이를 봤어. 비겁한 놈. 왜 쳐다봐?"** 10일에는 **"나는 그 소녀와 입맞춤할 거야. 하지만 어머니가 원하**

지 않아……"였다. 우리는 다양성에 대한 나의 교육을 완벽하게 하려고 저속한 노래와 외설적인 향토 노래를 불렀다.

나는 면허가 없는 상태에서 운전했다. 면허를 따기로 결심했다. 앞일은 절대 알 수 없는 법이다. 조르주 블랑숑은 자전거를 타고 가다가 교통사고를 당해 몇 시간을 혼수상태에 빠졌었고, 이후 전역했다. 가야르 드 라 발덴이 맡긴 프로젝트를 가지고 우리를 만나러 파리에 왔다. 군용 막사의 공급에 관한 것이었다. 그는 참여를 제안했다. 프리패브 공법에 대한 아이디어를 진전시킬 절호의 기회였다. 또 다른 프로젝트가 들어왔다. 이수아르에 있는 두랄루민 공장 건설의 필요에 맞게 더 정교한 다목적 막사였다. 블랑숑은 두랄루민 공장의 사장인 장 마테와 잘 아는 사이였다. 우리는 블랑숑에게 낭시에서 장 프루베가 제작한 프리패브 주택 골조를 바탕으로 제안서를 작성하도록 했다. 그리고 장 프루베에게 프로젝트에 참여할 것을 제안했고, 그는 열정적으로 수락했다.

피에르와 나는 편집실, 제도실, 합숙소, 2인실 원룸, 화장실 등의 시설을 포함한 초기 도면을 제작했다.

우리는 이 도면을 마테에게 가져다주었고, 마테는 담당자에게 전화해 우리를 만나 보라고 했다. 담당자는 매우 점잖은 신사였다. 그는 우리가 프로젝트의 장점을 칭찬하는 것을 주의 깊게 들은 후 자신이 고려하는 방식이 아니라며 우리를 정중하게 돌려보냈다. 몽파르나스로 돌아온 우리는 블랑숑을 다시 만났다. 그는 우리 얼굴을 보고 실패를 눈치챘다. "보여 줘 봐요. 설명해

줘요. 그거 주세요." 이틀 후에 그가 다시 돌아왔다. 그는 우리의 협상 상대를 만나 설득시켰다. 기자였던 그는 어떻게 말해야 할지 잘 알았고, 결국 계약을 성사시켰다. 다만, 한 가지가 그를 당황하게 만들었다. 그는 기숙사 평면도를 꺼내 보였다. 평면도에는 두 개의 지그재그 선이 그어져 있었다(이는 단순히 건축 도면에서 통상적으로 사용하는 표시였다). "'이 두 개의 선은 무슨 뜻인가요?'라고 담당자가 물어 저는 '지붕이요'라고 아무렇게나 답했어요." 결국 지그재그 선대로 뾰족한 모자 형태의 지붕이 만들어졌고, 이게 바로 동의를 얻어 낸 요소였다.

조르주 블랑숑은 우리의 파트너가 되어 고객과 행정 업무를 처리하기로 했다. 그리하여 블랑숑, 피에르 잔느레, 나, 장 프루베는 함께 팀으로 일하게 되었다. 블랑숑은 그르노블에서 살아서 두 도시를 왔다 갔다 해야 했기에 파리의 라스카즈가에 아파트를 빌려 연구실 겸 임시 거처로 사용했다. 그는 비서로 자네트 보셰를 데려왔고, 보셰는 우리에게 동의를 구해 린지의 자료들을 지하실에 보관했다.

예상치 못한 제안

1940년 2월 8일에 일본으로부터 무선 전보를 받았다. "귀하를 상공성의 장식예술 디자이너 고문으로 초빙하길 희망함. 연봉 10만 프랑, 사례비와 여비 별도. 세부 사항은 서신으로." 발신자 사카쿠라.

사카쿠라는 언젠가 모국을 소개해 주겠다고 약속했었다. 그렇지만 그때가 과연 적절한 시기였을까? 그때는 전시 상황이었다. 독일과 소련은 이미 폴란드를 분할했고 소련은 핀란드를 공격했다. 나는 초청을 수락하기가 망설여졌다. 봉쇄 장관이 된 조르주 모네와 제르맨은 내게 떠날 것을 권했다. "샤를로트, 우리는 파시즘을 향해 가고 있어." 페르낭 레제는 더 단호했다. "이 기회를 잡아야 해. 다시는 없을 기회야." 1940년대에 내게 일본은 세상의 끝이자 전설 같은 곳이었다. 하지만 나는 모험과 예기치 못한 상황을 좋아했다. 사카쿠라의 전보는 오히려 예측할 수 없는 일이었다.

3월 13일에 30미터에 달하는 매우 가벼운 일본 종이에 적힌 뜻밖의 환영 서신이 같은 재질의 종이봉투에 말려 도착했다. 먹으로 그린 그림과 무나카타 시코의 서명이 있었고, 사카쿠라와 그의 친구들에 대한 칭찬이 담겨 있었다. 어떻게 뿌리칠 수 있겠는가? 1940년 5월 3일에 파리 주재 일본 대사관으로부터 '상공성 산업미술 고문'으로서의 공식 초청장이 도착했다.

나는 6월에 떠나기로 했고, 남은 기간 동안 피에르와 함께 이수아르를 위한 가구를 디자인했다. 목재로 경제적인 제작이 가능하도록 고안했다. 가구는 피에르의 감독하에 그르노블에서 제작될 예정이었다.

나는 앙드레 블로크에게 연락해 일본에서 그의 잡지 『오늘의 건축』을 대표하도록 하고, 제르보스에게 연락해 『카이에다르 *Cahiers d'art* 』를 대표하도록 요청했다. 블랑숑은 공식적으로 에밀 알레의 스키의 신기술을 다룬 이샤크의 영화를 전했다. 외교부에서는 주일 프랑스 대사에게 보내는 추천서를 주었고, 게다가 내가 이미 진행 중인 의학 전시회(보리스 누아예 바사가 일본에서 전시회를 기다리고 있었다) 발표에 참석할 수 있다고 알려 주었다. 그렇게 나는 '프랑스 문화 대사'가 되었다.

사카쿠라의 조언대로 임무에 필요한 자료, 사진과 도안을 준비했다. 스키 장비를 포함해 등산 장비들을 챙겼다─일본은 눈이 오는 나라다. 얇은 옷과 두꺼운 옷, 여행용 트렁크, 기내용 큰 가방, 등산 가방과 사카쿠라를 위한 선물을 준비했다.

우리는 걱정스러웠다. 전쟁의 공포를 몰아내고, 다시 한번 삶을, 우리의 자유를, 좋은 날씨를, 봄을 즐길 필요가 있었다. 우리는 차를 타고 떠났다. 폴 구트만, 앙주 구트만, 자네트 보세, 블랑숑, 피에르, 그리고 나는 루아르 강가에 야영하고 상세르에서 가져온 맛 좋은 화이트와인을 즐겼다. 불행하게도 루아르강이 범람하는 바람에 우리는 상세르를 마주 보는 우안의 고지에서 야영해야 했다. 해 질 녘에 텐트 세 대를 설치하고, 차는 인근 마을에 주차해 두었다. 농부들은 달걀과 빵을 우리가 사도록 끈질기게 팔았다. 나는 이 지역 사람들의 폐쇄적인 성격을 잘 알았던 터라 그런 행동에 깜짝 놀랐다. 담소를 나누며 달빛 아래에서 산책했다. 폴 구트만은 우리가 누린 자유 시간이 끝났다고 예견했다. 우리는 그 사실을 잊고 싶었다. 다음 날 아침에 나는 상세르에 가서 아침을 먹고, 상세르 와인 몇 병을 사서 맛보고 파리로 돌아가자고 제안했다. 우리는 흩어져 여자들은 한쪽에, 남자들은 다른 쪽에 있었다. 남자들은 신분증을 검사받느라 지체되어 조금 늦게 도착했다. 햇볕이 잘 드는 비스트로에서 카페오레와 크루아상을 먹었다. 군인들이 지나가고 이번에는 군사경찰들이 다가와 남자들, 이후 여자들에게도 신분증을 요구했다. 나는 텐트에 여권을 두고 왔다. 그들은 우리를 군사경찰서로 불친절하게 데려갔다. 나와 함께 있던 사람이 물었다. "프랑스인이세요?" 말도 안 되는 질문이었다. 나는 웃었다. "조금 있다간 웃지 못할 겁니다." 군사경찰들이 우리를 한 방에 가두고 한 사람씩 불러 심문했다. 기다리던 사람들은 공모자가 되었고, 우리는 서로 진술이 어긋나서는 안 됐다. 내 차례가 되었다. "왜 그 고지에서 야영했습니까?" "경치가 아름다웠거든요." "왜 밤에 산책했습니까?" "맑은 저녁 공기를 마시려고요." "왜 그렇게 아침 일찍 일어난 겁니까?" "새소리를 들으려고요." "차가 있는데 왜 상세르까지 걸어갔습니까?" "걷는 것을 좋아하거든요." 그는 내가 자기를 놀린다고 생각했을까?

　나는 여권을 찾으러 텐트로 가자고 제안했다. 군사경찰대가이미 내 여권을 찾은 상태였다. "이제 떠나도 되나요?" "안 됩니다. 부르주의 군인들을 기다려야 합니다." 우리는 군사경찰서 안뜰에 다시 모였는데, 농민들이 적대적인 눈으로 출입구 철문 사이의 우리를 쳐다보고 있었다.

　정오 종이 울렸고, 우리는 점심을 먹고 싶었다. "경호 없이는 나갈 수 없습니다. 군중이 덤벼들 겁니다." 피에르는 경호원을 대동하고 빵과 잠봉을 사러 갔다. 피에르가 물었다. "왜 우리를 지키는 겁니까?" "그건 저희가 관여할 일이 아닙니다."

갑자기 모든 군사경찰이 혁대를 챙겨 밖으로 뛰쳐나갔다. 그들이 다시 닫아 두지 않은 철문 뒤에서 군중이 큰소리를 쳤다. 정말 불편했다. 잠시 후에 군사경찰들이 돌아왔고, 그중 한 명이 지친 목소리로 말했다. "저 사람들 때문에 미치겠습니다. 농민들이 희미한 달을 낙하산병으로 착각했지 뭡니까."

오후 4시경에 부르주 군인들이 왔다가 다시 돌아갔다. 군사경찰 한 명이 우리의 신원을 보증해 줄 사람의 이름을 알려 달라고 했다. 블랑숑은 마테를 언급하며 개인 전화번호를 알려 주었다. 나는 조르주 모네의 이름을 댔다. 우리는 각자 군사경찰서 보고서에 서명한 후에야 풀려날 수 있었다. 나는 다시 심문을 받았다. "여권 말고 다른 신분증 있습니까?" "아니요." 그는 내 여권을 훑어봤다. "오스트리아 여행은 왜 가신 겁니까?" "스키 타러요." 그는 이어서 물었다. "유고슬라비아에는요?" "수영하러요." 그가 나를 쳐다보며 "정말 대애애애단한 재력가시네요"라고 말하고는 여권을 돌려주었다.

저녁 6시였다. 우리는 자유로웠다. 텐트를 접고 차를 가지러 가는데 군사경찰 두 명이 우리와 동행했지만, 상세르까지는 가지 않았다. 밤에 파리에 도착했을 때 그곳은 더 이상 파리가 아니었다. 등화관제를 하고 있었다.

5월 10일에 벨기에와 네덜란드가 침략당했고, 프랑스에는 낙하산병이 투입되었다. 모든 신문사에서 용의자를 신고하도록 권장했다.

다음 날 아침에 제르맨이 전화했다. "미쳤군요, 샤를로트. 지금 같은 때 상세르에 가다니요." 그녀는 분명해지는 재난 앞에서 우리가 보인 조심성 없는 행동에 화를 냈다.

5월 13일에 독일 전차들이 스당의 뫼즈강을 건넜다. 광란의 전차들이 대열에서 이탈해 파리로 돌진하다가 파리에서 80킬로미터 떨어진 곳에 멈춰 섰다. 시장들은 시민들과 함께 마을을 버리고 떠났다. 암소, 자전거, 걸어서 이동하는 군중이 도로를 차지하고 있어 군인들은 전선으로 올라가는 데 어려움을 겪었다. 기차들은 만원 상태로 동역에 도착했다. 상처를 입고서 어쩔 줄 모르는 가족들과 헤어진 사람들, 얼이 빠진 사람들, 아이들, 노인들 속에서 제르맨은 이 흩어져 있는 사람들을 모으기 위한 공간을 만들었다. 그녀는 내게 실종자를 애타게 찾는 인적 사항이 적힌 편지를 읽도록 했다. 때로는 두 편지가 서로 일치할 때가 있어 상대적인 행복감이 되살아날 때도 있었다.

모든 게 너무 빨리 전개되었다. 27일에 레오폴트 3세는 항복했다. 28일에는 프랑스-영국 군대가 됭케르크에서 철수했다.

나는 6월 12일에 일본으로 떠나기로 되어 있었다. 사부아를 떠나라고 부모님을 설득했다. 부모님을 리옹역까지 배웅했다. "2년은 아무것도 아니에요. 곧 다시 볼 거예요." 이 이별의 시간이 2년이 아닌 6년이 되리라는 것을 그때는 알지 못했다.

객차에서 부모님을 껴안았다. 객차 안에는 피난을 떠나는 소작농 부부가 있었는데, 짐칸에는 암탉이 든 나무 상자 두 개가 있었다. 아버지가 조끼를 입고 넥타이를 매고 도착하자 소작농 부부는 서둘러 일어나 상자를 치웠다. "그러실 필요 없어요. 그냥 두세요." "닭 때문에 옷이 더러워질 거예요." 그들은 모든 걸 잃었어도 예의를 지켰다. 이것이 프랑스가 사라질 수 없는 이유였다.

페르낭 레제는 노르망디에 있는 자신의 농가에 있었다. 르코르뷔지에에게 작별 인사를 하지 않은 채 떠나고 싶지 않았다. 세브르가에서 그를 만났다. 그는 내가 일본에 가는 것을 몰랐던 눈치였다. "잘됐네. 나한테 저지른 나쁜 짓에 대해 되돌아볼 시간이 많겠어." 르코르뷔지에는 뒤끝이 있었다. "안타깝게도 더 심각한 일을 생각해야 할까 봐 겁나네요." 나는 그렇게 응수한 후 그를 떠났다.

6월 6일에 프랑스의 방어선이 뚫렸다.

10일, 이탈리아는 히틀러 편에서 전쟁에 돌입했다. 쟁탈전이었다. 10일에서 11일로 넘어가는 새벽에 정부는 파리를 떠났다.

그날 아침에 출국 비자를 마련해 주기로 한 조르주 모네를 만나기 위해 부르봉궁으로 갔다. 출입구 초소에는 아무도 없었다. 경비실에 침묵이 흘렀다. 계단을 오르다 목에 큰 사슬을 두른 수위를 마주쳤다. "모두 어젯밤에 떠났습니다."

택시도, 버스도 없었다. 도청으로 달려갔다. 생미셀 광장을 건너는데 누군가 "샤를로트"라고 외치는 소리가 들렸다. 차에 탄 벨기에 친구가 나를 부른 것이었다. "어디 가요?" "도청이요." "어서 타요." "기다리고 있을게요." 창구는 대부분 닫혀 있었다.

겨우 열린 창구 하나를 발견하고, 여권을 내밀어 스탬프를—출국 비자—받았다. 신이 나와 함께했다.

"어디로 가요?" "몽파르나스로 돌아가야 해요. 뒤슈맹 사무소에서 오후 2시에 내 짐을 가지러 오기로 해서요. 저 마르세유로 가요. 일본으로 떠나거든요." "집 근처에서 점심 식사를 같이하죠. 오후 2시에 아무도 오지 않으면 리옹역에 데려다줄게요."

여행용 트렁크와 대형 캐리어를 그의 차 지붕에 두었다. 리옹역에 도착하니 매표소가 폐쇄되어 있었다. 그는 온갖 짐 더미 옆에 나를 내려 주었다. "잘 가요. 나는 벨기에 정부 일행과 합류해야 해서요. 조심히 가요."

트렁크 위에 걸터앉아 곰곰이 생각했다. 그리고 뒤슈맹 사무소에 가서 그들이 오지 않은 것에 대해 불만을 표시했다. "짐은 어디에 있나요? 가져와 보세요." 카트를 끌고 가서 짐 전부를 힘겹게 가져왔다. "티켓 보여 주세요." 건장한 사내가 물었다. 티켓은 없었다. "그러면 짐을 부칠 수 없어요." "짐을 부쳐야 해요. 마르세유에서 일본으로 떠나야 하거든요." "일본이요?" 마법의 단어였다. "일본 요코하마에 가 본 적이 있어요. 상선 선원이었거든요. 기차에 짐을 실어 드릴게요. 여기 영수증이요." 내가 무슨 위험을 무릅쓴 걸까? "고마워요." 피에르와 블랑숑을 만났으나 그들도 표를 구할 수 없었다.

그날 밤에 무슨 일이 있어도 절대로 떠나고 싶지 않았다. 피에르와 나는 손을 잡고 누워 밤새 도시의 낯선 소음을 들었다. 파리는 무방비 도시가 될까? 도시는 지켜질 수 있을까?

새벽에 역으로 출발했다. 역 주변은 완전히 뒤바뀌어 있었다. 전날처럼 혼란스러움은 없었지만, 음울한 두 개의 긴 줄과 사람들을 격리하기 위해 경찰들이 있었다. 역은 폐쇄되어 있었다. 그들 중 한 사람에게 물었다. "마르세유로 가는데요, 어떻게 해야 하나요?" "티켓 있어요?" "아니요." "저기 줄에 서세요." "그렇지만 제가 타야 하는 기차가 오전 8시 10분에 떠나요." "떠나지 못해요. 사람들이 선로에 누워 있거든요." 믿을 수 없는 이야기였다. 피에르와 나는 되돌아갔다. 하지만 나는 확실히 하고 싶었다. 우리는 철문을 따라 걸었다. 전부 쇠사슬과 자물쇠로 닫혀 있었는데, 마지막 자물쇠가 열려 있었다. 지켜보는 사람은 아무도 없었다. 피에르가 쇠사슬을 풀고 철문을 반쯤 열어 주어 들어갈 수 있었다. 그는 내 뒤에서 철문을 다시 닫았다. "8시 10분이 지나도 돌아오지 않으면, 기차를 타고 떠난 거야. 안녕." 열차들이 텅 빈 플랫폼을 따라 떠나고 있었다. 8시 10분에 출발하는 마르세유행 열차를 발견했다—객차는 비어 있었다. 8시 5분에 열차에 올라탔다. 한 남자가 내 앞에 앉았다. 열차가 출발했다. "실례지만, 이 열차 마르세유행 맞나요?" "맞아요."

지앙역이 폭격을 받았음에도 불구하고 우리는 제시간에 도착했다. 마치 유령 열차 같았다. 여전히 객실은 비어 있었고 짐도 없었다.

마르세유에 있는 작은 호텔에서 약속대로 일본 영사에게 전화를 걸었다. "배가 아직 도착하지 않았어요. 전화번호를 남겨주면 연락할게요." 다음 날에도 여전히 배는 오지 않았다. 그다음 날에는 소식을 전하기 위해 친구들을 만나러 갔다. "와서 우리랑 같이 물놀이해요." 나는 수영복을 가지러 호텔로 돌아왔다. 메시지가 와 있었다. "긴급. 선착장에 배 도착." 택시를 타고 혹시나 해서 역으로 갔다. 짐이 그곳에 있어 되찾아 왔다.

배가 탑승교를 올리고 있었다. 내가 크게 손을 흔들자 탑승교가 내려갔다. 짐수레를 끌고 뛰어 승선했다. 나를 기다리던 일본 영사를 만났다. "배는 내일 아침에나 출발할 겁니다. 군 부두로 이동할 거예요." "그러면 다시 내려가고 싶어요. 친구들에게 출발한다고 알려 주려요." "안 됩니다. 귀하는 지금 일본 영토에 있습니다." 나는 의견을 굽히지 않았다. "더 이상 내릴 수 없습니다." 나는 화가 나 말했다. "헤엄쳐 가겠어요." "그러면 발포 명령이 내려질 겁니다. 이성적으로 행동하세요."

프랑스가 바로 앞에 있었지만, 나는 무기력하게 그곳에 머물 수밖에 없었다. 선실로 달려가 울었다. 부모님, 내게 정말 중요한 사람들, 레제, 피에르, 르코르뷔지에와 벌써 멀리 떨어진 기분이었다. 특히 피에르와 르코르뷔지에는 온갖 소동과 불화, 우여곡절뿐만 아니라 기쁨도 함께 나눈 사이였기에 더 애틋했다. 그러나 이제 나는 그들을 떠났다.

이른 아침에 선상 생활이 시작되었음을 알아차렸다. 갑판으로 올라가 난간에 팔꿈치를 괴었다. 배는 부두를 떠났다. 경례하는 프랑스 해병들, 영사와 영사의 일본 수행원들이 부두에서 한목소리로 "반자이(만세)"라고 외치며 선박에 탑승한 사람들을 배웅했다.

내 옆에는 고독하고 매우 위엄 있는 일본인 남자가 있었다. 부처님 같은 그의 얼굴에서는 눈물이 하염없이 흘러내렸다.

혼란의 배출구(선실에서 적은 메모)

하쿠산 마루호, 1940년 6월 14~19일, 마르세유~리스본.

6월 10일 저녁, 파리에 긴장감이 감돌았다. 8일째, 매일 저녁 같은 카페에 있었다. 레제는 떠났다. 피카소도 떠났고, 그 금발의 여자도 떠났다. 또 다른 테이블에 있던 벨기에 사람들도 이미 떠났다.

손들이 서로를 밀치고, 시선이 교차하고, 사랑하는 사람들이 서로를 찾고 더듬고 있었다. 땅이 갈라지고, 전통, 가족, 감정 모든 것이 부서졌다. 북부, 동부, 서부 각지에서 수많은 편지가 쇄도했다. "……제 이름은 뒤퐁이고, 저는 푸이시 시장이었던 연로한 아버지와 함께 있습니다. 저희는 밤에 폭격을 피해 떠났습니다. 그러다 한 벽 뒤로 몸을 숨겼고, 아버지는 그 벽을 돌아갔습니다. 저희는 밤새 아버지를 찾아다녔습니다. 저희 아버지의 소식을 알고 있다면 전해 주세요. X에서 후송된……."

"……저는 폭탄으로 남편을 잃고, 피난 중에 아이들을 잃어 혼자가 되었습니다. 가족들을 찾아 주세요. 제 이름은 X이고, 남편의 이름은 Y입니다. 저는 Z에서 후송되었습니다."

"……저는 할머니와 함께 있습니다. 제 이름은 마들렌입니다.

모두 안녕, 이제부터 주먹을 꼭 쥐고 살아야 합니다."

파리에서의 마지막 밤, 유리창 아래에서 두 사람이 나란히 누워 들었던 것은 매미의 노랫소리였나? 아니, 도망치는 차들의 소리였다. 둔탁한 타격 소리가 들렸다. 폭탄 소리일까? 침략자의 소리일까?

팔을 맞대고 손을 맞잡고 간신히 서로에게 닿은 채로 심장이 도시의 심장과 함께 고동쳤다. 부자들은 떠났고 민중은 후송되지 못한 채 남아 있었다.

새벽녘, 끝났다. 파리는 상복을 입었다. 짙은 안개가 끼었다. 거리에는 매트리스, 옷가지, 값비싼 카펫, 코르셋, 인형 등을 실은 대형차들이 있다. 가난한 민중은 이제 유목민이 되었다. 당신이 태어난 땅, 당신이 자란 집, 당신에게 익숙한 이 거리, 당신에게 소중한 이 존재…… 모두 영원히 안녕—아니다—감상에 빠져서는 안 된다. 역에는 바리케이드가 쳐졌고 초조한 노인들과 여자들, 아이들이 앉아서, 누워서 혹은 서서 기다리고 있었다. 바리케이드, 방벽이 열릴 것이다. 7시…… 10시…… 절대 열리지 않았다. 더 멀리 뒤로 통행이 금지되었다. 아무도 없고, 비어 있는 매표소. 텅 빈 통로. 기차 한 대가 지나갔다. 안녕. 끝이었다. 철창이 있어 감히 더는 넘지 못했다. 결코 되돌아가지 못했다. 운명은 이미 정해져 있다. 안녕.

텅 빈 기차가 달린다. 식당 칸이 있었다. 아, 아직 삶이 있나? 이미 잃어버린 줄 알았다.

도시를 현혹하는 이 검은 연기는 무엇일까? 무슨 안개일까?

인공 안개, 짐승, 문어를 모방한 인간의 발명품, 아니 문명이라고 해야 할까?

마르세유 사람들은 말했다. 파리가 폭격당했대! 아, 그래. 하지만 파리는 평온해, 정말 오만하지.

마르세유는 이미 멀어졌다. 배가 떠난다. 우리는 올라탄다. 이제 끝났다. 프랑스의 영토는 발치에 있다. 우리는 그것을 볼 수 있지만 손댈 수는 없다―골방에 갇혀―금지되었다.

이곳은 네 나라지만, 이제 끝이다. 작별을 고해. 모두 죽은 것처럼 모두에게도 작별 인사를 해……. 그리고 너는 아무것도 알 수 없어―그렇지 않아.

신경 하나하나, 힘줄 하나하나. 너는 모두 다 잘랐어. 그렇게 잘 해낼 줄 몰랐겠지. 첫 가위질이 중요한 거야.

푸른 바다, 아직도 지중해 유역, 문명의 요람이다. 문명이 무슨 소용이 있는가. 진화를 위해서 문제는 인간을 땅에 정착시키고, 농업인을 정착시키는 것이었다. 하지만 20세기는…….

"그럴 자격이 있는 사람만이 프랑스 땅에서 살 권리를 가질 겁니다." 페탱 원수가 한 말이다. 당신이 누가 그럴 자격이 있는지, 없는지를 정하는 신인가? 나는 프랑스의 이 성실한 농부들, 가난하지만 자긍심 있는 사람들, 장인들, 자기 손으로 먹고사는 이들에게서 마음을 좀처럼 떼어 놓을 수 없다.

리스본에 도착했고, 길거리는 불빛과 자동차들로 가득했다. 사람들은 즐기고 춤췄다. 그렇다―푸른 하늘 아래 평화롭게―스페인 사람들이 죽어 가고, 중국 사람들이 죽어 가고, 아비시니아Abyssinia˙ 사람들이 죽어 가고, 폴란드 사람들이 죽어 가고 있었다. 물론 우리는 아니었다―각자의 차례가 있었다.

다시 바다, 나는 선상에서 긴긴밤들을 보냈다.

일본으로 가는 길

하쿠산 마루호는 6월 15일 오후 마르세유에서 출항했다. 고전적인 항로는 수에즈를 거쳐 가는 것이었으나 안타깝게도 그 항로는 폐쇄되었다. 나는 이 사실을 배에서 알았다. 우리는 거대한 검은 바위가 있는 지브롤터를 지나 포르투갈 해안을 거슬러 올라가야 했다. 6월 19일 오전에 우리의 첫 번째 기착지인 리스본에 도착했다. 정말이지 이 여정은 예기치 못한 일로 가득할 것 같았다.

왜 리스본까지 올라가는 걸까? 그러고 나서 어디로 가는 걸까? 이 도시를 밟을 수 있다는 것은 내가 완전히 떠나지 않았음을 의미했다. 대륙에 다시 발을 들여놓음으로써 아직은 프랑스로 몰래 돌아가기를 택할 수도 있다는 뜻이었다. 하지만 이는 완전히 권장할 만한 일이 아니었다. 되돌아간다고? 잘못된 생각이다. 나는 애초에 떠나지 말았어야 했다.

우리는 6월 21일 아침에 리스본을 떠나 케이프타운과 더반으

• 에티오피아의 옛 이름

로 향했다. 아프리카 해안을 따라 항해하기 위해, 선박을 태양으로부터 보호하기 위해 천막으로 덮었다. 6월 28일에 적도를 횡단한 것을 기념하기 위해 전통적인 저녁 식사를 했다. 한 일본 여성이 기모노를 빌려주었다. 그녀가 옷을 입혀 주었는데, 넓적한 전통 허리띠로 허리를 조이는 바람에 숨이 막힐 뻔했다. 움직임에 큰 제약이 따르는 옷이었다. 방석을 깔고 바닥에 앉아야 했는데, 다리는 어떻게 해야 하는 걸까? 무릎을 꿇고 앉아야 했다. 이 자세로 앉으니 다리에 쥐가 났다. 나는 그 옷으로 전통적인 일본에서의 체류를 미리 경험한 셈이었다.

리스본 이후로 벌써 일주일을 해상에서 보냈다. 이제는 사람들과 교류할 시간이었다.

내가 지낸 마호가니 목재를 사용한 일등석 선실은 안락해서 명상하기에 안성맞춤이었다. 식당에서 친구가 된 젊은 벨기에 여성, 호주로 가는 중인 아직 여드름이 가시지 않은 앳된 프랑스 대학생과 같은 테이블에 앉았다. 다른 테이블에는 봄베이*로 돌아가는 프랑스인과 인도인으로 부부가 앉아 있었다. 승객 대다수는 일본인이었다. 나는 그들을 두 부류로, 즉 런던에서 탑승한 사람들과 마르세유에서 탑승한 사람들로 나누었다. 마르세유 탑승객들이 단언 가장 살가웠고, 그중에는 친구들이 '마쓰아'라고 부른 민속학자 마쓰다이라 나리미쓰도 있었다. 내게는 중요한 만남이었다. 그는 독일의 침략을 피해서가 아니라, 딸이 정략

---

* 인도 뭄바이의 옛 이름

결혼보다 진정으로 원하는 사람과 연애결혼을 할 수 있도록 귀국하고자 했다. 이는 그의 프랑스어 교수가 가르쳐 주었다. 그는 누구에게도―심지어 관습에도―해를 끼치지 않으려면 많은 외교적 수완이 필요하다는 것을 알고 있었다. 그는 해낼 것이다.

그는 매일 남몰래 사라지곤 했는데, 어느 날엔가 나는 그가 아주 멋진 '갈리아' 수탉을 안고 있는 것을 목격했다. 수탉은 한쪽 눈 위로 거대한 볏이 처지는 바람에 애꾸눈이 되었으나 복수심이 강해 보였다. 그는 이 수탉에 마음을 빼앗겨 파리에서부터 이미 수탉을 호텔에 묵도록 했다. 아아, 새벽 5시부터 꼬끼오 우는 수탉을 처분하라는 통지를 받은 그는 울음소리가 들리지 않도록 수탉을 이불 속에 감추려 했지만 소용없었다. 그래서 차 뒷자리를 닭장으로 개조해 수탉을 두었다. 그리고 수탉이 외롭지 않게 친구가 되어 줄 두 마리의 사랑스러운 어린 암탉도 같이 넣어 주었다. 샹젤리제 거리에 있는 그의 차를 상상했다. 그는 그토록 애지중지한 수탉과 함께 마르세유에서 승선했다.

마쓰아는 이 시국에 내가 일본으로 가는 이유에 대해 이것저것 물었다. 질문에 답하기 위해, 그의 의구심과 주변 일본인들의 궁금증을 해소해 주기 위해 공식 초청장을 보여 주었다. 그는 안심하면서도 내 임무의 목적과 '최고 수준'에 달하는 높은 연봉에 매우 놀라워했다. 일본이 속물근성이 강한 나라임을 깨닫는 동시에 그들의 존경을 얻은 계기기도 했다.

며칠간 궂은 날씨가 이어졌고, 벨기에 친구와 나는 둘 다 뱃멀미를 이겨 내며 식사했다. 바람이 기운을 북돋아 주었다. 비좁은 복도와 갑판을 빙빙 돌며 억지로 걷다 보니 뱃멀미가 가셨다. 우리는 기착하지 않고 바다에서 21일을 보낸 후에 바닷새, 고래, 상어를 만나며 희망봉을 지났다.

1940년 6월 21일 리스본, 7월 11일 더반(하쿠산 마루호에서 메모).

집필실에 편안하게 자리 잡았다. 끊임없이 불어오는 바람은 기분을 상쾌하게 했다. 옆에 놓인 축음기에서 일본 가곡이 흘러나왔다. 놀랍게도 때때로 음을 길게 늘여 뽑는 스페인 남부의 음악과 비슷하게 들렸다.

밖에서는 선박이 가르는 파도 소리가 끊임없이 들려왔다. 비슷한 날들이 이어졌다. 아침 7시 30분 기상, 아침 식사, 샤워, 체조, 갑판 산책, 휴식, 공상. 재빨리 공상을 쫓아 버리고 정신을 위해 책을 집어 들었다. 벨기에 출신의 한 여자는 상하이에서 사랑하는 약혼자를 만나기 위해 배에 올랐다. 활기 넘치는 소녀, 유럽적인 분위기, 수많은 작은 이야기. 우리의 배, 바다 위의 깨지기 쉬운 껍질은 우리의 새로운 세상이 되었다.

점심이 큰 문제가 되었다. 열대 지역에서는 고기와 생선을 어떻게 먹을까? 무엇을 먹을까? 쌀, 쌀 그리고 또다시 쌀이었다.

우리는 바람을 피하며 우리에 갇힌 맹수처럼 걸었다. 재채기를 했다. 감기일까? 일광욕을 해야 할까? 일광욕은 할 수 없었다. 몸무게는 얼마일까? 얼굴은 어떨까? 우리는 잠을 잔다. 자고 잊어버린다.

항해 초반에는 꿈을 꾸다 징 소리에 잠에서 깨어났다.

이제는 익숙해져 더 이상 깨지 않았다.

독서하고 생각한다. 무엇을, 누구를 생각하는가? 무언가를 알지 못하는 것이 즐거울까? 현재에도, 미래에도 전혀 그렇지 않았다.

한 힌두교도가 손금을 봐 주었다. 모르는 게 나았다. 사실 나는 내 손금이 아니라 내가 좋아하는 사람들의 손금에 관심이 있었다.

읽고, 걷고, 별들을 보며 너무 몽상에 빠지지 않으려 했다.

은하수가 아름다웠다. 누군가에게 이걸 이야기할 수 있다면 얼마나 좋을까?

그래서 다시 오랫동안 잤다. 아무것도 알지 못한 채 한 달 반을 배에서 지냈다.

수평선은 직선이 아니라 곡선이었다. 지구는 정말로 둥글었다. 적도 아래는 습하고, 하늘이 회색빛이고, 공기가 무겁고, 송풍기와 얼음이 필요했다. 옷을 입고 따뜻한 차를 마셨다. 저녁에는 춤을 추는데, 신발이 미끄러지지 않아 잘 추지는 못했다. 사실 춤을 추고 싶지 않았다. 난 웃는 법을 잊어버린 걸까?

젓가락으로 일본 요리를 먹었다. 영어도 일본어도 배우지 않았다. '아리가토', '앨리게이터'처럼 들리는 이 말은 '고맙다'라는 뜻이다. 정말 큰 노력이지 않은가.

우리는 더반에 도착했다. 아프리카 남쪽의 새로운 도시와 흑인 어린이들을 볼 것이었다.

내 친구여, 당신이 더반의 부두에서 "샤를로트, 우리와 함께 사막으로 가자"라고 했다면, 나는 따라갔을 것이다.

희망봉에서 텐트는 악천후에 대비해 방수포로 대체되었다. 바다에서 정지했다. 요하네스버그에 있는 프랑스 상무관인 이브 르데를랭에게 더반에 기착할 예정이라는 소식을 전하는 무선 전보를 보냈다. 나는 신년 축제 때 오스트리아의 장크트안톤에서 스키를 타다가 그를 만난 적이 있다. 알고 보니, 둘 다 오스트리아 학교의 유명한 과정에서 같은 훈련을 받았다.

운명은 다시 한번 작용하고 있었다. 르데를랭을 만나지 않았다. 더반에 도착해, 아프리카 대륙의 끝에 대한 호기심을 안고 땅의 감각을 되찾기 위해 신나는 발걸음으로 홀로 배에서 내렸다. 21일 동안 균형을 잡기 위해 선박 복도를 성큼성큼 걷던 나는 선원 특유의 걸음걸이를 갖게 되었다. 심지어 땅 멀미까지 했다.

더반은 백인들의—아주 깨끗한—도시로 기대했던 모습이 아니었다. 실망한 채 항구로 돌아왔다. 하쿠산 마루호에 있는 나의 새로운 친구들은 큰 몸짓으로 부정적인 신호를 보냈는데, 그것들을 이해하지 못했다. 궁금했다.

배에 올랐다. 현문이 닫혔다. 하선은 금지 사항이었다. 착오로 해안으로 가도 좋다는 허가를 받은 것이었다. 우리 선박은 석탄 보급을 위해 먼 바다에서 기다려야 했다.

7월 11일 자로 르데를랭의 편지 한 통이 전달되었다. "오늘

저녁에 당신의 선박회사 사무실에서 편지를 쓰게 되어 정말 유
감입니다. 저는 어제 당신이 탄 배가 10일에 도착할 거로 생각
하고 450마일을 운전했습니다. 당신은 하선하면 안 되고, 저는
승선하면 안 된다는 최신 규정을 알지 못했습니다. 영사와 함께
가능한 모든 절차를 밟은 후에 프리토리아에 전화를 걸었습니
다. 그리고 시모냉 장관님이 직접 중재해 주셨습니다. 전시 규정
은 매우 엄격해서 예외를 둘 수 없는 것일까요, 아니면 제가 프
랑스인이기 때문일까요? 잘 모르겠지만, 이 나라에서 호의를 거
절당한 것은 처음입니다."

"잠깐이라도 뵐 수 없어 유감입니다. 여기서 당신 배의 갑판
이 보이는데 말입니다. 소식을 듣고, 어쩌면 당신에게 도움이 될
수 있기를 간절히 바라고 있습니다."

정말 바보 같았다. 배에서 내려 마을을 빈둥거리며 돌아다닐
것이 아니라 르데를랭을 찾으러 갔어야 했다.

그날 어찌하여 하선할 수 있었는지, 이후에 별일 없이 다시 승
선할 수 있었는지, 이후 편지를 받고서 심지어 답장까지 보낼 수
있었는지는 여전히 의문이다.

하쿠산 마루호는 부두를 떠나 먼 바다에 닻을 내렸다. 온갖 소
문이 돌았다. 우리는 계속해서 희망봉을 거쳐 가야 했는데, 그도
그럴 것이 서남아시아의 항구들이 영국의 지배를 받고 있었기
때문이다.

일본이 인도차이나를 침략했다는 소문이 돌았다. 일이 나쁘
게 돌아가는 것처럼 보였다. 사실 8월에 일본은 인도차이나에

기지를 요구했다. 하지만 그것만으로 나를 궁지로 몰아넣기에는 역부족이었다.

프랑스를 떠난 이후로 한 달 동안 줄곧 한탄했다. 하지만 나는 기뻐해야 했다. 이건 내가 원한 일이고, 아직 겪은 일이 아니니까. 그때 내가 알게 된 것, 또 지금도 알고 있는 것은 삶이란 '앞으로 나아가는 것'이라는 점이다.

아프리카 끝자락의 더반은 내 기억 속에서 백인이 지배하는 세계로 남았다.

두 가지 광경이 나를 기다렸다. 우리는 서남아시아를 통과하려고 했다. 기착지는 봄베이, 실론* 그리고 키플링과 콘래드의 세계인 싱가포르였다. "그때 나는 동양 사람들을 보았다. 그들이 나를 보았다. 나는 갈색, 황갈색, 노란색의 얼굴들, 검은 눈, 반짝이는 눈동자를 보았다. 동양 군중이 가진 색채를 보았다. 그리고 이들은 속삭임도, 숨소리도, 움직임도 없이 우리를 물끄러미 바라봤다"(조지프 콘래드, 『청춘』).

나의 두 번째 광경은 중국과 일본, 그중에서도 홍콩, 상하이, 고베였다. 그들의 눈은 황홀경에 빠져들 것처럼 끝없이 깊은 우물 같으며 커다랗고 검지 않았다. 순수주의를 지향하는 단일한 곡선으로 그려진 눈꺼풀 아래로 응시하는 두 개의 가느다란 틈이었다. 나를 바라보고, 나를 커다란 파란 눈을 가진 '붉은 악마'로 인식하는 가늘고 길게 찢어진 눈이었다.

---

* 스리랑카 옛 이름

우리는 몬순이 한창인 마다가스카르의 먼 바다를 지났다. 우리가 가장 오래 기착한 곳은 봄베이였다. 간신히 정박했을 때 구릿빛 피부를 가지고, 가젤처럼 민첩하고 눈부시게 아름다운 반쯤 벌거벗은 쿨리coolie*들이 갑판, 선창에 몰려들더니, 불안정한 탑승교를 통해 온갖 종류의 봇짐과 꾸러미를 하역했다. 일꾼들과 사람들이 오갔다. 갖가지 색과 향신료 냄새가 가득했다. 갑자기 키플링의 '킴Kim'이 내 앞에 나타났다.

프랑스인-인도인 부부는 하선했다. 도망갈 준비를 하던 프랑스 여자는 덫에 걸려 겁에 질려 있었다. 천일야화를 경험하기 위해 프랑스를 떠난 그녀는 인도 가족의 지배를 받을 것이었다. 인도인 남편의 행동은 이미 완전히 달라져 있었다.

3일간 타지마할 호텔에서 지냈다. 호텔? 내 눈에는 궁전이었다. 흰 대리석이 깔린 회랑과 객실의 '광활함' 앞에서 나는 그르노블 상인들의 반체제적인 노래를 흥얼거렸다. **"나는 방에 들어갔네. 세상에! 얼마나 큰지……."**

천장에 있는 커다란 프로펠러 날개가 우리 몸 위의 공기를 부드럽게 휘저었다. 식당은 냉방이—너무—잘되었다. 실내에서는 얼 것만 같았고, 야외에서는 더위를 먹었다.

첫날 저녁에 마쓰아를 이끌고 도시를 구경했다. 벨기에 친구는 우리를 따라오고 싶어 하지 않았다. 우리는 시내 전차를 타고 종점인 '인디아 게이트'까지 갔다가, 서민 지구를 가로지르는 레

---

* 육체노동에 종사하는 하층의 중국인, 인도인 노동자. 19세기 아프리카, 인도, 아시아 식민지에서 혹사당했다.

일을 따라 걸어 돌아왔다. 유령의 도시였다. 발코니도, 야외 돌출부도 잠들거나 졸린 흰 그림자도, 흰 시트를 두른 산 사람들의 한숨 소리도 없었다. 그리고 갑자기 폭우가 쏟아졌다. 밤늦게 흠뻑 젖은 채 호화로운 객실로 돌아왔다. 벨기에 친구는 잠들지 못하고 있었다. 그녀는 우릴 보자마자 "목욕하고 와!"라고 말했다. 그녀는 세균을 두려워했다.

하쿠산 마루호에는 열렬한 골프 애호가인 일본인을 위한 연습장이 마련되어 있었다. 육지에 발을 들여놓기도 전에 그들의 유일한 관심사는 골프를 치는 것이었다. 영국의 지배 아래에 있는 나라들에서는 확실한 차별이 있었다. 봄베이를 벗어나 유색 인종을 위한 골프장을 찾아야 했다. 마지막 날에 마쓰아의 초대로 일본인들과 동행했다. 나는 인도의 자연을 보는 것에 동의했다.

아침 날씨는 매우 화창했지만, 땅이 흠뻑 젖어 있어 신발은 진흙 범벅이 됐고 무릎까지 흙탕물이 튀었다. 한 인도 청년이 환한 미소를 지으며 나를 앉게 하고, 대야와 스펀지를 가지고 와서는 매우 정성 들여 세심하고 정중하게 신발과 무릎을 닦아 주었다. 이것을 본 마쓰아가 영감을 받아 시를 써서 주었다.

내 사랑하는 아이들이여, 잘 들어라!

봄베이는 부처의 도시다.

관능적인 더위 속에서

그림 같은 집들로 장식되고

튼튼하고 무성한 나무들로 덮여 있다.
모든 주민과 가축은
평화로운 삶을 즐기고 있다.
누구도 감히 남의 물건을 훔치려 하지 않고
누구도 감히 가축을 학대하지 못한다.
완벽한 정의가 이곳을 지배하는 것 같다.

오! 내 사랑하는 아이들아,
부처의 나라에서
예외 없이 모든 사람은
최고 존재의 지혜를 나눈다.
비록 그들은 타인을 섬길 줄 알고
침략자들조차 섬길 줄 알지만
완벽한 정의가 그곳을 지배하는 것 같다.
완전한 평화가 그곳을 지배하는 것 같다.

내 사랑하는 아이들아!
착하고 겸손해라.
하지만 무엇보다도 사람이 되어라.
스스로를 지키고
너희의 존재 이유를
지키기 위해 단결하는 법을 배워라.
이 부처의 나라가 사라지려 할 때

우기의 수증기 속에서

아빠는 한 친구에게 말했다.

프랑스는 해방되어야 한다.

돌아오는 길에 승선 부두에서 침묵의 탑 앞을 지나갔다. 한 종 파―파르시 parsi*―는 사체를 먹으려는 독수리들이 하늘을 까맣게 뒤덮을 때 고인의 시신을 독수리에게 내주는 장례 의식을 치른다.

나는 바다 위 육지의 모든 불순물이 넉넉한 물줄기에 의해 정화된 배 안에 있는 것을 좋아했다.

평온하고, 거칠거나 잔잔하고, 검고, 변화무쌍하고, 불안한 바다, 멀리서 폭우가 쏟아져 납빛 하늘과 연결되는, 더 이상 땅에 속하지 않는 세계, 바다는 평화를 가져다주었다.

우리는 실론에서 짧게 기착했다. 그러고는 구시가지를 돌아다녔다. 좁은 거리에는 활기 넘치는 상점들이 가득했고, 상점마다 실론 사람들이 물건을 구경했다. 우리는 맛있는 냄새가 나는 달고 짜고 매운 수많은 첨가물이 곁들어진 밥으로 된 식사를 맛보았다.

그리고 매혹적인 싱가포르에 도착했다. "신비로운 동양이 내 앞에 있었다. 꽃처럼 향기로웠다……"(조지프 콘래드, 앞의 책).

붉게 꽃 피운 히비스커스, 플루메리아, 반질반질한 두꺼운 잎

---

* 인도에 거주하는 페르시아 계통의 조로아스터교도

이 난 종려나무 사이에 자리 잡은 래플스 호텔을 떠올렸다. 그곳
은 식민지 시대의 인간적이고 주변과 잘 어우러지는 건축 양식
을 띠고 있었다. 양면으로 통하는 객실은 높고 아름다웠으며, 클
라우스트라claustra*로 외부와 차단되어 있었다. 덕분에 빛이 부드
럽게 새어 들고 미풍이 지나갈 수 있었다. 객실과 이어지는 회
랑이 그늘을 드리워 망고, 리치, 파파야, 망고스틴과 그 외의 생
소한 과일들이 담긴 호화로운 과일 쟁반을 빛으로부터 막아 주
었다. 아! 망고스틴, 작고 단단한 공 모양을 지닌 이 과일은 겉은
짙은 갈색이지만, 반으로 자르면 보랏빛이 도는 장밋빛의 보석
상자 속에 담긴, 뽀얀 순백색의 작은 알맹이가 모습을 드러낸다.
떠나기 전 누군가가 이런 당부의 말을 했었다. "절대 과일을 먹
지 마세요." 이는 극한의 유혹이었다.

늦은 오후의 눈부신 햇살 아래 말레이시아 마을을 산책했다.
그곳은 약간 고지대에 있는 가난한 동네였다. 필로티 구조에 목
재 골조로 만들어진 집들이 있었는데, 통풍이 잘되면서도 외부
시선을 차단하기 위해 대나무를 엮은 패널들이 있었다. 필로티
아래의 흙바닥에는 풍성하게 자란 수풀 사이로 숨은 암탉과 강
아지, 모든 가축이 있었다. 즐겁게 뛰노는 행복해 보이는 아이
들, 뉘엿뉘엿 저물어 가는 석양빛에 빛나는 작은 모래 알갱이,
바람에 말라 가는 옷가지들, 이 모든 광경이 부드러운 온기 속에
서 생생하게 저마다의 색을 내고 있었다.

---

* 서양의 고대·중세 건축에서 창에 끼워 넣는 석판石板

이 마을은 내가 훨씬 후에 방문했던 태국 북부의 치앙마이 근처의 마을들을 생각나게 했다. 필로티 구조로 만들어진 나무판자를 사용한 비슷한 목조 주택들은 전쟁 후에 르코르뷔지에가 자신의 '카바농 cabanon (오두막집)'을 위해 고안했던 환기 플랩처럼 간단한 조작으로 개폐되는 통풍구가 설치되어 있었다. 전통과 현대성이 공존하는 곳이었다. 흙바닥은 매일 저녁 물소들을 맞이하기 위해 쇠스랑으로 잘 긁어 정리되어 있었다. 울타리, 나뭇잎과 꽃잎, 대나무 장벽의 보호 아래 인간의 치수에 맞게 조절할 수 있는 선들이 조화를 이루었다. 공간과 행동의 경제성을 엿볼 수 있었다.

발코니에 있던 난초들은 이 비옥한 땅에서 최고의 사치였다. 해가 떨어지자, 악령을 내쫓기 위해 바닥에 심은 양초의 불빛들이 빛났다.

정말로 아직 순수함을 간직한 인간에게는 아름다움에 대한 천재성이 있다.

우리는 말레이시아를 떠났다. 하쿠산호에서 펼쳐진 천막으로 만든 수영장에서 물장구치고 수영했다. 벨기에 친구와 나는 나체로 일광욕할 수 있는 곳을 찾아냈다. 선박 꼭대기의 사람들의 시선이 닿지 않는 조용한 장소였다. 적어도 우리 생각에는 그랬다. 이틀 후에 이 장소는 선원들이 '부끄러움의 천막 toile de pudeur'이라고 부르는 그늘막으로 난간이 돌려져 있었다.

산책하다 웬 멜로디가 들렸다. 선상에 피아노가 한 대 있었는데, 한 음악가가 헨델 곡을 연주했다. 주체할 수 없을 정도로 쏟아지는 눈물이 나를 기억 속 몽멜리앙으로 데려갔다. 나는 얼마나 연약한 상태였는가.

날이 밝자, 갑판 위 감탄할 만한 홍콩의 만이 눈앞에 펼쳐졌다. 바다 위에는 무역풍에 밀려가는 나비처럼 무수히 많은 중국 정크선이 떠 있었다. 대나무 각재 구조로 단단해진 매우 독특한 돛을 가진 수수한 크고 작은 선박들, 온갖 종류의 직물로 말단을 기운 낡은 헝겊, 한자로 된 신문으로 수선한 돛들, 마치 한 폭의 파피에 콜레 papier collé*를 보는 것 같았다. 브라크 범선, 피카소 범선, 후안 그리스 범선들이 아침의 미풍을 타고 항해하고 있었다. 가장 오래된 돛을 어떻게 새것으로 맞바꿀 수 있을까? 후회되는 수집품 중 하나다.

홍콩에서 당국이 배에 올라탔다. 짧은 시간 동안 기항했다. 일본인들은 하선이 금지되었다. 나도 검사를 받았다. 검문은 우호적이고 친절하게 이루어졌다. 영국인이 있어서였을까? 한 시간 정도 육지에서 저린 다리를 풀 겸 돌아다녀도 좋다는 허락을 받았는데, 심지어 내가 원한다면 배에 다시 오르지 않아도 될 것만 같았다.

차이나타운을 거닐었다. 거리에 세로로 걸린 대형 깃발들이 시야를 가로막았다. 움직이지 않는 행렬을 마치 내 걸음 속도에 맞춰 구경하는 것 같았다. 깃발은 세로로 길었고, 갈색과 빨간색 배경에 검은색의 한자가 위에서 아래 방향으로 활력 있게 쓰

---

* 인쇄물, 신문지, 벽지, 천 등을 붙여 구성하는 회화 기법으로 브라크, 피카소의 작품에서 찾아볼 수 있다.

여 있었다. 레제가 떠올랐다. 그가 함께 봤더라면 좋았겠다고 생각했다. 위엄 있는 파리 오페라 거리에서 볼 수 있는 간판들처럼 고상하거나 단정하지 않았다. 광고 전단은 물건이 팔리도록 해야 하므로 눈에 잘 띄어야 한다.

다시 배에 올랐다. 중국 와인을 선물로 가지고 탔다. 정확히 말하자면 와인이라고 생각되는 병을 샀다. 병은 봉인되고 이해할 수 없는 글자들이 적혀 있었다. 맛이 이상했다. 마시면 안 되는 술 같았다.

일본 영토인 포르모사Formosa•에서 모든 외국인은 하선이 금지되었다. 각자 차례가 있었다. 나는 선상에 머물렀다. 이미 하구산 마루호의 분위기는 바뀌어 있었다. 일본에 가까워진다는 걸 느낄 수 있었다.

상하이에 도착하기 직전에 전보를 받았다. "환영. 18일 상하이에 도착할 예정. 즐거운 여정이 되길, 타이야 마루호에서." 발신자 마에카와.

1927∼1928년에 세브르가 37번지에서 그를 알았다. 그는 사카쿠라가 들어오기 직전에 르코르뷔지에의 첫 번째 열렬한 일본인 제자였다.

거대한 양쯔강 삼각주 지대 초입, 우리 선박 앞으로 타이야 마루호가 보였다. 의심쩍은 누르스름한 바닷물이 담긴 욕조에 몸을 담그고 있었다. 끔찍하게도 그것은 강물이었다.

___

• 대만을 가리키는 옛 지명

마에카와 구니오가 부두에 있었다. 그가 작업실을 떠난 후로 우리는 한 번도 보지 못했었다. 긴 시간 동안 서로 보지 못했음에도 불구하고 함께 일하며 쌓은 우정은 그대로 선명하게 남아 있었다. 그가 사카의 소식을 전해 주었다. 나는 그들 사이에 약간의 거리가 있음을 느꼈다. 일본에서 나는 사카의 파벌에 속하며, 그의 책임과 보호를 받고 있다는 것을 알게 되었다. 그런 미묘함을 고려해야 했으나, 구니오에 대한 나의 애정은 아무 문제가 되질 않았다. 상하이에서 그를 만난 것은 마치 파리의 공기를 마시는 것처럼 정말 큰 위안이 되었다. 구니오는 학교를 짓기 위해 중국에 있었다.

벨기에 친구는 약혼자와 재회하기 위해 행복하면서도 근심스러운 마음으로 나를 떠났다. 그녀는 이 타락한 도시의 관습에 사로잡혔고, 높은 신분의 남자들에게 지나치게 주의를 기울이는 아름다운 백인 러시아인들에게 사로잡혀 있었다. 나는 그녀를 격려하며 내게 연락할 수 있도록 사카의 주소를 알려 주었다. 6개월 후에 도쿄에서 그녀는 혼자 며칠간 명상할 겸 나를 찾아왔다. 다소 우울해 보였다. 수많은 사소한 일 때문에 결혼에 관한 생각을 떨쳐 낸 그녀는 독점욕이 강하고 정직한 여성이었다.

결혼은 원해서 해야 한다. 그렇지 않으면 잘되지 않는다. 상호 간의 존중은 인생의 덫에 맞서 유지해야 하는 조건 중 하나다. 우리는 그것에 대해 이야기를 나누었다. 그녀는 편안해진 마음으로 상하이로 돌아갔다. 그리고 3개월 후에 결혼 소식과 함께 새로운 행복을 찾았음을 전해 주었다. 행복은 길러지는 것이다.

미련 없이 상하이를 떠났다. 너무 많은 굶주린 쿨리가 릭샤를 끄는 모습은 견딜 수 없는 노예의 모습이었다.

일본에 다다랐을 때 두 번째 전보를 받았다. "더반에서 보낸 서신을 잘 받음. STOP.* 잔느레에게 소식을 묻기 위해 전보를 보냄. STOP. 요코하마까지 큰 짐을 보냄. STOP. 도착할 때 고베에 있을 예정임. 힘내, 안녕." 발신자 사카쿠라.

전통적인 일본의 발견

1940년 8월 21일 고베에 도착한 나는 도쿄에서 다시 만날 것을 약속하며 마쓰아와 헤어졌다. 이른 하선 덕분에 고베와 요코하마 사이에 있는 태풍의 꼬리는 피할 수 있었다.

세상의 종말이라는 안개 속에서 파리를 떠났고, 패배와 피난의 물결 속에서 사이렌 소리를 들으며 마르세유를 떠났다. 바다위에서 두 달 하고 엿새 동안 파도의 감미로운 노랫소리를 들으며 경이로운 세계를 만났으나, 갑작스럽게 전쟁의 그림자가 다시 드리워졌다. 여행의 목적지인 고베에 방공 조처가 내려졌다.

동쪽이든 서쪽이든, 살아 있는 자들의 세계에는 짙은 납빛 덮개가 동일하게 드리워졌다. 다행히도 사카를 만났다. 사카는 큰

• 전보에서 마침표 대신 사용

오빠처럼 내가 자신의 모국에 무사히 첫발을 내디딜 수 있도록 마중을 나왔다.

고베에서 24시간을 보냈다. 사카는 저녁 식사를 위한 모든 것을 계획했다. 맥주를 먹이고 마사지를 받은 유명한 고베 소고기를 선보였다(식품 공급망이 우수했다). 식탁 가운데에 있는 철판에서 소고기를 굽는 모습을 눈앞에서 볼 수 있었다. 세련된 전통 음식점에서 매력적인 일본인 여성 접객원 두 명이 우리의 필요를 채워 주느라 분주했다.

근처 일본식 호텔에서 잠을 잤다. 다다미방이었는데, 바닥에는 매트리스처럼 요 두 개가 깔리고 이불용으로 하나가 더 놓여 있었다. 나무 욕조에서 아주 뜨거운 물로 즐기는 전통적인 목욕 '오후로ぉふろ'는 빼먹었다.

나는 전형적인 일본 도시에 있었다. 유럽인들은 한 명도 보이지 않았다. 내가 하선한 날은 어쩌다 보니 방공 소방 훈련을 하는 날이었다. 전통적인 농부 복장인 '몸뻬'를 입은 남자들과 여자들이 불을 끄기 위해 인간 사슬을 만들어 물 양동이를 날랐다. 전쟁 분위기가 났다. 하지만 어떤 전쟁이었을까? 하늘에서 내리는 불을 물 양동이로 끄는 것인가? 이런 생각을 사카에게 털어 놓으니 그가 답했다. "우리는 훈련해야 해." "물 양동이로?" 나의 데카르트적 사고방식에 대해 그가 경고했다. "너는 지금 여성적이고 직관적이고 때로는 히스테릭한 나라에 있어. 네 말이 천 번 옳다고 하더라도, 부딪히지 않도록 피해. 그렇지 않으면 내가 너를 위해 해 줄 수 있는 것이 아무것도 없을 거야."

사카는 나를 걱정했다. 나를 잘 알기에 미리 경고해 주었다. 나는 선입견을 버리고 열린 마음을 가져야 했다.

파리에서 사카는 내가 일본에 대해 접할 수 있도록 1906년에 쓰인 오카쿠라 가쿠조의 『차茶 이야기』를 준 적이 있다. "일본이 오랫동안 다른 세계와 고립되어 있었던 점은 내면의 삶에 대한 취향을 키워 유신론을 확신시키는 데 크게 기여했다. 집과 습관, 옷 입는 방식, 요리, 도자기, 칠기, 그림, 심지어 문학까지, 우리의 모든 것이 유신론으로부터 영향을 받았다. 문화를 아는 사람이 라면 누구도 이를 무시할 수 없을 것이다. 유신론은 가장 고귀하고 우아한 집뿐만 아니라 가장 소박한 거처에도 침투해 있다."

오카쿠라는 유럽과 미국을 잘 알고 있었기에 비교할 수 있었다. "그는 아시아의 완전한 통합을 재창조하기를 꿈꿨다. 일본 민족의 정신력이 서구의 물질적 힘에 굴복하는 것을 보고, 이 재앙과 맞서 싸우기 위해 모든 것을 버렸다." 가브리엘 무레이가 가쿠조 책의 서문에 쓴 글이다. 우리에 대한 유머로 가득한 이 비판적 입문서는 나의 첫 일본 접촉에 대한 열쇠이자 주의 사항 이었다. 나는 파리에서 순전히 이론적으로만 알던 것을 이제 체 험할 것이었다.

하쿠산 마루호에서 일본인들과 교류하면서 일본인의 특성을 어느 정도 알게 되었다. 이는 내가 일본에 적응하는 데 어느 정 도 도움을 주었다. 날마다 어디를 가든지 사카가 동행했다.

우리는 기차를 타고 도쿄로 향했다. 사카는 '데이코쿠'라 불리 는 제국호텔에 도착하면 나를 보러 온 기자들의 질문에 답하고 일본에 온 소감을 말해야 한다고 알려 주었다. 그들에게는 일본에 대한 나의 첫인상이 굉장히 중요한 듯했다. 나는 주로 '신선하고, 순수한' 인상을 받았다. 하지만 고베에서 경험한 등화관제와 방공 조치, 기차에서 제공된 구운 강낭콩 맛이 난 커피 대용품에 대해서는 말할 수 없었다.

창문에 코를 박고 시골 풍경, 계단식 논, 아주 두꺼운 초가지붕을 얹은 농가를 둘러싼 대나무 군락을 구경했다. 마을은 짙은 나무로 된 높은 울타리 뒤에 조심스럽게 그들의 소중한 삶을 숨겨 두었다. 모든 역에서 나막신의 일종인 '게다' 소리와 함께 열차 안내원들의 단조로운 인사말이 울려 퍼졌다. "존경하는 승객 여러분, 저희의 누추한 열차를 이용해 주셔서 감사합니다……." 대체로 이런 식의 똑같은 구절이 단조롭게 반복되었다. 듣고 있으면 정말이지 우울해졌지만 적응해야 했다.

바다에서 두 달을 보내며 별을 들여다보던 만화경, 인도, 말레이시아, 중국, 갖가지 색과 냄새, 생동감 넘치는 삶을 경험한 터라 일본에서의 생활은 훨씬 단조롭게 느껴졌다. 그들의 가늘고 긴 눈이 그들의 감정을 감춘 것처럼 검은 나무 울타리는 전통적인 주택의 사생활을 보호했다.

도쿄에서 내렸다. 빽빽한 익명의 군중 속에 떠밀려 마침내 유명한 제국호텔에 도착했다. 그곳은 새로운 소식을 찾아 모여든 사람들로 북적였고 끊임없이 바뀌었다.

프랭크 로이드 라이트가 1917~1921년에 지은 이국적인 양식의 제국호텔은 아즈텍 예술을 연상시키는 반면 연못이 있는 중정이 내려다보이는 객실 내부는 현대적 양식으로 꾸며져 있었다.

호안護岸에 있는 호텔은 1923년 관동대지진으로 인해 다소 침하하면서 객실로 이어지는 회랑이 예기치 않게 완만한 경사로로 바뀌었는데, 그 때문에 오히려 더 매력적인 모습을 갖추게 되었다.

홀에 들어서자마자 기자들이 달려들었다. 일본의 첫인상을 물었다. 더 잘 이해하기 위해 이곳에 잘 동화되고 싶고, 르코르뷔지에의 세브르가 작업실 동료인 사카와 재회하여 기쁘며, 어서 빨리 내 임무를 완수하고 싶다고 답했다. 사카가 나머지 질문으로부터 나를 구해 주었다. 다음 날, 언론은 나의 도착을 공식적으로 보도했다. 며칠 동안 사카는 내 곁을 떠나지 않았다.

하지만 바다는 어디에 있었을까? 파리에서 알게 된 친구 이노우에와 가와조에와 함께 가마쿠라에 바다를 보러 갔다. 모래는 화산재로 인해 검은색을 띠었다.

첫 지진을 경험했다. 격렬한 흔들림이었다. 하지만 지진이 수평이어서 괜찮았다. 수직 지진이었더라면 위험했을 것이다. 세 명의 친구가 내 반응을 보더니 자기들끼리 일본어로 말하며 재미있어했다.

2, 3일을 사카와 함께 도쿄를 돌아다녀 봤지만, 약간의 차이만 있을 뿐 여전히 교외에 있는 것 같은 느낌이 들었다. 2층의 목골로 지어진 상점들은 혼란스러웠다. 기준점으로 삼고자 사카에게 "파리의 대로에 해당하는 곳으로 데려가 줘"라고 말했

다. 사카가 "이미 거기에 있는걸"이라고 답했다. 우리는 긴자에 있었다. 호텔 근처, 도쿄의 중심지인 세련되고 활기찬 지구로 황궁의 해자와 마주하고 있었다.

산책하는 동안 탐험도 했는데, 어느 날 마쓰아와 함께 매혹적인 일본식 주택들이 있는 사랑스러운 동네를 지나치게 됐다. 각재와 대나무를 가늘게 쪼개 엮어 만든 가리개는 실내 사생활을 보호했다. 평온하면서도 즐거움이 느껴졌다. "이 동네에 살고 싶어요." "불가능해요." 그가 말했다. 사카에게 다시 부탁했다. "그건 불가능해." 하지만 나는 굽히지 않았다. "그곳은 게이샤의 집이야." 나는 왜 게이샤 거리에 살 수 없는지 이해할 수 없었다. 게다가 게이샤는 싱그럽고 순수한 '흰 꽃'을 의미하지 않는가.

나는 그저 초대장만 받고 일본에 온 것이었다. 일본에서 구두 약속은 계약서에 버금갔고, 도장은 서명보다 더 가치 있었다. 사카는 나의 편의를 위해 도장 하나를 만들어 프랑스 대사에게 맡겨 두라고 제안했다. 그러면 일본어로 쓰인 무수히 많은 문서에 일일이 서명할 필요가 없을 거라며 말이다. 또한 매달 세금을 공제하고 월급을 받을 것을 제안했다. 내가 무엇을 더 바랄 수 있겠는가? 상호 신뢰는 삶을 정말 편하게 만들었다. 단 한 번도 그렇게 한 것을 후회한 적이 없었다.

내 임무에 필요한 모든 것이 이미 준비되어 있었다. 매일 통역사 미카미 부인과 야나기 소리라는 산업예술을 공부하는 학생이 나와 동행했다. 야나기 소리는 몇몇 단어를 프랑스어로 말할 수 있었다. 만약 내가 원한다면, 도쿄에서 체류하는 동안 한 달에 열흘 정도는 제국호텔의 객실이 아닌 작은 방에서 지낼 수 있었다. 나는 이곳에 제도판과 내 짐을 두어 상시 사용할 수 있도록 했다. 사카가 항상 '신경을 써 준' 덕분에 임무를 시작할 수 있었다.

산업예술 고문

1868년 메이지 시대, 즉 '계몽 정부'는 봉건국가 대신 근대 자본주의국가가 수립되는 데에 큰 영향을 미쳤다. 일본은 서구 문명에 눈을 열었고, 학생들과 기술자들을 해외로 파견했다. 그리고 각 분야의 서양 전문가들을 고문으로 초청했다.

1933년 브루노 타우트는 센다이 산업예술연구소의 책임자로 초빙되어 이를 효과적으로 수행했다. 그러다가 1938년에 슈레만 부인이 임무를 마치지 못한 채 떠나야 했다. 그래서 그 후인 1940년에 나는 그들과 같은 소임을 받았고, 그곳에서 더 나아가 조언에 그치지 않고 시연을 보였다.

일본의 예술 산업 생산은 무작위로 이루어지지 않았다. 매우 다양한 목표를 가진 중앙집권화된 조직에 기반하여 국가의 모든 자원이 활용될 수 있도록 했다.

이 나라는 개발할 수 있는 천연자원이 없지만, 기술과 뛰어난 조직성으로 오늘날 경제 강국의 선두에 서 있다. 그것은 운이 좋아 이루어진 일이 절대 아니었다.

나를 초청한 상공성—오늘날 통상산업성*—에는 나와 직접적으로 관련된 두 개의 국, 즉 대외무역국과 기술국이 포함되어 있었다. 이들 각국에는 여러 부서가 속해 있었는데, 대외무역국의 국제협력과에서는 전시회를 통한 대외무역 증진 및 해외 유학 파견과 관련된 업무를 담당했다. 또한 모든 사람이 자기 작품을 가져올 수 있는 도쿄의 연례행사들을 주최하기도 했다.

국제협력과에는 해외 영업과 수출을 담당하는 예술수출연맹이 소속되어 있었다. 이 연맹은 반半정부-반半민간 조직이었다.

기술국에서는 한 부서가 생산을 총괄했다. 자재를 관리하고 분배하며, 제조 과정을 관리하고 지원했으며, 산업예술을 지도했다. 정부산업예술연구소, 교토도자기연구소, 세토도자기연구소(유명한 세토모노 도자기), 그리고 교토염색연구소가 이 부서에 속했다.

정부산업예술연구소인 고게이-시도쇼는 1928년에 설립되었다. 연구소는 산업예술품 생산을 위한 연구를 수행했다. 가구류, 목재, 대나무, 금속, 칠기 등으로 만든 일상용품이 일상적 필요를 충족시키면서 독특한 아름다움을 지니도록 했다. 이 과정에서 현대 기술과 일본 고유의 전통 기법을 동시에 적용했다.

이 연구소는 주로 수출품을 개발하는 것을 목표로 삼고 장인들에게 기술이든 디자인이든 연구 결과에 기초한 모든 유용한 정보를 제공했다. 또한 시제품도 제작했다. 지역 기관의 요청에

---

* 1949년부터 2001년까지 일본에서 아주 강력한 정부 기관 중 하나였다. 2001년 다른 기관과 합병되면서 현재는 경제산업성으로 불린다.

따라 기술자들을 파견해 생산을 관리하도록 했다. 연구소의 본부는 도쿄에 있었고, 오사카와 북쪽 센다이에 지부가 있었다. 기술자들은 예술 학교를 갓 졸업한 사람들이었다. 1933년 브루노 타우트의 영향을 받은 그들은 독일 바우하우스에서 공부한 야마와키 씨의 지도를 받으며 작업했다. 나는 여러 연구소를 방문하면서 그들의 영향력을 발견했고, 서양식 제품을 향한 일본 정부의 의지를 확인할 수 있었다.

미카미, 야나기 소리와 함께 일본에 대해 알아보기 위해 떠날 예정이었지만, 그 전에 프랑스 대사관을 방문해야 했다. 나는 프랑스 대사 샤를 아르센 앙리와 약속을 잡았다. 대사를 만나기 전에 그의 고문이 나를 기다리게 한 다음 나에 대해 이런저런 질문을 했다. 재일 프랑스인에 대해 이야기하고, 마지막으로 나를 테스트했다. 그리고 책상에서 아주 소중한 책 상자를 꺼내 일본의 사랑스러운 에로틱한 인형을 보여 주었다. 그로써 이 나라에 대한 나의 학습은 완성되었다. 이제 대사를 만나러 갈 수 있었다.

나는 대사에게 내 소개장을 매우 품위 있게 건네며 의학 전시회 발표를 준비하고 있다고 전했다. 또 스키 신기술에 관한 프랑스 영화를 상영할 수 있는지 확인했다. 그러자 대사가 누아예 박사와 일본-프랑스 회관의 관장과 연결해 주었다.

이를 계기로 대사관 리셉션에 초대를 받았다. 마침 도쿄에 사는 프랑스인들을 사귀려던 참이었다.

제국호텔에서 택시를 기다리고 있었다. 내 차례가 되었을 때 한 젊고 '매력적인' 여성이 내가 타려던 택시에 "프랑스 대사관이요"라고 외치며 뛰어 올라탔다.

나는 다음 택시를 타고 리셉션에 도착했다. 그리고 대사 부인 욜랑드 도르메송에게 인사했다. 뛰어난 피아니스트였던 부인은 일본인들과 우호적이고 문화적인 관계를 유지하기 위해 음악회를 개최했다. 활동적이고 일상생활에서 관습을 따르지 않는 그녀는 친한 사람들이나 새로 온 사람들을 위해 도쿄의 가장 인기 있는 지역이나 그녀가 좋아하는 시골에서 산책을 주선하곤 했다. 많은 유럽인과 달리 빈 곳을 빈곤의 표시로 여기지 않고 일본의 특수성을 높이 평가하는 감수성 예민한 사람이 적어도 한 명은 있었다. 그리고 나중에 친해진 로베르 길랭을 포함해 일본에 열광적인 사람들을 만났다.

택시를 타려다가 마주친 아름다운 여성을 대사관에서 만났다. 나를 보고 매우 혼란스러운 듯했다. 나를 독일인으로 착각한 모양이었다. 나는 여전히 그녀 그리고 길랭과 함께 시간을 초월한 그 순간들에 관해 이야기하곤 한다.

내 임무는 까다롭고 중요하며 치밀했다. 1940년 10월 10일 도쿄에서, 일본의 여러 연구소를 대표하는 기술자들 앞에서 수출용 장식예술품과 디자인을 전시하는 연례행사가 열릴 예정이었다. 통상산업성은 이번 기회에 내가 첫 강연을 하고, 이후 도쿄, 교토, 센다이를 공식 방문해 전시품에 대해 비평하는 일을 맡을 것이라고 알려 주었다.

손으로 그린 일본 지도에는 7개 구역이 나뉘어 있었다. 이로써 내가 방문할 여러 현縣과 연구소의 위치를 알 수 있었다. 그리고 매달 미카미를 통해 방문 일정을 전달받았다. 모든 것이 완벽하게 조직되어 있었고, 미카미가 나와 동행했다. 돌아와서는 통상산업성에 활동을 보고했다. 연구소 측에서도 통상산업성에 직접 의견을 보냈다.

그 목표와 수단은 20세기에 걸맞았지만, 나는 전통 관습이 잘 유지되는 일본에서 정중하게 살았다. 일본은 불과 72년 전만 해도 봉건국가였고, 그 풍습과 관습이 여전히 남아 있었다.

다카시마야와 같은 백화점 진열대에는 주로 전통 생활용품들이 놓여 있었고, 작게 마련된 한 공간에만 일부 서양식 제품이 진열되어 있었다. 60년이 지난 오늘날에는 완전히 반대가 되었다. 이는 이 나라의 엄청난 변화와 적응력을 보여 준다.

일본 지역 방문

지역에 갈 때면 나는 아이들의 구경거리가 되었다. 마을을 지날 때마다 등 뒤에서 무슨 소리가 반복해서 들렸다. 어디선가 둘, 넷, 여섯 쌍의 작은 게다가 쫓아오더니 내 앞에 멈춰 섰다. 이 꼬마들은 흥분하고 불안해하며, 너무 가깝지 않은 거리에서 나를 유심히 쳐다보더니 흩어졌다. 그리고 이를 여러 번 반복했다. 마지막으로 한 무리의 아이들이 내 행동을 엿보며 '하늘에서 뚝 떨어진 존재'의 발과 눈, 머리카락을 관찰하더니 도망갔다. 어른들은 나무 울타리 뒤에서 엿보곤 했다.

장인 마을에서도 언제나 마찬가지였다. 마시코에서 하마다는 그의 가장 아름다운 도자기를 선물하고 그의 장작 가마를 보여 주었다. 그는 나를 배웅해 주면서 농부들과, 나를 쫓아다니는 아이들과 함께 나에 대해 이야기를 나누었다. 나는 야나기에게 물었다. "무슨 재미난 말을 하는 건가요?" "한 번도 본 적 없는 이 원숭이 얼굴을 자세히 보세요……." 또는 그와 비슷한 대답을 했다. 야나기가 마음에 들었던 점은 한 번도 회피하지 않고, 오히려 사람들과 함께 정답게 나에 대해 우스갯소리를 했다는 것이다.

도쿄에서, 사카의 처가인 니시무라 가족의 집에 잠시 머물 때였다. 지역 출신의 작은 사촌이 방문했다. 그녀는 식탁에 앉자마자 나를 보고는 울음을 터뜨리며 도망갔다. 그늘 속에서 엿보는 시선이 느껴졌다. 나중에 요네가 말했다. "그녀는 네가 어디서 자는지 궁금해해. 그리고 이런 질문을 했어. '뭘 먹어요?'"

북쪽에서 쓰루오카를 방문했을 때 아름다운 해변을 따라 다음 기차역인 사카타를 향해 걸어가기로 했다. 그러면서 어촌을 보았다. 마을 사람들, 특히 여자들이 해안가에서 생선을 말리느라 바빴다. 한 아이가 나를 보고 비명을 지르며 도망갔다. 모든 일꾼이 각자 집으로 흩어지며 사라졌다. 우리가 가까이 다가가기만 하면 마을은 조용해지고, 사람들은 사라졌다. 나와 동행한 마쓰아가 "악마가 지나가요"라고 말했다. 일본인의 상상 속에서 악마는 나처럼 붉은 얼굴에 파란 눈을 지녔다.

시골마다 교차로에서는 목에 작고 빨간 앞치마를 두른 조그

마한 남근석을 볼 수 있었다. 그 아래에는 잘생긴 아들을 얻기 위한 조리ぞうり• 한 켤레가 바쳐져 있었다.

일본은 화산 국가다. 산, 강, 바다 등 어디서나 온천을 찾을 수 있다. 굉장했다. 온 국민이 온천을 즐겼다. 온천수에는 신성한 의미가 있었다. 온천은 자연 한가운데서 즐기는 휴식지이자 휴양지였다. 그 당시에는 혼욕이 일반적이었다. 맥아더가 혼욕을 금지하기 전까지 일본인들은 아담과 이브 콤플렉스에 대해 알지 못했다. 온천에서 목욕하기 위해서는 반드시 의례를 따라야 했다. 탈의실에는 숙박하면서 입을 수 있도록, 호텔에서 제공하는 유카타를 보관하는 등나무 바구니가 있었다. 탈의실은 미닫이문으로 목욕 공간과 분리되어 있었다. 목욕 공간에 들어서면 주위를 뺑 둘러 냉수와 온수 수도꼭지, 작은 의자, 목욕용 나무통이 있었다. 조심스럽게 쭈그리고 앉아 절제된 동작으로 몸 전체를 꼼꼼히 씻은 후 완전히 깨끗해진 상태로 대욕장에 들어갔다. 종종 친절한 목욕탕 직원이 목을 마사지하여 긴장이 완전히 풀리도록 해 주기도 했다. 목욕탕은 정겨웠다.

야마가타에서는 도호쿠-신코-닛폰 카펫 공장을 방문하기로 되어 있었다. 묵고 있던 호텔에서 저녁 약속이 있었다. 미카미는 약간 난처해하면서 목욕탕에서 나를 기다리고 있는 공장장에게 그건 서양 관습에 맞지 않는다는 것을 설명해 보겠다고 했다. 나는 그를 만류했다. 그 나라의 관습에 따라 생활해야 한다는 것

• 일본 전통 짚신

이 내 생각이었고, 그럴 기회를 얻어 오히려 기뻤다. 우리 세 사람은 아주 자연스럽게 카펫, 기술, 염색에 관해 이야기를 나누었다. 목욕 후에는 다다미에서 일본식 저녁 식사가 준비되어 있었다. 사케와 춤을 곁들이며 즐거운 휴식 시간을 가졌다.

그 이후에 나는 여름과 눈 내린 겨울에 아름다운 온천을 찾아 일본 전역을 돌아다녔다.

센다이를 처음 방문했을 때는 학생들의 작업을 분석할 수 있도록 연구소에 발표회를 준비해 달라고 요청했다. 그렇게 첫 번째 담화를 끌어냈다. 진정한 대화였다. 학생들은 가르침을 통해 생생한 기억을 남긴 브루노 타우트에 대해서뿐만 아니라, UAM, 1937년 박람회, 알토에 대해서도 매우 많은 자료를 가지고 있었다. 연구소에는 현대 예술에 관한 도서관이 있었는데, 학생들은 그곳에서 많은 사례를 찾아내고 있었다. 하지만 그들의 일상생활은 근본적으로 크게 다른데, 과연 그들은 수출용 제품을 디자인할 준비가 되어 있었을까? 나는 그들에게 에스프리 누보 파빌리온과 르코르뷔지에, 피에르 잔느레를 언급했다. 현대화의 표준화, 강철관, 래커로 칠한 판, 성형 합판, 토넷사 의자에 사용되는 굽은 목재와 같은 새로운 재료의 사용에 관해서도 이야기해 주었다. 그리고 하나의 형태가 사용법, 기술, 가격을 결정한다고 설명했다. 이미 브루노 타우트가 말한 내용이었다.

일본인이자 창작자로서 그들은 여러 질문을 던졌다. 계속 바닥에 앉아야 하는지, 쿠션이나 의자에 앉아야 하는지, 침대에서 자야 하는지, 식사를 젓가락으로 해야 하는지, 여자들은 기모노를 계속 입어야 하는지, 단단한 재료의 집에서 살아야 하는지를 물었다. 그리고 일본을 방문한 소감과 자신들의 생활 방식에 대한 생각도 물었다.

나는 일본인이 과거의 양식, 오늘날의 비실용적인 장신구들, 온갖 종류의 가구로 정신이 어지럽지 않은 것이 행운이라고 확신했다. 프랑스에서는 이런 것들이 창작의 걸림돌이었다. 그들은 완전히 '순결'하기에 저절로 새로운 형태를 만들어 낼 수 있었다. 하지만 서양에 대한 비판적 사고를 발전시킬 필요는 있었다. 서양을 맹목적으로 모방하지 말고 그들의 윤리에 따라 현대적으로 창조해야 했다.

토론 중에 나는 일상생활에 관해 이야기하면서 아기와 어린 아이들을 커다란 싸개로 등에 동여매는 것을 그만두는 것이 좋을 것 같다는 의견을 내비쳤다. 엄마의 등에서 납작해진 개구리 다리 자세는 아이들의 발달에 좋지 않을 듯했다. 미카미가 통역을 막 마치자, 키가 큰 청년이 동의할 수 없다는 듯 벌겋게 달아오른 얼굴로 일어섰다. "저는 온 가족의 등에 업혀서 자랐습니다. 혼자 있지 않고 등에 업힌 채 모든 활동을 함께했습니다. 저를 업고 어머니는 집안일이나 소일거리를 하셨고, 할아버지는 시원한 밤공기를 쐬며 산책하셨습니다. 누나는 다른 아이들과 뛰놀았습니다. 아직도 가족의 등에 업히고 싶을 만큼 제게는 행복한 기억입니다."

일본에서는 아이들이 왕이다. 학교에 들어가기 전까지 자유롭게 지내다가 입학하는 순간부터는 학교에서 매우 엄격한 규율로 아이들을 통제한다.

도쿄의 마을과 시골에서는 풍요의 이미지를 쉽게 마주할 수 있었다. 임신한 어머니는 등에 아이를 업은 채 한 손에는 아들 손을 잡고, 그 아들은 여동생 손을 잡고, 그 여동생의 등에는 인형이 업혀 있었다.

부모의 볼에 달라붙어 깨어난 아이의 얼굴을 보는 것이 얼마나 감동적인지 모른다! 그러나 때때로 너무 어린 아기의 머리가 뒤에서 이리저리 흔들려 걱정되기도 했다. 그렇지만 엄마는 여전히 할일을 하거나 등 뒤의 아기와 함께 즐겁게 휴식을 취했다. 두 영혼이 하나로 붙은 것처럼 보였다. 그들의 모습은 파리의 인도에서 보던, 강아지들을 데리고 나온 할머니들과는 사뭇 달랐다. 생각할 거리를 주는 장면이었다.

저녁에는 호텔에서 저녁 식사를 마치면 학생들이 내 다다미방으로 몰려왔다. 그들의 지식에 대한 갈증은 나를 무척 기쁘게 했다. 그들은 다음 방문 때 스키 장비를 챙겨 올 것을 제안했다. 우리는 설국에 있었고, 자오산은 매우 아름다웠다. 50년 후에 도쿄에서 그중 한 명과 재회했는데, 제자는 매우 감격해하며 첫 만남에서 찍은 사진을 건넸다.

도쿄로 돌아와서는 민속공예박물관들을 방문할 예정이었다. 그중에는 야나기 무네요시가 설립하고 관리하는 민예관도 포함되어 있었다. 야나기 무네요시는 마치코의 하마다, 교토의 가와이, 도쿄의 세리자와, 농업연구소 북부의 모리모토와 야마구치 등 뛰어난 장인과 거장들, 도기 제조인과 관련된 경향을 대표했다. 실제로 일본 전역의 섬을 아우르는 하나의 네트워크가 있었으며, 그것은 각 지역 고유의 전통 기술을 보존하는 사람들로 구성되어 있었다. 그들은 다쿠미 매장의 도쿄 지점에서 상품을 판매했고, 이 매장은 조예 깊은 일본 대중을 끌어모았다. 생산품들은 장식이 더해지지 않은 형태였지만, 이후 서양 고객의 취향에 따라 더해질 것이었다. 민예관에서 나는 과거의 상품들을 감상하며 현재 공예품의 기원을 거슬러 올라갈 수 있었는데, 그중에는 야나기가 그토록 감탄한 아름다운 조선 도자기도 포함되어 있었다. 아, 그 도자기! 그것은 또 하나의 채워지지 않는 갈망이 되어 나의 꿈속을 맴돌았다.

야나기 무네요시가 민중을 위해 제작한 이 공예품에서 진리와 시간을 초월하는 아름다움을 찾았다면, 나와 동행한 그의 아들 야나기 소리는 아버지의 견해를 과거의 것으로 여기며 동의하지 않았다. 야나기 소리는 현재와 미래에 대한 무조건적인 지지자였다. 왜 이러한 물건들이 산업용으로 만들어진 것보다 더 아름다워야 하는가? 야나기 소리는 순수주의자였고, 이를 유지하면서 명성 높은 '디자이너'가 되었다. 그의 창작물은 선의 순수성과 형태의 생물학적 특성을 유지한다.

그는 아버지가 돌아가시자 그 뒤를 이어 민예관을 운영하고 있다. 그리하여 두 가지 생산 방식, 즉 장인의 생산 방식과 그가 원한 산업용 생산 방식을 통합했다. 그리고 전통을 계속 지키면서 자기 시대에 발맞춰 작업했다. 1940년, 그는 아주 어린 소년이었지만 내가 맞닥뜨리는 여러 난관을 해결하는 데 많은 도움을 주었다.

야나기 무네요시의 선택과는 반대로, 교토의 다쓰무라 등 다른 장인들은 749년부터 나라의 도다이지 사찰에 귀중히 보관되어 온 쇼소인(국보)에 있는 아름다움을 추구했다. 쇼소인에는 쇼무 덴노 일왕 소유의 공예품이 소장되어 있었다.

일왕의 일부 공예품은 1년에 한 번 대중에 공개된다. 화려한 병풍, 검, 거울, 도자기, 비단, 필사본, 가가쿠 가면, 심지어는 이란과 중국 등 외국에서 온 것들도 있다. 많은 군중이 경외심을 가지고 자신들의 역사를 떠올리게 하는 이 보물들을 감상하러 오곤 했다.

개인적으로는 과도한 장식 없이 재료를 일상적인 것과 연결하는 야나기 무네요시의 생각에 깊이 공감했다. 물론 바우하우스가 주창한 "기능에서 파생된 형태"에 동의했지만, 나는 거기서 더 나아가 시각, 촉각, 심지어 청각에 민감한 인간과의 관계에 대한 개념을 더했다. 예를 들어 양각된 물방울무늬를 가진 모리오카의 주철 주전자처럼 말이다. 아무 이유 없는 장식일까? 그렇지 않다. 모리오카 주전자는 물이 노래하게 했다. 그러나 노자는 여기서 더 나아가 이렇게 말했다. "물 주전자의 쓰임은 물을 담을 수 있는 공간에 있는 것이지, 물 주전자의 형태나 재료에 있지 않다."

"도교는 미학적 이상의 기반을 마련했다. 선(禪)이 그것을 실질적인 것으로 만들었다. 도교와 선은 주로 삶과 예술에 관한 사상에 뿌리를 두었으며, 이는 우리가 '유신론'이라고 부르는 위장된 도교에 통합된다. 도교는 우리나라에 꽃꽂이 기술을 가르쳤고, 가장 단순한 일꾼들에게도 돌과 물을 존중하는 법을 가르쳤다." 나는 16세기와 17세기의 덧없는 건축의 창작 정신을 이해하기 위해 오카쿠라의 『차 이야기』를 다시 펼쳐 보았다. "차茶의 철학은 통상적 의미의 단순한 미학이 아니다. 이는 우리가 윤리, 종교와 함께 인간과 자연에 대한 전체적 개념을 표현하는 데 도움을 준다. 차의 철학은 청결을 요구하므로 하나의 위생학이며, 복잡성과 소비보다는 단순함 속에 평안함이 있다는 것을 보여 주므로 하나의 경제학이다. 또한 차의 철학은 우주에 대한 우리의 비례 감각을 정의하므로 정신적 기하학이다. 마지막으로, 차의 철학은 모든 애호가를 미각에 대한 귀족으로 만든다는 점에서 동양의 진정한 민주 정신을 나타낸다."

나는 나무와 짚, 화선지 등 건축물 재료를 보려고 교토에 갔고, 16세기에 설계된 것으로 그 단순함의 극치를 상징하는 가쓰라리큐 왕실 별장을 종교적으로 접근했다. 나와 동행자들은 그 소박함에 말없이 명상에 잠겼다. 건축물, 재창조된 자연 그리고 인간 사이에 완벽한 조화를 이루고 있었다.

내부와 외부 건축물은 완벽하게 조화로웠다. "어떤 색깔도 방의 분위기를 흐트러뜨리지 않았고, 어떤 소음도 사물의 리듬을 깨지 않았으며, 어떤 동작도 조화로움을 방해하지 않았고, 어떤 말도 주변의 통일성을 깨뜨리지 않았다." 말 그대로였다.

그리고 저 멀리 히에이산 언덕으로 시선을 유도하고 정신을 우주로 이끌도록 재구성된 웅장한 풍경 앞에서 시라지는 또 다른 왕의 저택인 슈가쿠인의 검소함은…… 돌과 물의 조화로 이러한 선禪 정원의 간결함과 아름다움을 자아낸다. 쇠스랑으로 정성스럽게 긁어 낸 순백의 모래 공간 위로 열다섯 개의 돌과 바위가 솟아 있는데, 그 배치조차 하나의 추상적 관념으로 1490년에 설계된 유명한 료안지처럼 사색에 잠기게 만든다. 1953년에는 그곳에서 어린 학생들이 존재의 무한함에 몰두한 채 사색하는 것을 보았다. "우리는 말하지 않은 것을 듣고, 보이지 않는 것을 응시한다." 그 풍경은 정확하게 그것이었다. 새로운 발견이었다.

나는 절대적 현대성의 새로운 발견에 매우 만족해했다. 바로 다다미다. 이는 교토의 왕실 별장과 농가, 호텔, 레스토랑 등에 깔리는 표준화된 바닥재다. 그저 돗자리의 품질만 바뀌고, 처음의 약간 초록색을 띠는 신선함을 유지하기 위해 돗자리를 다소 자주 교체하는 것만 다르다.

르코르뷔지에가 매우 중요시한 표준화와 규격화는 오늘날까지도 우리 문화에 완전히 정착되지는 않았지만, 일본 저택의 건축 레퍼토리에서 확실히 자리 잡고 있었다.

16세기 무로마치 막부의 관리 아래 도입된 다다미는 푹신한 바닥의 기본 요소로, 압축된 짚 위에 끈으로 테두리를 둘러 돗자리를 만든다. 이러한 다다미로 인해 건축의 구성 요소들의 완전한 표준화가 이루어졌다.

거대하고 무거운 지붕들은 단면이 11×11센티미터인 기둥 위에 놓인 목골조로 지지되었다. 기둥 간격은 다다미 네 개에 맞춰

져 있었고, 때때로 다다미 세 개로 이루어져 있어 리듬이 깨졌다. 이러한 약한 지지대는 높고 낮은 가로대를 통해 서로 연결되었고, 이 가로대는 미리 홈이 파여 있어 외부 칸막이(쇼지しょうじ)[*]와 내부 칸막이(후스마ふすま)^{**}의 미닫이문이 서로 끼워지도록 되어 있었다. 무게는 방해 요소이므로, 이 칸막이들은 잘 여닫히도록 매우 가벼우면서도 쉽게 탈착되었다. 일본 가옥은 서양 가옥처럼 '침실', '다이닝룸' 등 공간의 용도가 미리 정해져 있지 않다. 후스마를 떼어 내면 작은 사적 공간이 큰 연회장으로 바뀔 수 있었다.

일본인들은 도교 사상에 기반한 이러한 건축물을 구상하기 위해 종합적인 정신을 지녀야 했다. 도교 사상은 그들의 삶을 반영하는 거울과도 같았다. "삶의 예술은 주변 환경에 끊임없이 재적응하는 것이다." 일본인들은 적응 능력이 정말로 뛰어났다. 나는 그들의 표준에 대한 개념과 그 단순한 구현 방식에 깊은 인상을 받았다. 의도적으로 무게를 줄이고, 덧없음을 위해 가볍게 만들었다. 최소한으로 제한한 목재 구조가 쇼지와 후스마의 뼈대를 이루었다. 이 구조는 목재 틀에 미리 파여 있는 홈에 완벽하게 들어맞아야 했다. 현장에서 유연한 대나무살을 목재 사각형 사이에 팽팽하게 배치해, 대패질 없이 불안정한 수직 상태를 바로잡았다.

이러한 방식으로 잘 조정된 반투명한 화신지는 이후 쇼지와

---

* 얇은 나무살에 일본의 전통 종이를 발라 만든 미닫이문
** 나무틀을 짜서 양면에 두꺼운 헝겊이나 종이를 바른 문

후스마에 겹겹이 붙여진다. 마지막 겹은 주변 환경과 특별히 조화되는 것으로 선택한다. 이렇게 보강된 깃털처럼 가벼운 무게의 칸막이들은 공기 중에서 부스럭거리는 소리를 내며 완벽하게 여닫힌다. 그 소리가 여전히 내 귓가에 맴돈다. 이와 같은 가벼움은 내구성이 매우 뛰어난 종이 덕분에 가능했는데, 이 종이는 다양한 전통적인 방식으로 생산되며, 손가방과 방석 또는 고대 귀족들의 유카타를 위한 직물처럼 짜여 있다.

쇼지의 뼈대를 덮는 종이는 반투명하고, 눈으로 보기에 포근하며, 친밀하고, 취약했다. 열 손가락으로 구멍을 내며 노는 아이들을 견뎌 내지는 못했지만, 잘린 종잇조각에 접착제를 바르면 복구되었다. 진정한 패치워크로, 보름달이 뜬 밤에 손으로 동화 속 산토끼와 여우를 만들어 보이는 아름다운 그림자극의 무대가 되기도 했다. 센다이 인근의 전통 장인은 카키색이나 어두운 갈색빛이 도는 호두색으로 물들인 종이를 생산했다. 또한 후스마를 위한 매우 다양한 종류의 두껍고 광택이 나는 종이도 흔히 생산되었다.

불행하게도 이 미닫이식 쇼지와 후스마는 서양인들의 거친 힘을 견디도록 설계되지 않았다. 일본 전통에 따라 무릎을 꿇고 살살 여닫아야 했다.

동작, 형태, 기술. 조심스럽고 부드러운 동작으로 이루어진 삶의 예술—모든 것이 서로 연관되어 있다.

마을 주민들의 자발적인 도움으로 지어진 농가의 골조 준공식에 참석했다. 골조는 하늘 아래 세워져 있었고, 의미 없이 벌거벗은 채 생명을 불어넣어 줄 신들에게 바칠 제물을 기다리고 있었다. 농가 주인은 1953년에도 여전히 도시와 시골에서 쇼지와 후스마를 직접 제작하고 판매한 장인들과 상인들을 찾아갔다. 마치 동네 채소 가게에서 당근 한 봉지를 사는 것처럼 쇼지와 후스마를 구매한 후 직접 골조에 설치하면 되었다.

3주 내내 밤낮으로 비를 몰고 오는 장마가 끝나면 봄맞이 대청소를 위해 쇼지, 후스마, 때로는 다다미까지도 골조에서 떼어내 수리하고 바람이 잘 통하는 햇볕에서 말렸다. 마치 아이들 놀이처럼 간단했다.

건축물에 통풍이 잘되도록 실세했지만, 끝없이 내리는 비는 발가락에 무좀균이 쉽게 증식하게 만들었다. 차라리 게다를 신고 자연 바람을 쐬는 것이 나았다. 마찬가지로 유카타처럼 소매가 넓은 옷은 몸에 너무 딱 맞는 유럽식 의복보다 땀띠를 예방하는 데 더 효과적이었다. 이러한 유카타는 봄이면 긴 장대에 걸려 깃발처럼 바람에 펄럭이고, 작물들은 햇볕 아래 돗자리 위에 펼쳐져 있었다.

나는 우리 민족의 관습에 자리 잡은 전위적인 꿈이 실현되는 것을 보며 감탄할 수밖에 없었다. 하지만 와장창. 각 건축가가 이웃의 알과 다르게 생긴 예쁜 알을 낳으려 애쓰는 서양의 악영향이 그 고리를 끊어 버렸다.

일본의 건설업자들은 전통에서 얻은 교훈을 배척하는 대신 그것을 이용하여 재창조한 자연 속에서 개인과 집단의 현대적 주거가 어떤 모습일지에 관해 연구할 기회를 얻었을까? 그들은 그 미덕을 간직했을까?

21세기의 주택을 설계하는 데 도움이 되는 새롭고 가벼우며, 심지어 똑똑하기까지 한 신소재들이 하늘에서 떨어지고 있었다. 삶과 내일의 새로운 예술이다. 마치 도교 이야기 『예술가들의 왕자 페이노』처럼 말이다. "폐하, 그들은 모두 실패했습니다. 왜냐하면 그들은 자신들만을 노래했기 때문입니다."

공장 몇 곳을 방문해야 했다. 그중에는 중국에서 유래한 기술로 제작되는 수출용으로 인기가 좋은 칠보 공장들도 있었다. 섬세한 작업, 얇은 금속으로 만든 선들은 높이 평가할 만한데, 이는 색칠한 면의 윤곽선을 이루어 화병 옆에 있는 풍경 혹은 매우 극찬받는 화려한 작약에 생명을 불어넣었다. 매우 나이 많은 장인이 몇 시간, 며칠, 몇 년 동안 그 자리에서 굽은 자세로 이 작은 금속 조각을 배치하는 데 몰두하다가 시력을 잃었다. 본받을 만한 장인의 사례라고 했다. 그러나 내 심장은 차가웠고, 감동하지 않았다. 오히려 섬뜩하여 내 생각을 표현할 수 없었다. 이 장인은 자신의 지식, 기술, 희생으로 공장의 상징이자 국가의 자부심이 되었다. 그는 그걸 알고 있었다. 흠잡을 데 없는 기술임은 분명했다. 그러나 예술은 어디에 있는가? 그리고 삶은 어디에 있는가? 삶은 칠보에 새겨진 꽃처럼 박혀 있었다.

도자기연구소에는 여러 분야가 있었는데, 그중 하나가 순도 높고 장식이 거의 없는 아름다운 백자 분야였다. 그러나 서양 제품을 모방한 경우에서 몇 가지 이상한 점을 발견했다. 예를 들어, 차나 커피 식기에서 잔의 밑바닥이 받침 접시의 오목한 부분에 맞지 않고 너무 컸다. 이는 동작의 문제였는데, 일본식 차는 손잡이가 없는 작은 사발에 담아 손바닥으로 이를 받쳐 마치 기도하듯 들어 올려 마시기 때문이다.

방문하는 동안 전시되지 않은 티롤 스타일의 물건들이 눈에 들어왔다. 이 물건들은 '본고장'으로 수출되기 위해 복제된 것으로, 아마도 열정적인 현지 통신원이 가져왔을 가능성이 높았다. 이는 자주 있는 일이었다. 나는 가장 못생긴 것을 골라 그것을 가져가도 되는지 물었다. 미카미는 나의 일정이 연회로 마무리될 예정이기에 그것을 호텔로 보내 달라고 하겠다고 제안했지만, 내 나름대로 생각이 있어 이를 거절했다. 그날 저녁에 내가 수빈으로 초대된 저녁 식사에서, 나는 꽃꽂이와 카케모노ゕけもの•를 감상하기 위해 도코노마とこのま••앞에 무릎을 꿇고 앉았다. 그것의 의미에 관해 물은 다음, 챙겨 둔 물건의 포장을 풀어 도코노마 안에 배치했다. 모두 나의 행동을 주의 깊게 관찰했다. 나의 무례한 행동에 다들 당황스러운 웃음을 보였다. 나는 사과하고 그 이유를 설명했다. "이 물건이 이 예술의 신전에 있을 가치가 없도록 추하다는 것을 보여 드리고 싶었습니다. 왜 그것을 복제하십니까? 여러분은 전통적으로 미적 감각을 가지고 계시면서 말입니다. 안타깝게도 서양 물건에 대해서는 판단력이 부족하십니다." 그러자 그들은 이렇게 답했다. "저희는 프랑스 외

• 벽걸이 족자
•• 방의 바닥을 한층 높게 만들어, 벽에는 붓글씨를 걸어 두고 그 아래는 인형이나 꽃꽂이로 장식한 공간

판원들이 다른 일본 미술품과 함께 그것을 주문하기에 생산하는 겁니다." 분명히 구매자가 없다면 상품도 없었을 것이다. 나쁜 취향은 우리 쪽에 있었다. 반박할 수 없었다.

나는 교토 거리에 자리 잡은 가와이의 아름답고 견고한 집을 방문하여 위안을 삼았다. 그는 나를 대가족과 함께하는 저녁 식사에 초대했다. 탁자 길이의 코타쓰 밑으로 발을 넣은 채, 그러니까 다리를 늘어뜨린 채 바닥에 앉았다. 긴 저녁 식사와 대화 중에 엉덩이를 발뒤꿈치에 대고 앉았을 때 얼마나 고통스러웠는지 모른다. 미카미도 나만큼이나 고통스러워하며 방석 위에서 엉덩이를 달싹이는 것을 보니 위안이 되었다. 우리 셋 중에 유일하게 야나기 소리만 편안해 보였는데, 그는 일본을 떠난 적이 없었다.

화기애애한 즐거운 저녁 식사 시간이었다. 마침내 내 시선이 도자기와 직물 등 아름다운 일상용품으로 향했다. 나는 조화로운 평온 속에 있었다.

식사가 끝날 무렵에 가와이의 두 딸이 샤미센과 고토를 연주했다. 우리는 노래를 부르고 웃으며 긴장을 풀었고 함께 행복한 시간을 보냈다. 방은 작은 열린 공간으로 향했다. 그곳에는 공간을 둘러싸고 있는 낮은 벽들과 비대칭으로 놓여 있는 돌로 된 구체 하나만 있었다. 왜 그런지는 모르겠지만, 그것을 바라보고 있으니 정신이 몽롱해졌다.

선택-전통-창작

1940년 10월 10일, 통상산업성과 합의한 대로 도쿄에서 열린 장식예술품 디자인 연례 진시회를 방문했다. 예술가, 산업가, 심지어 공무원과 비전문가도 제안서를 제출할 수 있었다.

민속예술과 명장들의 경향을 다시 접했고, 전시회에 참석한 '대가들', 즉 에콜 데 보자르와 산업예술학교의 교수들을 처음 알게 되었다. 교육과 생산에 이들의 영향력이 작용하고 있었다. 교수들은 전시회의 심사위원에 속했는데, 그중 일부는 수출품을 선정하는 일을 맡았다. 이들은 거들먹거리며 위세를 부렸다. 그러나 공교롭게도 교수들이 습득한 예술은 그들의 명성과 반대되는 것이었다. 그들은 이미 서양에서는 밀려난 케케묵은 유럽 장식예술의 영향을 받았다. 반면, 일본 정부 기관은 이상하게도 독일학파의 기능주의에 영향을 받은 것 같았는데, 이는 무미건조하게 느껴졌다. 용도를 고려하지 않은 채 시적 발상에서 착안한 프로젝트들을 곳곳에서 볼 수 있었다.

솔직하고 실효적인 의견을 낼 필요가 있었다. 수출용 일상용품을 만든다는 것에 의문을 제기했다. '수출용'이라는 말에는 모순이 있었다. 어떻게 사용법을 모른 채 물건을 만들 수 있단 말인가? 장인들이 형태에 대한 영감을 얻고자 유럽 잡지를 뒤적인다는 것을 눈치챘었다. 한번은 옻칠한 달걀 컵을 봤는데, 일반 달걀을 담기에는 너무 크고 그렇다고 타조알을 담기에는 너무 작았다. 일본에서는 반숙 달걀을 먹지 않기에 만든 이는 달걀 컵

의 사용법을 알지 못한 것이었다. 토스터기에서도 같은 문제점
이 발견되었다.

어떻게 해야 할까? 서양의 일상생활 방식에 대한 영화를 봐야
할까? 어떻게 침대에서 잠을 자는지, 식탁 예절은 어떤지, 포크
와 나이프를 사용해서 어떻게 먹는지, 나이프는 왜 '외과용' 칼
처럼 생겼는지 알려 줘야 할까? 일본에서는 손님에게 살아 있는
동물의 원래 형태를 떠올리게 하지 않고 손님의 감수성에 충격
을 주지 않도록 시선이 닿지 않는 부엌에서 고기를 썬다.

관습의 기원이 달랐다. 불교에서 유래한 일본 관습을 유럽에
서는 '야만적' 풍습이라고 할 것이다. 한 번 사용하고 버리는 나
무젓가락이나 보관하는 옻칠한 나무젓가락은 매우 실용적이다.
우리는 동작조차 서로 비슷하지 않다.

서양인은 일본인이 그저 모방했다고 말하지만, 달리 어떻게
할 수 있었겠는가? 사용해 보지 않고 어떻게 새로운 것을 탄생
시킬 수 있을까? 이 장인들은 완벽한 기술을 사용하여 그들의
요구를 충족시키기 위해 뛰어난 정교함과 감수성을 갖춘 창작
자들이었다.

생산에 영향을 미치는 담당 기관들을 탓할 수는 없었다. 다만,
일본인의 관습에 아직 뿌리내리지 않은 서양 생활을 위해 생산
하고자 하는 이 모순에 주목하게 할 수는 있었다.

전시회를 둘러본 후에는 강연을 핵심만 간추렸다. 특히 일본
의 여러 연구 기관을 대표하는 기술자들을 대상으로 강연할 예
정이었다. 기술자들은 내가 전시회를 방문한 소감과 전시된 계

획안에 대한 나의 비판에 관심을 가졌다. 나는 프랑스어로 짤막하게 이야기했지만, 미카미가 장황하게 통역하면서 이야기의 갈피를 잃었다. 나의 친절한 통역가가 살을 덧붙인다고 생각해 그 부분을 지적하자 미카미는 이렇게 답했다. "아니요, 그럴 리가요. 일본인은 생각을 서술하지 않고 에둘러서 말하거든요."

센다이, 야마가타, 신조, 아키타, 나고야, 교토, 나라, 오사카, 가나자와 등 지역 생산품을 전시하는 여러 기관과 현을 방문했을 때, 나의 자문 역할은 그저 여러 관심사 중 일부에 불과하다고 설명했다. 내 목표는 전통에 얽매이거나 잡지를 보고 모방한 생기 없는 물건들을 복제하는 데 갇힌 장인들에게 창작의 의미를 되찾아 주는 것이었다. 충분히 가능한 일이었다.

각각의 장인들이 새로운 물건을 만들어 내도록 장려했다. 그들과 함께 그들의 기술을 고려한 스케치를 하고, 치수와 제안 그리고 이 새로운 창작물의 유럽식 사용법에 대한 설명을 제공했다. 그들의 자유의지, 감수성, 그리고 그들의 공예 지식을 통해 혁신의 기쁨을 느낄 수 있도록 도왔다.

제작된 최고의 작품들은 내 활동의 원동력이기도 한 전시회를 통해 대중에게 선보일 수 있었다.

'홍보'는 다카시마야, 미쓰코시, 마쓰자카야 백화점을 통해 이루어졌는데, 프랑스로 치면 갤러리 라파예트 규모였다. 백화점들은 일주일에 한 번씩 가와이 또는 하마다와 같은 도예가의 고품질 전시회를 기획했다. 그러면 부유한 수집가들은 대중에 공개되기 전에 최고의 작품들을 예약하려고 몰려들었다.

백화점에서는 데시가하라 소후의 꽃꽂이 전시회도 열렸다. 전통의 규칙을 해석하고 자신의 학파를 만들고 이끌었던 그는 조각처럼 바위와 나뭇가지, 나무줄기를 조립하여 공간을 채울 줄 알았다.

전시회를 열고자 하는 나의 소망을 이루어 주기 위해 통상산업성은 나를 다카시마야 백화점에 추천했다. 다카시마야의 임원 중 한 명인 가와카쓰 씨는 사카와 연락을 취해 통상산업성의 후원 아래 전시 조건을 최종적으로 확정했다. 장소는 도쿄와 오사카, 날짜는 3월과 5월이었다. 그리고 기자들과의 인터뷰, 출판 가능성, 창작물에 대한 권리 등을 논의했다.

'선택-전통-창작'을 주제로 삼았다.

배급제 때문에 금속, 플라스틱, 유리 제품의 사용을 제한해야 했다. 그 대신 나무, 대나무, 직물, 옷을 활용했다. 혁신에 관한 것이었으므로 가격에는 제한이 없었지만, 시간에는 제약이 있었다. 일본에 도착한 지 일곱 달, 다시 말해 내게는 다섯 달의 시간밖에 남아 있지 않았다.

북쪽으로 출발하여 센다이에서 학생들을 만나 '유럽 내 장식 예술의 현 동향'이라는 주제로 강연했다. 유럽인으로서 내 생각은 어떤지, 일본에서 무엇을 기대했는지에 관해서도 이야기했다. 1940년에 작성한 짤막한 메모 몇 장을 발견했다. "새로운 현상이 나타나면 새로운 프로그램이 이에 대응한다. 구체제에서는 남자들이 집에서 일했다. 작업과 거주가 결합되었다. 오늘날과 미래에는 주거 공간과 작업 공간이 명확하게 분리될 것이다. 여성들이 사무실과 공장에서 일하면서 주거와 관련된 새로운 문제들이 발생했고, 이를 해결하기 위해 어린이집과 회관 등 공동 서비스가 창출되었다. 또한 사무실, 공장, 호텔 등 새로운 시설들도 만들어질 것이다. 새로운 재료들을 사용하고, 새로운 형태들이 등장할 것이다. 오늘날 여러분은 훌륭한 수공예를 생산할 수 있으며, 이러한 기술을 장인과 협력하여 프로그램에 맞게 활용할 수 있다. **이것저것 묻지 말라는 말씀이세요? 수출에 대해 어떻게 생각하시나요?** 우리를 무력하게 만드는 질문들. 여러분에게 좋아 보이는 것을 모아 선택하고, 보완하고, 자유롭게 창작하세요."

나는 스키를 챙겨 왔다. 그날 저녁에 몇몇 학생과 1,841미터 높이의 자오산으로 향했다. 등반의 출발점인 작은 마을에서 잠시 멈췄다. 유황과 썩은 달걀 냄새, 화산 연기 냄새가 우리를 골목으로 이끌었고, 그 골목에는 아주 소박한 여관이 우리를 기다리고 있었다.

낮은 담장이 목욕장을 두 구역으로 나누었다. 온탕 한구석에 유황 한 자루가 놓여 있었다. 나는 혼자였고, 담장 반대편에서는 소년들이 신나게 물장구쳤다.

간단한 저녁 식사. 매트리스 역할을 하는 요 위에서 잠을 잤다. 별 모양으로 배열된 여덟 명, 가운데의 코타쓰로 발을 모았다. 코타쓰 안에서 목탄이 타고 있어 발은 엄청 뜨겁고 머리는 시원했다. 다다미 위로 퍼지는 탄산가스를 들이마셨다. 몸은 추위를 피해 다른 이불들 속에 움츠린 채 파묻혀 있었다. 나는 밤새 마치 열을 저장하기 위한 물 주전자처럼 침대와 오후로(온탕)를 오가며 목욕하고 다시 잠자리에 들었다. 세 번이나 일어났다. 밖은 몹시 추웠다. 새벽에 출발하여 계절풍 방향대로 고드름이 얼어붙은 나무숲이 줄지어 있는 외길을 따라갔다.

일본 학생들은 방한 장비를 제대로 갖추지 못했다. 비상식량으로 보이는 건어물 한 마리가 배낭 위에서 덜거덕거리고 있었다. 정상에 도달한 사람은 거의 없었다. 그것은 스키가 아니라 탐험이었다. 나는 다시는 그 외딴 산으로 돌아가지 않았다. 오늘날 그 산은 스키 리프트로 가득하다.

센다이에서 출발해 북쪽의 야마가타에 있는 신조연구소로 가서 야나기 무네요시의 절친한 친구인 야마구치를 만났다. 그는 나를 따뜻하고 반갑게 맞아 주었다. 야마구치는 설국연구소 소장이었다. 그는 길고 혹독한 겨울 동안 농민들의 모든 경제 활동의 가능성을 모색했다. 예를 들면, 두터운 눈 밑에서 채소를 재배하거나 수공예를 위해 무엇을 해야 하는지 물었다.

그는 '미노'라는 방한용 외투를 보여 주었다. 빨간색, 검은색, 노란색 등 갖가지 색깔의 재활용 헝겊과 함께 볏짚을 엮어 만든 것이었다. 정말 아름다웠다.

전시회를 위해 첫 주문을 했다. 소형 카펫, 긴 의자용 팔걸이 쿠션, 3단 매트리스용 쿠션 커버 등을 주문했다. 치수를 알려 주고 용도를 설명했다.

대형 장모 카펫 두 개를 주문하기 위해 도호쿠 신토 닛폰 회사를 방문해야 했다. 첫 번째 카펫의 색상은 두 가지 다른 색조의 빨간색 실타래로 진동감을 주도록 구성했다. 이 일본 공장에서 사용하는 중국 기원의 단모 기술을 참고하여, 당나라 시대의 승려 구카이의 아름다운 서예로 '진眞'이라는 글자를 음각으로 새겨 달라고 요청했다.

나는 연구하면서 항상 동양의 유산을 활용하려고 노력했다. 두 번째 카펫은 하쿠산 마루호에서 찍은 선원의 그림을 분필로 선을 그어 정확히 재현한 흰색 무늬의 검은색 카펫이었다.

여정은 쓰루오카로 이어졌다. 거기서는 장인에게 서양식 아침 식사용 큰 쟁반을 사용하는 방법을 설명해 주었다. 그에게 치수를 알려 주었더니, 그는 대중적인 바구니의 형상을 본떠 대나무를 엮기로 했다.

더 북쪽에 있는 아키타의 노시로 소금 호수 근처에 있는 모든 생산품을 모아 놓은 연구소와 전시장을 방문했는데, 수집품 몇몇은 실망스러웠다. 이 방문으로 나는 시간을 절약할 수 있었고, 내 판단과 활동을 심화시킬 수 있었으며, 장인들을 찾아가 대화를 나눌 수 있었다. 나는 남근 형태의 목각 인형, 이미 유명한 수집품 중 하나인 섬세하게 그려진 고케시こけし,* 공기가 통할 수 없을 정도로 딱 맞는 포일로 감싸고 벚나무껍질로 덮인 차 상자를 선택했다. 또한 같은 기술을 사용한 종이 상자, 담뱃갑, 비단 직물, 도자기, 종이, 칼 등 거의 꾸미지 않은 장인 특산품, 당시에는 저렴했던 매우 단순하고 지혜로운 다양한 일상용품을 골

• 일본의 전통 목각 인형

랐다.

모리오카를 통해 여행을 계속하다가 주둥이가 아주 큰 대형 사발을 발견했다. 사발은 검은 옻칠로 마감되어 있었고, 빨간 은행나무 잎으로 장식되어 입체감이 뛰어나고 아름다웠다.

센다이로 돌아와서는 호기심이 매우 생겨 그것을 만든 연로한 장인을 찾아갔다. 그는 고대 다이묘의 사라진 기술을 고집스럽게 연구했는데, 이 기술은 전부 종이나 비단 날실과 종이 씨실을 사용해 기모노를 위한 매우 유연한 직물을 만드는 것이었다.

나는 겨울이면 눈으로 하얗게 뒤덮이는 일본 북부를 좋아한다. 볏짚으로 된 겨울옷을 입은 나무들, 겨울을 나기 위해 외부화랑을 나무와 짚으로 된 울타리로 둘러싼 집들, 두꺼운 눈 아래 파묻힌 넘칠 듯 거대한 처마 모양의 지붕을 좋아한다.

모든 것이 차분하고, 고요하고, 움직이지 않았다. 눈 속에 파묻힌 일부 오솔길이 치아가 검게 물든 노파들의 집으로 이어졌다. 아이누처럼 커다란 눈을 뜨고 있는 아이들의 모습, 미노와 고깔모자를 쓰고 커다란 밀짚 부츠를 신은 농부들의 모습이 보였다. 회색 하늘과 희미한 태양은 아름답고 밀도 있게 느껴졌다. 모든 것이 견고했다.

하지만 얼마나 추웠는지 모른다. 이 광활한 집에는 난방 장치가 없었지만 나는 얼어 죽지는 않았다. 사부아식 집들의 돌담들은 냉기를 모으고, 우리의 에너지를 흡수한다. 하지만 이 종이집들은 그렇지 않았다. 열을 방출하지 않았다.

그렇다, 나는 정말 추웠다. 몸을 녹이기 위해 목탄 화로에 손을 가져다 댔다. 화로 위에는 언제나 주전자가 올려져 있었고, 바로 옆에는 기운을 회복하기 위한 작은 차반이 놓여 있었다. 다른 집들에서는 더 정교하고 효과적인 난방 장치, 즉 코타쓰가 있었다. 다다미 바닥에 40센티미터 깊이로 구덩이를 파 그 바닥에 숯불을 두고 그 위로 약 30센티미터 높이의 탁자를 놓았다. 나는 안감을 덧댄 기모노를 입고 앉아서, 탁자 위로 펼쳐진 요를 넉넉하게 덮었다. 구덩이 속 숯불에 화상을 입지 않도록 철제 덮개 위에 발을 두었다. 열기가 겹겹이 포개진 담요들 안으로 스며들었다. 아키타에서처럼 특선 요리들을 맛보았다. 그중에는 새끼 뱀장어 사시미 같은 것도 있었다. 커다랗고 검은 눈의 흰 애벌레들이 그릇 바닥에 웅크리고 있었다.

도쿄로 돌아오자마자, 도쿄 전시회를 위해 준비한 계획에 따라 다다미의 규격에 맞춰진 창작물들을 제작하기 위해 지역 장인들과 접촉했다. 작품은 도쿄 전시회 이후 오사카로 옮겨질 수 있었으며, 선택되거나 창작된 물건들을 전시하기 위한 열두 개의 진열장을 포함했다.

전통 칠기 전용 진열장에서 나는 혁신을 위해 선화 철판 기법을 쟁반 바닥으로 사용하여 홈 부분을 옻칠로 채워 디자인을 강조하고 표면을 고르게 하는 아이디어를 냈었다. 이러한 각색은 장인의 마음을 사로잡았고, 그의 전통 정신을 유지하면서도 상상의 영역을 확장했다. '전통-선택-창작'이었다. 도자기, 유리 제품, 대나무 등 다른 분야에도 같은 접근 방식을 적용했다.

이중 진열장에는 아이들이 실제로 그린 그림을 전시했다. 주금 더 가면 붉은 리본으로 막아 놓은 진열장이 있었는데, 고립되어도 매우 눈에 띄는 위치에 있었다. 이 진열장에는 존경받는 '위대한 거장들'이 제작한 물건들이 예시로 들어 있었는데, 따라서는 안 되는 예시였다. 다카시마야의 경영진은 이 아이디어를 포기해 달라고 요청했다. 하지만 이 아이디어는 유지되었고, 이 중 일부가 진열장에서 마치 우연처럼 사라졌을 때 야나기 소리는 그것들을 대체할 다른 물건들을 구해다 주었다.

나는 서양식 거실과 같은 공간을 계획했다. 대형 나무 테이블을 배치하고, 테이블 주위에는 모든 연령대가 사용할 수 있는 원목 대나무 스툴(포르모스에서 수입한 모델)을 놓았다. 이는 성인에게 적절한 높이의 좌판을 제공하고, 뒤집으면 어린이용 스툴로 사용할 수 있었다. 소파는 표준화된 병렬식 요소들로 구성하고, 뼈대는 굽은 대나무로 만든 다리에 가로대를 리벳으로 고정했다. 교토의 다쓰무라연구소에서 생산한 쇼소인(교바쓰)에서 영감을 받은 고급 직물로 덮인 쿠션으로 장식했다.

북부 지역의 커다란 붉은 카펫을 거실 한가운데에 놓고, 뒷벽에는 손으로 짠 하얀 천 장식이 벽 전체를 덮게 했다. 천에는 아이의 그림을 검은 선으로 충실하게 재현했고, 일부는 붉은 비단으로 강조했다.

다른 가구들도 거실이나 다다미 위에 독립적으로 배치했다. 도쿄 연구소에서 만든 대나무 각설탕 집게를 보곤 1929년에 크롬 도금된 강철로 만든 '셰즈 롱그'를 대나무로 재현하는 아이디어가 떠올랐다. 강철 대신에 가공된 대나무를 활용해 기술의 가능성을 최대한으로 끌어냈다. 그 결과는 훌륭했다. 재료에 변화를 줌으로써 새로운 유연성이 탄생했지만, 신체 이완이라는 본래 용도는 유지되었다. 창작에 공식은 없다. 창작은 새로운 형태를 조건화하고 시간과 공간에서 아름다움의 매력을 보존하는 재료와 그것의 구현에서 비롯된다.

이 연구소는 각설탕 집게 외에도 재료의 탄력성을 고려하지 않은 알토 암체어의 대나무 복제품을 보여 주었다.

이에 응답하여 나는 가공된 대나무의 탄력성을 잘 보여 주는 유럽식도, 일본식도 아닌 형태의 좌판과 침대 프레임을 디자인했다. 결과물은 성공적이었다. 그 목표에 도달하기 위해 피에르 잔느레처럼 집요하게 해법을 연구하는 훌륭한 장인들 덕분이었다.

교토로 서둘러 떠나 다쓰무라를 만나야 했다. 그의 연구소와 그의 직접적인 도움에 대해 많은 것을 기대하고 있었다. 그의 공장을 방문해 견본과 연구, 예상 밖의 재료로 만든 다양한 직물들을 살펴보며 이것들을 내 의자 덮개에 적용해 보면서 즐겁게 활용했다. 예를 들어, 편백나무를 얇고 유연하게 대패질하여 검은 비단 줄로 묶은 직물이나, 전통적으로 오비(일본식 허리띠)에 사용되는 녹색 바탕의 금색 양단처럼 가구용 직물로 사용하기에 적합하도록 더 유연하고 탄력 있게 만들어야 했다.

나는 점박이 대나무로 만든 햇빛 가리개를 선택했다. 그 기법과 디자인은 쇼소인에서 착안했으며, 50년 된 대나무로 만든 '교부쓰쿄' 기도문의 표지에서 영감을 받았다(이 기술은 1941년에 이미 사라졌지만 다쓰무라가 재현해 냈다). 나는 매우 다양하고 풍부한 가능성과 시적인 정취를 품고 있는 이 미묘한 짜임을 좋아했다.

나는 유럽식 사용법과 일본의 기법을 혼합했다. 전통-선택-창작이었다.

교토 특수미술학교에서 강연했다. 센다이에서와 마찬가지로 학생들의 프로젝트 전시회를 미리 보고 싶다고 요청했다. 다시 한번 용도와 기술을 무시하는 것처럼 보이는 교육법과 싸워야 했다. 사실 이 교육법은 장식예술의 개념에 기반한 것으로, 나는 르코르뷔지에를 따라 계속해서 이 용어를 '주택 설비'로 대체했다.

야나기와 미카미가 나를 도왔고, 학교장과 교수들도 우리와 함께 있었다. 나는 학생들에게 발언 기회를 주었지만, 침묵이 흘렀다. 그때 내성적으로 보이는 키 큰 남학생이 일어섰다. 그는 혼란스러운 듯 붉어진 얼굴로 결심한 듯 말했다. "저는 이사무 후쿠이라고 합니다. 이제 스무 살이 됩니다. 이 학교에 다닌 지 2년이 되었는데, 아무것도 배우지 못한 것 같습니다……. 저희는 무엇을 해야 할까요?" 통역이 지체되었다. 미카미는 선뜻 남학생의 말을 전달하지 못했고, 지도자들은 전부 고개를 숙였다. 야나기는 내심 기뻐했고, 결국 그가 나서서 통역했다. 이제 내가 난처해질 차례였다. 정말 대단한 배짱이었다. 말을 번복할 수도 없었고, 무례하게 말할 수도 없었다. 뭐라고 답해야 할까? "학교가 학생들을 교육하지만, 학생들의 확고한 의지가 학교를 발전시킵니다." 내 대답에 모두가 안도했다.

그 후에는 가나자와로 떠나 전시장을 방문했다. 심한 인후통에 시달렸고, 입술은 물집으로 인해 부풀었다. 몸 상태가 좋지 못했다. 기차를 타고 도쿄로 돌아가기 전에 가나자와에서 마련해 준 연회에 참석했다. 저녁 식사를 하는 동안 나를 향한 애처로운 시선들이 느껴졌고, 일본어로 긴 대화와 전화 통화가 이어졌다. 마침내 미카미는 내게 혼자 떠날 것이라고 말했고, 다 순조롭게 진행되고 있으며 차가 준비된, 요양할 수 있는 숙소로 데려다줄 것이라고 했다. 그리고 그곳에서 영어를 할 줄 아는 게이샤가 내가 회복할 때까지 옆에 있어 줄 것이라고 했다.

내 휴식에 대해서는 통상산업성에 보고될 것이라고도 했다. 정말로 친절한 배려였다. 일본인들은 정말 자연스러운 섬세함을 가졌다.

눈이 내리고 있었다. 쌓인 눈 때문에 휘어진 대나무들로 둘러싸인 소박한 일본 전통 가옥이 눈앞에 나타났다. 여주인이 기다리고 있었다. 나를 반갑게 맞아 주며, 연두색의 완전히 새것 같은 돗자리가 깔린 다다미방으로 안내해 주었다. 주전자는 소리를 내며 끓고 있었고, 밤에 덮을 비단 요는 바닥에 깔려 있었다.

나를 돌봐 줄 게이샤가 방에 있었는데, 그녀는 세심하고 과묵했다. 날이 밝자마자 아침 식사를 가져다주었다. 그녀는 나를 목욕장으로 안내했는데, 그곳은 겨울 아침과 저녁에 문을 활짝 열어 두었다.

그곳에서 닷새를 머물렀다. 몸은 완전히 회복되었다. 이 경험은 결코 잊지 못할 기억 중 하나로 남았고, 서양인들이 가끔 단어의 의미를 다르게 이해하는 것에 대한 내 판단에 영향을 미쳤다.

도쿄로 돌아와 보니, 미카미가 번역한 세 통의 편지가 기다리고 있었다. 학생들이 보낸 편지였다.

1941년, 쇼와 16년 1월 25일
페리앙 스승님께

편지로 말씀드려 죄송합니다. 23일에 우리 학교에서 해 주셨던 매우 흥미로운 연설에 깊이 감동하였습니다. 매우 바쁘신 와중에도 저희를 위해 학교에 와 주셔서 감사합니다.

선생님을 뵙기만 해도 매우 감격스러웠습니다. 저희가 원대한 미래를 좇다 어려움에 직면하여 고군분투하던 중에 세계적 권위를 지닌 선생님께서 찾아와 주셔서 감격하였습니다.

저는 지난 2년 동안 소묘반 수업을 들으며 화공이 되겠다는 희망으로 기초 공부를 해 왔습니다. 하지만 지난 공부를 되돌아보고 미래를 생각해 보면 정말로 낙담하게 됩니다. 지난 몇 달 동안 학습 계획을 새롭게 바꾸려 노력하던 때에 선생님께서 오셨습니다. 선생님의 말씀을 들으면서 저는 제 학업과 연구에 대해 선생님께 조언과 지도를 직접적으로 요청하고 싶었습니다. 선생님께 질문하며 무례한 태도를 보였음에도 불구하고 친절하게 답해 주셔서 어떻게 감사의 말씀을 드려야 할지 모르겠습니다. 다시 한번 감사합니다.

다음에 기회가 된다면 제가 하는 일에 관하여 조언을 들을 수 있길 바랍니다.

1월 25일, 아름다운 겨울 아침,

스승님을 생각하며

이사무 후쿠이

1941년 1월 25일

샤를로트 페리앙 선생님, 미카미 선생님, 야나기 선생님께

페리앙 선생님을 비롯해 다른 두 선생님께서도 건강하시고 열정적으로 활약하시길 바랍니다. 저는 특수회화학교의 소묘반 학생입니다.

후쿠이와 그룹을 만들어 서로 격려하며 함께 공부하고 있습니다. 일전에 후쿠이가 선생님께 드린 질문은 저희 그룹의 질문이자 저희의 고민입니다. 저희는 일하고 싶지만 어떻게 해야 할지 모르겠습니다. 저희 그룹은 후쿠이와 저, 그리고 다른 두 명으로 구성되어 있습니다. 함께 공부하고 탐색하고 있지만 생각만큼 쉽지는 않습니다. 그리하여 후쿠이가 선생님께 질문을 드린 것입니다. 학교의 수업 방식을 비판하기 위한 질문은 아니었습니다만, 학교에서 하는 공부에 그다지 만족하지 못하는 것은 사실입니다. 저희는 불만족스럽고 심지어 걱정스럽기까지 합니다. ━

이러한 방식으로 저희가 어떻게 그림을 그릴 수 있을지, 저희 실력에 어느 정도까지 자신감을 가질 수 있을지 모르겠습니다. 그것이 저희가 걱정하는 부분입니다. 단지 교수님이 주신 과제를 해결하기 위해 그저 아무렇게나 그리는 것은 옳지 않다고 생각합니다. 자신감을 가지고 그리고 싶습니다.

저희 그룹은 이제 막 나아가야 할 방향을 탐색하기 시작했습니다. 얼마 전 페리앙 선생님이 해 주신 말씀을 되새겨 보면서 앞으로 무엇을 해야 할지 결정할 수 있었습니다. 저도 선생님의 말씀처럼 '기능에 대해 생각해야 한다, 물건은 우리의 삶을 위해 현대적인 정신으로 만들어져야 한다'라고 생각합니다. 기능은 우리의 삶에서 비롯되어야 합니다. 필요에 따라, 우리의 일상생활을 위해 만들어진 물건은 분명 일본의 정신을 지닐 것입니다. 기능을 생각하며 만든, 일본의 정신을 지닌 물건이야말로 진정한 예술품입니다.

마침내 저희는 이러한 믿음에 확신을 가질 수 있었습니다. 어려움 속에서도 이러한 믿음을 가지고 나아가고 있습니다. 동시에 그것은 저희에게 행복이기도 합니다.

저희는 젊음에 대한 자부심이 있습니다. 노력을 통해 삶을 더욱 즐겁고 친밀하게 만들 수 있을 것입니다. 새 시대를 발전시키기 위해서는 고군분투하고 견뎌야 합니다.

미래는 저희의 젊음에 달려 있습니다. 지금이야말로 저희가 힘을 발휘할 때입니다. 어려움에 맞서 싸우고, 미래 시대의 명확성을 찾기 위해 노력해야 합니다. 페리앙 선생님 덕분에 저희는 신념을 갖게 되었습니다. 하지만 어떻게 해야 할지 모르는 부분들이 여전히 많이 있습니다.

후쿠이가 드린 질문과 관련해서, 여쭤보고 싶은 것들이 아직 많습니다. 저희는 이에 관해 토론하고 연구하고 있습니다.

분명히 명확하지 않은 부분들이 많을 것입니다. 그럴 경우, 부디 저희를 가르쳐 주시길 부탁드립니다. 저희는 젊기에 불가능한 것이 없습니다. 서로를 끌어 주면서 공부하고 있고, 삶을 위해 일하는 진정한 디자이너가 되기로 결심했습니다. 이것은 우리의 조국, 일본을 위한 봉사입니다.

편지를 마치기 전에, 다시 한번 저희 그룹을 지도해 주시고 언제나 저희를 기억해 주시길 부탁드립니다.

이렇게 편지를 써 죄송합니다. 건강하시고 힘내시길 기원합니다.

헌신의 마음을 담아,
유즈루 마루야마

스승님이 떠나시는 날
친애하는 샤를로트 페리앙 스승님께

제 이름은 노부마사 기도입니다. 키가 가장 큰 학생입니다. 제가 가장 크지만 가장 어리기도 합니다.

후쿠이와 마루야마는 스물한 살이지만, 저는 아직 열여덟 살하고 여덟 달이 되었습니다. 일본 나이로는 스무 살밖에 되지 않은 아직 어린 소년입니다.

스승님께서 친절한 미소로 조언을 해 주시는 것을 본 이후로 제 머릿속에는 표현할 수 없는 감정들로 가득했습니다. 보여 주신 은혜에 진심으로 감사드리며 결코 이 가르침을 잊지 못할 것입니다. 앞으로도 저희를 계속 지도해 주시기를 부탁드립니다.

제가 프랑스어를 할 수 있다면, 저를 프랑스로 데려가 훌륭하신 르코르뷔지에 스승님과 스승님께서 아시는 다른 훌륭한 분들께 소개해 주시기를 부탁드려, 그분들로부터 배울 수 있을 텐데 하는 생각이 들었습니다. 그래서 프랑스어를 배워야겠다고 생각했고, 그렇게 하기로 결심했습니다. 만약 스승님께서 저를 프랑스로 데려가신다고 가정하고 공부한다면 더 효과적일 것입니다.

저는 스승님의 조언을 따르면서 위대한 예술가가 될 것을 맹세합니다.

스승님은 후쿠이에게 이렇게 말씀하셨지요. "용기가 많으니, 그 용기로 반드시 성공할 거예요." 두고 보십시오. 저도 후쿠이처럼, 어쩌면 그보다 더 훌륭한 예술가가 될 것입니다. 그렇게 되길 진심으로 갈망합니다. 그렇지 않으면, 저는 위대한 페리앙 스승님께 변명할 수 없을 것입니다.

그 이후부터 저는 언젠가는 높고 웅장한 건물에서 살면서 유럽 영화에서 보던 높은 건물들 사이를 한번 걸어 보고 싶다는 바람을 가지게 되었습니다.

오늘 스승님께서 떠나셔서 저희는 슬프지만, 도쿄에서 다시 뵐 수 있다고 생각하니 위로가 됩니다.

이제 편지를 마칩니다.

요새 날이 가장 추운 때이니 건강 잘 챙기시기를 바랍니다. 게다가 기후가 다르니 건강에 유의하시길 간곡히 부탁드립니다.

안녕히 가세요.

노부마사 기도

당신은 높은 건물에서 살기를 원했고, 이제 그 꿈이 실현되었습니다. 1940년에 스무 살이었던 당신은 지금 어떤 사람이 되었나요? 당신의 열정은 혼란에 휩쓸렸습니까? 당신은 "바다에서 들려오는 목소리*"가 되었습니까, 아니면 여전히 일본의 대약진에 참여하고 있습니까? 꿈을 넘이시 곁이가 보니 오늘날 무엇이 후회됩니까? 저는 당신을 잊지 않았습니다.

2월에 일본프랑스회관은 스키 클럽 담당자들을 대상으로 영화 〈스키 신기술 La Nouvelle Méthode de ski〉을 상영했다. 마르셀 이샤크가 국가 챔피언인 에밀 알레와 제임스 쿠테의 도움을 받아 촬영한 이 영화는 프랑스 국립스키학교에서 부탁하여 제작되었다. 나는 이 영화가 큰 영향을 미칠 것이라고 확신했다. 일본 대중은 모든 새로운 것을 아주 좋아한다. 모든 스키 클럽에 영화 사본이 배포되었다. 이들은 프랑스 방식을 분석하고 체험해 보

• 장 라테기Jean Lartéguy의 『바다에서 들려오는 목소리 Ces voix qui nous viennent de la mer』라는 책의 제목을 인용한 것으로 보인다. 일본 청년들이 제2차 세계 대전 중 자살 비행기나 인간 어뢰에 탑승하기 전에 쓴 편지 모음집이다.

면서 이제까지 장크트안톤학교의 두 교수가 가르쳤던 오스트리아 방식과 비교했다. 그것은 오스트리아-독일의 영향력에 대한 승리였다.

그 당시에 시가_{し が} 스키장은 리프트와 일부 유럽식 호텔을 갖춘 유일한 리조트였다. 눈은 유럽보다 '습기'가 더 많았지만, 아시아에서 일본은 겨울 스포츠를 하기에 가장 좋은 기후를 지녔다.

나는 여름에 일본의 산을 등산한 적이 있었다. 첫 경험은 실망스러웠다. 숲 위로 고산 초원 같은 커다란 초록빛 빈터가 보였다. 향기로운 초목에서 뒹굴며 사부아를 떠올리고 부드러운 작은 꽃들과 용담꽃을 따고 싶었다. 왜 안 되겠는가. 불분명한 오솔길을 따라 올라갔다. 산등성이에 도착해서도 계속 이어지는 오솔길을 따라갔으나 고산 초원은 없었다. 어디에 있었을까? 더 나아가고 싶었지만, 내려가려면 왔던 길을 되돌아가야 했다. 더군다나 멋진 초록빛의 작은 대나무들이 내 앞을 가로막아 넘어갈 수 없었다. 계곡으로 돌아와 다시 지평선을 유심히 살펴봤다. 초록색 빈터로 보였던 것은, 마치 사부아에서 '녹색 오리나무'가 방치된 목초지를 잠식한 것처럼 작은 대나무였을까? 그렇다. 봄에도 초원이나 작은 꽃은 없었다. 일본의 산은 화산이기 때문이다.

계곡에서는 감이 자라고 있었는데, 이 주황빛 열매는 겨울에 잎이 다 떨어진 나무에서 햇볕을 받으며 자연적으로 단맛을 생성하고, 나중에는 줄줄이 꿰어져 농가의 처마를 장식한다.

후지산에도 올랐다. 일행과 둘이 스키를 등에 메고 아침 일찍

338

화산 측면의 움푹 들어간 용암 흐름을 따라 올라갔다. 길가에는 두꺼운 짚신으로 만든 조리가 늘어서 있었다. 행렬이 있는 날이 아니어서 우리밖에 없었고 대피소는 모두 닫혀 있었다. 정상에 가까워지자 화산 원뿔이 가팔라졌다. 상승 기류로 인해 스키를 타고 내려올 수 없었다. 바람에 날아갈 것 같았다.

그날 분화구를 들여다보지는 못했다. 지구의 가장 깊숙한 곳으로 이어지는 그 검은 구멍이 너무 무서웠기 때문이다. 힘겹게 아이젠을 착용했고, 걸쳐 멘 스키는 등을 두드렸다. 잔잔한 곳으로 내려갔다. 조금 더 아래쪽은 거의 봄처럼 날씨가 좋았다. 정말 대조적이었다. 신들은 정말로 그들의 상징물을 지키고 있었다. 일본인들은 흰 장갑을 끼고서야 비로소 산에 오른다.

1941년 3월 27일 통상신업성의 후원 아래 내 진시회가 열렸다. 일본어로 크게 쓴 '전통-선택-창작'이라는 글귀가 관람객을 맞이했다. 두 장의 사진도 나란히 놓였다. 16세기 가쓰라리큐와 르코르뷔지에와 피에르 잔느레의 라셀생클루La Celle-Saint-Cloud 주말 주택 사진이었다. 일본의 격조 높은 전통과 현대적 창작물이 잘 어우러졌다.

쇠스랑으로 가지런하게 고른 드넓은 백사장이 발걸음을 이끌었다. 4월 3일, 나는 가와가쓰와 상무국장 이시구로 씨의 주선으로 프랑스 대사관을 위한 성대한 공식 리셉션을 마련했고, 이시구로 씨는 연설에서 의례적인 칭찬을 잊지 않았다.

언론의 호평이 쏟아졌고, 추축국 동맹국들은 예산을 확보하고 군사적 승리를 거뒀음에도 불구하고 침울한 표정을 지었다.

일본인들로부터 중립국으로 여겨진 프랑스는 의학, 스포츠, 예술 분야에서의 행사들이 성과를 내면서 주목받았다. 독일의 영향을 받은 몇몇 출판물은 내 활동이 사리사욕을 위한 것이라고 넌지시 비꼬면서 나의 평판을 떨어뜨리려고 했다. 그 증거는 무엇이었을까? 나는 통상산업성 장관보다 임금을 더 많이 받았다. 이는 일본의 판단 기준을 간과한 것이었다.

1941년 5월, 또 다른 전시회 발표를 위해 오사카로 돌아왔다. 오사카에 온 김에 다쓰무라를 다시 만나고 싶었다. 그의 연구소에서는 도쿄에 있는 내게 장문의 서신을 보냈는데, 서신에는 내가 맡긴 어린이 그림을 아름다운 벽걸이 천으로 변형시키기 위해 하세가와가 수행하고 감독한 작업이 설명되어 있었다. "폭 2.4미터의 천을 짜고 표백해야 했습니다. 그러고 나서 하세가와의 집 1층에 펼쳐 한 가닥씩 팽팽하게 당겨야 했습니다. 방의 다다미를 뒤집고 천을 깐 다음에 수많은 핀으로 고정해 마치 밤하늘의 별처럼 보였습니다. 하세가와는 유럽산 물감과 붓으로 그림을 잘 따라 그렸습니다. 그는 천진난만함을 전하기 위해 어린이의 순수함과 감정을 유지해야 했습니다. 최종적으로 이 벽걸이 천의 일부를 교토 출신의 유명한 장인 네 명이 정성껏 수놓았습니다. 이 작업으로 하세가와는 자신감을 얻었습니다. 세상 그 누구도 이보다 더 잘할 수는 없을 겁니다. 그는 이 탁월한 작품을 관대하게 봐 주길 청하고 있습니다. 그는 내일 도쿄로 떠날 예정입니다."

아이의 그림과 완전하게 조화를 이룬 작품을 보고 깜짝 놀랐다. 다쓰무라는 장인 역할을 훨씬 넘어서는 재능을 지니고 있었다. 그는 철학자였다. 매일 아침 작업 전에 명상을 위해 두 시간 동안 산을 걷다 오곤 했다.

그는 며칠 동안 자신의 곁에 머물며 '다도 저녁 식사'를 즐기고, 이를 통해 선禪의 정신에 젖어 들기를 제안했다. 매일 저녁 눈에 띄지 않게 소중하게 보관하던 그의 수집품과 조화를 이루는 새로운 요리들을 대접받는 영광을 누릴 수 있었다.

나는 이러한 정중함에 위축감을 느꼈다. 실제로 다쓰무라는 날마다 테이블 반대편에 무릎을 꿇고 앉아서 맛있는 음식들을 내주었다. 나는 무릎을 꿇고 테이블에 팔꿈치를 올린 채 조심스럽게 바라보며 감탄했다. 접시를 가져왔다가 다시 돌려주었다. 극진한 대우와 아름다움에 압도되어 침묵으로밖에 표현할 수 없었다.

한가한 날에는 일본의 시골을 거닐었다. 농부들은 어느 나라를 가든 관습만 다를 뿐 하늘과 땅을 닮았다는 점에서 모두 똑같아 보였다.

가장 외딴 산에서 치러지는 하나마쓰리はなまつ, 바로 꽃 축제에 가기 위해 서둘렀다. 마쓰아가 이 축제에 초대해 주었다. "'하나端'는 시작 혹은 미리 오는 것을 의미해요. 꽃 '하나花'는 열매와 수확보다 앞서 나타나지요. 신체에서 가장 앞으로 나온 부분이라고 하여 코를 '하나洟'라고 불러요. 꽃 축제는 새해를 앞둔 축제를 의미하죠."

해맞이 혹은 달맞이 축제, 풍요의 축제는 현대성을 주창하는 정부에 의해 금지되었지만, 후지산 서쪽의 텐류강 근처 일부 외딴 마을과 눈으로 뒤덮인 북부 지역의 일부 마을에서는 여전히 이어지고 있었다. 마쓰아는 특히 이 축제에 관심을 가졌는데, 너무 늦기 전에 축제를 통해 고대 일본 사회의 모습을 기록하고 싶어 했기 때문이다.

1936년에 그는 이렇게 글을 썼다. "부유하고 강한 사람이 가난하고 약한 사람에게 자기 권리를 존중받고자 할 때, 그 권리가 정당할지라도 여론은 그를 반대한다. 그래서 많은 사람이 단순히 부유하거나 적어도 부유해 보이기를 원하기 때문에 자기 권리를 주장하지 않는 경우가 많다. 체면을 지키기 위해 사는 사람이 일본의 삶을 지배한다."

"가족은 남자, 여자, 그리고 아이들로 구성된 것처럼 보인다. 그러나 사실 가족은 비의적 집단으로, 살아 있는 사람뿐만 아니라 모든 조상의 영혼과 태어날 모든 후손을 포함하며, 집안의 가장은 단지 일시적 관리자일 뿐이다."

"같은 기반을 가진 가족을 하나로 묶는 정서적이고 도덕적인 유대는 여전히 매우 강력하여, 이 같은 부모 집단을 모든 종류의 불행에 대비한 보험 회사에 비유할 수 있다"(N. 마쓰다이라, 『일본의 계절 축제 *Fêtes saisonnières au Japon*』, 1936).

나는 프랑스에서 행복해한 일본 청년들의 '매력'을 더 잘 이해하게 되었다. 그들은 분명 프랑스에서 가벼워진 느낌을 받았을 것이다.

나는 전통적 의식으로 구성된 약 40개의 축제 전체에 참석하지 않았다. 축제는 열흘 정도 지속되었는데, 엿새째나 이레째에 있는 중요한 행사에만 참석했다. 축제는 겨울에 눈 내린 산속에서, 마을의 저명인사들이 지정한 큰 저택에서 열렸다. 집주인은 이에 대한 사전 통보가 없어도 한 해 동안의 덕이 인정된 것으로 여겼고, 되레 자기 집이 신에게 봉헌됨을 너무 행복해하며 신이 자신과 가족을 보호해 줄 거라는 희망을 품었다(축제의 격렬함으로 인해 집의 내부는 부분적으로 훼손되기도 했으나, 이는 축제의 효력에 대한 증거라고 봤다).

세속적인 혹은 종교적인 사제가 집 문에 새끼줄을 묶어 신성함을 부여했다.

춤꾼들은 절식과 금욕 생활을 해야 했지만, 사람들이 생각하는 것과 달리 "개인이 사기삼성을 억누를 필요는 없다. (…) 오히려 이를 만족시키는 것이 현명하고 신중한 일이다. 왜냐하면 죽음을 맞이하는 순간에 원한과 불만, 분노가 영혼의 승천을 막을 수 있기 때문이다."

이 저택의 다섯 장소가 축제에 바쳐졌다. 그리하여 '카미레'* 혹은 신들의 방이 준비되었다. 이곳으로 춤꾼들이 신성한 가면과 다른 장비들을 옮기고, 축제의 장은 한쪽 끝이 갈라진 대나무 조각에 종이를 집어넣어 신을 나타내는 상징물인 '헤이'***를 만들

---

* 신神을 뜻하는 '카미かみ'의 오기인 듯하다.
** 고헤이ごへい의 오기인 듯하다. 고헤이는 일본의 전통 종교인 신토에서 무녀 및 신관들이 사용하는 도구로, 불제에 쓰는 막대기 끝에 흰 종이나 천을 지그재그 모양으로 접어 끼워서 만든다.

었다. 신관은 방울종, 피리, 작은북과 함께 신들을 불러냈다. 기도문을 읽으며 방의 다섯 방향에 신들이 자리 잡을 수 있도록 초대했다. 그다음에는 손에 헤이를 들고 신들의 자리인 '간자かんざ'로 신들을 이끌었다.

눈에 보이지 않는 신들은 마을의 저명인사들과 공식 초대 손님들이 복종의 표시를 함으로써 함께 의식에 참석하게 된다. 이들은 모두 소리꾼, 피리와 작은북 연주자로 구성된 악단 뒤에 앉았다. "이제 축제가 시작됩니다."

'마이토まいど'라고 불리는 춤을 추는 무대는 간자보다 더 아래쪽에 있었다. "무대는 다섯 방향으로 끈 혹은 신들의 길로 연결되어 있고, 이 길은 동쪽, 남쪽, 서쪽, 북쪽, 중앙의 길잡이 역할을 합니다."

"사각형 무대의 네 모서리에 놓인 네 개의 대나무 조각은 네 방향을 나타내는 것으로, 세계만방을 의미합니다. 무대 중앙에 있는 춤꾼들이 화덕 위에 올려놓은 가마솥은 그 중심, 즉 마을을 나타냅니다."

"가마솥 위에 매달려 있는 사각형의 '부자케'는 신들의 주요 거처, 즉 하늘을 나타냅니다. 이 부자케에서 신의 은혜가 태양빛처럼 지구로 뻗어 나가는 것입니다."

마을-세계-하늘. 오늘날 일본인이 이렇게 경쟁력을 갖춘 까닭은 바로 이 전체에 대한 개념 덕분일까?

가마솥에 가득 들어 있는 물은 축제의 장長이 미리 개울이나 폭포에서 정화하여 가져온 까닭에 신성했다. 이 물은 춤꾼들과 구경꾼들을 정화하기 위해 이들에게 듬뿍 뿌려졌다.

"물은 하늘에서 영혼이 아이들의 모습으로 내려올 수 있게 하는 마법적인 힘을 가졌지요."

그러나 이 축제에서 모시는 신들은 누구일까? 그들은 어디에나, 당신 안에, 내 안에, 모든 것의 안에 있다. 헤이, 거울, 조각상, 나무와 같은 상징을 통해 마치 그 물건들이 신 자체인 것처럼 여겨진다. 신들은 용의 모습으로 나타나기도 한다. 각각의 신이 선호하는 모습이 있다. 예를 들어, 분화구의 신은 작은 악마인 '카파かっぱ'로 변하는 것을 좋아한다. 신들은 노인, 남신, 여신의 형태로도 나타날 수 있으며, 종종 삼위일체로 표현된다.

산을 지키는 신들은 산에 사는 것을 좋아하고, 마을을 지키는 신들은 마을에 산다. 그러나 대개는 하늘에서 내려오므로, 산이 하늘과 가장 가깝기 때문에 신성하다고 여겨져 산에 오를 때는 흰 장갑을 착용한다.

악마에 대해 말하자면, 그들은 다양한 형태를 지닌다. 악마들은 인간에게 초대받으면 복수를 하기도 하고, 우리의 성격을 갖고 있으며, 기분이 좋을 때만 우리를 보호해 준다. 또한 분풀이를 할 수 있고, 그들의 머리에서 뿔이 튀어나오기도 한다. 마을 사람들은 그들을 보는 것조차 두려워하고, 심지어 그들의 무시무시한 가면을 만지는 것조차 꺼린다.

드라마는 이 마법의 장소인 마이토에서 예술적이고 연극적인 춤, 두려우면서도 기대되는 악마의 춤을 통해 펼쳐진다. 그다음은 광란의 잔치가 이어진다. 꽃의 풍요 축제는 쌀과 밀의 풍작뿐만 아니라 인간에게도 적용된다. "축제 기간에 모든 인간의 규범은 힘을 잃어서, 들판에서든, 숲에서든, 산에서든 모든 남자가 모든 여자와 하나가 될 수 있어요."

그러면 아이들은 어떻게 될까? 걱정하지 않아도 된다. 혼인이든 입양이든 모든 것이 계획되어 있다. "출생, 성년식, 혼인, 윤회, 장례식은 모두 마을에서 관리했어요. 심지어 모두 같은 시기에 나이를 먹어요. 아이가 태어나도—이보다 더 확실한 것이 있을까?—출생 의식을 받을 때까지는 태어나지 않은 것으로 간주하죠. 아이가 태어난 지 1년이 되지 않았어도 겨울 축제에 참석하면 두 살이 되는 거예요. 아이들은 자신을 태어나게 한 사람이 아니라 자신이 속한 집단의 지도자를 아버지라고 불러요. 여성이 혼인하는 것이 아니라 그 여성이 속한 집단이 사위를 맞는 거예요. 어디서나 신비로운 베일이 현실을 왜곡하고, 우리는 오직 그 베일을 통해서만 현실을 볼 수 있어요……."

마쓰아는 쥐옹 데 롱그레를 초대했다. 성난 악마들이 도끼로 공격한 가마솥에서 불꽃이 튀어 오르며 밤에 신비로운 빛으로 줄무늬를 넣었다. 홍분이 최고조에 달했을 때, 무서운 목소리가 구경꾼들을 향해 거칠고 음란한 욕설을 퍼부었다. 구경꾼들은 집단적 히스테리에 가까운 반응을 보였다. 그리고 위풍당당한 검은 콧수염이 난 크고 창백한 얼굴의 쥐옹 데 롱그레를 비난했다. "두 마리의 어린 뱀처럼 선 뾰족한 물건……." 비록 통역되지는 않았지만, 이중적으로 성적인 의미를 지닌 욕설이라는 것을 충분히 짐작할 수 있었다.

몹시 기다렸던 광대 무리가 춤판을 이어받았다. 그들의 목표는 강낭콩과 찹쌀죽을 장내와 구경꾼들에게 끼얹는 것이었을까? 혼란이 한창인 때에 모든 게 뒤죽박죽되었다. 신들은 축제의 활력에 만족했을 것이다. 나머지 날들은 신들을 하늘로 돌려보내고, 더럽혀진 그곳을 청소하고 복구하는 데 쓰였다.

바닷가에서 열린 봄과 가을 축제에도 참석했었다. 한 해 동안의 고된 노동과 제약에서 벗어나는 그날에 사람들은 억눌린 감정을 분출할 수 있었다. 무거운 신의 가마인 미코시みこし를 짊어진 이들은 신의 영혼에 사로잡혀 움직이는 것처럼 사방으로 밀고 당겨졌다. 갑자기 미코시가 사찰 문을 지나 마을로 쏟아져 들어왔다. 그 무엇도 미코시를 막을 수 없었다. 그것은 상점은 물론이고 심지어 경찰서까지 깨부술 수 있었는데, 이는 운반꾼이 아닌 신이 하는 것이었다.

미코시가 저 멀리 바다로 뛰어들었다. 미코시는 뒤집혀서는 안 된다. 그렇지 않으면 나라에 불행이 닥칠 것이다. 신관들은 커다란 밧줄과 기도로 그것을 육지로 가져왔다. 저녁에는 어부들의 작은 배가 신방이 되었다. 아래에 놓인 게다의 수가 뒤늦게 온 사람들에게 보내는 신호로 사용되었다. 자리가 다 찼다. 너무 늦었다.

억압된 감정의 발산은 마치 과거의 격렬한 카니발을 떠올리게 했다. 브라질과 독일에서는 여전히 이러한 카니발이 활발하게 열린다. 우리에게는 이런 것이 부족한 걸까? 솥뚜껑이 요동치도록 감정을 발산해야 한다.

지오노가 『링을 끼운 새 *L'Oiseau bagué*』에서 묘사한 자연의 맹렬한 힘을 생각해 본다. "점점 커져 가는 흥분이 멧돼지들을 뒤흔들었다. 마치 배 밑에서부터 멧돼지들을 들어 올리는 것 같았다. 그것들은 떠다니고, 발이 닿지 않아 허우적거리며, 하늘을 향해 주둥이를 절박하게 들이밀며 신음하다 바닥에 떨어졌고, 바닐라 향이 섞인 어둠의 물결에 휩쓸려 굴러갔다. 그것들은 뒤섞인 채 다른 수컷의 살이 이빨에 닿을 때마다 있는 힘껏 난폭하게 물어뜯었다. 그러면 사방에 흙을 튀기며, 털이 곤두선 채 소리를 내지르며 서로를 밀쳤다. 오직 바닐라 향과 암컷 냄새만이 그것들을 멈추게 했다."

1년이라는 시간이 흘렀고, 나라에 이상한 불안감이 감돌았다. 계약을 갱신하지 않았다. 처음에 계약 기간을 1년으로 정해 두었다. 남기고 온 사람들, 아버지, 어머니, 피에르, 르코르뷔지에로부터 아무 소식을 듣지 못했다. 미국을 거쳐 프랑스로 가고 싶었다. 충분히 가능한 일이었다.

나는 미국 국적이 있는 보증인 두 명이 필요해 세르트에게 편지를 썼다. 이내 답장을 받았다. 친구 넬슨과 뉴욕현대미술관을 운영하는 스위니라는 친구가 나의 도착을 보증해 줄 것이라고 했다. 배를 기다려야 했다. 어떤 것도 간단하지 않았다. 늙은 악마가 북경으로 가자고 속삭였다. 일본인들이 만류했다. 그 대신 인도차이나에 약 보름 정도 머물다 오는 게 어떠냐고 했다. 왜 안 되겠는가? 나는 미국 강연을 위해 일본 활동에 대한 기록을 남겨 두었는데, 그것들을 하노이에서도 활용할 수 있을 것 같았다.

일본, 곧 헤어질 새로운 친구들, 내가 사랑하고 이해한 새로운 세계의 낯선 관습들, 그리고 통제받긴 했어도 활발했던 내 활동에 대한 향수를 느꼈다. 이 모든 것이 그리울 것이다.

인도차이나로 도피

1941년 12월 하카타행 열차를 타고 출발했다. 이후 경비행기를 타고 포르모사로 향했다. 사쓰난제도와 류큐제도 위를 저공비행했다. 동쪽으로는 중국해가, 서쪽으로는 태평양을 둔 아주 작은 섬들이 목가적인 엽서를 떠올리게 했다. 다이호쿠에 착륙하기 직전에 짙푸른 바다는 하늘을 반사하는 거대한 깨진 거울 판으로 변했다. 이것은 기억일까 아니면 나의 상상일까?

유럽인들에게 금지된 섬, 포르모사에 처음 기착했다. 나는 침울한 마음으로 일본식 작은 여관에서 잠을 잤다. 프랑스를 떠난 후 처음으로 쓸쓸하고 서글픈 감정이 들었고, 내 앞에 놓인 미래가 불확실하게 느껴졌다.

아침 일찍 출발했다. 중국의 해안선이 지나가고 있었다. 일직선이 아니었다. 하늘에서 보니 모든 것이 굽어 있었다. 진흙투성이인 강물이 끝없이 밀려와 바닷물에 희석되는 거대한 삼각주, 언덕을 따라 지그재그로 나 있는 오솔길들. 중국해를 마주한 선조의 땅에 편자 모양으로 다듬어진 무수히 많은 무덤. 길의 끝에는 통킹만이 인도차이나반도의 해안과 맞닿아 있었다.

하이퐁에서 하노이로 가는 직선 도로는 20세기 인간이 그린 첫 번째 도면이었다. 나는 이 직선 도로를 보고 충격에 빠졌다. 그 기하학적 형상은 자연을 위반한 것이었다. 도로는 논길을 거침없이 갈랐다. 작은 둑에는 집념이 강한 작은 남자 무리가 경작물에 몸을 굽힌 채 있었다. 그런데 이들은 어디에 살았을까? 마을이 보이지 않았다. 대신 곳곳에 싱그럽고 기분 좋은 녹색의 대나무 군락이 솟아 있었다. 바로 이곳에 이들이 모여 살았다. 마을 연못 주변에 자리 잡은 이들은 은밀하게 보호된 채 살고 있었다. 농부, 장인, 여자, 아이, 닭 들이 이 연못에서 일상을 보냈다. 이곳에서 채소를 씻고, 이도 닦고, 설거지도 하고, 아기의 응가도 닦았으며, 닭들은 목을 축였다. 보름달이 뜨는 밤에는 물 위에서 그들의 이야기, 안남의 설화를 들려주는 인형극을 즐겼다. 이 청록색의 물속에서 이 가난하고 근면한 민중은 감히 상상할 수 없을 만큼 풍요롭고 아름다운 왕자와 공주들, 요새와 탑, 차갑고 매혹적인 빛에 휩싸인 용들이 떠올랐다.

새들의 지저귀는 소리, 날카롭게 노래하는 소리, 속삭이는 소리가 들려왔다. 나는 허름한 호텔의 활기 없는 평범한 유럽식 방에서 눈을 떴다. 하노이 시장이 서는 기간이라 호텔도 적고, 빈방도 없었다.

밖에는 자전거를 타거나 걷거나 규칙적인 발걸음으로 질주하는 호리호리한 사람들이 끄는 인력거에 탄 군중, 작은 백인들과 프랑스 군인들, 몇 대의 자동차들이 있었다.

나는 하노이 지도를 보면서 다녔다. 전쟁으로 조국과 단절된 이 식민지에서 공공교육 국장인 샤르통에게 인사하기 위해 걸어서 출발했다.

그는 나의 이번 단기 체류 기간 동안 계획한 강연을 열기로 했다. 그리고 인도차이나의 생활상에 관해 이야기했는데, 경제적으로 프랑스와 거의 단절되어 자급자족할 수밖에 없는 상황이었다. 나는 일본에서 수행한 일과 일본에 대한 이런저런 이야기들을 해 주었다. 그는 솔직하고 명석하며 따뜻한 사람이었다.

나는 작고 검은 벨벳 리본에 끼운 사부아의 하트와 십자가를 목에 걸고 있었다. 다음 날 언론은 나의 도착을 알리며 내 사진을 실었다. 모든 방문은 하나의 사건이었다.

겨울이었다. 부겐빌레아, 플루메리아, 히비스커스의 정원이었다. 통킹 사람들이 씹는 베텔 냄새, 곰팡이와 생선 냄새가 풍겨 왔다. 그리고 어느 가정집 발치에서 중독성 있는 냄새가 났는데, 역한 아편 냄새였다.

매일 새벽에 거대한 붉은 강을 마주 보고 일렬로 쪼그리고 앉은 수십 개의 엉덩이들이 함께 용변을 봤다. 정오가 되면, 담장 그늘 밑에서는 두 사람씩 서로의 머리를 뒤지며 이를 찾아 먹었다. 대성당은 (상대적으로 작아 보이는) 원주민 구역의 경계부에서 거대한 모습을 드러냈다. 나는 약간의 불편함을 느끼면서 몇몇 일본인의 주의 깊은 시선으로 '니아쿠에',* 고위 관료, 그리고

---

* '2급'을 뜻하는 '니큐にきゅう'의 오기인 듯하다.

식민지 거주민 사이에 존재하는 계층과 인종에 따른 위계질서
를 발견했다.

친구들과 재회했다. 누아예 박사와 자네트였다. 자네트는 자
유에 대한 동경과 도피에 대한 욕망을 실현하기 위해 가족과 일
본을 떠나 프랑스로 돌아왔다. 매우 잘생긴 청년이 그녀의 집 창
가에 선물을 두며 구애했다. 그녀의 마음을 사로잡기 위해 꿩이
나 작은 사냥감을 놓고 갔다.

하노이에는 사부아 출신 사람들이 많았는데, 나의 하트 십자
가 목걸이가 그들의 눈길을 끌었다. 그곳에서는 모든 게 알려져
있었고, 심지어 벌어지기 전의 일도 소문이 돌았다. 그들은 나를
따뜻한 저녁 식사에 초대했고, 나의 소원을 들어주겠다고 했다.
바로 사냥을 가는 것이다.

자동차 한 대, 소총 한 자루, 총알, 농장에 사는 므엉족 소녀에
게 전달할 편지 한 통이 준비되었다. 므엉족 소녀는 사냥의 여신
이었다. 표범이나 호랑이가 어슬렁거릴 때면 마을 사람들이 그
녀를 호출했다. 용맹함은 그녀의 성공 비결이었고, 총알은 그녀
가 영토를 잘 관리한 것에 대한 보상이었다.

농장에는 아무도 없었다. 소녀는 떠났다. 흑강 옆에 있는 유럽
초소에서 그녀를 만날 수 있을 거라고 했지만, 그곳에도 아무도
없었다.

삼판三板* 한 대가 있었다. 배 위에 있던 원주민이 그녀는 야간

---

* 중국식 작은 돛단배

사냥을 하러 갔다고 알려 주었다. 그는 내가 그녀를 찾는 데 도움을 줄 수 있다며, 나를 다음 므엉족 마을까지 데려다주기로 했다. 나는 배낭을 싣고 머리에 헤드램프를 착용했다. 배가 물 위를 미끄러지듯 나아갔다. 내 램프의 희미한 빛이 강가를 따라 늘어선 작은 나무들을 비추었다. 그 밤의 짙은 침묵 속에서 순간적인 소음과 울음소리가 들려왔다.

한 시간, 두 시간이 흘러 자정이 되었다. 오른쪽에서 발포 소리가 들렸다—나체의—그녀였다. 목욕 때문인지 혹은 비 때문인지 젖은 몸을 말리는 다른 사냥꾼들 틈 속에 있었다. 그녀는 프랑스어를 할 줄 알았고, 아름답고 꾸밈없는 모습이었다. 그녀가 사투리로 나의 삼판 뱃사공에게 지시했다. 그리고 다음 날 아침에 내가 하룻밤 묵을 마을로 나를 찾아오겠다고 했다.

마을은 야간에 짐승들의 기습으로부터 가축들을 안전하게 보호하기 위해 잘 닫힌 울타리로 둘러싸여 있었다. 사람들의 오두막집은 필로티 구조였다. 사다리를 타고 마을 이장의 높은 오두막집으로 올라갔다. 이미 온 가족이 잠들어 있었다. 한쪽 구석에 모기장을 치고, 돗자리를 바닥에 펴고, 깊고 행복한 잠에 빠졌다.

수탉 한 마리가 울부짖자 다른 수탉들이 대답하며 아침의 영광을 알렸다. 일어나 보니 오두막집은 이미 텅 비어 있었다. 밖을 내다봤다. 모두 분주하게 하루를 시작하고 있었다. 맞은편 오두막집에서는 검게 그은 수염이 텁수룩한 남자가 나를 보고 깜짝 놀랐다. "여기서 뭐 하세요?" "당신은요?" "디젤 엔진용 숯을 만들고 있는데요." 그는 농수림연구소의 기술자로, 므엉 마을에서 잠을 자거나 숲속 짐승들로부터 안전한 나무에 설치한 망루에서 고립된 채 여러 날을 보내고 있었다. 그는 그런 삶을 좋아했다.

나를 위한 사냥은 작은 숲 가장자리에서 준비되었다. 나는 작은 제방 위에 맨발로 서서 소총을 들고 총을 쏠 준비를 했다(적어도 그들은 그렇게 생각했다!). 나는 푸아르 뒤 트론Foire du Trône• 사격장에서는 아주 잘했지만, 야생동물을 사냥하는 건 전혀 다른 이야기였다. 거머리들이 다리에 달라붙어 피를 빨아먹는데도 초연하게 기다렸다. 마을 사람들의 떠들썩한 소음 속 아주 작은 소리에 귀를 기울였다. 총성이 울리고 잠시 정적이 흘렀다. 사슴 한 마리가 쓰러졌고, 마을에 이를 선물로 가져가기로 했다. 나의 활약은 거기서 끝났다.

옆 마을에 호랑이 한 마리가 나타났다는 제보가 들어왔다. 나의 아름다운 사냥꾼은 그날 밤에 같이 가 보자고 했다. 정말 영광스러운 제안이었다.

내가 앞장서서 헤드램프로 밤길을 비췄고, 그녀는 어깨에 소총을 메고, 허리띠에 단검을 차고, 램프를 끈 채 뒤따랐다. 나는 작고 하얀 길을 따라 조용히 앞으로 나아갔다. 왼쪽에서 두 눈이 빛났다. 발포했지만 아무것도 아니었다. "자칼이네요"라고 나의 '여왕'이 말해 주었다. 그녀는 어둠 속에서 눈의 모양과 움직임으로 동물을 구별했다.

우리는 산허리를 따라 난 오솔길을 걸었고, 중간중간에 나무

• 프랑스에서 매년 열리는 대규모 축제

뿌리에 걸려 비틀거렸다. 두 개의 눈이 보였다. 무엇일까? 부엉이였다. 마을과 가까워졌다. 왼쪽 아래로 두 개의 노란 불빛이 흔들렸다. "호랑이예요." 그녀가 속삭였다. 나는 총을 쏘려 했지만 아무 소리도 들리지 않았다. 넘어질까 봐 소총에 안전장치를 걸어 둔 것이었다. 그녀가 순식간에 반응했고, 앞으로 돌진하며 내게 헤드램프를 끄라고 말했다. 나는 어둠 속에 혼자 우두커니 서 있었다. 어떻게 해야 할지 몰라 민망하기도 하면서 조금 걱정스러웠다. 하지만 이미 늦었다. 호랑이는 떠나 버렸다.

사냥은 끝났다. 방해받은 호랑이는 그날 밤 다시 돌아오지 않았다. 돌아오는 길에 작은 흰나비 떼가 내 목을 어루만졌다. 다음 날 아침에 목이 부어오르고, 거칠고, 화끈거렸다. 그것들은 나비가 아니라 침을 쏘는 나방들이었다. 열이 났다. 하노이로 돌아가야 했다. 친절하고 시원시원한 새로운 친구는 므엉족 마을을 돌아볼 것을 제안했다. 이보다 더 흥미로운 일이 있을까? 다음번에는 내 소총과 함께 그녀를 위해 많은 총알을 챙겨 다시 오기로 했다.

하노이에 도착하자마자 길에서 프랑스 국립동아시아연구원의 골루베프를 우연히 만났다. 그가 다급히 손짓했다. 나는 멈춰 섰다. "정말 이게 무슨 일이에요!" 그는 격앙되어 걱정스러운 표정으로 말했다. 나는 얼굴이 반쯤 엉망이 되고 목은 두꺼비처럼 부어올라 있었다. "정말 무슨 일인지, 글쎄 작은 나비들이……." 그가 이어서 말했다. "소식 못 들었어요? 일본이 진주만을 점령했어요. 전쟁이에요."

나는 꼼짝도 할 수 없었다. 내 소지품은 모두 일본에 있었다. 하노이 주재 일본 대사인 요시자와 씨에게 접견을 요청했다. 그가 나를 바로 만나 주었다. "제가 일본에서 직책을 수락했을 때, 제 나라는 전쟁 중이었습니다. 제 임무가 끝나면 귀국을 보장해 주기로 했었습니다. 그러니까 제가 일본으로 돌아갈 수 있도록 도와주시길 부탁드립니다." 외국인을 위한 피난선이 있을 게 분명했다. 나는 인도차이나에 잠시 체류할 뿐이었고, 통상산업성과의 임무를 끝마쳐야 했다. "시대가 바뀌었습니다. 이제는 외교관이 아니라 군인들이 명령을 내립니다. 도쿄 참모부에 허가를 요청해야 합니다. 우정으로 그렇게 해 보도록 하겠습니다."

며칠 후에 답이 왔다. "선박으로 가능, 비행기로는 불가능." 나는 대기해야 했다.

떠나기 전에 강연도 해야 했다. 강연은 1942년 1월 8일에 열렸고, 드쿠 제독과 요시자와 대사, 많은 프랑스인이 참석했다. 나는 16세기 일본 건축물과 르코르뷔지에, 피에르 잔느레, 미스 반데어로에, 알토 등 가장 전위적인 건축물을 치밀하게 뒤섞었다. 모든 건축물은 잘 어우러져 건축에 대해 잘 모르는 사람들은―그런 경우가 있다―차이점을 느끼지 못했다. 이 창작물들에 담긴 진리의 정신이 시간의 한계를 지웠다.

에콜 데 보자르 학교장 종셰르 씨를 만났다. 그는 학교에 자리를 마련해 줄 수 있다고 했다. 그의 진심을 의심하지는 않았으나 가르침은 내 사명이 아니었다. 나는 일본으로 돌아갈 수 있다는 것을 알았기에, 돌아갈 생각만 했다.

진주만, 태평양전쟁

그날이 왔고, 나는 하이퐁으로 갔다. 일본 영사가 기차에서 기다리기로 했다. 나는 모든 친구에게 떠난다는 것을 알렸다.

영사가 웃음기 없는 얼굴로 하이퐁에 있었다. "선박은 없습니다." "그게 무슨 소리죠?" "선박이 없다고요." 그 말에 내가 너무 많은 것을 말했다는 것을 깨달았다. 돌아오는 기차에서 젊은 프랑스 군인이 내 옆에 앉았고, 그 앞에 창밖 풍경에서 눈을 떼지 못하는 아름다운 중국 여성이 앉았다. 비록 그녀의 시선은 무관심했지만, 손으로는 매력적인 작은 레이스 손수건을 비틀고 이리저리 뒤집고 어루만지며 젊은 군인의 매혹적인 시선을 즐겼다.

일본 대사관에 전화를 걸었다. 정말로 다음번에는 입이 무거워야 했다. 어느 화창한 아침에 아무에게도 알리지 않고 다시 하이퐁으로 떠났다. 영사는 이번에도 웃음기 없는 얼굴로 말했다. "선박은 없습니다." 그는 나를 자기 차에 태워 영사관으로 데려가, 대기실에서 꼬박 한 시간을 서 있도록 했다.

다른 문을 통해 밖으로 나왔다. 그는 아무 말 없이 나를 다른 차에 타게 했다. 철조망을 지났고, 내 앞에 거대한 진회색의 일본 선박 시카고호가 모습을 드러냈다. 선장은 선교 위에서 우리를 기다리고 있었다. 그는 당황한 표정으로 나를 쳐다보며 머리를 긁적였다. "소데스네." 나는 뭔가 잘못되었다는 것을 깨달았다. 하지만 무엇이 잘못된 걸까?

영사는 내가 사용할 자리가 갑판의 3인용 선실인데, 장교 두 명이 이미 타고 있다고 말했다. 내가 세 번째 간이침대를 사용하기로 했는데 선장은 남성을 태운다고 생각한 것이었다.

나는 전혀 개의치 않았다. 선택의 여지도 없었다. 나는 지금 일본 영토에 있기 때문이다. 프랑스를 떠날 때 이 같은 경험을 한 적이 있었다. 여권에 사증을 받지 못했다. 나는 규정을 지키고 싶었다. 영사가 여권을 가져갔고, 나중에 인도차이나에서 프랑스 출국 비자가 찍힌 여권을 돌려받았다.

가벼운 비가 내리고 안개가 짙게 끼인 탓에 항구에 24시간 동안 갇혀 있었다. 마침내 나의 여행 동반자인 두 장교가 선실에 왔다. 한 명은 민간 생활에서 오케스트라 지휘자였고, 다른 한 명은 도쿄에서 내 전시회를 본 적이 있었다. 전쟁 중 군인들도 군인이기 전에 사람답게 지낼 줄 아는 인간이었다.

1월 말이었다. 도선사가 선박을 안내하기 위해 올라왔다. 내가 갑판에서 유카타를 입고 있는 것을 보고 그가 깜짝 놀랐다. 그의 머리칼이 빨간색이었던 것으로 기억한다. 그는 배에서 내리기 전에 멈춰 서지 않고 지나가면서 내게 할 말이 없는지 은밀하게 물었다. 나 역시 은밀하게 답했다. "아니요, 전혀요. 떠나는 게 맞습니다."

한 선원이 내가 있는 선실 위 망루에서 지평선을 관찰하고 있었고, 갑판 맨 앞에 있던 선장도 쌍안경을 끼고 쪼그리고 앉아 함께 지켜보았다. 나는 이 선박이 부상자들이 탄 병원선이라는 것과, 나중에 포르모사 남쪽의 다카오たかお*에 이들과 함께 하선할 예정이라는 것을 알게 되었다.

하노이 주재 일본 대사는 항만·육상·공안 등 일본 경찰 그리고 타이완 총독에게 보내는 네 통의 편지를 내게 주었다. 잃어버려서는 안 될 것들이었다.

실제로 포르모사에 기착했을 때 나는 갑판에서 기다렸다. 온갖 종류의 선박으로 구성된 함대가 항구를 떠나는 것을 볼 수 있었다. 나중에 내 병원선이 1942년 2월 15일에 싱가포르로 방향을 틀었다는 것을 알게 되었다. 항만 경찰이 나를 데려가 서류와 가방 내용물을 검사한 뒤 여관으로 데려다주었다. 그곳에서 감시받으며 하루 종일 목이 빠지도록 기다렸다. 저녁 무렵에 한 경찰이 도요쿠행 표를 주며 나와 기차까지 동행했다. 기차에 올라서야 드디어 혼자가 뇌었다고 생각하며 객실 칸에서 단잠이 들었다. 아침에 종착역에서 내렸다. 네다섯 명의 경찰관이 나를 기다리고 있었다. 그중 한 명은 영어를 지독한 미국식 억양으로 말했다.

나는 오만하고 잔인하며 비웃는 듯한 태도로 매우 불쾌한 심문을 벌이는 경찰관들을 만났다. 그들은 내 사진을 요구했다. 한 장, 두 장, 세 장, 네 장…… 그리고 같은 일이 다시 시작되었다.

나는 유럽식 호텔로 이동했고, 정확히 말하자면, 대기실이라고 불리는 방에 감금되었다. 두 명의 경찰이 내 방 앞을 지키고 있었다. 과연 도쿄에 다시 돌아갈 수 있을지 싶었다.

• 가오슝의 옛 지명

나는 외교부 장관에게 보내는 서신을 포함하여 가지고 있던 서신들을 모두 제출했다. 그 결과 그의 비서가 찾아왔다. 그는 프랑스어가 매우 유창했다. "여기 기후가 좋지 않다는 것을 짐작하셨을 겁니다." '기후'라는 단어는 우회적 표현이었다. 굵은 비가 거세게 내리고 있었다. 나는 방을 나갈 수 없었다. "당신이 이 난관에서 벗어날 수 있는 모든 조치가 취해질 겁니다." 인내심을 가져야 했다. 방에서 8일 동안 갇혀 있었고, 내가 머무는 방의 양쪽 방에는 경찰들이 있는 것 같았다. 체조할 엄두도 나지 않았다. 비가 밤낮으로 내렸다.

나는 정말로 나의 파란만장한 모험이 거기서 끝날 줄 알았다. 우울증이 생겼고, 혼란스러웠다. 어느 토요일에는 화가 나서 외출을 요구했다. 계속 갇혀 있다간 미쳐 버릴 것 같다고 했다. 내 요구 사항이 전달되었고, 일요일 오후에 한 경찰관이 나를 데리고 호텔을 나와 영화관으로 데려갔다. 경찰관은 나를 좌석에 앉혔고, 자신은 그 뒤에 앉아 나를 감시했다. 패주하는 프랑스군을 묘사한 영화가 상영되었다. 악의적 선택이었다. 많은 포로, 특히 흑인 병사들이 프랑스 군복을 입고 '줄루족' 춤을 추는 장면이 있었다. 무솔리니의 행렬이 이어졌다. 고개를 꼿꼿이 세우고 위풍당당한 자세로 행진했다. 이탈리아 군중은 모두 팔을 뻗어 파시스트 경례를 하며 그를 연호했다.

다시 호텔로 돌아와 이유도 모른 채—이틀, 사흘을 더—기다려야 했다. 경찰을 가득 태운 대형차 한 대가 나를 데리러 왔다. 여전히 같은 시나리오였다. 선박, 선장, 큰 테이블을 둘러싸고 오가는 밀담. 소포가 왔고, 나는 선실에 격리되었다. 그리고 선박은 어딘지 모를 운명을 향해 항해했다.

시모노세키 정박지에서 누군가가 나를 선실 밖으로 데리고 나갔다. 나는 '듣지도, 말하지도, 보지도 않고' 담담히 기다렸다. 경찰 고속정이 나를 태워 항구 경찰서로 데려갔다. 화목 난로 근처에 있는 의자에 앉아 최선의 시나리오부터 최악의 시나리오까지 모든 가능성을 떠올려 보며 마음의 준비를 했다. 최악의 시나리오는 세상에 알려지지 않은 일본 감옥에서 여생을 보내는 것이다. 나는 쥐도 새도 모르게 사라질 수 있었다. 날이 추웠다.

언제나 그렇듯이, 사진 한 장, 명함 한 장, 또 사진 한 장. 간간이 이루어지는 통화 소리가 적막을 깼다. 쳐다보는 시선들, 또다시 사진 한 장.

작자 불명의 시—조르주 보노 번역—가 내 머릿속을 계속 맴돌았다.

헛되이 불러본다. 태양이여, 태양이여!
복숭앗빛 태양은
나의 부름에 응답하는 법이 없다.
듣지 않고 성마른,
전화 교환원인가?
아, 혼선되어 통화할 수 없네
산꼭대기 위로 달빛이 충만하고
은빛 밤으로 온 세상이 바뀌네

진흙투성이 논의 진흙투성이 쥐,
　　그의 품에서 암쥐가 잠이 드네.

　　체념하고 하룻밤을 보냈다. 다음 날에 도쿄행 기차표를 받았
다. 경찰관이 플랫폼까지 동행했다. 경찰관들의 손에서 내 여정
이 끝났다면 어땠을지 상상했다. 아, 나의 친구들, 마쓰아, 사카와
다른 친구들, 그들의 따뜻한 품으로 돌아왔다. "정말 고단했지.
우리가 시가행 티켓을 구했어. 눈이 많이 내렸대. 가서 잊고 와."
나는 내일을 걱정하지 않고 한 달 동안 스키를 타며 푹 쉬었다.
　　당시 나를 두고 육군 참모부와 내 친구들 사이에서 수많은 협
상이 오갔다는 사실을 나중에 알았다. 친구들은 나를 곤경에서
빼내기 위해 일본 통상산업성, 외무성, 심지어 마쓰아를 통해 왕
실에까지 개입을 요청했다. 도대체 무슨 생각이었을까? 싱가포
르를 점령하러 출항하는 함대를 지켜보겠다고 하다니. 격리 조
치를 당할 만도 했다.
　　또다시 전쟁이었다. 모든 일이 중단되었고, 미국으로 떠나는
것도 위태로웠다. 하지만 사카는 상황을 주시하고 있었다. 나는
적대 행위가 지속되는 동안 사카의 아내 유리의 가족인 니시무
라 집에서 지내기로 했다. 나는 매달 그 집안의 하녀에게 선물을
주어야 했다. 외부 경비를 충당할 수 있도록 친구들이 십시일반
으로 모은 돈을 정기적으로 보내 주었다.
　　사카는 말했다. "우리에게 빚진 게 아니야. 지금 기회를 활용
해 이 나라를 더 잘 이해해 봐."

362

이보다 사려 깊을 수 있을까. 그는 내가 민폐를 끼친다는 생각이 전혀 들지 않도록 해 주었다. 그러나 잠복해 있던 일본의 스파이 공포증은 이 혼란스러운 시기에 한계점에 도달했다.

매일 일과가 끝나면, 니시무라의 어머니는 유럽식 소파에 일본식으로 앉아 경찰관을 접견해야 했다. 그는 신발을 바닥에 단단히 고정하고 두 주먹을 무릎에 얹은 채 늘 똑같은 질문을 던졌다. "왜 잠재적 스파이를 재워 줍니까?"

인문주의 예술학교 설립자인 니시무라의 아버지는 반전주의자였다. 그는 군대가 더 이상 일본을 지배하지 않을 날을 기다리며 학교를 폐쇄했다.

니시무라 가족은 대가족으로 여덟 명 또는 열 명이 식사를 함께했다. 식량 배급은 매우 제한적이었다. 그는 불교가 욕구를 제어한다는 것을 깨닫게 해 주었다. 침착함과 차분함을 유지하고, 적게 일하고, 적게 벌며, 적게 소비하고, 적게 먹고, 적게 움직이고, 욕심을 줄이고, 덜 빼앗고, 소량에 집중하며 더 많은 즐거움을 얻었다. 정말 즐거운 가정이었다.

정원 뒤쪽에는 도자기 가마가 있었다. 각자 손으로 도자기를 빚거나 휴식을 취하러 갔다. 집은 유럽식이었고, 나는 작은 침실에서 지냈다. 니시무라의 어머니는 매우 전통적인 '다실'을 갖고 있었다.

이 집으로 이어지는 작은 거리에 저녁마다 종종 마쓰아가 '방황하는 영혼'이라고 부르는 여성이 지나가곤 했다. 머리에 어깨까지 내려오는 대나무를 엮어 만든 관을 쓰고, 매우 어두운 일

본 전통 옷으로 몸을 감싸고 있었다. 그녀는 피리 일종인 샤쿠하치しゃくはち를 불며 시대를 초월하는 구슬프고 묵직한 소리를 냈고, 손에는 사람들의 동정을 구하며 쌀을 받기 위한 그릇이 들려 있었다. 명예 실추처럼 여러 이유로 평온의 길을 찾아 헤매던 영혼이었다. 나를 둘러싼 모든 이의 호의에도 불구하고 그 영혼은 혼란을 가중하기만 했다.

도쿄를 벗어나 바다나 산으로 가려면 나를 담당하는 경찰관에게 허가를 받아야 했다. 보통은 통역사로 야나기 소리가 동행해 주었다. 그는 애원하듯 두 손을 모으며 간청했다. "아니, 그건 안 돼." 하지만 소용없었다.

"난다이." 경찰관이 책상 뒤에 앉아 우리에게 물었다. 그리고 나를 향해 말했다. "명함." 야나기에게는 이렇게 물었다. "누가 네 바지 값을 냈지? 셔츠는? 시계는?" 그는 다시 돌아와 내게 물었다. "도쿄를 떠나고 싶어? 뭘 하려고?" 그가 사진을 요청했다. 그것은 광기였다. 오랜 침묵이 이어졌다. 그는 발을 탁자 위에 올리고 이를 쑤시더니 심문을 재개했다. 우리를 내버려두고는 서랍에서 구두약을 꺼내 신발을 닦았다. 그리고 여러 무례한 행동을 하더니 나중에 다시 오라고 손짓했다.

우리는 그 과정을 계속 반복해야 했다. 끈질긴 나는 기차 시간과 호텔 이름을 알려 주고, 여가 시간에 무엇을 할지 전부 설명한 후에 허가를 받아 냈다. 마침내 나는 지역 경찰에게 인계되어 '탈출'할 수 있었다.

도쿄에서 방향을 잡기 위해 전차 선로를 따라 동네를 돌아다넸다. 로마자로 된 모든 이름은 일본어 문자로 대체되었다. 외국인은 더 이상 환영받지 못했다.

사카는 일본에서의 활동에 관해 책을 쓰도록 설득했다. 전시회 사진과 함께 지역을 다니며 있었던 일화, 활동 성격 등을 담아냈다. 그가 번역과 출판을 맡아 주었다. 책 제목은 『일본 주택의 실내 설비에 대한 기여. 전통-선택-창작 Contribution à l'équipement intérieur de l'habitation au Japon. Tradition-Sélection-Création』이었다.

일본 정신에 대한 지식을 심화시켜 보라는 그의 조언을 따랐다. 그것 말고 내가 또 무엇을 할 수 있을까? 야나기 무네요시의 집에서 그의 소장품에 대한 수많은 문서를 살펴보고, 당시 내가 일본을 바라본 시각을 보여 줄 수 있는 매우 아름다운 사진들을 몇 장 얻었다.

로렌수마르케스Lourenço Marquês*로 가는 대피선을 기다리며 여러 날이 지나갔다. 아무 선박도 오지 않았다. 프랑스는 중립국이라고 간주하였기 때문에 노르웨이 선박이 필요했을 것이다. 1942년 11월, 프랑스 함대가 툴롱에서 자침됐다. 이 소식은 마치 음파처럼 일본인들의 마음속에 울려 퍼졌다. 이는 그들의 명예 규범에 부합하는 사무라이 행위였다. 친구들 모두 유감을 표하기 위해 나를 찾아왔다. 그들은 이를 인간 존엄성에 대한 진정한 반사적 반응으로 인식했으며, 이는 그들만의 특성이었다. 고국에 돌아왔을 때, 프랑스에 있는 모든 프랑스인이 같은 의견을

* 현재 모잠비크의 수도인 마푸투의 옛 지명

가진 것은 아닌 것 같았다.

어느 날 아침에 포격 소리 같은 기괴한 소음이 들렸다. 훈련하는 걸까? 니시무라 정원에서 우리는 사건의 진행 상황을 지켜볼 수 있었다. 침범할 수 없는 일본의 땅이 첫 폭격을 받았다. 적군의 전투기가 상공을 선회했다. 모두가 경악했지만 이내 정신을 차렸다. 삶은 계속해서 이어졌다.

이동하면서 기차가 멈출 때마다 이미 전쟁의 폐해를 볼 수 있었다. 대표단은 어머니들과 아내들을 둘러쌌고, 아내들은 국가의 신이 된 사랑하는 이들의 희생을 상징하는 휘장을 달고 있었다. 아내들은 예의를 다해 깊이 절하며 당국으로부터 흰색 비단 보자기로 덮인 유골함을 자랑스럽게 받았다. 흰색 비단 보자기는 순결과 애도의 상징이었다.

젊은 가미카제 자원자들이 일왕의 영광을 위해 최후의 사케 잔을 기울인 다음 목표물을 향해 조악한 항공기에 폭탄을 싣고 몸을 던지러 떠났을 무렵에 나는 더 이상 그곳에 없었다. 이 인간 어뢰들은 파괴해야 하는 선박을 향해 돌진했다. "바다로부터 온 이 영혼들."

그곳에서 현대 무기의 위력이 신들과 국민 전체의 동원령을 능가했다. 히로시마에 대해서는 많은 이야기가 전해졌지만, 도쿄를 동네마다 파도처럼 불태운 소이탄에 대해서는 거의 언급되지 않았다. 나중에 사카가 말했듯이 "황폐해진 도쿄의 아름다운 벌거숭이 언덕들을 볼 수 있었다."

경찰관이 방문하는 횟수가 늘었다. 그는 더 악랄해졌다. 내가 불쾌한 일을 겪지 않도록 니시무라 가족이 매우 신중하게 행동했지만 소용없었다. 나는 이에 대해 외무성에 말했다. 외무성은 이렇게 말했다. "거처를 옮기세요. 당신이 있는 곳은 외국인 거주지가 아닙니다. 경찰은 국가 안에 있는 또 하나의 국가예요. 그들이 모든 권리를 가졌지요."

나는 인도차이나 정부의 공식 초청을 받아야만 일본을 떠날 수 있었다. 프랑스 대사관이 중개 역할을 했다. 어쩔 수 없이 인도차이나로 돌아갈 수밖에 없었다.

1942년 12월 말에 아르셴 앙리 여사는 대사관에서 나의 소중한 일본인 친구들을 모두 초대해 나를 위한 송별회를 마련해 주었다. 모두와 작별 인사를 나누었다.

야마가타에서 온 야마+치가 나를 위해 특별히 마련한 사산한 흰 양의 가죽 네 장을 선물로 가져왔다. 프랑스에서 넘어올 때 나는 곱슬곱슬하고 아주 부드럽고 사랑스러운 양가죽으로 만든 재킷을 입었는데, 그게 그에게 강한 인상을 남긴 모양이었다.

오사카로 가는 기차역에서 다쓰무라가 나를 기다렸다. 그는 쇼소인에서 복원한 멋진 직물을 주었고, 그와 동행한 젊은 학생은 그가 아기 때 입었던 '가스리 かすり'로 만든 옷을 선물해 주었다. 나는 이 기념물들과 그들이 보여 준 우정과 존경의 표시를 소중히 간직했다. 그런 점도 내가 일본을 좋아하는 이유였다.

일본과의 작별 인사

하카타에서 경비행기를 타고 일본을 떠났다. 이번에는 완전히 떠나는 것이었다. 목적지는 사이공이었다. 포르모사와 광저우에 기착해 하룻밤씩을 보냈다. 공항에서 버스가 나를 일본인들이 출입을 통제하는 지구로 데려다주었다. 긴 저녁 시간이 주어졌고 궁금한 것들이 많았다. 당국에 요청하자 호텔에서 인력거를 제공해 주었다. 인력거는 차이나타운에 있는 극장으로 데려다주고, 그곳에서 아마도 나를 감시하며 기다린 것으로 보였다.

전통 극장이 있는 오락 전용 건물로 들어갔다. 벤치가 놓였고, 관객들이 있었다. 남자들, 여자들, 아이들이 손에 부채를 들고 이야기하고, 수박씨를 골라내고, 만다린 껍질을 까고, 잠을 자고, 책을 읽고 있었다. 연극은 몇 시간 동안 공연되었다. 그들은 몹시 기다린 장면에서만 흥미를 느꼈다. 무대에서는 손의 움직임과 암시하는 눈짓, 매우 상징적인 색상들이 배우들의 행동과 성격을 나타냈다. 고음의 불협화음이 유럽인인 나의 귀를 아프게 했다. 사람들은 왔다 갔다 하며 층을 바꾸고 다양한 놀이를 즐겼다. 길을 따라 곳곳에 타구 통이 놓여 있었다. 예상한 것보다 일찍 호텔로 돌아왔다.

다음 날 사이공—한증막 같았다—에서 콘티넨털 호텔에 도착했다. 호텔은 프랑스 양식이었지만 매력이 없었다. 나는 농장주의 딸에게 전해야 하는 선물을 가지고 있었다. 도쿄 주재 프랑스 대사관에 부임한 그녀의 연인이 프랑스 당국의 거절을 따를 수밖에 없었다는 것을 그녀에게 설명해야 했다. 붉은 머리카락을 지닌 그의 연인은 국가 이미지를 훼손하지 않기 위해서는 그곳에 오지 않는 것이 바람직했다. 그녀도 이미 이를 예상했었다. 자유분방한 그녀는 위선적인 사회 통념에 관해 이야기하며, 너무 더워서 하루에 두 번 빨아도 되는 가벼운 옷으로 갈아입도록 도와주었다.

총독부에 나의 도착을 알렸다. 드쿠 제독이 정중하게 맞아 주었다. 그는 해군이기도 했고 사부아 출신이기도 했다. 하노이로 가기 전에, 남부에 체류하는 김에 캄보디아와 그곳의 예술학교들을 둘러보고 사이공의 예술학교도 방문해 보라고 조언해 주었다. 그의 부서에서 내게 필요한 임무 명령서를 작성해 주었다.

그리하여 나는 사람들로 가득 찬 흔들리는 버스를 타고 울퉁불퉁한 길을 따라 프놈펜으로 출발했다. 버스는 몇 차례 심하게 덜커덕거리더니 해가 떨어질 무렵에 어느 마을에서 고장이 나고 말았다. 나는 초가에 숨은 마을 사람들의 기침 소리를 들을 수 있었다. 이대로는 잠을 잘 수 없었다. 좀 더 편안하게 있을 수 있는 그늘진 큰 나무들을 찾았다. 탑 뒤에 돌로 포장된 바닥에 누웠다. 별 아래에서 첫 밤을 그렇게 보냈다.

날이 밝고, 눈꺼풀 아래로 스며드는 태양 빛이 나를 깨웠다. 눈을 떠 보니 주황색 승복을 입은 공손한 젊은 승려가 있었다. 반으로 자른 코코넛을 공물로 들고 있었던 그는 잠에서 막 깨어난 불청객에게 부드러운 미소를 지으며 그것을 내밀었다.

우리 버스는 그 자리에 그대로 있었다. 정오쯤 다시 출발할 수 있었다. 시골은 아름답고 고요했으며, 하늘은 맑았고, 논에는 백로가 있었다.

프놈펜에서는 캄보디아 예술학교와 박물관 설립자인 조르주 그로슬리에를 만났다. 그는 크메르 예술을 부활시키고, 금은 세공품을 매우 정교하게 제작하는 장인들의 작업이 명맥을 이어갈 수 있도록 애써 왔다. 장인들은 화려한 전통 문양으로 가득 찬 금은 세공품을 매우 공들여 만들고 있었다. 이 전통 문양들은 담배통, 케이스, 담배 상자, 쟁반에 옮겨졌는데, 이는 세계 8대 불가사의인 앙코르와트 사원을 기념하기 위한 것이었다.

나는 교장의 안내를 받아 건축 학교를 방문했다. 그는 나를 집으로 초대했고, 그곳에는 까맣고 깊으며 근심 없어 보이는 생글생글한 큰 눈을 가진, 사롱·sarong·을 입은 매력적인 캄보디아 여성이 함께 있었다. 문득 나도 모르게 파리의 하늘 아래에 있는 두 사람의 모습이 떠올랐다.

크메르 왕국에 대한 앙드레 말로의 열정은 내가 크메르 왕국의 건축물에 감탄할 준비를 하지 못하게 했다. 1931년 파리에서 열린 식민지 박람회를 방문한 이유는 앙코르와트 모형 때문이었다.

나는 시엠레아프로 떠났다. 논에 비친 캄보디아의 하늘이 아름다웠다. 그리고 자연적이고 비극적인 환경에 있는 앙코르 수도의 기하학적인 절개가 마음에 들었다. 권리를 되찾은 바로크

• 말레이시아, 인도 등에서 이슬람교도가 허리에 두르는 스커트 같은 옷. 무명, 명주, 인조견 등으로 만든다.

양식의 열대 우림, 커다란 분지, 바욘 사원, 몬크메르족, 힌두교, 불교 신화에 나오는 홍학과 두루미들이 있는 평화로운 유수지. 나는 주변의 모든 수력 구조물과 연결된 내부 운하, 제방 둑길, 사원 울타리의 경계를 이루는 해자 시스템을 좋아했다. 앙코르 와트 사원은 한 변이 1킬로미터가 넘는 거대한 직사각형 형태였다. 해자를 건너기 위한 끝없는 길이 있었는데, 그 길은 난간을 형성하고 있는 코브라 형상의 '나가$_{n\bar{a}ga}$' 조각상들로 둘러싸여 있었다.

앙코르톰 중심지에는 12킬로미터에 달하는 라테라이트 성벽이 도시를 정사각형으로 둘러싸고 있었다. 넓은 돌길을 이용해 외부 해자를 건널 수 있었다. 길 양쪽에는 무지개를 상징하는 나기를 필에 안고 있는 50개의 사암 거인이 경사로를 이루었다. 한쪽에는 신들이, 반대쪽에는 악마들이 있었다.

나는 멀리서 맞아 주는 이러한 환영을 좋아했다. 마치 누군가 나의 손을 잡고 인간 세계에서 신들의 세계로 이끌어 이 사원에 도달할 수 있도록 해 주는 것 같았다. 왕의 영광을 위해 그리고 그들의 지시로 지어진 '땅과 하늘의 배꼽'이 되는 성지로 말이다. 무질서하게 쌓인 가파른 돌계단 꼭대기에는 '시바의 창조적 에너지의 상징'인 남근상이 모셔져 있는 사당이 있었다.

나중에 운 좋게도 석양의 황금빛을 받으며 이 도시의 영혼 자체를 볼 수 있었다. 신성한 무용단이 엄숙한 몸짓으로 먼 과거의 서사시를 이야기했다. 농민 출신의 이 여성들은 얼굴 생김새, 자세, 머리 모양, 화려한 의상을 통해 서사적 부조물에서 곧바로 내려온 것 같았다. 이 부조물들은 문명에 대해 다룬 열린 책으로, 노예, 농부, 어부, 시장, 아이들, 군인, 고관, 악마, 신, 제사장이자 왕들의 삶을 이야기해 주었다. 그 이야기들은 깎아 만든 사암이나 긴 라테라이트 성벽에 새겨져 있었다. 나는 이것으로 지나간 시대의 화려함을 가늠할 수 있었다.

저녁이 되자 기도하던 수많은 젊은 승려가 수도원의 종소리에 응답했다. 같은 시간에 우르릉거리는 소리가 들렸고, 먹이를 찾는 박쥐들이 날개를 펼치며 사원에서 떼 지어 나와 하늘에 검은 길을 형성했다.

나는 깨어나는 밤의 세계를 좋아한다. 저녁에는 앙코르톰으로 돌아왔다. 신비롭고 묘한 미소를 지은 브라흐마의 거대한 얼굴은 달빛 아래 살아 있는 것처럼 떨림을 드러냈다. 돌이 쌓여 있는 혼돈의 세계, 정적 속 들려오는 으스스한 바스락거리는 소리. 나는 이곳이 저주받은 불길한 곳이라고 느꼈다—거기다 나는 혼자였다.

나는 앙코르 발굴 학예사인 모리스 글레즈를 숲속에 있는 그의 거처에서 만났다. 그는 그 나라에서 매우 인기 있는 그림자극에 활기를 불어넣는 아름답게 투각된 가죽 수집품을 수집해 왔고, 이 고대 문명의 도시들에 정통하여 이를 관심 갖고 있었다. 그는 경비행기를 타고, 자신이 일생을 바친 이 크메르 문화의 숲에서 새로운 흔적들을 발견했다. 시간의 흐름, 장맛비, 울창한 숲, 그리고 나무들의 강력한 뿌리에 의해 떨어진 돌들을 하나씩 받아 냈다. 부드러운 사암으로 된 춤추는 여신, 아름다운 압사라들은 바니안나무들에 감싸여 마치 옷처럼 나무를 두른 형상이 되었다.

이 건축물이나 내 기억 속에서 희미해진 세계, 강력하고 포식적인 자연과 조화를 이룬 그 세계에 대해서는 말할 수 없다. 그러나 짧은 체류 기간 동안 이 장소들의 신비로움과 강력함에 사로잡혔다.

저녁 늦게 시엠레아프에 있는 호텔 방으로 돌아왔다. 불을 켜고 창문을 열어 둔 탓에 숲에서 날아온 나비와 광란의 곤충 떼가 벽과 침대, 식탁 등 곳곳을 점거하고 있었다. 열대 국가들의 특권이라 할 수 있는 이런 생명력의 밀도에 나는 아직 익숙하지 않았다.

놀랍게노 인도차이나는 프랑스의 지배 아래 매우 다양한 민족과 많은 산악 민족이 살아가고 있었다. 프랑스는 통킹, 안남, 코친차이나를 직접 통치했고, 캄보디아, 라오스는 보호령으로 두었다. 이 지역들은 무척 온화하고 느긋한 삶의 방식을 지니고 있었다. 그러한 상황에서도 말이다.

사이공으로 돌아온 나는 어서 빨리 하노이로 가서 임무를 시작하고 싶었지만, 그 내용에 대해서는 여전히 알지 못했다. 기차를 타고 1박 2일 이상 긴 시간 동안 당혹감 속에서 새로운 상황에 대해 꿈꾸었다. 도착 이후부터 나는 친절한 행동을 보이는 사회와 함께했지만, 그 사회에 속하지는 않았다.

하노이에서 임무 수행

하노이. 다소 지루하고 비좁고 촌스러운 메트로폴 호텔에서 문득 그런 생각이 들었다. 중국 국경에서 그리 멀지 않은 대륙에 있으므로 시간이 좀 걸리겠지만 걸어서 프랑스에 갈 수 있을 거라고. 그러나 어느 프랑스일까? 나는 더 이상 그것에 대해 생각하지 않았다.

국가교육부 담당자인 샤르통을 만났다. 그가 제안한 자리는 에콜 데 보자르의 '응용예술'학과에서 가르치는 것이었다. 거절했다. 정체되고 싶지 않았기 때문이었다.

인도차이나는 실질적으로 폐쇄 경제를 시행했다. 어쩌면 수공예품 생산을 발전시키고, 여러 소규모 무역을 하고, 많은 장인에게 활기를 불어넣을 수 있을 것 같았다. 나는 이러한 구체적인 역할에 참여하고 싶었다. 이는 국가교육부의 영역이 아니었다. 인도차이나 정부, 광업 및 산업 감독국, 심지어는 경제국이 관련되었다. 경제국은 내가 이 일을 맡는 것을 승인했다.

경제국장인 자크 마르탱과의 관계는 처음에 어려웠다. 그는 일본에서 온 나를 경계했다. 그가 내 관심사와는 몇 광년 떨어져 있음을 깨달았다. 날마다 내 관심사에 관해 이야기했으나 그는 아무런 반응도 보이지 않았다. 그의 눈은 안경 너머 차갑게 고정되어 있었고, 그는 아무 말 없이 멀찍이서 내 말을 들었다. 나는 아무런 성과를 내지 못했고 시간만 낭비했다. 아쉽지만 이 계획을 포기해야 했다. 최후 면담에서 몇 마디를 나눈 후에 그는 내

말을 자르고 내게 전권을 주었다.

나는 6개월 갱신 조건으로 참여했다. 폴베르가에 있는 한 상점에서 공예품 상설 전시회를 열고, 특정 주제를 중심으로 그 나라의 생산품을 모아서 주제별로 다루는 계획을 제출했다. 예를 들어 섬유에 대한 시연, 고무와 응용, 가죽, 가정용품, 은식기, 칠기, 광주리 제품 등으로 여러 부서의 참여를 이끌어야 했다. 나는 발전 가능한 것을 명확하게 반영하는 공익적인 전시가 되도록 노력할 것을 약속했다. 전체를 매력적으로 만들어야 했다.

왜 나는 국가교육부의 품 안에서 편안하게 있는 대신에 일본에서 했던 일을 인도차이나의 국내 소비에 적용하려고 마음먹었을까? 폭풍의 눈 안으로 들어가고 있었다.

나는 논에 있는 여러 마을과 그 마을의 숨겨진 보물들을 만나는 것을 좋아했다. 그 나라의 남성과 여성은 그들의 풍습뿐 아니라 문화와 언어를 간직하고 있었다. '하층민'이라는 의미가 내포된 '냐꾸에nhà quê', 근면하고 장난기 많은 이러한 시골 사람들은 낯선 방문을 경계했다. 나는 그들에게 다가가기 위해 노력했다. 그들은 지나치게 공손하거나 눈에 띄게 적대적으로 나를 맞았다.

하노이 원주민 지구에서 호화로운 장례식에 사용되는 장례용품 제조인들을 만났다. 대나무 골조에 금색, 은색, 노란색, 빨간색, 파란색 등 오색찬란한 색종이를 붙여 만든 용, 피아스트르Piastre,* 달러, 가구, 여인, 말 등이 있는 화려한 행렬은 넘치는

---

* 프랑스령 인도차이나의 화폐

상상력으로 꾸며진 현실감을 선사했다. 이는 사후 세계에서 필요한 고인의 모든 재산을 의미했고, 행렬이 끝나면 모두 불에 태워졌다. 몇몇 용은 너무 웅장해서 그것들이 지나갈 수 있도록 전차선을 들어올려야 했다. 행렬의 맨 앞에는 곡하는 여자들과 구운 새끼 돼지로 만든 진미가 놓여 있었다.

공예품은 매우 인기가 있어서 사라질 것 같지 않았다. 종이 포장재 없이 전시를 꾸미는 데 이 공예품을 사용해야겠다는 아이디어가 떠올랐다. 매우 암시적인 대나무 골조를 여성용 마네킹으로 삼아 천을 두르고, 가죽과 안장, 장화를 전시하는 말 모형으로 활용했다. 작업은 즐거웠다.

나는 서구식으로 만들어진 진부하고 유용한 제품보다는 원주민이 직접 생산하는 일상용품에 더 끌렸다.

어느 공예품 전시회에서는 메오족, 몽족, 타이족, 띠엔족과 같은 산악 지대의 반유목민이 만든 것들을 소개했다. 그들의 호화로운 장식에는 돈에 오염되지 않은 순수함이 간직되어 있었다. 일부 패턴은 헝가리-핀란드 예술을 연상시켰다. 나는 자수, 도자기, 채롱, 바구니, 세련되게 엮은 쟁반, 은 장신구와 메오족 목걸이에 매료되었다.

당시에 나는 오늘날에는 아마 사라졌을 여러 얼굴을 지닌 인도차이나를 발견했다. 각각의 민족은 질투심으로 분열되어 따로 살고 있었다. 인도차이나의 비극은 베트민이 권력을 잡으면서 시작됐고, 그로 인해 일부 민족은 그들의 땅에서 먼 프랑스의 세벤으로 망명해야 했다. 그 과정에서 에티엔 시카르와 현지에서 장 카세뉴 주교가 그들의 탈출과 생존을 도왔다. 아이들은 적응했지만, 이주하면서 그들의 언어, 전설, 풍습을 잃었다.

이것은 인류에게 손실이라는 생각을 떨칠 수 없다. 나는 생명의 원천이 되는 다양성을 추구한다. 모든 민족은—자유롭게—스스로 책임지고 자신들의 속도에 맞춰 진화를 위한 환경과 수단을 만들어 내야 한다—독재가 있다면 이는 몽상에 불과하다. 서구인의 가치는 그들의 가치와 다르다.

나는 내 일에 관심이 많았지만, 이 나라에서 새로운 삶에 대한 열정은 부족했다. 전쟁의 압박이 점점 더 거세지고 있었다. 나는 불행이 닥쳐오는 이 분위기 속에서 생명력을, 죽음의 충동에 대항하는 삶의 충동을 추구해야 했다. 역설적이게도 최악의 순간에 그리하기로 결심했다.

일본의 전략적 요충지를 겨냥한 미국의 폭격이 점점 더 빈번해졌다. 프랑스에서는 소식이 없었다. 불안한 환경이었다. 일본의 존재는 날이 갈수록 강력해지고, 프랑스 정부에 대한 요구도 더욱 까다로워졌다. 프랑스 정부는 인도차이나를 비교적 안정된 경제 질서 속에 두고자 하면서 일본에 맞서 '프랑스의 주권'을 보호하려 애썼다. 하지만 얼마나 더 지속할 수 있을까?

파리를 떠난 것은 내가 택한 갈림길 중 하나였다. 그 선택은 내가 알지 못하고 짐작조차 할 수 없는 지점으로 나를 가차 없이 이끌고 갔다.

내 짐이 파리 리옹역 플랫폼에 남아 있었더라면. 그날 마르세유행 기차를 타지 않았더라면. 르데블랭을 만나 더반에서 내렸더라면. 적절한 시기에 배가 있어 인도차이나가 아닌 미국으로 갔었더라면. 중립 대피선이 있어 전쟁 중인 일본을 떠나 로렌수 마르케스로 떠났더라면. 경제국장이 아닌 샤르통의 호의 아래 하노이의 교육부에서 여정을 마쳤더라면. 이를 운명이라고 부르는 걸까?

서로 다른 은하계에서 온 두 개의 별 입자가 몇 번의 충돌 끝에 합쳐졌다. 유럽에서 전쟁이 발발했을 때, 당시 기함 라모트 피케에서 해군 경리관이었던 자크 마르탱은 중국해를 항해하고 있었다. 이 해안, 이 매혹적인 도시들, 이 사람들, 이 갈망하던 미지의 경이로움—결코 잊지 못할—으로 이루어진 어린 시절의 꿈과 작별해야 했다. 그는 동아시아의 분쟁이라는 가혹한 현실에 맞서야 했고, 결국 인도차이나의 경제국장이라는 까다로운 직무를 맡았다.

그는 비밀스럽고 신중하고 언제나 곧바로 본론으로 들어가며, 꾸밈없이 명확한 것을 좋아하고 감정을 드러내지 않았다. 그리고 자기 일이나 사생활에 대해 이야기하는 것을 좋아하지 않았다. 반면에 나는 대화하고 사람들의 숨겨진 면을 발견하기를 좋아했다. 남극과 북극이 하나로 합쳐지려 했다. 1943년 5월 달랏에서 나는 자크와 결혼했고, 이 아름다운 꿈의 땅에서 모험을 시작했다.

갈대 평원에서의 고요한 아침, 코끼리 세 마리가 조련사와 함께 한 줄로 늘어서서 주둥이를 들고 흰 새와 백로로 가득한 때 묻지 않은 자연 속에서 우리를 위해 길을 터 주었다. 가우르 사냥은 우리의 구실이었다. 만일의 경우를 대비해 방어용 소총을 가지고 있었다.

정오가 되자 태양이 이글이글 타올랐다. 우리는 드문드문 우거진 나무 그늘 중 한 곳에 멈추어야 했다. 피크닉 바구니, 바닥에 놓인 종이 냅킨, 식기, 닭고기, 마치 뱅센숲에서의 진짜 피크닉 같았다. 덤으로 나는 모기들의 배를 채워 주고 있었다. 시적 정취가 부족한 식사를 잽싸게 마친 후 우아하게 무릎을 내준 코끼리에 올라탔다.

이윽고 출발했다. 지평선이 보이지 않을 정도로 점점 더 빽빽해지는 갈대숲 속에서 하루 종일 단조로운 여행이 지속되었다. 내가 탄 코끼리가 오솔길을 가로지르다가 갑자기 멈춰 서더니 숲을 향해 소리를 질렀다. 가우르를 공격할 준비를 하는 걸까? 마침내 가우르 한 마리가 나타났다. 코끼리 조련사는 엄폐물에서 가우르를 절대 공격해서는 안 된다고 알려 주었다. 그래서 우리는 태연하게 원주민 마을로 여행을 계속했다. 가우르는 놓쳤으나 아직 호랑이가 남아 있었다.

우리는 나무 위 망루에서 밤을 보내기로 했다. 우리 발치에는 염소 새끼 한 마리가 묶인 채 울고 있었다. 정글의 군주에게 바치는 제물이었다. 무더위. 모기. 담배 연기. 한숨. 호랑이는 어리석지 않았다. 주위를 어슬렁거리며 망설이다 떠났다.

다음 날에는 물소 사냥이 남아 있었다. '꿩 대신 닭'인 셈이었다.

우리는 장소를 옮겼고, 더 작은 코끼리로 옮겨 탔다. 원주민의 오두막 기둥 높이가 코끼리의 등 높이에 맞춰 표준화되어 있다는 걸 알아차렸다―동작, 형태, 기술 등이 모두 그러했다. 그날 우리를 맞아 준 오두막은 축제 분위기였고, 술 항아리들이 준비되어 있었다. 부족원들이 씹었다가 다시 뱉은 사탕수수로 만든 술이었다. 고사리 줄기로 만든 관을 빨대 삼아 돌아가면서 한 모금씩 엄숙하게 빨아 마셨고 내 차례도 왔다…….

아름다운 하얀 암탉의 멱이 따였다. 닭 목에서 피가 솟구쳤고, 종교적 의미로 그것을 마셔야 했다. 흥분이 위험할 만큼 고조되어 갔다. 우리는 그들이 관행을 따르도록 남겨 두고 떠나야 했다.

코끼리는 부드럽게 코로 내 얼굴 앞의 나뭇가지들을 밀어내며 길을 터 주었다. 그리고 풀 한 포기를 뿌리째 뽑아 발로 두들겨 흙을 제거한 후 음미했다.

아래로 강을 건너가야 했다. 이 거대한 생명체는 나를 등에 업은 채 뒷다리로 무릎을 꿇고 미끄러져 내려갔다. 마치 물 위로 떠오른 풍선처럼 반대편 강기슭으로 건너갔다. 코끼리는 자신이 해야 할 동작을 정확히 수행했다. 본능인지, 훈련인지, 판단력인지는 알 수 없었지만 나는 감탄했다.

물소는 없었다. 우리의 여정 끝에 친구들이 기다리고 있었다. 40킬로미터 정도 떨어진 농장으로 빠르게 이동할 수 있게 자동차 한 대가 준비되어 있었다. 안타깝게도 자동차는 고장 났다. 운전사는 숲에서 밤을 보낼까 봐 두려워서 차 안에 몸을 숨겼다. 그가 가장 두려워한 것은 무엇이었을까. 악마 아니면 짐승?

우리 일행 네 사람은 고사목과 잔가지들을 모아서 돌아가며 불을 피웠다. 숲에서 작은 울음소리가 반복해서 들려왔다. "어흥, 어흥, 어흥." 사냥에 나선 호랑이 소리였다. 그리고 날이 밝았다. 운전자는 구조를 기다리며 차 안에 남기를 원했다. 비포장도로를 주의 깊게 살피며 20킬로미터를 더 걸어야 했다. 소리 지르는 장난꾸러기 원숭이들, 나무에서 "레옹, 레옹" 울면서 깃털을 펼치는 멋진 공작새들밖에 보지 못했다. 그 울음소리는 마치 "레옹, 당신이 나를 아프게 하고 있어. 안경을 벗어"라고 하는 것만 같았다. 공격적인 야생동물들은 보이지 않았다. 그들은 인간을 피했다.

나는 나트랑을 거쳐 홀로 하노이로 떠났다. 중국해와 맞닿아 있는 아름다운 백사장을 맨발로 달리고 싶은 욕망에 멈췄다. 해양학연구소에서 2, 3일 정도 머물면서 잠수 팀과 함께 바다로 나갈 수 있다는 것을 알았다.

잠수부들은 젊고, 작은 안경을 쓰고 있었다. 안경은 그들이 직접 조각한 두 개의 나무껍질로 만들어져 눈구멍에 딱 맞았고, 고무줄로 서로 연결되어 있었다. 그리고 아름다운 밝은색의 물고기를 잡기 위한 수많은 뜰채와 거대한 문어를 유인하기 위해 바위 밑을 휘젓을 수 있는 큰 쇠지렛대가 있었다.

문제는 잡은 것들을 살아 있는 상태로 가져오는 것이었다. 혼자서 혹은 팀을 이루어 매우 편안하고 능숙하게 작업하는 잠수부들을 지켜봤다. 그들 중 한 명이 쇠지렛대를 들고 큰 바위 밑으로 돌진했다. 수신호를 보내 수면에 있던 다른 사람들을 불렀다. 마치 럭비 경기를 보는 것 같았는데, 그들은 짙은 검은 구름에 가려 내 시야에서 사라졌다. 시간이 한없이 길게 느껴졌다. 그들의 모습이 다시 나타났을 때 한 동료가 그들이 공격한 문어의 촉수에 얽혀 있었다. 나는 배 뒤쪽으로 피신했다. 그들은 나를 위해 잡아 온 작은 성게들을 건네주었다.

나이 어린 청년들로 이루어진 이 팀은 2년마다 교체되었다. 그들의 건강은 보호 장구 없이 이러한 깊은 잠수를 견디지 못했다. 물고기들은 수족관에서 정기적으로 교체되어 광채와 활력을 유지하는 것처럼 보였다. 희생이 따르는 환상이었다.

하노이에서는 특정 행사를 개최하기 위한 파빌리온 프로그램에 관심을 가졌는데, 그 첫 번째 행사는 원예에 관한 것이었다. 목재, 광주리 제품, 칠기 등 공예품을 사용하면서도 건축물에 현대적 특성을 부여하고, 통킹이라는 지역의 정신을 고려해 수생 환경에 설치하고 싶었다. 수자원산림농업연구소의 살나브 씨와 공공사업 건축가 몽세 씨와 함께 이를 실현했다.

이 파빌리온은 약 4미터의 표준적인 목골조로 구성되었으며, 큰 나무못으로 조립되었다. 지붕의 두 경사면은 중앙의 거대한 빗물받이로 물이 모이도록 반대로 기울어져 있었다. 이는 광주리 세공법으로 짜인 긴 통으로, 내부는 옻칠로 코팅되어 방수 처리되어 있었다. 모든 것이 건물의 특수 설계된 목골조 위에 간단히 놓여 있었다. 양쪽 끝에서 빗물이 수련 연못으로 흘러들었다.

나는 안남 해안의 어부들이 사용하던 매우 간단한 방법으로 삼판을 만드는 기술을 눈여겨보았었다. 어부들의 기술을 알리고 싶었다.

종셰르와 함께 통킹 마을을 찾아 그가 관심을 두던 장인들을 방문했다.

미끄럽고 울퉁불퉁한 라테라이트 도로를 따라 이동하곤 했는데, 잦은 차 고장과 사고로 가로막히곤 했다. 사고는 많은 경우에 벼농사를 짓는 농부들의 불신 때문에 발생했다. 그들은 액운을 쫓기 위해 차 앞으로 달려와 '마쿠이makoui', 즉 악령을 죽이려 했다. 불행히도 마쿠이는 항상 무사했다. 차가 논에 빠지거나 불운한 농부가 악령의 운명을 대신 겪곤 했다.

내 눈에는 너무 복잡해 보였던 이 민족에 대해 매일매일 더 잘 이해하게 되었다. 그리고 폴베르가에서 내게 주어진 임무를 계속 이어 나갔다. 상자를 옮기고, 열어 보고, 전시할 물건들을 직접 진열했다.

그러던 어느 날, 내가 그토록 원했던 뱃속 아기를 잃을 뻔했다. 나는 내가 용감한 소작농이라고 생각했다. 두 달간의 완전한 휴식 후에 페르네트가 태어났다. "페르네트가 일어선다. 트랄랄라로-랄라-라……"라는 노래처럼, 또는 사부아에서 행운을 가져다주는 작은 빨간 무당벌레처럼, 혹은 델리Délie라는 상징적 이름으로 모리스 세브에게 영감을 준 중세의 저명한 시인 페르네트 뒤 기예처럼.

참지 않고 참으며,

살지 않고 살며,

죽지 않고 죽는다.

낮이고 밤이고 매일 경보가 울렸다. 미군 폭격기가 지나간 후에는 원주민 마을은 화염에 휩싸이고 눈물바다가 되었다. 원주민은 논으로 도망치거나 아니면 산으로 들어가 돌아오지 않았다.

나의 일은 무용지물이 되었고, 심지어 불가능해졌다. 내게는 지켜야 할 아기가 있었다. 나의 진정한 근심이 시작되었다. 나는 아기를 키우는 것보다 도시 건설에 더 소질이 있다고 느꼈다. 하얀 젖가슴을 탐욕스럽게 빠는 예쁜 아기를 꿈꾸었지만, 그 모습은 실현되지 않았다.

딸은 폭격이 있던 날에 태어났고, 그날 밤 요람에서 가냘프게 우는 소리가 들렸다. 나는 책임감을 느꼈고, 더 이상 자유롭지 못했다. 현재의 불안정함이 갑자기 내게 나타났다. 나의 아름다운 무사태평함은 사라졌다. 나는 현실에서 깨어났다. 내게 모성 본능이 있었을까? 다음 날 아침, 이 작은 존재가 사람들이 준 설탕물을 삼키는 것을 보았다.

이 생명을 살리기 위해 온 힘을 쏟았다. 가슴을 만져 보니 쉽지 않을 것 같았다. "한 티스푼이라도 아이에게 줘야 해요." 의사가 말했다. 폭격이 있던 날에 방의 모든 창문이 산산조각이 나면서 모든 것이 극에 달했다. 나를 도와주던 중국인 여성은 대피하러 가기 전에 욕조로 요람을 덮어 줄 만큼 현명했다.

나는 더 시원하고 온화한 산악 지역인 달랏으로 피신해야 했다. 비행기는 40도가 넘는 더위로 임시 공항에서 고장이 났다. 폭신한 요람으로 개조한 일본 바구니, 캠핑용 조리 기구, 오래된 연유 몇 캔과 빠르게 땀띠가 생긴 페르네트를 데리고 내렸다.

이 사고를 알게 된 지역의 고관이 차를 보내 그의 집에서 하룻밤을 보내도록 해 주었다. 나는 예의를 차릴 여유 없이 탈수된 페르네트를 위해 깨끗한 물이 가득한 큰 물통을 부탁했다. 다음 날 아침, 공항으로 돌아와 여전히 불확실한 이륙을 기다리면서 젖병을 준비했다.

공항 직원 중 한 명이 예고 없이 바구니에 있던 벌거벗은 아기를 붙들었다. "빨리요. 비행기가 출발할 거예요." 이미 프로펠러는 전속력으로 돌아가고 있었고, 엔진 소리는 매우 요란했다. 남자는 요람 위에 두꺼운 담요를 덮어 놓았지만, 바람이 너무 강하게 불어 날아가 버렸다. 페르네트는 축 늘어져 아무런 반응이 없었다. 의식을 잃은 아이에게 옷을 입히고, 불안한 마음으로 젖병 꼭지로 입술을 간지럽히며 깨웠다. 출발을 서두르느라 신생아에게 미칠 영향을 전혀 고려하지 않은 이 사람들을 모두 죽일 뻔했다.

달랏으로 피신

달랏에 도착했다. 나는 임무를 완전히 포기했다. 그것은 더 이상 어떤 것과도 부합하지 않았다. 나는 스스로 여러 가지 질문을 던졌다. 직업적인 관점에서 일본에서의 경험을 인도차이나로 옮기려 한 나의 실수를 이해했다.

나의 작업 환경은 이전과 같지 않았다. 수출을 위해 국가 통제와 교육, 생산을 연계하는 고도로 구조화된 일본에서는 모든 수준에서 우수한 장인의 기술을 활용할 수 있었다. 반면 인도차이나에서는 생존을 위한 생산이 중요했고, 원주민뿐만 아니라 본국과 단절된 유럽인을 위한 내수용 제품이 주였다.

나는 시장에서 볼 수 있는 현지의 실용적인 공예품을 기반으로 삼았다. 그것은 매력이 있었지만, '만듦새'가 너무 초보적이었다. 그러나 일부 높은 수준의 서구식 제품은 안남족의 적응력과 발전 가능성을 증명했다. 나의 목표는 이러한 품질을 현재의 모든 수요로 확대하고, 모든 마을과 장인이 각자의 특성을 살리면서도 전체 이익을 위해 생산을 발전시키도록 관심 갖게 하고, 무엇보다도 내가 방문했던 통킹, 코친차이나, 캄보디아의 예술학교에서 겪었던 창의성 부족으로부터 민속품의 함정에 빠지지 않게 하는 것이었다. 그러나 이러한 활동을 실행하기에 적절한 시기였을까? 무엇이 남았을까? 아무것도 남지 않았다.

1940년 6월 프랑스를 떠나 일본으로 향할 때, 하쿠산 마루호에서 썼던 항해 일지에는 이미 인도차이나와 일본 사이에 존재하는 위험한 긴장 관계가 언급되어 있었다. 사건은 1936년으로 거슬러 올라간다. 통킹을 거쳐 중국으로 '일본인이 보기에 진정한 전쟁 밀수품'이었던 무기를 밀매한 일이 있었다.

유럽에서의 패배로 프랑스가 취약해지자 일본은—탐내던—인도차이나에서 통킹에 배치된 일본 파견대의 통제하에 중국 국경을 폐쇄할 것을 요구했다. 3개월 후—당시 나는 일본에 있었다―프랑스와 일본 간의 협정이 체결되었는데, 이 협정은 인도차이나에서 프랑스의 주권을 보장했다. 중국의 반응은 이러했다. "일본군이 인도차이나를 통해 공격하면 중국은 통킹에 개입할 것이다."

1941년 12월 9일에 협정은 코친차이나까지 확대되었고, '공동 방위' 협정으로 이어졌다. 정말 다행히도 이 협정들은 절대 이행되지 않았다. 전날 일본군이 진주만을 공격했기 때문이다.

나는 순진하게도 이 역사의 페이지들을 비켜났지만, 일본이 패배할 수밖에 없는 위험한 순간이 올 것임을 알고 있었다.

1944년 5월, 나는 달랏에서 도시와 숲의 경계에 있는 빌라에 살았고, 바로 옆집에는 의사가 살았다. 매일 아침 30분을 걸어서 호랑이와 갖가지 짐승이 사는 숲속 외딴곳에 있는 농장으로 신선한 우유를 얻으러 갔다.

달랏으로 가는 여정은 페르네트를 괴롭혔다. 페르네트에게 주던 우유가 맞지 않았다. 조언을 구하기 위해 사이공에 있는 병원을 여러 차례 오가면서 의사와 보조자인 커다란 흰 베일을 쓴 명랑하고 쾌활한 피에르 수녀님과 친분을 쌓았다. 피에르 수녀님은 내가 하던 대로 모든 걸 소독하지 말라고 권했다. "아이가 바닥을 기어다니면 어떻게 할 건가요? 면역력을 길러 줘야 해요." 페르네트의 상태는 더욱 심해졌다. 음식을 거부했다. 나는 유제품 대신에 달랏에서 구한 채소와 통밀가루로 퓌레를 만들어 먹였다. 그리고 이를 보충하기 위해 어느 날에는 48시간 이내의 신선한 달걀노른자를, 또 다른 날에는 최고급 느억맘을, 또 다른 날에는 신선한 닭 피를 한 숟가락씩 추가했다. 정말 간단했다. 수녀에게 달려가 달걀 하나와 닭 한 마리를 구하고, 따뜻한 피를 한 숟가락 모으기 위해 닭 목을 비틀었다.

저항하는 페르네트가 이 전부를 삼키게만 하면 되었다. 인내심 강한 중국인 도우미는 한 숟가락씩 먹이려 애썼다. 등을 돌리고 계속해서 손가락을 입에 물고 있는 이 장난꾸러기의 주의를 딴 데로 돌리기 위해 나는 광대 역할을 했다. 내게는 돌토*가 필요했다.

아기방을 마련했다. 바닥에 분홍색 고무 매트를 깔고 가드가 있는 작은 침대를 만들었다. 그리고 깨끗하고 부드러운 등으로 엮어 만든 접이식 대형 놀이 매트를 고안했다. 바로 옆에는 음식을 직접 준비할 수 있는 작은 알코브alcôve**가 있었다.

사이공에서 미군 폭격이 효과를 거두면서 후에와 하노이 사이의 철도선이 끊어졌다. 그로 인해 통킹의 일부 마을에서는 기근이 발생했다. 일본의 군수품 요청은 더욱 절박해졌다. 자크 마르탱은 이에 버틸 수 있는 적임자였다.

어느 날 점심을 먹으려고 시내에 있는 그의 사무실로 나갔다. 불안한 얼굴의 직원이 그가 오전 10시부터 일본군 사령관과 함께 있었다고 알려 주었다. 사령관은 자신들을 방해하지 말라는 명령을 내렸다고 했다. 그는 오후 4시가 되어서야 나왔다. 일본군 사령관도, 자크 마르탱도 입을 열지 않았고, 테이블에는 검이

---

* 프랑수아즈 돌토(Françoise Dolto, 1908~1988). 프랑스의 저명한 소아 정신과 의사
** 서양식 건축에서 벽의 한 부분을 쑥 들어가게 만들어 놓은 부분

놓여 있었다—먼저 말하는 사람이 지는 것이었다. 그는 긴 시간 동안 침묵을 지킴으로써 잠시 숨 돌릴 시간을 벌었다.

코친차이나는 인도차이나의 곡창 지대였다. "이 나라에서 아직도 모든 문명의 편리함을 누리면서 거의 아무런 제약이 없다는 것이 참 신기하다"라고 1월에 빅토르 세갈렌*의 아들 이봉 세갈렌이 일기에 썼다(아마도 푸짐한 식사를 마친 후였을 것이다). 그러나 3월 7일이 되자 그의 어조는 바뀌었다. "지을 수 있는 모든 것은 모래 위에 지어졌다."

2월 초, 이봉은 자기 집이 있던 자리에 큰 구덩이가 생긴 것을 발견하고 충격을 받았다. 15여 개의 폭탄이 그의 섬에 떨어지면서 일부를 파괴한 것이다. 심지어 병원도 타격을 받았다. 마닐라가 점령되면서 아마도 상당수의 미군 항공기가 해방되었을 것이다. 다행히도 요 세갈렌과 그의 아이들은 이미 달랏으로 피신한 후였다.

프랑스에서는 드골 장군이 의기양양하게 해방된 파리로 돌아왔다(1944년 8월 24일). 독일은 사실상 패배했다. 무엇보다도 해군이었던 드쿠 제독은 무엇을 했을까? 그는 '정통' 프랑스를 위해 복무하고 있었다. 더 이상 페탱의 프랑스가 아니라 드골의 프랑스였다.

그는 드골에게 직접 장문의 메시지를 보내, 동아시아 지역의 전반적인 상황, 구체적으로는 인도차이나 지역의 상황을 알렸

---

* Victor Segalen, 1878~1919. 프랑스 군의관이자 고고학자, 시인, 문학평론가

다. 메시지에 도쿄 주재 프랑스 대사 앙리 콤, 베이징 주재 대리 공사 롤랑 드 마르제리 그리고 드쿠가 공동 서명했다. 이 비밀 메시지는 수신되었지만, 응답이 없었다. 다만, 같은 해 9월에 모르당 장군이 레지스탕스의 지도자이자 인도차이나 '해방'을 위한 행동위원회의 총대표로 임명되었다는 소식이 들려왔다. 권력의 혼란 속에서 드쿠는 설명을 요청하고 사임 의사를 밝혔고, 1944년 11월 말에 드골 장군의 지시를 받았다.

"첫 번째는 [드쿠] 제독이 적에 대해 전술적 이유로 인도차이나에 있는 모든 프랑스 자산―육군, 해군, 행정부, 저항군 등―을 보호하고 유지할 수 있는 외관을 일시적으로 유지하는 것이다. 따라서 제독은 직접적으로 혹은 '나르시스'[모르당 장군]를 통해 정부의 명령을 받기 전까지는 사임하지 말라는 엄명을 받는다."

모든 프랑스 자산을 유지한다는 것은 우리가 자산을 잃지 않았다는 것을 의미하며, 이는 인도차이나에서 프랑스의 주권을 가진다는 증거였다. 규율을 중시하는 드쿠 제독은 이에 따랐다. 1944년 말 이후 실질적으로 더 이상 권한이 없었던 해군 출신 총독과, 감춰진 권력을 가지고 있었지만 카리스마는 없었던 파견된 장군. 게다가 두 사람은 서로를 잘 알고 있었지만 서로를 좋아하지 않았다. 방향을 잃기에 충분했다.

나는 하노이의 카페테라스에서 낙하산 투하에 관해 경솔하게 떠드는 것을 목격했다. 이름과 장소들이 언급되었다. 일본인들이 엿듣고 있었다. 태평양에서 미군에 패배한 일본, 종이로 만든 집들 위에 소이탄을 퍼붓는 도쿄 공습, 이 모든 것은 드쿠가 그토록 두려워한 일본 개입을 이끌기에 충분한 조건들이었다.

페르네트가 태어난 지 거의 1년이 지났다. 페르네트의 아빠와 함께 아이의 생일을 축하했다. 아이는 그의 귀에 대고 '파파'라는 단어를 처음으로 내뱉었다. 그는 매우 감동했다.

인도차이나에서 프랑스 주권 상실

1945년 3월 10일 아침에 〈라디오 사이공 Radio Saigon〉의 아나운서는 울먹거리는 목소리로 전날 일본군의 강제 점령을 알리고 그들의 선언문을 읽었다.

"프랑스인은 약속을 성실히 이행하지 않았다. 프랑스인은 지금 있는 장소를 떠나지 말길 바란다." 인도차이나에서 우리의 주권 상실을 알렸다. 도시에 통행금지령이 내려졌다. 총독부의 구성원과 드쿠 제독도 감시를 받았다. 무슨 일이 벌어진 걸까?

비극은 3월 9일 사이공 궁전에서 드쿠 제독과 마쓰모토 일본 대사 사이에서 벌어졌다. 회담은 단순한 일상적인 내용—쌀 공출에 관한 새로운 협정 조인—이어야 했지만, 실제로는 명분에 불과했다. 늦은 저녁, 일본 대사는 실질적인 최후통첩을 제시했다. 명예를 중시하는 드쿠 제독은 이를 받아들일 수 없었다. 일본은 이를 예상했다. 최후통첩의 일부 조항은 다음과 같았다. "육군, 해군, 공군, 그리고 인도차이나의 무장경찰은 일본군의 단독 지휘하에 놓이고, 조직, 배치, 병력, 무기, 물자의 이동에 관하여 내리는 일본군의 지시를 전적으로 따르며, 철도, 해상 및 내륙 운송, 국내외 통신 및 기타 군사 조직에 필요한 모든 통신을 실질적으로 일본군의 관리하에 두어야 한다."

많은 프랑스인이 체포되었고, 그중에는 자크도 포함되어 있었다. 일본군 사령관이 집으로 와서 남편이 돌아오지 않을 것이라고 전했다. "그에게 줄 작은 여행 가방을 준비하시오."

나는 그곳을 떠나서는 안 됐다. 그는 일본에서 나에 대한 이야기를 들은 적이 있다는 장교 한 명과 함께 우리 집을 수색했다. 그리고 도쿄의 경찰관처럼 행동하며 위스키를 내오도록 했다. "여행 가방은?" 나는 미리 준비해 두었었다. 잠옷, 세면도구 등을 챙긴 가방을 건넸다. 그는 가방을 열며 말했다. "위스키 한 병도 같이 넣도록." 나는 아무 말 없이 장미 한 송이를 꺾어 가방 안에 넣었다.

알고 보니 빌라의 하인이 일본인에게 복종하고 있었다. 그날까지 그는 수동적인 그림자처럼 주방에서 숯불을 준비했다. 그가 갑자기 악마 같은 존재로 변했다. 집안을 군림하는 절대적 지배자가 되어 명령을 내리고, 요리사와 내 아삼(아기들을 돌보던 중국인 소녀)을 공포에 떨게 했다. 두 사람은 내게 나서지 말라고 애원했다. "그가 당신을 죽일 거예요." 그러나 그들은 나를 잘 알지 못했다. 나는 '죽음의 천사'처럼 찬방으로 달려가 복수심에 불타는 손가락으로 문을 가리켰다. "당장 꺼져!" 그는 떠났다.

이틀 뒤에 자전거를 탄 낯선 프랑스 청년이 와서는 내가 체포

될 것이라고 미리 알려 주었다. "딸을 데리고 가지 마세요." 나는 아직 자유로운 친구들에게 소식을 알렸다. 혹시라도 그렇게 되면 페르네트를 기꺼이 받아주겠다고 했다. 밤새도록 여행 가방과 상자, 트렁크를 챙겼다. 예상대로 아침에 길고 검은 차 한 대가 빌라 앞에 멈춰 섰다. 두 명의 군인과 통역관이 차에서 내렸다. 이미 오랜 지인 같았다.

빌라 뒷문을 통해 페르네트를 아삼의 품에 안겨 의사의 집으로 피신시켰고, 차가 떠날 때까지 돌아오지 말라고 단단히 일러두었다. 지난번과 같은 시나리오였지만 차이점이 있었다. "가방을 싸시오. 우리와 함께 갈 거요." "안 돼요." "왜지?" "딸이 아파서 병원에 있어요. 아이를 기다려야 해요."

적대적인 안남인 통역관은 제대로 통역하지 않았다. 일본 장교가 장황하게 이야기했고, 프랑스어로 나를 변호해 주었다고 말했다. 다음 날 아침에 지정된 구금 장소에 출두하겠다고 명예를 걸고 약속하라고 했다. 나는 안도하며 이를 받아들였다. 차가 떠나자, 아삼이 돌아와 숲속으로 도망가라고 간청했다. 나는 이 사이렌을 듣지 않았다. 그 유혹을 따르는 사람들은 그곳에 남아 있거나 일본군에게 잡혔다.

약, 음식, 옷, 장난감 등이 들어 있는 생존 키트와 함께 친구들에게 페르네트를 맡기고 집을 나섰다. 역경과 고통 앞에서 이를 악물고 직면해야 한다. 마치 산에서 정상을 바로 앞에 두었을 때처럼 말이다. 조금만 더 올라가면 희망이 있었다. 구금 장소는 감옥이 아니라 무상한 일본 경비병들이 지키는 가옥이었는데,

그곳에는 이미 네다섯 명이 갇혀 있었다. 내게 벌어지는 일을 보며 완전히 얼이 빠졌다. 악몽 같았다.

이곳까지 온 길을 창밖으로 멍하니 내다보았다. 수평선 너머 하늘이, 나의 잃어버린 자유가 보였다. 어깨에 소총을 멘 일본 군인이 손수레를 밀고 있었다. 손수레 위에는 상자 하나가 놓여 있었다. 상자 안에 페르네트가 있었다. 믿을 수 없었다. 도대체 어떻게 된 건가? 친구들은 일본군 명령으로 기차로 후송되었는데, 목적지가 불확실했기에 페르네트를 내게 돌려보냈다.

물론 우리의 논리로는 아이를 잃을 수 있었지만, 일본인 논리로는 그렇지 않았다. 내 사랑스러운 딸은 내 품에 안겨 나의 작은 간이침대에서 "맘마"라고 부르며 하룻밤을 보냈다. 나는 다짐했다. 무슨 일이 있어도 기필코 다시는 그녀를 떠나지 않겠다고.

다음 날은 단조롭고 일상적으로 지나갔다. 페르네트는 이따금 내가 죽을 끓이러 부엌에 가거나 시야에서 사라질 때마다 빽 울음을 터뜨릴 뿐이었다. 일본 경비병은 소총을 내려놓고 페르네트를 진정시키려고 애썼지만, 울음소리는 더 거세졌다. 그는 자식이 생각난 것일까? 가끔 경찰관들이 나와 페르네트가 잘 지내는지 확인하러 오곤 했다.

어느 날 자정 무렵에 그들 중 한 명이 한 여성을 깨워 쇼팽의 소나타를 연주하게 했다. 우리는 그런 식의 예측할 수 없는 상황에 대해 몹시 불안해했다. 그러던 어느 날 일본군이 대표단이 도착했다고 알렸다.

에티엔 시카르가 대표단을 인솔했다. 그는 나의 친구였다. 나는 그를 도쿄에서 알았는데, 그는 메르스엘케비르 해전에서 살아남아 프랑스 대사관의 해군 무관이 되었다. 그도 사이공에서 체포되었다가 재빨리 풀려났다. 일본어를 완벽하게 구사할 수 있었기 때문이다. 그는 몇 주 동안 일본군 당국과 현지에 고립된 불운한 프랑스인들 사이에서 통역관으로 일했다. 갑자기 발이 묶인 프랑스인은 곤란한 상황에 부딪혔다. 예를 들어, 모유 수유 중인 엄마와 아기가 떨어지면서 아이는 굶어 죽을 수도 있었다. 또 다른 엄마는 아이에게 염소 우유만 먹여야 했는데, 염소가 없었다.

1,700명의 송환자와 이후 도착할 많은 사람을 감당해야 했다. 사이공은 프랑스인들의 강제 집결지가 되었고, 이들은 도시의 통제된 구역에 격리되어 수용 및 구호—잠자리, 식량, 의류, 약품, 돈—에 심각한 문제를 일으켰다.

시카르는 이 인도주의적 활동을 카세뉴 주교의 주재하에 '구호위원회'로 전환했고, 일본은 이를 받아들였다. 바티칸은 중립적이었기 때문이다.

프랑스인의 안보는 불확실해졌다. 마을에서 난투극이 벌어졌고, 까오다이교도의 납치 사건이 발생했다. 이봉 세갈렌도 대로를 건너다 린치당할 뻔했는데, 마침 함께 축구를 했던 안남 경찰관 덕분에 가까스로 목숨을 건졌다. 인도차이나 은행 출신인 이봉은 대출금과 금전 기부라는 까다로운 문제를 해결하기 위해 구호위원회에 가담했다. 도시에서 사용 가능한 침대 수를 집계했다. 나는 역경에 직면한 인도차이나 출신 프랑스인의 단결력과 희생을 직접 볼 수 있었다.

시카르는 주민들을 대피시키고 재산을 보호하는 조직을 꾸리기 위해 달랏에 있었다. 그는 우리를 데리러 오기 위해 사이공에 있는 모든 자동차를 빌렸는데, 대부분은 일본군의 호위를 받으며 차주가 운전했다.

도로는 길었다. 나는 페르네트와 함께 마음씨 착한 남자의 차에 탔다. 이 끝없는 도로에서 많은 차가 고장 났는데, 그러면 자동으로 앞의 차가 도와주러 왔다. 그러다 보니 우리 차는—타이어가 터진 채—이 기이한 행렬의 마지막 차량이 되었다. 도로 위에는 우리 차밖에 없었고 앞 유리창에 소속을 나타내는 일본어 메모가 붙어 있었다. 그리고 우리는 다시 길을 떠났고, 황홀한 석양빛 아래 숲을 지나갔다. 나는 자유로워진 것 같았다. 페르네트는 뒷좌석의 일본식 바구니에 담겨 있었다.

오후 6시에 해가 지는 이 열대 지방에 밤이 찾아왔다. 갑자기 두 개의 전조등 불빛이 우리를 비췄다. 길 한가운데에 트럭 한 대가 길을 막아서며 다가왔다. 멈춰야 했다. 일본 군인들이 트럭에서 튀어나와 총을 겨누었다. 나는 남자에게 움직이지 말고 침착하라고 말했다. 그리고 무릎 위에 아기를 앉혔다. 한 경찰관이 다가와 창문을 내리고 앞 유리에 붙어 있는 메모를 가리켰다. 그는 나를 쳐다보고는 가라고 손짓했다. 그러곤 서투른 영어로 이렇게 덧붙였다. "조심하세요. 다음 만남은 나쁘게 흘러갈 수 있으니까요."

이른 아침 사이공에 거의 도착할 때쯤 경보가 울렸다. 멈춰야 했다. 하지만 다리 밑 대피소로 내려가는 대신 탑의 그늘에 쪼그리고 앉아 운명을 기다렸다. 이 흙탕물 바닥보다는 조화로운 탑 아래에서 운명을 맞이하고 싶었다. 그리고 전투기들이 지나갔다.

1945년 4월 2일, 사이공에 도착했음을 구호위원회 사무실에 알렸다. 시카르는 우리를 포함한 두 가족을 수용하기 위해 안남 지구에 있는 자기 집을 내주었다. 나는 페르네트와 함께 자리를 잡았다. 그곳에서 페르네트의 침대와 놀이 매트를 발견했다. 기적이었다!

달랏에 남겨 둔 믿음직한 중국인 소녀, 아삼이 도착해 있었다. 그녀는 쫄론Cholon*으로 돌아왔고, 소문이 빠르게 퍼져서 나를 찾을 수 있었다. 하지만 상황이 바뀌면서 그녀가 페르네트를 돌봐 주어도 그에 대한 비용을 지급할 돈이 없었다.

"아니에요. 그저 정리되실 때까지 돕고 싶어요." 그녀는 내가 한창 잘나가던 때 내게 한 번도 고마움을 표현한 적이 없어, 그녀의 속마음을 알 수 없었다. 그런데 지금은 너무나 자연스럽게 나를 도와주러 왔다.

정오 무렵에 도시는 폭격을 받았다. 미군은 무기고, 화물역, 중유 저장고, 요충지를 목표물로 삼았다. 나는 정원에 있는 참호 안으로 들어갔다. 개 한 마리가 다리 사이에 꼬리를 낀 채 대피

---

* 호찌민 서부에 있는, 중국인들이 모여 사는 지구

소로 달려와 폭격기의 도착을 알렸다.

어느 날, 어린 안남 아이가 아파서 임시 들것에 누워 우리와 함께 참호에 머물렀다. 얼마 후 어느 날 밤에 페르네트는 큰 소리로 울었다. 나는 그녀를 품에 안았다. 아이는 입술과 코가 헬쑥해져 있었다. 마실 물을 주었지만 마시지 못하고 탈수 증상을 보였다. 알고 보니 참호에서 콜레라에 걸렸다. 나는 이 증상을 알고 있었다. 신속하게 행동해야 했다. 아이를 침대 시트로 감싼후 릭샤를 타고 피에르 수녀가 근무하는 병원으로 향했다. 콜레라는 전염성이 높아 우리는 치료실에 격리되었다. 의사는 페르네트에게 미국산 약품을 한 방울씩 떨어뜨렸고, 나는 모기장 아래에 쪼그리고 앉아 스포이트로 페르네트의 입술에 수분을 공급했다. 고통스러웠다. 나는 마음을 강하게 가져야 했다.

기력을 찾은 페르네트는 피에르 수녀의 품에서 작은 압사라처럼 춤을 추었다. 폭격 당시에 나는 1층에 있는 병실로 내려가 탁자 밑으로 몸을 피했다. 폭탄이 근처에 떨어져 선풍기가 흔들릴 때마다 아기가 놀라지 않도록 마치 놀이인 것처럼 "쿵쿵" 하고 말했다.

어느 날, 의사가 아주 작은 익명의 쪽지를 건넸다. "아무개 거리에 있으면, 자크 마르탱이 작은 창문으로 딸아이의 첫걸음마를 볼 수 있을 겁니다."

퇴원하고 나니, 너무 외진 안남 지구에 있는 시카르의 집에서 더 이상 머물고 싶지 않았다. 매일 피난민이 몰려들면서 도시의 모든 침대는 사람들로 가득 찼다. 나는 두 번이나 숙소를 옮겼는데, 이사를 할 때마다 페르네트는 내가 이 집 저 집으로 들고 다니던 작은 침대를 따라다니며 자기 보금자리를 향해 두 팔을 뻗어 필사적으로 울부짖었다.

나는 뎅기열에 걸렸고 페르네트도 마찬가지였다. 전염병이었다. 나는 아이와 함께 나란히 누워 아이 손을 잡아 주는 것 외에 아무것도 할 수 없었다. 아주 작은 움직임에도 뇌가 머릿속을 떠다니며 마치 빠질 것처럼 고통스러웠다. 우리를 미치게 한 작은 모기 한 마리 때문에 머리를 움직일 수 없었다.

새 소식을 찾으며 여러 날을 보냈다. 그중 대부분은 잘못된 소식이었다. 이봉 세갈렌은 그의 일기에서 다음과 같이 언급했다.

1945년 4월 28일: 페탱 원수가 스위스에 입국했다. 그는 심지어 프랑스로 돌아갔을지도 모른다. 그는 어떻게 받아들여질까? 우리는 연합 정부를 가질 수 있을까?

5월 25일: 일본과 평화협정이 조인되었다는 소문이 돌았다. [사실 정전협정은 3개월 후에 조인될 예정이다.]

6월 2일: 생활비는 정상 수준이지만, 약간 올랐다. 일부 제품은 이미 부족하고, 다른 제품들도 곧 부족해질 것이다. 생필품 가격이 오를 것이다.

6월 29일: 7,000명의 피난민 추가 발생

6월 30일: 우리는 유럽 소식을 전혀 모른다. 태평양, 오키나와 점령

7월 17일: '아버지들의 아버지' 페탱에 대한 재판

8월 8일: 히로시마에 대한 소문이 무성함. 심각한 피해, 새로운 종

류의 폭탄 발견

8월 13일: 일왕이 발표할 것이라고 함

8월 22일: 오늘 밤 자정에 통행금지가 종식되면서 까오다이교도가 우리를 죽일 것이라는 소문이 돌았다.

1945년 8월 21일: 그토록 기다려 온 일본의 항복이 이루어졌다. 민간인 포로수용소인 사범학교에 갇혀 있던 자크는 이틀 뒤 풀려났다.

이봉 세갈렌이 우리를 재워 주었다. 이봉은 우리 말고도 열여덟 명의 다른 가족도 재워 주었는데, 가족의 공간을 각각 분리하기 위해 직접 만든 커튼을 달아 주었다. 이봉은 모두를 위해 요리를 준비했다.

나는 포로들을 만나러 갔다. 힘겹게 발을 떼는 자크의 모습이 보였다. 그는 영양 결핍으로 인해 발에 '홍콩발'이라 불리는 백선증에 걸렸는데, 이는 비교적 덜 심각한 경우였다. 포로들을 버마의 도로 건설 현장에 보내는 것에 대해 논의되고 있었다. 자크는 안색이 좋지 않았다. 이제 때가 되었다.

우리를 기다리고 있던 것은 '가짜 평화'였다. 연합군이 인도차이나 전역에 뿌린 수천 장의 전단지에는 포츠담 선언에 따라 우리는 북위 16도선 이남에 영국군이, 이북에 중국군이 도착할 때까지 '패전'한 일본의 '보호' 아래에 있으며 임시로 관리받게 될 것이라고 쓰여 있었다. 프랑스 공화국 임시정부 대표들이 도착할 때까지 총독부 구성원들과 그 가족들, 그리고 드쿠 제독은 록닌에 억류되었다.

드쿠 제독은 마침내 1945년 10월 영국 항공기를 타고 인도차이나를 떠났다. 그는 마지막 순간까지 옛 피통치자들이 지켜보는 가운데 일본군의 총검 아래 있었다. 5년 동안 일본의 지배에 저항한, 프랑스를 대표한 그에게는 치욕스러운 일이었다. 우리는 매우 빠르게 그 여파를 겪었다. 모든 것이 무너지고 있었다. 유럽에서 전쟁이 끝났다고 해도 태평양에서는 아직 끝난 게 아니었다. 우리는 새로운 전쟁과 혁명의 서막을 목도하고 있었다.

1919년 투르 회의에서 '안남족의 요구'에 공동 서명한 사람을 잊지 말아야 한다. "안남족은 신성한 민족자결권을 실질적으로 인정함으로써 민족자결주의가 이상 영역에서 현실 영역으로 옮겨 갈 때까지 독립의 관점에서 서구 민주주의 모델─법치 제노─을 인도차이나로 즉시 이식힐 것을 요구한다."

모든 것이 끝났고, 응우옌 아이꾸옥은 '계몽된 의지'로 호찌민이 되었다. 그는 박식하고 빈틈없는 전략가로, 일본의 항복 이후 '정치적 공백, 권력의 부실'을 기다리고 있었다. 그리고 적절한 때가 왔다. 북쪽에서는 민족주의 공산주의가, 남쪽에서는 까오다이교─종교적 종파─와 트로츠키주의자가 큰 혼란 속에서 동맹을 맺었다.

안남의 걸개들이 까띠낫 거리를 헤집었다. '프랑스 타도, 식민통치 타도', '동맹국 영국과 미국에 영광을, 프랑스에 죽음을'. 인도차이나 독립 전선의 전단도 있었다. 프랑스인을 계속해서 돕던 일꾼과 가정부에 대한 위협이 가해졌지만, 이제 우리는 더 이상 그들을 보호할 수 없었다. 도시의 통제된 구역을 벗어나면 보이던 대나무 말뚝에 꽂힌 안남인의 잘린 머리가 그 증거였다.

일본에 있을 때 대나무를 사용해 예쁜 바구니를 엮고, 아름다운 긴 의자를 만들고, 단추와 설탕 집게를 만들고, 콘크리트를 보강했었다. 그것이 고문 도구로 바뀔 수 있으리라고는 상상도 하지 못했다.

우리를 돕던 티바(부인들의 시중을 들던 통킹 출신의 여성)는 시장에 가길 꺼렸다. 대신 우리에게 몰래 식량을 공급했고, 나도 예기치 못한 공격이 두려워 시장에 갈 엄두를 내지 못했다.

1945년 9월 2일은 모순으로 가득 찬 역사적인 날이었다. 일본이 도쿄 항구에 정박한 전함 미주리호 선상에서 항복 문서에 서명하는 동안, 호찌민은 하노이에서 독립을 선언하고 자유 프랑스가 제안한 신식민주의를 거부했다. "우리는 모든 식민 관계에서 완전히 벗어났음을 선언합니다. 제국주의 프랑스와 함께 프랑스 연합의 색깔로 덧칠해진 식민지 상황으로 돌아가는 것은 이제 불가능합니다." 포츠담 선언에 따라 임무를 수행하기 위해 다음 날 중국군이 도착했을 때, 그들은 이러한 기정사실에 직면했다.

노로돔 대로변에 있는 우리 빌라 옆에는 우리를 보호하던 무장한 패전 일본군의 별장이 있었다. 그들은 도시의 혼란에도 태연하게 차렷 자세로 꼼짝하지 않고 서 있었다. 같은 날에 사이공에서는 베트남이 국군의 위용을 과시하기 위해 전투병 행렬을 통해 대규모 시위를 벌였다.

오후에 성당 근처에서 총성이 들렸다. 도발일까? 모든 일이 매우 순식간에 벌어졌다. 밀집한 군중이 노로돔 대로를 내려가 주민들에게 달려들었다. 옆집에 사는 의사가 결박되어 끌려갔다. 그다음 군중은 우리 집을 향해 기관총과 소총을 들고 달려들었다.

유럽식 집에는 다락방이 있었다. 여자들과 아이들이 대나무 사다리를 타고 올라가 그곳으로 피신했다. 폭도들이 눈치채지 못하도록 사다리를 1층으로 끌어 내렸다. 나는 출입구를 닫고 두 들보 사이에 누워 페르네트를 가슴팍에 두고 두 팔로 끌어안았다. 요 세갈렌과 어린 세 자녀, 카피탕 부부와 그들의 두 자녀도 함께 있었다.

이봉 세갈렌은 창문으로 흰 수건을 흔들며 문을 열었다. 이번에는 그기 결박되이 끌러갔고 폭노늘이 사방으로 총질하며 들어왔다. 그들은 냉장고를 털어 한참 동안 잔치를 벌였다.

멀리서 혹은 아주 가까이에서 들려오는 총성이 밤의 정적을 깨뜨렸다. 깨진 유리창과 산산조각 난 접시가 밟히는 소리가 들렸다. 우리는 다락방 출입구에 그림자가 드리워진 것을 보고 마지막 순간이 왔다고 생각했다. 나는 소리쳤다. "거기 누구세요?" 소변을 보던 세갈렌 아이들의 보모였다. 밤새도록 어린아이들은 한마디도 하지 않고 울음소리도 내지 않았다. 밥도 못 먹고, 목욕도 못 하고, 잠도 제대로 자지 못했다. 아기들은 다 아는 것처럼 숨소리도 내지 않았다.

새벽 5시쯤 아직 캄캄한 밤에 누군가가 소리쳤다. "위에 누가 있나요?" 프랑스 말에 우리는 내려올 수 있었다. 폭동으로 마을에 갇힌 동료들과 자크가 돌아왔다. 풀려난 이봉 세갈렌은 안남 군중의 산발적이고 예측할 수 없는 폭동을 걱정하며 대가족을 이끌고 인도차이나 은행으로 갔다. 그곳은 그저 임시 피난처에 불과했기에, 우리는 재빠르게 우리 빌라로 돌아왔다. 세갈렌은 다른 팀들과 함께 베트민의 침투에 맞서 민간 경비대를 조직해 매일 밤 구역을 순찰했다. 하지만 방어는 매우 빈약했다.

하수관에서 황소개구리의 울음소리가 노르망디의 소처럼 울려 퍼지면서 색다른 저녁 콘서트를 선사했다. 갑자기 별이 빛나는 열대야 속에서 인적 드문 대로를 침착하게 걷는 생소한 모자를 쓴 유럽인 세 명의 실루엣이 보였다. 그들은 휘파람을 불고 있었다. **"안녕! 태양이 비추네, 비추네……."** 마치 우리에게 문명―자유―이 돌아온 것 같았다. 9월 6일, 일본 '경비대'는 영국군으로 교체되었다. 그들은 우리 아이들에게 사탕과 초콜릿을 주었다. 희망의 시대가 돌아온 걸까?

희망의 시대?

프랑스 제1낙하산 부대가 해방군 행진에 참여했다. 매우 잘생기고 키 큰 영국군과 시크교도들이 꼿꼿하게 행진했다. 그들의 팔과 다리의 느린 움직임만이 그들의 발걸음에 리듬을 주었다. 그 뒤로 마치 실수인 것처럼 우리의 작은 알프스 산악 부대가 불규칙하고 빠른 걸음으로 등장했다.

그러나 베트민의 침투가 늘어나자 세갈렌은 이런 글을 남겼다. "인도차이나에서 평화는 어쩌면 전쟁보다 더 큰 대가를 치르게 할지 모른다."

행정가, 언론인, 사진가 들이 프랑스군을 뒤따랐다. 그들은 콘티넨털 호텔의 카페에 모였다. 파리가 현대 기계의 영광을 기념할 만한 사진들을 출판한 제르맨 크룰도 그들 중에 있었다. 우리는 시선이 마주쳤고, 깜짝 놀랐다. 정말 예상치 못한 일이었다! 그녀를 통해 프랑스에 다시 연락이 닿았고, 아득해진 과거와 다시 연결될 수 있었다. 그러나 잘못된 정보로 인해 우리는 더 이상 서로를 이해하지 못하고 멀어졌다.

나는 최근의 사건들, 이를테면 세갈렌 집 다락방 대피, 베트민이 점령한 에로Héraud시에서 고조된 폭력과 밤새도록 지속된 광란의 충격에서 아직 벗어나지 못하고 있었다. 200여 명의 여성과 아이들이 집 밖으로 끌려 나와 납치되거나 대나무 말뚝에 찔리거나 말로 표현할 수 없을 정도로 참혹한 고문을 당했다. 폭도들은 새벽이 밝아 오고서야 운하를 다시 건너갔다. 이 무고한 희생자들을 떠올리며 '그 광경을 보지 못하도록 사랑하는 아이를 품에 안아 질식시키는 것이 더 낫겠다'라고 생각했다.

1945년 10월 3일, 드골이 프랑스 원정군과 함께 보낸 르클레르 장군이 환희에 찬 군중의 환영을 받으며 도착했다. "제 임무는 질서를 회복하는 것입니다. 임무를 완수할 것입니다……."

우리는 식탁에서 안남 지구에서 거리마다 벌어진 이 '소탕' 작업에 관해 이야기했다. 호찌민은 1년 후 인터뷰에서 이렇게 답했다. "호랑이와 코끼리의 전쟁이 될 겁니다. 혹시라도 호랑이가 멈춘다면, 코끼리는 강력한 상아로 호랑이를 꿰뚫을 겁니다. 그러나 호랑이는 멈추지 않을 겁니다. 낮에는 정글에 웅크리고 있다가 밤에만 나옵니다. 호랑이는 코끼리에게 달려들어 등을 물어뜯고 살점을 갈기갈기 찢은 다음에 다시 어두운 정글 속으로 사라질 겁니다. 그리고 코끼리는 과다 출혈로 천천히 죽어 갈 겁니다. 인도차이나 전쟁은 그렇게 될 겁니다."

자크는 해군 수송선을 타고 프랑스로 돌아갔다. 이봉 세갈렌은 기부금, 대출, 상환금 등을 정리한 후 가족과 함께 홍콩으로 떠났다.

그리고 나는 1946년 2월 송환선을 타고 인도차이나를 떠났다. 아삼은 나를 돕기 위해, 그리고 기념으로, 인도 항로의 옛 시절처럼 흑후추와 백후추를 가득 채운 큰 가방 두 개를 가져다주었다. "파리에서 매우 가치 있을 거예요." 그녀는 페르네트에게 아주 예쁜 조개껍데기를 선물했고, 페르네트는 아직도 그것을 보물처럼 간직하고 있다. 안녕, 나의 아삼. 그녀는 쫄론으로 떠났다. 비록 예측할 수 없더라도, 나는 아시아 세계를 사랑한다.

프랑스로 귀환

배에는 대부분 여자와 아이들로 가득했다. 두 개의 간이침대가 있는 선실에 한 엄마와 네 명의 아이, 그리고 셀 수 없이 많은 짐이 있었다. 여정은 길고, 피곤했다. 콜롬보에서 이틀간 기착했다. 나는 무척이나 아름다운 호텔에서 투숙했다. 햇빛이 찬란한 나라의 평화 속에서 귀여운 나의 아기와 함께 휴식을 취하고 수영을 하면서 기운을 되찾았다.

수에즈 운하에 들어서기 직전에 콜롬보에서 머무는 동안 페르네트가 세균성 이질에 걸렸다는 것을 알았다. 병원에 가기 위해 포트사이드에서 내려야 했다. 의사는 이 여행을 중단해야 한다고 조언했다. 나는 비밀리에 육지에 남았다. 병원에서 마리아 프란치스코 수녀들의 헌신적인 보살핌을 받은 페르네트는 치료를 통해 회복되었다.

프랑스 영사에게 비자발적 체류 사실을 알렸다. 포트사이드에서 한 달 넘게 지내야 했다. 나는 카이로나 파라오의 무덤을 방문하지도, 나일강을 항해하지도 않았다. 더는 아무것에도 관심이 없었다. 오직 프랑스로 돌아가야 한다는 생각뿐이었다.

모든 해운 회사를 방문했다. 남은 자리가 하나도 없었다. 영국인에게 우선권이 있었다. 이제 완치된 페르네트는 갓 두 살이 되었다. 어느 날 수녀 한 분이 우리 모녀의 손을 잡아 이끌었다. 우리는 수녀와 함께 아주 멋진 선박에 올라 선장과 인사를 나누었다. 우리와 동행한 수호천사가 떠났고, 선박은 우리를 실은 채 프랑스 툴롱으로 향했다.

도착하기 직전에 선장이 식당에서 열린 송별회에 초대했다. 저녁이 되었고, 외출하기 전에 페르네트를 재워야 했다. 이 작은 악동은 머리를 곱게 손질하고 예쁜 블라우스를 입고 아마도 더 활기찬, 자신을 재우려고 조급해하는 나의 모습을 보며 평소와는 다르다는 것을 알아차렸다. 이야기 하나, 둘, 셋. 그리고 마침내 움직이지 않고 그녀의 큰 눈이 감겼다. 빠져나올 수 있었다. 나는 약간의 문명을 다시 접하게 되어 기뻤고, 나를 초대해 준 선장에게 고마움을 느꼈다. 하지만 걱정이 되었다. 아기가 잘 자고 있는지 확인해야 했기에 양해를 구하고 나왔다.

우리 선실로 이어지는 긴 통로에서 한 선원이 울고 있는 아이를 안고 고군분투하고 있었다. "당신 아이인가요?" 그럴 리가 없었지만, 페르네트가 맞았다. 겁에 질려 난간으로 달려가는 아이를 선원이 뒤쪽 갑판에서 붙잡았다. "바다에서 아이를 잃을 뻔했어요." 이 일을 생각하면 아직도 등골이 오싹하다. 페르네트는 내가 떠나는 것을 기다렸다가, 자고 있던 위층 침대에서 내려와 문을 열고 사방으로 뛰어다니다가, 갑판으로 향하는 통로의 문을 열고 어둠 속에서 바람을 맞으며 공포에 떨고 있었다. 예상치 못한 끔찍한 일이었다. 정말이지 아이에게서 절대로 눈을 떼어서는 안 되었다. 가엾은 어머니들.

마르세유에서 떠나온 지중해의 요람, 툴롱에서 프랑스 땅을 다시 밟았다. 나를 애타게 기다리던 자크가 마중 나와 있었다. 마침내 우리는 재회했다! 즉시 기차를 타고 파리로 향했다. 기차는 침대칸이 없는데도 만원이었다. 이 여행은 끝이 없어 보였고, 불편했으며, 유럽 사람들은 아무런 배려도, 쾌활함도 없었다. 리옹역 플랫폼에서 부모님이 나를—우리를—기다리고 계셨다.

농담으로 항상 부모님에게 잘생긴 까무잡잡한 아들을 안겨 드리겠다고 약속했었다. 하지만 아버지 품에 안긴 아기는 아주 귀여운 금발의 딸아이였다. 아버지는 어색해하면서도 감격스러워했다. 나는 어머니를 아주 꼭 껴안았다. "걱정하지 마, 샤를로트. 우리는 다시 만날 거야"라고 어머니는 나를 떠나보내면서 말했었다. 그로부터 6년이라는 긴 세월이 흘러 집으로 돌아왔다.

4
현실 시대

분열된 사회를 다시 만났다. 나치 독일 점령의 후유증을 느낄 수 있었다. 영혼들은 상처를 입었다. 내 눈이 혹은 시선이 변한 것일까? 모든 게 회색빛으로 침울해 보였다.

참극을 겪었음에도 내 안에는 여전히 하노이에서의 추억이 남아 있었다. 이른 아침부터 마을 사람들이 분주히 움직이는 소리, 사이공 남쪽 마을에서 늦은 오후에 내리던 폭우에 하늘의 모든 불순물이 씻기고 붉은 히비스커스 꽃이 더욱 빛났던 기억 등등. 나는 여전히 그 머나먼 나라에서 보았던 민중의 생명력과 옛일본에서 경험한 삶의 방식에 깊이 빠져 있었다. 눈을 감으면 승강장에서 달가닥거리는 게다 소리와 손님을 맞이하는 여관 여주인의 장황한 인사말이 여전히 귓가에서 들리는 것 같았다. 하늘 아래에서, 햇빛 아래에서, 빗속에서, 눈 속에서 기분 좋게 벌거벗고 몸을 담그던 산과 강, 바다에서 솟아나는 김이 모락모락 피어오르던 온천에 대한 향수도 남아 있었다.

나는 이러한 감각에서 벗어나 새롭게 태어난 기분이었지만, 파리는 알아보기 힘들 만큼 달라져 있었다. **"내겐 두 애인이 있어요. 조국과 파리."** 이 노래는 6년 동안 나를 사로잡았고, "언젠가 그것을 보는 게 나의 아름다운 꿈"이었다. 파리가 거기 있었지만, 납빛 장막이 도시와 사람들 위로 내려앉았다. 자전거만이 자유의 공기를 가져다주었다. 그중 한 대가 다가와 멈춰 섰다. "샤를로트!" 친구 앙드레 에르망이었다. 그는 앙젤과 결혼했고 아들도 한 명 있다고 말했다. "너는?" "나는 딸이 있어." 우리는 돌아가야 했다.

어머니는 라스카즈가에 우리가 머물 수 있도록 준비해 두셨다. 커다란 벽난로가 우리를 기다리고 있었다. 날씨가 매우 쌀쌀했다. 아기는 추위에 매우 취약했다.

몽파르나스의 지붕 아래에 있던 내 작업실은 어떻게 되었을까? "조금 높지 않니?" 어머니가 말했다. 작업실은 상태가 좋지 않았다. 블랑숑이 열쇠를 가지고 있었지만, 최악의 상황을 막기 위해 어머니가 관리하고 있었다. 그곳은 저항군의 정착지이자 소외된 사람들의 피난처로 사용되었다. 오래된 난로가 있었는데, 그 그림자와 열기 때문에 그곳에 아직 남아 있던 아름다운 르코르뷔지에의 그림이 복구할 수 없을 만큼 손상되었다. 연료

• 조제핀 베케르의 노래 〈내겐 두 애인이 있어요J'ai deux amours〉의 가사

가 부족하여 중앙난방이 작동되지 않았다. 배급 카드가 여전히 소비를 규제했다.

나는 매일 진실의 조각들을 발견했다. 세브르가 35번지로 가는 길에 루테시아 호텔 앞 승강장에 정차한 버스를 보았다. 피골이 상접한 강제수용소 생존자들이 버스에서 내렸다. 야만이 초래한 대량학살 시대의 모습이 파리의 길 한복판에서 잔혹하게 드러났다. 바이올린 소리에 맞춰 가스실에서 남자, 여자, 아이 할 것 없이 우리 땅에서 민족을 말살하는 것. 이 얼마나 사악한 짓인가. 여기에 20세기에 사용된 기술의 끔찍한 개량이 더해졌다.

1940년 이전에 뉘른베르크 박물관을 방문한 기억을 떠올리지 않을 수 없디. 그곳에는 실물보다 더 큰 무척이나 아름다운 성모상이 있었다. 금속으로 만들어졌고, 수직으로 반이 갈라져 경첩을 통해 열리고, 내부에 머리부터 발끝까지 크고 날카로운 가시가 숨겨져 있었다. 고문 도구였다. 안에서는 희생자에게 구멍을 뚫으면서 바깥으로는 천사의 온화한 미소만을 드러냈다. 시대를 막론하고 인간을 믿는다는 것은 절망스럽다.

사랑하는 친구들을 찾아 나섰다. 1940년 6월 12일, 피에르 잔느레는 철책 문이 닫힌 리옹역에서 어떻게 되었을까?

그로부터 두 달 후 오트피레네주 오종에서 피에르가 지내던 농가의 맞은편 버려진 농가에서 르코르뷔지에는 어머니에게 편지를 써 보냈다. "비아리츠에서 툴루즈로 가는 큰 도로는 고요하고 적막했습니다. 더 이상 자동차는 물론 아무것도 다니지 않습니다. 피에르는 작업에 몰두하고 있습니다. 벽에 칠을 하고, 창문을 내고, 커튼을 달고, 임시로 사용할 가구를 만들고 있습니다. 때때로 자전거를 타고 수 킬로미터를 내달리고 빨래를 하기도 하고요. 나머지 시간에는 아무 말도 하지 않습니다."

피에르는 과묵하고 신중한 소년이었다. 카페 되마고에서 불안하고 떨리는 마음으로 그와 재회했다. 예전 그대로였다. 우리는 그곳에 있었다. 피에르는 긴장한 채 나의 파란만장한 여행기를 침울하게 들었다. 나 때문에 우리는 갈라섰었지만, 그 어떤 것도 나를 가족과도 같은 피에르와 르코르뷔지에로부터 멀어지게 할 수 없었다. 인생은 여러 측면이 있고, 나는 그것들을 받아들여야 했다.

서로를 부르며 사냥 밤을 헤아리는 자고새처럼, 오종에서 르코르뷔지에는 '알려지지 않은 거처'에 있는 친구들에게 막대한 양의 편지와 전보를 보냈다. 프렐뤼드Préludes 팀이 응답했고, 툴롱에서 피에르푀가, 아장에서 뱅테르가 응답했다.

피에르는 콩타두르로 피신한 조르주 블랑숑과 앙드레 마송으로부터 편지를 받았다. 그들은 농장 노동자로 일당 22.50프랑을 받고 건초를 만든다는 소식을 전했다. "우리는 수프, 치즈, 체리, 꿀을 먹고 있어. (…) 바람에 부식되고, 햇볕에 타고 있지." 이 아름다운 프로방스 하늘 아래에서 그들은 활동을 재개하기 위해 그르노블로 돌아갈 계획이었다. 패전으로 중단된 이수아르 공장을 위한 프리패브 프로그램을 마무리할 생각이었다. 그들은 피에르를 기다리고 있었다.

피신하던 르코르뷔지에와 피에르, 폰이 오종으로 향한 것도 아마 미완성된 공사 계획 때문이었을 것이다. 오종은 란므장에 있는 질소 제품 공장에서 몇 킬로미터 떨어진 곳에 있었다. 그들은 도착하자마자 노동자와 기술자를 위한 건물의 자재 제작과 두 유형의 거주지를 건설하기 위한 연구를 재개했다. 또한 청소년을 위한 프로그램을 연구했으며, 르코르뷔지에가 이를 비시에 있는 청소년부에 제출하기도 했다.

르코르뷔지에는 현시대의 요구에 부응하기 위해 『레 뮈롱댕 Les Murondins』을 썼다. '자력으로 나만의 보금자리 짓기', 자기 앞가림을 하며 사는 것이다. 그는 저서 『파리의 운명 Destin de Paris』을 수정하여 『누벨 르뷔 프랑세즈 Nouvelle Revue française』 잡지에 보내 '이 건설적인 책이 패전 후 그의 첫 번째 책'이 되도록 했다. 그리고 그림을 다시 그리기 시작했다. 여관에서는 발자크, 플로베르, 위고의 책을 발견하고 기뻐했다. "이 얼마나 현대적이고 압축된 실루엣으로 가득한 예리한 언어인가. 게다가 100년 전으로 거슬러 올라간다."

그는 포기하지 않았다. 프렐뤼드 팀의 영향을 받아 건축과 도시계획을 다시 내세우기 위해 1941년 1월 비시로 갔다. 그리고 18개월 동안 그곳에 머물며 알제리에도 두 번이나 출장을 다녀왔으나, 별다른 성과는 보지 못했다. 실망한 그는 비시를 떠나 베즐레에 있는 장 바도비치와 합류했다. 기록되지 않은 시대를 기억하는 로제 오잠을 만났고, 1942년 말에 파리로 돌아왔다.

르코르뷔지에는 정치인이 아니었고, 자기 프로젝트가 실현되는 것을 보기 위해서라면 악마와 계약을 맺었을지도 모른다. 그러나 이는 사리사욕을 채우기 위해서가 아니라 삶을 변화시키고, 새로운 지식을 활용하고, 혁신된 환경에서 조화를 이루는 것에 대한 필요성을 매우 확신했기 때문이다. 당시 생태학은 아직 논의 대상이 아니었다. 겉보기에 시급한 문제가 아니라고 보았다.

하지만 르코르뷔지에는 미래를 내다보고 대비했다. 그의 꿈을 실현시켜 줄 '당국'은 축복받을 예정이었다. 즉, 빛나는 도시가 세워지는 것을 볼 수 있었다. 1936~1937년 그가 레옹 블룸에게 서신을 쓰지 않았던가? 안타깝게도 그는 아무런 답신을 받지 못했다.

조르주 블랑숑이 그르노블로 돌아오자마자 설립한 중앙건설국은 피난으로 중단된 이수아르 프로그램의 실행을 재개하고, 프리패브 경험을 다른 수요로 확장할 필요성을 구체화했다. 1940년 12월 말 피에르는 오종에 남아 있던 르코르뷔지에를 떠났다. 연구를 성공적으로 수행하기 위해서는 반드시 그르노블에 그가 있어야 했다. 건설 현장의 책임자는 앙드레 마송이었지만, 그는 또 다른 임무도 맡았다. 조금씩 중앙건설국 구성원을 반대편으로 이끌었고, 중앙건설국 본부는 완충 지대가 되었다.

해방 후에 피에르는 장 프루베에게 이렇게 편지를 썼다. "아마도 중앙건설국의 레지스탕스 활동을 알고 계실 겁니다. 현재 중앙건설국 구성원은 군대와 지역해방 위원회에 헌신하고 있고, 저만 유일한 민간인 생존자입니다[피에르는 스위스인이기 때문이었다]. 블랑숑은 2사단의 정보부 대위고, 앙드레 마송은 사령관입니다. 참모총장은……."

신중한 피에르는 자신을 드러내지 않았다. 그의 사촌 자클린 잔느레는 매우 예상치 못한 임무 명령서를 보여 주었다. "참모부 정보부 소속 프랑스 국내군* 피에르 잔느레는 무기를 소지하고, 밤낮을 가리지 않고 도보와 차량으로 이동할 수 있는 권한이 있다. 민간 및 군사 당국은 당사자의 임무 수행을 위해 협조하길 바란다." 무기를 소지한 피에르라니. 그는 파리 한 마리도 죽이지 않았을 것이다.

전쟁 발발 전에 피에르는 스위스에서 전서구** 군단에 배속되었다. 산에 있는 그의 스키 부대는 끔찍한 눈보라 속에서 고리가 끼워진 비둘기를 풀어 주는 임무를 맡았다. 비둘기들은 구멍과 둔덕에서 사방으로 우왕좌왕하며 방향을 잃고, 비둘기장으로 다시 돌아오지 못하기도 했다. 그러나 불쌍한 알파인 병사들은 비둘기들을 잡아먹었다는 혐의를 받았다. 레지스탕스 활동을 하면서 전령이었던 피에르는 '자전거 핸들'이라는 암호명을 사용했다. 그는 핸들 바의 움푹 들어간 곳에 메시지를 숨겨 운반했다. 자전거는 가볍고, 분해할 수 있으며, 매우 실용적이었다. 그리고 그는 매우 능숙해져서, 세상 물정 모르는 듯한 얼굴로 정보를 전달하며 활동에 가담했다. 대단한 피에르! "비밀스러운 사

---

* Forces Françaises de l'Intérieur, FFI. 제2차 세계 대전 후반에 프랑스 국내에서 활동한 레지스탕스 부대
** 통신용 비둘기

람 같으니라고." 르코르뷔지에라면 그렇게 말했을 것이다.

1943년 초에 세브르가의 작업실이 다시 살아났다. 르코르뷔지에의 경이적인 지휘 아래 건축 리노베이션을 위한 건설업자 협회ASCORAL 회원들은 일주일에 두 번씩 모여 '세 가지 인간 정주定住와 주거 과학'을 연구했다. 레제Les Gets에서 르코르뷔지에와 합류하기 위해 온 오잠과 안닝은 임시 주택에 대한 연구에 집중했다. 드 루즈는 함께 모뒬로르를 연구했고, 수학자이자 클뤼니 박물관의 학예사인 엘리자 마이야르와도 자주 회의했다.

장 프루베는 아름다운 자전거를 문 앞에 두고, 금속 프레임 버전의 위니테 다비타시옹 연구를 위한 '병 선반'의 제작 기술에 대해 르코르뷔지에와 논의하러 오곤 했다.

이본은 자코브가 시절부터 친구였던 니콜라 부인을 만나려고 세브르가의 수녀원에서 오곤 했다. 그녀는 레지스탕스의 기지로 사용되던 방을 가지고 있었다. 안닝은 매우 걱정하며 그곳에서 앙드레 마송을 만나곤 했다.

어느 날, 작업실로 돌아온 로제 오잠은 독일 장교의 군복을 입은 잘생긴 청년을 보았다. 오, 놀라워라! 알고 보니 그는 르코르뷔지에와 친분 있는 사이로, 르코르뷔지에에게 화가 빌리 바우마이스터를 소개하러 왔다. 작업실은 항상 국제적인 교류의 장이 되었다. 독일의 강한 압박 속에서도 여전히 그러했으며, 마치 수도사들 사이에 고립된 작은 섬처럼 존재했다.

독일 점령기 동안 자재가 부족하고 장 프루베 작업실과의 의사소통이 어려워 1942년 초 피에르는 목재를 사용하는 프리패브 방식을 고안해야 했다. 이는 프루베의 접근 방식을 벗어나지 않기 위한 것이었고, 그를 기분 나쁘게 하려는 의도는 아니었다.

피에르는 금속과 장 프루베가 제시한 접힌 판금 기술을 좋아했다. 그리고 장 프루베에게 목재에 대한 취향을 심어 주었을 뿐만 아니라 구조, 설비, 환경, 조형성, '전체와의 조화'에 민감한 현장 건축가로서 큰 도움을 주었다.

레지스탕스에서 프루베는 그랑발의 연락원이었다. 그는 해방 후 해방 위원회에 의해 낭시 시장市長으로 임명되어 선거를 치를 때까지 직위를 유지했다. 그의 임기는 연장되지 않았지만, 그는 권한을 잘 활용하여 구역 위원회를 설립해 시민들이 낭시에 있는 공장의 자주 경영을 본받아 자립할 수 있도록 장려했다. 공장은 독일 점령기 동안 가까스로 운영되면서 문을 닫지 않았다.

피에르는 장 프루베에게 이렇게 편지를 썼다. "대단해요, 프루베. 이 소식을 들었을 때 나의 하늘은 완전히 푸르렀습니다. 이후 구름이 조금 껴서 흐려졌습니다. 하지만 저는 당신이 일을 포기하지 않을 것이라 확신합니다. 당신은 철판과 건설 분야에서 없어서는 안 될 뛰어난 인재입니다. 당신은 그대로 있어야 합니다……. 다른 것에 휩쓸리지 말고, 당신을 이 자리까지 이끈 모든 자질을 소중히 간직하세요……." 그리고 다음과 같이 덧붙였다. "저는 우리의 주거 문제와 그 부속 건물에 관한 연구와 개발을 계속하고 있습니다. 이제 꽤 많은 해결책이 생겼습니다. 다음 만남에서는 산업에 맡길 다양한 형식과 요소를 결정할 수 있을 겁니다……."

장 프루베와의 간헐적이고 암묵적인 협력은 피에르가 1951년 르코르뷔지에와 합류하기 위해 찬디가르로 떠나면서 중단되었다. 서로 갈라선 것은 아니었다. 운명의 갈림길, 오종에서 그저 헤어졌을 뿐이다. 이는 자연스럽지 못한 일이었고, 나는 이에 실망했다. 이들의 헤어짐은 마치 10년간 지속된 연인의 불화처럼 끊어진 느낌을 주었다. "굉장한 피에르", 르코르뷔지에는 항상 투덜거리곤 했다.

파리 공기가 페르네트에게 맞지 않았기에 의사는 시골 공기를 권했다. 햇빛이 잘 들고 장미와 벚나무가 심어진 정원, 개와 고양이가 있는 샹파뉴 집에서 자크의 누나가 페르네트를 반갑게 맞아 주고 잘 보살펴 주었다. 어느 일요일 아침에는 장 프루베가 나의 귀국을 환영하고 안부를 걱정하며 낭시에서 오기도 했다.

메리벨, 산악 리조트의 탄생

나는 안심하고 레잘뤼 계곡이 있는 산으로 떠날 수 있었다. 나의 앞날을 찾아 끊어진 마지막 그물코를 다시 잇기 위해서 말이다. 생제르베에서 내렸다. 메제브에 있는 작은 호텔에서 하룻밤을 보내고 다음 날 걸어서 생니콜라드베로스 계곡에 접어들었다. 몽졸리산 어깨를 지나 나의 작은 '비부악 대피소'와 재회했다.

생제르베에서 저 높이 홀로 햇빛에 반짝이는 대피소를 보았다. 어서 빨리 고산 초원의 공기를 들이마시고 싶었다. 꽃피는 계절, 용담 꽃의 계절이었다. 대피소는 십자가 옆 하늘 위로 실루엣을 드러내며 그 자리에 있었다. 환희에 찬 가슴을 안고 다가 갔다. 쪽문 두 개가 바람에 덜거덕거렸다. 보안 겉창이 올라가고 유리창은 깨져 있었다. 고정용 텐셔너 하나가 고장 나 있었다. 내부는 비어 있었다. 아마도 누군가가 휘두른 피켈에 작은 창문이 파손된 듯했다.

하지만 땅에 단단히 박힌 채 그 모습 그대로였다. 세월에는 잘 견뎌 냈지만, 사람에는 그러지 못했다. 그 옆에 누워 사색에 잠겼다. 생니콜라 시장은 이 프리패브 대피소를 다시 내릴 것을 제 안했다. 거절했다. 나는 그것을 손보지 않을 것이다.

이 대피소를 몽말레산에 두려 했었으나 좀처럼 내키지 않았고, 그렇게 시간이 흘러갔다. 시장은 주변 고산 초원에 가 볼 것을 제안했다. 왜 매트리스, 침낭, 수납함, 식기, 스키 보관대를 회수하길 바랄까? 이는 전쟁과 빈곤의 시대에 제구실을 했고 그것으로 충분하지 않은가.

산장 비외 마틀로로 내려갔다. 닫혀 있었다. 호텔 크레데네주도 닫혀 있었다. 마침내 나는 멀리 떨어진 낯선 집에서 기관지염을 앓는 친구 사빈을 발견했다. 그녀는 더 이상 내가 알던 명랑한 친구가 아니었다. 사빈은 비외 마틀로와 깊게 연관되어 있던 당시 동료들, 심지어 그녀가 연모하던 동료조차 모두 잊고 싶어 하는 듯 보였다. 그녀는 과거를 모두 잊은 채 살아가고 있었고, 나는 그저 훼방꾼이었다.

나는 더 높이 올라가서 나의 소중한 마을 플랑 도지에를 찾았지만, 거기도 폐쇄되어 있었다. 암소들은 초원에 없었다. 나의 친절한 페페를 찾으러 마을로 갔다. 할아버지에게 돌아올 것을 약속했었다. 그러나 그는 이미 세상을 떠난 후였다. 눈물이 왈칵 쏟아졌다. 그곳을 떠나 보놈 고개를 지나 부르생모리스, 무티예, 레잘뤼로 갔다.

작은 샤무아 호텔에서 피터 린지가 돌아왔다는 소식을 들었다. 나는 천천히 뮈시용으로 향했다. 지나가면서 보니 마을들은 예전 그대로의 매력을 간직하고 있었다. 도롱에 있는 우리 본부에는 누군가 살고 있었다. 문을 밀고 들어가니 세 명의 건장한 청년이 제도판 주위를 바쁘게 움직이고 있었다. 그들은 탐색하는 듯한 눈빛으로 나를 살펴봤다.

"린지 있나요?" "아니요. 내려갔어요." 나는 별다른 설명 없이 이름과 주소만 남기고 왔다. 조금 전에 마주친 이들은 린지가 영입한 새로운 건축가 팀이었다. 로마대상 수상자인 폴 그릴로, 그의 조수이자 동료인 크리스티앙 뒤뤼프, 그리고 에콜 데 보자르 졸업 예정자로 두 사람의 '심부름꾼'인 앙드레 드투르였다. 45년이 지난 지금도 뒤뤼프와 드투르는 '작업 가능한 상태로' 메리벨에 있다. 연락이 없자 나는 크게 낙담하며 파리로 돌아왔다. 며칠 후에 린지에게 전보가 왔다. "팀에 합류하시죠. 기다리고 있습니다." 나는 나의 행복에 대한 조건인 '창작'을 되찾기 위해 그곳에 갔다. 하지만 일과 육아를 병행하는 삶에 진지한 정리가 필요했다.

메리벨은 리조트 부지인 뮈시용 바로 앞에 있는 매력적인 작은 마을의 이름이다. 메리벨의 발음이 린지에게는 영어 이름처럼 들렸고, 그는 자신의 생애 걸작인 알프스 리조트에 그 이름을 붙였다. 그리하여 '메리벨 레잘뤼'가 되었다.

독일 점령기 동안 샹베리에서 부르생모리스에 이르는 거대한 타랑테즈 계곡은 1943년까지 이탈리아군이 처음으로 지배하였다. 1416년 사부아 공작들이 피에몬테를 통치했었고, 1946년까지 사부아 가문이 이탈리아를 통치했다는 사실을 기억해야 한다. 이탈리아인은 사촌이나 마찬가지였다.

이탈리아군의 점령은 비교적 온화했다. 그들은 계곡 저지대에서 '많은 양의 화이트와인을 마시며' 평온하게 머물렀다. 그러다 독일군이 점령하면서 레지스탕스 운동은 강렬해졌다.

메리벨빌라주 마을 근처의 플랑탱 농장은 레지스탕스의 주요 거점이었고, 코르베이 Corbey 산장에는 지구 관측 시스템을 제공하는 송신기가 갖추어져 있어 런던의 전략 본부와 연락을 유지할 수 있었다. 레잘뤼의 높은 계곡에서 프랑스군과 영국군이 만나 레지스탕스 작전을 계획하고 레잘뤼 사람들은 망을 보곤 했다.

해방 후 프랑스군은 독일군 포로를 내주며 작업을 돕도록 했다. 몇 년 전 독일에서 포로로 잡혔던 피에르 라포르가 직접 독일군 포로들을 감독했다. 낙하산으로 투하된 무기들이 여전히 주위에 널브러져 있었는데, 때때로 산양을 겁주어 쫓아내기 위해 폭죽으로 사용되었다.

1946년, 독일군에 의해 불타 버린 코르베이 산장의 재건축 착공식이 있었다. 현장에는 기본 나무판자로 만든 자재 운반용 기계식 리프트가 있었는데, 케이블 제어 장치를 조종한 사람은 바로 우리의 '독일 놈들'이었다. 이 뜻깊은 날에 리프트는 장교들을 아래로 실어 나르는 데 사용되었다. 그들 중에는 영국 고위 장교도 포함되어 있어, 우리는 혹시나 하는 불안한 마음에 독일 군의 섬세한 조작을 가슴 졸이며 지켜보았다.

착공식 전날 밤에는 아주 기쁜 마음으로 축하하며 현장을 직접 둘러보았다. 새벽 4시경에 앙드레 드투르는 계곡을 향해 수렵용 나팔을 연주했다. 이렇게 아름다운 새벽에 잠들고 싶지는 않았다. 두 시간 뒤에 린지가 우리의 부름을 알아차리고 합류했다.

1940년에 소집된 린지는 버마의 메이묘Maymyo* 훈련소에 합류했었다. 진주만 공격 이후 일본의 갑작스러운 공격으로 그는 인도에서 장기간 퇴각해야만 했다. 장마가 한창이던 때였다. 험난한 밀림에서 불어난 계곡과 강을 건너며 다리를 폭파했다. 그는 탈진하기 직전에 그를 데리러 온 코끼리 카라반 덕분에 목숨을 건졌다. 또한 품위를 유지한 그의 자존감 덕분이기도 했다. 그는 매일 아침 면도를 하고 차를 마셨다. 반면, 죽음의 문턱을 함께 넘나들던 그의 동료는 우울해하며 더 이상 면도도 하지 않았다. 동료는 도중에 세상을 떠났다.

뉴델리로 송환된 린지는 친구인 마운트배튼 경과 재회했고,

• 오늘날 미얀마 핀우린

마운트배튼 경은 응급 치료를 위해 비행편으로 린지를 미국으로 보냈다. 해방 후 그는 사랑하는 연인을 만나러 가는 구혼자처럼 한달음에 아름다운 레잘뤼 계곡으로 돌아왔다. 하지만 시절은 변해 있었다. 그가 꿈에 그리던 모습은 일부만 남아 있었다.

피터는 매력적인 사람이었고, 그 누구도 그에게 저항할 수 없었다. 그의 비서인 앙젤 암스트롱이 "그는 범죄를 저질러도 무고하다고 받아들여질 거예요."라고 말할 정도였다.

그는 건축가들과 함께 그 지역 방식에 맞는 시방서를 이미 작성한 상태였다. 건축물은 전통적이었다. 석재, 전나무 또는 낙엽송, 슬레이트로 덮인 이중 경사 지붕, 잘 보호된 내부 공간, 작은 개구부, 굴뚝, 자연을 향해 있는 면, 그리고 햇빛이 잘 드는 넓은 발코니를 추가하는 것도 잊지 않았다.

나는 실내 설비를 담당했는데, 실내 설비는 공동 작업으로 건축 설계에 완전히 통합되어 있었다. 자재는 여전히 제한적이었다.

레잘뤼에 사는 친절한 토토가 운전하는 소형 화물차를 자유로이 이용할 수 있었다. 우리의 여행은 매력적이었다. 모터가 고장 나고, 연료가 부족하고, 사무앵 지역에 목재를 가지러 가기 위해 불확실한 도로 경사를 접하곤 했다. 그와 함께 나는 '양치기' 의자, 나무를 깎아 만든 세 다리 의자를 제작하러 갔다. 의자는 작은 나무 등받이로 안락함을 더했는데, 이는 오직 그 지역의 수레바퀴 목수만이 만들 수 있었다.

그르노블에서는 메리벨을 위해 특별히 디자인된 나무 프레임과 짚으로 만든 등받이로 구성된 침대, 1941년도 일본식 의자, 그리고 중앙건설국에서 이미 제작한 1935년도 모델의 짚으로 만든 안락의자를 제작하기 위해 조르주 블랑숑을 다시 만났다.

나는 무티에의 목공인 마사로티에게 도롱 별관 객실에 빌트인 설비와 세즈에서 공수한 부드러운 송아지 가죽을 덮은 안락의자의 제작을 맡겼다. 그리고 도롱 바bar의 상징으로 멋진 수탉을 디자인했다. 그는 나무 대팻밥으로 곤두선 벼슬을 능숙하게 구현했고, 스키 슬로프를 표시하기 위해 절단한 목재로 거북이, 산토끼, 여우, 샤무아도 만들었다.

부족한 자재가 상상력을 불러일으켰다. 카탈루냐 교회의 성상 사진과 페르낭 레제, 피카소, 브라크의 아름다운 그림 확대본을 추가했다. 그리하여 사부아 전통에 현대성이 가미되었다.

마감일을 맞추기가 무척 어려웠다. 나는 해당 부서에서 관리하는 새로운 스키 리조트인 쿠르슈벨Courchevel과 경쟁하고 있었다. 일에 둘러싸인 마사로티는 모두 완성할 수 없었다. 그는 내가 파리로 떠날 때면 내 주문을 미루고, 내가 돌아오면 항상 같은 질문을 던졌다. "언제 다시 떠나죠?"

레잘뤼 계곡에는 우리를 위해 젊은 목공인 두 명이 일하고 있었다. 한 명은 샤르도네고, 다른 한 명은 오트빌의 작은 마을에서 온 '가위'로 불린 마르탱이다. 둘은 목공 집안에서 대대로 내려오는 훌륭한 전통 속에서 자랐으며, 무엇이든 만들어 내고 심지어 능숙하게 혁신할 수도 있었다. 나는 그들에게 파리에서 가져온 장비와 문, 그리고 철물을 설치하는 임무를 맡겼다. 그리고 자재를 아주 조금씩 신중하게 나눠 주었다. 왜냐하면 내가 없는 사이에 계곡에서 매우 귀중한 자물쇠와 나사가 사라지곤 했기 때문이다. 당시 두 사람은 시간 개념이 전혀 없었다. 일하는 도중에 돼지를 잡으러 가거나 브리드의 포도밭을 가꾸러 가곤 했다. 나는 나사와 다른 잡동사니를 사러 무티에에 자주 내려가야 했다. 항상 뭔가가 부족했기 때문이다. 내 인생에서 이때만큼 스키와 등산을 즐기지 못한 적이 없었다.

계곡에 있는 화물역에서 포장되지 않은 장비들을 받곤 했다. 무티에와 레잘뤼 사이를 오가는 버스나 다른 교통수단은 없었고, 새 도로도 아직 없던 때였다. 그래서 어느 장날, 토토와 함께 올라가던 중에 브리드에서 레잘뤼의 한 농부의 부탁으로 그를 태워 주었다. 그는 비스트로에 들어 가더니 작은 송아지 한 마리를 안고 나와 내 매트리스 위에 올려 두었다. "걱정 마세요. 완전 깨끗해요."

우리는 파리에서 도장공 팀을 데려왔다. 그들은 레잘뤼에서 숙박하고 있었기에 우리는 매일 아침 그들을 데리러 내려가야 했다. 1946~1947년 어느 겨울이었고, 우리는 미카엘이라 불리던 영국 신사 오즈먼드 윌리엄스 경이 운전하는 지프차의 앞부분에 나무 삼각대를 고정해 도로에 쌓인 눈을 치워야 했다.

도장공들은 눈 속에서 이렇게 아름다운 휴가를 보낸 적이 없었을 것이다. 오전 10시에 현장에 도착해 간식을 먹고, 정오에는 날이 맑으면 테라스에서 점심을 먹고, 오후 4시 30분에 마을로 돌아갔다. 호화로운 생활이었다.

에밀 알레가 제시한 뷔르쟁의 스키 리프트 두 대가 우리 프로그램을 완성했다. 한겨울에 케이블을 끄는 것은 쉽지 않았다. 저녁에는 모두가 지치고 얼어붙은 채 마리블랑슈의 화덕 옆에서 기운을 되찾은 후, 테이블에 둘러앉아 즐겁게 노래를 부르고 떠들며 긴장을 풀었다. 그릴로는 뮈시옹 구내식당의 벽에 모든 작업자가 함께 둥글게 원을 그리며 춤추는 모습을 그림으로 남겼다. 어느 날 밤 팀원들은 큰 독주 병을 들고 식당에 틀어박혀 있기도 했다. 고되지만 행복한 시절이었다.

1946년 크리스마스에 첫 준공식을 계획한 공사 일정은 지켜질 수 없었다. 급박한 상황에서 폴 그릴로는 파리에서 현장 감독을 데려왔다. 감독은 공사 마감 일정을 매우 정밀하게 설정했다. 너무 훌륭해 믿기 힘들 정도였다. 운명의 날을 불과 며칠 앞두고 피터는 매우 담담하게 모든 초대를 취소하고 자신이 가장 좋아하는 위스키에 86개의 전보를 빠뜨려야 했다.

우리 삶은 바뀌려 하고 있었다. 린지는 메제브에서 최고의 호텔 지배인과 요리사, 비꼬듯 '호루라기'라고 불리는 식당 지배인을 고용했다. 하지만 그들을 어떻게 해야 할까? 마리블랑슈는 더 이상 수프 그릇을 가져다주지 않았다. 정장을 차려입고 나비넥타이를 맨 '호루라기'는 썻지도 않고 머리도 손질하지 않고 입이 험한 시골 사람들에게 완벽한 서비스를 제공했다. 사람들은 그를 싫어했다. 그해 크리스마스 선물로 라디오를 받았다. 우리는 이제 가수에서 청취자가 되었다.

우리는 '샹그릴라Shangri La'라고 불린 매우 아름다운 소작농의 오두막 2층을 개조했다. 전기 라디에이터로 난방이 되었고, 잠을 자는 공간과 일할 수 있는 공간이 갖추어졌다. 웅장한 둥근 천장을 가진 1층은 소들이 차지했다가 나중에 식당과 나이트클럽이 되었다.

우리 중 일부는 따뜻하지만 겨울이면 물병 속 물이 항상 얼 만큼 추웠던 농가를 떠나 샹그릴라로 옮겼다. 이는 시간이 지날수록 점점 더 정교해지는 편안함으로 나아가는 과정이었다. "진보를 멈출 수 없다."

우리는 약간의 괴로움을 느끼며 도롱 본부를 떠났다. 크리스티앙은 여전히 그곳에서 잠을 자며 필사적으로 매달렸다. 그를 쫓아내기 위해 그의 매트리스를 몰래 창밖으로 던져야 했다. 이후 도롱은 레스토랑 겸 바로 변신했고, 60미터 떨어진 곳에 고산 목초지의 경사면을 따라 계단식으로 배치된 아름다운 여덟 개의 객실을 갖춘 숙소와 연결되었다. 우리는 이 숙소를 '도롱 호텔'이라고 거창하게 불렀다. 간단한 개조였지만, 계곡의 정신을 담아낸 것으로 우리의 아름다운 메리벨 레잘뢰 리조트의 첫 싹을 틔웠다.

이 작은 중심부를 조성한 후에 우리는 세 개의 샬레를 더 지어야 했는데, 이는 린지를 도우러 온 친구들, 즉 랑글라드의 사촌들, 메리 브루커, 윌리엄스가 맡았다. 이 중에는 피터의 샬레도 포함되어 있었다.

리조트는 영업을 개시했고, 샬레의 첫 손님들이 도착했다. 모르트마르, 뒤 빌레, 부르봉뷔세 가문이었다. 전반적으로 프랑스-영국 귀족은 시골 귀족에게 영향을 미치고 기회를 주었다. 그러나 우리의 실수와 지연을 포함하여 이 아름다운 꿈을 위해 자금을 조달해야 했다. 도시에 생기를 불어넣는 것은 피터의 몫이었다.

전쟁이 발발하기 전에 라 발덴은 사람들과 술을 마시고 어울리며, 이 외진 계곡을 휴양지로 만들겠다는 자신의 기발한 아이디어에 대해 마을 사람들의 신뢰와 이해를 얻었다. 또한 국가의 승인을 받아 프로젝트의 토지 관리에 필요한 옵션도 확보했다. 하지만 자금을 확보하기 위해 영국에 있는 피터 린지에게 도움을 청해야 했다. 종전 후에 라 발덴은 손을 떼고 피터에게 자리를 넘겨주었다. 피터는 꿈과 환멸을 반복하며 전투적인 삶을 살아간 끝에 건강을 해쳤다.

피터는 새로운 파트너를 찾고, 토지에 대한 옵션을 행사하기 위해 부동산 회사를 되살렸다. 그리고 모렐 고원에서 80헥타르, 뷔르쟁 경사면에서 91헥타르를 확보하고, 새 부지에 접근하기 위해 케이블카 회사를 만들었다. 또한 재편된 금융회사를 확장했고, 런던에 있는 회사 MIL를 매각한 수익으로 다수 지분권자이자 대표이사가 되었다.

그러나 침체된 경제 상황, 영국 자본 유출 금지, 프랑화 평가 절하, 50퍼센트나 증가한 견적서, 그리고 에밀 알레가 선택한 부지에 이의를 제기하는 도道 등 여러 문제에 직면했다. 도에서는 더 높이 있는 모타레 부지를 선호했는데, 그곳이 쿠르슈벨-메리벨-레벨빌 이렇게 세 계곡의 연결을 보장하기에 적합한 유일한 중심지라고 생각했기 때문이다. 심지어 100헥타르의 토지를 내놓지 않으면 새 도로를 완공할 수 없다고 시市를 협박하기까지 했다. 이러한 기나긴 분쟁이 쌓이면서 메리벨 개발과 스키 리프트 설치가 지연되었고, 궁극적으로 투자자들의 사기가 꺾였다.

스키 리프트는 자체 비용을 충당할 수 있었지만, 금융회사는 그렇지 못했다. 회사의 자원은 토지 판매였는데, 이는 세무상 수익으로 간주되었다. 앙젤은 대부분의 시간을 무티에의 사부아 은행에서 수표, 부채, 환어음을 처리하는 데 보냈다. 매 순간 기적이 필요했다. 1950년에는 메리벨을 '영국인의 광기'로 여긴 도의 조직적 방해로 거의 무산될 뻔했다. 그는 시적 정취를 꿈꿨지만, 다른 이들은 황금알을 꿈꿨나.

메리벨에서 시적 정취가 승리를 거두고 잠시나마 시의 발전을 보호해 주었다.

예기치 않은 방문객들이 우리를 찾아왔다. 이들은 우리를 위험한 아마추어로 여긴 샹베리 도청에 의해 형성된 우리의 '괴짜' 평판에 흥미를 느꼈다. 예를 들어, 내가 잘 알던 '보네발의 교황'이라고 불리는 호기심 많은 가이드 블랑은 인도차이나에서 돌아온 아들을 짐꾼으로 데리고 왔는데, 이는 아들의 열대병을 치료하기 위해서였다. 당나귀처럼 장비를 짊어지고 오르면서 땀을 흘리는 것이 치료에 효과가 있다는 것을 나도 개인적으로 경험했었다.

우리는 산책로에서 맨발에 신발과 돋보기를 들고 바위에서 이끼를 찾는 백발의 학자를 만날 수 있었다. 그는 우리를 밝고 따뜻하게 맞이하는 마리블랑슈에게서 위안을 얻었다. 마리블랑슈는 개발 중인 이 계곡을 찾는 새로운 방문객들을 주의깊게 살폈다. 1940년 직전 1,500명에서 500명으로 인구가 줄어든 이 계곡의 젊은이들은 파리의 택시 운전사, 무티에의 공장 노동자 혹은 도시의 가정부로 일하기 위해 이곳을 떠났다. 남은 많은 사람은 재착수할 의지가 있었고, 원칙에 따라 행동하며 그들에게 제안된 일, 즉 계곡에 겨울 스포츠 리조트를 조성하는 일이 행운이라는 것을 이해했다. 그때까지 그들은 보포르 치즈를 만들기 위해 고산 목초지로 소를 몰고 갔지만, 이제는 '생계를 보장해 주지 못하는' 젖소에서 나오는 미미한 수익이 '돈을 벌어들이는 소'의 이익으로 대체되었다.

이후 시간이 빠르게 흘러갔다. 이 지역의 정착 인구는 한 세기 전과 마찬가지로 1,500명으로 다시 증가했다. 그중 4분의 3은 가콩, 프롱, 블랑슈, 에티에방, 샤르도네 등 지역 가문 출신으로, 그들의 기원에 대한 기억을 열렬히 간직하는 일족 사회를 형성했다. 레잘로디 가문은 13세기에 '자유민'이라는 이름을 얻지 않았던가?

오늘날 계곡에는 눈 내리는 휴가철에 몰려드는 피서객 무리를 위한 28,000개의 침대가 있다. 스키 리프트가 그들을 기다리고 있었다. 그리고 바위도, 장애물도 없는 슬로프는 여름과 겨울에 주민들이 애지중지 관리한 것이다. 또한 개조된 호텔과 상점들도 그들을 기다리고 있었다. 도시인은 8일, 10일 혹은 15일에 걸쳐 즐겁게 돈을 썼고, 도시로 돌아가 다음 해까지 '땀나도록' 돈을 벌었다.

휴가철이 끝나면 상점과 호텔은 문을 닫았다. 마침내 젊은 산악인과 나이 든 산악인이 사냥꾼 무도회에 모여 축제를 열었다. 나는 그들과 함께 어울리는 것을 좋아했다. 레잘뤼 사람들은 쾌활하고 활력이 넘친다는 평판을 얻고 있었다. 그러나 무도회가 점점 줄어들면서 오늘날 사냥꾼들은 꽤 나쁜 평판을 듣고 있다.

계곡에서는 전통적으로 봄을 맞아 샬레들을 대청소한다. 샬레를 개조하거나 때로는 재건축하기도 한다. 시골 생활이 활기를 되찾는다. 정원을 가꾸고, 직접 채취한 블루베리, 라즈베리, 버섯 등으로 냉동고를 가득 채운다. 양고기, 노루 고기와 샤무아 고기, 심지어 금지된 개구리까지 곁들여진다. 잘 관리된 경제 덕분에 온갖 맛있는 것이 풍성하게 제공된다.

모두가 햇빛 아래에서 자기 자리를 찾을 수 있었던 행복한 계곡. 그러나 새로운 도로가 만들어지면서 농지를 건축용지로 바꾼 사람들과 초원만 가지고 있던 사람들 간에 사회적 격차가 크게 벌어졌다. 적어도 후자는 지역에서 자기 일을 가지고 생계를 유지할 수 있다는 안정성을 얻었다. 밤샘과 역경으로 다져진 공동체 정신은 사라진 듯했다. 사람들 간의 온정을 경험한 노인들은 세기말의 물질적이고 유익한 기여에도 불구하고 공동체 정신이 사라진 것을 애석해했다. 마을 사람들 간에 더 이상 '육체적' 의사소통이 이루어지지 않았다. 이제 그들도 자녀를 고등학교와 전문학교에 보내고, 사회 보장, 노령 연금, 텔레비전 등 체계화된 소비 문명이 제공할 수 있는 모든 것을 누렸다.

나중에 올림픽에 관한 이야기가 나왔다. 뜨거운 열기가 메리 벨을 장악했다. 그들은 참가할 수도 있었다. 모리스 프롱 시장이 이끄는 시청도 이를 위해 지원했다. 스키 슬로프의 원형 교차로 개발은 3~4성급 고급 호텔들에 의해 완성되었다. 벨베데르 부지를 개발하기 위해 슬로프 아래로 도로가 개통되었다. 이곳은 원래 도시계획에서 유명인사들을 위한 샬레가 있는 고급 호텔이 들어설 예정이었다.

나의 사랑하는 작은 메리벨은 세계에서 가장 비싼 리조트라는 새로운 명성을 자랑스러워하며 최고급을 목표로 삼았다. 모든 부분에서 최상급이었다. 가장 비싼 리조트, 가장 큰 리조트, 가장 많은 리프트와 제설기, 가장 아름다운 슬로프 등 필요한 모든 것이 고급 호텔 시설과 함께 제공되었다.

그러나 완성된 결과가 메리벨 산악 지역의 아름다움과 삶의 방식에 대한 명성과 양립했을까? 전반적으로 건축물이 초기 지침서를 반영했지만, 많은 경우에 장식예술은 최악의 의미에서 생활 방식을 오염시키고 신흥 부자를 위한 예술로 대체되었다.

일본 자본이 들어간 4성급 호텔을 예로 들어 보겠다. 크리스티앙 뒤뤼프와 앙드레 드투르가 건축을 담당했다. 이른바 '장식'이라 불리는 부분은 아직 채워지지 않은 상태였다. 내 친구들은 건축과 실내 설비를 분리하는 부동산 개발업자들의 지독한 습관을 차단하기 위해 공동 작업을 재개할 것을 제안했다. 우리는 산악 레저 예술을 창조하고 장소와 일본을 통합하는 것을 목표로 했다. 이것이 불쾌하지는 않았다. 나는 항상 건축, 설비, 환경의 통합을 지지했다. 산악 경관과 조화를 이루는 내부 공간을 강조했었다. 영혼을 더 담아내기 위해 데시가하라 히로시와 같은 일본 예술가들에게 도움을 청하고, 낮과 밤 모두 편안하고 시적이며 따뜻한 분위기를 만들기 위해 최고급 호텔의 모든 정교함을 도입하고 싶었다.

나는 파리의 어느 독특하고 아름다운 호텔에서 일본인을 대표하는 부동산 개발업자를 만났었다. 그리고 첫 만남에서 포기했다. 서로 추구하는 방향이 달랐다. 이는 예측 가능한 결과였다. 창의성도, 자본의 올바른 사용도 부동산개발팀의 관심사가 아니었기 때문이다.

뒤뤼프와 드두르는 돌담과 장식 없는 아름다운 목재 골조 등 잘 통합된 건축물을 설계했다. 호텔 책임자들은 헬리콥터를 타고 장식가들과 그들의 작품을 둘러보았다. 그들은 아마도 자신의 환상에 가장 잘 맞는 것을 선택했을 것이다. 아이디어는 많을수록 좋기에, 건축물과 장소를 전혀 고려하지 않은, 전 세계 호텔의 비실용적인 장신구들이 모두 모여 있었다. 더 풍성하게 혹은 덜 빈약하게 보이도록 하려고, 심지어 아름다운 외부 골조는 크슈타트 샬레처럼 절단 목재로 장식되어 있었다. 벽지부터 바닥 카펫까지 동일한 녹색이 실내를 잠식해 침울한 분위기를 자아냈다.

나는 왜 나에게 화가 나는 걸까? 맞서 싸우지 않아서일까? 아니면 알토, 미스 반데어로에, 그로피우스, 르코르뷔지에, 샤로 등 다른 사람들이 그 시대에 보여 준 모든 예시가 무시되어서일까? 순수주의자들을 언급했지만, 가우디, 기마르와 같은 바로크 양식의 재능 있는 장인들도 예로 들 수 있다.

돈이 부족하지는 않았지만 74개의 객실과 스위트룸, 그리고 바, 레스토랑, 라운지, 수영장 등의 부대시설을 장식하는 데 5,000만 프랑이 들었다. 벨데베르 부지 전체는 창의성이 없었다. 실패였다! 순수예술과 장식예술을 따로 분리한 교육의 잘못일까, 아니면 사회는 항상 그에 걸맞은 건축물을 가진다는 말처럼 사회의 잘못일까?

건축 열기가 계곡 전체를 뒤덮었다. 건축에 대한 병적인 열기가 산 전체를 오염시킬까?

1992년 알베르빌 동계올림픽에 앞서 열린 수많은 개막식은 눈 내리는 날씨라는 좋은 조짐을 보였다. 차를 타고 갈 수 없었지만, 사람들은 성공에 대한 행복감에 젖어 그곳까지 걸어갔다. 메리벨은 준비를 마쳤고, 관광객을 맞이하고 편의를 제공하는 브리드레뱅 마을과는 케이블카로 연결되어 있었다.

내 샬레에 도착했을 때 그곳에는 아무도 없었다. 올림픽 기간에는 그 어느 때보다도 혼자 있다고 느꼈다. 주변에 아무도 없었고, 슬로프에도 사람이 보이질 않았다. 큰 즐거움이었다. 활기는 쇼단Chaudanne의 스포츠 경기장 아래쪽으로 집중되었다. 관광객들은 리조트를 기피했다. 하키 경기를 개최하기 위해 6,000석 규모의 빙상 경기장이 지어졌다. 헬멧을 쓰고 유니폼을 입은 골키퍼들은 만화책에서 튀어나온 것처럼 정말로 멋졌다. 다섯 살반 된 손녀 테사는 그들의 가장 든든한 지지자였다. 핀란드 팀은 테사에게 퍽을 선물해 주었고, 아이는 그것을 소중한 보물처럼 샬레 냉장고에 고이 모셔 두었다. 그 모습을 보니, 거대한 근육 덩어리를 가진 스모 선수들이 우아하고 연약한 게이샤들에게 사랑받는 일본이 떠올랐다.

메리벨은 매일 경기하는 하키 선수들을 초대하여 오후와 저녁 상당 시간 동안 마을에 머물도록 하는 기발한 아이디어를 냈다. 이에 더해 록드페르Roc de Fer 슬로프에서 여자 활강 경기가 열리면서 분위기가 한층 고조되었다.

차량 없는 메리벨 마을은 상상할 수도 없다! 절망의 나날들에 콩코르드 광장과 경쟁했던 그 마을이 말이다. 나는 엄청난 혼란을 예상했다. 기적이 일어났다! 150명의 군사경찰이 쇼단에서 차량과 버스의 질서를 유지하고 통제하면서 거리를 보행자 전용으로 만들었다. 처음 보는 광경이었다. 시장에 있는 것처럼 느껴졌다. 전나무, 진품, 가짜, 우산 속의 작은 밀매, 손가락 인형, 마멋, 아메리카너구리, 다람쥐 등 각양각색의 것들이 좌판에 깔려 있었다. 거리에는 다채로운 군중, 긴 망토를 입고 검은 허리띠를 착용하고 꽃무늬 천의 챙이 넓은 모자를 쓴 몽골인, 멋지게 늘어진 검은 콧수염이 얼굴을 감싼 사람, 어깨에 흰 암탉을 얹은 사람, 은색·빨간색·녹색·노란색 패딩을 입은 사람, 가로세로 줄무늬 옷을 입은 건장한 사람들이 있었다. 그리고 곡예사들, 광대들, 눈 속에서 하이힐을 신고 미스탱게트 스타일의 원피스를 입고 피리를 연주하는 소녀도 있었다. 승리를 기뻐하는 스위스 사람들은 허리에 찬 소방울을 흔들어 댔다.

북유럽 국가와 중앙유럽의 다양한 언어들, 독일어, 영어, 이탈리아어, 일본어 소리에 둘러싸였다. 벌새부터 악어에 이르기까지 생명력이 넘치는 것 같았다. 그러나 한 가지 어둠의 그림자가 있었다. 거리에 소련 군복, 털모자, 장식이 있는 재킷, 붉은 별이 달린 장교 모자가 보였다. 이 사라진 제국의 군복을 호기심으로 보는 사람들뿐만 아니라 구매하는 사람들도 있어서 소름이 끼쳤다.

알베르빌에서 열린 폐막식은 성별과 국적을 초월한 선수들의 멋진 행렬을 보여 주었다. 너무 오랫동안 분리되고 안전 울타리 뒤에서 억압받은 그들은 마침내 화려한 불꽃놀이 아래서 자유롭고 기쁘게 하나가 되었다. 축제는 끝났고, 이제 미래를 고민할 차례다.

1971년 린지는 우리 곁을 떠났다. 수수하고 감동적인 청동 명판이 뷔르쟁산의 초원에서 그를 기리고 있다. 그는 웅장한 자연 공원에 세워진 메리벨을 꿈꾸며, 작은 골짜기 틈새에 스키 리프트를 매우 조심스럽게 설치할 것을 권했다. 그리고 레 트루아 발레를 연결하기 위해 모타레에 스키 리조트를 세우려는 부서와 싸웠다. 그러나 1938년에 메리벨 위치를 선택한 사람은 에밀 알레와 제임스 쿠테였다. 이들은 산에 대해 잘 알았으며, 일조량을 고려해야 한다는 점도 인지했다. 이후 모타레에는 12,000개의 침대를 보유한 리조트가 건설되었다. 14,000개의 침대를 가진 메리벨은 피터의 열정 덕분에 그 자리를 유지할 수 있었다.

메리벨의 작은 샬레

"린지가 돈을 따로 챙겨 두지 않았어요." 마을의 피핀 가콩이 말했다. 그는 자신의 샬레를 팔지 않으면 안 되었고, 1949년에는 토지로 보수를 지급하겠다고 제안했다. 나는 고산 목초지를 배회하면서 토지를 골랐다. 진입로는 아직 없었다. 콩브 뒤 포Combe du Pot라고 불리는 빈터가 개울을 향해 완만하게 경사져 있었다. 전나무와 사시나무가 있었고, 눈이 녹으면 민들레가 피었고, 솔다넬라, 파란 용담 꽃 등 철마다 각양각색의 꽃들이 꽃잎을 틔웠다. 개울 건너편은 겨울이면 스키 슬로프가 되었다.

나는 여가 시간에 가만히 집에 있을 생각이 없었다. 매년 마리블랑슈의 호델로 돌아와 가족들과 함께 단란한 시간을 보냈다. 1961년에 페르네트가 정강이뼈 부상을 입으며 많이 고민한 끝에 대피소를 지었다. 여러 개의 침구를 갖춘 주거용 샬레가 아니라 이름 그대로 대피소였다. 내 목표는 서너 명의 산악 애호가를 모아 하이킹을 하고, 돌아와서 햇볕을 쬐고, 양말을 빨고, 큰 벽난로에서 바비큐를 하고, 친구들과 함께 즐겁게 노래를 부르는 것이었다.

피에르 잔느레와 함께 초기 설계도를 그렸는데, 지침서를 크게 신경 쓰지 않았다. 설계도에는 노르웨이의 전통적인 오두막처럼 잔디로 덮인, 단일 경사 지붕이 포함되어 있었다. 이 아이디어는 내 친구 크리스티앙 뒤뤼프를 불편하게 만들었다. 내가 작업하던 지역은 박공지붕이 일반적인 곳이었다. 내가 규율에 어긋나게 행동하는 것일까?

혼란스러워진 나는 주변 마을을 돌아다니며 농가 샬레의 장점을 분석했다. 처음부터 다시 시작하자는 생각이었다. 농가 샬레의 건축적 진리를 발견했다. 평탄한 석축 위로 골조가 마치 모자처럼 놓여 있었다. 2층의 빈 곳은 저장된 건초에 바람이 잘 드나들도록 격자로 놓인 각목을 사용해 마감했다. 1층은 소와 사람이 지내는 공간으로 추위와 화재로부터 안전한 복사열을 이용했다.

나는 기본 원리를 적용했다. 즉, 평탄하게 쌓은 석축 위에 골조를 세우지만 박공 골조의 목재에 각재 대신에 이중 유리를 씌웠다. 2층의 모든 공간은 투명 유리가 달린 미닫이문으로 닫히고, 미닫이문은 외부의 돌담과 내부의 목골조 사이로 스리슬쩍 모습을 감춘다. 날씨가 좋으면 샬레에 햇빛이 비치고, 나는 아름다운 파라솔 지붕 아래서 주변의 전나무, 새, 다람쥐, 테라스와 하늘에서 사라지는 지평선, 그리고 산봉우리를 바라본다.

해가 지면 보금자리로 돌아가 불투명하거나 반투명한 미닫이 겉창으로 늑대 인간의 시선으로부터 보호받는다. 이 겉창은 외부에서 들어오는 빛을 받아들여 부드러운 채광을 제공한다. 낮과 밤이 다른 분위기를 자아내는 건축물이다.

2층에는 칸막이가 없고, 사부아식 덮개가 있는 알코브 침대 두 개가 있어 넓고 자유로우며 친근한 공간을 선사한다. 알코브 침대에서 동쪽 태양이 산꼭대기에서 떠오르면—눈으로 쨍!—잠에서 깨어날 수밖에 없다.

1층은 초원과 같은 높이에 있다. 아래에는 거대한 벽난로가 있으며, 희생 제단처럼 배열된 화강암 석판으로 만든 난로 주위에 앉을 수 있다. 이곳에서 우리는 멧돼지, 꼬치, 소시지, 크리스마스에는 거세 닭을 구워 먹는다. 숯으로 바나나를 구워 먹고, 술을 마시거나 노래를 부르며, 해가 지면 모닥불을 바라보며 몽상에 빠진다. 겨울이면 눈 내리는 고요함 속에서 장작 타는 소리를 듣는다. 작은 주방은 설거지를 하기 위한 공간이다.

내 친구 스즈키는 오랜 세월이 흐른 후에 메리벨을 다시 방문했다. 나는 그에게 모든 변화에 대해 어떻게 생각하는지 물었다. 그의 대답은 입 밖으로 나오려던 나의 신랄한 비판을 누그러뜨렸다. "내 발자취가 남아 있는 오솔길을 찾았어. 일본에서는 있을 수 없는 일이시."

르코르뷔지에의 빛나는 집에서

1947년 파리에 머물면서 폴 넬슨을 만난 적이 있다. 그는 오귀스트블랑키 대로에 있는 작업실에서 정신없이 일했다. 미국에서 돌아온 그는 미국 원조 기금으로 자금을 지원받아 생로 프랑스-미국 기념병원을 건설하는 일을 맡았다. 이전 병원이 해방 당시 미군 전투기 때문에 완전히 파괴되었기 때문이다.

폴 넬슨이 병원 일부에 관한 연구에 참여해 달라고 제안했다. 나는 파리와 메리벨 사이를 오가며 아주 소박하게 참여했다. 나의 기억 속에는 이 간헐적인 작업에 대해 무엇이 남아 있을까? 별것 없었다. 매우 기술적인 배치안에 매우 특수한 치료 장비를 갖춘 병실이었다.

중요한 논의 중 하나는 색상이 환자에게 안정과 '편안함'을 주는지에 관한 것이었다. 빨간색은 너무 자극적이라 제외되었다. 폴 넬슨은 이 병원을 단순한 치료 명소가 아닌 예술 명소로 만들고 싶어 했다. 그는 페르낭 레제를 호출했다.

우리는 친구들과 다시 만나곤 했다. 폴은 자기 건축물이 본보기가 되고자 작업에 필요한 모든 기술적 조언을 받았다. 그러던 어느 아침, 흥분에 들뜬 그가 달걀 모양의 대형 수술실 모형을 선보였다. 집념의 결실, 그의 창작물이자 피조물이었다. 그는 메를 도비녜를 불러 자신의 혁신적인 작품의 타당성을 평가해 달라고 부탁했다. 나는 1930년대에 그를 잘 알았다. 부활절에 르캥 산장에서 만났는데, 그는 폭풍우가 몰아치는 어느 해 질 녘에 에귀유 뒤 미디 Aiguille du Midi에서 혼자 돌아왔다. 그는 바위와 빙하를 사랑했고, 산을 사랑하는 운둔자였으며, 급류와 초원, 꽃, 발데랑 Val d'hérens*을 사랑했다. 나는 그를 잊지 않았다. 그는 거기에 있었다. 뛰어난 교수이자 외과 의사였다. 능숙하고 지적이고 숙련되었으며, 촉각적인 부분을 다루는 손 전문가였다.

나는 학교에서 수작업이 가치 절하된다고 생각한다. 온갖 아름다움을 만들어 낼 수 있는 손이 무시되는 것 같다. 우리에게

• 스위스 발레주에 위치한 고산 계곡

예고된 지능형 로봇의 세계에서 손이 인간의 가치를 되찾을 수 있을지 궁금하다. 얼마 전 손목이 부러진 적이 있는데, 제대로 치료받지 못했다. 메를 도비녜를 찾아갔다. 그는 더 이상 진료하지 않았지만, 퐁텐블로숲에 있는 그의 집에 외과의사의 뛰어난 손기술을 유지하기 위한 도구를 갖춘 작은 작업실이 있었다.

폴 넬슨은 레옹 블룸의 재건부 장관인 프랑수아 빌루의 고문인 세빌로트와 질베르와 협력했다. 작업실은 르코르뷔지에와 마찬가지로 프랑스 재건이라는 광범위한 프로그램에 대한 그들의 깊은 관심을 드러냈다. 르코르뷔지에는 1945년에 지체 없이 위니테 다비타시옹 프로젝트를 재개했다.

르코르뷔지에는 프로그램 계획안을 해방 후 재건부 초대 장관인 라울 노트리에게 제출했다. 계약이 체결되었고, 마르세유의 마드라그에 위치한 부지에 관한 초기 연구는 세브르가의 작업실에서 시작되었다. 전쟁 전부터 꿈꾸던 그의 오랜 꿈이 실현되는 것일까? 아니었다. 지방행정부, 도시계획부, 언론의 적대감으로 재검토되었다.

1946년, 프랑수아 빌루는 생바르나베에 위치한 다른 부지에 관한 연구를 계속하는 데 동의했다. 그러나 논란은 계속되었고, 이번에는 학계의 분노가 촉발됐다. 세 번째 부지, 이후 미슐레 대로의 가장자리에 있는 네 번째 토지를 선택해야 했다. 르코르뷔지에는 앙드레 지드가 참석한 가운데 레옹 블룸과 함께 점심 식사 자리에서 자신의 프로젝트를 변호해야 했다. 그는 1937년이라는 원점으로 돌아갔다.

얼마나 완고하고 기나긴 대장정이었던가. 인민전선 시절 이후 10년이라는 기나긴 세월이 걸렸다. 하지만 이번에는 성공했다!

1947년, 뉴욕에 있는 유엔 본부에 출장을 가기 전에 르코르뷔지에는 자신이 전적으로 신뢰하던 피에르와 나에게 작업실에 합류할 것을 제안했다. 그는 우리가 그리한다면 기쁠 것이라고 했다. 그러나 그는 재건이라는 막중한 과업을 앞두고 자기 조직이 예전과 달라졌음을 알려 주었다. 전쟁 이전이 발견과 탐구로 가득한 개척의 시대였다면, 앞으로 열릴 시대는 실현의 시기가 될 것이다.

그렇다면 1945년 이후 그의 새로운 조직은 어땠을까? '건설자의 작업실 Atelier de bâtisseurs, ATBAT'이라는 새로운 조직을 기반으로 창설되었다. 고문 건축가와 엔지니어들로 이루어진 구성원들은 가장 현대적인 기술에 따라 건설과 도시계획의 모든 작업을 연구하고 실현하며 관리해야 했다. 본부는 생오귀스탱가에 있었고, 설계 사무소는 세브르가 35번지, 즉 르코르뷔지에의 작업실이었다.

ATBAT 조직도에는 무엇보다도 '건축'과 '도시계획'을 관장하는 운영 위원회가 포함되어 있었다. 고문 건축가이자 작업실 대표는 앙드레 보겐스키였고, 기술 연구부는 엔지니어 블라디미르 보디안스키가 이끌었다. 르코르뷔지에는 건축 창작에 대한 모든 권한을 가지고 있었다. 그가 없는 동안 우리는 '귀환' 조건에 대해 보겐스키, 보디안스키와 조율해야 했다.

세브르가의 작업실은 더 이상 예전 모습이 아니었다. 우리가 알던 열린 공간의 자유로움은 사라졌다. 임시로 하드보드 패널로 둘러싸인 작은 사무실과 방문객들을 한 방향으로 유도하는 장애물이 있었다. 제도판은 수녀원의 긴 벽에 맞대어 정숙하게 배열되었고—보수를 받는—수많은 프랑스인과 외국인이 마르세유 프로젝트를 위해 분주하게 움직이며 일하고 있었다.

실제로 상황이 바뀌었다. 작은 사무실에서의 응대는 따뜻함이 부족했다. 웃음기 없는 얼굴로 위니테 다비타시옹에 대한 논의가 시작되었다. 피에르는 르코르뷔지에의 곁에서 동업자로 위니테를 오랫동안 연구해 왔기에 매우 연관되어 있었지만, ATBAT는 마르세유 프로젝트를 위해 거의 2년 동안 매우 체계적으로 실제적 작업을 해 왔다. 피에르에게는 더 이상 설 자리가 없었다. 너무 늦었다. 보겐스키와 보디안스키는 그에게 이 점을 분명히 전했다. 피에르가 자리를 떴고, 나도 그를 뒤따라 나갔다. 그는 순수한 협력을 기대하며 친구로 왔지만, 이방인으로 받아들여졌고 심지어 거부당했다. 아마도 그는 이에 대해 르코르뷔지에에게 말하지 않았을 것이다. 이 결정은 부당해 보였지만, 이러한 접근 방식은 유토피아적이고 기대에 어긋나는 것이었다. 세브르가 작업실의 새로운 배치를 보고 이는 이미 예측할 수 있었던 일이었다.

이러한 퇴출은 불가피해 보였고, 1951년 르코르뷔지에가 찬디가르로 갈 것을 제안했을 때 피에르가 거절한 이유를 설명하는 듯했다. 르코르뷔지에는 피에르의 이러한 완강함을 이해할 수 없었고, 클로디우스프티에게 편지를 보내 중재를 요청했다. 그는 내게 전화해 이렇게 말했다. "우리는 한 가족이야. 난 피에르를 이해할 수 없어. 대체 무슨 흥미로운 일을 하고 있길래? 그에게 자유를 보장할 거야. 그가 맡을 일은 펀자브의 행정 수도를 건설하기 위해 현지 건축가 150명으로 구성된 설계 사무소를 관리하는 거야." 그는 르코르뷔지에가 파리에서 설계한 민간 건물의 건설을 책임지고, 주거 구역의 설계와 구현을 처리하는 일을 어떠한 구애도 받지 않고 맡게 될 것이었다.

하지만 피에르는 언제나 거절했다. 그는 이렇게 답했다. "개집을 짓는 것만으로도 충분해." 그는 프로젝트 건축가로 에스코르사와 함께 남서 지역에서 작업하고 있었고, 그 외에도 파리 교외에서 진행 중인 작업이 있었다. 그는 플로렌스 놀의 초대를 받아 의자를 연구하기 위해 미국으로 갔으며, 그중 하나는 실제로 제작되기도 했다.

그는 많은 추억을 간직한 그가 사랑하는 자코브가를 저버리고 싶지 않았다. 거절하기 위한 무수히 많은 변명이 있었다.

자유를 원하는 그에게 이렇게 말했다. "자유로울 거야. 파리로 돌아오면 자코브가를 유지할 수 있어. 이건 멋진 프로그램이야. 르코르뷔지에와 같이 일한다는 건 매우 소중해. 자유로울 때 예상치 못한 일이 일어나지……."

그는 르코르뷔지에에게 내심 많은 애착을 가지고 있었고, 그 반대도 마찬가지였다. 그 생각은 점차 커졌다. 그는 진행 중인 일을 재분배한 후 떠났다. 마지막 순간까지 르코르뷔지에는 예상치 못한 그의 반응에 대해 걱정했다.

그는 이 먼 나라를 위한 옷이 없었다. 떠나기 이틀 전에 그와 함께 그랑불바르에 있는 인기 많은 상점인 알바Alba에 갔다. 바지 기장이 너무 길었다. 수선을 맡기고 출발 전날에 찾으러 가야 했다. 나는 그를 바래다주러 리옹역까지 같이 갔다. 르코르뷔지에가 역에서 그를 기다리고 있었다. 16년이 지나고 모든 게 원래대로 돌아왔다. 나는 함께 있는 두 사람을 보며 매우 기뻤다. 두 사람은 그렇게 재회했다.

1947년 우리의 끔찍했던 면담 이후 피에르는 자코브가로 돌아갔고, 나는 레잘뤼와 파리를 오갔다. 결국 르코르뷔지에는 내게 그의 작업실에서 일하지만 완전히 독립적인 작업자로 '빛나는 집Maison radieuse'의 표준 내부 설비 유닛화에 참여해 달라고 부탁했다. 그래서 나는 일시적으로 세브르가 35번지로 발걸음을 다시 움직였다.

이 주거 유닛화는 새로운 공동체 생활 방식을 특징으로 했다. "착수와 재개를 끈기 있게 반복한 25년간의 연구 결실"로, 그 첫 번째 목적은 "고요함과 고독 속에서 햇빛, 공간, 녹지를 마주하는, 한 가정을 위한 완벽한 집합소가 될 집을 제공하는 것"이었다(르코르뷔지에, 「마르세유 위니테 다비타시옹Unité d'habitation à Marseille」, 『인간과 건축L'Homme et l'architecture』, 1947).

르코르뷔지에가 로지아를 확장하고 다색으로 세심하게 꾸민 진정한 생활 공간인 듀플렉스가 답이 될 것이다. 두 배 높이의 듀플렉스 구조는 동서로 교차하는 두 개의 층을 통해 아침과 저녁으로 햇살이 들어 공간의 볼륨을 살리고 아늑한 분위기를 조성하도록 고안되었다. 실제로 긴 내부 통로의 중앙에서 머리와 꼬리가 맞물리듯 연결된 두 개의 유닛 시스템은 모뒬로르 치수를 적용한 인간 거주 공간으로 생명과 하늘을 향해 개방되어 있다. 모든 구성 요소에 적용된 이 조화로운 측정 시스템을 이용하는 것이 나의 첫 모뒬로르 경험이었다. 그 이후로 나는 언제나 모뒬로르를 고려했다.

이 새로운 주거 방식에는 중요한 두 가지 혁신이 포함되었다. 거실과 완전히 통합된 '주방 겸 바'는 주부들이 가족이나 친구들과 대화하고 참여할 수 있도록 만들었다. 주부들은 더 이상 '잡일을 하는 하녀'처럼 북쪽의 복도 끝으로 밀려나지 않아도 되었다. 공간의 조화로움을 온전하게 누렸다. 바텐더처럼 깔끔하게 정리하는 것은 주부의 몫이고, 냄새와 연기를 완벽하게 빨아들이는 것은 기술자들의 몫이었다.

두 번째 혁신은 메자닌 발코니에 있는 부모 침실이었다. 침실은 옷장과 욕실로 완전히 독립된 자녀의 영역과 분리되어 있었다. 그 뒤로 샤워실과 수납공간을 갖춘 두 개의 작은 공간이 커다란 미닫이 벽으로 연결되어 저녁이나 아침에 놀이 공간을 확보할 수 있었다. 1930년 CIAM 총회에서 제안된 '최소 주택' 프로젝트가 마침내 실현되었다.

이와 관련해 많은 연구가 수행되고 두 개의 아름다운 모형이 나왔다. 그중 하나가 1947년 그랑팔레에서의 주택 전시회를 위해 제작된 표준 유닛 시스템이었다. 이는 작업실에서 에디트 슈라이버에게 맡겨 프레베랄과 로제 오잠의 도움을 받았다. 그들은 북적거리는 세브르가 작업실을 벗어나 평화롭게 작업할 수 있도록 임시 작업장인 자코브가의 앙글르테르 호텔 객실에서 이를 만들었다.

위니테 다비타시옹의 정초식定礎式은 같은 해 10월에 이루어졌다. 1년 후, 건축가 구성원의 보고서를 근거로 고등공중위생위원회CSHPE는 다음과 같이 명령했다. "위니테 다비타시옹의 설명서에서 많은 비위생적 요인이 지적되었으므로 고등공중위생위원회는 공사의 지속에 대해 부정적 의견을 제시하는 바다. 이미 건설된 부분은 위생 규정에 부합하게 재작업해야 한다."

실제로 공사는 중단되었다. 앙리 쾨유 내각의 재건 및 도시계획부 장관인 글로니우스프티가 위니테 다비타시옹 공사를 '즉시 전용되지 않는 건물ISAI' 작업, 즉 실험적인 작업으로 선언하면서 문제를 해결한 덕분에 공사를 재개할 수 있었다.

1950년에 르코르뷔지에는 내게 주방 전문 제조업체를 찾아 마르세유 프로젝트의 프로토타입을 공동 연구해 달라고 요청했다. CEPAC 회사가 우리의 요구사항을 잘 맞춰 줄 것으로 보였다. 그들은 아주 사소한 부분까지 열심히 맞춰 주었다. 마지막으로 비용에 관한 고민이 남았다. 첫 번째 프로토타입은 통과되지 못했다. 그 후 작업실은 덜 통합된 생산 방식으로 방향을 전환했는데, 가전제품, 스테인리스 조리대, 음식을 내는 창구, 주방 설비와 그 배치에 내재된 수납공간 등 각 요소를 직접 조정함으로써 비용을 절감했다. 이전과 유사하나 새로운 규정을 고려한 설계였다.

그해 르코르뷔지에는 가정예술박람회에서 통합 수납공간을 갖춘 위니테 다비타시옹의 실물 크기 유닛 시스템을 전시했다. 그는 예산 없이 이 유닛화에 가구를 채워 달라고 부탁했다. 혁신을 이루기에는 어려운 조건이었다.

조르주 블랑숑에게 문의했다. 그는 1940년 이후로 피에르 잔느레와 내가 디자인한 가구들을 출시해 판매하고 있었고, 그중에는 레잘뤼를 위해 특별히 디자인한 가구들도 포함되어 있었다. 또한 막세빌에서 가구를 생산한 장 프루베에게도 침대, 의자, 탁자 등을 문의했다. 그리고 전시회《포름 위틸 Formes Utiles》과 가정예술박람회에서 실용적인 물품을 선별했다.

하지만 같은 박람회에서 넬슨 작업실이 '미니멀 패밀리 홈'을 선보였는데, 그들은 내게 설비 작업을 요청했다. 르코르뷔지에와 넬슨 사이에서 난처해졌다.

서로에 대해 잘 알면서도 마치 모르는 것처럼 행동하는 두 거장 사이에서 나는 이러지도 저러지도 못하고 둘 사이를 분주히 오갔다. 넬슨과 있을 때면 르코르뷔지에가 호출했고, 르코르뷔지에와 있을 때면 넬슨이 호출했다.

넬슨의 부탁을 어떻게 거절할 수 있겠는가? 넬슨은 전쟁 중에 내가 미국에 들어갈 수 있도록 보증해 준 고마운 사람이었다. 르코르뷔지에라고 거절할 수 있겠는가? 1937년 그의 작업실을 떠들썩하게 떠났지만, 나는 여전히 그를 신뢰했다. 나는 가능하다고 답했지만, 두 작업을 동시에 하는 것은 무리였다.

1951년, 르코르뷔지에는 위니테 다비타시옹이 위치한 아직 개발되지 않은 75헥타르의 녹지 공원을 반영한 도시계획안을 클로디우스프티에게 제출했다. 그의 두 번째 목표는 "하늘 아래 태양을 마주하는 엄숙함, 원대함, 고귀함, 미소와 우아함이 담긴 걸작을 신의 자연 속에 세우는 것이었다. 우리는 일그러진 땅과 뒤틀린 건물의 자의적 특성에서 벗어나 인간과 자연의 관계를 추구하고 표현했다. 사회적 인간은 고도의 기계 문명(우리는 더 높은 수준으로 끌어올려야 한다)에 어울리는 화려한 틀 속에 놓여 있다. 한때 완벽한 그릇이었던 인간의 집은 다시 한번 조화로움을 열망해 볼 수 있지 않겠는가? 팔라디오*가 미소 짓고 있다. 그 저 다른 규모일 뿐이다. 그리고 도시계획은 '수직 정원 도시'를 통해 합리적이고 소화로운 해법의 단계로 접어들 것이다."

그러나 이 도시계획 프로젝트에 대한 후속 조치는 없었다. 최근에 나는 궁금해서 로제 오잠에게 르코르뷔지에의 1951년 계획과 현재 상태에 대한 비교 분석을 부탁했다. 오늘날 1,600명이 거주하는 '빛나는 도시'는 모든 부대시설을 포함하고 있지만, 마르세유시의 녹지 공간 시설로 유지되는 나머지 5헥타르의 녹지는 상당히 소박해 보인다. 위니테 다비타시옹의 아이들과 주변에 사는 아이들이 이용하는 축구 클럽은 70헥타르 규모의 사유지로 둘러싸여 있으며, 그 위에는 거대하고 무미건조한 공동주택들이 무질서하게 지어져 있다. 여기에는 어린이집과 유치

---

* 안드레아 팔라디오(Andrea Palladio, 1508~1580). 16세기 르네상스의 대표적인 이탈리아 건축가

원도 없고, 산책할 수 있는 옥상 공간도 없고, 보행자가 지나다
닐 수 있는 필로티도 없으며, 녹지 공간도 없었다. 부동산 개발
업자들과 이들의 요구대로 맞춰 주는 건축가들이 지은 돈벌이
를 위한 건축물일 뿐이었다.

'빛나는 집'은 열렬한 지지자인 클로디우스프티의 주도로
1952년 눈부시게 준공되었다. 그는 집요함과 인내로 주택 건축
에 대한 자신의 비전을 실행 가능하고 '실험할 수 있게' 만들었
다. 그러나 그 공로를 인정받으며 행복한 결말을 맞이하기는커
녕 현실은 전혀 그렇지 못했다. 논란은 같은 해 12월에 일어났
다. 프랑스 일반미학협회가 르코르뷔지에와 위니테 다비타시옹
을 상대로 소송을 제기했다. 건축 허가 없이 주민들의 위생과 안
전에 관한 기본 규정을 무시하고 마르세유의 미슐레 대로에 '빛
나는 집'이라는 건물을 건축한 것에 대해 2,000만 프랑의 손해
배상금을 청구했다.

다행히도 법원은 민사 원고 측의 주장을 받아들일 수 없다고
판결했다. 공격자들은 객관적으로 건물을 겨냥했을까, 아니면
건축가를 겨냥했을까? 이는 계급 투쟁이 아닌 양식 간의 투쟁이
었다. 이탈리아의 옛 속담에 이런 말이 있다. "옛것은 아름답고
현대의 것은 추하다Antico bello, moderno brutto." 그러니 혁신하시오!

르코르뷔지에가 혼란을 일으키며 『성당들이 흰색이었을 때
Quand les cathédrales étaient blanches』(1937)와 『대포, 탄약? 됐으니 집을
주세요*Des canons, des munitions? Merci! Des logis s.v.p.*』(1938)를 쓸 때도 주저
하지 않은 것은 사실이다. 그는 기성 체제에 혼란을 초래했다.

'빛나는 집' 30주년을 맞아, 그곳에서 유년 시절을 보낸 이들이 모여 소중한 릴레트에게 맡겨진 유치원을 찾았었다. 그녀는 창조물을 원래 모습대로 경건하게 유지하며 듀플렉스에서 살고 있었다. 그녀가 가르치던 시절부터 은퇴할 때까지, 이 아이들은 아름다운 태양과 달빛 아래 아이와 어른들, 요정과 마녀 등이 자유롭게 뛰노는 평지붕이 달린 '빛나는 집'들을 그렸다. 릴레트가 떠나면서 소장이 교체되었다. 나는 교육부의 포스터가 전시된 것을 보았는데, 거기에는 가족 단위를 상징하는 뾰족한 지붕의 집이 그려져 있었다. 집에는 겉창이 있는 작은 창문과 중앙의 층계참으로 통하는 문이 있었다. 아이들이 그린 그림들도 비슷비슷했다. 박공지붕, 창문을 위한 구멍과 문, 작은 정원이 그려져 있었다. 빛나는 삶은 작별을 고하고, 집은 안경을 쓰고 있었다.

탁아소는 어린이집으로 바뀌었고, 어린아이들이 자라서 날아가 버렸고, 1,600명이었던 주민 수는 절반으로 줄었다. 이는 새로 태어난 아이들로는 탁아소의 원래 기능을 되찾지 못할 것이라는 의미가 아니다. 삶은 그렇게 흘러가고 유연성은 필요하다.

집주인들은 문을 열고 집의 보존된 부분과 변화된 부분을 자랑스럽게 보여 주었다. 특히 주방 겸 바에는 많은 변화가 일어났다. 30년 동안 가정용품도 상당히 발전했다. 식기세척기가 등장했고, 배달원이 매일 직접 공급하던 아이스박스 대신 냉장고가 들어섰다. 이 모든 신기술은 여성을 노동으로부터 해방시켰지만, 필요한 공간이 늘어나면서 변화가 불가피했다. 하지만 가장 중요한 부분, 즉 '거실과 연결된 개방형 주방'이라는 개념은 여전히 보존되었으며 좋은 평가를 받았다.

이러한 주택 중 한 곳에서 호기심 많은 어린 소년이 갑작스러운 방문에 불안해하며 이곳을 찾은 목적에 대해 물었다. 아이를 놀려 주려고, 소년의 집이 예뻐서 살고 싶다고 말했다. 아이는 몹시 놀라 눈물을 터뜨렸다. 그를 달래야 했다. "집이 그렇게 마음에 드니?" 그곳을 떠나면서 보았던 아이의 환한 미소가 잊히지 않는다.

또 다른 집에서는 노부부가 살고 있었는데, 부인은 테이블 면 커버, 안락의자용 머리 받침 커버, 침대보 등을 뜨개질하고 있었다. 이는 노부부에게 집의 매력을 나타내는 것들이었다. 매우 감동적이고 안심되는 광경이었다. 인간은 '빛나는 집'에서 자유로웠다.

삶의 질은 듀플렉스에서 멈추지 않았다. 1955년 르코르뷔지에는 주민들에게 이렇게 편지를 보냈다. "여러분은 광맥 위에 있습니다. 광석을 채굴하는 일은 여러분의 몫입니다. 아주 친절한 마음으로 조언합니다……."

특히 세탁장과 같은 공동 공간이 문제였다. 이곳은 관리되지 않은 채 개방되어 있었다. 개별 세탁기가 도입되면서 세탁장은 대체되었다. 이로써 시골 빨래터의 전통은 정말로 사라졌다. 그리고 여성들 사이에서 입소문은 라디오, 이후 텔레비전으로 바뀌어 갔다.

이 모든 혁신은 가사 노동 환경을 개선하면서 인간을 좀 더 독립적인 동시에 내향적이고 자기중심적으로 만들었다. 혁신에는—긍정적이든 부정적이든—항상 역효과가 뒤따르는 법이다.

30주년 행사는 놀라울 정도로 잘 조직된 반면 "40주년 행사는 주민들의 관심 부족과 현재 경제 상황으로 인해 좀 더 밋밋했다"라고 리샤르 비치는 썼다. 그는 아홉 살 때 부모님과 '빛나는 집'에서 살았다. 이후 공동소유주협회의 책임자가 되어 이렇게 기록했다. "'빛나는 집'에는 더 이상 무도회가 열리지 않는다—주민협회의 마지막 소식지는 1983년으로 거슬러 올라간다. 연극, 댄스, 음악, 청소년 여가 활동, 페탕크 클럽, 텔레비전 클럽, 레저 클럽, 영화 클럽, 화실 등 1950년대부터 1960년대까지 활발했던 활동은 단명했다." 그리고 이렇게 결론지었다. "어떤 활동이 권리나 의무가 되면 아마추어리즘과 설비의 무료 사용은 더 이상 가치 있어 보이지 않는다……."

그러나 르코르뷔지에의 접근 방식은 여전히 유효하다. 즉, 일상생활을 풍요롭게 하는 공동 시설을 확장하는 것이다.

1956년부터 르코르뷔지에의 지지자가 운영하고 관리해 온 옥상의 체육관은 스포츠를 통해 주민들의 건강을 지킨다. 유치원은 교육부의 관리하에 있으며, 그 옆에 있는 탁아소는 필요에 따라 어린이집으로 변형되었다. 이 외에도 일광욕실, 조깅 트랙 등이 있다. 건물 중간에는 미용실, 사우나, 슈퍼마켓, 정육점, 빵집, 제과점 등 상점가가 자리 잡고 있다(아! 아침마다 풍겨 오던 따뜻한 크루아상 냄새). 바다를 마주 보는 25개의 객실을 갖춘 호텔 레스토랑도 있는데, 가족들이 친구들을 맞이할 때 매우 유용하다. 이곳은 1956년부터 미셸 켈러가 관리해 온 진정한 모임의 장소다.

우리의 영광은 자기 집에서 맹렬히 싸우고 거부당했으나 강한 인내심으로 마침내 국제적으로 인정받은 고립된 개인의 영광이다.

해방 이후 프랑스는 재건되어야 했다. 오귀스트 페레는 르아브르를, 장 드 마이는 툴롱을 재건했다. 그렇다면 르코르뷔지에는? 그는 이 위대한 계획을 위해 조직을 갖추었고, 행정 당국은 그를 라로셸 재건에 투입했다. 그러나 유감스럽게도 시장은 그를 원하지 않았다—운명의 장난일까. 결국 그는 매우 작은 위니테 다비타시옹과 경합했다.

'빛나는 집'은 역사적 기념물로 분류되었고, 듀플렉스 중 하나도 마찬가지였다. 건축 역사의 안갯속에 그림자를 남긴 '건축에 미친 사람'의 집에서 산다는 것은 얼마나 영광스러운 일인가.

건축가 또는 팀워크?

1948년은 내가 파리로 돌아온 해다. 우리 가족은 파리에 정착했다. 당시 자크는 해군 본부에서 우울해하고 있었다. 젊은 시절 그의 목표는 항해하고 다른 세계를 탐험하는 것이었다. 전쟁은 해군 함대에 심각한 타격을 입혔다. 자크는 답답해했다. 그러다가 기회를 잡아 반국영 기업인 에어프랑스에 입사했다. 해군은 그의 전직轉職을 확실히 하기 위해 2년의 수습 기간을 주었다.

에어프랑스에서 연수를 마친 다음에 그는 미래의 운송 수단이
자 통신 수단인 항공을 택했다.

그가 맡은 첫 업무는 아프리카에서 검사하는 일이었다. 그는
선물로 예쁜 작은 새들을 가져다주곤 했다. 심지어 욕조에서 귀
여운 작은 악어를 기르자고도 했다. 멋신 제안이었지만, 새 선물
로 충분했다. 가장 긴 새장을 찾으러 다니고, 욕조와 씨앗, 입문
서를 사야 했다. 매일 새들에게 먹이를 주고, 매주 새장을 청소
해야 했다. 새장 안에는 온갖 종이 섞여 있었는데, 지배하는 새
들과 지배당하는 새들이 존재했다. 몸집이 큰 새들이 불쌍한 작
은 새들을 부리로 고약하게 쪼아 대며 깃털을 뽑았다. '바보 같
은 새들……'이라고 생각했다.

목욕 시간에는 위계질서가 지켜졌다. 예쁘고 노란 베짜는
새tisserin*가 먼저 홀로 목욕했다. 베짜는새의 공격성을 진정시키
기 위해 새장에 대마 끈을 붙였다. 그러면 베짜는새가 부리와 발
의 질서 있는 움직임으로 한 가닥씩 껍질을 벗겨 격렬하게 그 끈
을 엮었다. 나는 그 모습을 지켜보는 것을 좋아했다.

나는 새가 새장에, 감옥에 갇히는 것을 좋아하지 않았지만, 어
쩌겠는가? 일요일 아침마다 숲속으로 스트레스를 풀러 떠나기
전에 커튼을 확실하게 친 후 새장을 열어 주었다. 1940년에 나
는 매우 경제적인 회전 조명을 디자인한 적이 있었다. 스위치에
서 램프까지 전선을 연결하기 위해 검은색 긴 튜브를 거꾸로 'L'

---

* 조류. 멋쟁이새의 일종

자 모양으로 조립해 만들었는데, 이 조명이 거실에서 새들의 횃대 역할을 했다.

저녁이 되면 대부분의 새는 지붕에 머물지 않고 새장 안으로 이미 들어가 있었다. 나의 장난꾸러기 베짜는새가 새장 안에서 심술궂게 다른 새들의 발을 쪼았기 때문이다.

급한 일을 처리하던 어느 날, 암컷 새가 알을 낳으려 애쓰고 있었다. 둥지를 하나 더 만들어 주었으나 새는 알을 낳지 않았다. 제도판과 옆에서 벌어지는 극적인 사건 사이에서 나는 무언가를 해야 했다. 책에서는 매시간 수증기로 새의 후두부 근육을 완화해 주라고 했다. 끓인 물이 담긴 그릇을 준비했지만, 소용없었다.

늦은 저녁에 암컷이 둥지로 들어가고 걱정스러운 수컷이 그 뒤를 따랐다. 속수무책으로 자연의 순리에 맡겼다. 아침이 되자 암컷은 죽어 있었고, 수컷은 매우 슬퍼하며 제자리를 빙빙 돌았다. 나는 대체할 수 있다는 듯 다른 짝을 찾아 주기 위해 새 장수에게 달려갔다.

수컷은 새로 온 암컷을 보자 다정하게 펼친 한쪽 날개 아래로 새 암컷을 품었다. 그리고 무슨 일이 있었는지 모르겠지만, 수컷은 별안간 속임수가 있다는 것을 깨닫고는 암컷을 죽이려 했다. 얼른 분노한 수컷을 꺼내어 다른 새장에 홀로 두었다. 나를 따라 새를 좋아하게 된 친구에게 새장과 새들을 선물해 주었다. 모든 생명은 자유로이 번성할 수 있어야 한다. 새들에게도 일찍이 그리해 줬어야 했다.

전쟁 이전까지는 스스로를 건축가라고 부를 수 있었지만, 해방 이후에는 그럴 수 없게 되었다. 비시 정부는 건축가협회를 포함해 여러 기관을 설립했는데, 이 협회는 동업 조합과는 달리 자격, 즉 실무 권리만 옹호했다. 에콜 데 보자르에서 수여하는 학위가 유일한 조건이었다. 1933년 이후로 나는 르코르뷔지에가 준 자격증서만 가지고 있었다. 프레시네, 오귀스트 페레 그리고 르코르뷔지에 자신만은 동료들에 의해 자동으로 인정받았다. 제네바 에콜 데 보자르를 졸업한 피에르는 문제없었다.

일본에서 너무 늦게 도착했다. 합법화 작업은 이미 끝나 있었다. 특별위원회에 출석해야 했으나 그 방법을 받아들일 수 없었다. 나는 건축에 통합되면서 주거지나 다른 프로그램의 실내 설비를 담당하는 역할에서 편안함과 유익함을 느꼈다. 나는 모든 분야를 아우르는 팀워크가 풍요로움을 위한 조건이라고 굳게 믿었다. 건축가라는 타이틀은 엿이나 먹어라.

이러한 결정은 경험하면서도 모호했다. 1951년 장 드 마이는 자신이 담당한 툴롱시 재건축을 위한 주거 표준 유닛 시스템을 가정예술박람회에서 선보였다. 유닛 시스템은 이미 설계되어 있었지만, 그는 내게 설비를 맡아 달라고 부탁했다. 더 정확히는 "가구를 채워 달라고" 했다. 다시 한번 조르주 블랑숑에게서 가구들을 구했다.

다른 건축가들도 비슷한 작업을 무보수로 제안했다. 그것은 관례가 되어 가고 있었다. 나는 그들을 제작 업체에 문의하도록 했다. 이러한 행사들은 진부한 광고의 형태에 속했기 때문이다.

10년 전 전쟁 경제를 위해 만들어진 이 가구들은 더 이상 내 관심사가 아니었다.

나는 그들에게 '장식'하거나 '가구를 채워 넣는' 것이 아닌 처음부터 통합된 설비 작업에만 관심이 있다고 입이 닳도록 설명했다. 일부 건축가들은 심지어 내가 표준 주택의 설계도를 수정하는 것을 허용하기도 했다. 하지만 약간의 상식적인 부분 때문에 그 제안을 거절했다. 경제적으로 세입자들이 이제 막 완성된 주택, 심지어 사람이 거주하고 있는 주택의 구조를 어떻게 바꿀 수 있겠는가?

건축과 설비 architecture-équipement의 통합 아이디어는 실제로 구현하기가 어려웠다. 아프리카 프로젝트에서 내게 완전한 창작의 자유를 준 건축가도 있었다. 그의 요청에 따라 나는 내 도면을 내주었다. 큰 실수였다. 주문은 중단되었지만, 몇 년 뒤 우연히 그 프로젝트가 실행되었다는 사실을 알게 되었다.

마침내 에르베와 르쿠퇴르가 나와 뜻을 함께했다. 그들과 함께 첫 단계에서부터 르망의 공공 임대 주택 HLM 건물에 관한 연구를 시작했다. 또다시 실망했다. 예산에 설비 비용이 포함되지 않았다. 수정에 수정을 거듭하다 결국 '복지 향상'에 대한 우리의 시도는 삭제되었다. 그렇지만 그들은 최선을 다했다. 공공 임대 주택의 엄격한 규정은 혁신을 허용하지 않는다.

르코르뷔지에의 위니테 다비타시옹 방식은 경제적임이 입증되었다. 여기에는 설비와 공동 시설이 포함되었다. 듀플렉스와 내부 통로 덕분에 밀도는 잘 조절되었을까? 아마도 그럴 것이다. 그러나 그것은 '즉시 전용되지 않는 건물ISAI'로서, 즉 실험적 건물로만 가능했다. 공공 임대 주택의 경우에는 그렇지 못했다. 결국 거주자들이 설비 비용을 부담해야 했는데, 그들은 그럴 형편이 되지 못했다.

보두앵은 앙토니 대학 기숙사 입찰에 참여하기 위해 수요 건설 공사를 담당하는 시범 기업의 통제하에 모든 부문을 포함하는 여러 경쟁 팀을 구성했다. 나도 그중 한 팀에 들어갔다. 내 역할은 설비 제안 외에도 일정한 건축 품질을 유지하는 것이었다. 마치 자동차의 다섯 번째 바퀴처럼 느껴졌다. 내가 사임한 이유는 기억나지 않지만, 거기서 매우 귀중한 만남을 가졌다. 바로 위생 시설 책임자 장 보로와의 만남이다.

그는 프리패브 건축민을 꿈꿨나. 보누앵과 로Lods와 함께 이미 수직 덕트를 표준화하여 이 문제를 해결했다. 그가 가장 좋아하는 주제는 용접기를 스패너로 대체하는 것이었다(변기 같은 설비를 개조하는 것만 남아 있었다).

완전한 자유 속에서 그와 함께 생각을 공유하며 연구를 수행했다. 그는 전문가로서 자신의 견고한 지식을 제공했다. 우리는 함께 변기와 비데의 기능을 결합한 설비에 대한 특허를 취득했다. 대담한 시도였다. 일본에서 돌아온 이후로 나는 맑은 물을 사용하는 것을 좋아했다. 그러나 특정 형태의 비데는 좌석의 접힌 부분 주위에 배열된 작은 구멍을 통해 물이 공급되었다. 씻으면서 물이 가장자리까지 흐르도록 두면 더러워진 물이 깨끗한 물과 접촉하게 되어 건물의 상수노를 오염시키고 세입자들의 식수로 유입될 위험이 있었다. 이를 해결하고자 연구한 끝에 새로운 형태가 탄생했지만, 제작에 나서는 회사가 없었다.

바닥에 놓이는 전통적인 변기의 경우에는 변기 뒤쪽으로 접근이 불가하고 청소할 수 없는 모퉁이 공간을 만들어 냈다. 우리는 형태를 바꿈으로써, 변기를 앉기 좋은 높이에 매달아서 바닥이 완전히 깨끗하게 유지되도록 했다. 변기는 표준화된 분배판으로 수직 덕트에 연결되도록 했다. 바로 동작-형태-기술의 단계다.

보로는 위생업계의 주요 인사들에게 이를 매우 열성적으로 제안했다. 이들은 조롱하는 듯한 눈초리로 수요가 변기 생산량을 훨씬 넘어서는데 왜 굳이 혁신을 해야 하냐고 답했다. 우리는 로열티나 조건 없이 특허권을 기부했다. 단지 생산만을 위해서였다.

집요한 보로는 밀라노에 있는 좀 더 유연한 회사에 연락하여 우리가 수정해야 할 시제품을 제시한 뒤 500개를 주문했다.

우리는 밀라노로 갔다. 저녁마다 두 명의 파리 사람은 기분 전환을 위해 영화관으로 갔다. 영화관에서 〈아빠, 엄마, 하녀 그리고 나Papa, maman, la bonne et moi〉(1954)를 관람했다. 한번은 작은 술집에서 친구 에르네스토 로제르스를 만났는데, 그는 도시 전망대 타워를 건설하고 있었다.

보로는 파리에서 자신이 담당하는 많은 위생 시설에 우리 설비를 설치하는 실험을 했다. 우리는 매년 특허 사용료를 지불하다가 대중의 무관심에 지쳐 특허를 취소했다. 신기하게도 다음 해에 우리의 주요 특징을 갖춘 매달린 변기가 우리가 맨 처음 연락한 프랑스 한 대기업의 카탈로그에 등장했다. 이 변기는 오늘날 표준이 되었다.

마치 봄에 눈 속에서 피어나는 꽃처럼 이 좋은 아이디어는 널리 퍼져 나갔다. 그리고 바보들이 그 비용을 부담했다.

장 보로는—첫 단추를 잘못 끼운—재건이라는 지루한 경험을 겪은 후에 내게 절실히 필요했던 신선한 공기를 가져다주었다. 이제 나는 맨주먹으로 홀로 싸워야 했지만, 내게는 피에르와 르코르뷔지에와 함께한 10년, 동아시아에서 보낸 6년의 경험이 있었다. 그 경험 속에서 나는 나에게 수많은 질문을 던졌다. 바로 그때 블뤼망탈이 『기술과 건축Technique et Architecture』 잡지를 위해 주택 실내 설비에 관한 특별호(1950년 8월 9·10호)를 제작해 달라고 부탁했다. 뜻하지 않은 좋은 기회였다. 그 덕분에 나는 더욱 깊게 생각할 수 있었다.

르코르뷔지에는 '장식예술Art décoratif'이라는 용어를 '주택 설비Équipement de l'habitation'로, 나는 이를 '주거 예술Art d'habiter'로 대체했다. 이후 '주거 예술'은 1985년 파리 장식미술관에 마련된 나의 개인 전시회 제목이기도 한 '삶의 예술Art de vivre'로 바뀌었다. 1950년 『기술과 건축』지 머리기사에서 나는 '주거 예술'에 대해 이렇게 정의했다.

주거지의 조화로움은 건축 및 도시계획과 무관할 수 없다. 설비만으로 조화로움을 구현한다고 해도 이는 헛된 일이 된다. 왜냐하면 부지, 방향, 일사량과 같은 외부 요소에 의해서도 영향을 받기 때문이다. 주거지는 물질적 재료를 구현해야 할 뿐만 아니라 인간이 균형을 이루고 정신을 해방할 수 있는 환경을 만들어 내야 한다.

이 과정에서 태도를 분명하게 해야 한다. 채울 것인가, 비울 것인가? 언뜻 보기에 터무니없어 보이는 이 질문에는 중요한 점이 담겨 있다. 어떤 사람들에게는 여백이 무無나 빈곤함을 의미하지만, 또 다른 사람들에게는 생각하고 움직일 수 있는 가능성을 나타낸다.

서양 수도자들은 자기 방에서 명상하고 완전한 정신 집중에 이르기 위해 여백을 택했다. 오카쿠라 텐신이 저서 『차 이야기』에 쓴 표현처럼, 동양에서 유신론은 여백이라는 종교를 찬양한다. "본질적인 것은 여백에서만 존재한다." 여백은 무소불위하다. 무엇이든 담아낼 수 있기 때문이다. 오직 여백에서 움직임이 가능해진다. 이 핵심 원칙을 예술에 적용하면 암시의 가치를 통해 입증된다. 예술가는 모든 것을 말하지 않고 관객에게 채울 여지를 준다.

집의 연장선인 일본 정원은 종종 매우 추상적인 설계 요소와 평면 양식으로 명상을 돕도록 설계된다.

어쩌면 우리는 현대 주거지와 거리가 멀지도 모른다. 하지만 도시 계획과 건축에 대한 모든 노력은 극도로 고립된 인간이 조화롭게 살고 정원이나 하늘을 향해 넓게 개방된 전면을 통해 자연을 즐길 수 있도록 주거지를 조성하는 것을 지향하지 않는가?

가족 내에서 구성원 각자의 평온함은 오늘날 분주한 삶에서 점점 더 필요해지는 요소다. 잘 설계된 도시계획과 건축을 통해 분위기가 조성되고 주택 내부 설비를 통해 여백이 만들어진다.

입장은 취해졌다. 지식의 세계는 우리의 정신과 여가 시간을 빼앗기만 할 뿐, 쓸모없는 장식물들을 더하지 않아도 우리 삶을 가득 채울 만큼 충분히 풍부하다. 불필요한 물건들의 (청소기를 사용하든 말든) 먼지를 털어 내는 것보다 햇볕을 쬐며 하루를 보내는 것이 더 낫다. 우리는 사소한 동작에 도달하기 위해 가장 광범위한 요소에서부터 시작해야 했다. 이는 우리의 필요로 결정되며, '설비 제작자'로서 우리의 모든 적용은 지나치게 복잡해진 문제를 단순화하는 것을 목표로 해야 한다.

또 다른 입장은 내부 설비의 가장 중요한 요소가 무엇인가다. 망설이지 말고 답해 보자. 수납이다. 잘 설계된 수납공간 없이는 주거지에 비어 냄은 불가능하다. 우리는 실용적인 벽으로 결론을 내린다. 그다음으로 주방 설비, 조리 설비, 그리고 위생 설비가 나온다. 우리의 집은 항상 비어 있다. 그곳에서 우리는 명상에 잠기거나 동양식으로 바닥에 앉아 혹은 서양식으로 의자에 앉아 휴식을 취할 수 있고, 아이들은 놀 수 있다.

나는 다음과 같은 주제로 확장했다.
'생활 단위 공간, 신체 유지'는 '음식'과 그 준비, '위생'(水 치료, 이완)을 포함하고, 이어 '유지 관리'(가정)가 뒤따랐다. 그다음은 '수납'과 '휴식'. '동작, 형태, 기술'은 '분위기'로 이어졌고, 마지막으로 '아이 영역'이 있었다. 오늘날에도 이 주제들은 어느 하나 뺄 것 없이 모두 중요하다. 나는 이 주제들을 공간과 시간 속에서 탐구했다.

제기된 질문은 주제별로 심화 연구나 책에서 다룰 수 있을 것이다. 나는 그것들을 '농축'하는 데 많은 어려움을 겪었다. 재료가 너무 많기 때문이다. 각 아이디어에는 적절한 삽화를 넣어 주었다. 1950년에 시판된 물건 중에서 선택된 것만이 오늘날 구식이 되었으며, 이는 내가 부족한 부분이나 혁신적인 아이디어의 예를 들기 위해 포함했다. 이 연구는 내게 참고 자료로 남아 있다.

표준화된 수납공간

일본 주택의 극단적 표준화는 나를 사로잡았다. 이는 획일성을 가져오지 않으면서 수납공간을 건축물에 완전히 통합하여 집 안에 질서정연함과 공간을 만들어 냈다. 1928년에 표준화된 칸막이 선반의 산업화는 왜 전혀 빛을 보지 못했을까? 1930년 아르헨티나에서 진행된 빅토리아 오캄포 저택 프로젝트를 제외하고, 왜 르코르뷔지에 작업실에서도 그것을 한 번도 채택하지 않았을까? 분명 이유가 있었다. 각 건축가는 자신의 작품을 자기 고유의 창작물로 표시하는 것을 선호하기 때문일까? 이후 이 서양 바이러스는 일본에 전염되었을까? 하지만 르코르뷔지에는? 수납 모듈이 너무 컸던 것일까, 아니면 프로그램 갱신과 유연성에 충분한 자유를 주지 않았던 것일까?

1911년의 영국 셔츠 제조업체의 카탈로그를 훑어보면서 내용물, 즉 남성용 셔츠 규격에 표준화된 작은 상자들로 구성된 전체 수납 벽을 보고 감탄했다.

나의 서랍은 내용물을 기본 요소로 삼는 아이디어에서 탄생했다. 1948년 특허를 받은 이 제품은 쌓을 수 있고 투명하며 색상이 밝아 옷장에서부터 문서 및 책 보관함에 이르기까지 집 안의 모든 수납공간에 사용될 수 있도록 고안되었다. 이를 위해서는 모듈화를 해야 했다. 옷장 크기에 맞게 깊이가 크거나 서랍이 딸린 얕은 깊이의 옷장에도 적용되도록 했다. 이 작은 서랍을 기반으로 책장과 책상 정리를 위한 두 번째 모델이 탄생했다.

1949년 현대예술가연합UAM의 《포름 위틸》 전시회에 이 시스템을 전시했다. SCAN사에서 제작한 수직 랙, 용접한 알루미늄 버전으로 서랍을 보완했다. 그러나 그것은 적절한 기술도, 적절한 재료도 아니었다.

두 번째 시도에서는 주조된 플렉시글라스Plexiglas를 사용했고, 마지막으로 세 번째에서는 널리 보급되는 경제적인 사출 플라스틱으로 제작하여 두 개의 금형에 대한 자금을 조달해야 했다. 스테프 시몽이 이를 주도했다. 다른 회사들은 다양한 재료로 다른 형태의 표준화된 서랍을 출시했다.

내 접근 방식은 매우 실용적인 것으로 드러났다. 그것들은 테이블 상판 아래, 옷장 안 선반 아래에 고정할 수도 있었다. 고객은 이를 사서 직접 전통적인 노르망디식 옷장에 설치할 수 있었다. 수납에 대한 수요를 경제적으로 충족하면서도 사용의 자유와 분위기는 보장되있다.

1938년 피에르와 내가 진행한 또 다른 연구는 미닫이문을 활용해 수납공간을 닫는 것이었다. 우리는 미닫이문의 성질을 바꾸었다. 그때까지 문은 너무 무겁고 시끄럽고 불필요하게 비쌌다. 무게는 적이다. 이는 비행기뿐만 아니라 건강에도 마찬가지다. 우리는 바퀴와 프레임을 제거했다. 가볍고 유연한 합판 한 장만 있으면 판의 홈에 의해 수평으로 미끄러지고, 손잡이 역할을 하는 강화 프로파일에 의해 수직으로 단단하게 고정되었다. 더 이상 제약은 없었다—가벼움, 유연성. 우리는 이 연구를 바탕으로 이수아르의 표준화된 가구를 만드는 데 활용했고, 조르주 블랑숑이 이를 제작했다.

문은 합판, 알루미늄판, 그리고 나중에는 플라스틱판이 될 수도 있다. 그러나 단점이 하나 있었다. 알루미늄을 사용할 경우에는 홈 바닥이 마모된다는 것이다. 나는 금형으로 생산되어 목수에게 판매하여 목재 상판에 통합할 수 있는 매우 단단한 소재인 퍼멀로이 Permalloy* 레일에 대한 또 다른 특허를 출원했다. 하지만 성공하지는 못했다. 결국 홈 바닥에 단단한 목재나 금속판을 사용하는 것에 만족해야 했다. 그러나 가구 제작자들은 비용을 절감하기 위해 이를 종종 생략하곤 했다.

이렇게 아이디어는 평범하고 아주 자연스럽게 탄생하고 소멸한다. 우리의 새로운 미닫이문 방식은 널리 사용되었다. 나는 레잘뤼에서 이를 사용했고, 목공 마사로티는 다른 경제적 주문으

---

* 철과 니켈의 영구 자석용 합금

로 확장해 사용했으며, 장 프루베는 자기 창작물에 활용했다. 그리고 1950년대에는 다른 많은 사람이 이 방식을 사용했다.

그리고 언제나 그랬듯이, 피에르와 나는 장 보로의 위생 시설처럼 아이디어가 진화하고 응용되면서 성과를 이뤄 기뻤다.

포름 위틸과 현대예술가연합의 해체

나는 현대예술가연합UAM 동료인 르네 에르스트, 팽귀송, 앙드레 에르망과 다시 만났다. 우리는 현재 상황에서 UAM의 활동을 업데이트하고 1949년 UAM의 활기를 보여 주기 위해 무엇을 해야 할지 고민했다. UAM에서 채택되지 않은 1937년 전시회를 위한 프랑시스 주르댕이 내놓은 '바자Bazar' 아이디어가 큰 관심을 받고 있었다.

"우리가 생각하기에 '바자'라는 단어에는 훌륭한 프로그램의 요소들이 포함되어 있다. 이것들이 실현되기만 한다면 예술가에게 많은 공장과 제조업체의 문이 열릴 것이다. 그러나 분명히 해 두자면 예술가들에게 예술적인 와인 오프너나 장식용 자물쇠를 요구하는 것이 중요한가? 아니다. 백번 물어도 답은 '아니오'다. 일상적인 물건을 장식의 판타지에 내맡긴다고 하여 이를 쇄신할 수 있는 것은 아니다. 장식이라는 것은 소위 '예술적'이라는 요소들이 과도하게 첨가된 것을 의미하지 않는다. 장식은 오히려 정화, 즉 형태의 재검토와 그 기능에 대한 엄격한 적응에 있지 않을까? 정화, 재검토, 적응은 기술자의 요구만큼이나 사용자의 요구를 고려할 때만 예술가의 취향에 의해 실현될 수 있다"(프랑시스 주르댕, 1936).

이러한 형태의 문제는 전 세계적으로 대두되었다. 스위스에서는 '산업디자인Industrial Design' 또는 '좋은 형태Die Gute Forme', 벨기에에서는 '새로운 형태Formes Nouvelles', 미국에서는 '현대 생활을 위한For Modern Living'이라고 불렸다.

우리는 장식미술연맹의 지원을 받아 파비용 드 마르상에서 시연하기로 했다. 사실 이는 일상생활에 유용한 일반 상품들을 선정해 '기능-기술-경제성'이라는 기준에 따라 어느 정도의 아름다움을 부여하는 것이었다. 장래에 우리는 예술가와 산업가의 연결을 통해 창작과 제작을 촉진할 수 있는 역동성이 생겨나길 기대했다.

UAM 회원 중에서 부문별 책임자들이 임명되었다. 열정으로 가득했던 에르베 드 루즈를 기억한다. 우리는 그에게 가장 보람 없는 선택을 맡겼다. 바로 철물류다. 그는 열정적으로 맡은 일을 기분 좋게 수행했다. 다른 UAM 회원들은 그렇지 않았다. 일부는 자기 창작물이 선정되지 않은 것에 대해 좌절감을 느꼈고, 특히 나에게 불평을 많이 했다.

우리에게는 행사 제목이 필요했는데, 앙드레 에르망이 '포름 위틸Formes Utiles*'이라는 제목과 함께 "물질적 욕구와 정신적 열

• 프랑스어로 '유용한 형태'라는 의미

망이 조화를 이루는 형태는 유용하다(그리고 아름답다)"라는 슬로건을 제안했다.

일상 물품 외에도 가구를 선정하고 전시를 기획해야 했는데, 그 일을 내가 맡았다. 내가 자주 기웃거린 BHV 백화점 지하층의 원예 매장에서 밤나무 판자로 만들어진 아주 소박하고 잘 디자인된 파격적인 가격의 안락의자를 발견했다. 매장 구매자에게 출처를 물었지만, 그는 단호하게 대답을 거부했다. 나는 포기하지 않았다. 지하층으로 다시 돌아와서 의자 아래에 붙어 있는 라벨을 발견했다. "장Jean. 도르도뉴, 벚나무 세 그루." 이 주소만으로도 나는 이 의자를 선택했을 것이다. 제작자를 나타내는 기쁨과 함께 의자를 눈에 띄는 자리에 배치했다. 의자는 그렇게 많은 주문 을 빈은 적이 없었다. 밝은 대낮에 나타난 장인은 나에게 어떻게 감사해야 할지 몰라 했다. "지금 같은 품질로 계속 생산해 주세요." 나중에 그의 아들들이 그의 뒤를 이었다. 이 안락의자가 아직도 온실과 정원에서 유통되고 있으리라 생각한다.

이러한 장인정신이 깃든 생산 방식과 대조적으로 가스쿠앵에게는 그의 표준화된 프리패브로 제작된 수납 가구를 요청했다. 그리고 주택과 관련한 모든 문제에 관한 내 연구를 전시했다. 서랍, 선반, 랙 등이 포함된 이 '새로운 철물*'은 가구의 부정을 뜻하는 것으로, 모든 빈 공간을 채우기 위한 설비였다. 시제품은 SCAN에서 제작되었다.

• 샤를로트는 목재, 알루미늄, 강철 등을 결합한 자신의 가구에 일부러 '새로운 철물nouvelle quincaillerie'이라는 도발적인 이름을 붙였다.

나는 UAM이 하나의 통합 운동이라는 것을 잊지 않았다. '바자'에 대한 발표 이후에는 선정된 물품들을 재편성해 집합을 구성했다. 아이의 방, 서재, 두 공간을 연결하는 넓은 백사장을 배치하고 그 위에 칼더의 모빌, 비행기 프로펠러를 놓았다. 그리고 공간에 리듬을 주는 벽과 스크린에 미로의 그림, 르코르뷔지에의 태피스트리 스케치, 자바의 보로부두르에서 온 부조의 아름다운 확대본을 배치했다.

노란색 바탕에 정적이고 도발적인 두 자매를 그린 레제의 그림이 입구에서부터 보였는데, 이는 박물관 학예사인 프랑수아 마테를 당황하게 했다.

예술은 모든 것에 깃든다. 행동이나 화병, 냄비 혹은 유리잔, 조각품, 보석 그리고 존재 방식에도. 늘 곁에 있는 내 친구들은 나의 낙관주의와 동기를 북돋아 주었다.

1950년 제9회 밀라노 트리엔날레에서 프랑스예술활동협회AFAA의 후원을 받아《포름 위틸》전시를 기념했다. 총감독인 토니 부이예에게 제안서를 제출하고 그 아이디어에 최선을 다해 답해 볼 것을 요청받았다. 그의 현대적 정신에 매료되었다. "현대적 영감을 주고, 실제적 독창성이 있으며, 모범적 실행을 보여 주는 작품들만이 국내외 전시회에 출품될 겁니다."

프랑스의 명예를 높이기 위해 다뤄지는 주제들은 대개 사치품에 국한되었다. 이를테면, 오트쿠튀르 거물들의 장신구, 드레스와 향수, 영원불멸의 장 뤼르사와 피카르 르 두의 태피스트리, 직물, 그리고 바카라 혹은 크리스토플의 테이블웨어와 같은 것들이다. 이 우수한 대외무역 선전은 너무 제한적이고 고객층이 한정적이어서 더욱 객관적이지만 문화적으로 중요한 주제의 전체적 공백을 메우기에는 충분하지 않았으며, 트리엔날레의 주제에 부응하기에도 부족했다.

이를 상쇄하기 위해 나는 가장 '보편적'이라 여겨지는 것으로 강한 인상을 주어야 했다. 그래서 그래픽아트를 선택했다. 라윈La Hune 서점의 게르브랑을 찾아가 폭넓게 탐구해 달라고 부탁했다. 그는 피에르 포슈와 함께 열성적으로 동시대 인간의 천재성을 훌륭히 보여 주었다.

우리는 브라크, 아르프, 로랑, 레제, 미로, 마송, 피카소의 판화 작품들을 번호가 매겨진 원본으로 수집해 볼 수 있었다. 그리고 작가나 루브르 원판 선시실, 라윈 서점, 지상의 양식Les Nourritures terrestres 서점, 레리Leiris 갤러리, 마그Maeght 갤러리(모두 파리에 있다)에서 제작한 판화들, 마티스의 원본 석판화가 있는 서적들과 제본, 드랭의 뷔랭 판화들, 르베르디의 시집『죽은 자들의 노래Le Chant des morts』와 함께 드래거와 베르브, 테리아드의 간행본, 『오늘의 건축』과 『기술과 건축』등 예술지도 있었다. 이것들을 보고 있자니 그 아름다움에 숨이 멎을 듯했다.

여유 있게 작업하기 위해 '건축' 부문에 장 프루베의 동생 앙리 프루베를 추천했다. 그는 메자닌, 기둥, 진열창 지지 랙, 가리개를 포함한 금속 프레임의 설계를 맡았다. 이는 각양각색의 여러 부문 간의 균일성 및 전시를 보장하는 모듈식 구성이었다.

'도시계획'이라는 별도 부문이 있었다. 재건 및 도시계획부에

서 툴롱, 르아브르, 앙토니 대학기숙사, 르코르뷔지에의 위니테
다비타시옹과 장 프루베의 프리패브 주택 모델을 전시했는데,
전부 지면이나 눈높이에 맞춰 넓은 공간에 전시되었다.

배경에는 거대하게 빈 벽이 있었는데, 나는 여기에 페르낭 레
제의 대형 프레스코화로 활기를 불어넣어 화려한 피날레가 되
도록 하고 싶었다. 하지만 여전히 예산이 부족했다. 아이디어를
전개할 자유는 있었지만 자금이 없었다. 우리는 스스로를 후원
해야 했다.

페르낭과 함께 르페브르푸아네 상점에는 캔버스를, 르프
랑Lefranc 상점에는 페인트를 구걸하러 갔다. 하지만 현장에서 프
레스코화를 그릴 견습생들에게 지급할 돈이 없었다. 그래서 페
르낭은 비용을 충당하고 프랑스를 대표하기 위해 자신의 석판
화를 판매했다.

나는 '포름 위틸' 부문을 직접 담당했다. "가난은 모든 것에 향
기를 남긴다." 아빌라의 성녀 테레사의 말이다. 결국 나는 우리
의 선언문에 이같이 썼다. "이 행사에서는 공식 예술을 넘어서
국가의 명성을 드높인 다양한 국가의 위대한 제품들이 엄선되
어 나올 것이다."

파리에 머물면서—언제나 같은—비판에 직면했다. 그들은
조잡한 장신구를 그리워했다. 하지만 나는 개의치 않았다. 나는
내 직업에 대한 지식과 내 활동에 대한 동기를 가지고 있었고,
자유정신을 지키는 법을 알고 있었다. 나는 개막식에도 가지 않
았다.

전날 이탈리아인들의 히죽거리는 시선을 받으며 우리 팀 전체는 프랑스 구간 전체를 쓸고 닦고 광을 냈다. 우리에게 주어진 보상은 작업하고 무사히 해낸 것에 대한 기쁨과 1951년 제9회 밀라노 트리엔날레 명예 졸업장이었다.

하지만 《포름 위틸》 활동을 어떻게 이어 나갈 것인지에 관한 문제가 남았다. 우리는 대중과 접할 수 있는 백화점에서 활동을 구상했다. 그리고 BHV 백화점에 제안했지만, 브르통 형제에게서 답이 왔다. 우리의 독자성을 해치지 않으면서 창작자와 산업가를 연결하기 위해서는 가정예술박람회만큼 최적의 장소는 없었다. 매년 《포름 위틸》은 부스를 얻었고, 그곳에서 주최한 공모전의 결과를 발표하거나 (적절한 주제로) 박람회 출품자들의 부스에서 선정한 물건들을 전시할 수 있었다. 그래서 1951년부터 1959년까지 플라스틱 가구 공모전 결과로 탄생한 위생 시설, 의자, 조명, 다리미, 식기류, 커피 그라인더, 안락의자와 난방기를 전시했다.

《포름 위틸》 창립자들에게 중대한 질문이 제기되었다. 이 '아이'에게 완전한 자율성을 부여해야 하는가? 1953년 UAM 회의에서는 참석한 구성원 대부분이 UAM과 《포름 위틸》을 분리하는 안건에 대해 반대했다. 2년 후에는 침체 징후를 보이던 UAM의 활동을 《포름 위틸》의 기치 아래 두는 방안에 대해 논의했다. 젊은 구성원들은 발을 동동 굴렀다. 그들은 자신들이 무엇을 빚졌는지 완전히 인식하지 못하고 윗세대의 길을 따라갔다. 비슷한 불상사가 액상프로방스 회의에서 CIAM에도 일어났다. 화가 난 세르트는 소리쳤다. "이제 여러분이 나설 차례입니다." 그리고 1956년 두브로브니크에서 르코르뷔지에는 이렇게 충고했다. "여러분, 전환점을 조심하세요."

1955년 말, 깊은 성찰과 피에르 바고의 호소 끝에 나는 UAM 과 《포름 위틸》 전시회의 동료들에게 두 운동의 존속에 대한 나의 관점을 다음과 같이 전했다. "우리는 두 가지 사고에 직면해 있습니다. 하나는 각 구성원의 작품을 보여 주자는 다소 자기중심적인 UAM의 사고입니다. 다른 하나는 《포름 위틸》 사고로, 기존의 것을 평가한 다음에 가장 유용한 방향으로 창작을 장려하고, 가능하다면 생산하는 것을 목표로 합니다. 이를 위해서는 프로그램마다 그룹 구분 없이 외부 전문가들의 협력이 필요하며, 특정 프로그램의 경우에는 UAM과 《포름 위틸》 구성원들의 직접적 참여를 배제할 수도 있습니다. 우리는 방향을 제시하면서 드러낼 것입니다. 이 두 경향에는 두 운동이 각자 방향을 온전히 살릴 수 있도록 확실히 다른 규정이 필요합니다……." 그리고 이렇게 결론지었다.

이후 두 위원회의 부단한 노력과 원만한 합의에 미래가 달려 있을 것입니다.

그러나 논의하고 교제할 때 언제나 호의적인 태도를 유지합시다. 그 점이 가장 부족한 부분인 것 같습니다.

그렇지 않으면, 몇몇 동료가 그룹 활동에서 하나둘 사라져도 전혀 놀랄 일이 아니게 됩니다…….

우리는 시간이 많지 않으니, 최대한 잘 활용해 봅시다.

여러분의 행운과 희망을 빕니다.

우려한 일이 일어났다. 《포름 위틸》은 가정예술박람회 기간 동안 살아남았고, UAM은 1958년을 끝으로 해체되었다.

UAM의 사명이었던 사상의 확산으로 인해 UAM 활동의 촉발 조건들이 더 이상 존재하지 않게 되었습니다. 목표가 완전히 달성되었기에 연합을 유지하는 것은 불필요해 보입니다.

1958년 11월 24일에 소집된 위원회는 규정 제16조에 따라 현 상황을 해결하고자 UAM의 해체를 제안합니다.

에스파스 그룹, 장 프루베 작업실

앙드레 블로크는 공동 작업으로 예술과 건축을 통합시키고 그 응용을 추구하고자 '에스파스Espace' 그룹을 창설했다. 그는 잡지 『오늘의 건축』과 『오늘날 예술과 건축 Aujourd'hui Art et architecture』을 발행하며 좋은 입지를 굳힌 상태였다. 『오늘의 건축』 편집위원회는 '건축의 진화에 대한 프랑스의 기여'를 목표로 했으며, 『오늘날 예술과 건축』은 말하자면 '예술의 종합Synthèse des arts'이었다.

앙드레 블로크는 파리국제대학촌 뷔니지관의 건축가 장 세바

그와 함께 에스파스 그룹에 실내 설비를 맡기며 그 실험을 실현했다.

마르셀 가스쿠앵, 알랭 리샤르, 피에르 포슈, 뮈네 폴메, 사르파티, 그리고 내가 속한 여섯 개 그룹이 연구와 실행을 맡았다. 나는 카페테리아와 회의실을 맡았고, 40개의 학생 방도 꾸려야 했다. 앙드레 블로크는 다색 장식을 위해 나를 니콜라 쇠페르, 소니아 들로네와 협력하도록 했다.

튀니지 예술 감독국은 카펫과 직물을 통해 그 나라의 장인정신을 강조했다. 벽 장식은 벤 압달라와 부슈리Boucherie*에게 맡겨졌다(오늘날 우리는 이를 '문화의 대화'라고 부른다).

친구 레제와 함께하지 못해 아쉬웠으나, 이는 앙드레 블로크가 내린 결정이었다. 그렇게 구성된 각 그룹은 발주 계약 체결을 위해 시범 기업에 도움을 청해야 했는데, 내게는 전혀 문제되지 않았다.

1949년《포름 위틸》전시회 동안에 장 프루베 작업실의 전속 에이전트인 스테프 시몽은 막세빌에 있는 가구 부서와 협력하고 싶다는 의사를 밝혔다. 기반을 다져야 했고, 마침내 1952년 봄에 협약을 맺어 최종적으로 실현되었다. "……장 프루베 작업실과의 협의에 따라 귀하는 대량 생산에 적합한 새로운 가구 디자인을 제공하고 (…) 공장 판로를 열 수 있는 (…) 준비도 해야 합니다. (…)"

• 튀니지 출신 프랑스 화가 피에르 부시리(Pierre Boucherle, 1895~1988)의 오기인 것 같다.

물론 이 공장의 관심을 끌기 위해 내 창작물 중 일부에 접힌 판금을 사용해야 했다. 나는 그들의 동의 없이 장 프루베 작업실 밖에서 이를 실행하지 않기로 약속했고, 다른 재료를 사용할 수 있는 자유를 유지했다. 이를 계기로 장 프루베와 가까워졌다.

취리히 출신의 아름다운 소녀 마르타 필리거는 에콜 데 보자르를 졸업하고 슈타이거 작업실에서 인턴으로 일하던 중 그에게 이렇게 말했다. "저는 샤를로트 페리앙의 작업실에서 일할 거예요. 하지만 그녀는 아직 그걸 몰라요." 그녀는 나와 당시 작업실과의 협의를 기회로 삼고자 했다.

행복한 우연이 있었다. 나는 그녀에게 일할 기회를 주었고, 그녀는 나와 함께 1952년을 시작했다. 그녀는 일관되고 끈기 있으며, 능숙하고 호기심이 많았다. 1952∼1953년, 2년의 세월은 매우 강렬했고, 내가 '새로운 철물'이라고 부른 이러한 조립 요소들의 완전한 표준화를 향한 서곡이기도 했다. 그 덕분에 나는 모듈화된 요소들로 모든 프로젝트에 접근할 수 있었다. 일본에서 얻은 교훈이 결실을 보였고, 장 프루베 작업실은 이러한 창작의 동력이 되었다.

나는 내가 작업장에 가져간 주문들, 혹은 작업장에서 검토를 의뢰한 주문들을 통해 그 효과를 검증할 수 있었다. 예를 들면, 아르줄레에 있는 기후고등학교의 라커룸, 라볼에 있는 그랑데르 고등학교의 기숙사, 주앵빌 벨뷔의 기숙사와 라커룸, 코나크리의 수납 가구, 세르퓌스와 세바그와 함께한 세브르 다리 인근 아파트, 에어프랑스의 브라자빌 관사, 파리국제대학촌의 튀니지관과 멕시코관, 건축가 라뇨와 바일과 함께한 코나크리에 있는 사피 호텔, 그리고 미국의 프랑스 원조재단을 위한 학생회관 도서관 설비 등이 있다.

이 모든 연구에는 목재와 금속이 포함되었다. 피에르 잔느레처럼 나도 개의치 않았다. 목재의 경우에는 일명 "예술의 친구, 마콩 사람"이라 불리는 의무와 자유의 동반자인 슈타유가 나와 함께했다—그는 정말 대단한 사람이었다!

그는 드넓은 목공 작업실에서 나무가 움직이고 숨 쉬고 살아있는 것에 대한 사랑과 나무의 한계에 대한 존중을 가르쳐 주었다. 나는 그의 동료들이 내 거대한 테이블 상판을 나사 막대로 뚫고 너트와 잠금 너트로 조인 후 나무 심지를 자르는 것을 관찰했다. 이러한 작업으로 상판은 시간이 지나도 내구성이 보장되었다.

그는 엄청난 목재 재고를 보유하고 있었는데, 이를 전부 뒤집고 지켜보고 받침대에 올리며 관리했다. 오로지 마른나무로만 작업하기 위해서였다. 그는 내 아이디어를 해석하는 것을 좋아했고, 그 대가로 내게 완벽한 작업에 대한 확신을 주었다. 그리고 나의 목재에 대한 이해를 돕기 위해 페르디귀에의 『동료애의 책 *Livre du compagnonnage*』을 읽어 보라고 권하기도 했다.

내 곁에는 든든한 동료들이 있었다. 위생 설비에는 친구 장 보로, 유리 작업에는 쥘 알라자르, 그리고 접힌 판금 작업에는 장 프루베가 있었다. 장 프루베가 손대기만 하면 모든 게 아름답게 변했다.

이런 환경에서 일하는 것은 정말 즐거운 일이었다! 창작이 쉬워졌다. 나는 눈을 크게 뜨고 다른 장인들로부터 지식을 습득했다. 오늘날 지구상에서 생물종이 사라지는 것처럼 일부 지식도 사라지고 있다. 이는 다양성 측면에서 끔찍한 손실이라고 할 수 있다.

나사 막대는 테이블 상판에 다리를 고정하기 위해 내가 사용하는 철물에 포함되었다. 그뿐만 아니라 원목 상판과 접힌 판금을 연결할 때 온갖 종류의 조립에 사용되었다.

튀니지관의 경우에는 1940년대의 지그재그로 배열된 목재 블록 책장을 가장자리가 접힌 철판 블록 책장으로 바꾸어 나사가 통과할 수 있도록 했다. 이 요소들을 바탕으로 벽 전체나 부분적인 조합, 심지어 가구까지 자유롭게 구성할 수 있었다.

또 다른 프로젝트인 멕시코관의 경우에는 방과 화장실 사이에 가림막 가구를 배치했다. 성격은 같지만 폭이 더 넓어서 바닥에 두었고, 접힌 철판 블록은 가장자리가 접힌 철판 사이드 패널로 대체되었다. 사이드 패널은 서로 끼워 맞출 수 있어 칸막이 선반을 분리하거나 뒤판으로 사용할 수 있었다. 즉, 양면이 채워진 부분과 빈 부분을 구성할 수 있었다. 전체는 막대로도 연결할 수 있었다.

두 경우 모두 원목 상판에 홈이 있어 미닫이문을 설치할 수 있었다. 모든 금속 부품은 래커로 칠하거나 양극산화 처리한 후 튀니지관을 위해 소니아 들로네와 니콜라 쇠페르를 통해 다색 배합되었다.

튀니지관과 마찬가지로 객실 창문 아래 벽은 바닥에서 1미터 높이에 있었다. 규정상 불가피한 매우 나쁜 비율이었다. 파사드를 따라 바닥에서 0.7미터 높이에 선반을 추가하니 모든 게 달라졌다. 나는 새로운 비율을 만들어 냈고, 한 가지 필요를 충족했다. 아름다운 작업대 위에 물건, 책, 서류를 둘 수 있었다.

벽에는 수학 공식 그림 혹은 마를레네 디트리히 포스터를 걸 수 있도록 게시판을 추가했다. 장 프루베 침대로 설비를 완성했고, 거기에 협탁 역할을 하는 회전식 선반을 추가했다. 테이블의 다리는 접힌 판금으로 만든 삼각형 구조였고, 다양한 형태의 상판에 나사로 고정할 수 있도록 되어 있었다.

학생회관 개조를 위해 도서관에 커다란 독서대를 설치했다. 각각은 슈타유에게 맡긴 묵직한 목재 상판을 철판 구조물 위에 올려놓는 형태로 만들어졌고, 앙드레 살로몽이 디자인한 긴 조명 홈통을 적절한 높이에서 지지해 테이블 위에 직접 광을, 천장에는 간접 광을 주었다. 앙드레 살로몽은 주어진 거리에 대한 정확한 형태를 계산하는 전문가였다. 프레임은 1935년 브뤼셀의 슬레이트 테이블과 비슷한 두 개의 주철 다리 위에 놓였다. 나는 장 프루베에게 제작을 의뢰했는데, 그는 곧바로 결함을 찾아 냈다. 주철 다리가 철판과 조화를 이루지 못했고 공장 기술에 적합하지 않았다. 그는 접힌 판금 다리를 제안했는데, 그의 판단은 완벽했다.

개막식 전날에는 도서관의 대대적인 물청소로부터 테이블 상판을 보호하기 위해 치수가 딱 맞는 크라프트지로 감쌌다. 다음 날 아침에 종이를 걷어 내자 끔찍한 광경이 펼쳐졌다. 작업대가 볼록 튀어나와 있었다. 다행히 오목하게 들어가지는 않았다! 보호되지 않은 채 방치된 원목의 뒷면이 습기를 흡수했다. "나무는 살아 있어요." 슈타유가 말했다. 원목은 그 특성 덕분에 곧 다시 평평해졌다.

코나크리에 있는 사피 호텔에서 라뇨와 바일은 막세빌에서 수행할 방들을 연구해 달라고 요청했다. 장 프루베도 식당 원형 건물의 입면을 연구했다. 발가락까지 곰팡이가 피는 통킹의 이슬비 내리던 날씨와 일본의 장마를 겪으며 체득한 습기에 대한 경험은 교훈이 되었다. 객실과 출입구 갤러리를 환기하고, 욕실과 분리된 옷장도 환기하면서 수납공간에 대한 기초 연구를 활용해야 했다. 나는 코나크리에 가지 않았고, 연구가 끝나면 일본으로 돌아갈 예정이었다.

전후 일본과 재회

자크는 에어프랑스에서 일본으로 파견되었다. 나는 작업하면서 시간이 될 때 합류하기로 했으며, 우리는 도쿄에서 일본식으로 살기로 했다.

1952년 도쿄는 근대화가 시작되었고, 그곳 친구들은 나의 소원을 이뤄 주기 위해 집을 찾아 나섰다. 아카사카 지구에는 전통 기옥이 소규모로 밀집된 곳이 소이탄 습격을 피해 아직 남아 있었다. 전후의 혹독한 시련을 겪으면서도 사라져 가는 오래된 가옥들을 떠나지 않고 지킨 가족들 덕분이다. 나는 그중에서 일본식 정원이 딸린 가옥에서 지낼 수 있는 큰 특권을 누렸다. 집주인은 그 장소를 깊이 존중하는 사람의 손에 맡겨진다는 것을 알았다.

1953년 두 달간 여행하면서 머물 이 집에서 사용할 가구들을 제작했다. 1층은 전통적이지만 원목 마루가 있어서 서양식으로 테이블과 의자, 소파를—최소한으로—추가할 수 있었다. 2층은 다다미가 깔리고, 나무로 만든 '오후로', 미닫이 칸막이가 있었다. 목조, 돗자리, 종이로 된 전통 가옥이었다. 그러나 문제는 난방 기구가 없다는 것이었다. 도쿄는 겨울에 눈이 오기도 하고 춥다. 프랑스에서 가져온 촉매 히터로는 난방이 부족했다. 정말 추웠다—그래도 우리는 행복했다. 1940년대처럼 제국호텔에서 한 달에 8일을 보내지도 않았다.

나는 사카쿠라와 그의 가족과 재회했다. 사카는 건축, 르코르뷔지에, 피에르, 나와 관련된 문제들의 변화에 주의를 기울였다. 일본에 새로 머무는 동안 무엇을 해야 할까? 다카시마야에서 전시해 보면 좋을 것 같다는 생각을 어렴풋이 했다. 주거 예술에 관한 나의 연구, 페르낭 레제의 그림과 세라믹 조각, 르코르뷔지에의 그림과 태피스트리로 구현된 조형예술을 설비에 결합하는 《예술의 종합Synthèse des arts》을 보여 주는 것이다. 사카쿠라는 매우 열정적으로 나를 데리고 다카시마야로 가서 1940년에 내 전시를 주관한 책임자를 만날 수 있도록 했다. 그는 내 아이디어를 수락했다. 나는 프로젝트 예산을 세우고, 배치 계획을 명확하게 정하여 다음에 머물 때 유용한 모든 정보를 제공해야 했다.

마르타 필리거에게 몇 달 동안 일본에 함께 가자고 제안했다. 그녀가 받아들였다. 5월 말 내가 돌아오기를 기다리는 동안 그녀는 예정대로 진행 중인 연구를 마무리하고 막세빌에서 제작을 감독해야 했다.

나는 진행 중인 프로젝트를 끝내고 《예술의 종합》 프로그램에 착수하기 위해 1953년 10월 1일 일본으로 출발할 예정이었다. 레제와 르코르뷔지에를 만나고, 밀라노 트리엔날레와 같은 아트북 컬렉션을 보내기 위해 라윈에서 게르브랑을 만나고, 작품 운송 및 보험, 그리고 내가 없는 동안 레제와 르코르뷔지에와의 관계를 위해 르세브르푸아네를 방문했다.

일거리와 옷가지를 챙겨야 할 때가 되었다. 일, 여가, 발견, 구현으로 가득한 새로운 삶의 방식이 나를 기다리고 있었다. 표준화에 대한 연구를 하듯 호환할 수 있도록 '모듈식'으로 가져갈 옷을 구성했다. 하의로는 긴 치마와 짧은 치마 네 벌, 상의로는 스웨터, 블라우스, 뷔스티에를 챙겼다. 적어도 열여섯 가지 조합이 가능한 구성이었다. 스카프, 숄, 독특한 보석 장신구, 장갑을 더함으로써 같은 듯 같지 않은 다양성과 매력을 표현할 수 있도록 했다.

일본의 가을은 큰 기쁨이다. **"'몇 살이니?' 단풍나무에게 물었다. 단풍나무가 손가락을 펼치며 얼굴을 붉힌다."** 수줍음을 주제로 한 유명한 하이쿠다. 우리 집은 고요했다. 마르타와 페르네트는 작은 다다미방 두 칸을 썼다. 우리 바로 옆에 있는 동시에 분리되어 있었다.

마르타는 제도판에서 시간을 보냈고, 페르네트는 열 살 소녀의 세계에서 정원의 새들, 우유를 핥아먹는 고양이, 거북이를 그렸고, 산책하고 돌아오면 바다와 후지산 혹은 인형극이나 스모 장면을 그렸다. 그리고 일상생활을 드러내는 보잘것없는 것들을 수집해 그렸다. 이를테면, 페르네트가 '유혹의 거리'라고 부른 근처 작은 거리에서 마주친 목욕하는 여인들, 수프 상인들, 소방관들이다. 페르네트는 당시 일본에서는 아직 풍토병이었던 티푸스에 걸려 영어 학교를 그만두어야 했다.

다다미 위를 사뿐히 밟는 소리, 미닫이문의 종이가 바스락거리는 소리는 마르타를 불편하게 했다. 특히 밤에 자주 발생하는 지진은 말할 것도 없고, 강도에 따라 선반에서 물건이 떨어지기도 했다.

어느 날 밤, 제국호텔에서 패션쇼를 위해 일본에 체류 중인 크리스티앙 디오르의 모델들이 전부 속옷 차림으로 복도로 나왔다. 이 소식은 도쿄 전역으로 퍼졌다.

떠들썩했던 그날 밤 이후 우리는 친구 집에서 점심을 먹기로 했었다. 도착하자마자 특이한 와인 냄새가 코를 찔렀다. 친구가 좋은 와인을 병에 담아 두었는데, 계단 꼭대기에 보관된 그 병이 지진 때문에 계단으로 굴러떨어져 산산조각 났다고 한다. 이곳은 예기치 않은 일들이 끊임없이 벌어지지만, 그만큼 매력적인 화산의 땅이다.

486

그로피우스는 아내 이자Isa와 함께 일본으로 초대를 받았다. 그는 서양식으로 성대하게 대접을 받았고, 오히려 예정된 공식 방문에 실망했으며, 리셉션과 연설에 지쳐 있었다. 그가 막 떠나려 할 때, 나는 쇼시항 근처의 아름다운 해변에 자리한 일본 전통 여관 '아침수탉'의 소박한 즐거움을 가족과 함께 만끽해 보자고 설득했다. 마침내 그는 멋진 종이 집에서 일본인의 생활 방식을 즐길 수 있었다.

나는 CIAM 회의에서 그로피우스를 여러 번 만난 적이 있었지만, 이렇게 친밀한 분위기에서는 처음이었다. 일본인은 친밀함을 중요하게 여겼다. 도착하자마자 상냥한 여주인이 겉옷을 벗겨 주고, 차를 대접한 다음에 오후로에서 목욕하도록 안내해 주었다. 지유롭고 소박한 분위기에서 모두가 함께했다.

그날 저녁에 지역 특산품인 북과 함께 시끌벅적한 '파티'가 열렸다. 경쾌한 분위기가 감돌았고, 우리의 금발 소녀 페르네트는 슬그머니 자리를 떠났다. 나는 그녀를 완전히 벌거벗은 일본인 옆에서 발견했는데, 둘 다 서서 텔레비전을 보고 있었다. 우리의 작은 그룹은 다다미에서 성대하게 식사하며, 여주인이 따라 주는 사케와 함께 수많은 요리를 맛보고 있었다. 그녀는 우리에게 술잔을 교환하도록 권유했다.

저녁이 끝나자 테이블을 치우고, 잠자리에 들기 위한 요를 꺼내고 요가 보관된 수납공간에는 테이블을 넣어 두었다. 볏짚 돗자리에 요를 맞붙여 깔았다. 한숨과 꿈 사이에서 잠들 시간이었다.

그로피우스는 체류 기간을 연장하고, 일본 전역을 여행하며 전통 가옥의 아름다움을 칭찬했다. 그는 복고주의자로 분류되었다. 그때는 1954년이었고, 우리는 일본 아카데미즘에 힘을 실어 주었다. 이후, 옛 쇼시항의 어부들은 지역 주민들과 함께 비행기 이륙을 막기 위해 탑까지 쌓으며 격렬하게 저항했지만, 결국 이 아름다운 해변과 '아침수탉' 주변이 개발되면서 나리타 공항이 건설되었다. 달걀로 바위 치기였고, 서구식 근대성이 승리했다.

그리고 이제 "세계의 진보에 뒤처지지 않겠다는 결의로 국가 정책의 꽃을 받들 것을 맹세합시다. 아, 우리 신민이여, 우리의 의지를 구현해 주십시오"(1945년 8월 15일 일왕 연설 발췌). 임무가 완수되었다.

산책하는 동안 일본어로 "나는 프랑스인입니다"라고 적힌 티셔츠를 입고 싶었지만, 외딴 시골에서는 프랑스가 어디에 있는지조차 알지 못할 것이다. 비록 점령군은 이목을 끌지 않으려 했으나, 벽이나 바위에서 "유에스 고 홈 US Go Home"이라는 낙서를 읽을 수 있었다. 하지만 초콜릿과 담배를 제공하고, 가족을 부양하기 위해 이들과 경제적으로 만나는 몇몇 착한 일본인 여성들에게 추파를 던지는 저 키 큰 금발 사내들을 어떻게 보지 않을 수 있겠는가. "이러한 매춘 행위는 어떤 타락도 수반하지 않았다." 도쿄에서는 임신부를 상징하는 황새 문양이 장식된 셔츠를 별 뜻 없이 입고 돌아다니는 여성들을 볼 수 있었다. 행인들은 실소를 터뜨렸다. 가느다란 눈과 아름다운 검은 생머리가 너무 잘 어울리는 여성들은 성형수술로 눈을 키우고 머리칼을 서양식 미용사의 숙련된 손길로 곱슬거리게 했다.

여성 단체를 괴롭힌 가장 큰 문제는 1940년대에 남아 있었다. '서양식 옷을 입어야 하는가, 아니면 전통 의상을 변형해야 하는가? 그렇다면 어떻게 변형할 것인가?'

물론 버스를 타기 위해 달리려면 서양식 옷을 입는 것이 나았고, 차분한 저녁 시간에는 매우 우아한 일본식 의상을 입는 것이 좋았다. 영화 〈나가사키 상공의 태풍Typhon sur Nagasaki〉의 감독은 이렇게 말했다. "어떤 여자가 진짜인가? 정오에 만난 여자, 아니면 행동마저 달라져 알아보지 못할 만큼 바뀐 저녁의 여자?"(이브 시앙피, 1957)

이는 내가 일본에 관해 쓴 기고문 제목 '일본 내 행위의 위기Crise de gestes au Japon」에 영감을 주었다. 이는 잡지 『카사 벨라Casa Bella』 편집자인 에르네스토 로저스가 1953년부터 애타게 기다린 글이었다. 그는 "아, 지독한 여자"라고 말하며 나를 채근하곤 했다. 이 글은 내가 일본에 마지막으로 머물렀을 때의 내용을 추가한 후 1956년에 실렸다.

나는 마르타와 함께 일본 생활에서 영감을 얻은 새로운 창작물로《예술의 종합》을 완성했다. 일본식으로 앉을 수 있도록 자유로운 형태의 낮은 테이블을 만들었다. 테이블은 빨간색과 검은색 두 장의 러그 위에 놓았다. 나무 선반을 나무 막대로 조립한 벤치에는 등받이와 팔걸이를 자유롭게 형성할 수 있는 쿠션을 두었다. 쿠션이 있는 구부러진 합판으로 만든 의자는 겹쳐 쌓을 수 있었다.

오늘날 내가 '공명'이라고 부르는 다른 창작물들은 전통적인 일본에서 파생된 형태들의 충돌에서 직접적으로 탄생했다. 연회 음식을 제공할 때는 검은색으로 옻칠한 나무의 다리가 달린 작은 개별 쟁반을 배치하고, 사용 후에는 겹쳐 보관하는 것이 일반적이었다. 나는 이 주제를 서양식으로 변형했다. 막세빌에서 제조한 검은색으로 양극산화 처리된 알루미늄판으로 개별 테이블을 만들고 겹쳐 쌓을 수 있도록 했다.

분라쿠ぶんらく˚ 극장에서 검은 그림자는 시각적으로 인형을 조종하는 데 도움이 되지만, 인형의 검은 옷은 인형이 존재하지 않는 것처럼 보이게 하고 추상적으로 만든다. 나는 매우 긴 테이블 주위에 그림자처럼 검은 곡면 합판으로 만든 적층식 의자를 배치했다.

17세기 교토의 가쓰라리큐에서 벽에 구름 모양으로 배열된 선반을 보았다. 거기서 착안해 알루미늄 블록으로 '구름' 형태를 만들었다. 이 자유로운 형태는 공간에 리듬을 주고 선반 위에 놓인 물건들을 돋보이게 했다. 이후에도 '공명'의 창작물들이 이어졌다.

다카시마야 백화점은 넓은 공간을 내주었는데, 이를 통해 '예술의 종합'이라는 주제에 부합하는 집합체를 소개할 수 있었을 뿐 아니라, 옷장에서부터 문고본에 이르기까지 수납공간에 적

• 일본의 전통 인형극

용되는 표준화의 미덕을 보여 줄 수 있었다.

긴 진열장에 서랍을 포함해 '새로운 철물'의 구성 요소들과 그 것들로부터 파생되는 다양한 형태의 도식을 전시했다. 나무로 만든 것은 모두 일본에서 제작했고, 금속과 플라스틱은 프랑스에서 제작했다. 식기는 뤼스사의 제품을 골랐다. 게르브랑은 내게 예술 작품 목록(레제의 〈서커스Le Cirque〉, 마티스의 컷아웃 작품들, 미로의 판화들, 피카소의 도자기 각인, 말로와 르코르뷔지에, 제르보스의 서적 등)을 건넸다. 르페브르푸아네는 내게 르코르뷔지에의 작품 목록(회화 두 점, 태피스트리 여덟 점)과 레제의 작품 목록(회화 두 점, 태피스트리 한 점, 세라믹 다섯 점, 오댕쿠르 사크레쾨르 성당의 스테인드글라스 모형)을 보냈다. 매우 기뻤다.

파리에시 회의한 결과, 모든 예술 작품은 무상으로 대여되었지만 예술가들은 판매 보증을 요청했다. 르코르뷔지에의 경우에는 태피스트리 두 점과 회화 한 점을 확정적으로 확실히 매입해야 하고, 레제의 경우에는 세라믹 한 점을 확실히 매입하고 출발 전에 지불할 것을 요구했다. 이 모든 거래는 파리의 르페브르푸아네와 일본의 다카시마야 백화점을 통해 이루어졌다.

일이 난처하게 돌아가기 시작했다. 일본은 긴축 재정의 위기를 겪고 있었다. 낭비할 외환이 없었다. 통상산업성 관계자들을 만나러 갔다. 1940년에 우리는 동료가 아니었던가? 그들은 딱 잘라 거절했다. 에어프랑스는 프랑스 대사관 문화 담당관의 지원을 받아 내게 일본 당국과의 중재자로 누마타 씨를 보냈다.

며칠 후 전시 날짜가 연기되었다. 르코르뷔지에와 레제의 작품 구매가 모든 것을 막고 있었다. 나는 어떤 식으로든 포기하고 싶지 않았다. 주제가 '예술의 종합을 위한 제안'이 아니었던가? 불신하던 르코르뷔지에도 1954년 1월에야 최종 승인을 해 주었다.

마침내 프랑스 대사관 상무관인 앙드레 로스가 통상산업성에 교류를 제안하는 아이디어를 내놓았다. 나의 책임 아래 파리에서 유사한 전시를 여는 것이었다. 모든 것이 제자리를 찾았다. 1954년 10월에 외환이 승인되었고, 전시 날짜는 1955년 3월로 확정되었다.

그러나 선박은 자유로이 이용할 수 없었다. 처음에 선택한 캄보디아호는 건선거乾船渠에 있었다. 투르쿠앵 화물은 만석이었다. 1954년 12월 말 아리산 마루호는 나의 귀중한 짐을 나르기로 되어 있었는데, 그날 세관원들이 파업 중이었다. 선적 명세서에 기재된 르코르뷔지에의 태피스트리 중 하나가 누락되어, 마지막 순간에 바꾸어야 했다.

서신과 전보가 연달아 왔다. 팩스는 아직 존재하지 않았다. 1955년 1월 7일 자 서신에서 르페브르푸아네는 이렇게 썼다. "1년 전에 당신에게 일본으로 보낸 발송과 관련한 예상되는 어려움을 경고했을 때, 제 말이 정말로 이렇게까지 맞을 줄은 상상하지 못했어요." 그리고 며칠 후에는 이렇게 썼다. "서류 승인이 나면 안도의 한숨을 쉴 겁니다. 그러면 우리는 어음으로 내기를 기다리겠지요. 다시는 이런 일을 겪고 싶지 않네요. 많지 않지만, 아직 남아 있는 머리카락을 지키고 싶어요."

여기에 전시회를 설치하는 데 따르는 우여곡절까지 더해져 1940년도에 겪은 경험이 되풀이되었다. 개막 전날 늦은 저녁, 나는 안절부절못하며 돌아다녔다. 벽지가 제대로 부착되지 않았고, 르코르뷔지에의 무거운 태피스트리가 준비되지 않았으며, 칸막이벽의 내구성도 걱정되었다. 나의 의심에 화가 난 목수는 하마터면 도끼질로 그걸 부술 뻔했다. 사카의 중재가 없었더라면 치명적이었을 것이다. 그러다가 벽지가 아직 오사카에 있다는 것을 알았다. 패배감과 숙명론에 사로잡힌 나는 일본인 그들끼리 이 문제를 해결하도록 맡긴 채 잠들어 버렸다.

다음 날인 1955년 3월 31일 오전 10시에 만반의 준비가 끝났고, 전시회는 개막되었다. 프랑스 외교부와 교육부, 일본 교육성과 상공성, 주일 프랑스 대사관이 후원하고, 산교 케이자이 신문과 다카시마야가 주최하고, 에어프랑스의 협찬을 받았다. 나는 언론과 귀빈들을 맞이했다. 활짝 미소 지으며, 전시에 참석한 다카마쓰 왕자에게 전시를 소개했다.

마르타는 더 이상 그곳에 없었다. 그녀는 취리히로 돌아가 약혼자와 결혼하기로 했다. 자크는 파리로 되돌아가려 했다. 나는 1957년 파리에서 열릴 일본 전시회의 기반을 마련하지 않고는 떠나고 싶지 않았다. 사실 도쿄에서 《예술의 종합》을 위해 2년의 인내가 필요했다면, 파리 일본관을 위해서는 그보다 2년이 더 필요했다.

일본에는 1940년대에 내가 겪은 모습이 여전히 존재했지만, 이후 1957년 잡지 『콩바*Combat*』에 쓴 것처럼 "일본은 경제적 필요성으로 인해 대부분 서구에서 영감을 받은 빌딩, 공장, 물건을 생산했다. 이는 서서히 일본인의 생활에 침투했다. 오늘날 일본은 두 가지 상반된 문명 사이에서 분열되고 있다. (…) 한편 일본은 우리 세계에 의존적으로 되어, 국민 생활을 보장하기 위해 현 상황에서 해외로 제품을 생산하고 수출해야 한다."

우리는 이러한 상황을 인식한 로베르 길랭과 함께 일본의 향취를 찾아 전국을 돌아다녔다. 그는 자신이 발견한 경이로움을 조심스럽게 간직했다. 전기 기타로 변모된 전통적인 순회 소극장, 의견을 나누는 학생 카페, 모래 언덕의 작은 어촌을 보호하는 태평양 연안의 광활한 해변, 바다 깊은 곳에서 나와 무거운 전복 바구니를 손에 들고 머리에 마스크를 쓴 채 나타난 해녀들.

도쿄의 여름은 무척이나 더웠다. 극장들은 유혹적인 포스터들로 우리를 끌어당겼다. 포스터에는 공포의 전율을 기대하게 만드는 '오바케お化け(요괴)'들이 그려져 있었고, 피비린내 나는 복수를 두려움으로 예고하는 '유레이ゆうれい(유령)'들도 등장했다. 우리는 '가이진がいじん(외국인)'들이 이용하지 못하도록 우리가 발견한 것들에 대해 나지막한 목소리로 이야기했다. 그런 '일본'을 오직 우리만을 위해 순수한 모습으로 간직하고 싶었다.

우리는 수수한 온천을 찾았고, 그곳에서 즐겁게 스트레스를 풀었다. 목욕 후에는 사케를 마셨다.

어느 날 밤 어느 온천에서의 일이다. 계단을 따라 산을 오르면 나오는 여관의 꼭대기에서 자크, 마르타, 페르네트, 그리고 나는 강기슭 분기공에서 나오는 수증기 속에서 목욕한 다음에 긴 산행을 마치고 쉬고 있었다. 그런데 고요한 분위기가 미묘하게 바뀌었다. 계단을 드나드는 소리, 후스마가 여닫히는 소리, 킥킥대는 웃음소리가 들렸고, 이 방에서 저 방을 빠르게 오가던 발걸음 소리가 점점 가까워졌다(후스마는 열쇠로 잠기지 않았고, 종이로 만들어졌다). 나는 이 증폭되는 불안감을 멈추기로 결심했다. 유카타 차림으로 복도로 나갔다. 목욕 가운을 입은 네 명의 소년 무리가 내 앞에 나타났다. 그들은 머리 위로 팔을 뻗어 마치 나체 여성의 형상을 제물처럼 떠받든 채 그것을 다른 다다미방으로 나르는 듯했다.

그중 한 소년이 도발적으로 무리에서 떨어져 나왔다. 나는 움직이지 않고 손목시계를 가리키며 말했다. **"난지고로 데스카?"** 지금이 몇 시야? 내 일본어 실력은 거기까지였지만, 나의 성난 푸른 악마의 눈은 효과가 있었다. 그들의 행동에서 약간의 망설임이 보였고, 무리는 고요한 산속으로 사라졌다. 그사이에 나의 일행은 이불 속에 몸을 웅크리고 있었다.

신혼부부를 위한 온천도 있었다. 언제나 생명의 꽃을 피우기에 적합한 조용한 곳에 있었다. 일본 남부에 있는 벳푸에서는 목욕물의 증기 속에서 편안하게 체스를 둘 수 있었다. 북동 지역에서는 겨울이 되면 머리에 눈모자를 쓴 원숭이들과 함께 움푹 팬 바위에 앉아 자연을 즐기며 도취되었다.

프랑스에서는 오베르뉴의 사화산과 수많은 온천이 나를 기다리고 있었다. 비시, 발, 콩트렉세빌 등 치료 목적의 온천에서는 지루함도 치료의 일부였다. 일본 온천 마을들과는 비교할 수 없었다. 온천을 상징하는 불꽃이 마치 밤하늘에 빛나는 별처럼 일본 지도를 뒤덮었다.

알토의 호숫가에 있는 핀란드 사우나와 일본의 목욕 문화에 관한 이야기는 나의 연구 '주거 예술'의 '위생' 부분에서 시간을 거슬러 올라가도록 만들었다. 고대 그리스에서는 목욕이 체육관과 철학적 토론이 이루어진 장소인 엑세드라Exedra 사이의 연결 고리였다. 즉, 고대 그리스인에게 신체 및 정신 수양은 분리될 수 없었다. 로마에서 공중목욕탕은 제국 전체에 퍼져 있었고, 로마인에게 모임 및 여가 장소, 휴식 장소였으며, 자유민의 진정한 사회생활 중심지였다. 에코샤르가 묘사한 것처럼, 이슬람 세계에서 공중목욕탕은 증기탕이 함맘Hammam•으로 이어졌으며, 함맘은 모스크의 부속물로 반쯤 새어 들어오는 희미한 빛과 침묵이 특징이다. 목욕하는 사람은 수동적인 태도를 보인다—명상이 토론을 대체했다.

마지막으로 1940년대에 다시 살고 있는 듯한 중세 기독교 시대로 거슬러 올라갔다. 14세기 판화에는 한 남자가 나무통에서 목욕하고, 그 곁에서 여성들이 남자를 도와주는 모습이 묘사되어 있다. 바젤 출신인 한스 볼의 그림에서는 남녀가 노천 온천욕을 즐기고, 농부들이 이를 아무렇지 않게 지켜보며, 또 다른 사람들이 진수성찬을 즐기는 모습을 볼 수 있다. 이러한 자유는 나

• 튀르키예식 공중목욕탕

체를 죄악으로 여긴 종교개혁과 반종교개혁에 부딪혔다.

그러자 분위기가 바뀌었다. 아름다운 여성들이 목까지 하얀 면 옷을 입고 아연 욕조에서 목욕했고, 검열관들은 나체 위에 단정한 베일을 덧칠하도록 했으며, 목욕하는 아름다운 후작 부인들을 캐노피로 가렸다. 베르사유 궁전에서는 악취를 없애기 위해 목욕 대신 왕과 궁정 전체에 향수를 뿌렸다.

이러한 금기는 프랑스에서 도덕이 해방될 때까지 따라다녔다. 누드는 더 이상 금기시되지 않았지만, 낙원에서 아담과 이브가 추방되었다는 신화를 따르지 않고 자연과 물에 대한 신성한 숭배와 결별하지 않은 장소나 국가의 순수성을 잃었다.

금세기 초 프랑스 북부에서는 보기 드문 욕조가 석탄 저장고 역할을 했다. 나는 시골에서 목욕하는 것이 질병의 징조였다는 것을 아직도 기억한다. 파리 지구에서는 위생을 위한 목욕 시설이 많이 있었다. 일주일에 한 번 목욕하고, 다른 날에는 대야와 물통으로 씻었다. 가정예술박람회는 결국 개인 욕조의 사용을 발전시켰지만, 여전히 '위생'에 관한 것이었다.

나는 육체와 영혼의 예찬을 위해 도시에 완벽하게 통합된 화려한 건축물을 갖춘 이슬람 또는 그리스-로마의 공중목욕탕을 참조할 수밖에 없었다.

오늘날 우리의 소비 문명에는 이 같은 것이 없다. 바닷가에 4성급 호텔을 갖춘 해수요법 센터만 있을 뿐이다. 확실히 편안하지만, 우리 사회처럼 부르주아적이다.

떠나야 할 날이 왔다. 페르네트는 조상과 죽은 자, 산 자의 영

향 아래에 있는 일본 가정의 무거운 제약은 감내할 필요 없이 그 곳의 풍습과 가치를 풍성하게 배워 프랑스로 돌아갔다. 페르네트는 전통 연극을 매우 좋아했는데, 유명 가부키 배우인 고시로에게까지 그 관심이 확장되었다. 마침 그는 우리 동네에 살았다. 자크를 도와준 오바상おばさん(아주머니)은 고시로에게 어린 프랑스 소녀가 만나고 싶어 한다고 일본식으로 전했다. 그는 페르네트를 분장실로 초대해 분장하며 변신하는 모습을 보여 주었다. 이후 그는 우리에게 자기 가족들을 보러 오라고 집으로 초대했다. 결국 페르네트는 외국인과 아마추어가 갈 수 없는 동작훈련 무용학교에 들어갔다. 고시로의 아이들도 그곳에 다녔는데, 이들은 가업에 따라 조상이 맡은 역할을 계승하고 조상의 이름을 물려받아 과거 세대를 이어 감으로써 그들을 되살리도록 운명 지어졌다.

페르네트는 금발 위에 길고 검은 가발을 덮어쓰고, 긴 소매가 달린 적절한 의상을 입고, '타비たび'를 신고, 부채를 지녔다— 고전 무용의 특징들—그리고 모든 연령대의 사람, 게이샤, 젊은 가부키 배우와 함께 몸짓과 목소리를 지도받았다. 스승은 무릎을 꿇고 이들을 이끌고 매달 8일 연속으로 훈련시킨 다음에 3주 간 휴식을 취했다.

일상생활에서, 거리에서, 집에서 나는 페르네트를 관찰할 수 있었는데, 아이는 몸짓과 소리를 통해 마지막 수업 내용을 매우

• 일본 전통 버선

집중하여 재현했다. 놀랍게도 효과적이었다. 돌아오는 비행기 안에서 페르네트는 울음을 꾹 참으며 말했다. "다시 오겠다고 약속해 줘." 그때 페르네트는 열한 살이었다.

인도와 찬디가르

파리로 돌아와서는 페르낭 레제에게 전화를 걸었다. 서로 일정이 맞지 않아 재회는 나중으로 미뤘다. 나는 자크와 홍콩을 방문했다가 감염된 듯한 파라티푸스 증상으로 휴식을 취하러 급히 메리벨로 떠나야 했다. 치러야 할 대가는 컸지만, 홍콩의 발견은 그럴 만한 가치가 있었다. 애버딘 항구에 정박해 있는 선상 레스토랑에서 점심을 먹었다. 그곳에 가려면 삼판을 타야 했고, 직접 물고기를 잡을 수 있었다. 파리에서도 똑같이 할 수 있다면 어떨까?

자크에게는 좋은 중국인 친구들이 있었는데, 그들은 내가 있는 동안 칵테일에 이어 호화로운 식사에 초대했다. 음식이 차려진 원형 테이블 앞에 흰옷을 입은 바텐더가 두 개의 마대를 들고 나타났다. 하나는 비어 있었고, 다른 하나는 불안할 만큼 격하게 요동쳤다. 그 안에는 여섯 종류의 독사가 들어 있었다. 바텐더는 뱀을 한 마리씩 꺼냈다. 테이블 위에 올린 첫 번째 뱀을 흰 냅킨으로 덮은 다음 그 위에 손을 얹었다. 뱀이 진정하자 냅킨을 조심스럽게 떼고 재빨리 뱀의 머리를 움켜쥔 다음 다른 손으로 뱀의 몸통을 더듬다가 단검으로 찔러 쓸개를 뽑아냈고, 이를 이미 이국적인 술로 가득 찬 셰이커에 부었다. 나는 약간 망설이다 아름다운 황색 액체로 가득한 잔을 입에 댔다.(약효가 있고, 심지어 정력제 효능까지 있는 듯했다). 악몽 같은 밤을 보냈지만, 그 이후로 그렇게 무서워하던 냉혈 파충류에 대해 어떠한 애정을 갖게 되었다.

홍콩의 뱀 거리에서는 행인들이 프랑스의 약국에서처럼 손에 처방전을 들고, 우리에 갇힌 여러 종의 뱀들의 효능을 활용했다.

메리벨에 있는 마리블랑슈의 집에서 나는 사랑스러운 산꽃들 사이에서 근심 없이 평화로운 휴가를 보냈다. 어느 날 신문을 펼쳤는데, 부고 기사가 실려 있었다. 페르낭 레제의 부고였다.

아무 말도 할 수 없었다. 마음속은 공허함으로 가득 찼다. 오늘날 그가 내 마음속을 스쳐 지나갈 때면 그에게 미소 짓는다.

보포르 치즈 한 덩이를 겨드랑이에 끼고 도쿄로 돌아왔다. 마지막 작별 인사를 하고 사라져 가는 혹은―현대 요구에 따라―플라스틱으로 변형되는 나의 작은 보물들을 옮기기 위해서였다.

자크와 나는 가장 먼 길로 돌아가기로 했다. 페르네트는 메리벨에 있는 친구의 집에 남겨 두고 왔는데 여행에 맛을 들인 터라 자신을 두고 간 것에 성을 냈다.

우리의 첫 기착지는 인도 영화 〈콜카타, 잔인한 도시 Calcutta, ville cruelle〉(1953)의 그 콜카타였다. 허술한 영화관의 덜거덕거리는 판자 위에 앉아 이 영화를 보았는데, 근처에는 작은 광장이 있었다. 그곳에서 사람들은 화장하려고 장작더미를 쌓고 있었다. 우리는 침입자였다.

콜카타와 시골을 연결하는 한없이 긴 하우라 철교는 5시경에 트럭, 자동차, 자전거 등 온갖 탈것의 소음과 원거리 통근하는 군중의 발소리로 진동했다. 나는 신성한 갠지스강에서 나온 후글리강을 따라 다리에서부터 해 질 녘 고행자들과 나란히 걸어갔다. 어떤 이들은 재로 뒤덮인 채 저 너머의 세계를 향해 눈을 빛내고 있었고, 또 다른 이들은 벌거벗은 채 사롱을 빨고 나서 새처럼 두 팔을 펼쳐 태양 빛에 몸을 말렸다. 어떤 이들은 한 가지 동작으로 자신을 상상의 원 안에 가두어 세상과 단절된 채 자신만의 방식으로 니르바나를 추구했다. 그들은 머리를 땅에 대고 완전히 정지한 채 서 있거나 부처 자세로 고개를 끄덕이며 앉아 있었다. 또 다른 이들은 자신에게 몰두해 몸을 흔들며 소리쳤다.

그 순간에 나는 조화에 도달하기 위해 여러 조건이 필요했다는 것을 깨달았다. 주위 환경에 무감각한 이 사람들과 달리 나는 내 환경에 의존했다. 이처럼 겉보기에 수동적인 모습에서 발산되는 억제된 에너지가 나를 두렵게 했다.

그날은 람릴라Ramlila 축제 기간이었고, 우리가 거쳐 가는 도시와 마을마다 라마 삶의 새로운 에피소드들이 마을 사람들에 의해 화려하게 공연되었다. 심지어는 코끼리 등에서도 공연이 이루어졌다. 우리는 람나가르 마을에서 뜻밖의 초대를 받아 화려한 마하라자의 수행단과 함께하게 되었다. 이렇게 지나가는 외국인들을 환대하는 것을 그들은 기쁘게 생각했다.

우리는 갠지스강이 흐르는 베나레스*에 도착했다. 남자, 여자, 아이 무리에 휩쓸려 칼리 사원 앞을 지나갔다. 사원에서는 여신에게 제물로 바치기 위해 어린 양들을 도살하고 있었다.

한 골목에서 나병 환자들이 잘린 팔을 내밀며 구걸했다. 우리와 동행한 친구는 나의 행동을 제지했다. "벌거벗겨질 겁니다." 무감정하게 말했다. 마지막으로 거대한 평화로운 강을 볼 수 있었다. 사람들이 삶의 목표인 성수로 정화하기 위해 멀리서 찾아왔다. 이 궁핍함과 대조적으로, 친구는 우리를 금실로 세계에서 가장 화려한 사리를 만드는 작은 마을에 데려갔다.

나는 손가락으로 음식을 먹는 법을 배웠다. 우아하게 따라 해 보려 했지만, 잘되지 않았다. 붉은 입술을 갖기 위해 베텔을 씹어 보려고도 했다. 뉴델리의 거리를 돌아다니며 연회에 참석하고, 아름다운 인도 여성들이 매우 탐내는 리옹에서 수입한 매우 섬세하고 거미줄처럼 얇은 사리를 인도에서 풍성하게 수놓인 사리와 교환하며 하루하루 보냈다.

가는 길에 아그라 요새를 방문했는데, 거기서 마슈라비야 Mashrabiya**와 도랑을 통해 긴 개울로 흐르는 연못이 있는 무굴 정원의 장점을 발견했다.

나의 목표는 인도 건축의 가장 훌륭한 사례를 발견하는 것이 아니라 펀자브의 행정 중심지 찬디가르를 살펴보는 것이었다. 그곳으로 가던 중에 길에서 소달구지를 봤다. 측면은 거대한 나

---

* 바라나시 옛 지명
** 격자 나무 형태의 이슬람 전통 건축 양식

무 바퀴가 달리고 커다란 카펫으로 장식된 달구지였다. 집으로 돌아가는 가족을 태우고 있었다. 람릴라 축제는 끝이 났다.

원숭이들이 도로 위를 깡충거렸고 공기는 한결 가벼워졌다. 저 멀리 히말라야 산맥의 첫 지맥이 보였다. 우리는 펀자브에 있었고, 찬디가르는 장마철에 여러 강줄기가 흐르는 광활한 분지에 자리 잡고 있었다.

공사에 대한 소문이 전해졌다. 50만 명을 수용하기 위해 이 수도가 땅 위로 모습을 드러내고 있었다. 나는 감격스러운 마음으로 피에르 잔느레를 만나러 갔으나, 안타깝게도 시간은 이틀밖에 없었다. 내가 '관광객'으로 오지 않았으면 더 좋았을 것이다.

피에르는 수노승이 있는 듯한 거처에서 현자의 모습으로 나를 맞았다. 아름다운 환영의 미소를 머금고 있었다. 그는 감동적인 찰나의 순간이 지나자, 네루가 바라던 이 도시, 서쪽으로는 무슬림 파키스탄, 동쪽으로는 인도로 분할되면서 만들어진 이 도시의 상징적 가치를 느끼게 하려고 애썼다. 그리고 도로 수석 기술자인 바르마에 관해 이야기해 주었다. 바르마는 라호르 출신으로 파키스탄 동료와 집을 교환했다고 했다. 그리고 건설 현장에서 일하는 인도 사람들에 대한 애정 어린 이야기, 150명의 건축가로 구성된 설계 사무소, 도시계획과 공공건축물(국회의사당만 진행 중이었지만)의 대가인 르코르뷔지에의 방문, 그가 책임지는 주택에 관해 이야기했다.

돌이켜 보면, 찬디가르의 성공 요인은 한 손에 꼽을 수 있다.

정치인 네루의 의지와 진보적인 도시계획가이자 건축가인 르코르뷔지에의 개입이 있었다. 르코르뷔지에는 프랑스가 항상 거부한 기회를 인도에서 얻을 수 있었다. 그는 마침내 인간적으로 한 가지 과업에 완전히 몰두할 수 있었다. 오늘날 제자리를 찾은 최종 상징물은 국회의사당을 마주하는 "열린 손"이었다. "가득 찬 손으로 받았고, 가득 찬 손으로 주었다." 르코르뷔지에는 정형화된 건축가가 아니었다. 롱샹 성당이 그 증거였다. 찬디가르의 토목 건축물들은 기후, 기능, 숫자의 조화, 그 규모를 고려할 때 아그라, 파테푸르 시크리와 비교해도 매우 대단하다. 그의 건축물에서는 힘이 뿜어져 나온다.

세 번째 요인은 피에르 잔느레의 지휘 아래 설계 사무소에 모인 건축가 150명의 방향성이었다. 그들은 친절하고 지식과 단호함으로 최선을 다했다. 만약 오늘날 도시가 활기차고 깨끗하다면, 두 창조자인 르코르뷔지에와 피에르의 존재를 뒤따른 이 지식의 씨앗 덕분이기도 하다. 오늘날 찬디가르 건축학교는 졸업생들을 카리브해의 그라나다, 인도네시아, 사우디아라비아 등지로 내보내고 있다.

네 번째 요인은 독특하게도 주거 환경이었다. 그 일을 맡은 피에르는 누구보다도 주거 환경을 개선하고, 관습과 주거지에 사는 사람의 생활을 통합하고자 했다.

사회적 계층이 14단계로 나뉘었고, 할당된 제곱미터 수는 거주자 수에 반비례했다. 가장 낮은 계층에서는 최소한의 공간에서 대가족 전체가 거주해야 했다. 피에르는 겉보기에는 사소해 보이지만 중요한 습관을 고려했다. 예를 들면, 전통적인 인도식 아궁이를 건축물에 통합했다.

개별 가족 단위의 주거지를 설계하면서 민족의 특수성을 고려할 때, 계층에 따른 분리에 대해 이야기해야 하는지 확신이 서지 않는다. 공동 기금은 공공시설과 체육 및 문화 시설, 학교, 만남의 장소에서 조성되며, 공동체 교류는 통합된 도시계획에 전반적으로 포함되어 처음부터 의무적으로 건설되고 관리된다. 이는 공공 임대 주택HLM에서만 이루어지는 것이 아니다. HLM은 기술 관료들이 설계한 프로그램으로 개선되었지만, 이들에게 가장 중요한 기준은 단기적 경제성이다. 비록 외관상으로는 사회적 목적을 띄지만, 인간의 다양성을 통합하지 않는다. 이에 더해 모든 혁신을 배제하는 건축 규격의 제약도 있다.

한 민족의 진보는 그들만의 속도에 맞춰서만 조화롭게 진행된다.

나는 피에르와 함께 건설 현장에서 하루를 보냈다. 여러 활동으로 북적이는 경사로를 통해 각 층으로 갈 수 있었다. 한 줄로 늘어선 사리를 입은 여자들이 시멘트를 가득 채운 바구니를 머리에 이고 있었는데, 그 광경이 마치 여왕 같았다. 몇몇 여성은 포대기로 싼 아기를 나뭇가지에 매달아 두어야 했다. 여성들의 긴 팔에는 그들의 전 재산인 은실 팔찌가 채워져 있었다.

그런데 남자들은 경사로 바닥에서 무엇을 하고 있을까? 그들은 바구니를 여자들에게 건넸다. 경사로 꼭대기에서는 다른 남성들이 빈 바구니를 이 유순한 여성들의 머리 위에 다시 얹었다.

공사장이 문을 닫자 모든 것이 다시 평온해졌지만, 겁 없는 소들이 막아 둔 공사장을 돌아다니는 모습을 볼 수 있었다. 사람들은 이 신성한 소들을 내쫓지 않았다. 길고 뻣뻣한 검은 속눈썹을 가진 이 신성한 소들의 목에는 방울과 종이 달린 옥색 도자기 구슬의 목걸이가 장식되어 있었다. 내가 떠날 때 피에르는 그 목걸이를 선물했다. 나는 그것을 목에 걸고 손목에는 은실 팔찌를 차고 다녔는데, 파리에서 콜더가 이 팔찌를 탐냈다.

피에르와 르코르뷔지에의 관계는 여전히 단순하면서도 복잡했다. 피에르는 필요하다면 의견을 거스를 줄 알았다. 그가 주도권을 쥐었다. 내가 읽은 편지들이 그걸 증명한다. 그들은 함께 삶에 대한 의욕을 잃지 않았다. 1962년 피에르가 여가 생활을 즐기기 위해 만든 페달 보트를 범람하는 수크나 호수에서 타고 있는 사진을 보라. 같은 해에 모든 기반 시설이 완성되었지만, 자동차는 보이지 않았다. 르코르뷔지에가 예상한 대로였다.

나는 찬디가르로 돌아가지 않았다. 어느 날, 앙드레 블로크가 피에르의 편지를 가져다주었다. 편지 안에는 새 깃털과 말린 꽃잎 한 장이 들어 있었다.

이후 나의 여행은 더 이상 흥미롭지 않았다. 카라치와 나병 환자들, 다마스쿠스와 첨탑 '미나레트', 함맘에 푹 빠진 에코샤르와 달리 나는 이에 큰 매력을 느끼지 못했다. 누군가 그에게 "다마스쿠스에서 무엇을 했나요?"라고 묻자 그는 이렇게 답했다. "보이지 않는 것이요." 그는 다마스쿠스의 도시계획가였다. 그곳에서 독수리와 함께 활공하기도 했다. 결국 그는 이슬람교로 개종했다.

우리의 마지막 목적지는 베이루트였는데, 자동차를 타고 레바논의 산악 지대를 지나가야 했다. 당시에는 훗날 장 프루베와 내가 기욤 질레의 프로젝트로 이곳에 다시 올 줄은 몰랐다. 질레의 프로젝트는 지중해 요람을 마주하는 매혹적인 부지에 프랑스 대사관을 짓는 것이다. 이곳에는 중정, 분수, 그리고 투명한 요소들도 있었는데, 이는 외무부의 한 고상한 부인의 취향이 아니었다. 부인은 "당신이 그걸 계속 고수한다면, 나를 만나게 될 거예요"라고 말했었다. 그리고 질레가 모든 매력을 발휘했음에도 불구하고, 그 프로젝트는 결국 실현되지 못하고 서랍 속에 보관되었다.

스테프 시몽 갤러리

스테프 시몽, 그는 얼마나 많은 일을 겪었는지 모른다. 갱단이 스테프 시몽 사무실 주변을 둘러쌌다. 용감하게도 스테프 시몽은 샹젤리제 대로에서 그들을 추적하기 시작했다. 총상을 입은 그는 병원에서 그 대장정을 마쳤다. 그리고 그 대가로 보상금을 받았고, 그 돈으로 가게를 매입해 갤러리로 만들었다.

스테프 시몽의 갤러리는 우연의 일치로 생제르맹데프레의 시조가와 고즐랭가 모퉁이에 위치해 있었다. 사실 이곳은 수감자들이 제작한 시골풍 의자를 판매하던 오래된 작은 가게로,

1935년에는 내가 이곳에 짚으로 만든 나무 의자를 맡겼었다.

갤러리는 장 프루베와 내가 건축가들과 대중에게 작품을 선보이는 아주 '핫한' 장소가 되었다. 그곳은 디드로 동상 앞에서 등대처럼 빛나는 존재가 되었고, 퓌르스텐베르크 광장과 가까운 곳에 자리한 놀Knoll 갤러리는 이처럼 명망 있는 이웃과의 인연을 즐거워했다.

스테프의 파란만장한 모험은 아름다운 이야기로 끝난 반면, 장 프루베의 불행한 모험은 평생 그에게 깊은 영향을 미쳤다. 그는 작업 도구, 막세빌 공장, 특허권, 심지어 이후 되찾게 되는 '장 프루베 작업실'이라는 이름까지 전부 잃었었다.

그는 프리패브 주택의 다양한 프로토타입을 개발했다. 그러나 그것들을 대량 생산하기 위해서는 공장을 현대화하고 기계 설비에 투자해야 했다. 운 좋게도 파트너는 알루미늄 프랑세Aluminium français였지만, 그 대신 장은 생산 수익성에 대한 통제를 받아들여야 했다. 공장장이 임명되었다. 그는 장의 접근 방식과 달랐고 프로젝트들을 평범하게 만들었다.

장은 어떤 도발로 인해 사임하고 떠들썩하게 공장을 떠났다. 며칠 후에 그를 만나러 낭시에 갔을 때, 그의 아내 마들렌은 더 이상 장을 알아볼 수 없다며 그가 자신의 '공장 파괴자'를 우연히 마주칠 때마다 격노한다고 했다.

스테프 시몽은 그의 가구를 되찾았다. 그는 '새로운' 장 프루베 작업실에서 장이 떠났기 때문에, 내가 맡긴 창작물의 에디션 제작에 대한 완전한 자유를 되찾게 되었다고 말했다. 조르주 블랑숑과 합의하여, 나는 중앙건설부BCC 카탈로그에 있는 내 가구의 상당 부분을 이 모델들에 추가했다. 예를 들면, 메 Mai 갤러리를 통해 선보인 안락의자, 짚으로 만든 의자, 책상, 스툴, 1955년 도쿄에서 전시한 목재와 플라스틱 소재의 창작물이다.

내 계약서는 1956년에 등록되어 미술저작권조합SPADMED에 의해 관리되었고, 장 프루베의 계약서도 마찬가지였다. 우리의 계약서에는—마치 부부 별산제처럼—스테프 시몽 갤러리에 독점적인 에디션 제작을 위임한 가구 목록이 각각 포함되어 있었다. 스테프는 우리의 동의 없이는 다른 창작자들을 포함할 수 없었고, 노구치의 랜턴, 일본에서 수입한 야나기의 스툴과 트레이, 친구 케토프의 프리패브 의자, 그리고 판처의 도자기로 보충하여 갤러리를 풍성하게 채웠다.

나는 진열창을 전시하는 일도 맡았는데, 진열창은 독특하고 너무 투명해서 어느 날 호기심 많은 행인이 설치를 구경하다가 담배 파이프가 목구멍에 박힌 적도 있었다.

크리스마스 시즌에는 대대적인 변화를 주었다. 피에를로의 도자기와 내 스툴을 바닥에 가득 깔아 두고, 종이를 접어 만든 모빌을 달아 외부의 시선을 끌었다. 대나무 구조물 위에 얹은 유리 선반에는 대부분 일본에서 수입한 선물용 물건들을 전시했다. 사람들은 우리 세 명의 이름이 새겨진 진열창 때문에 이곳을 우리 가게로 착각하기도 했다. 이는 일부만 사실이었다.

기회가 될 때면 스테프 시몽은 건축가들과 친구들을 초대해 깊은 지하 저장고에 보관 중인, 와인 산지에서 공수해 온 와인 오크통과 함께 환영 파티를 열기도 했다.

장 프루베가 공장을 떠난 후에 스테프는 내가 디자인한 '새로운 철물'을 제작하기 위해 다른 금속공을 찾았다. '새로운 철물'은 나의 개입 없이 건축가와 실내 장식가, 대중이—직접 갤러리에 문의해—그들의 필요에 맞는 견적과 도면을 받을 수 있도록 했다. 모듈 치수는 안내서에 명확하게 기재되어 있었다.

이 새로운 보급 개념에 부응하기 위해 갤러리 조수 페랑은 고객들의 요구 사항을 충족시킬 수 있도록 도왔다. 이것이 내가 어떤 작품을 만들어 낸 방식이다. 나의 앙상블에 필요한 작품도 있고, 그렇지 않은 작품도 있었다. 대중이 곧 작곡가가 되는 이 아이디어는 1936년 『방드르디』에 이미 언급한 적이 있는 "직접 만들라"는 나의 오랜 관심사와 합쳐졌고, 30년 후에는 도구를 제공하면서 "직접 구성하라"로 바뀌었다.

이 목표는 완전히 실현되었다. 그러나 페랑이 떠나자 스테프 시몽은 나태하게도 가구의 다양한 구성을 직접 정해 달라고 요청했다. 그렇게 한다면 커피 그라인더나 냄비, 프라이팬처럼 판매하는 것이 훨씬 쉬웠을 테지만, 그러한 방식은 나의 의도와 맞지 않았다.

선반은 목공 회사에서 주문 제작한 반면 나의 묵직한 원목 테이블은 장 슈타유의 작품이었다. 나는 신중하게 선별된 그의 목재 재고를 다 소진했다. 테이블 형태를 고려해 두께 5~6센티미터 판자로 작업했고, 목재 원통의 길이에 맞추었다.

개관일에 갤러리에는 길이 3미터가 넘는 입이 떡 벌어질 만큼 아름다운 체리목 테이블이 들어섰다.

슈타유가 자신의 작업실에서 생산한 제품에 각인을 찍지 않은 것이 아쉬울 정도였다. 그는 재고가 계속 동나자, 작업을 지속할 수 있도록 재고를 갱신하고 싶다는 의사를 밝히고 스테프에게 필요한 자금을 선지급해 달라고 부탁했다. 나도 슈타유의 방식에 찬성했지만 스테프는 못 들은 체했다. 정말 잘못된 생각이었다! 장과 내게 준 약간의 로열티가 그의 예산에 부담을 주는 것도 아니었는데 말이다.

그 후, 슈타유는 건축가들에게 몹시 마음이 상해 작업실을 닫았다. 그리고 퐁텐블로에서 납품 지연에 따른 위약금이 따르는 대형 프로젝트를 진행했고, 불행하게도 그의 잘못은 아니었지만, 납품이 지연되는 바람에 거의 파산에 이르게 되었다. 여기에 행정적 번거로움이 더해져, 코케트가에 있는 목공 작업실의 절반을 팔아야 했고, 결국 나머지 절반만 남게 되었다. 그의 옛날식 신의에 대한 개념은 산업의 냉혹한 현실에 의해 바뀌었다. 조기 은퇴한 후에는 진열대로 사용될 수 있도록 느릅나무 옹이를 박물관에 팔았고, 마르타 판의 조각품을 위해 원목을 전처리했으며, 파리에 있는 나의 1970년대 새집을 위해 프랑스산 호두나무 재고를 소진했다. 그는 자단목을 땔감으로 사용해 훈훈해진 집에서 저녁 식사를 대접했다.

나의 플라스틱 서랍은 대량 생산으로 넘어가기 위해 사출 성형으로 제작되어야 했다. 그 과정에서 두 개의 몰드 비용이 들었고, 스테프 시몽이 이를 부담했다. 그는 BHV 백화점에 유통했

고, 1974년 갤러리를 닫을 때는 남은 재고를 라르두트La Redoute
에 유통했다. 이것이 내 작업 중에서 산업에 가장 가까웠던 유일
한 사례. 프랑스의 다른 대부분의 갤러리와 마찬가지로 스테
프 시몽 갤러리도 해외, 심지어 국내 유통도 좋지 않았기에, 여
전히 개인의 수작업에 의존했다. 나는 우리의 견인차 역할을 하
면서 우리가 창작에 집중할 수 있도록 여러 제약을 풀어 주었다
는 점에서 그를 인정한다.

스테프는 1953년 일본에서 생산된 검게 칠한 구부러진 나무
로 만든 의자의 에디션 제작을 맡았다. 그가 시험해 보라고 준
첫 번째 의자는 너무 약해서 부러졌다. 두 번째 의자는 가사도우
미에게 앉아 봐 달라고 청했다. 그녀가 의아하고 의심스러운 눈
빛으로 큰 엉덩이를 그 위에 올리자, 와지끈, 바닥으로 넘어졌
다. "이거 장난으로 만든 거죠?" 그녀가 말했다. 나는 생산을 중
단시켰다. 그중 일부는 "앉지 마시오"라는 라벨이 붙은 채 경매
에 나와 있는 것을 발견했다. 일본에서 성공적으로 제작된 의자
들은 좌판에 적힌 내 서명으로 확인할 수 있었다.

가정예술박람회에서 일본 가옥과 사하라 주택

파리로 돌아오자마자 이 갤러리의 탄생에 몰두했다. 1957년 잡
지 『아르Art』에는 "가정예술박람회에 전시된 일본 가옥은 서양
가옥의 프로토타입처럼 보인다"라는 글이 실렸다. 나의 바람은

이 가옥을 서양 세계가 납득할 만한 20세기 모델로 만드는 것이 아니었다. 도쿄 전시의 대가로 전통적인 일본 가옥의 미덕을 보여 주고 싶었다. 당시 프랑스 대중이 일본에 대해 아는 것은 '일본풍'이라는 피상적인 것들뿐이었다. 일본은 전쟁 중 추축국의 일원이었던 까닭에, 일본과 관련된 것이라면 전부 의심의 눈초리로 쳐다보았다. 즉, 프랑스는 일본의 문화와 생활 방식, 집에 대해서는 아무것도 알지 못했다.

나는 단순한 민속학이 아닌 현대성으로 나를 매료시킨 일본 가옥의 불변하는 미덕에 대한 진지한 분석을 보여 주고자 했다. 건축가와 대중에게 일본 가옥의 매력을 전달하고 싶었고, 모듈의 표준화가 반드시 단조로움을 초래하는 게 아니라 오히려 조화로울 수 있고 사고방식이 하나로 고정되지 않음을 증명하고 싶었다.

폴 브르통의 역동성 덕분에 약속을 지킬 수 있었고, 그 어느 때보다도 가벼운 마음으로 이 일을 해냈다. 그는 나의 전시 후원 매체로『엘르*Elle*』를 선택했고, 갤러리 라파예트가 전체 선정작을 매입하도록 참여시켰다. 이 전시는 본질적으로 문화 행사였기에 갤러리 라파예트의 이름은 언급되지 않았지만, 다카시마야와 연결되어 큰 이점을 제공했다.

스즈키 렌은 일본의 전통적인 주거 방식의 여름과 겨울 사용 패턴을 바탕으로 건축 프로젝트를 진행했다. 이렇게 구성된 공간은 그 주위를 둘러싼 대형 갤러리에서 볼 수 있었다. 갤러리에는 관람객들이 전시품에 손대지 못하도록 긴 받침대가 가로로 설치되었다. 야나기가 선정한 전시품은 일본 특유의 사용법과 일본 고유의 아름다움이 담겨 있었다. 관람객들은 중앙 분리대를 따라 걸었고, 전시품은 중앙의 높은 다다미 위에 전시되어 있었다. 우리는 건축물의 구성 요소를 실제로 볼 수 있었다.

나는 교육 목적으로 관람 시작부터 각 요소의 치수를 세심하게 표시해 두었다. 규격이 표준화되어 있음을 더욱 명확히 알리고자 함이었다. 예를 들면, 다다미 길이가 쇼지(파사드 요소)의 높이와 같다는 것을 강조했다. 다다미의 돗자리를 들어 올려 내부 구조를 보여 주고, 쇼지의 나무살을 종이 없이 전시했다. 또한 여러 겹의 종이가 덮여 있어 가벼운 나무틀을 강화하는 후스마(이동식 칸막이벽 요소)를 하나하나 분리해 전시했다.

나는 1957년 3월 24일 『콩바』에 이렇게 썼다. "우리는 두 문명의 진보 요인으로 남아 있는 요소들을 소개한다. 이는 일본 전통 가옥에서 볼 수 있는 표준화되고 완벽하게 모듈화된 건축 요소들이고, 도시든 시골이든 사회적 차별 없이 모든 가옥에서 동일하다. (…) 우리의 현대 건축은 이를 아직 실현하지 못했고, 건물의 산업화에 관해 이야기하면서도 건축가들 사이에 또는 건축가와 산업체 간에도 통합을 이루지 못했다."

오늘날에도 여전히 그렇다. 나는 유럽인들의 삶의 방식을 환기하면서 전시를 마무리했다. 갤러리 바닥에는 슈타유가 제작한 아름답고 자유로운 형태의 테이블, 야나기 소리의 래커로 칠한 스툴과 쟁반이 놓였고, 남쪽 정면으로 쇼지를 통해 들어온 빛과 그림자가 어우러져 있었다.

『엘르』는 일을 잘 처리했다. 일곱 명의 일본인 여주인이 일본 가옥의 사용법을 시연하고, 꽃꽂이하고, 요의 사용법을 설명하고, 그들만의 고유한 동작으로 후스마를 여닫았다. 그 동작에는 사물과 사람 사이의 존중하는 관계가 담겨 있었으며, 우리의 단순한 기능적 몸짓과는 거리가 멀었다. 내가 일본에서 가져온 샤미센, 고토, 샤쿠하치 악기의 녹음본이 그랑 팔레 정원에 있는 고독한 일본 가옥의 조화를 완성했다.

폴 브르통은 내 전시품들이 진열장에 있지 않아서 도난당할 수도 있다고 예측했다. 그러나 기적적으로 아무것도 사라지지 않았다. 장소의 평온함, 각 물건의 멋, 부드럽고 듣기 좋은 음악, 그리고 일본인의 생활 방식에서 풍기는 기묘함이 그곳을 '신성한' 장소로 민들있나.

이듬해에 가정예술박람회에서는 알제리 사막의 유전 지대를 개발하는 석유 노동자들을 위한 사하라 주택이 전시되었다.

그것은 두 개의 모듈로 구성된 프로토타입이었다. 캐빈 하나는 잠을 자는 공간이고, 그보다 더 큰 캐빈은 노동자들이 식사를 준비하고 즐겁게 먹고 빨래할 수 있는 곳이었다. 두 모듈은 기후를 고려해 설계되었다. 낮에는 에어컨을 사용하고 저녁에는 칸막이벽을 들어 올려 큰 천막 아래에서 베두인처럼 저녁의 선선함과 사막과 별이 빛나는 밤의 매력을 즐길 수 있도록 했다. 이 모듈들은 필요에 따라 확장할 수 있었고, 헬리콥터를 이용해 설비가 완비된 상태로 운반할 수도 있었다.

라뇨와 바일은 나와 장 프루베에게, 그리고 천막을 담당한 코발스키에게 프로젝트에 참여할 것을 요청했다.

장 프루베는 표준화된 알루미늄 단열 패널로 방의 외피를 구성했는데, 일부 패널은 유리가 장착되었다. 캐빈의 크기는 내부 설비에 따라 결정되었다.

사하라의 경우에는 완비된 캐빈을 운반하려면 편안함을 유지하면서도 가능한 한 작은 공간을 찾아야 했고, 못을 박을 수 없는 벽에서 멀어져야 했다. 이것은 뜻밖의 새로운 발견이었다.

적절한 위치에서 동작이 이루어질 수 있도록 하고, 불필요하게 반복되는 동선을 줄이며, 보이지 않아야 할 부분을 가려 공간의 효율성을 높였다.

수면실의 경우에는 설비를 시야에서 감추는 적절한 높이의 T자형 차폐막이 공간의 시각적 자유를 허용하면서 공간을 세 부분으로 나누었다. 즉, 잠자는 공간, 탈의실 겸 옷장, 욕실이다. 모두 캐빈 주변을 자유롭게 두기 위해 한 지점에 적절하게 배치했다. 위생 공간에는 중앙에 케이싱이 장착되었으며, 급수와 배수(화장실, 세면대, 샤워실)를 한데 모아 관리했다. 수면 공간은 T자형 구조의 머리 부분에 배치되었으며, 그 자체는 넓은 선반 역할을 하는 구부러진 합판으로 만들어졌다. 선반 아래로 커다란 침대 발이 미끄러져 들어가서 시선이 선반 위에 놓인 개인 물품을 향하도록 한다. 선반은 아기 기저귀를 갈 수 있을 만큼 아주 깊었다. 만일의 경우를 대비해서 말이다.

다른 캐빈에서도 같은 문제가 있었는데, 직각이 아닌 살짝 비스듬한 T자형 배치로 해결했다. 이에 따라 대각선으로 생겨난 공간을 활용할 수 있었다. T자의 세로획에는 조리와 식사 준비를 위한 공간으로, 테이블 상판과 시각적으로 분리되는 백스플래시Backsplash*가 있었다. 테이블은 10여 명의 노동자가 식사할 수 있도록 되었는데, 바 형태의 좌석 혹은 내가 영감받은 일본식 튀김 판매대와 비슷한 형태였다.

T자의 머리 부분은 눈높이에서 가로막는 합판 칸막이로 두 공간을 분리했다. 칸막이에는 세탁 바구니를 놓을 수 있는 선반 두 개가 포함되어 있었고, 아래쪽으로는 칸막이에 기대 둔 세탁기와 건조기가 있었다. 칸막이에 직각으로 놓인 다리미판도 있었다. 따라서 공간은 서로 분리되어 있었지만, 주부는 자유롭게 오가며 조리와 다림질을 할 수 있었다. 시각적으로 기능을 분리하고 질서와 조화를 이루었다.

세 공간 주변은 이동이 원활했고, 한쪽 벽에는 이러한 기능에 맞는 수납공간을 갖추어 라디오, 레코드, 식기류, 냉장고, 세탁물을 두었다.

식사 공간에서는 다른 두 가지 기능을 위한 설비들이 전혀 보이지 않았다. 조리 공간은 작은 백스플래시로, 세탁 공간은 칸막이로 가려져 있었다. 천장에는 강력한 레인지 후드가 설치되어 냄새와 연기 문제를 해결했다.

그 이후로 나는 '벽에서 떨어진' 설비 원칙을 사용해 볼 기회를 얻었다. 이 원칙은 각 공간에 기능과 사생활, 시적인 정취를

---

* 가스레인지나 싱크대 등의 뒷벽이 더러워지는 것을 막는 방지판

부여했다. 일반적인 칸막이를 없애고, 하나의 통합된 공간에서 문을 여닫을 필요가 없었다. 만약 이 공간을 세 개의 독립된 방으로 나누어 칸막이벽을 설치했다면, 생활하기 불편하고 공간의 시적인 정취도 없었을 것이다. 동작-형태-기술의 결합이다.

전시회가 끝난 후, 이 캐빈들과 프로그램은 어떻게 되었을까? 나는 관심을 두지 않았고, 나의 발걸음은 나를 다른 곳으로 이끌었다.

브라질리아, 새벽의 교향곡

다시 한번 갈림길에 섰다. 정복자들의 땅이자 미래의 땅인 바로크 세계, 브라질에 오가게 되었다. 르코르뷔지에는 상파울루와 리우데자네이루에서 초청 강연을 하기 위해 1929년부터 브라질을 오갔다. 하얀 캔손 종이를 팔에 낀 채 종이 위에 색분필로 자기 생각을 표현하는 그의 모습은 리우데자네이루 사람들의 마음을 사로잡았다. 그의 매력은 그가 원할 때마다 사람들의 가슴에 와닿았다. 특히 르코르뷔지에의 사고방식을 온전히 고수하고 스물여덟 살에 브라질의 건축 교육에 지각변동을 일으킨 루시우 코스타에게 그러했다. 르코르뷔지에 역시 사람들의 환대와 이해에 강한 인상을 받곤 그들에게 이렇게 말했다. "갑자기 여러분이 제 마음을 감동시켰습니다."

1936년에 브라질 교육부 및 문화부 장관인 구스타부 카파네마가 르코르뷔지에에게 부처 건물 프로젝트를 맡아 달라고 요청했다. 프로젝트는 루시우 코스타의 책임하에 있었고, 오스카르 니에메예르를 포함해 많은 열정적인 젊은 건축가와 함께 연구가 진행된 상태였다. 이 건물은 전쟁 중에 지어졌고, 1948년에 '국가역사예술유산'으로 지정되었다. 르코르뷔지에는 이 건물이 자신의 보호 없이도 완벽하게 성공한 것을 보고 기뻐했다.

마찬가지로 1959년에 브라질 정부와 프랑스 정부의 후원으로 파리국제대학촌 브라질관 건축 프로젝트에 루시우 코스타가 건축가로 선정되었고, 르코르뷔지에는 자연스럽게 코스타의 협력자가 되었다. 두 사람은 오랜 우정과 깊이 존중하는 마음을 나누었지만, 서로 한 발짝도 양보하지 않았다. 루시우 코스타는 겸손했지만 매우 현실주의적이고 실용주의적이었다. 두 사람 모두 뛰어나고 개성이 강했다.

코스타의 요청으로 르코르뷔지에는 스테프 시몽 갤러리가 총괄 시공업체로 참여한 가운데 내게 설비 설치를 부탁했다. 나는 그와 다시 함께 일할 수 있어 기뻤다. 내가 맡은 일은 학생들의 방과 공동 공간, 그리고 지도교사 숙소의 설비를 갖추는 것이었다. 언제나 그랬듯이, 르코르뷔지에는 작업에 인간적인 면모를 온전히 녹여 냈다. 나는 작업을 하면서 그의 조화로운 공간에 부합하도록 해야 했다. 설비는 기능적이고 신중하며 건축물과 조화를 이루어야 했다. 르코르뷔지에는 그 부분에 신경을 많이 썼다.

그가 매일 아침 꾸준히 그렸던 그림과 다색 조각품들은 건축물의 조형성에 영향을 주지 않을 수 없었다.

학생들의 방으로 통하는 긴 복도는 지루하고 평범한 '복도'가 될 수도 있었지만, 각 방의 문을 각각 다른 색으로 칠하여 강렬한 색감으로 생동감이 넘쳤다.

반면, 학생들의 방은 자연 소재를 사용하여 차분한 인상을 주었다. 공간은 중립적이어서 학생들이 방 분위기를 주도할 수 있었다. 1층 공동 공간은 검은색, 노란색, 빨간색 등 다양한 색상의 대형 차양 커튼으로 나뉘었다. 르코르뷔지에의 창조성이 돋보였다.

갤러리와 우리는 하마터면 좋지 않은 결말을 맞을 뻔했다. 어느 날, 장 슈타유가 전화로 스테프 시몽이 파산 신청을 준비하고 있다고 전했다. 재앙 같은 일이었다. 모든 채권자, 즉 갤러리에서 일을 맡긴 장인들 간의 합의를 통해 무슨 수를 써서라도 그것만은 막아야 했다. 슈타유는 합의를 이끌어 내기 위해 온 힘을 다했다. 장 프루베와 내가 2년에 걸쳐 빚을 분할 상환하고 지출을 통제하겠다는 보증에 나서는 등 그의 어깨에 짊어질 짐을 줄였다. 우리는 간신히 브라질관의 설비 계약 파기를 면할 수 있었다. 스테프 시몽은 갤러리 개발을 희생하면서까지 비용을 절감해야 했다.

1929년 르코르뷔지에는 구성 요소의 표준화에 관한 연구가 한창이던 시기에 스위스관을 세웠다. 필로티형 구조로 콘크리트 기단 위에 철골을 얹은 이 건축물은 오늘날에도 잘 유지되고 있다. 그로부터 30년이 지난 후에 브라질관 건축물은 마르세유 위니테 다비타시옹의—전후戰後—건축물과 오히려 더 유사해졌으며, 어느 정도 유연성에 초점을 맞췄다.

그러나 이후 유지 관리가 부족해지면서 브라질관은 현재 내외부 모두 방치된 광경을 보인다. 침울해진 1층은 원래의 색감을 잃었고 차양 커튼은 버려졌다. 위층 복도에서 각 호실 문은 색이 바랬다. 브라질과 명성 높은 창작가들, 루시우 코스타와 르코르뷔지에를 존중하는 차원에서 그리고 학생들을 위해서라도 건물 전체를 수리할 필요가 있다.

'총대주교'로 불리는 조제 보니파시우는 이미 1823년 브라질의 수도를 고이아스로 이전할 것을 제안하면서 '브라질리아'라는 이름을 제시했다. "이 높은 중앙 고원에서, 곧 국가의 중요 결정의 중추가 될 이 적막한 땅에서 다시 한번 조국의 미래를 바라보며, 조국의 명운에 대한 굳건한 믿음과 무한한 확신으로 여명을 맞이합니다." 133년 후 브라질리아 낙성식에서 주셀리누 쿠비체키 지 올리베이라 브라질 대통령이 발표한 연설이다.

지리학자들의 연구에 따라 도시는 마침내 해발 1,000미터에 위치한 세라도 사막 고원에 자리 잡게 되었다. 이곳은 기후가 건조하고, 아마존강·상프란시스쿠강·라플라타강이 합류하는 주요 세 분지의 교차점에 있다. 또한 작은 강줄기들이 사방으로 흘러들어 도시에 생명을 불어넣고 지역 생태를 변화시킨다. 브라질리아는 녹색 도시이자 물의 기적을 보여 준다.

대통령과 막역한 사이였던 오스카르 니에메예르는 1956년에 열린 국가 공모전의 심사위원 중 한 명이었다. 그는 3년 안에 설계를 완료하고 착공하여 반드시 쿠비체키 대통령이 임기 내에 낙성식을 치를 수 있도록 해야 했다.

50만 명을 수용할 수도가 1,000킬로미터 떨어진 리우데자네이루까지 연결되는 단 하나의 도로를 제외하고는 어떠한 교통수단도 없는 사막에 건설되어야 했다.

이 시간에 대한 도전을 우리 프랑스의 모습과 비교하지 않을 수 없다. 우리는 모든 수단이 갖춰져 있음에도 달팽이 같은 속도로 진행했다. 연구 기간, 프로그램 변경, 행정상 번거로움, 인적 문제 등을 제외하더라도, 착공부터 개관까지 아랍세계연구소는 3년, 신개선문은 4년, 바스티유 오페라 극장은 5년, 재무부 청사는 5년이 걸렸다.

쿠비체키는 재임에 성공하지 못하리라는 것을 알았기에 브라질리아를 돌이킬 수 없도록 만들고자 했다. 브라질리아는 소수의 보완적인 남자들의 작품이었다. 즉, 권력과 계획을 가진 열렬한 민주주의자 쿠비체키, 프로젝트 실행에 주도권을 지닌 이스라엘 피녜이루, 그리고 겸양의 상징인 '제비꽃'이라 불린 루시우 코스타가 있었다. "저는 단지 도시계획의 단순한 게릴라 병사일 뿐입니다"라며 코스타는 겸손함을 보였지만, 수도의 복잡한 요소를 매우 명확하게 계획하고 배치했다. 오스카르 니에메예르는 사회 정의에 투철한 공산주의자이자 콘크리트를 잘 다루고 섬세함과 부드러움을 지닌 건축물을 짓는 건축가였다. 또한 조경가 호베르투 부를리 마르스와 함께 브라질의 상징이 된 알보라다 궁전(대통령궁)의 기둥과 같은 브라질 특징이 드러나는 현대 건축물을 창조했다.

브라질리아가 존재하기 위해서는 "국가의 모든 활력을 불러모으고, 일하기를 원하고 미래에 대한 자신감을 가지고 새로운 때에 새 시대를 건설할 수 있도록 해야 했다. 이 거대한 과업을 위해 국민을 소집하는 큰 부름에 응답하여, 노동자들이 이 드넓은 조국의 곳곳에서 도착하기 시작했다. 뿌리 같은 발, 가죽 같은 얼굴, 돌 같은 손을 가진 소박하고 침착한 사람들이 도보로, 소달구지를 타고, 당나귀를 타고, 이주민 트럭에 가득 실려, 상상할 수 있는 모든 수단을 통해 하나둘 도착했다. (…) 그들은 희망을 품은 침묵 속에서 도착했으며, 종종 아내와 아이들을 고향에 남겨 두고 더 나은 날들의 약속이 실현되기를 기다렸다"(비니시우스 지 모라이스의 오페라 〈새벽의 교향곡〉, 안토니우 카를루스 조빙의 음악).

그리고 브라질 정부와 노바캡Novacap이 후원하고 제임스 존슨 스위니가 의장을 맡은, 1959년 9월 16일부터 25일까지 브라질리아, 상파울루, 리우데자네이루 현대미술관에서 열린 국제예술비평 특별회의에서 유럽부터 아시아까지 세계 각지의 '지식인', 언론인, 건축기술자, 조형예술가 들이 브라질리아를 심사하기 위해 학술대회에 초청되었다.

그 목적은 신도시와 예술의 종합에 관한 주제를 연구하는 것이었다(앙드레 블로크가 참석했다). 나 역시 브라질 정부의 초청을 받아 브라질리아를 알게 됐다.

우리는 모두—예외 없이—우리를 환영하는 나라의 특수성을 알지 못한 채 비행기를 타고 도착했다. 그래서 나는 '지식인'이라는 단어를 조소적 의미로 사용했다. 브라질리아를 기리는 오페라인 비니시우스 지 모라이스의 〈새벽의 교향곡〉은 그 어떤 연설보다 이 도시를 잘 묘사한다. 어느 신생 수도가 이런 찬사를 받을 수 있겠는가?

나는 파리에서 팬에어를 타고 리우데자네이루에 도착해 그곳에서 하룻밤을 보냈다. 열대 지방의 풍요로움을 발견하고, 다음 날 아침 일찍 브라질리아행 비행기를 탔다. 창밖으로 세계의 불가사의 중 하나인 구아나바라만을 넋을 잃고 바라봤다. 오늘날 우리가 말하는 것처럼 '이전'될 외교관들과 공무원들을 이해할 수 있었다. 대부분은 브라질리아에 긍정적이지 않았다—"브라질리아를 비행기에서 보는 사람들이 있고, 필로티에서 보는 사람들이 있는 거죠"(마리아 엘리사 코스타*).

조종사는 건설 현장과 풍경이 잘 보이도록 고원의 수직 절벽 위를 낮은 고도로 비행했다. 비행기가 착륙하자 공사 현장을 감싼 분홍빛 안개가 붉은 먼지로 바뀌었다. 우리는 떠날 때까지 얼굴에 분을 칠한 듯 먼지투성이였다.

라테라이트 토양 위에 고립되어 있는 작은 공항에는 흰개미 왕국과 1미터 높이에 이르는 작은 언덕처럼 생긴 흰개미 집이 있었다. 마치 요새 같은 흰개미 집은 작은 사람들이 점령한 것처럼 보이지만, 결국 쫓겨날 운명이었다.

• 루시우 코스타의 딸

버스는 우리를 태워 들끓는 건설 도시의 중심으로 데려갔다. 그러고 나서 마치 물의 여신을 기리기 위한 순례를 하는 것처럼 활기차고 맑은 수원지로 데려가 물을 맛보도록 했다. 다시 버스, 그런데 우리는 어디로 가는 걸까? 우리는 브라질리아와 반대 방향으로 갔다. 정오가 되었고, 배가 고팠다. 우리의 목적지는 점심을 위한 쿠비체키의 사저였다. 일본인 정원사들이 나무와 꽃으로 조성한 아름다운 출입로를 따라 걸어갔다. 큰 천막 아래에서 다과가 기다리고 있었다. 맞은편에는 바위 위로 떨어지는 폭포수가 하얗게 부서졌다. 그런데 우리는 점심을 먹기 위해 무엇을 기다렸던 걸까? 갑자기 헬리콥터 소리가 들려왔다. 사저 주인 쿠비체키가 하늘에서 내려왔다.

　우리는 허기진 채 투명한 순백의 건축물, 이스라엘 피녜이루의 저택으로 향하는 오솔길을 올라갔다. 잘 차려진 테이블들은 긴 회랑 공간을 향해 있었다. 그림자와 햇빛의 가장자리에 핑크빛 액체로 가득 찬 수십 개의 작은 유리관이 매달려 있었고, 브라질 사람들이 '베이자 플로르Beija flor'라 부르는 꿀을 빨아 마시기 위해 끝이 살짝 구부러진 긴 부리를 가진 벌새들이 그 핑크빛 액체를 맛보고 있었다. 벌새들은 날갯짓이 너무 빨라서 마치 공중에 매달려 있는 듯하고 형형색색의 진동만 보였다.

　오늘날까지도 나는 대부호의 세련된 그 환대의 효과를 느낀다. 우리에게 베르사유 궁전은 아니지만 바로크적인 관대한 자연의 생명력 그 자체가 주어졌다.

　우리는 도시로 돌아가 호텔에 묵을 수도 있었고, 전시나 학술

대회에 참석할 수도 있었다. 그러나 안타깝게도, 우리 자신의 모순 속에서 스스로를 몰아세우며 괴로워하곤 했다.

브라질리아를 처음 마주한 그 순간을 그 어떤 것으로도 대체할 수 없을 것이다. 빛으로 가득 차 있지만 매우 부드럽고 공기가 가벼운 그 야생의 고원에서 맞이한 첫날 밤, 남십자성이 빛나고 있었다. 그 아래 건설 현장에서는 노동자들을 비추는 수천 개의 전구가 반짝였다. 다른 세상에서 넘어온 이 끈질긴 문맹인 노동자들은 매일매일 내면의 왕국, 브라질을 정복으로 이끄는 작업에서 승리했다.

현장에 설계 사무소가 만들어졌다. 도시계획 개발을 담당한 기술자 A. 기마랑이스 필류와 그의 팀은 루시우 코스타의 감독하에 브라질리아에서 자주 단기 체류하며 리오에서부터 공사 진척을 착실히 감독했다. 건축을 담당하던 니에메예르는 비행기 타는 것을 극도로 싫어했기 때문에, 아예 그곳에 정착해 버렸다.

마리아 엘리사 코스타는 내 질문에 대한 답으로 아버지의 동기를 설명해 주었다. 해안가에 매력을 느끼는 나라에서 수도 역할을 지속할 힘과 활력을 가진 도시를 만들고자 했다. 도전적인 일이었다. 단순히 현대적 도시를 만드는 것만이 아니었다. 첫 번째 정치적 변화가 일어났을 때도 (그리고 그 이후에도 여러 변화가 있었다) 2년 이상 살아남을 수 있는 도시를 만들어야 했다. 이를 위해 두 가지 조건이 필요했다. 도시에 웅장함과 고귀함을 부여하고, 도시를 되돌릴 수 없게 해야 했다.

루시우 코스타의 시범 계획은 고원의 붉은 땅 위에 펼쳐진 커다란 앨버트로스를 연상시켰다. 몸체에는 공공 건축물과 공공 행정 건물을 한데 모아 두었고, 펼쳐진 두 날개에는 '칸당고스candangos'(브라질리아 주민들에게 주어진 이름)의 거주지가 배치되었다. '직각으로 교차하는—십자가 표시—두 축은' 단순하고 상징적이며 유기적이고 도시적인 표시로 기능을 분리했다. 기념비적이지만 '과시하지 않는' 건축물로 평지에 배치된 공공 건축물은 경사로를 통해 접근할 수 있으며 공간을 활용하고 대조를 이룬다. 하늘을 향하는 두 개의 손가락 같은 두 개의 돔은 하나는 오목하고 다른 하나는 볼록한 형태를 갖추었다. 이는 지면에 바로 세워진 건물이 아닌 상승감을 주는 건축물이었다.

"기본 권력을 위한 세 개의 독자적 건물은 아주 먼 고대 건축 양식에서 유래한 정삼각형 형태에서 적절한 구조를 찾았다. 삼각형 대지를 조성하고 돌로 마감하여 주변 시골 풍경을 조망할 수 있도록 하고, 고속도로 경사로를 통해 거주지와 공항으로 접근할 수 있게 했다. '삼권광장'이라고 불리는 이 삼각형 광장의 각 모서리에 하나씩 건물을 배치했다. 정부 청사와 대법원 건물을 삼각형 밑변의 양 끝에, 국회의사당 건물을 꼭짓점에 두었다. 국회의사당은 두 번째 대지에 배치된 대형 광장—직사각형 형태로 지형에 맞게 고도가 더 높으며 그 둘레를 벽으로 지지하고 있다—을 향해 있었다. 대형 광장은 이 동양의 고대 대지 건축 기술을 현대적으로 적용하여 건물 전체의 일체성을 보장하고 예상치 못한 [그러나 바라던] 강렬한 강조를 주었다. '영국 몰Mall des Anglais'이라 불리는 이 광장에는 보행이나 퍼레이드, 행진 등을 할 수 있는 넓은 잔디밭이 있다. 광장을 따라 여러 부처와 자치 부서가 배치되었다. (…) 전체 광장의 조망은 두 도시 축이 교차하는 지점 너머까지 방해 없이 이어져야 한다"(『브라질리아 시범 계획 보고서』, 루시우 코스타, 1959년 9월).

루시우 코스타는 펼쳐진 날개 부분에 주거 건축을 설계했다. 그의 묘수는 각 변이 280미터인 정사각형으로 구성된 '슈퍼 쿼드라Super Quadras'라는 주거 블록이었다. 둘레에 다양한 종류의 나무를 심고, 각 단위당 2,800~3,000명의 인구를 수용할 수 있도록 설계되었다. 그리고 이 단위들은 두 개 또는 네 개씩 묶여 중앙축, 십자가의 두 번째 축을 따라 배치되었다.

이러한 배치는 이웃 단위를 형성했다. 필로티 구조의 6층 건물들은 지면을 완전히 보행자 전용으로 만들었다. 아이들에게는 등굣길과 놀이터가 될 수 있었다. 엄마들은 발코니에서 아이들의 활동을 지켜볼 수 있었다. 이러한 주거 단위 내에서는 생활이 더 공동체적이고 자연스러우며, 보행자들이 부주의한 자동차와 마주칠 일이 없어 걱정이 없었다.

르코르뷔지에가 녹색 도시, 적합한 크기의 단위, 필로티 건물, 집 근처에서 스포츠 활동, 보차분리 등을 이야기했을 때를 떠올리지 않을 수 없다. 너무나 자연스럽게, 1929년 이후 르코르뷔지에의 방문과 특히 코스타와 함께한 강연은 서로를 '풍요롭게' 했다. 브라질은 유럽식으로 생활하고 있었으며, 이는 문제와 그에 대한 해답이 서로 일치하는 이유를 설명해 준다. 이 덕분에 르코르뷔지에는 훗날 브라질리아를 통해 자기 연구의 타당성을 확인할 수 있었다. 찬디가르의 주거 문제와는 상황이 달랐다. 그곳의 프로그램은 근본적으로 차이가 있었다.

"그러나 르코르뷔지에의 다른 작업과 비교했을 때, 브라질리아가 다른 점은 규모입니다"라고 마리아 엘리사는 말했다. "마르세유처럼 내부 거리가 있는 주거 단위가 아니라 6층 건물로, 별도의 상업가를 갖추고 있습니다. 개방적인 녹색 도시의 개념은 르코르뷔지에의 것입니다. 하지만 규모는 전통—나의 아버지—에 따른 것이며, 현대적 정신에 완전한 자유의 뿌리를 더한 것입니다."

퀴드라에서 햇빛이 들지 않는 남쪽 면은 콘크리트 골조에 벽돌을 엇갈리게 배치해 외부의 시야를 차단하고 발코니에 바람이 잘 드나들도록 했다. 그래서 발코니에서는 빨래를 널어 두거나 잡동사니를 보관했다.

우리는 여러 유형의 주거지, 인간의 보금자리를 방문했다. 안타깝게도 생활 방식은 19세기에 머물러 있었다. 내부의 거실, 다이닝룸, 침실은 칸막이와 문으로 철저하게 나누어져 있어 시적인 정취가 전혀 없었고, 가정 내 발전의 혜택조차 누리지 못하고 있었다. 내가 창고로 생각한 작은 방은 '하녀'를 위한 공간이었다. 그곳을 보니 몹시 화가 났다.

사회적 측면과 내부 공간의 활용 모두를 놓친 주거지였다. 이는 건축과 설비의 분리 때문이었다. 장비는 여전히 전통적 수준에 머물러 있었다. 안타까웠다. 나는 아쉬운 마음에 부정적 의견을 냈는데, 이는 입소문을 타고 퍼져 내 의도와는 다르게 논란을 일으켰다. 내 마음은 웅장하고 위엄 있는 공공 건축물의 규모에 맞서 주거 조성 단위라는 과업이 실현된 것에 대한 감탄으로 가득 차 있었는데도 말이다.

우리는 아직 공사 중인 대학교를 방문했다. 학교는 노르데스치의 작은 남성들의 숙련된 손에 의해 프리스트레스트 콘크리트 모듈로 만들어졌다. 인간은 건설자로 태어난다는 것을 증명하는 건축물이었다. 노동자들은 브라질식 위성 도시에 살았다. 프루베, 보겐스키, 노이트라 및 다른 이들과 함께 실제 현실과 맞지 않는 학회를 마치고 나서 휴식을 취하려고 그곳에 갔다. 우리는 진행 중인 수도—일부 사람들은 유토피아로 여겼고, 이는 끝없는 논의를 야기했다—에서 빠져나와 허물어질 운명에 처해 있지만, 삶이 넘쳐흐르는 과도기적 도시들의 이국적인 분위기 속으로 뛰어들었다.

이후 브라질리아는 불빛을 향해 날아드는 나방처럼 전체 인구를 끌어들였다. 그러나 사람들은 부족한 자원으로 인해 도시에 머물 수 없었다. 50만 명을 수용하기 위해 건설된 도시에는 오늘날 170만 명이 살고 있고, 그중 3분의 2가 위성 도시에 거주한다. 코스타는 위성 도시들이 제대로 정비되어 있다면 걱정스럽지 않다고 했다.

이 현상은 브라질리아, 찬디가르, 파리 등 모든 대도시에 나타나는 문제였다. 제어하기 까다롭지만, IT, 통신, 고속 교통수단 등 새로운 통신 수단을 기반으로 하는 현대 경제는 이를 잘 통제할 수 있을 것으로 보인다. 이는 경제적 문제이자 사회적 문제로, 한 쌍의 건축가와 도시계획가만으로는 해결할 수 없는 문제임에도 불구하고 이들이 모든 잘못을 덮어쓰고 있다.

"신문과 건축가들, 특히 오스카를 포함한 사람들의 말을 들어보면, 브라질리아를 건설한 노동자들이 도시 밖으로 쫓겨나 비참하게 산다는 인상을 받습니다. 그것은 일종의 일반화된 민중선동이자 무조건적 반대입니다. 물론 부분적으로 사실이지만, 위성 도시들은 주민들이 비참하게 모여 사는 파벨라favela*가 아닙니다. 절대 그렇지 않습니다. 저는 제가 본 것에 대해 만족했습니다. 모든 것을 갖추고 매우 브라질적인 방식으로 살아가는, 브라질 안에서 쉽게 찾아볼 수 있는 평범한 도시들입니다"(루시우 코스타, 『두 브라질Do Brasil』 인터뷰, 1984년 11월 27일).

코스타는 고원에 고립된 이 수도를 위해 고속도로를 통해 교통을 완벽하게 고려했다. 그러나 도심에서는 보행자와 자동차를 철저하게 분리했다. "따라서 간선도로의 각 분기점에 완전한 세 잎클로버형 교차로와 다른 하부 통행로들을 도입한 덕분에, 차량과 버스의 순환은 교차점 없이 주거 구역과 중심부 모두에서 원활하게 이루어졌다"(『브라질리아 시범 계획 보고서』, 앞의 책).

그리하여 몇 년 뒤에 나는 알보라다 호텔로 향하는데, 반짝이는 불빛이 가차 없이 멀어지는 것을 볼 수밖에 없었다. 나를 태운 운전기사가 분기점을 놓쳤던 것이다. 이는 마리아 엘리사가 표지판을 관리하기 전의 일이었다.

• 브라질의 도시 빈민가

브라질리아는 단순히 기능적인 도시가 아니다. 예를 들어, 일 방통행 시스템은 버스가 출발할 때 어느 방향으로든 우회함으로써 여행자들이 도시의 기념비적 축을 마지막으로 한 번 더 바라볼 수 있도록 한다. 또는 도심의 문화 활동 중심지, "정확하게 말하자면 피커딜리 서커스, 타임스퀘어, 샹젤리제가 뒤섞인 곳"(『브라질리아 시범 계획 보고서』, 앞의 책)에는 극장들이 들어서 있고, 이 극장들은 베네치아의 골목처럼 작은 거리나 안뜰이 있는 갤러리와 서로 연결되어 있어 휴식을 취하고, 산책하며, 카페에서 대화를 나눌 수 있도록 했다. 독립된 광장에 위치한 대성당은 광장 일부이지만 "정교분리 때문에 의전 문제뿐만 아니라 건물을 돋보이게 하는 규모의 문제로 인해 측면에 배치되어 있다"(『브라질리아 시범 계획 보고서』, 앞의 책). 그리고 그 외에 다른 친절한 의도도 담았다.

루시우 코스타가 말했듯이, 무엇을 더 바라겠는가? 그는 자신의 창조물을 다시 보는 것을 피했다. 오스카르 니에메예르, 부를리 마르스, 그리고 현장에서 브라질리아를 만들고 도시에 양분을 주며 도시를 단장하는 이들에게 행동과 발언권을 넘겨주기 위함이었을까? 그는 25년 후인 1984년에 한 브라질 신문사의 초청으로 그곳을 다시 방문했다. "저는 현실을 완전히 마주하게 되었습니다. 여기서 본 해 질 녘의 버스 터미널은 놀라웠습니다. 저는 항상 이 버스 승강장이 대도시, 수도, 그리고 교외에 급히 형성된 위성 도시들 사이의 연결 고리라고 말해 왔습니다. 그것은 도시 바깥에 사는 모든 인구가 도시와 접촉하기 위한 필수적 교차점입니다. 그때, 브라질리아 주민들의 이동에서 이들의 강렬한 삶을 느꼈습니다. 버스 터미널로 모여드는 외곽에 사는 수백만 명의 삶을 말입니다. 그들에게 버스 터미널은 집처럼 편안함을 느낄 수 있는 장소입니다. 그들은 심지어 위성 도시로 돌아가길 늦추고, 술 한 잔을 기울이며 이곳에 머뭅니다. 저는 그들의 얼굴에서 이러한 순박함을 보고 놀랐습니다. 쇼핑센터는 자정까지 열려 있습니다. (…) 이 모든 것은 제가 이 도심에 대해 상상한 것과 매우 다릅니다. 저는 샹젤리제나 피커딜리 서커스와 같은 세련된 중심지를 생각했습니다. 국제적인 그런 도시를 말입니다. 하지만 그렇지 않았습니다. 이곳은 도시를 건설하고 합법적으로 정착한 브라질인의 도시입니다. 그게 바로 브라질입니다. 저는 그것이 자랑스러웠고, 만족스러웠습니다. 그렇습니다. 그들이 옳고, 제가 틀렸습니다. 그들은 자신들을 위해 설계되지 않은 이 공간을 자기들만의 도시로 만들었습니다. 그것은 하나의 바스티유였습니다. 그때 저는 브라질리아가 진정한 브라질 뿌리를 가졌다는 것을 깨달았습니다. 온실 속 화초가 아니었습니다. 브라질리아는 잘 작동하며, 날이 갈수록 더욱 그럴 것입니다. 꿈은 현실에 미치지 못했습니다. 현실이 더 크고, 더 아름답습니다. 저는 만족스럽고, 그것에 이바지했다는 사실에 자부심까지 느꼈습니다"(루시우 코스타, 인터뷰, 앞의 책).

브라질리아와 찬디가르는 다양성의 풍요로움을 보여 주는 좋은 사례로, 우리 학생들과 그들의 스승들에게 훌륭한 성찰의 주제가 된다. 하지만 20세기의 이 두 걸작에 대해 대부분은 무관심한 것처럼 보인다.

에어프랑스, 런던-파리-도쿄

에어프랑스는 "진보의 최전선에" 있기를 바랐다. 1957년 에어
프랑스는 지사들을 현대화했다. 도시 한복판에 있는 런던 지사
는 특히 승객을 대하는 새로운 방식에 적합하지 않다는 것이 드
러났다. 승객을 이코노미석 카운터 앞에 서서 단체로 맞이하고,
장거리 항공편 카운터에서는 개별적으로 정중하게 맞이하면서
앉아서 응대할 수도 있어야 했다.

에어프랑스의 '기지 및 건물' 부서는 이러한 변화를 직접 실행
하거나 해결해야 할 문제의 중요성에 따라 건축가 혹은 실내 장
식가들에게 협력을 요청했다. 부서는 항공권 판매와 예약의 효
율적 운영을 위해 각 공간의 기능적 특성이 세심하게 적용되도
록 신경을 썼다.

런던 지사의 경우에는 제출된 제안서가 모두 만족스럽지 않
았다. 파리 지사에 있던 자크가 나를 고문으로 추천했다. 평소
일적으로 서로의 활동이 얽히는 것을 좋아하지 않은 그였기에,
그가 나를 매우 신뢰한다는 것을 알 수 있었다. 동시에 이 문제
가 해결하기 매우 어려운 사안임을 짐작할 수 있었다.

"진보의 최전선에"라는 슬로건은 '주거 예술' 이후 내가 '거리
예술l'art de la rue'이라고 부르는 것에 관심을 가지도록 이끌었다.

현대 예술을 거리로 끌어내, 행인의 시선을 쇼윈도로 이끌고—광고의 역할—, 가까이 다가오면 내부로 관심을 유도하는 것이다. 매력적인 에어록 통로가 행인들을 자석처럼 잡아끌었다. 접근 방식은 명확했다. 잠재적인 고객들을 유인하는 덫을 만드는 것이다. 에어프랑스의 구내 배치는 이 아이디어와 잘 맞았다. 긴 터널 모양으로, 중앙에 정방형 공간으로 분절되어 뉴 본드 스트리트New Bond Street의 파사드로 이어졌다. 하지만 한 가지 제약이 있었다. 에어록 통로 끝에 있는 건물 입구를 에어프랑스 입구와 함께 처리해야 했다. 확연하게 구분되는 두 문이 있었는데, 하나는 불투명 유리문이었고, 다른 하나는 지사로 이어지는 투명한 강화 유리문이었다. 태양처럼 타오르는 듯한 붉은색의 순수 유리가 에어록 동로 내무부터 쇼윈도의 높이와 깊이를 따라 인도까지 이어졌다. 강렬했다. 쇼윈도 자체가 길고 투명한 유리로 구성되어 지사 전체를 드러냈다. 전면에는 아치형 구조물이 있었는데, 포스터가 랜턴처럼 걸려 있었다. 포스터는 기호에 따라 교체할 수 있었는데, 소통의 첫 번째 요건이 재단장할 수 있어야 한다는 것이기 때문이다. 이러한 아이디어들이 있었다.

부수아는 1930년대부터 아름다운 순수 유리판과 색유리판을 프레임 없이 접착 유리로 제작해 수공예 생산을 부활시켰다. 나는 이 작업을 하기 위해 에어프랑스에 엔지니어의 지원을 요청했다. 티올레라는 엔지니어였다. 그는 로렌에 있는 공장에서 그 제작 과정을 알려 줬다. 커다란 통에 가득 용해된 유리는 고운 모래가 깔린 컨베이어 벨트 위로 쏟아지면서 빨간색 긴 줄무늬로 펼쳐졌다. 선택에 따라 파란색을 띨 수도 있었다.

실행하기만 하면 되었다. 티올레는 영국에 있는 유리 제조 회사 필클링턴 Pilklington에 연락했다. 우리는 뉴 본드 스트리트에서 만났다. 테이블 한쪽은 영국인들, 반대편에는 프랑스인들이 마주 보고 앉았다. "영국 신사 여러분, 먼저 쏘시죠."* 논의는 활기차고 구체적이었다. 부수아는 현장에 필요한 자재를 공급하고, 필클링턴은 설치를 담당하기로 했다. 첫 번째 환적(영불해협을 건너야 했다) 중에 유리판이 깨졌지만, 용의주도한 부수아는 수량을 두 배로 준비해 두었다. 두 번째 운송에서는 유리를 컨테이너에 넣어 뉴 본드 스트리트 현장에서 꺼냈다. 유리판 크기는 가로세로 2.26×4미터였다.

차량은 통행이 금지되었다. 포부르 생토노레가 막혔다고 상상해 보라! 현장에서 나는 매우 불안했다. 긴 컨테이너가 도착했다. 문이 열렸다. 유리판은 전체 길이에 걸쳐 놓여 있었고, 열다섯 명 정도의 팀이 이를 둘러쌌다. 그들은 컨테이너에서 유리판을 꺼내기 위해 지지대 위로 이를 부드럽게 미끄러뜨렸다. 그리고 뒷걸음질하며 작업을 지휘하는 책임자의 호루라기 소리에 맞춰 마치 지네처럼 질서정연하게 앞으로 이동했다. 인상적이었다. 하지만 어떻게 리프팅 장비도 없이 이 유리판을 수직으로 다시 세워 정확히 제자리에 놓을 수 있단 말인가?

나는 초조한 마음으로 현장에서 빠져나와 인적 없는 거리를

---

* 퐁트누아전투에서 프랑스군이 기사도 정신과 정중함, 프랑스의 우아함을 보여 주기 위해 영국군에 한 말이다.

따라 걸었다. 조작 실수로 유리가 쓰러져 누군가가 다치지는 않을까 하는 불안감에 사로잡혔다. 고요했다. 마지막으로 울리는 명령적인 호루라기 소리에 가슴 졸이며 고개를 돌렸다. 내 두 눈을 믿을 수 없었다. 유리판이 회전하다가 제자리에 아름답게 똑바로 세워졌다.

멋진 활약과 협조를 보여 준 영국 신사 여러분과 부수아에게 박수를 보내고 싶다. 숙련된 기술과 열의가 제일이다.

이 일을 겪은 후에는 이스터섬에 있는 불가사의한 모아이 석상과 기계화 시대 이전에 인간이 이룩한 많은 위업을 설명하기 위해 긴말이 필요 없어졌다.

도면에 작은 빨간 선을 그려 넣었을 때 부수아의 의견—실현 기능힘—에 반속했을 뿐, 그 작업이 얼마나 복잡한지, 어떤 위험 요소가 뒤따르는지, 장인들의 동작이 얼마나 아름다운지 상상하지 못했다.

지사의 설비는 제자리를 찾았다. 세 개의 유리 돔이 사각형 홀에 자연광을 제공했고, 뒤쪽 사무실 공간과 홀을 분리하기 위해 스크린 캐비닛(개방형 사무실용)이 설치되었다. 사무실 공간은 아름다운 회녹색의 거친 유리판으로 구획되었는데, 이 유리판에는 유리가 굳기 직전 간단한 도구를 이용해 표면에 찍은 자국이 남아 있었다. 그것은 기다란 손잡이에 잔가지나 갈퀴 모양의 부착물이 달린 도구였고, 유리의 물성 속에 섬세하고 절제된 동작으로 가볍게 자국을 새기는 방식이었다.

나는 비좁은 사무실에 문화적 요소를 더하기 위해 이 유리판들을 주문했다. 공간을 제한하지 않도록 스크린 캐비닛도 투명하게 했고, 내가 설계한 새로운 측면 결합 부품인 '주jouc'를 중심으로 조립되었으며, 각 칸에 개별 조명을 위한 편향기를 추가했다. 이곳에 압사라를 감싸 안은 바니안나무의 사진 등 이국적인 곳에서 수집한 물건들을 전시해 여행으로의 초대를 표현했다. 포스터가 부착된 아치형 구조물은 이코노미석 카운터와 장거리 승객을 위한 공간을 분리했다. 직원들은 톱니 모양의 작업대 앞에 앉고, 각 자리에 전화기를 배치했다. 수평형 티켓 교환기가 계산 창구로 이어졌다. 이 모든 기능적 작업은 승객들이 볼 수 없는 곳에서 이루어져야 했다. 기지 및 건물 부서가 가장 염려한 것은 무질서였다. 지사는 항상 종이 한 장 보이지 않게 유지되어야 했다. 그래서 나는 문서들을 분류할 수 있도록 열어 둘 수 있는 개폐식 수납장을 없애고, 검은색 래커로 칠한 책상용 서류함을 두 개의 판 사이에 배치했다. 서류함은 작업대 뒤쪽에 벽을 따라 적절한 높이에 배치되었다. 각 새로운 지사는 프로그램을 최신화하고 통신 기술의 발전을 통합해야 했다. 입구에는 두꺼운 나무판으로 만든 부메랑 모양의 좌석이 승객들을 기다리고 있었다. 지사는 준비를 마쳤다.

봄이었다. 나는 개관식을 위해─살짝 안쪽으로 들어간─쇼윈도 안쪽부터 지나가는 사람들이 향기를 맡을 수 있도록 은방울꽃 잔가지들을 배치하고 싶다는 의사를 밝혔다. CIAM의 동료인 에르노 골드핑거는 그 동네에 사는 몇몇 지인에게 행운을 상징하는 이 작은 꽃들을 돌보도록 하겠다고 약속했다.

영국에 대한 내 지식은 주로 업무상 출장을 통해 얻었다. 한 번은 출장으로 맨체스터에 있는 가구 공장을 방문한 적이 있었다. 공장에서는 (일본에서처럼) 통역사 없이 생산 책임자와 직접 의사소통했다. 우리는 연필, 종이를 손에 들고 설명하고 이해했다. 이야기가 너무 잘 통해 그날 저녁에 그는 나를 공장 노동자 클럽에 초대해 코냑 한 병이 걸려 있는 다트 시합에 참여하도록 했다. 나는 기지 및 건물 부서에서 온 엔지니어와 함께했는데, 우리가 이겼다. 현지식대로 콘 모양의 신문지에 담긴 감자튀김과 위스키 덕분이었다.

출장을 런던으로 갈 때는 피커딜리 서커스 호텔에 묵었는데, 그곳은 지역 사람들을 위한 잠시 머무는 거대한 상자처럼 보였다. 겨울에는 객실에 난방이 되지 않았지만, 작은 휴대용 라디에이터가 갖춰져 있어 동전을 넣으면 재사용할 수 있었다. 그렇지만 방을 데우기에는 역부족이었다. 전체적 분위기를 고려할 때 방에는 시적인 정취가 부족했다. 하지만 나의 직장과 여가 활동지의 중심에 자리 잡고 있어 매우 편리했다. 주말마다 큰 무도회가 열렸고, 야회복을 입은 남성들이 얇고 가벼운 파스텔톤의 긴 드레스를 입은 여성들과 함께 정숙하게 바삐 움직였다. 나는 그들을 보며 궁금했다. 어떤 사람들일까? 그들은 마치 다른 시대에서 온 사람들처럼 보였다.

나는 에르노와 종종 어울렸다. 그는 1930년대에 지어진 그의 아름다운 저택이나 최신 유행하는 식당 혹은 템스강 부둣가의 선술집에 초대하곤 했다.

포스터에 이끌려 피커딜리의 한 극장에서 〈여성복 재단사 Tailleur pour dames〉 공연을 봤다. 나는 스즈키와 함께 갔다. 들어서 자마자 검은 망사 스타킹을 신은 버니걸들이 환영하며 자리를 안내했다. 홀은 만석이었다. 막이 오르자, 양복점이 나타났고 탈의실과 기다리는 손님들의 모습이 보였다. 재단사가 들어섰다. 목에 줄자를 두르고 의기양양한 콧수염을 기른 키 작은 프랑스 남성이었다. 그는 가슴, 허리, 사타구니에서 발목까지 치수를 쟀고, 관객석에서 웃음이 터져 나왔다. 키 작은 프랑스 남자들이란……

그런데 어느 금요일 오후 5시경 주말을 맞아 사람들이 많이 붐비는 인도 가장자리에 긴 코트를 단정하게 여민 큰 키의 늘씬한 여성이 꼼짝하지 않고 서 있었다. 그녀 옆에는 턱없이 작은 남성이 여성에게 몸을 밀착시킨 채 단추를 하나씩 풀면서 눈을 떼지 않고 있었다. 이는 마치 새뮤얼 피프스의 일기장을 연상시키는 에로티시즘을 풍겼다. 위선적인 영국인들. 하지만 나는 그들의 유머와 문학, 비틀스와 매력적인 〈노란 잠수함〉을 좋아한다.

1년 후, 이번에는 파리 스크리브가에 있는 에어프랑스 파리 지사를 개축했다. 지사는 그랑호텔 건물에 속해 있었고, 라뇨와 바일이 그곳 고문이었기에 나는 자연스럽게 이 프로젝트에 참여하게 되었다. 런던 지사가 하나의 좁고 긴 파이프였다면 파리 지사는 하나의 파사드였기에 우리는 바닥 면적을 더 확보해야 했다. 해결책은 2.2미터 높이의 역방향 메자닌 두 개를 만드는 것이었다. 하나는 파사드에서 시작되어 내부로 향하는 공간이고, 다른 하나는 벽에서 시작되어 파사드를 향하는 공간으로, 두 메자닌이 조화를 이루어 공간에 부피감을 만들어 냈다. 달걀 형태의 수직 통로에 포함된 계단은 1층에 있는 이코노미 클래스 공간을 위층과 연결했다. 수직형 티켓 교환기는 단순히 플렉시글라스 튜브로 되어 있어, 접힌 티켓이 창구 쪽으로 미끄러지는 것을 볼 수 있었다.

파사드는 강화유리로 보강된 유리창으로 처리되었다. 나는 부수아의 엔지니어와 함께 이 유리 작업을 정밀하게 연구했다. 야간 조명은 실내 공간 전체를 강한 빛으로 가득 채워 외부의 인도까지 환하게 밝혔다. 하나의 광고 효과였다. 출입구 옆의 유리 파사드 바로 뒤에는 안내 데스크가 있었다. 개관 당일에 급히 서둘러 가던 승객이 고개를 숙인 채 유리 너머로 보이는 안내 데스크를 향해 돌진했다. 유리가 깨지면서 V자를 그리며 아래로 뾰족하게 튀어나와 마치 단두대의 강철 칼날처럼 목을 자를 듯이 매달려 있었다. 승객은 깜짝 놀랐을 뿐 다행히 크게 다치지는 않았다. 그래서 나는 유리 전체에 성인, 아이, 개의 눈높이에 맞춰 빨간색과 검은색 테이프를 붙여 표시했다. 유리 투명도는 너무 탁월하다는 것이 입증되었다. 이 파사드에는 차라리 받침대나 전경, 가드레일이 필요했을 것이다.

1959년 기지 및 건설 부서는 나를 도쿄로 보냈다. 도쿄에 도착한 후에는 8일 동안 새로운 에어프랑스 지사가 어떻게 설계될지 개략적으로 그려야 했다. 지사 부지는 제국호텔 바로 뒤편에 있었고, 그곳은 형형색색의 거대한 영화 포스터로 가득한 번화가였다.

거리와 상반되도록 고요하고 평온한 분위기를 조성하고, 흰색을 사용하여 북극을 경유하는 파리-도쿄 노선 개통을 강조해야 했다. 쇼윈도에는 금속 프레임에 투명 유리를 사용했으며, 바닥에는 흰 대리석 벤치를 두었다. 파리 지사에서의 경험이 빛을 발했다. 1층에는 승객들을 위한 창구를 두고, 2층에는 사무실과 관리실을 두었다.

나는 사카쿠라를 건축가로 제안했다. 스즈키 렌이 파리에서 모형을 제작해 사카쿠라에게 보내기로 했다.

도쿄 지사는 거리 모퉁이에 자리 잡았는데, 출입구를 더 짧은 면에 배치해 대로변으로 나 있는 긴 쇼윈도를 완전히 비울 수 있도록 했다. 장거리 승객용 창구는 대로변과 접해 있었다.

톱니 모양의 카운터가 연속 배치되어 앉아 있는 승객을 개별적으로 맞이할 수 있는 런던 지사와 달리 도쿄 지사는 더 개별적이고 선별된 고객을 위한 응대가 필요했다. 그래서 두 개씩 반복적으로 배치된 카운터를 구상해야 했다.

이번에도 기지 및 건물 부서의 '눈에 보이는 종이 없이'라는 집착에 대응하기 위해, 여러 가지 변형을 가한 동일한 구조 원칙을 채택했다. 얇은 두께의 적층 합판을 구부려 두 면을 형성했다. 상단은 고객을, 하단은 에어프랑스 직원을 향하도록 하여, 직원은 고객의 시선이 닿지 않는 곳에서 필요한 모든 데이터를 찾을 수 있게 했다. 상단은 검은색 리놀륨으로, 내부 면은 새틴으로 마감 처리된 흰색 합판으로 마감했다. 요약하자면, 나는 사무실과 카운터의 모든 문제를 해결하기 위해 이 기술을 표준화했다. 이렇게 형성된 구조물을 검은색 래커로 칠한 서류함에 맞췄다. 주제와 변형—창작의 자유—가족의 일체성이 드러나는 구조였다.

다른 지사들과 마찬가지로 임스Eames 의자를 선택했다. 우아하고 편안하며 공간을 많이 차지하지 않아 이 용도에 완벽하게 적합했다.

위층 사무실에는 몇 가지 매력적인 요소들을 더했다. 하나는 프랑스를 연상시키는, 벽에 걸린 포플러 가로수길 사진이었고, 다른 하나는 꽃꽂이 공간, 혹은 검은색 바탕에 흰색으로 에어프랑스의 항공 네트워크를 니티내는 그래픽이있다. 내기실에는 "진보의 최전선에" 있는 에어프랑스의 문화적 품격을 더해 주기 위해 데시가하라 소후의 조각품을 설치했다.

북극이라는 선택의 문제가 아직 남아 있었다. 나는 지상에서 찍은 사진들을 찾으려 했으나 이렇다 할 사진을 찾지 못했다. 비행기에서 찍은 사진은 어떨지 생각했지만, 어디서 찾아야 할지 막막했다. 노르웨이에 문의하기로 했다. 공군 사진 자료실에서 전체 소장본을 보내 주었다. 경이로웠다. 해빙 균열이 담긴 매우 추상적인 북극 사진이었다.

나는 꿈꿀 수 있었다. 뒷벽 전체를 밝히고 하늘에서 본 북극을 나타나게 하는 것이다. 실현할 수 있었을까? 필름, 확산기, 램프 등 사진 조명 기술을 이용하면서 가능해졌다. 어느 정도 길이까지 가능할까? 13미터였다. 건축물에 맞게 설계된 금속 프레임에 확산기와 필름을 장착할 수 있을까? 그리고 지사 편에서는 필름을 어떻게 보호할까? 래커로 칠한 10센티미터 너비의 알루미늄판을 필름 전면에 30센티미터 간격으로 수직 배치했다. 그리하여 원래 의도하지 않은 동적인 효과를 얻었다. 보행자가 걸어가면서 움직임을 만들어 냈는데, 이는 수직 판에 그려진 광고 패턴의 이미지부터 한 걸음씩 내디딜 때마다 변형되다가 쇼윈도 중앙에서 북극의 모습을 완전히 드러나게 했다. 필름과 확산기는 파리에서 제작되었고, 사카는 이를 일본에서 제작하는 것은 포기했지만 전체 설치가 제대로 이루어지도록 끝까지 신경을 썼다.

나중에 에어프랑스가 태평양으로 노선을 변경할 때 북극 이미지를 리워드제도의 환초로 쉽게 대체할 수 있을 거로 생각했지만, 나는 더 이상 그 일을 맡지 않았다. 그리고 그 후로 에어프랑스는 더 이상 지사가 필요하지 않았고, 사무실만 사용했다. 여행사들이 항공권을 직접 판매했기 때문이다. 이러한 발전의 결과로 거리 예술에 참여하는 사람이 줄어들었다.

리워드제도의 발견

그해 겨울에 페르네트는 스키를 타다가 비골이 부러졌다. 부상 자체는 경미했지만, 열여섯 살이라는 한창 성장기였던 것이 문제였다. 잘못된 석회화 때문에 경골을 절단해야 했다. "다음에는 두 다리를 한 번에 부러뜨려야겠어요"라고 페르네트는 말했다. 두 번째 수술에도 불구하고 절망스럽게도 뚜렷한 호전이 없었다. 우리는 그녀의 기분을 북돋아 주기 위해 여름방학 여행을 약속했다. **"타히티에 갔다면, 자전거로 갈 수는 없었을 거야."** 타히티라니! 출발 전날에 외과 의사는 조심하라고 권고했다. 가여운 페르네트는 다리에 상피병을 앓고 있었다.

불행하게도 자크는 출발 전날 요통 때문에 침대에서 꼼짝할 수 없었다. 어떻게 해야 할까? 그는 나중에 합류하기로 약속하며 우리에게 떠나라고 권했다. 정말 딜레마였다. 고민 끝에 우리는 떠났다. 샌프란시스코에 기항한 나흘 동안 아름다운 것들을 발견했다. 아침 안개 속 베이 브리지, 세쿼이아숲, 차이나타운, 몇몇 클럽을 둘러보았다. 저녁에는 텔레비전 앞에 앉아 5분마다 광고가 나오는 긴 서부극을 보며 메이플 시럽을 곁들인 와플을 먹었다. 우리는 자유를 만끽하며 즐겼다.

그리고 도착한 타히티. 관광객들을 태운 새로 신설된 UTA 항공기가 도착했다. 섬은 여전히 신선한 매력을 유지하고 있었다. 매우 기대되었다. 섬의 무용수들이 우리를 환영하기 위해 나와 있었고, 꽃과 조개 목걸이를 귀에 닿을 정도로 수북이 걸어 주었다. 그들은 단둘이 도착한 나와 페르네트에게 슬쩍슬쩍 눈길을 던졌다.

---

* 노래 〈타히티에 갔다면Si t'as été à Tahiti〉의 가사

무루로아 기지의 군인들은 아직 그곳을 지나가지 않았고, 아름다운 현지 소녀들에게 추파를 던지지도 않았고, 질투심에 사로잡힌 그녀들의 '타네 tané(남자)'에게서 빼앗지도 않았다. 아름다운 약속을 하고 수개월 동안 떠나 있던 선원들, 장교들, 선장들의 그 시간에 대한 향수가 여전히 남아 있었다. 자유롭고 친절한 풍습은 즐거움을 찾는 데 중점을 두었다. 우리는 '파레 faré'*마다 초대를 받아 요란한 잔치를 즐겼다. 오늘날에는 비용을 지급해야 한다.

우리는 소박한 호텔의 방갈로에서 플루메리아 꽃향기에 잠이 들었고, 우리 귀에는 티파니 꽃이 꽂혀 있었다. 이는 하나의 상징이었다. 어느 쪽 귀에 꽂느냐에 따라 '타네'가 있는지 없는지를 나타냈다. 나의 타네는 파리에, 고통 속에 침대에 누워 있었다. 세레나데가 우리를 깨웠다. 바로—눈길을 던지던—무용수들이었다. 그들은 우리를 찾아냈다.

다음 날 새벽부터 즐거움을 찾아 떠났다. 타히티의 주요 교통수단인 '트뤽 truck**'에 한 무리의 소녀, 소년과 함께 탔다. 그들은 어디로 가는 걸까? 출발하자마자 그들이 바구니, 잔, 과일, 샴페인을 꺼냈다. 흔들리는 버스 통로에서 아름다운 소녀들이 추는 타무레 tamouré 리듬에 맞춰 샴페인 코르크가 터졌다. 효과가 나타났다. 운전사는 소변을 보기 위해 길가에 멈췄다가 다시 떠났

---

* 타히티 전통 가옥
** 트럭 화물칸을 일자형 좌석 버스로 개조한 것

다. 광란의 버스였다. 목적지에 도착하자마자 '모투motu'에서 점심을 먹을 예정이었고, 몇몇 관광객이 카누를 타고 떠나기 위해 우리를 기다렸다. 우선 우리는 재빨리 옷을 벗고 파레오paréo로 몸을 감싸야 했다.

페르네트는 어디로 갔을까? 그녀는 다리를 조심해야 했다. 이미 떠난 후였다. 카누가 요동쳤다. 그중 한 대가 전복되었고, 페르네트가 선체 위에 올라가 있었다. 우리는 모투에서 다시 만났는데, 페르네트는 모닥불 앞에서 몸을 말리고 있었다. 우리의 무용수들은 축제에 참여해 타히티식 식사인 '마아maa'를 준비했다.

나는 호텔로 돌아와 감사의 뜻으로 그들이 좋아하는 현지 맥주를 대접했다. 그들은 호텔 안이 아닌 밖 '그들의 자리'인 정원에서 마셨다. 원주민과 침략자는 섞이지 않았다. 며칠 후 자크가 도착했고, 그 역시 세레나데를 받았다. 페르네트는 타무레를 배우기 위해 이미 짚으로 만든 치마를 선물 받았다. 7월 14일은 혁명 기념일이었고, 매년 열리는 카누 경기를 위해 사람들이 모든 섬에서 모여들었다.

페르네트는 우리 곁에서 이 근심 없는 젊은이들을 끌어당겼다. 무용수가 송별회를 위해 그의 가족과 함께하는 저녁 식사에 우리를 초대했다. 신중한 자크는 주저했다. 그러나 친절한 제안이었기에 거절할 이유가 없었다. 우리는 그를 따라 마오리족만 사는 동네로 갔다. 오두막 아래에는 여자들과 아이들이 기다리

• 산호섬

고 있었다. 그들에게는 하나의 행사였다. 우리를 초대한 청년의 오두막은 야자수 잎, 티파이파이 tifeifei'로 장식되어 있었고, 꽃으로 꾸민 긴 테이블에는 적어도 스무 개는 되는 식기가 놓여 있었다. 온 가족이 모였는데, 다소 위압감이 들었다. 게다가 마치 우리의 사랑스러운 아이들이 약혼이라도 하는 것처럼 온 가족이 축하한다는 것을 깨달았다. 다행히도 우리는 다음 날 아침에 떠났다. 배를 타고 갔다면, 화관을 바다에 던졌을 것이다. 화관이 해안으로 돌아온다면 다시 돌아온다는 징조였다. 하지만 우리는 비행기로 돌아갔고, 화환은 미국을 경유하는 동안 감염을 우려해 압수되었다.

이후 페르네트는 어려움을 겪을 때면 이렇게 말하곤 했다. "그냥 해변에 눌러앉았어야 했어요." 지금도 아빠와 할아버지 사이에서 나란히 앉아 있던 페르네트와 소년의 모습이 생생하다. 자크의 말이 맞았다. 우리를 맞이하는 나라의 풍습과 관례를 잘 아는 것이 바람직하다. 하지만 페르네트의 존재는 아무런 도움이 되지 않았다. 우리는 벌집 통을 달고 돌아다니는 셈이었다.

10년 후 리워드제도에서 성당(가톨릭, 개신교, 모르몬교?—그게 뭐 중요한가) 준공식을 기념하는 진정한 축제인 '타마라 tamara'를 경험할 기회를 얻었다. 행사는 관광객이 아닌 그들 자신을 위해 직접 준비한 큰 축제였다. 폴리네시아인은 후아히네섬의 바닷가에 있는 아주 작은 마을로 모여들었다. 옆 마을에서 카누를 타

• 타히티의 전통적인 조각보 담요

고, 인근 섬에서 배를 타고 왔다. 그들을 환영하는 길에는 잎을 엮어 만든 아치가 있었고, 행사를 위해 세워진 큰 건물로 이어졌다. 건물은 라타니아 잎으로 덮여 있었고, 양쪽은 같은 잎으로 엮은 판자로 막혀 있었다. 바다에는 물고기 양식장이 있었고, 땅에는 길게 파인 구덩이에 음식을 조리하기 위한 뜨거운 자갈이 뒤덮여 있었다. 채소, 가금류, 생선, 바나나 등이 바나나 잎에 싸여 즉석 타히티 화덕에서 요리되었다. 조금 떨어진 곳에는 빵을 굽기 위한 같은 형태의 화덕이 하나 더 있었다.

대성당만큼 넓은 골조 아래에서 축제가 진행되었다. 사람들이 속속 도착했고, 각자 음식과 접시, 바닥 깔개와 나뭇잎 벽을 장식하기 위해 티파이파이를—빨간색, 초록색 등 강렬한 색감의 파인애플, 연꽃과 같은 전통 무늬를 새긴 흰 천으로 보통 침대 커버로 사용된다—가지고 왔다.

바닥의 각 공간은 특정 활동을 위해 마련되었다. 한쪽 공간에서는 아이들이 놀고 있었고, 다른 쪽 공간에서는 엄마들이 아이들을 지켜보면서 테이블을 장식할 종이꽃과 조명을 위한 횃불을 만들었다. 테이블은 이미 벤치와 함께 길게 놓여 있었다. 그리고 공동 식기류 창고가 있었으며, 축제가 끝나면 각자 자기 식기를 찾아갔다.

모든 것이 유쾌한 분위기 속에서 질서 있게 준비되었다. 나뭇잎과 꽃으로 둘러싸인 사람들, 날아가지 않도록 조개껍데기 왕관으로 장식된 짚 모자를 쓴 위엄 있는 할머니들, 고갱의 그림을 연상시키는 파레오를 두른 건강한 체격의 아름다운 소녀들.

축제는 성당을 봉헌하기 위한 종교적인 축제인 것은 분명했지만, 이교도적 차원도 있었다. 그리고 타히티 사람들은 무사태평하다고 들었다. 어쩌면 그럴 수도 있겠지만, 그들은 세상의 어떤 요리사들보다 더 효율적이었다. 그들은 개별적일 때는 지루함의 표현인 '피우'가 될 수도 있지만, 집단적으로 함께할 때는 우리 서구인들이 잃어버린 삶에 대한 의욕을 여전히 가지고 있었다. 역설적으로 우리는 컴퓨터의 도움을 받든 받지 않든, 소통 시대에 자기만의 세계에 틀어박혀 외로움을 느끼고 있다.

유엔 제네바 사무국

1961년 파리로 돌아왔을 때, 에르노 골드핑거가 런던에서 전화하여 프랑스 관광공사 개보수에 참여할 것을 제안했다. 사람들에게 프랑스를 방문하고 싶게 만들어야 했고, 그러기 위해 20세기의 기술적 수단을 통해 프랑스를 알릴 필요가 있었다.

낮에는 개별 칸막이 공간에서 슬라이드를 통해 지역 명소를 둘러볼 수 있었고, 밤에는—당시에는 존재하지 않은—대형 컬러텔레비전처럼 생긴 후면투사 시스템이 행인들의 눈길을 끌었다.

프랑스에서 또 다른 개보수 제안이 들어왔는데, 바로 오페라 거리와 샹젤리제 거리였다. 나는 행정적·'심리적' 부담 때문에 골드핑거에게 그 책임을 맡겼다.

내 일정은 바뀌었다. 이듬해 자크가 에어프랑스의 중남미 총괄로 리우데자네이루로 발령을 받아 떠났다. 나는 페르네트와 함께 파리에 남기로 했다. 페르네트는 1963년부터 1967년까지 국립공예원에서 장 프루베의 수업을 들었다.

우리는 사랑하는 일의 운명을 짊어지기로 했지만, 그렇다고 하여 우리의 완벽한 화목을 깨고 싶지 않았다. 자크는 가족을 되찾고 함께 휴가와 여행을 보내기 위해 다양한 유혹 거리를 고안해 내며, 무엇보다 꿈에 그리던 거주지를 찾아 떠날 예정이었다.

나의 일상은 매우 다른 두 가지 리듬으로 흘러갔다. 파리에서는 일에 철저하게 몰입했고, 리우데자네이루에서는 새로운 세계를 발견하며 여가 생활을 보냈다.

일과 여기를 분리한 생활 방식은 내게 잘 맞았고, 타성에 빠지거나 우울함을 유발하지 않았다.

1959년 보두앵의 요청으로 제네바에서 유엔 회의실 및 대회의장의 현대화 작업을 위해 고문으로 일했다. 현지에서 설계 사무소와 긴밀하게 협력하기로 했다.

국제적인 교류의 장에 들어섰다. 다소 차분한 분위기가 풍겼고, 궁전의 웅장함이 이를 증폭시켰다. 1927년 공모전에서 르코르뷔지에가 최고점을 받았음에도 부당하게 탈락하고, 그에 대한 반발로 CIAM을 창설하게 만든 바로 그곳에서 나는 무엇을 하려고 왔을까? 보두앵이 나를 초청한 것은 순전히 기능적인 문제 때문이었을 것이라 생각했다. 나는 위험과 도전을 좋아한다. 유엔 국장은 친절하고 열려 있는 사람이었다.

나는 공간의 부피감을 추구하지 않았다. 공간은 있는 그대로였다. 시대착오를 피하고자 완벽하게 중립적인 표현을 찾고자했다. 회의실마다, 사물마다 제기된 문제를 해결하려고 애썼다. 그러나 그 규모는 보통이 아니었다. 120개국이 사용할 공간으로, 그 수는 계속해서 증가하고 있어 오늘날 새로운 개보수가 필요한 상태였다.

모든 회의실을 프로그램과 새로운 음향 기술에 맞게 재설계하고, 통역사들이 회의실을 한눈에 볼 수 있도록 통역 부스를 적절하게 배치해야 했다. 설계 사무소는 최고 음향 전문가들을 섭외했는데, 그들은 독일인이었다.

방음 시설에는 다양한 종류가 있다. 예를 들어, 가능한 한 음원 가까이에서 소리를 수집해야 하는 텔렉스 방음 시설, 완전히 소리를 차단하고 어떤 소리도 반사하지 않는 방송 부스(통역 부스), 그리고 소리를 반사하는 단단한 표면과 흡수하는 부드러운 표면 사이의 적절한 비율로 음향적 쾌적함을 얻을 수 있는 회의실의 방음 장치가 있다. 나무 아래에서 대화하는 것이 얼마나 즐거운지를 떠올렸다. 나뭇잎이 자연스럽게 이런 역할을 하기 때문이다.

방음 작업은 대회의장에서 특히 어려웠다. 소리를 흡수하기 위해 질석을 사용했는데, 이것은 건강상 이유로 현재는 사용이 금지되어 있다. 나는 위원회실을 장식하기 위해 분위기와 음향이 조화를 이루는 벽 마감재를 찾았다. 인도산 아름다운 비단 직물이 생각났다. 그 직물은 인도를 상징적으로 잘 보여 주는 장점이 있었다. 여러 나라에서 유엔에 기증한 예술 작품들은 비록 옮길 수 없었지만 설치 장소를 바꿀 수는 있었다. 대회의장을 작업할 때는 연단 바닥과 회의장 네 모서리를 완전히 덮을 수 있는 대형 태피스트리—물론 중립적인 색—제작을 시몬 프루베에게 부탁했고, 슐로서도 참여했다. 두 사람은 흰색 바탕에 울과 면을 혼합한 거친 직물을 사용했는데, 이는 매우 섬세한 뉘앙스를 지녀 현장에서 손으로 조정하며 다소 갈색에 가까운 쪽으로 이끌었다. 매우 신중한 작업이었다. 염려하던 국장은 회의장에 앉아 작업을 살펴보고는 우려를 나타냈다. 안타깝게도 이 미묘한 색조는 소방 안전 규정 때문에 무산되었고, 방화 처리로 인해 의도한 색감은 모두 똑같아져 버렸다.

나로 인한 대란 때문에 방문객들을 안내하던 안내원들이 가장 불행했다. 그들은 당황했고, 더는 자신 있게 말할 수 없었다. "지금 여러분 앞에 놓인 이 유명 조각가의 청동 조각의 무게는…… 이 태피스트리의 경우에는 제작에 10만 시간이 걸린 작품으로……." 하지만 시몬 프루베의 태피스트리 앞에서는 뭐라고 말할 수 있을까? 태피스트리는 이 궁전을 대중화시켰고, 안내원들은 말문이 막혔다. 가구에도 금 장식물이 사라졌고, 전체적으로 기억 일부가 사라진 것 같았다.

이 모험은 1959년부터 1970년까지 이어졌다. 나는 설계 사무소의 요청에 따라 정기적으로 제네바에 가곤 했다. 설계 사무소는 유엔의 시간에 맞춰 시간을 가지고 천천히 작업했다.

우리는 건축적 문제와 표준화가 필요한 가구 문제를 해결하기 위해 회의실마다 차례대로 작업했다. 의자의 경우에는 창조적 작업을 하지 않았지만, 프로그램을 만들었다. 먼저 오랜 시간 동안 꼼짝하지 않고 앉아 경청해야 하는 각국 대표들을 고려했다. 의자는 타자수의 의자와 비슷하되 안락의자처럼 좀 더 편안해야 했다. 설계도에는 테이블에 대한 좌판 높이, 의자 지름, 등을 올바르게 지지해 주는 등받이 지름, 테이블에 접근하는 데 방해되지 않도록 짧게 줄인 팔걸이, 재료 등이 명시되었다. 최종 단계에서 유엔은 가격과 시제품을 기준으로 국제 입찰을 실행했다. 나는 입찰 결과에 대해 의견을 제시하기로 했다.

위원회실에는 배선과 결합할 수 있는 이동식 테이블이 필요했다. 나는 파리에서 건축 스케치를 바탕으로 축척 모형을 제작했다. 설계 사무소는 내가 없는 동안 실물 크기의 시제품을 제작해 두었고, 다음 방문할 때에 이를 보여 주었다. 다시 입찰이 진행되었다. 드 코엔이 가장 좋은 가격과 보증을 제시했다. 나는 벨기에에 있는 드 코엔의 공장을 방문했다. 원목 보관부터 나무 켜기 작업, 합판·적층 합판·집성재 제작 그리고 가구 제작에 이르기까지 모든 작업을 지켜봤다. 제품들은 계속 포장되고 운송되었으며, 모든 공정이 중단 없이 진행되었다.

나는 집성재 기술로 제작된 큰 아치형 구조물에 감탄했다. 이 기술은 영감을 주었고, 이를 활용해 박판의 결을 강조하기 위해 가장자리를 조금씩 경사지게 하여 낮은 테이블을 제작했다.

대회의실의 넓은 공간에 맞춰 긴 테이블을 구획의 한쪽 끝에서 다른 쪽 끝까지 집성재로 둘러싸서 존재감을 주고 바닥의 배열을 만들어 냈다. 테이블에는 다양한 구성을 수용할 수 있도록 미리 배선이 완료되어 있었는데, 일부는 유럽이사회처럼 두 사람씩, 일부는 국제노동기구처럼 세 사람씩 앉을 수 있도록 했다.

주요 국제회의가 열리는 날에는 짙은 파란색이나 흰색 젤라바를 입고 터번을 두른 키 큰 투아레그족이 유유히 돌아다니는 것을 볼 수 있었다. 그들은 사하라 사막의 위엄이 느껴지는 가젤 같은 눈만 드러냈지만, 향수·담배·손목시계 등을 좋아했다. 그 옆에 딱 맞는 정장과 넥타이를 착용한 우리 쪽 사람들이 있었는데, 어딘가 몸짓이 어색해 보였다.

보두앵과 카를뢰는 유엔의 고문이었고, 우리는 그들과 함께 순전히 건축과 관련된 문제들을 해결해야 했다. 카페테리아, 출입구, 주간 및 야간 조명, 근무소 등도 다루었다. 10년 동안 눈에 띄지 않고 충격을 주지 않는 중립적 창작물로 기능성을 추구했다. 이는 1930년대로의 회귀나 궁전의 아카데미즘과 무관한, 절묘하게 균형 잡힌 작업이었다.

설계 사무소를 이끈 들릴은 유엔 건물이 세워진 이후부터 젊은 건축가로서 그곳에서 일해 왔다. 즉, 그는 건물과 그 특성을 매우 잘 알았다. 우리는 서로를 알아가는 시간을 가졌다. 어느 날 저녁에 그는 비행기로 살짝 돌아볼 것을 제안했다. 나는 그가 조종하는 줄은 몰랐기에 수락했다. 안마스 항공 클럽에서 경비행기에 다가갈수록 내 불안은 더욱 커졌다. 비행기의 측면에는 미키마우스가 그려져 있었고, 전체적으로 초라해 보였다. "조심해요. 날개 위로 올라가지 마세요, 부서질 수 있거든요……." 우리는 나란히 앉아 플렉시글라스를 내려 닫고, 급조된 것처럼 보이는 활주로를 달리기 시작했다. 그리고 힘겹게 이륙한 후에 산을 향해 곧장 올라갔다. 상승 기류를 탄 것이다. 비행 초보자로서 매우 인상적이었다. 우리는 생제르베, 샤모니, 메르 드 글라스 상공을 비행했다. 몇 바퀴를 돌고 나서 착륙했고, 그렇게 나의 시련도 끝났다.

또 다른 금요일 저녁에 우리는 샤모니에 가서 스키를 타고 블랑슈 계곡을 내려갔다가 오후에 제네바에서 비행기를 타고 파리로 돌아왔는데, 그곳에서는 잠시 들른 자크가 나를 기다리고 있었다. 붉어진 내 얼굴을 보아하니, 확실히 유엔 사무실에서 일사병에 걸렸을 리는 없었다. 그리고 나는 곧장 파리로 향하지도 않았다. 공항에서 우연히 마주친 팔테 유엔 국장은 들릴에게 스키 타는 것을 금지했다. 그는 다쳐서는 안 되었다.

리우데자네이루

리우로 발령받은 자크는 니에메예르 대로에서 멋진 사택을 찾았다. 바다가 내려다보이는 돌출부에서 건축가가 마련해 놓은 작은 반도에 설계된 집이었다. 이곳으로 작은 도로가 이어지고, 오른쪽에는 차고가, 왼쪽에는 자크가 임대한 주택을 포함하여 예닐곱 채의 주택이 늘어서고, 모두 녹지로 뻗어 있었다. 그는 사진을 보내 주었고, 나는 호텔을 떠나 침대 두 개와 식탁 하나,

정원용 의자 두 개를 들고 이사했다. 그리고 가사를 도와줄 발목까지 말려 올라간 양말을 신은 쾌활한 흑인 여성을 고용했다.

자크는 재개발 프로젝트를 기다리는 동안 급히 와서 봐 달라고 애원했다. 시기가 좋지 않았다. 나는 캉딜리, 우즈, 조지크 팀의 요청으로 장 프루베와 함께 프랑스 예금공탁금고가 주관하는 벨빌 계곡 스키 리조트 공모전에 참여하기로 되어 있었다. 작업은 라스카즈가에 있는 나의 작업실에서 진행될 예정이었다. 두 개의 오래된 차고를 작업실로 개조하는 중이었는데, 외부는 완성되었으나 내부는 아직 완성을 기다리고 있었다. 서재 테이블, 사방으로 뻗은 전선들, 거리가 내다보이는 창문, 안마당으로 통하는 모형 제작실이 있는 작업실은 정돈하기 쉬웠다. 벨빌 팀이 구성, 예비 작업, 프로젝트 구상 및 조사 작업에 오랜 시간이 걸릴 것으로 예상되어, 나는 이 초기 단계에서 벗어나 떠날 수 있었다.

정말로 아름다웠다! 수평선 너머로 팡지아수카르산과 긴 초승달 모양의 코파카바나 해변이 발코니에서 내려다보였다. 발치 아래에는 짧게 깎인 푸른 잔디가 깔리고, 양편에는 꽃이 핀 관목들이 경계를 이루고, 그 사이에서 벌새들이 꿀을 먹고 있었다. 이 잔디밭 끝에는 매끄럽고 완만하고 길쭉한 큰 바위들이 모습을 드러냈고, 그 사이로 뾰족한 선인장들이 슬그머니 끼어 있어 내가 볼 수 없는 해안의 바위들 위로 떨어지는 가파른 비탈길 통로를 막고 있었다.

경치는 장엄했고 눈부시게 밝았다. 그래서 발코니에 짙은 녹색 차양을 길게 추가해야 했고, 이 차양은 가장자리가 베이지색 프린지로 장식되어 거실까지 이어졌다. 거실은 흰색 원목으로 만든 우스꽝스럽게 생긴 작은 부엌 테이블을 제외하고는 완전히 비어 있었다.

나는 가방에서 1954년 일본에서 디자인한 가구 도면을 꺼냈다. 이를 그대로 활용하려 했다. 트레이싱지 한 통, 색연필 몇 자루……. 이 풍요로운 자연 앞에서 나의 상상력은 말라붙어 날아가 버렸다.

자크는 나를 티주카 근처 시원한 숲으로, 당시에는 거의 사람의 손이 닿지 않았던 반데이란치스 해변으로 데려갔다. 그리고 멀리 떨어져 있는 유명 조경가 부를리 마르스의 온실을 보러 갔다. 그의 아름다운 저택에서 브라질식으로 하루를 보냈다. 그는 직접 식사 준비를 했고, 특히 테이블 세팅에 정성을 들였다. 은으로 된 평평한 접시 위에 다른 도자기 접시를 올려놓고는 관능적인 난초를 무심하게 가져와 식탁을 차렸다.

관능적. 부호와 어울리는 단어다. 그의 저택에서 뻗어 나와 예배당으로 이어지는 벽은 아줄레주azulejos*로 덮여 있고, 그 위로 워터 커튼이 흘렀다. 또 다른 장소에서는 잉카 건축물에 걸맞은 야외 주방이 건설 중이었다.

일본에서 디자인한 창작물들은 이 힘차고 풍요로운 자연—사람들과 장소— 앞에서 너무 순수주의적이어서 어울리지 않

---

* 징두리나 벽 따위의 표면 마무리 공사에 쓰이는 화장 착색 타일

았다.

우리 집에서 아주 가까운 레브롱에서 사는 코스타와 마리아 엘리사를 찾아 나의 심정을 털어놓았다. 그들은 옛 금광촌이었던 바로크 양식의 도시 오루프레투를 방문해 새로운 활력을 찾고, 리우의 국립도서관으로 달려가 초대 정복자들이 도착했을 때 이 나라의 삶이 어땠는지를 묘사한 매우 아름다운 『철학 여행 *Voyage philosophique*』을 읽어 보라고 조언했다. 사진이 없던 시절에 우리가 세심하고 충실하게 그려 낸 이 이야기는 참으로 즐거웠다. 나는 그 식물군, 동물군, 인도인들, 그들의 문신, 친숙한 물건들, 그들의 거주지 등을 생생하게 경험할 수 있었다. 이 귀중한 문서들을 열람하려면 허가가 필요했는데, 코스타가 마련해 주었다.

머릿속에 다시 평온함이 찾아왔고, 나는 그 나라에 스며들어 관찰했다. 터널을 벗어나 다른 문화와의 접촉으로 풍요로워졌다. 새로운 형태들이 떠올랐고, 내가 없는 동안 마리아 엘리사가 그 형태들의 실현을 지켜봐 주기로 했다.

나의 아름다운 사부아 전나무여, 안녕. 나는 짙고 고급스러운 자카란다 목재를 발견하고 이를 택했다. 자카란다 나무는 가지에 잎사귀보다 아름다운 보라색 꽃을 먼저 피워 내어, 파리에서는 리우 자단이라고 불렸다. 나는 그것이 마음에 들지 않았지만, 사실 그건 단지 표면 마감재로 사용된 것이었다. 길이 4미터, 두께 6센티미터가 넘는 고급스러운 테이블을 만드는 호사를 누렸다. 마리아 엘리사가 나를 자기 목수에게 데려갔고, 나는 긴 판자에 푹 빠져 그 위에 분필로 나뭇결을 최대한 살리면서 식탁을 그렸다. 실제 크기의 도안으로 식탁이 다이닝룸에 맞는지 확인하기도 했다. 그리고 문 옆, 찬방으로 이어지는 벽에 다리 없이 바로 고정하는 서빙 트레이를 만들어 이를 보완했다.

나는 우리 집에 익숙해졌고, 해야 하는 동작들, 말하자면 프로그램을 알게 되었다. 출입이 가능한 1층은 식사 공간, 찬방, 부엌을 갖춘 넓은 접대 공간으로 구성되어 있었다. 현관은 곧장 계단으로 이어지는데, 한쪽 계단은 침실 세 개와 욕실 두 개가 있는 위층으로 올라가고, 다른 쪽 계단은 직원들이 사용하는 통로 방으로 내려갔으며, 반 층 더 내려가면 1층 전면에서 안쪽으로 물러난 평지로 이어졌다. 이 평지는 잔디, 바위, 선인장으로 꾸민 조경 공간으로 확장되었다. 이 공간은 이웃들 가까이에 있었지만, 세상에 혼자 있는 듯한 느낌을 주는 어떤 아늑함을 풍겼다.

나의 관심은 모두 1층에 집중되었다. 브라질 날씨는 더웠지만, 나는 에어컨을 설치하고 싶지 않았다. 교차 통풍구가 없었기에 이를 만들어 주기 위해 파사드 반대편에 있는 이중 출입문을 교체해야 했다. 문 하나만 교체하고, 르코르뷔지에가 즐겨 쓰던 환기 장치를 양쪽 가까이에 달았다. 이 환기장치는 두 개의 수직 환기구에 방충망을 설치하고, 검은색 래커로 칠한 목재로 만든 두 개의 회전 플랩으로 닫을 수 있게 했다.

현관과 거실 사이에 분리벽이 없어서, 즉 자유로운 평면으로 구성되어서 기분 좋은 바람이 불었다. 나는 두 공간의 기능을 상징적으로 표시하기만 했다.

디방 divan*은 자유자재로 사용되었다. 중앙은 쿠션으로 가득 차고 양 끝은 1929년의 '셰즈 롱그'처럼 다리 받침대 형태를 띠었다. 자카란다 프레임은 확장된 부분에 아주 촘촘하게 엮은 라탄이 채워졌다. 그리고 큰 상판을 출입구 쪽으로 덧붙여 좁은 통로 하나만 남겨 두었다. 남성들은 여성들 앞에서 비켜서야 했고, 그동안 현관문 앞에 꾸며 놓은 나뭇가지, 잎, 야자수, 말린 식물, 열대 꽃으로 구성된 부를리 마르스의 조경을 감상할 수 있었다. 이는 방문객을 환영하는 아름다운 장식이었고, 기능적으로도 만족스러웠다.

한쪽 벽에는 나무판자 책장을 두고 일부를 갈대로 엮은 슬리이딩 패널로 닫았다. 그 질감은 대중적인 가옥의 덧창에서 영감을 얻었다.

이 넓은 거실에 또 다른 매력을 더하기 위해 거의 원형에 가까운 낮은 테이블을 추가했다. 테이블 상판은 목재 프레임의 가운데 부분을 라탄으로 엮은 여섯 개의 방사형으로 구성하여 교차로 어긋나도록 간격을 주며 조립했다. 나는 이 테이블을 '부채 테이블'이라고 불렀다. 그 매력은 효과가 있었다. 이제 남은 것은 조명뿐이었다. 일본식으로 하기로 했다. 그 어떤 것도 노구치의 종이 램프에서 퍼져 나오는 아름다운 빛을 대체할 수 없었다.

램프를 매달아 두기만 하면 되었다. 철근을 두 갈래로 나누어

---

* 등받이, 팔걸이가 없는 긴 의자

위쪽으로 벌어지게 만들어 풍뎅이의 더듬이처럼 만들었다. 이는 부두교의 종교 예식인 마쿰바 용품 판매대에서 파는 악마의 사악한 도구를 연상시켰다.

다이닝룸에 막힌 느낌을 덜고 조명을 보완하기 위해, 나는 가로세로로 교차된 나무 격자를 통해 빛이 부드럽게 퍼지도록 뒷벽에 조명을 설치했다. 이 격자는 현지 특유의 요소로, 매우 아름다운 비례를 지니고 있었다(가로세로 1×1 센티미터).

이는 브라질과 잘 어울렸다. 자크와 마리아 엘리사는 만족해했다. 나머지들도 제때 도착할 예정이었다. 소파 테이블로 사용할 파리에서 판처가 파란색 에나멜을 입힌 내열판, 자크가 아르헨티나에서 기회가 된다면 가져올 소가죽 카펫, 그리고 파리에서 가져온 돼지가죽으로 된 포퇴유 도시에 바스킬랑, 테이블 주위에 놓을 검은색 래커로 칠한 등으로 엮은 토넷 의자, 침실의 침대보(예를 들면, 티파이파이)가 있었다.

정원으로 이어지는 통로 방에서 나는 기념일에 식기대로 사용할 긴 테이블을 상상했다. 테이블은 벽 가까이에 배치할 예정이었고, 벽은 아줄레주로 장식하고 싶었지만 이를 찾아야 했다.

정원의 접대 공간을 위해 다리를 분리할 수 있는 원형 테이블을 주문 제작하고, 그것들을 창고에 보관하며, 아직 빠져 있는 온갖 잡동사니는 다음 산책길에서 찾을 예정이다.

사실 자크는 집을 잘 선택했다. 내장된 수납공간이 완벽하게 갖춰져 있었다. 평면도 훌륭했다. 코스타 덕분에 이 나라의 공기를 들이마시는 것만으로도 충분했다. 나는 이 사택용 아파트에 적용된 동작-형태-기술을 통해 성장했다. 이제 여가는 끝났고, 돌아가야 할 시간이 되었다.

차량 없는 스키 리조트

쿠르슈벨과 메리벨에 이어 트루아 발레의 세 번째 계곡인 벨빌 계곡에 관심이 있었다. 벨빌은 자연이 그대로 보존되어 있었다. 무티에역에서 버스로 한 시간 거리인 이곳은 37킬로미터에 걸쳐 마을에서 마을로 이어지는 길이 있었고, 사제와 수녀를 많이 배출했다. 이 길은 생마르탱드벨빌의 중심지까지 이어지며, 그곳에는 노트르담드라미 싱당이 있었다. 5세기 동안 8월 15일의 행렬을 보기 위해 순례자들이 몰려드는 순례지로, 어느 해에는 '타랑테즈의 주요 성모상들'이 있어 지역 신문들이 자랑스럽게 소식을 전하기도 했다.

생마르탱, 생마르셀을 지나 고산 목초지의 왕국에 들어갔다. 웅장하고 폐쇄된 빙하곡은 겨울에 하얀 사막처럼 광활하고, 나무도, 바위도 없고, 고도 3,000미터가 넘는 빙하로 된 왕관을 쓰고, 도롱강이 가로지른다. 저 위에서 해마다 남자, 여자, 아이, 개, 닭이 4~5개월 동안 땡볕과 악천후 속에서 양과 소를 치며 고지대를 진정한 목장으로 만들었다.

새로운 휴양지가 이러한 목가적 삶과 고원의 소들을 점차 없애면서 오리나무 등 관목들이 뒤엉켜 자라났다. 비로소 나는 자연 그대로라고 생각한 풍경이 사실은 인간과 소의 부단한 노력의 결과물이었다는 사실을 깨달았다. 인간은 풀을 베었고, 소들은 풀을 뜯어 먹고 거름을 주며 발굽으로 잡초를 밟아 다졌다. 그리고 덕분에 우리는 신선한 우유와 고산 치즈 얻을 수 있었다. 이는 아름다운 경제 방식으로 생각해 볼 만한 내용이다.

진보의 기여에 매우 저항적이었던 벨빌 주민들은 신의 축복을 받은 계곡에서 만족감을 느꼈다. 나무는 없었지만, 탄광과 풍부한 건초, 그리고 이를 저장할 공간이 있었다. 그래서 1946년에 그들은 전기의 혜택을 받는 대신 그들의 가장 소중한 자산을 양도하는 것을 거부했다. 보렐 상원의원은 무티에에서 벨빌로 올라갈 때 주민들을 설득하려 애썼지만, 항상 서명이 부족하거나 그날따라 어떤 사람은 산으로 가 버렸다. 나중에 라플라뉴 스키 학교의 지도자들이 강사를 모집하기 위해 올라왔을 때 젊은 이들조차 귀를 닫았고, 그중 일부만 "스키, 옷, 여자들……"이라는 유혹에 반응을 보였다.

그들은 멋지고 야생적인 모습으로 고향에 돌아왔고, 머릿속에는 멋진 이야기들로 가득했다. 키가 큰 사내는 시민들의 공탁금고와 보증 및 역량—돈과 권력—을 가진 도道들을 모아서, 1936년 유급 휴가에 관한 법률에 따라 어렵게 쟁취한 여가 활동을 충족하기 위해 계곡에 가장 아름다운 산악 리조트를 건설하자고 제안했다. 젊은이들은 스트라빈스키의 〈병사의 이야기〉에 나오는 **"이건 금고야, 열기만 하면 돼, 주식, 지폐, 금을 꺼내야 해"**라는 가사처럼 모든 기회를 누릴 것이었다. 그것은 여기서 돈을 벌어다 주는 '황금 눈'이었다. **"안 돼요? 아직도 안 되나요?"** 그리고 사부아의 국회의원이자 전 장관인 장 퐁타네가 회장으로 있는 벨빌계곡개발협회는 마침내 공탁금고의 후원을 받아 고지대 계곡 개발을 위한 공모전을 조직했다.

두 견해가 대립했다. 첫 번째는 고산 레저 지역에 관한 CIAM의 포괄적 견해다. 1937년 '새로운 시대 파빌리온'에서 열린 회의에서 J. L. 세르, G. 폴리니, L. 피지니의 보고서에 기록되어 있는데, CIAM은 특히 다음 사항을 권고했다. "—자연이 아직 훼손되지 않은 지역이 우선적으로 선택될 것이다. (…) —기본적 요소는 인간이 자연의 산물 앞에서 감동할 수 있는 파노라마적 요소가 될 것이다. (…) —가능한 한 이러한 지역에서는 현대 도시를 상기시키는 모든 것을 제거해야 한다. (…) —국가 계획에서 통신망과 고속 교통망이 결정되어야 한다. (…) —또한 시적 요소들은 그 성질상 체계적인 검토를 벗어나므로, 어떤 경우에도 최우선으로 고려되어야 한다. (…) —이처럼 해발 2,000~3,000미터에 위치한 미개간지는 도시계획과 건축을 위한 연구와 실험의 장을 열어 줄 수 있을 것이다. (…)"

두 번째 공식 제안은 1962년 11월 국립고등 교량도로 학교의 엔지니어인 조르주 퀴맹이 프랑스 건설부의 국토계획부서의 후원을 받아 동계스포츠 구획을 정리하자고 했다. 모든 매개변수를 매우 체계적으로 다룬 훌륭한 분석이었다. 조르주 퀴맹의 계획은 자동차가 아닌 철도로만 접근할 수 있는 스위스의 체르마트와는 달리 처음부터 수익성을 고려해 도로를 통해 스키장에 접근하도록 설계되었다. 그래서 도시 연구에서 도시계획과 건축, 생활에 필연적으로 영향을 미칠 수밖에 없는 스키장 이용객과 차량 통행, 주차장을 다루었다. "자동차 한 대를 주차하기 위해 3미터가 필요하다고 가정하면, 1,000대의 차량을 주차하려면 1,500미터 폭의 주차장이 필요하다. 이 정도 규모의 주차장을 확보할 가장 좋은 방법은 도시의 도로망을 주차장으로 활용하여 가능한 한 모든 도로의 폭을 20미터로 확장하는 것이다."

"그럼으로써 이용객이 차량으로 목적지까지 최대한 가까이 이동할 수 있도록 하여 최대한의 편리함을 제공한다. 반면, 한정된 주차장은 이용객이 긴 시간 동안 도보로 이동하도록 만든다. 일요일에는 주차장을 형성하는 도로망이 예상되는 수백 또는 수천 대의 차량을 수용하기에 충분하지 않을 수 있으므로, 주차 공간을 추가적으로 계획해야 한다. 추가된 주차 공간은 가능한 한 다음 조건들을 충족해야 한다. 폭 20미터의 띠 형태로 잘 유지되어야 한다. (…) 일요일에 스키장을 이용하는 고객은 스키를 탄 채 차량에서 출발하여 다시 돌아올 수 있도록 하는 것이 편리하다."

자동차가 파도처럼 밀려드는 로스앤젤레스의 우울한 광경은 그리 멀리 있지 않았다. 이상적인 것은 무엇일까? 자동차를 숙소 아래에 두고 폭설을 주의하는 것이다.

라스카즈가에서 멋진 팀이 꾸려졌다. 예금공탁금고와 관계된 러시아계 그리스인 조르주 캉딜리, 침착한 미국인 샤드라흐 우즈, 유고슬라비아계 세르비아인 알렉시 조지크, 마에카와의 제자로 캉딜리 작업실에서 인턴으로 일한 일본인 스즈키 렌과 두 명의 프랑스인, 바로 장 프루베와 나였다.

내가 브라질로 떠나기 전에 우리는 이미 방향을 잡았다. 겨울에는 우리 스키장에 차가 없을 것이다. 그렇다면 차량을 역 입구에 주차한다면 어떨까? 그러자 전반적인 해결책이 나타났다. 무티에에 도착하는 역 앞에 실내 주차장을 마련하고, 철도와 차량 이용객을 위한 안내 센터를 설치하는 것이다. 그리고 그곳에서 케이블을 이용한 빠른 공중 운송 수단이 출발하여 도롱 드 벨빌 강 분기점에 합류한 후 급류를 따라 협곡을 지나 마침내 고산 목초지에 도달하는 것이다. 이어 2,300미터 고도의 발토랑스까지는 지형적 장점을 활용해 연결할 수 있다. 공중 케이블카는 소방관과 의료진도 이용할 수 있고, 지하철 객차처럼 하나씩 출발할 수도 있다. 장 프루베는 에어쿠션 기술과 제트기 제동 분야의 선구자인 장 베르탱과 친분이 있었다. 그는 우리의 접근 방식의 신뢰성에 대한 의견을 묻기 위해 연락했다. 우리는 이 극단적인 입장으로 인해 첫 번째 단계에서 아무런 보상 없이 탈락할 수 있음을 인식해야 했다. 그러나 시류에 맞서—타협하지 않는 르코르뷔지에처럼—계속해서 연구를 진행하기로 했다. 나는 훌륭한 동료들과 함께하고 있었다.

등고선이 있는 새하얀 대형 모형이 이미 내 직업실을 장식하고, 프로그램에서 파생된 세 지역, 레 메뉘르, 레 로베르티, 발토랑스의 위치가 색색의 점으로 표시되어 있었다. 철탑 위에 놓인 얇은 띠는 공중 케이블카를 나타냈으며, 당시만 해도 흔했던 폭설에도 2만 개의 객실로 투숙객을 이동시킬 수 있어야 했다. 그렇다, 우리는 자동차를 고려하지 않았다.

도착 지점은 선택된 부지 중에서 가장 낮은 곳, 레 메뉘르였다. 여행객과 수하물을 위해 지붕 있는 승강장과 안내소가 마련되었다. 거기서 에스컬레이터 시스템으로 구성된 중앙 기둥 건축물은 상점들로 북적거리는 플랫폼으로 이어졌다.

이 기둥에서 생선뼈처럼 왼쪽으로 여행객들이 엘리베이터로 향하는 통로가 이어졌고, 산에서 솟아오르는 암석 돌기처럼 생긴 돌출된 건축물들이 있었으며, 그 형태는 건축물의 운영에 필요한 밀도를 보장해 주었다. 상상해 보라. 고산 목초지에 흩어져 있는 2만 개의 객실, 진입로, 굽은 길, 경사면, 겨울 제설 작업. 엄청난 소란일 것이다. 그런 상황은 피해야 했다.

경사진 지형은 우리의 접근 방식에 유리했다. 스키어들이 길게 뻗은 평평한 지붕 위로 곧장 도달할 수 있게 했다. 그 지붕 끝 돌출된 건축물 끝자락에는 미식가를 위한 산의 전경이 보이는 레스토랑 등 휴식과 식사를 즐길 수 있는 공간이 있었다. 그리고 10~12층 아래로 내려가 건물의 중추인 에스컬레이터 층으로 돌아갈 수 있었다.

오른쪽에는 수평으로 배치된 건축물이 있고, 개별 프리패브 유닛 시스템들이 등고선을 따라 나란히 배치되었다. 유닛 시스템들은 서로 겹쳐 약간씩 어긋났으며, 그 결과 자연을 마주한 넓은 일광욕실이 마련되었다. 일광욕실은 2~3층마다 콘크리트 플랫폼으로 된 지붕 있는 통로에 있어서 유닛 시스템, 통로 및 발코니에 접근할 수 있도록 했다. 여유 공간에 심긴 나무들은 마치 거대한 흰 사막 속 오아시스 같았다. 이곳은 유치원과 게임 클럽, 이 지역에서 나는 온갖 아름답고 좋은 것들로 채워질 예정이었다. 신선한 우유와 달걀을 맛볼 수 있도록 젖소와 암탉이 있는 농장을 조성하면 어떨까? 메리벨에 갈 때면 늘 꿈꾼 것들이다. 어른들의 어린 시절 추억을 떠올리게 하는 그런 장소들이면 좋겠다고 생각했다. 현대적이지만 건축 규정의 제약에서 벗어나 창의적으로 자연스럽게 형태를 만들어 내는 신선한 혁신을 위한 공간을 마련하는 건축. 건축가 없이 감정을 자극하는 '휴먼 스케일'에 맞게 지어진 그런 건축 말이다.

이는 우리의 뿌리인 전통적 세계가 '새로운 시대'라는 미래 지향적 세계 속으로 단절 없이 스며드는 예였다. 어느 날 르코르뷔지에는 뮈롱댕 Murondins 을 설계하고, 로크브륀의 암석 위에 자신의 오두막을 지었다. 어떤 것도 배제하지 말아야 한다.

이 주제 내에서 다양한 배열 방식은 지형에 따라 다른 부지에도 적용되고, 고도에 따라 주거나 스포츠 시설로 프로그램을 자유롭게 구성할 수 있을 것이다. 또한 계곡 아래 해발 2,300미터에 위치한 발토랑스에 적용되어 다양성을 창출할 수 있다.

도로는 여름에 부지 주변에 구역이 봉쇄된 채 유지되고, 정류장은 스키장 안내 센터와 인접한 헬리콥터 전용 플랫폼에 있는 버스 터미널에 있을 예정이다.

밀집된 건축 구조는 수직 이동을 통해 거주지, 호텔, 임대 공간에 접근할 수 있게 했다. 거주 공간으로 해가 잘 들었고, 시선이 멀리 산 정상을 향하도록 설계되었으며, 지붕에서는 일출부터 서늘한 저녁까지 휴식을 취할 수 있었다. 자연과 직접 접촉하는 수평적 건축물을 통해 마치 바다를 마주한 해안처럼 산과 마주한 긴 발코니에서 더 자유롭게 오롯이 여가를 경험할 수 있었다.

1939년 바르에서도 이미 동일한 접근 방식이 채택되었는데, 물론 몇 가지 변화가 있었다.

경사면을 따라 수직적인 건축물들이 계단식으로 배치되었고, 각각의 '제로 포인트'에는 인간적이고 수평적인 건축물이 있었다. 모든 것이 잘 정돈되어 있었고, 모든 혁신이 가능할 만큼 아주 유연했다.

우리는 유체 문제를 해결하는 데 모든 시간을 할애했다. 리조트와 스키 리프트 접근, 내부 통행, 난방, 저장, 안전 등 도시계획과 건물 배치를 결정하는 모든 요소를 다루었다. 하지만 건물과 주변 환경과의 관계, 내외부의 황금 비율, 그리고 보존되고 승화된 자연 속에서 여가와 아름다움을 추구하는 새로운 도시에서의 삶을 표현하는 데 필요한 시간을 확보하지 못했다.

이는 처음부터 모든 운영 및 실행 매개 변수를 고려하여 작업을 단계별로 나누어 설계해야 하는 통합된 리조트에서만 가능하며, 전체 기능과 프로젝트의 경제성을 해치지 않아야 한다. 얼마나 많은 제약이 있을까!

조지크는 우리가 깊이 탐구할 시간이 없었던 의도를 설명하기 위해 신속하게 원근 스케치를 그렸다. 그는 천사처럼 그림을 그렸다.

1962년 12월, 캉딜리 앞으로 도착한 한 통의 서신으로 우리 연구는 종결되었다. "벨빌 계곡 스키장 개발 공모전에서 귀하의 작품이 2차전에 선발되지 않았음을 알리게 되어 유감입니다. 그러나 귀하가 제안한 해결 방안의 아름다움에 경의를 표하면서 심사위원단은 귀하에게 '등외 가작'을 수여하고자 합니다. 발신인 J. 퐁타네."

그렇게 되었다.

파리의 일본 대사관저

1965년 주프랑스 일본 대사 하기와라 씨는 대사관과 사무국을 동시에 건설하는 매우 야심 찬 프로젝트를 구상했다. 당시 두 건물은 오슈가에 모여 있었다.

새로운 아이디어에 개방적이고 역동적이며 진취적인 매우 매력적인 그는 조국의 명예를 위해 가장 명예롭고 이상적인 부지를 찾아야 했다. 어떻게 그는 가브리엘가까지 대규모 공원이 펼쳐진 연합국 클럽과 영국 대사관 사이에 있는 포부르 생토노레에서 이 사저를 발견할 수 있었을까? 명인의 솜씨였다!

오슈가에 있는 건물들은 철거되고 사무국만 들어설 목적으로 재건되었다. 포부르 생토노레에 있는 로코코 양식의 무미건조한 사저를 어떻게 할 것인가?

건축가가 필요했다. 프랑스 위무부는 공공 건축물 및 관저 건축가인 J. H. 리에드베르제를 추천했고, 리에드베르제는 이를 수락했다. 하지만 프랑스와 일본 두 문화를 조화롭게 융합할 수 있는 사람도 필요했다. 사카쿠라 준조가 선정되었고, 그는 자연스럽게 실내 설비를 내게 요청했다. 극히 드문 경우로, 의사 결정 초반부터 팀이 구성되었다.

수많은 답사와 연구, 그리고 비용 산정을 거친 끝에 사저를 개조하는 것보다 철거하는 것이 좋겠다는 의견이 많았다. 하지만 무엇을 새로 지어야 할까? 사카쿠라는 현대적 건축물을 제안했는데, 중앙 안뜰과 거리에 면한 파사드로 건축물을 보호해 포부르 생토노레에서는 보이지 않도록 하자는 아이디어를 냈다. 관리동 건물은 주변과의 통일성을 유지하기 위해 완전히 보존될 예정이었다.

사카쿠라는 도쿄 그룹의 두 건축가 오가와와 다케무라를 리에드베르제의 작업실에 보내 자신을 대신하도록 했다. 나 역시 마에카와 작업실에서 온 하야마 레이코를 인턴으로 고용했다.

수많은 모델들이 이 공동 작업의 결실로 만들어졌으며, 이는 사카가 파리에 머무르는 동안 하기와라 대사를 프로젝트에 완전히 참여시키는 데 큰 도움이 되었다. 두 사람은 같은 목표를 공유했다. 대사관을 일본의 문화적 보물로 만들고자 자국의 모든 예술 분야에서 최고의 창작자들을 하나로 모았다.

나는 그들의 회의에 몇 번 참석한 적이 있다. 회의는 이른 아침에 열렸고, 대사는 건축가 역할을 맡았고, 건축가는 사용자 역할을 맡았다. 두 사람의 열정은 정말 대단했다. 그러나 명확하게 표현된 내용만이 잘 전달될 수 있기에, 회의가 걷잡을 수 없이 모호해지는 것을 방지하고자 오전 11시쯤에 회의를 중단했다. 그러면 사카는 합리적인 아이디어를 종합해 리에드베르제를 만나러 갔다. 그리고 낮에 나를 찾아와 현재 상황을 함께 검토한 후에 혼자만의 고뇌를 이어 나갔다. 그의 고뇌는 점차 분명한 가능성으로 발전했다.

가브리엘가까지 이어진 저택은 인접한 호텔들과 두 개의 벽으로 경계 지어졌다. 두 벽이 우리의 새로운 건물의 위치를 결정했다. 안뜰과 공원을 향한 파사드는 두 개의 세로 벽에 기대고, 철골 구조에 양극산화 처리된 알루미늄판으로 채워졌으며, 대형 유리창이 설치되있나.

건물은 지하층 위에 약간 올라간 형태로, 지하에는 부엌과 회계부, 찬방, 주차장, 손님용 화장실이 있었고, 1층과 2층 리셉션으로 바로 연결되었다. 천장 높이가 두 배인 2층은 듀플렉스로 처리되어 중앙 안뜰이 내려다보였다. 3층에는 대사관저가 있었고, 4층은 손님용 공간이었다.

우리는 안에서 밖으로, 또 밖에서 안으로 번갈아 생각했다. 우리의 철학은 손님들이 중앙 안뜰에 들어서자마자 웅장함을 느끼고, 시선이 파사드를 넘어 후경, 정원, 태양을 향하도록 유도하는 것이었다.

듀플렉스 두 층 모두는 큰 유리창으로 파사드를 덮고 있었다. 유리의 선명함과 투명함은 고석古石으로 꾸며진 안뜰의 기존 환경과 완벽하게 조화를 이루며, 변화를 해치지 않고 옛 시대의 분위기를 유지했다.

이제는 파사드를 친근하게 만드는 것이 남았다. 당시 일본에서 산책한 기억이 떠올랐다. 길가에 늘어선, 나무로 된 격자 울타리 틈새로 엿보인 오래된 집들을 회상했다. 일본인들이 중요하게 여기는 이러한 예속의 힘에서 영감을 얻고자 했다. '예술가는 모든 것을 말하지 않음으로써 보는 관객에게 아이디어를 완성할 기회를 제공한다"(오카쿠라, 앞의 책).

듀플렉스 정면을 덮는 높이 9미터의 나무 슬랫으로 가림막을 만들었으나, 이를 유리 파사드에서 50센티미터 안쪽에 배치했다. 가림막은 나무 슬랫과 가로대의 배열을 통해 공간에 리듬을 주었으며, 슬랫 하나를 쪼개어 사람 눈높이에 더 개방된 시야를 확보해 전체적으로 휴먼 스케일을 부여했다. 슈타유가 제작 및 설치한 이 가림막은 오직 그만이 해낼 수 있을 것 같은 놀라운 작품이었다. 평면은 자유로웠고, 공간은 다양한 리셉션 프로그램에 맞추어 유연하게 사용할 수 있었다.

미닫이 칸막이벽은 파사드와 평행하게 배치되었다. 칸막이벽은 두 구역, 즉 중앙 계단이 있는 리셉션 공간과 공원이 내려다보이는 응접실을 분리했는데, 얇은 금속 골조에 나무 슬랫을 조립한 표면으로 처리했다.

흰색 에나멜로 마감된 판재로 만든 고정 칸막이벽에는 양쪽에 각각 미닫이문이 달려 있어 응접실을 불규칙하게 나누었다. 한쪽 면에는 순백 소재에 '평화'라는 일본어를 검은색으로 썼고,

574

동일한 원칙이 메자닌에도 적용되어 유연성에 대한 요구를 충족시켰다.

계단을 오르면, 하얀 대리석으로 덮인 1층 바닥, 입구, 테라스를 지나 공원의 녹색 잔디밭까지 한눈에 들어왔다.

4층과 5층의 경우, 수납공간은 건축물에 통합되어 침실, 드레스룸, 욕실, 주방, 찬방을 구분했다. 대사관저의 경우 내 멋대로 응접실과 다이닝룸을 하나의 공간으로 결합했다. 중앙에는 좌석 높이에 커다란 판을 두어, 그 중앙을 벗어난 지점에서 겨울이면 장작불꽃이 사방으로 뻗어 나가도록 했다. 불꽃 위로 검은색 에나멜로 칠한 후드를 천장에 매달았다. 사카와의 비밀스러운 협력 덕분에 내 아이디어가 받아들여졌다. 이곳의 문지방을 넘어서면, 복도 끝에 있는 삭은 숭정이 아름다운 천장 조명으로 환히 빛났다.

이 저택을 설계하고 건설하는 4년 동안 늘 순탄하기만 했던 것은 아니다. 토지관리위원회는 이 건물이 주변 환경과 어울리지 않는다는 이유로 우려를 드러냈다. 앙드레 말로가 위원회 구성원들을 설득하기 위해 개입해야 했다. 파리시와의 논의 끝에 1967년 5월 마침내 건축 허가가 났지만, 정년에 도달한 대사는 일본으로 소환되었고, 마쓰이 씨가 그를 대신했다. 세련되고 교양 있으며 친프랑스적 성향을 지닌 그는 친구 하기와라의 열정의 결실인 이 프로젝트를 완성하겠다는 약속을 지켰다.

그에게 이 작업은 쉬워 보였다. "나는 깔린 선로를 따라 미끄러지기만 하면 됐다"(마쓰이 아키라, 『프랑스 태생 일본 대사의 회고록 *Mémoires d'un ambassadeur du Japon né en France*』). 집행 계획이 완성되었고, 업체가 선정되었으며, 예산이 최종적으로 일본 국회에 의해 승인되었다(일본 법률에 따라 비용 인상도 금지되었다). 1968년에 이 아름다운 평온이 깨졌다. 기업 파산, 견적 증가, 그리고 예상치 못한 새로운 부가가치세의 도입으로 공황 상태가 발생했다. 예산을 삭감해야 했다. 생토노레 쪽에 손님 차량을 수용하기 위해 계획된 대형 차고가 취소되었고, 리셉션 당일에는 교통 체증을 피하고자 가브리엘가로 방향이 변경되었다. 대신 일상적으로 사용할 수 있는 작은 차고가 마련되었다. 일본 문화를 상기시키기 위해 하기와라는 공원을 아름다운 일본 정원으로 개조할 계획이었지만, 이를 포기해야 했다. 그것으로 끝나지 않았다. 리에드베르제는 건축 예산을 관리했고, 나는 빌트인 설비와 가구 예산을 맡았다. 희생을 감수해야 했다. 주로 객실 관리와 가구 예산에서 조정했다. 다행히 건축적 조화를 나타내는 빌트인 설비는 건드리지 않고 유지할 수 있었다.

사카는 파리를 너무 자주 방문하면서 눈에 띄게 지쳐 갔다. 그는 방문 간격을 늘렸고, 나는 그를 만나러 도쿄로 가서 일본인 예술가들을 선정하고 건축물에 작품을 배치하는 것을 도왔다. 리셉션을 위해서는 화가 도모토 히사오가 벽에 고정시키는 에나멜 테라코타 타일로 된 벽 패널을 만드는 좋은 아이디어를 냈다.

68년 5월 혁명

1968년 5월 혁명이 발발했을 때, 침착하게 사카와 함께 마지막 단계를 마무리하고 있었다. 나는 다시 한번 일본에 갇힐 위험을 무릅썼다. 거리 투쟁, 대규모 시위, 그리고 체포에 대한 소식이 전해졌다. 나의 젊은 일본인 친구들은 이렇게 말했다. "넌 야구를 할 줄 몰라, 서두르면 안 돼."

나는 파리로 가는 마지막 에어프랑스 비행기를 탔다. 함부르크에 착륙했다. 모든 항공사에 알아봤지만, 비행기가 없었다. 마침내 한 대가 브뤼셀로 떠났다. 걸어서라도 파리에 갈 수 있었으면 싶었다. 무조건 돌아가야 한다는 생각에 사로잡혔다. 브뤼셀 공항에서 끈질기게 문의한 끝에 마침내 파리로 향하는 버스를 찾았다. 국경을 넘자 버스는 한 비스트로 앞에 멈춰 섰다. 나는 나를 기다리고 있을 페르네트에게 가져가기 위해 샌드위치 몇 개를 샀다. 그리고 굶주리고 있을 파리 모습을 상상했다. 마침내 르 부르제에서 버스가 멈췄다. 버스는 거기까지만 운행됐다. 한 외국 회사가 우리를 루아얄가에 있는 자신들의 본사에 내려 주었다. 거리는 완전히 텅 비어 있었다. 나는 경비원에게 짐을 맡아 달라고 부탁하고 걸어서 튀일리 정원과 카루젤 다리를 건너, 저녁때쯤 라스카즈가에 도착했다. 텅 빈 집, 나의 작은 새는 어디로 갔을까? 파리에서 유혈 폭동이 일어났을까? 어디에서? 집 안을 맴도는 고요함이 나를 불안하게 만들었다. 페르네트와 동갑내기인 딸을 둔 제르맨 모네에게 전화를 걸었다. 그녀는 너무 태평하게 말했다. "딸아이를 소르본으로 보낼게요. 페르네트는 아마 거기 있을 거예요. 걱정 마세요." 그리고 이른 아침에 페르네트가 조금 지친 모습으로 귀가했다. 전혀 배고파 보이지 않았다.

페르네트는 당시 국립공예원에서 장 프루베의 수업을 듣고, 시위에 가담했다. 장 프루베와 그의 친구 에코샤르는 카페 되마고에서 이 젊은 학생들의 구호를 듣고 기뻐했는데, 그중 가장 유명한 것이 "금지하는 것을 금지한다"였다. 그는 한 가지 일화를 생각나게 했다. 바로 뉴칼레도니아의 파인즈섬에서 있었던 일이었다. 지나가던 관광객이 약간 취기가 오른 채 현지 소녀에게 말을 걸었고, 소녀는 태연하게 뒤돌아서서 "타부Tabou"라고 한마디를 던졌다. '금기'라는 신성한 의미를 지닌 단어였다.

갑작스러운 상황에 놀란 나는 상황을 파악하기 위해 오데옹극장으로 갔다. 그곳에는 새로운 얼굴들이 계속해서 드나들었고, 홀은 꽉 차 있었으며, 연사들이 잇따라 임시 연단에 섰다. 각 지역에서 모인 많은 사람이 과거 자기 잘못을 고백하고 자아비판을 했다. 그들은 진심으로 자신을 고치고자 하는 열망으로 가득 차 있었고, 그들의 진정성은 감동적이었다. 모두에게 발언권이 주어졌고, 각자의 마음속에 묻히고 억압되어 있던 말들이 정신분석가도, 소파도, 밀폐된 공간도 없이 대낮에 폭발하듯 터져나왔다. 그들은 더 나은 사회를 위해 공개적으로 참회했다. 발코니석에는 아나키스트들, 트로츠키주의자들, 허무주의자들, 마오쩌둥주의자들, 그리고 '~주의자'라는 꼬리표를 단 모든 반체제주의자가 몸을 내밀고 있었다. 말에 도취한 사람들이 몰려들었다. 그리고 모든 것이 이전 상태로 돌아갔다. 증기에 솥뚜껑은 날아갔지만, 솥은 폭발하지 않았다. 우리 각자의 속에 있는 외양, 보이지 않는 것, 예측할 수 없는 것들이 일상의 제약 속에서 터져 나오기만을 기다리고 있었다.

브장송 응용예술학교 학생들이 운동에 동참했다. 학교장이자 호세 루이스 세르트의 절친한 친구인 도단이 내게 고문을 맡아 달라고 청했다. 그래서 1966년부터는 개혁이 절실히 필요한 교육을 혁신하기 위해 매주 그곳에 갔다.

학교에서 석고, 목탄화 그리고 현대 미술에 대한 이해력이 부족한 교사들을 마주했다. 나는 그들의 오랜 습관을 깨뜨리기 위해 왔지만, 그늘은 아랑곳하지 않았다. 그들은 계속해서 그곳에 머무를 사람들이었고, 나는 잠시 있다 떠날 사람이었다. 가끔 내가 방문하는 동안 그들은 마치 우연인 것처럼 학생들을 데리고 식물을 관찰하거나 숲속 공기를 마시러 가곤 했다. 나는 늘 꾸준히 남아 있던 몇몇 학생들을 통해 그 사실을 알게 되었다.

나는 피에르 포슈와 그래픽아트에 대해, 프로벨렝기오스와 도시계획 및 주거 문제에 관해 대화하면서 학생들에게 창작의 문을 열어 주고자 했다. 또한 장 프루베를 통해 금속 구조물을 가르칠 계획이었다. 학생들에게 알토, 미스 반데어로에, 르코르뷔지에, 에펠, 아돌프 로스, 토넷, 그리고 그로피우스가 이끄는 바우하우스학파와 같은 창작자들의 접근 방식을 성찰하도록 격려했다. 그리고 직업의 현실로 이끌기 위해 목재, 청동, 알루미늄, 플라스틱 등 다양한 재료를 연구해야 하는 프로젝트를 내주었다. 학생들이 재료의 실제와 장인의 재료 사용을 직접 경험하도록 도단의 승인을 받아 지역의 가장 우수한 공장에서 단기적으로 실습해 보도록 했다. 이를 통해 창작이 긍정적으로 구체화되고 풍부해졌다. 즉, 동작-형태-기술의 결합이었다.

특별한 경험으로, 나는 도단에게 응용예술학교 및 공업고등학교 학생들에게 동일한 프로젝트를 제공하는 실험을 하도록 요청했다. 결과는 흥미로웠다. 창작과 실현을 결합한 몇 안 되는 훌륭한 프로젝트가 공업고등학교에서 나왔다. 이는 창작이 그저 관념이 아니라 사물의 용법과 그 실현 간의 완벽한 결합이라는 것을 보여 주었다.

나는 당시 교육이 두 가지 개념, 즉 '창작과 구현'을 완전히 분리했다는 것을 깨달았다. 전과 제도도 없고 공통 교양 과정도 없었다. 1966년 5월 '영광의 30년'* 한가운데서 학생들에게 미래에 관해 이야기하자, 그들은 이렇게 답했다. "그게 다 무슨 소용이에요. 저희는 모두 카페 종업원이 될 텐데요." 졸업생들은 학교에서 오랜 기간 교육을 받더라도 그 분야에서 반드시 일자리를 보장받지 못한다는 걸 보여 주었다. 그들은 새로운 실습 프로그램을 거치지 않고는 취업할 수 없었다. 1968년 5월, 학생들은 '회복 가능하게' 만들었다며 나를 원망했다. 평온이 찾아왔을 때, 그들은 방학 동안 계속 성찰하기로 했고 나를 만나고 싶다는

---

* 1945년부터 1975년까지 프랑스의 경제적 호황기

의사를 밝혔다. 두 열차 사이의 빈 시간에 브장송의 한 비스트로에서 그들과 만났고, 나는 그들에게 "어떤 회사를 선택하든 지식이 필요하다고 생각하는가?"라는 주제를 던졌다.

시대에 뒤떨어진 교육에 효과적으로 맞서 싸우기 위해서는 학생들에게 모든 시간을 할애해야 한다는 것을 브장송에서 깨달았다. 하지만 어떻게 내 모든 것을 바칠 수 있을까? 일본 대사관저를 완공하기 위해 파리를, 유엔 회의실 개조를 위해 제네바를, 1967년 이후로는 대형 프로그램에 착수하기 위해 레자르크를 오갔다. 그리고 나의 가족은? 아직 리우에 있던 자크는 일본을 오가며 희생하고 있었다.

나는 도단과 학생들의 기대에 부응하고 싶었다. 나의 작업 방식은 나 자신을 분산시키는 것을 허용하지 않았다. 혼자 작업실에 틀어박혀 프로젝트를 철저히 분석하고 상상하며 내면화한 다음 이를 단 한 명의 협력자에게 전달하여 실행하도록 했다. 또한 한 프로젝트가 끝나면 다른 프로젝트에 착수하는 식이었다. 이렇게 함으로써 품질과 일관성을 확보할 수 있었다. 나는 사무소를 먹여 살리는 일반적인 의무를 부담하고 싶지 않았고, 프로젝트의 선택과 자유를 유지하고 싶었다. 나는 설계 사무소에서 많은 협력자로 구성된 팀보다는 여러 장인으로 구성된 팀을 이끄는 것을 선호했다.

장 프루베는 내가 존경하는 사람인데, 그는 응용예술학교에서 학생들을 가르치기 위해 낭시에서 정기적으로 파리로 왔다. 오늘날까지도 만나는 그의 제자들은 그의 가르침이 오래도록 깊은 인상을 남겼다고 행복하게 회상한다.

나는 일본 대사관저 작업을 다시 시작했고 까다로운 조명 문제를 다루었다. 낮의 건축과 밤의 건축을 고려해, 공원의 녹음과 테라스의 백색을 생생하게 살릴 수 있는 보이지 않는 조명을 구상해야 했다. 응접실에는 크리스털 샹들리에를 두지 않을 예정이었는데, 메자닌 아래 천장 높이 때문에라도 불가능했다. 이 모든 제약을 충족할 만한 것이 시중에는 없었다. 사카는 방문할 때마다 끊임없이 물었다. "조명은 뭐로 할 건가요?" 무엇을 사용해야 할까? 아름다운 여성들과 그들의 장신구를 강조하기 위해서는 간접 무드 조명과 직접적인 스포트라이트가 필요했다. 응접실 공간을 가로지르고, 필요에 따라 조절할 수 있는 이동식 장치의 지지대 역할을 하는 전기전도성이 있는 긴 튜브를 통해 이 문제를 해결하려고 했다. 나는 두 개의 금속판을 V자 형태로 배열하고, 아래쪽을 잘라 내어 저전압 스포트라이트의 빛이 통과할 수 있는 틈을 만든 매우 간단한 조명 기구를 만들었다. 위쪽을 향하는 V의 열린 부분에는 확산형 요오드 램프를 위한 반사 장치를 장착했다. 이 새로운 램프는 일반적으로 사용하지 않는 것이었는데, 우리의 전기 공사를 담당한 업체 덕분에 이 실험을 성공시킬 수 있었다.

사카에게서 나쁜 소식을 전해 들었다. 그를 만나러 도쿄로 가기로 했다. 그는 매우 쇠약해진 상태로 병실에 있었다. 나의 가여운 사카. 그는 나를 위해 무엇을 할 수 있을지에 대해 걱정했다. 나의 매우 소중한 친구. 얼마 후 해변에서 휴식을 취하고 있을 때였다. 사카가 우리 곁을 떠났다는 소식이 전해졌다.

1970년 4월 29일, 일왕 생일에 대사관저가 개관되었다. 대사는 임무를 마치고 고국으로 돌아갔다. 공사 마지막 며칠 동안 시몬 프루베와 슐로서는 황마실로 만든 긴 슬라이딩 패널을 설치해 유리 창문을 가렸고, 나는 마지막으로 흰색 대리석 바닥에 빨간색, 노란색, 보라색으로 된 커다란 고급 양모 카펫을 깔고 손님의 편안함을 위해 부속 가구를 놓았다. 커다란 원을 형성하는 나폴레옹 3세 양식의 리셉션 소파를 떠올리며 비슷한 아이디어를 냈다. 탈착식 좌석 열두 개로 구성하되 각 안락의자의 외부 프레임은 에나멜 도금 강철로, 좌석은 천연 가죽으로 감싼 스펀지로 처리했다. 직경 12미터의 세 원형 공간에 서른여섯 개이 자서을 배치할 수 있었고, 대규모 리셉션이 열릴 때는 실내와 테라스 바깥에도 배치할 수 있었다.

"샤를로트 페리앙은 굉장했다. 아내는 그녀가 보여 준 현대식 가구를 보며 기뻐했다. 1층에는 잘 꾸며진 안락의자들이 독특한 배치로 장식을 만들어 냈다. 아내는 손님에 따라 의자들을 쉴 새 없이 이곳저곳에 배치해 보기를 즐겼고, 그리하여 응접실은 매일 다른 모습과 분위기를 선사했다. 다이닝룸의 테이블은 손님 수에 맞게 조합할 수 있었다. 일본에서 가져온 예술 작품들을 위한 독특한 조명은 그 작품에 묘한 존재감을 부여했다"(마쓰이 아키라, 앞의 책).

개관식 날 저녁에 현관 계단을 올랐다. 손님들이 카펫과 같은 색깔의 부츠를 신고 있었다. 시간이 부족해 카펫을 털지 못한 탓이었다. 대참사였다. 모두가 이 이상한 현상을 인지하지 못하는 것 같았다. 손님들은 카펫 위를 밟고 지나가며 빨랫방망이 역할을 해 주고 있었다.

오늘날 나는 건축의 빌트인 설비를 우선시했던 결정에 만족한다. 그것이 공간을 구성하고 장소의 조화를 만들어 낸다. 본래 '동산動産'인 가구는 주어진 공간을 일시적으로 점유한다. 예술 작품과 마찬가지로 가구는 사용자가 자신의 개성과 취향을 표현하고자 하는 이미지의 일부다. 마쓰이 여사는 내가 제공한 사용법 덕분에 가능한 모든 가구 조합을 충실하게 풀어냈지만, 후임자들은 그렇지 못했다. 가구는 듀플렉스와 1층을 이동하다가 결국에는 지하 창고로 옮겨지고, 심지어 프랑스 왕실 스타일의 안락의자로 대체되었다. 대사들은 본질적으로 매우 보수적인 외교단 출신으로, 지우기 어려운 오랜 전통의 순응주의를 물려받은 사람들이었다.

대사관이 지역의 정체성을 존중하면서도 현대성을 갖춘 것은 하기와라 씨의 공으로, 결코 쉬운 일은 아니었다. 한편, 그 결과가 궁금했던 역사 기념물 감독관들은 이 건물이 통합의 훌륭한 본보기라고 결론 내렸다.

이 프로젝트는 4년이라는 긴 시간 동안 나를 사로잡았다. 그런데도 나는 리우에서 자크를 만나고, 자크와 함께 페루, 볼리비아, 칠레의 잉카 후손들을 만나며 자유의 시간을 보냈다. 그리고 칠레에서는 미스 칠레를 만나기도 했다. 아리카에서 추키카마타 구리 광산으로 가는 도중에 작은 마을이 있었는데, 그곳 주민들이 '산 자를 묻고 죽은 자를 발굴하는 사람'이라고 부르는 사제가 매일 삽을 챙겨서 지프차를 타고 떠나 봉분을 탐사하고 봉분에 있던 물건들을 가져왔다. 그중에는 안데스 고원의 건조 기후 속에 완벽하게 보존된 미라가 담긴 항아리도 있었다. 미스 칠레도 그중 하나였다. 그녀는 아름다운 검은 머리카락과 뼈 위에 양피지처럼 남은 피부, 그리고 마치 영원한 듯한 아름다운 미소를 간직하고 있었다. 안타깝게도 그녀는 연대 추정을 위해 보내진 런던에서 훼손되고 말았다.

하지만 내 마음은 항상 나를 브라질로, 나의 친구들에게로 이끌었다.

갈증의 삼각지대, 세르탕

바이아Bahia, 브라질의 대문호 조르지 아마두가 멋지게 묘사한, 관능적이고 음악적이며 생동감 넘치는 흑인의 도시에 나는 매료되었다. 오래된 시장에서 가판대들이 늘어서 있는 삐걱거리고 물이 뚝뚝 떨어지는 판자 위를 거닐었다. 온갖 종류의 짐꾼들에게 흔들리고 밀쳐지며 이리저리 휘둘렸다. 활기차고 생동감이 넘쳤다. 풍요롭고 값진 삶이었다.

나는 황홀함과 혐오감 사이에서 거의 진저리를 내며 그곳을 벗어났지만, 매우 인간적이고 감정을 잘 드러내는 군중, 풍만하고 웃음기 가득한 바이아의 아름다운 소녀들과 어울릴 수 있어서 기뻤다. 결국 동네의 작은 영화관에서 휴식을 취하기 위해 나섰다. 나는 종종 아이들 옆자리에 앉아 그 지역의 삶을 느끼고 분위기를 살피기 위해 영화를 보러 가는 것을 좋아한다. 영화관에서 스크린에 투영된 국가의 모습, 감정, 심지어 충동까지 발견한다. 물론 때로는 실패할 때도 있지만, 그날은 그렇지 않았다.

이야기는 목마른 땅, 세르탕에서 펼쳐진다. 가뭄을 피해 끊임없이 탈출하는 여러 가족들. 그중 갈라진 땅, 첫 번째 수용소에 도착하여 건강 검진을 받는 가족들, 아름다운 소녀를 탐욕스럽게 곁눈질하는 의사. 의사의 집에서 가족의 이익을 대가로 파놓은 함정. 광적인 종교적 신념과 비인간적인 엄격한 명예 의식을 지닌 아버지는 옛 관습에 따라 딸이 창녀가 되었다는 소식을 듣고 딸을 부인한다. 의사에게 버림받은 딸은 결국 남성들이 찾는 바에서 다른 동료들과 함께하고, 그녀의 가족은 허가증을 손에 넣어 떠난다. 기차가 지나가고, 소녀는 마지막 작별 인사를 위해 달려가고, 그녀의 아버지는 커튼을 닫는다. 그녀는 돌아서고, 관객들을 향해 스크린 가득 큰 가래침이 뭉개진다. 이렇게 강렬한 영화는 처음이었다.

"이 지역의 주민들은 오랜 경험을 통해 12월 12일부터 3월 19일까지 가뭄 기간을 정했다. 이 기간 외에는 재해가 사라진 적이 한 번도 없었다. 재해가 3월 19일을 넘어서면, 다음 계절이 올 때까지 그해 내내 지속되었다……"라고 에우클리데스 다 쿠냐는 『세르탕: 카누도스 전쟁 *Os Sertões*』에 썼다.

상상 속에서 현실로, 나는 세르탕에 갔다. 1964년 4월 군사 쿠데타가 일어나기 전에 비올레타 제르베조가 나를 그곳으로 데려갔다. 그녀의 오빠인 미게우 아하이스는 당시 페르남부쿠주의 주지사였다.

헤시피 도시는 가뭄을 피해 도망친 이 불행한 사람들의 마지막 정착지였다. 지치고 수척해진 그들은 생존 필수품을 찾으러 이곳에 왔고, 도시의 거대한 쓰레기장 옆에 나뭇가지로 거처를 만들었다. 아이들과 여자들이 이 쓰레기 더미에 자리 잡은 공격적인 독수리들과 먹을 것을 놓고 다투었고, 나머지 독수리들이 하늘을 가리며 그 주위를 맴돌았다.

"카라카라는 용맹하고 잔인하지. 카라카라는 세르탕의 독수리라네. 어린 양들이 물웅덩이에 있을 때도 카라카라는 마른 땅으로 길이내 죽이시." 이 노래에서 마리아 베타니아*는 고통받는 노르데스치 지역의 소식을 매일 즉흥적으로 도입부에 덧붙였다.

"1950년에 200만 명이 넘는 노르데스치 사람들이 고향 밖에서 살고 있다. 세아라 인구의 10퍼센트, 피아니의 15퍼센트, 바이아의 15퍼센트, 아마조니아의 17퍼센트가 이민을 간다."

검열을 받을 때마다 그녀는 다른 뉴스로 바꿔치기했다. 정말 용감한 마리아. 그리고 이 외침은 점점 커지며 더 깊은 곳에서 울려 퍼진다. "카라카라는 배고픔 때문에 공격하고, 죽인다. 카라카라는 굶어 죽을 것이다. 카라카라는 인간보다 더 용감하다.

---

* Maria Betânia, 1946~ . 브라질 가수

카라카라는 공격하고, 죽인다. 카라카라는 배고프다……." 이 노래는 브라질풍의 느리고 향수를 불러일으키는 리듬으로 시작된다. "가장 높은 하늘에 계신 우리 주님께 영광, 주님의 땅에서 고통 속에서 저를 살려 주소서."

어느 날, 태양 아래 한 어린 소녀가 내 앞에 나타났다. 분홍색 옷을 입고 활짝 웃던 그 아름다운 소녀가 비참한 피난처 문 앞에서 어른거렸다. 천사 같은 그 소녀는 희망이었다.

도시에서는 보자르의 건축학부 학생들이 1936년 우리가 다른 분야에서 그랬던 것처럼 이 시급한 문제에 대한 해결책을 찾고 있었다. 그들은 '카주에이루 세쿠Cajueiro Seco'라는 수용 도시를 조성하는 것에서 그 답을 찾았다. 흙바닥의 광장에는 공동 수도전과 전기 계량소, 그리고 일을 가르치고 배우기 위한 창고가 있었다. 이 경우에는 신발 제조였다. 조금 떨어진 곳에 꽃이 활짝 핀 나무 아래 화려한 '현대식' 위생 트럭이 빛나고 있었다. 도시의 보물이자 자랑거리였다. 그리고 숙박을 위한 부지가 위치했는데, 일부는 이미 완공되고 일부는 아직 건축 중이었다.

새로운 신청자는 도시 쓰레기장에서 회수한 판자, 야자수 잎, 양철통 등의 자재로 직접 거주지를 짓는 것이 규정이었다. 전기는 집 공사가 완공되어야만 공급되었는데, 이는 권리 소유자들이 자기 부지를 덜 가난한 사람들에게 양도하는 것을 막기 위해서라고 했다.

이 경험은 당시 파리 가정예술박람회에서 일부 업체가 50만 프랑에 기본 생활 주택을 제안한 것을 생각하게 했다. 얼마나 큰 불일치인가! 50만 프랑이라는 금액과 기본 생활 주택이 연결된 다는 사실 자체가 큰 충격이었다. 왜냐하면 그 금액은 삶의 현실 에서 한참 벗어나 보였기 때문이다.

내륙 지방, 카루아루 인근 작은 마을에서 키 크고 마른 남자가 머리에 세르탕 지역 특유의 가족 모자를 썼는데, 모자는 악천후 때문에 딱딱해지고 울퉁불퉁해져 있었다. 그는 시선을 먼 곳으 로 향한 채 자신을 버린 신에게 중얼거리듯 주문을 외우며 십자 성호를 그었다. 그는 목석처럼 돌아다녔다. 나도 모르게 그를 따 라 바닥에 놓인 가판대를 가로질러 갔다. 밀짚모자, 가난한 세르 탕 주민들의 탈출을 묘사한 갈색 진흙으로 만든 사실적인 장면 들, 그리고 다양한 가정용품이 내 관심을 사로잡았다. 정성껏 고 른 양철 깡통으로 만든 작은 공예품들이었다. 손잡이를 달아 컵 을 만들고, 자루를 붙여 냄비를 만들고, 구멍을 내 여과기를 만 들었다. 이 모든 실용적인 물건은 딱 알맞은 곳에 장식되어 있었 다. 그러나 이미 상파울루에서 트럭으로 실어 나르는 공산품들 이 나타나기 시작했다. 그것은 진보였을까? 큰 실수였다. 문명 은 그 나라의 취약한 경제를 급격히 고갈시켰고, 주민들은 동시 대를 살고 있지 않았다.

재능 있는 건축가 리나 보 바르디는 이 민중예술에 빠졌고, 바 이아 지역에 박물관을 준비해 무無에서 유有를 창조해 낸 창작 물을 전시했다. 얼마나 풍부한 상상력인가!

헤시피로 가는 길에 동전 몇 푼을 벌기 위해 아이가 차에 치일 위험을 무릅쓰고 필사적으로 우리에게 칠면조를 건넸다. 저녁에 미게우 아하이스가 물었다. "공예품에 기여할 생각이 있으신가요?" 환경이 달랐기에 일본에서의 경험은 아무 소용이 없었다.

바이아에서 리나 보 바르디의 민중예술 박물관이 문화적 해답을 제시했다. 그러나 문맹과 가뭄에 맞서는 중요한 투쟁이 남아 있었다. 나는 이 문제들에 직면하게 되었다. 무엇을 생각해야 할까? 무엇을 해야 할까? 너무 많은 문제가 있었고, 이는 사회뿐만 아니라 인간과 지질학적 요인과도 관련 있었다. 이를테면, 파괴적인 기후, 북동풍, 폭염, 갑작스러운 폭풍, 사막과 소생을 반복하는 독특한 습도 등이 있었다. 이러한 변화가 절정일 때에 나는 그곳에 있었다. 그 문제에 매달려 미게우 아하이스의 질문에 답하고 싶었다. 그러나 솔직하게 나에게는 답이 없었다.

그곳에서 나는 인간 본성에 닿아 있었다. 너무 거칠고, 너무 강하며, 동시에 너무 아름다웠다. 이 감정이 나의 마음을 사로잡아 잠시나마 헌신하고 싶은 강렬한 열망을 불러일으킨 것일까?

세르탕 주민들은 꿈을 가득 안고 이 땅으로 돌아온다. 12월 어느 날 필연적으로 다시 떠나야 한다는 것을, 개를 죽이고 앵무새를 잡아먹고 아마릴리스가 다시 피어날 갈라진 땅에서 사랑을 나눠야 한다는 것을 알면서도 말이다.

1964년 쿠데타 이후 아하이스는 체포되어 수년간 추방당했다. 독재정권이 집권했다. 리나 보 바르디 박물관은 브라질에 대한 나쁜 선전으로 간주되어 철거되었다. 리우의 부유한 저택들 외에도 암살단이 파벨라 빈민가를 쓸어버리고 가족들을 도시에서 멀리 추방했으며 심지어 바다에 던지기까지 했다는 소문이 돌았다. 15년이 흘러 정치적 사면을 받은 미게우 아하이스는 1979년 헤시피로 돌아왔다. 그는 1988년에 페르남부쿠주의 주지사로 재선되었다. 법치가 회복되기까지 20년이 걸렸다. 1988년에 비올레타는 세아라주의 문화부 국장으로 3년간 임명되었다. 그녀를 통해 나는 지금도 그 순간들을 회상한다. 그녀는 언젠가 파벨라의 빈민들이 자발적으로 만든, 리우에서 몇 센트에 팔리는 아름다운 화병 하나를 가져다주었다. 플라스틱이었는데, 가운데를 자르고 가장자리를 잘라 접어서 꽃부리를 만들어 냈다. 놀라운 작품이었다.

우리는 학교에서 창의성을 발휘하는 것이 아니다. 모든 사람은 태어나면서부터 이미 창작자이며, 학교 교육이 이를 강화하거나 변질히는 것이다. 아이의 그림이나 원시 시대의 물건, 그리고 철사로 마법을 일으키는 호안 미로나 알렉산더 콜더처럼 어린 시절의 영혼을 간직한 '새로운 시대'의 일부 예술가들이 그 증거라고 할 수 있다.

'갈증의 삼각지대'로 알려진 세르탕은 브라질 전체가 아니다. 이 광활한 영토는 세 지역으로 나뉜다. 중심부 고이아스 고원에 행정 수도 브라질리아가 있고, 이는 아마조니아를 포함해 아직 개발되지 않은 지역을 개발하기 위해 신중하게 선택된 위치다. 새 도로가 브라질리아를 벨렘과 연결했고, 다른 많은 도로가 이어졌다. "강한 민족은 약한 민족을 무력으로 파괴하지 않는다. 문명으로 짓밟는다"(에우클리데스 다 쿠냐, 앞의 책). 이는 인디언의 죽음을 의미한다. 브라질 헌법으로 보호받고 있지만 말이다.

인디언은 환경과 공생하며 20세기 말까지 살아남았으며, 우리 눈앞에서 우리가 이미 지나온 시대에 살고 있다. 그러나 그들은 우리의 침입을 견뎌 내지 못할 것이며, 단순한 독감으로도 생명에 위협을 받는다. 우리의 이기적이고 유해한 선물들, 이를테면 칼과 술은 그들을 타락시킨다. 실오라기 하나 걸치지 않고 순수함을 아름답게 간직한 그들은 우리의 헌 옷을 입고 우리 문명에 너무 잔인하게 던져졌다. 그들은 우리와 동시대를 살고 있지 않으며 동화될 수 없다. 우리는 생명의 기원과 우리 자신에 대해 많은 것을 발견했음에도 불구하고, 우리에게는 그들에게 그리고 우리의 어린 세대에게 제시할 가치 있는 것이 아무것도 없기 때문이다.

세기말 우리는 문명의 단절을 목도하고 있다. 내가 알던 인간은 더 이상 예전 같은 모습이 아니다. 오늘날 인간은 자아를 모색하고 자신에게 질문을 던지고 있다. 인간이 질문을 던지도록 해야 한다. 사회는 개개인의 의식으로 구성되어 있기 때문이다.

벨렘에 도착하기 위해 고이아스 마을을 출발해 불완전한 활주로에 기착하는 경비행기를 타고 국토를 가로질렀다. 도착하자 나무 발판과 서류를 위한 작은 테이블이 무심하게 놓여 있었다. 숲 주변부에서는 완전히 벌거벗은 두 명의 젊은 인디언이 나무 오두막에 기대어 깊고 슬픈 눈으로 비행기를 바라보고 있었다. 그들은 무슨 생각을 하고 있었을까?

또 다른 삶의 형태가 자리 잡고 있었다. 이 50만 명의 브라질리아 주민들을 위한 식량이 필요했고, 오늘날에는 그 수를 훨씬 넘어섰다. 지역의 주지사는 수천 헥타르의 토지를 양도해 가축 사육을 위한 대농장을 조성하도록 장려했다.

이 사업을 위해 리우와 상파울루의 의료계 팀이 꾸려졌다. 심장 전문의 빌렐라 박사와 일반의, 방사선 전문의로 구성되었다. 이들은 사명감을 가지고 고이아스 고원에서 목축업에 뛰어들었다. 또한 북쪽 지역에서 삼림 식물을 수확해 현장에서 가공하는 의약품 제조 사업에도 적극 참여했다. 빌렐라 박사는 자신의 전문 분야를 대표하여 고위급 컨퍼런스에 참석하기 위해 유럽을 오가기도 했다.

그들은 사람들을 돌보는 일을 자기 직업이자 열정으로 삼은 개척자였다. 그들의 여가란 지역 변화와 관련 있는 모험 활동을 펼치는 것이었다. 그들의 새산은? 그들은 미개척지 개발에 중개인을 거치지 않고 직접 투자해 번창했다. 이 모든 일을 아내와 함께 기쁘고 관대한 마음으로 했다. 그리고 나를 기꺼이 자기 팀에 초대했다. 리우에서 나는 시네마 노보Cinema novo의 창립자 중 한 명인 루이스 카를로스의 집에서 빌렐라와 그의 아내 루시올라를 만났다. 우리는 같은 가치관을 공유했고, 나는 친절한 그들을 알게 되어 기뻤다.

경비행기는 선이 가까스로 표시된 활주로에 나를 내려 주곤바로 떠났다. 나는 곧바로 숨 막힐 듯한 더위에 휩싸였고, 일주일도 버틸 수 없을 거라는 우울한 생각이 들었다. 그때 갑자기 덤불 속에서 나온 팀원들이 환한 얼굴로 나와 함께 온 페르네트와 들릴을 향해 두 팔을 벌려 환영했다. 정오가 되어 수영할 시간이 되었다. 팀원들은 우리를 아라과이아강으로 데려갔다. 강물은 매우 맑았고, 450킬로미터를 더 흘러 또 다른 강인 토칸칭스강으로 흘러갔다. 토칸칭스강은 다시 450킬로미터를 더 흘러 아마존강과 합류했다. 우리는 새소리를 듣고 백로를 보며 기분을 새롭게 했다. 백로는 꽃이 만발한 그늘진 강가를 날아다녔다. 마치 낙원처럼 보였다.

우리의 허름한 대농장에서 보낸 첫날 밤은 소란스러웠다. 신음과 비명, 모두 꿈을 꾸는 루시올라가 내는 소리였다. 나는 창문에 걸린 모기장을 사이에 두고 밤의 모든 소리에 귀를 기울이며 깨어 있었다. 매일 새로운 발견을 하며 하루하루가 지나갔다. 어느 날은 큰 호수에서 낚시를 했다. 동이 트기 전에 카누, 해먹, 낚싯대, 소총을 실은 오프로드 트럭을 타고 떠났다. 대농장의 남자들, 두 명의 인디언 청년, 그리고 우리 친구들이 함께했으며, 그중에는 풍만한 배에 두 개의 탄띠를 두른 방사선과 의사도 있었다. 나무와 하늘에는 새들이 가득하고, 땅에는 작은 타조 같은 새인 에뮤들이 뛰어다니는 자연에 취해 있었다.

호수에 도착하자마자 캠프 설치로 분주해졌다. 나무에 해먹을 매달고, 카누를 물에 띄웠다. 이미 인디언들이 낚싯줄로 작은 피라냐들을 낚고 있었다. 면도날 같은 이빨을 가진 피라냐들에게 손가락을 잃지 않으려면 먼저 그들을 기절시켜야 했다. 만약 그중 하나를 물에 다시 던지면, 피 냄새에 이끌려 피라냐 무리가 몰려들어 난장판이 된다. 피라냐들은 미끼로 주어진 소 한 마리를 떼로 덤벼들어 먹어 치울 수 있다. 멀리서 우리의 카누가 물

위를 빠르게 달리고 있었다. 남자들은 피라루쿠*를 지치게 한 후 배로 끌어 올렸다. 이 작업은 매우 위험해 보였다. 이 큰 물고기는 무게가 80~100킬로그램이나 나가고, 비늘은 노동자의 엄지손톱보다 더 커서 주방에서 강판으로 사용될 정도였다.

나는 땅에서 1미터 높이로 기분 좋게 흔들리는 해먹에 누워 낮잠을 잤다. 그 사이에 인디언 한 명은 나뭇가지에 엎드려 치타처럼 다리를 늘어뜨리고 페르네트가 자신을 길들이려는 모습을 지켜보았다.

다음 날, 우리는 좀 더 긴 탐험을 떠났다. 이번에는 아주 신비로웠다. 카누 없이 장비만 챙겨 큰 호수로 갔다. 단조로운 사바나 풍경 속에 있던 나는 트럭 앞에서 뭔가 소란스러운 움직임을 감지했다. 트럭의 바퀴 자국을 분명하게 볼 수 있었다. 누굴까? 호수의 약탈자들일까? 우리는 신중하게 계속 전진했다. 그러다가 호숫가에 도착했을 때 온갖 캠프 장비를 발견했다. 텐트들, 거대한 냉장고, 그 아래에 맥주와 위스키 상자들, 빈 병들이 널려 있었다. 약간 무질서했다. 작은 카이만악어 종류인 자카레가 나무에 못 박혀 있었다. 공격적으로 보이는 남자들이 우리 앞에 나타났다. 우리는 서로의 수를 셌다. 그때 빌렐라가 말했다. "여기는 사유지입니다, 알고 계세요? 이틀 내로 캠프를 철수하세요." 우리는 돌아섰다. 충돌은 없었다. 양쪽의 힘이 대등했기 때문이었다. 나는 트럭에 실린 무기들의 유용성을 더 잘 이해하게 되었다.

• 아마존강에 사는 민물고기

긴 하루가 너무 빨리 지나갔다. 곧 떠나야 했고, 나는 아라과 이아강 맞은편 바나날섬에 한 인디언 부족이 머무른다는 것을 알았다. 페르네트가 롤라이플렉스 카메라로 마음을 사로잡은 우리의 작은 인디언도 그곳 출신이었다. 나는 그곳을 방문하고 싶었다. 가능했지만, 적은 인원으로 조용히 가야 했다. 빌렐라가 활주로 끝까지 동행했다.

숙소에서는 여성들이 다리에 문신을 하느라 매우 바빴다. 방문하기에 적절한 날이 아닌 것 같았다. 우리는 되돌아갔고, 한 나이 많은 인디언이 우리를 따라왔다. 어쩌면 주술사일까? 그가 우리에게 말을 걸며 들릴의 셔츠를 만졌다. "내게 뭘 원하는 거지?" 들릴이 불안해하며 물었다. "네 셔츠지!" 그는 셔츠를 벗어 인디언에게 주었고, 인디언은 셔츠를 입고 갈대 오두막 중 하나로 사라졌다가 눈이 터진 큰 독수리를 가지고 나와 우리 발치에 던졌다. 어떻게 해야 할까? 우리 안내자는 인디언에게 독수리를 정중하게 돌려주었다. 그 행동은 무슨 의미였을까? 결코 알 수 없었다. 그 인디언은 그의 카누 옆에 있는 우리 카누까지 따라와 노래를 부르며 우리와 함께했다. 만족스러워 보였다.

그는 대농장에서 노동자 숙소 앞에 놓인 긴 벤치 끝에 앉았고, 이어 우리 숙소의 뜰로 다가갔다. 한쪽 벽에는 쇠세숫대야가 걸려 있었고, 그 위에는 두 개의 못 사이에 거울이 놓이고 빗이 걸려 있었다. 그는 자신을 한참 바라보다가 거울과 빗을 들고 멀어졌다. 빌렐라가 설명한 대로 그들은 우리와 같은 소유 의식을 가지고 있지 않았다. 따라서 그들을 도둑이라고 할 수는 없었다.

출발하는 날이 다가왔다. 우리는 환경과 상황, 예상치 못한 일들에 완벽하게 적응하며 즐겁게 일주일을 보냈다. 유머 감각이 좋은 젊은 인디언이 머리를 넣을 수 있도록 가운데 구멍이 뚫린 천 조각을 입고 우리를 찾아왔다. 기민하고 예리한 눈의 인디언은 페르네트에게 신뢰를 받았다. 그날 아침, 우리가 베란다에 앉아 있을 때 그는 하늘을 향해 손가락을 들어 올리며 비행기가 곧 도착할 것임을 알려주었다. 착륙 20분 전이었고, 우리는 아직 아무 소리도 들을 수 없었다. 젊은 인디언 친구는 우리가 잃어버린 감각을 지니고 있었던 것이다.

르코르뷔지에와 피에르 잔느레의 죽음

1965년 8월 27일 아침, 리우에서 여유롭게 쉬고 있을 때였다. 자크가 갑자기 집으로 돌아와 파리행 에어프랑스 항공권 두 장을 건넸다. 그리고 르코르뷔지에가 카프마르탱에서 익사했다는 소식을 전했다. 소식은 삽시간에 전 세계로 퍼져 나갔다. 루시우 코스타와 나는 아무 말도 하지 못한 채 깊은 상념에 빠졌다. 그날 밤늦게 로크브륀에 도착했다. 나는 어둠 속에서 역의 벤치에 털썩 쓰러져 잠들었다. 루시우 코스타는 혼자 르코르뷔지에의 카바농(오두막)에 갔다. 르코르뷔지에는 안치소로 옮겨졌다.

다음 날 아침에 우리 둘은 안치실 문을 넘어섰다. 그와는 어울리지 않는 과하게 감미로운 음악이 정적을 깼다. 르코르뷔지에는 흰 시트 속에 얼굴만 드러내고 있었다. 루시우가 다가가 시트를 바로잡아 그의 손을 드러냈다. "그는 정말 아름다운 손을 갖고 있었지"라고 코스타가 말했다. "두 손 가득 받았고, 두 손 가득 내주었다." 르코르뷔지에가 찬디가르를 위해 쓴 글이었다.

그의 절친한 친구였던 앙토니오즈가 그를 데리러 왔다. 그들은 코스타와 함께 르코르뷔지에가 탄생시킨 '라투레트la Tourette 수도원'으로 가서 행복한 하룻밤을 보냈다. 나는 파리의 세브르가 수도원 현관에 있는 돌계단 아래에서 르코르뷔지에를 다시 만났다. 그 앞에는 중세 시대처럼 아름다운 벽걸이 태피스트리가 걸려 있었다. 그가 인간의 더 나은 삶을 위해 전념한 일터에서 그와 잠시 연결해 주는 시간이었다. 그리고 마지막으로 루브르궁의 안뜰에서 성대한 장례를 치렀다. 그날 저녁은 날이 쌀쌀했다. 말로는 그에게 경의를 표했다. "잘 가시오, 나의 오랜 스승이자 나의 오랜 친구여, 평안히 잠들길……. 여기 갠지스강의 성수와 아크로폴리스의 흙이 있습니다." 프로벨렝기우스와 바르마가 르코르뷔지에에게 바치는 선물을 들고 다가갔다. 그의 친구들은 모두 그곳에 있었다. 모두가 비탄에 빠져 애통해했다.

우연히도 바로 그날, 자클린 잔느레는 찬디가르에서 르코르뷔지에의 사촌이자 수년 동안 동업자였던 삼촌 피에르를 데려왔다. 피에르는 아픈 몸으로 자신에게 맡겨진 임무를 완수하기 위해 끝까지 싸웠지만 더는 버틸 수 없었다. 자클린은 그가 퇴행성 질환을 치료받을 수 있도록 제네바로 데려갔다.

장 프루베, 호세 루이스 세르트, 그리고 나는 제네바로 가서 매우 쇠약해진 피에르와 재회했다. 식탁에 앉아 이런저런 이야기를 나누던 중에 피에르가 물었다. "코르뷔는?" 그가 우리의 표정을 읽더니 대답을 기다리지 않고 말했다. "죽었구나."

2년 후 피에르가 우리 곁을 떠났을 때, 그는 이미 죽은 사람이나 마찬가지였다. 솔직히 말해 삶은 스스로 두 발로 살아갈 수 있을 때 살 만한 가치가 있다.

자클린은 피에르의 뜻에 따라 그의 유골을 찬디가르로 가져왔다. 그녀는 광택이 나는 조잡한 나무 상자에서 그의 유골을 꺼내 아주 소박한 상자로 옮겨 담았다. 전직 모형 전문가 피에르가 애정을 담아 만든 상자였다.

그는 사랑받는 법을 알았다. 모두가 하얀 옷을 입고 수크나 호숫가에 서 있었다. 자클린이 바르마와 펀자브 주지사와 함께 피에르가 만든 작은 배 '르 루파르Le Rupar'에서 전통대로 그의 유골을 생명의 원천인 호수에 뿌렸다. 이 소박한 의식에서 평온한 기쁨이 발산되었고, 도시의 군사경찰들은 평화를 사랑하는 그들의 형제를 기리기 위해 비무장 상태로 왔고, 조경사들은 도시의 모든 장미를 가지고 왔다. 황금빛 석양 아래 모두가 애정을 담아 흩뿌린 꽃잎들이 피에르의 마지막 가는 길을 함께했다. 자클린은 마치 아름다운 꿈을 꾸는 듯이 이 숭고한 순간을 경험했다.

피에르를 위한 장미 꽃잎들. 르코르뷔지에를 위한 추노문을 읽던 앙드레 말로의 목소리, 갠지스강의 물, 아크로폴리스의 흙, 이 모든 요소는 그들의 위치를 잘 나타내는 동시에 삶에서처럼 그들을 하나로 묶어 준다.

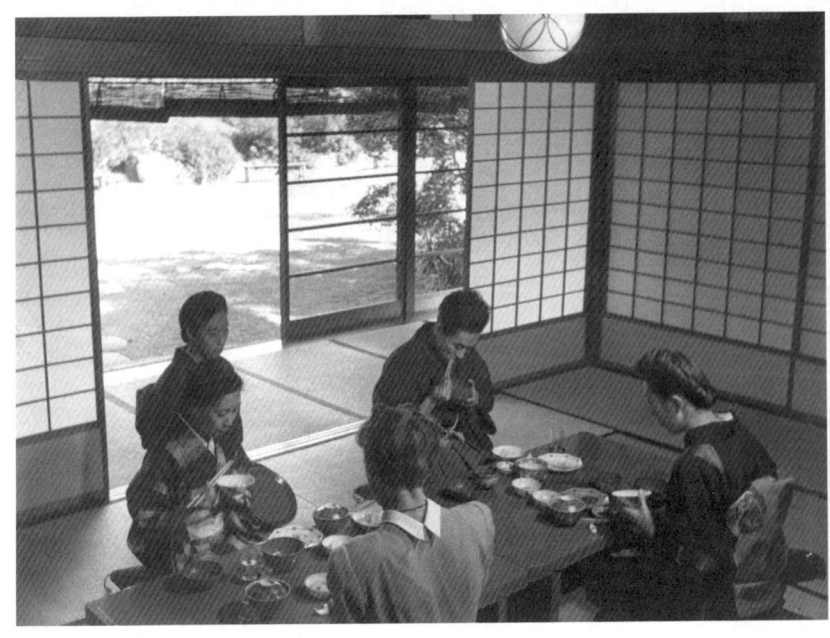

1940년 도쿄. 야나기 소리, 미카미와 함께 있는 샤를로트 페리앙

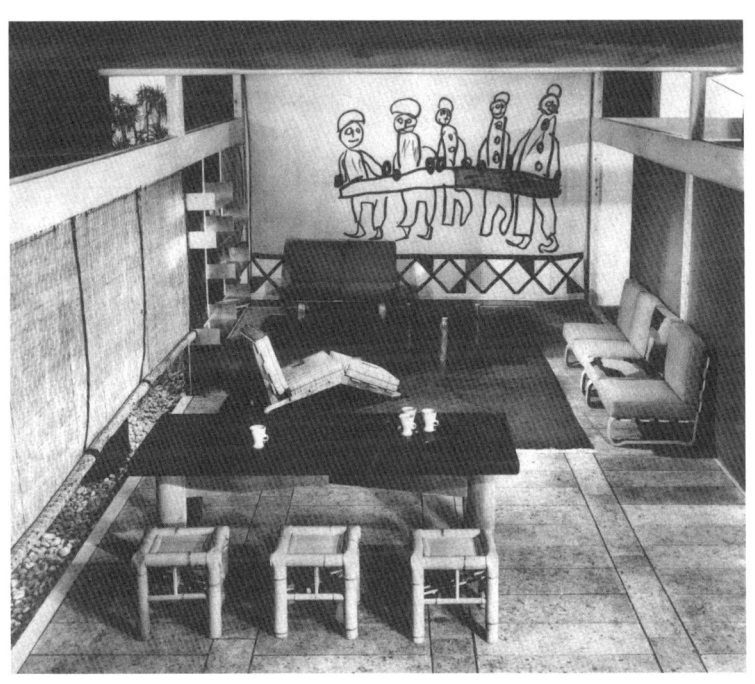

1941년 도쿄, 오사카 전시 《전통, 선택, 창작》

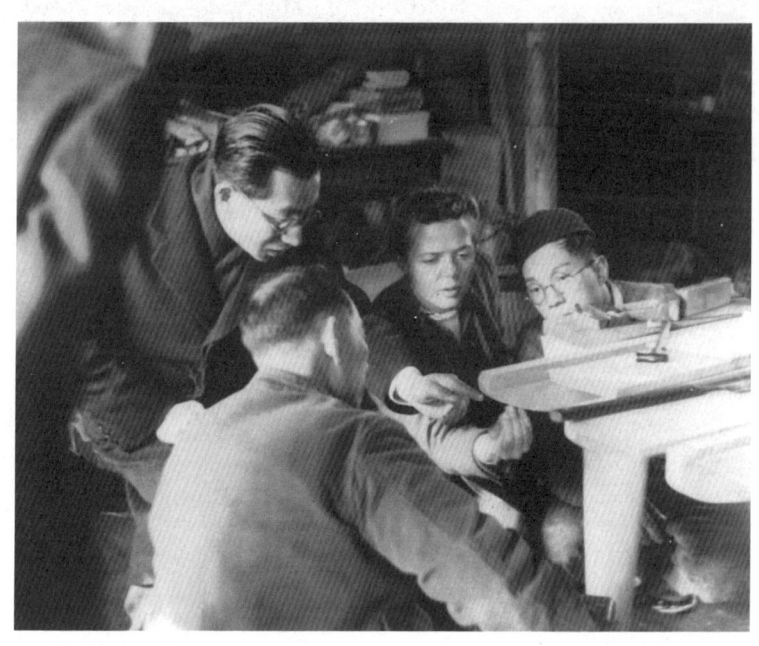

1941년 샤를로트 페리앙, 사카쿠라 준조

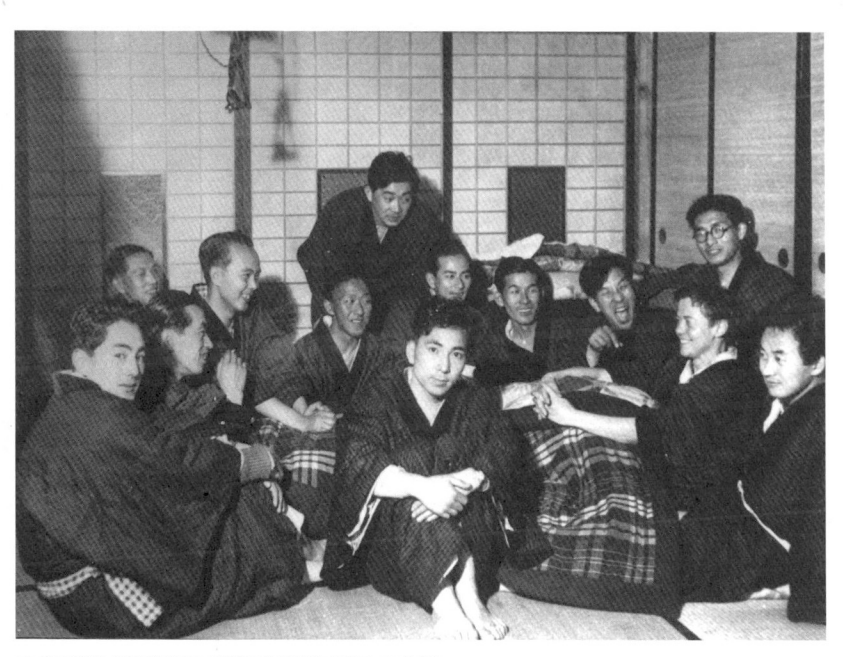

1941년 일본. 센다이연구소 학생들과 함께한 샤를로트 페리앙

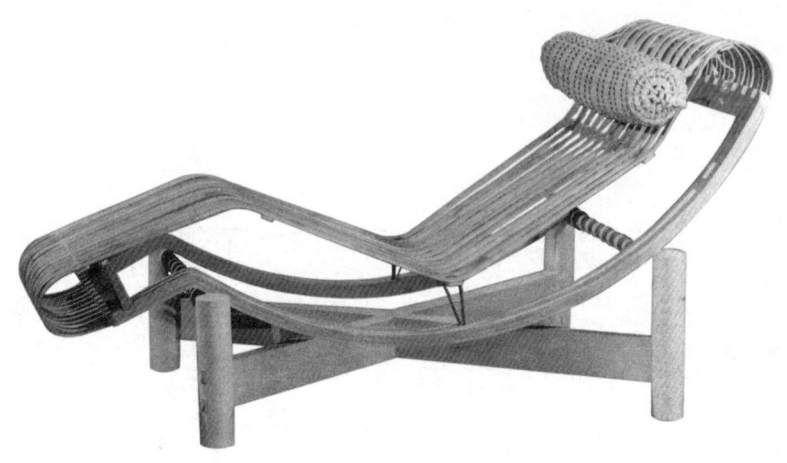

1940년 일본. 강철로 만든 '셰즈 롱그'의 대나무 버전

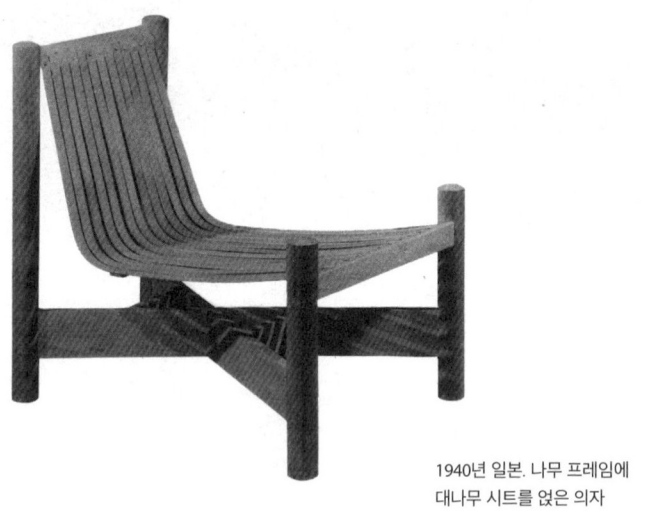

1940년 일본. 나무 프레임에
대나무 시트를 얹은 의자

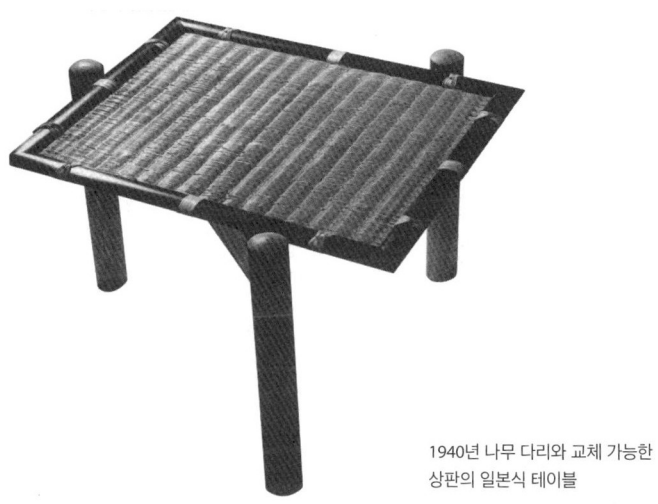

1940년 나무 다리와 교체 가능한
상판의 일본식 테이블

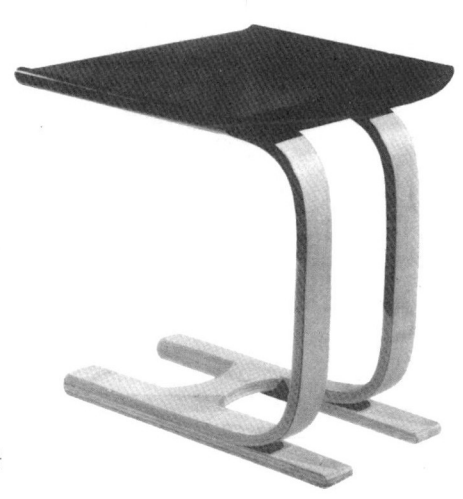

1940년 일본. 대나무 다리와
옻칠 상판으로 된 침대 협탁

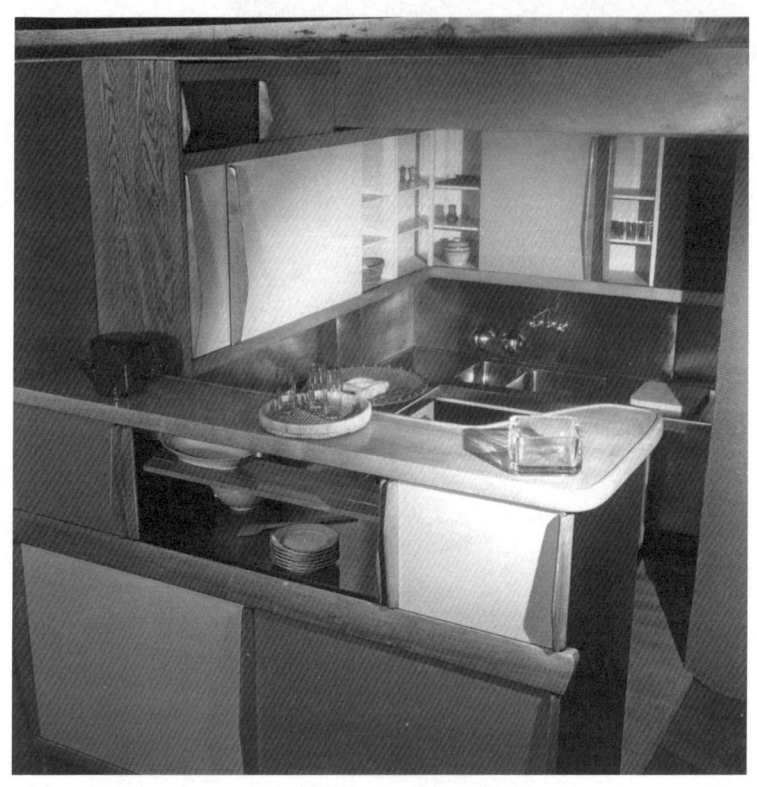

1950년 르코르뷔지에의 마르세유 '빛나는 집'. 샤를로트 페리앙의 주방 프로토타입 1번

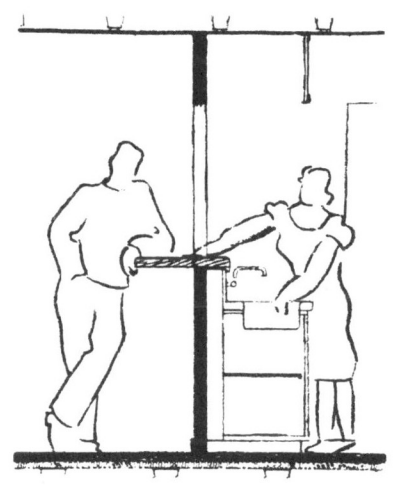

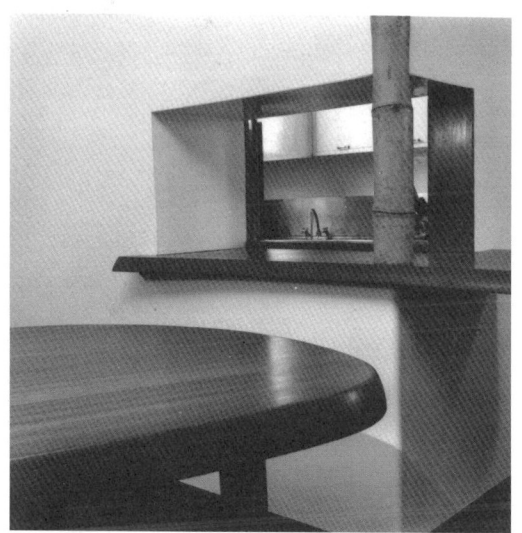

1959년 주방/거실 간 연결 사례

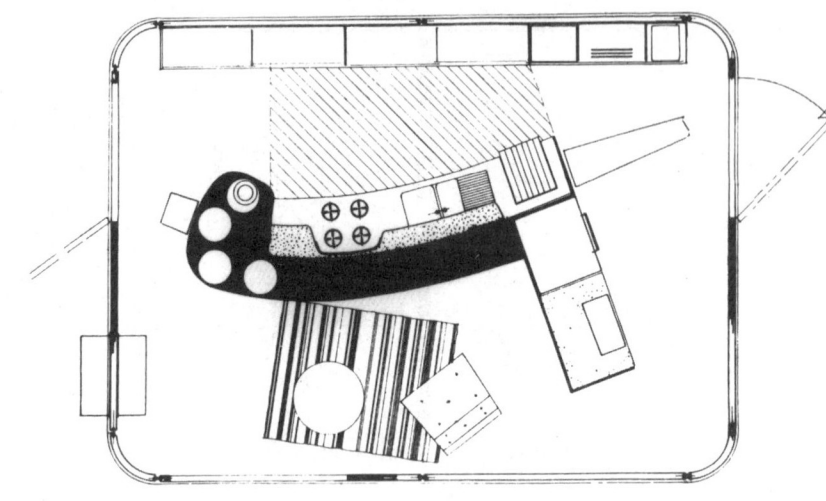

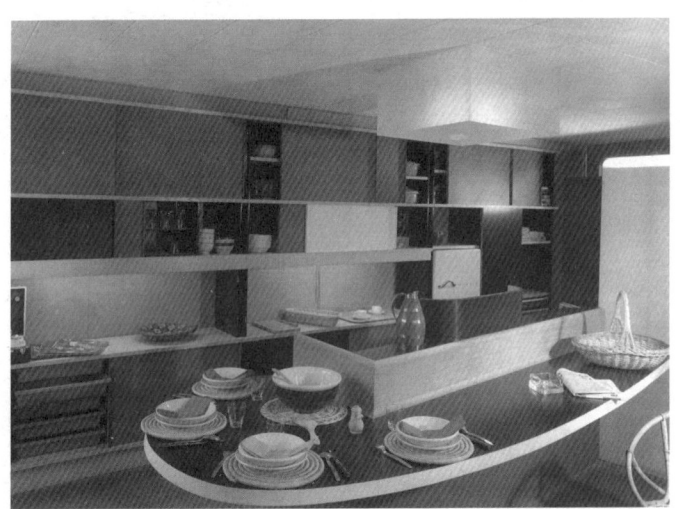

사하라 주택 설비가 갖춰진 거실/주방 캐빈

608

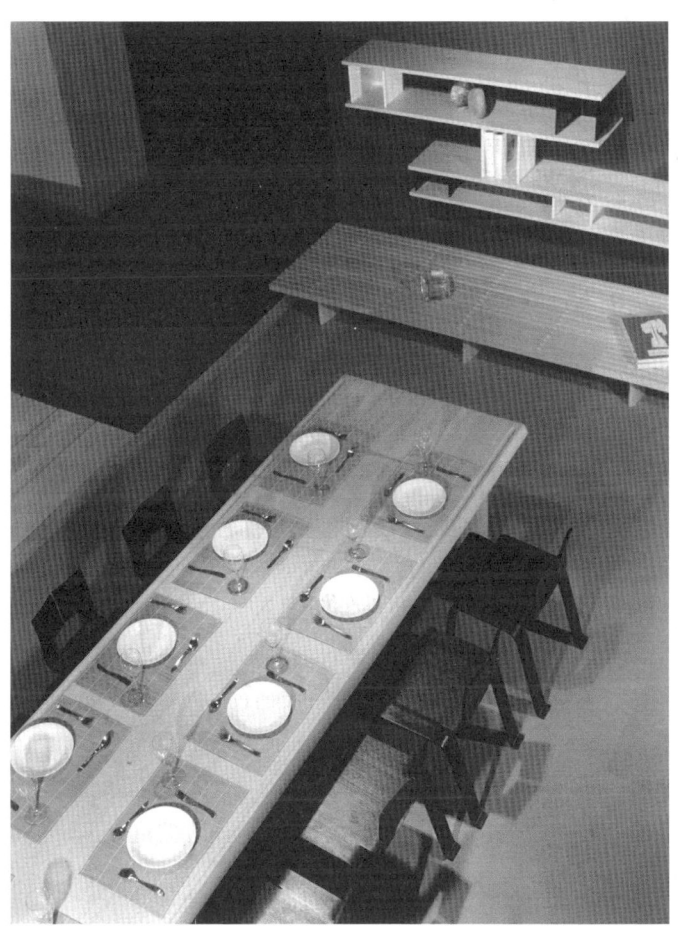

1955년 도쿄 전시회《예술의 종합》

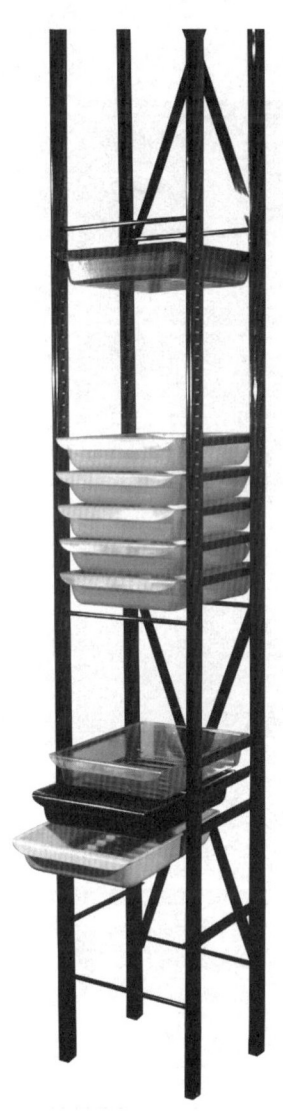

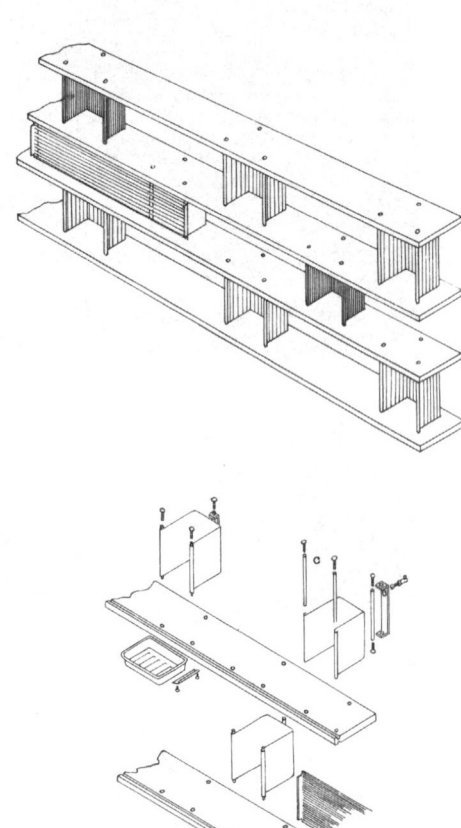

1953~1955년 수납공간 부품 표준화

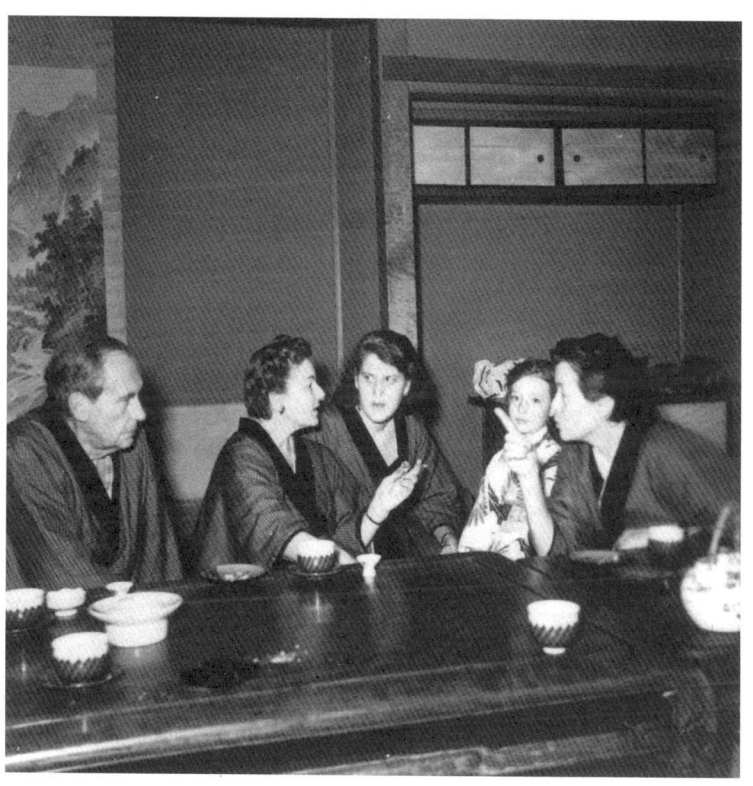

1954년 도쿄. 발터 그로피우스, 이자 그로피우스, 마르타 필리거, 페르네트, 샤를로트 페리앙

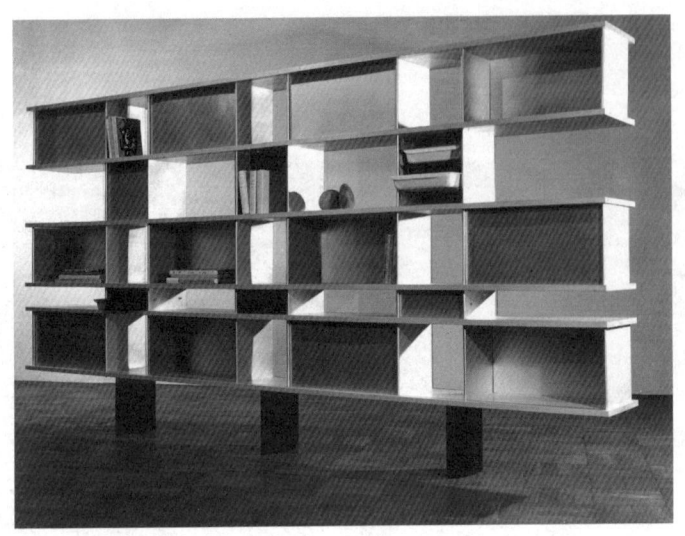

1954년 목재와 양극산화 처리된 알루미늄으로 제작된 파티션 가구

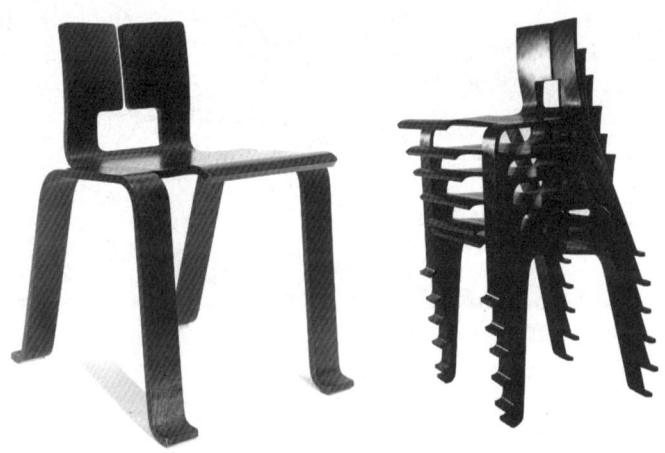

1954년 겹쳐 쌓을 수 있는 '셰즈 옹브르'

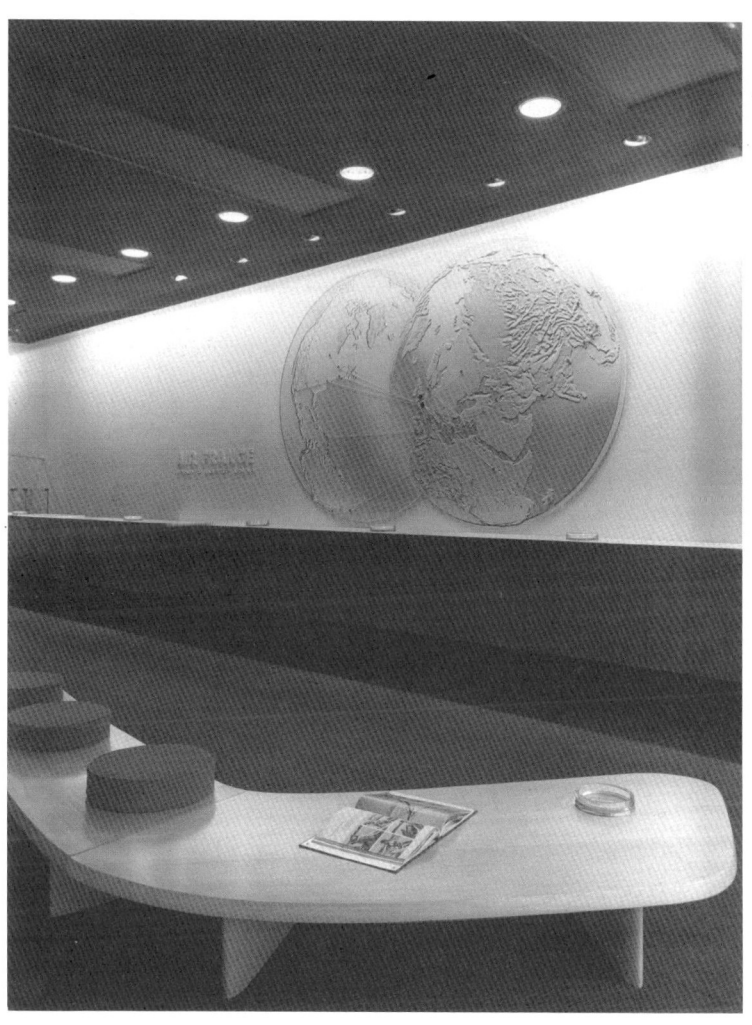

1957년 에어프랑스 런던 지사

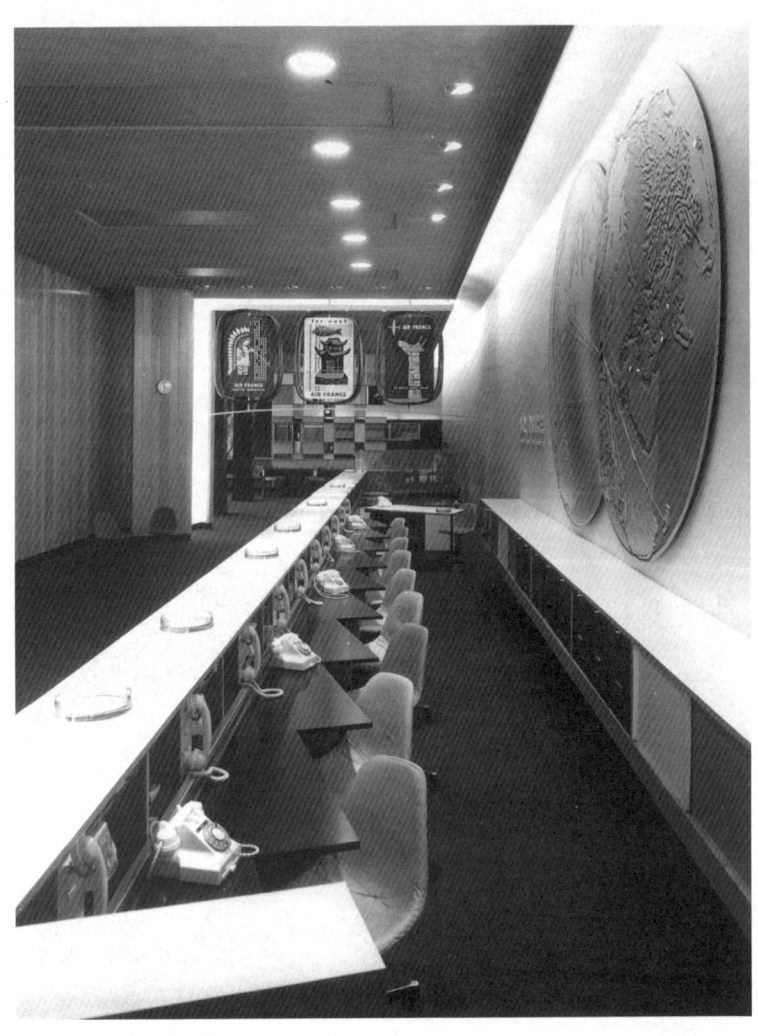

1957년 에어프랑스 런던 지사

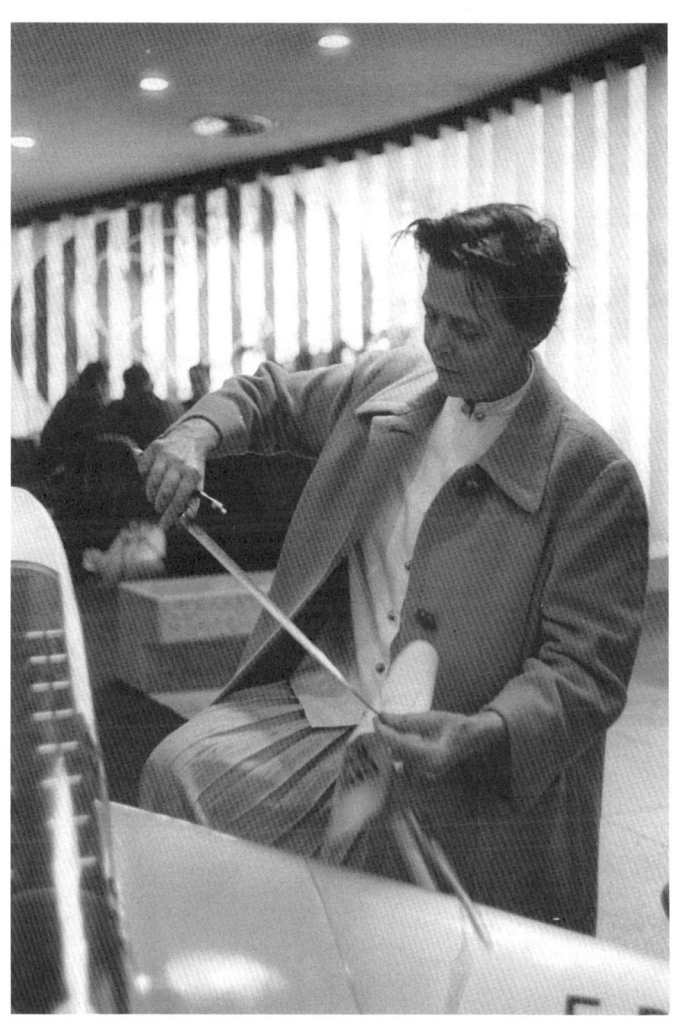

1959년 에어프랑스 도쿄 지사에서 샤를로트 페리앙

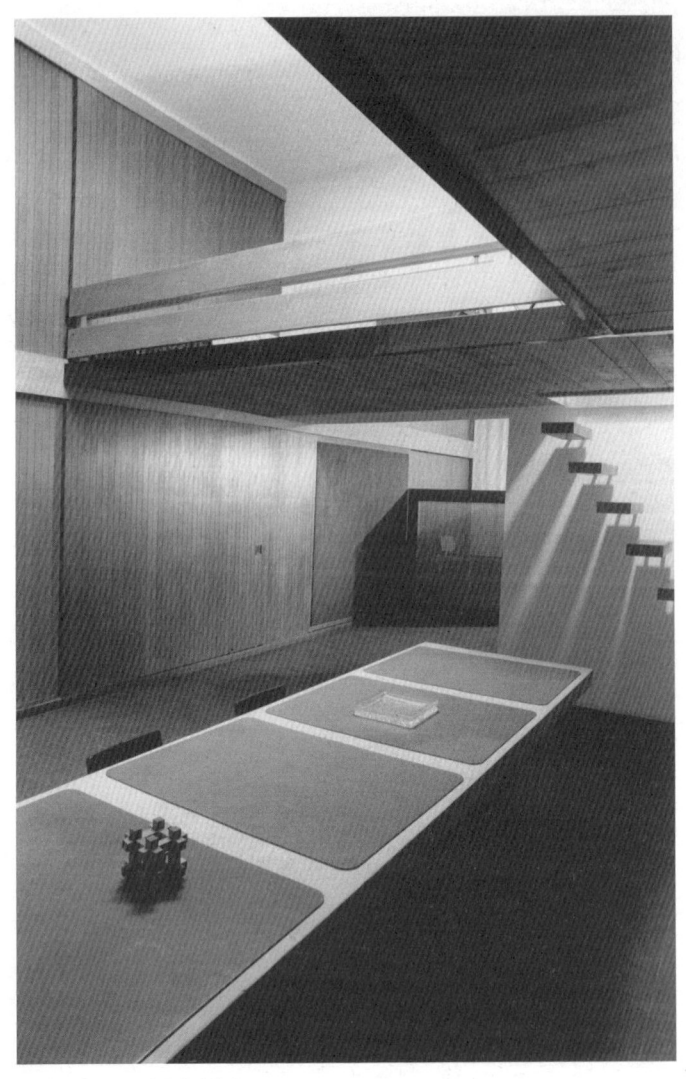

1964년 샤를로트 페리앙 작업실

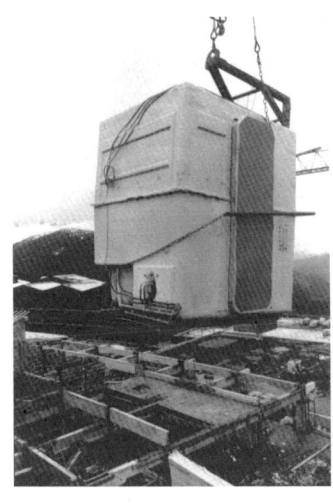

1975년 아르크 1800, 폴리에스터 소재의
프리패브 욕실

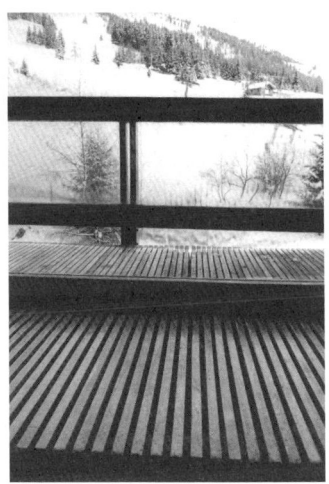

1968년 아르크 1600, 트루아 자르크 호텔

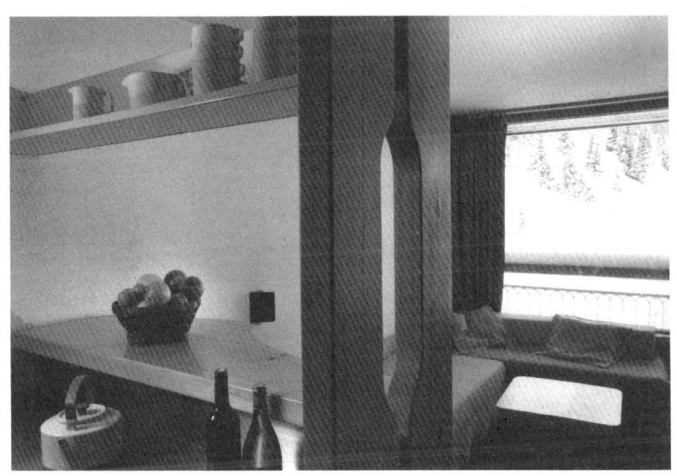

1976년 아르크 1800, 레로지에르

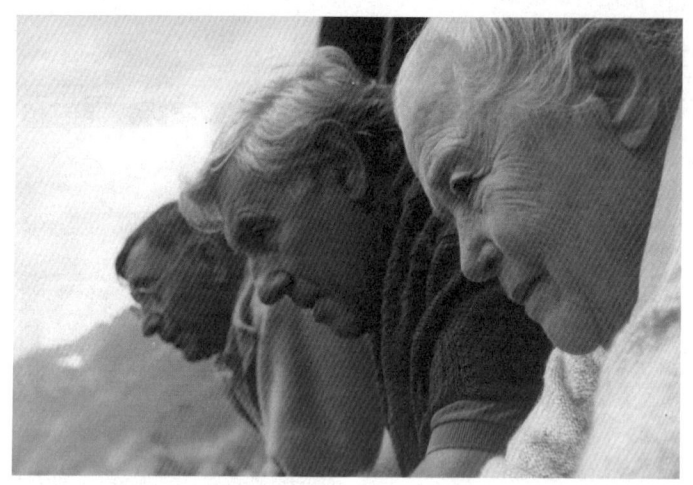

1996년 조르주 르게라, 로제 고디노, 샤를로트 페리앙

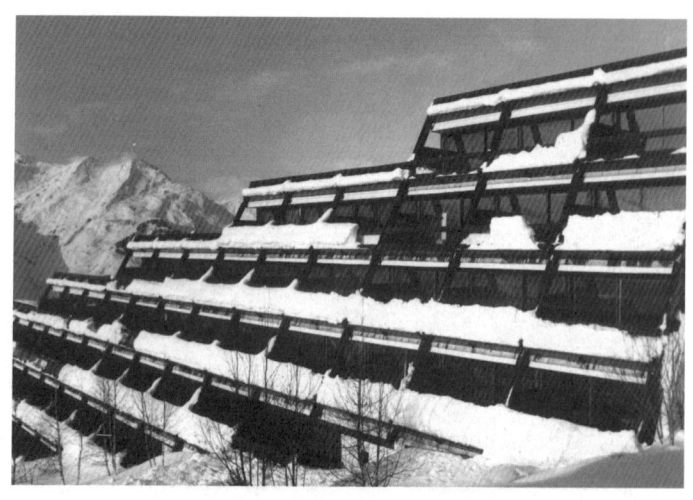

1969년 아르크 1600, 라카스카드 레지던스 남측 파사드. 레미미예, 샤를로트 페리앙

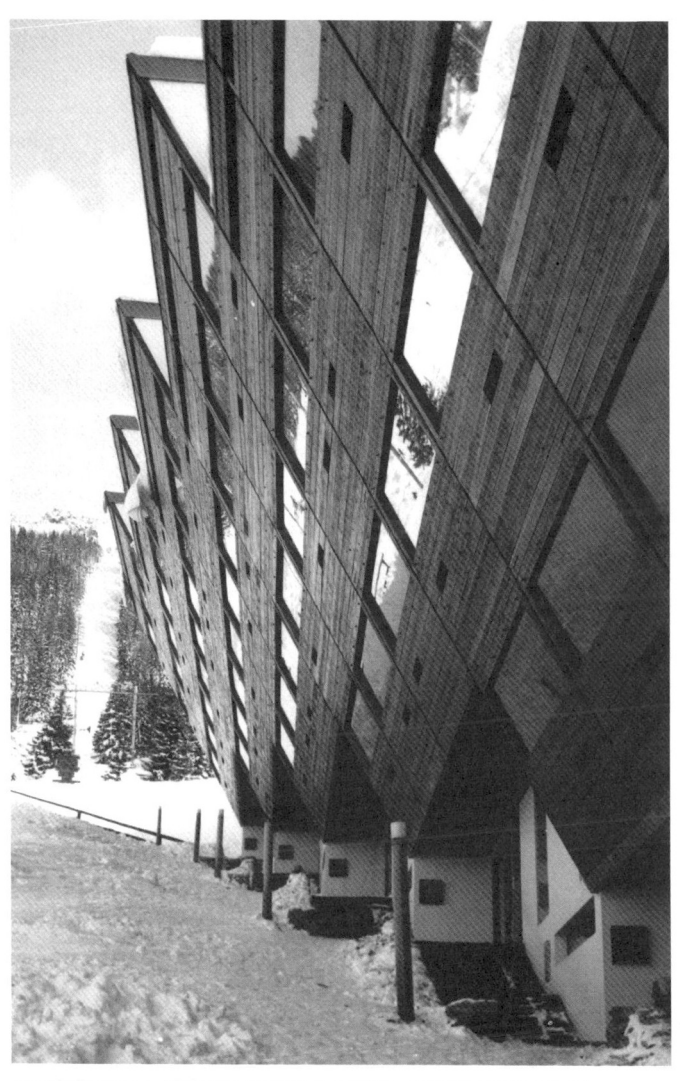

1969년 아르크 1600, 라카스카드 레지던스 북측 파사드. 레미예, 샤를로트 페리앙

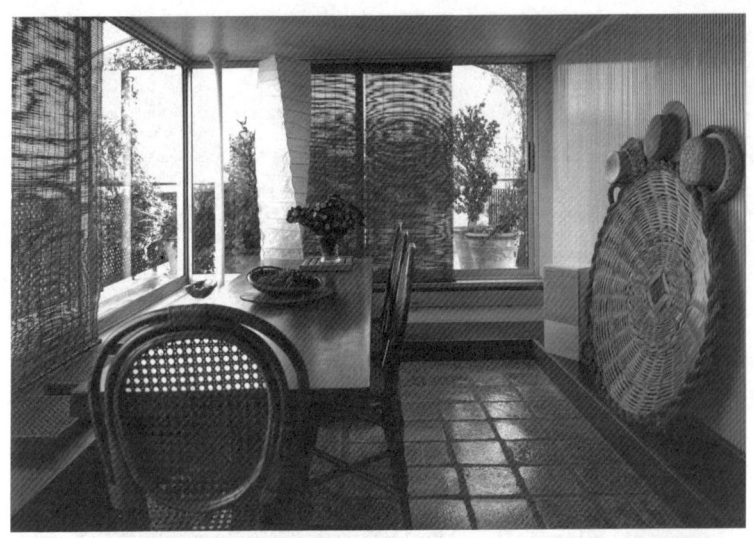

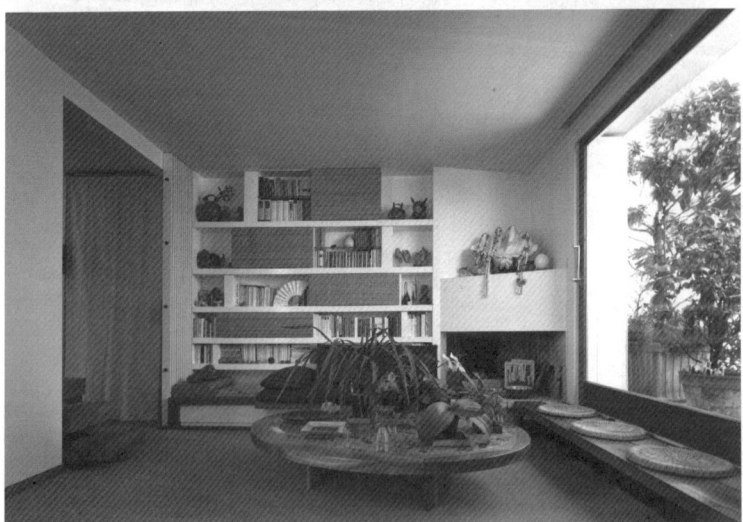

1970년 파리의 아파트

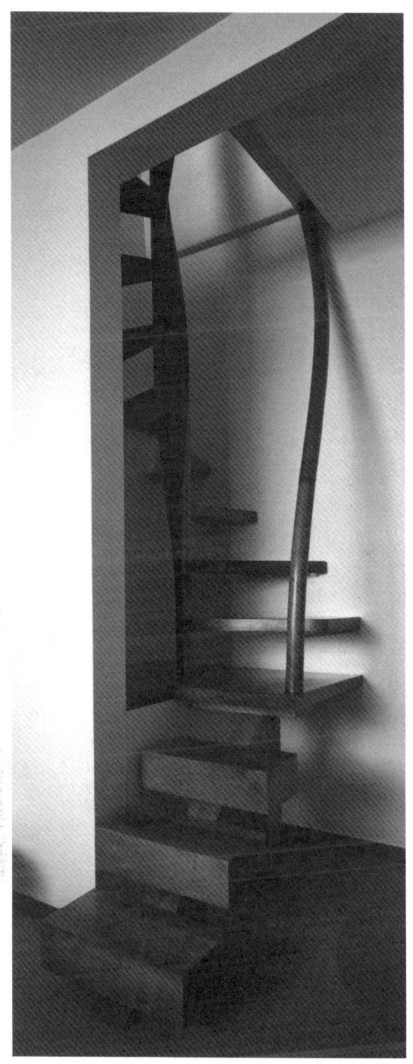

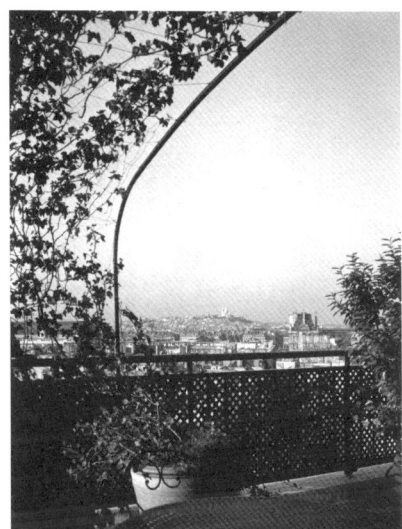

1970년 파리의 아파트

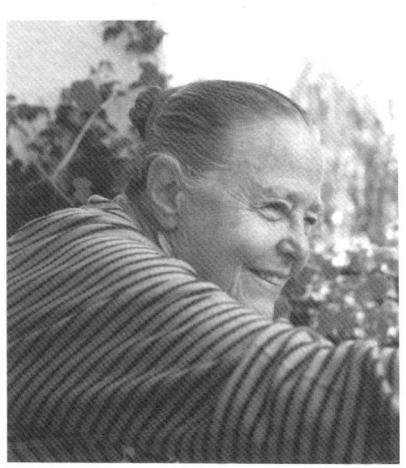

1970년 파리의 아파트

1981년 샤를로트 페리앙

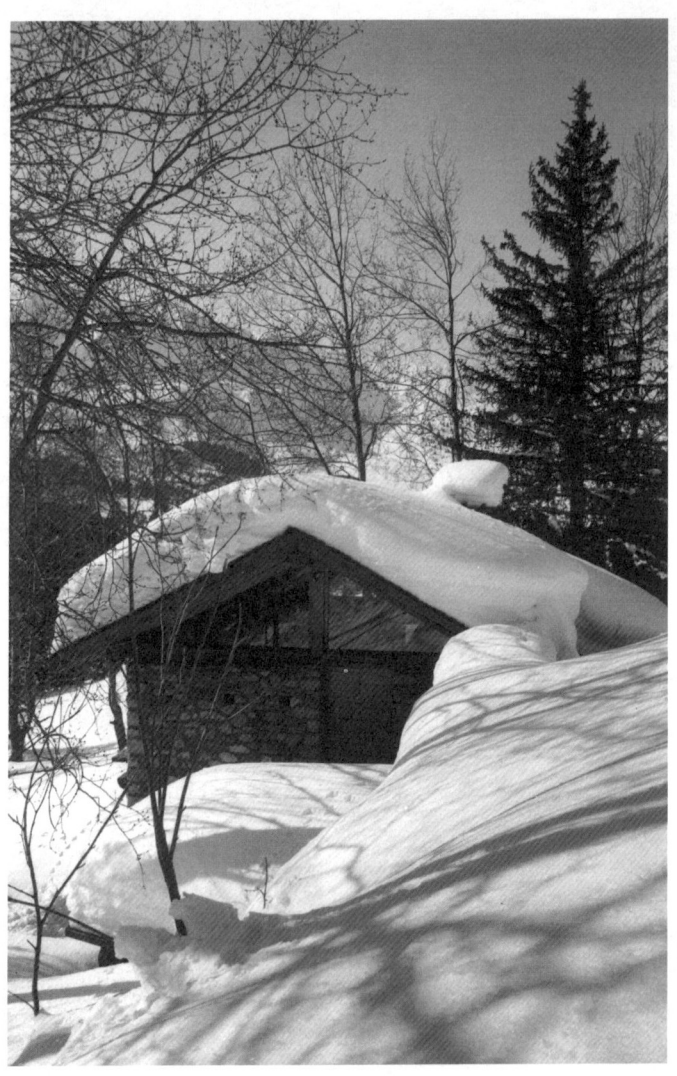

1961년 메리벨에 있는 샬레

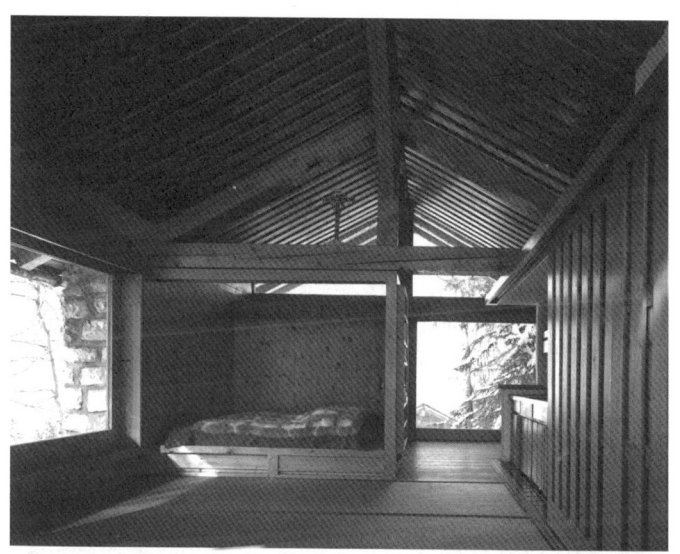

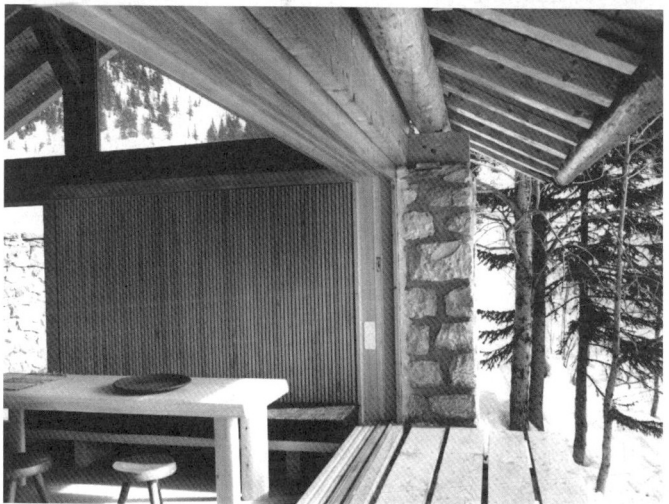

1961년 메리벨에 있는 샬레

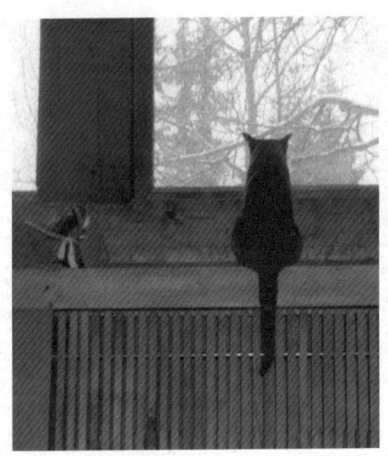

1961년 메리벨에 있는 샬레

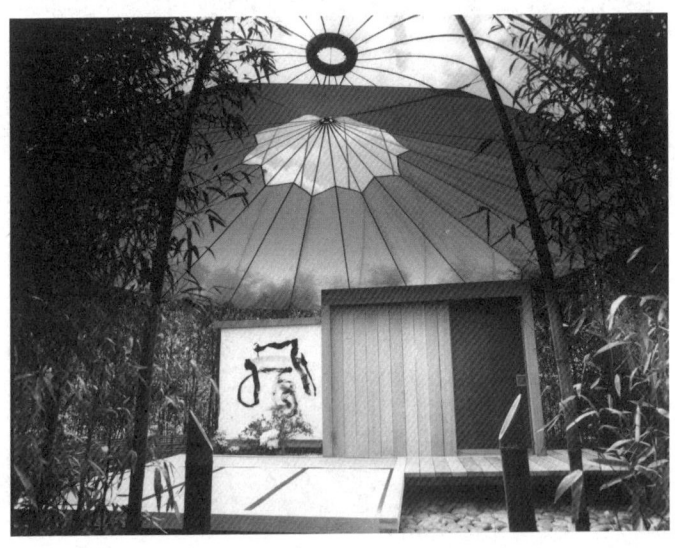

1993년 유네스코 다실 공간

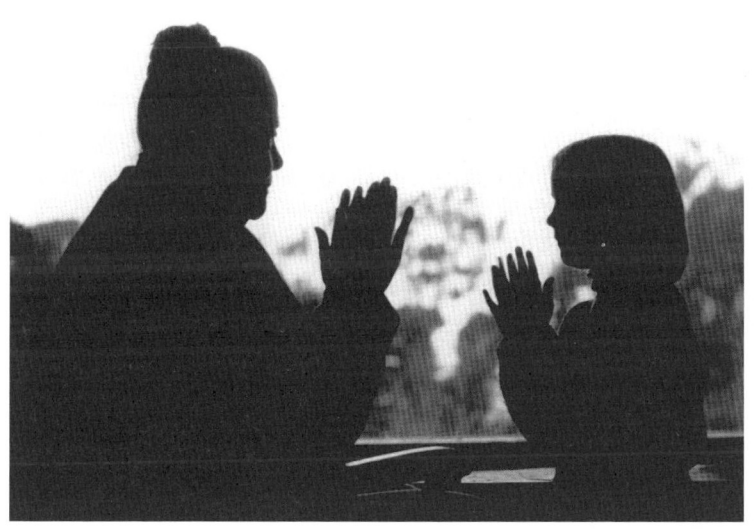

샤를로트 페리앙, 테사

5
레저 건축물, 설비, 환경

1962년 벨빌 공모전은 산에 대한 발견과 고지대 휴양지의 수용력에 관한 관심이 얼마나 큰지를 보여 주었다. 당시 최신 건축 동향을 추적하던 앙드레 블로크는 그의 잡지 『오늘의 건축』에서 이 주제를 다루는 특별호를 발행하기로 했다. 주제는 '대규모 산악 리조트의 탄생'이었다. 그리고 이 특별호의 방향을 내게 맡겼다. 나는 가장 창의적이고 혁신적인 아보리아에 주목했으며, 메리벨, 쿠르슈벨, 라플라뉴 등 많은 다른 리조트도 소개했다.

그 외에도 타랑테즈의 레자르크 산맥에서의 새로운 리조트 건설에 대해서도 언급했다. 특별호는 제126호로, 1966년에 발행되었다.

1961년 쿠르슈벨에서 로제 고디노는 우아한 태도와 빛나는 미소를 지닌 산악인 로베르 블랑과 스키 훈련을 했다. 로베르 블랑은 부르생모리스 위쪽에 있는 오트빌 공동 마을 출신으로, 이전에는 양치기였다. 그는 로제에게 이 고원의 조화, 가을이면 붉게 물드는 낙엽송, 황금빛 숲으로 뒤덮이는 산, 그리고 겨울에는 티끌 하나 없는 눈으로 덮이는 산의 풍경을 이야기했다.

로베르는 이 아름다움을 함께하길 꿈꾸었고, 로제 고디노는 이에 마음을 빼앗겼다. 로베르는 그를 부추기고 열광하게 했고, 로제는 자신의 전문 분야인 새로운 사업을 착수하는 꿈을 꾸었다. 이공과대학을 졸업한 그는 실용주의적인 자질과 자신이 학장으로 있던 유럽경영대학원의 특성을 겸비했고, 여기에 약간의 인간미를 갖추었다.

쿠르슈벨에서 로제는 샹베리 고등학교 동창인 가스통 르게라와 재회했다. 그들은 파리에서 공부할 때 함께 겪은 낯선 환경과 모험을 공유하며 서로를 잘 알게 되었다. 르게라는 레이미예와 함께 설립자인 드니 프라델이 이끄는 산악건축사무소에 들어갔다.

자연스럽게 로베르의 안내를 받아 모두가 광활한 아르크 산악 지대를 탐험하여 부지 세 곳을 선정했다. 1,600미터 고지, 1,800미터 고지, 2,000미터 고지였다. 사전 연구는 오래 걸렸다. 어디서부터 시작해야 할까?

아르크 산악 지대

아르크 2000은 당시 유행한 '스키 공장' 콘셉트에 가장 부합해 보였다. 그러나 검토 결과, 아르크 2000을 먼저 건설할 경우에 진입로가 지나치게 길어질 수 있었다. 그렇게 된다면, 비용이 너무 많이 들어 경제적으로 효과적이지 않을 것이었다. 그래서 아르크 1600과 1800부터 시작해야 했다.

행정 당국도 아르크 2000을 선호했는데, 그 부지는 공유지였기에 토지를 수용할 필요가 없었기 때문이었다. 반면 1600과 1800은 개인 소유지였다. 협상은 3년이라는 긴 시간 동안 지속되었다. 결국 로제 고디노는 결단을 내렸다. "1600과 1800을 먼저 하지 않으면 진행하지 않을 겁니다. 공사는 시작되지 않을 거예요. (…) 우리는 과감하게 이 두 부지의 토지 문제가 완전히 해결될 때까지 기다렸습니다. 이 문제들을 해결하기 위해서는 시의 강한 결단력이 필요했습니다. 시의 결정은 용감했습니다. 어떻게 보면 거의 아무런 대가도 없이, 단지 일자리 창출이라는 희망 때문에 농민들이 스스로 수용하는 것이었습니다. 그 부분에서 로베르 블랑이 중개자로 나서며 결정적 역할을 했어요. 그가 없었더라면 아무것도 할 수 없었을 겁니다……"(로제 고디노 인터뷰).

부지 접근 문제가 중요해졌다. 두 가지 선택지가 있었는데, 더 매력적이고 비용이 적게 드는 경로는 페제낭크루아를 거쳐 1800, 1600, 2000을 차례로 연결하는 것이었다. 다른 선택지는 부르생모리스를 통과하는 것이었는데, 이는 쿠르바통 방면으로 두 대의 체어리프트 공사가 착공되어 가장 작지만 가장 까다로운 1600부지에 유리했다. 부처 간 산악 위원회의 기술 고문들이 협의를 거쳐 내린 의견은 다음과 같았다. "1600은 지형이 가파르고 평지가 거의 없어서 절대 겨울 스포츠 리조트를 지을 수 없습니다."

여러 정치적 이유로 페제낭크루아에서 오는 도로 계획은 무산되었다. 그렇지 않았다면 고디노가 말했듯이 "아마도 라부아르 사고는 절대 일어나지 않았을 것이다." 실제로 강한 폭풍우가 치면서 이 하천은 일종의 협곡을 형성했다. 이를 통해 급류와 진흙, 바위가 흘러내려 도로가 차단되었고, 결국 부르생모리스 철로까지 끊어졌다. 산에서 결정을 내리는 일은 그리 녹록지 않았다.

그의 요청으로 샹베리 팀은 1600부지에 뛰어들면서 여러 도시계획안을 제안했다. 모두 세 개의 타워와 경사면 아래쪽을 접하는 진입로가 포함되어 있었다. 로제는 속으로 이렇게 생각했다. '이 친구야, 끝장났어, 이건 역사적 진실이야⋯⋯.' 그는 부지 점유와 더 혁신적인 건축물을 꿈꿨다. 고디노가 자문한 파리의 한 건축가는 부지 능선에 최대한 많은 객실을 배치할 것을 제안했다.

그는 나중에 "완전히 실의에 빠져 있었어요"라고 말했다. "하지만 어떤 감수성을 지닌 레이미예는 이렇게 말했죠. '우리는 고원을 점유하지 않을 거예요. 고원에는 몇 채의 오두막이 있는데,

우리는 그 뒤에 자리를 잡는 거예요. 가장 아름다운 장소에 리조트를 짓는 게 아니라 그곳을 바라보도록 하는 거죠.' 흥미로운 시각이었어요."

결국 로제는 드니 프라델에게 의구심을 털어놓았다. 세 개의 타워와는 별개로 이미 첫 번째 건물이 건설 중이었기 때문이다. 그게 바로 '이 모든 슬픔의 시작'이었다. 그러자 프라델은『오늘의 건축』특별호를 언급하며 나를 만날 것을 제안했다. 그래서 로제 고디노와 함께 나의 대장정이 시작되었다.

참여를 수락한 첫 번째 이유는 산을 사랑하기 때문이었다. 두 번째 이유는 메리벨에서 한 시도와 비슷해 보이지만 그 방식이 달랐기 때문이다. 로제 고디노는 스포츠와 여러 문화 활동을 연계하는 '통합' 리소트를 그렸다. 혁신적인 계획이었다. 이를 위해 건축, 설비, 운영, 상품화, 유지 등 제기되는 문제에 대한 모든 정보에 숙달되어야 했다. 로제 고디노는 설계 및 시행 팀 인력을 보충해 방향을 잡아 줄 것을 부탁했다.

트루아 자르크Trois Arcs 호텔 및 레지던스 준공은 1968년 크리스마스에 이미 계획되어 있었다. 사태가 긴급했다. 건축가 가스통 르게라와의 첫 만남에서 파사드를 조금 변경할 것을 제안했다. 야외 발코니를 각 객실의 내부로 연장해 자연스럽게 간살 벤치가 만들어지도록 했다.

이런 시각적 유희는 유리 외관을 지우고 실내 공간을 침엽수와 알프스 산맥 그리고 지평선으로 개방했다. 간단한 장치 하나로 큰 변화를 만들어 냈다. 모든 개선 사항을 신경 쓰던 르게라는 나의 제안을 적극적으로 받아들였다.

숙련된 전문가이자 산에 대해 잘 아는 르게라와 그의 샹베리 팀 덕분에 나는 팀원을 보충할 수 있었다. 르코르뷔지에 작업실 출신인 알랭 타브와 로베르 로뷔타토가 레지던스 프런트를 꾸미고, 리프트 승강장으로 사용될 두 채의 오두막을 개조했다. 이 작업은 오두막을 변형시키지 않고 해야 했다.

나는 피에르 포슈에게 그래픽아트와 관련한 것을 제안했지만, 그는 한발 앞서 있었다. 그가 자주 이야기한, 무한하게 커지는 목재 골조의 '쿠폴coupole*'을 구현한 작은 모형을 만들어 가져왔다. 그리고 이 골조에서 디자인을 추출해 레자르크의 기막힌 로고를 탄생시켰다.

나는 이 로고를 레자르크 식당의 테이블보와 냅킨, 식기, 찻잔, 접시뿐 아니라 호텔 침구 커버에도 새겼고, 목욕가운의 등 부분에 수놓기도 했다. 포슈의 쿠폴 디자인은 레자르크의 트레이드마크가 되었고, 모든 홍보물에 사용되었다.

로제 고디노는 우리의 후속 연구를 환기했고, 이에 대해 함께 의논하기 위해 모이도록 했다. "일도 여가처럼." 우리는 1967년 8월 내내 1800미터 고도의 알프스 산맥의 외딴곳에 위치한 에귀유 그리브Aiguille Grive 샬레에서 여름을 보냈다. 로제는 산장을 마음껏 사용하도록 했고, 요리를 해 주는 관리인을 붙여 주기까지 했다. 평일에는 매우 열심히, 열렬히 일하면서 보냈고, 일요

---

* 둥근 지붕의 내부. '돔dôme'은 그 외부를 가리킨다.

일마다 식중독 위험을 무릅쓰고 딸기와 버섯을 따러 다녔다. 결국 우려한 일이 벌어졌다. 도시인인 우리는 먹을 수 있는 것과 먹을 수 없는 것을 구분하지 못했고, 주방에서 못 먹는 것들을 걸러 냈는데도 식탁에 오른 게 있었다.

이 길고 긴 8월의 저녁마다 우리는 소굴에서 빠져나왔다. 발코니에서 바라본 경치는 훌륭했고, 우리는 감탄하면서 해 질 녘의 기다란 타랑테즈 계곡을 바라볼 수 있었다. 마지막 태양 빛이 몽블랑에서 벨코트까지 모든 산봉우리를 점차 비추었다. 말 한마리가 초원을 껑충껑충 뛰어다녔고, 파리 작업실에서 함께 온 나의 일본인 인턴 키키는 천사처럼 말에 올라타곤 했다.

나는 신중을 기하기 위해 친구 장 프루베를 불러 도움을 요청했다. 우리 팀은 일관되지 않기 때문이다. 그는 필요하다면 자신의 모든 지식과 지혜, 공정함을 발휘해 우리를 중재했다. 우리 팀은 가구 세공인 베르나르 타이예페르를 맞이하면서 더욱 성장했다. 발디제르에서 자신의 작은 호텔 레로레를 리모델링하면서 실력을 입증한 그는 뛰어난 목재 감각과 재능을 가지고 있었다. 로제 고디노는 해발 2,000미터에서 베어 낸 희귀 보호종 쳄브라잣나무로 호텔을 지은 이야기로 그를 알았다. 로제가 그를 소개해 주었고, 그는 우리의 제안을 받아들였다.

그 전에 나는 마지막 송별 만찬을 위해 리우에 가야 했다. 에어프랑스 노선을 일본, 중국, 태평양 지역으로 확대하기 위해 도쿄에 부임된 자크는 실제로 브라질을 떠날 예정이었다. 당시 에어프랑스는 간접적으로 문화적 역할을 수행했는데, 회사의 모토는 '진보의 최전선에'였다.

그래서 브라질에서 자크는 '몰리에르상'을 창설하는 데 중요한 역할을 했고, 브라질 사람들은 그에게 감사를 표했다. 프랑스에서 들여온 문화는 단순히 향수와 레이스만이 아님을 보여 주었다. 리우는 지난 6년이라는 시간 동안 나에게 매력적인 중심지였다. 그날 저녁에 자크는 언제나처럼 나를 기다리고, 페르네트는 이미 도착해 있었다. 우리는 함께 꿈같은 밤을 준비했다.

루시우 코스타와 마리아 엘리사, 부를리 마르스, 빌렐라와 루시올라, 루이스 카를로스와 뤼시, 그리고 그들의 시인이자 음악가 친구인 오스카르 니에메예르와 바덴 포웰이 기타를 들고 우리와 함께했다. 시간이 되자 공직자들은 떠났지만, 우리의 브라질 친구들은 새벽까지 머물면서 각자 시, 노래, 그리고 우리 발아래 파도의 리듬에 맞춰 자신들의 모습을 조금씩 보여 주었다.

선인장과 바위로 둘러싸인 잔디밭에 가운데 나뭇잎과 꽃으로 만든 리스를 두고 촛불을 장식한 원형 테이블을 설치했다. 테라스 리셉션은 아줄레주 벽을 배경으로 긴 서빙 테이블을 두고 커다란 바나나 잎사귀에 올린 치즈, 와인과 샴페인 병으로 장식했다. 그리고 해먹을 매달았다. 축하 행사가 시작되었고, 미국에서 급히 온 로제 고디노가 중간에 합류했다.

내게는 향수가, 자크의 부름에 더 자주 응답하지 못한 것에 대한 후회가 남아 있다. 이 상황은 너무 자연스러워져서 절대 끝나지 않을 것 같았다. 나는 레자르크에서 평화롭게 일할 수 있었다. 더 이상 많은 행복을 이루어야겠다는 필요성을 느끼지 못했다. 행복이 내 안에 있었기 때문이다.

아르크 1600, 차량 없는 리조트

1,600미터 등고선이 보행로로 채택되었고, 중심지를 가로질러 상류와 하류에 건설할 영역을 결정했다. 등고선은 급경사까지 완만한 평지를 따라 이어졌다. 리조트로 들어서는 자동차 진입로는 급경사의 아래쪽을 따라 중심지를 벗어나 보행로 끝에 위치한 '트루아 자르크 호텔 및 레지던스'로 이어졌다. 호텔 아래에는 넓은 야외 주차장이 계획되어 있었다. 로제 고디노는 이미 지붕이 실지된 주차장 수를 제한하라고 말했는데, 스튜디오의 원가에 비해 너무 비쌌기 때문이다.

'라카스카드 레지던스Résidence de la Cascade'라 불리던 두 번째 건물 위치는 르게라에 의해 이미 결정되었고, 그 구조에 대해 논의했다. 장 프루베의 기여는 결정적이었으며, 이는 라카스카드뿐만 아니라 세 개의 아르크 산맥 리조트 모두의 건축 방식을 최종적으로 결정했다. 장 프루베는 18센티미터 두께의 콘크리트 바닥을 이용하고, 동일한 두께의 스튜디오 간 분리벽을 터널폼 공법으로 설치해 스튜디오 간 방음 문제를 해결하는 방안을 제안했다.

라카스카드의 단면도는 남쪽 면에 2미터 깊이의 테라스가 서로 그림자를 드리우지 않도록 겹치지 않음을 명확히 보여 주었

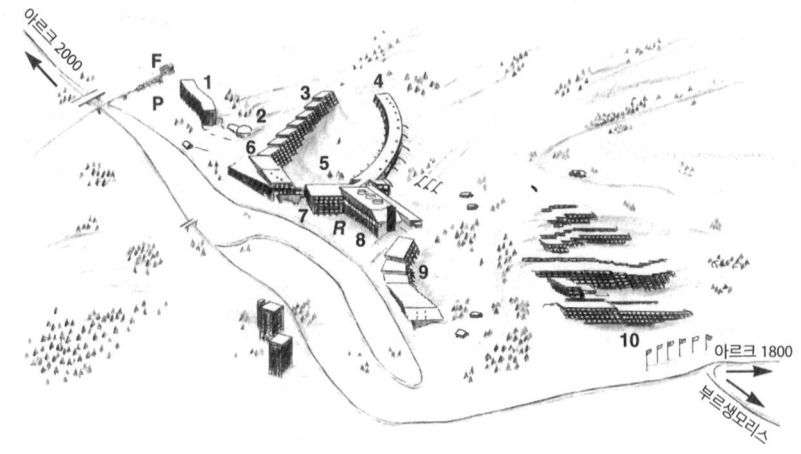

〈아르크 1600〉

1 트루아 자르크 호텔 및 레지던스
2 쿠폴
3 라카스카드 레지던스
4 라리브
5 태양의 광장
6 라카스카드 호텔
7 피에르 블랑슈 호텔
8 라카셰트 호텔
9 라카셰트 레지던스
10 라드레
P 주차장
F 케이블카
R 성벽Rempart•

•   아르크 1600의 초기 건물들이 세워진 거대한 기반을 '성벽'이라고 불렀다.

다. 테라스는 북쪽을 향해 더욱 어긋나도록 있었는데, 이는 1층에 항상 눈이 쌓이지 않도록 하여 외부 통행을 안전하게 했다.

요약하자면, 해가 비추는 남향의 계단식 파사드는 일직선 파사드에 비해 일조 시간을 30분 더 얻었다. 따라서 북향 파사드는 위아래가 뒤집힌 모습을 띠고, 겨울에 눈에 반사된 빛이 스튜디오를 더 환하게 만들었다. 북향 파사드의 단면도는 르코르뷔지에가 디자인한 피르미니 문화회관의 단면도와 흡사했다. 우리의 경우에 이는 단순히 남쪽의 계단식 테라스에서 비롯된 것으로, 각 층의 바닥 면적을 동일하게 유지하기 위함이었다.

불행하게도 프로젝트에 열성적으로 참여한 르게라는 가족의 건강 문제로 이 프로젝트를 그만두어야 했다. 결국 나와 함께 레이미에가 책임사가 뇌었다. 이후 연구와 실행으로 1969년 크리스마스에 예정된 개관식을 열 수 있었다. 라카스카드 레지던스는 우리의 향후 건축 작업에 기준점이 되었다. 오류는 있을 수 없었다.

또한 파리에서 회의 중에 타이예페르가 제안한 프로젝트를 포함하기로 했다. 모형은 바나나 형태를 띠었다. 우리는 안쪽 곡선 부분이 라카스카드 레지던스를 향하도록 지형의 경사면에 배치했다. 라카스카드처럼 이 구조물은 에스파뇰 도로에서 시작하여 보행자 도로에서 끝났다. 우리는 이를 '라리브La Rive*'라고 불렀다. 이 계획은 경사면을 따라 단일 지붕 아래에 있는 열

---

* 프랑스어로 '연안, 가장자리' 등을 뜻한다.

네 개의 연속된 2층짜리 샬레를 짓는 것이었다. 통로는 건물의 북쪽 내부에 있었다. 이는 매력적인 산책로를 형성하면서 각각의 샬레로 연결되었다. 샬레들은 장인의 작업으로 고객의 취향에 따라 개인 맞춤화되었다. 로제 고디노는 경사면 꼭대기에 있는 첫 번째 샬레를 선택했다. 이는 오랫동안 그의 행복에 기여했다.

라리브와 라카스카드는 화가 뤼크 시몽이 전나무 목재로 완전히 개조한 고원의 하계목장을 통해 서로 연결되어 있었다. 예전처럼 레지던스 기슭에서 계속 암소들은 풀을 뜯고, 새들은 노래하며 다람쥐들은 나무 사이를 날아다닐 수 있었다. 생명은 보호받았고, 도시인은 행복하게 머물 수 있었다. 간혹 소의 방울소리 때문에 잠에서 깨어 투덜거리는 사람이 있었지만, 그런 사람들은 산을 누릴 자격이 없다.

라리브의 또 다른 장점은 지붕이었다. 길고 완만한 경사는 겨울에 눈으로 덮여 고산 지대의 풍경과 어우러졌고, 라카스카드의 시야를 전혀 해치지 않았다. 르게라는 이 부분에 특히 신경을 써서 라리브가 북쪽으로 1미터가량 땅에 파묻히도록 했다.

보행자 통로에서 두 건물 사이의 공간이 넓어져 나중에 '태양의 광장Place du Soleil'이라고 이름 붙은 평지가 생겼다. 광장의 서쪽 경계는 급경사로, 그곳에서 멀리 몽블랑산의 멋진 풍경이 보였다. 이 첫 번째 단지는 이미 차량 없는 주택단지가 어떤 모습일지 예고하고 있었다. 이는 일관성 있는 구조였다.

우리는 트루아 자르크 호텔과 리조트 입구 사이의 보행자 도로에 다목적으로 사용할 수 있는 피에르 포슈의 '쿠폴La Coupole'을 배치했다. 지하에 매립된 원형 야외 수영장을 추가했고, 난방 장치를 갖춘 에어록으로 내부에서 접근할 수 있게 했다. 쿠폴은 임시로 세탁소로도 사용될 수 있었고, 일요일 예배 장소로, 또는 음악가들을 위한 공간으로도 활용 가능했다. 실제로 쿠폴의 음향 효과가 우수하다는 것이 입증되었다.

또 무엇이 있었을까? 고지대 샬레, 안내 데스크와 고디노가 1969년 크리스마스에 운영할 수 있도록 타이예페르에게 맡긴 산악 식당 '라르페트L'Arpette'가 있었다.

에귀유 그리브 샬레에서 머문 후 트루아 자르크의 설비를 갖추기 위한 시간이 4개월 남아 있었다. 르게라는 쿠르슈벨에서의 경험을 바탕으로 스튜디오의 품질을 완전히 숙달하고 있었다. 나는 단지 부엌과 거실 사이에 놓인 음식을 내는 창구를 바 카운터로 교체하기만 하면 되었다. 그 위에 천장과 일정한 간격을 둔 전나무 판자 한 장을 얹었고, 그 뒤에는 조명을 은은히 가려 비추는 램프를 숨겨 두었다. 그러자 마법처럼 공간 전체의 시각적 개방감이 확장된 것처럼 느껴졌다.

호텔 객실의 설비는 간단했고, 발코니 벤치 덕분에 조화를 이루었다. 높은 수납공간과 낮은 수납공간을 규격화하고, 각재를 엇갈리게 배치한 문을 달아 시각적인 진동 효과를 만들어 냈다. 현관에 들어서자마자 틈새 공간을 만들어 냉장고 설비 위에 개수대와 전기레인지 2구를 얹고, 그 위에 전나무 목재로 만든 식기장을 설치해 간식거리를 준비하는 데 필요한 모든 그릇을 갖추었다.

나는 이미 침구와 매트리스를 골라 두었고, 그것들은 모두 산골짜기 지역산 제품이었다. 예를 들면, 인근 지역 세즈의 직물과 양가죽, 암송아지 가죽이 있었다. 그리고 파리에 있는 스테프 시몽 갤러리를 통해 나의 짚 의자를 골랐다.

반면에 공용 공간 부분은 매력적이지 않은 건축 구조라는 점에서 문제였다. 1층의 공용 공간은 중첩된 객실에서 내려오는 배관과 하중을 지지하는 지점이 고스란히 드러났다. 이러한 압축된 형태가 도시의 거리 가장자리에서는 불가피하다. 하지만 공간이 넉넉한 산에서는 적합하지 않다고 생각했다.

반복적이고 산업화할 수 있는 것과 개별적이고 수공예적인 것을 분리해야 한다. 즉, 객실에는 반복적인 골조를 적용하고 공용 공간에는 다른 자유로운 골조를 적용해야 한다. 이 공용 공간은 전체 건물에서 부분적으로 분리된 형태를 갖추게 되며, 그 결과 지붕 구조가 '노래하게 하고', 시야의 각도를 포착하고, 햇빛을 받아들이며, 내부와 외부 사이에 새로운 관계를 창출할 수 있게 된다. 르코르뷔지에가 말한 것처럼 "건축은 빛 아래에서 볼륨이 정확하면서도 장엄하게 어우러지는 유희다."

나는 무엇을 해야 할까? 장식을 해야 할까? 고객을 즐겁게 하기 위한 비실용적인 장신구들을 배치해야 할까? 그런 것은 생각하지 않았기에, 전나무 원목 격자판으로 된 문 높이의 구조물을 내부에 둠으로써 어느 정도의 볼륨을 만들었다. 이는 프런트부터 스낵바를 따라 식당 안으로 파고들어 줄지어 놓은 테이블 위를 지났고, 저녁에는 원목 격자판에 통합된 보이지 않는 스포트라이트로 빛을 퍼뜨려 순백색의 식탁보 위의 접시를 비추었다.

주방, 바 카운터, 제과 및 아이스크림 가게, 스낵바, 레스토랑, 카페, 오락실 등 상층부에 위치하면서도 서로 연결된 공간들의 장치와 설비를 기능적으로 다루기 위해 레스토랑 운영자인 르테시에의 요청 사항을 세심히 따랐다. 알자스 출신의 전문가는 내가 접시, 식기류, 식탁보를 선택하는 데 도움이 되도록 자신의 공급 업체 목록을 제공했고, 이를 바탕으로 나는 파리에 있는 매우 전문화된 카운터 제작도 실현할 수 있었다.

이 레스토랑에 어느 정도의 친밀감을 조성하고 밤의 블랙홀로부터 고립된 느낌을 없애기 위해 커다란 유리창을 따라 등받이가 높은 벤치를 배치해 각 테이블을 분리된 공간처럼 만들었다. 그리고 에메랄드그린 당구대 천으로 만든 패널을 마련해 각 패널에 아일릿을 달아 웨이터들이 이를 매일 저녁, 각 부스의 창 앞에 걸 수 있도록 했다. 이는 다소 오리엔트 특급열차를 연상시키는 스타일로 르테시에의 취향과도 매우 잘 어울렸다.

로제 고디노는 내가 꿈을 꾼다고 말할지 모른다. 나는 가능한 한 통합 건축을 권하고 재정적 여건을 고려하지 않는다. 하지만 사후에 '장식'하는 것은 비용이 많이 들고, 결국엔 그 차이가 상쇄된다. 나는 고객에게 환심을 사려고 하진 않지만, 기능이 없는 것은 절대 넣지 않는다. 가림막은 조명 문제를 해결하고 공간을 조화롭게 만들었다. 나는 매우 경제적인 방식으로 작업했다.

마지막 순간에 경영진은 리셉션 바로 뒤에 쥐구멍을 찾아냈다. 빛이 들지 않고 비뚤어지고 협소한 공간에 짐을 보관하려 했다. 나는 그것을 '나이트클럽'으로 만들어야 했다.

그 공간은 두 구역으로 나뉘었는데, 나는 외부 출입구로부터 공간을 분리하기 위해 첫 번째 구역에 커다란 소가죽 한 장을 팽팽히 걸어 두었다. 중앙 전체를 차지하는 원통형 바 카운터에서는 일부 고객이 앉아 술을 마시고, 대화를 나누고, 노래를 부르고, 이성을 유혹할 수 있도록, 나머지 공간에는 표면이 비스듬하고 비정형적인 팔각형 형태들이 나란히 펼쳐지도록 했다. 그것들은 과연 좌석이었을까? 처음엔 앉기를 망설이게 했지만, 앉아 보면 그것들이 '형태'를 얻었다. 좌석은 단단한 폼으로 인체의 형태에 맞게 만들어졌고, 가벼운 충전 폼이 겉면까지 채워졌으며, 전체는 신축성 있는 직물로 마감되어 있었다. 던롭필로Dunlopillo에서는 내 요청에 따라 이를 제작했고, 연구 부서장은 그 기법의 효과를 판단하기 위해 직접 사용해 보기도 했다. 그러나 우리는 실의 탄력성을 예상하지 못했다. 사용하면서 이음새가 찢어졌고, 결국 이 독특한 의자를 고쳐 쓰는 대신에 쓰레기통에 던져 버렸다.

나이트클럽의 두 번째 구역에는 내가 '보트루아vautroir'라고 부르는 판자 침대를 계획했다. 움푹 들어간 부분과 융기가 있는 형태로 만들고, 양가죽, 소가죽, 마르모트 가죽으로 덮었다. 그리고 벽난로 앞에 두어 불꽃의 빛이 춤추도록 했다. 벽난로 굴뚝은 벽에 파묻혀 있었는데, 심지어 건축가도 그 위치를 잊어버렸었다. 굴착기가 동원되었지만 소용없었고, 시멘트 먼지만 자욱

했다! 그 후로 나는 인후염과 알레르기를 평생 달고 살았다.

연휴 전날 밤에는 현장을 마무리하려고 혼자 남아 있었다. 로제 고디노가 부르까지 가서 약을 구해다 주었다. 벽난로의 판금 후드는 눈 아래서 줄곧 녹슬어 있었다. 준공식 날에는 기적처럼 모든 것이 준비되어 있었다.

파리에 머물던 니시무라 가문의 손녀가 내가 그토록 칭찬한 프랑스의 산에서 겨울을 보내기 위해 레자르크에서 접객원으로 일하기로 했다. 그녀의 광채와 쾌활한 성격은 이 멋진 크리스마스의 첫날 밤을 더욱 빛나게 했다. 로제를 지지해 주던 가장 친한 친구들이 축하하러 왔고, 로베르 블랑과 함께 사부아 사람들도 왔다. 심지어 부르생모리스 제7알프스 산악 부대 사령관도 참석했다.

새해 전야에 반짝이는 검은색 래커로 전체를 칠한 나이트클럽은 레진처럼 세련되지는 않았지만 사부아식으로 야성적이었고, 웃고 노래하며 흥겨운 분위기로 들떠 있었다. 이후 나이트클럽은 '바-이마주bar-image'라고 불렸는데, 그 이유는 잘 모르겠다.

앞날을 생각하며, 해결해야 할 각종 설비 문제들에 대비해 나는 주요 리스트를 작성했다. 레스토랑 관련은 르테시에 덕분에, 세탁물은 호텔 지배인의 도움을 받아 정리했고, 가구는 내 작품 중에서 택했다. 일부 중요한 가구는 파리에서 슈타유가 제작하여 트럭으로 보내 주어 마감일을 맞췄다. 그러나 아무것도 계획대로 되지 않았다.

우리의 꼼꼼한 스위스인 지배인은 신경쇠약에 걸렸고, 나는 첫 손님을 맞이하기 위해 하우스키퍼를 도와 침대를 정리해야 했다. 첫 손님이 떠날 때에는 주차장이 내려다보이는 내 방 창문에서 아이 품에 안긴 냄비들이, 내가 선반에 장식해 두었던 주방용품들이, 자동차 안에서 기다리던 엄마 아빠와 함께 차에 실려 떠나는 광경을 목격했다. 또한 작은 사이즈의 목욕가운들도 재고에서 많이 사라졌는데, 이건 뭐, 광고비 항목에 넣어야겠지. 그렇게 1968년 여름휴가가 끝이 났다.

라카스카드 레지던스

라카스카드에 관한 설계에서 나와 레이미예의 의견이 완벽히 일치했다. 우선 북쪽과 남쪽을 향하는 스튜디오의 부지 면적을 결정할 배관 위치를 조사하기로 합의했다.

북향 스튜디오의 면적은 천장의 편차와 수직 배관의 고정된 위치로 인해 점차 감소하는 남향 스튜디오와 달리 층이 올라갈수록 증가했다. 그러나 두 부지를 분리하는 슬라이딩 칸막이벽은 공간을 하나의 '관통하는' 공간으로 합칠 수 있도록 했다. 그 결과 4층에서는 남쪽 면이 두 개, 북쪽 면 하나, 그리고 서쪽 측면 창문까지 갖춘 대형 스튜디오가 완성되었다."

배관은 제약이 되었지만, 대신 16~55제곱미터에 달하는 두 개에서 다섯 개의 침대를 둔 매우 다양한 종류의 스튜디오를 만들어 냈다. 스튜디오는 수납공간, 주방 블록, 북쪽의 샤워실, 남쪽의 욕실 등 완벽하게 표준화된 요소로 구성되었다. 중앙에 위치한 배관은 공간을 서로 연결된 두 구역으로 자연스럽게 나누고 있었으며, 각각은 독립적으로 접근이 가능해 활용도를 높여주었다. 예를 들면, 한쪽에는 화장실과 세면대가 있었고, 다른 쪽에는 세면대와 배관의 짧은 쪽에 붙어 있는 욕조가 있었다. 이배치는 이른 아침에 이용객이 불편하지 않도록 할 수 있었다. 배관은 자석으로 부착된 흰색 에나멜 강판으로 덮여 있었다. 경험상 위생 시설에서 통상적으로 사용하는 타일을 제외했는데, 타일은 설치하는 데 시간이 너무 많이 걸리고 노후화도 불확실하기 때문이다.

배관의 짧은 쪽 중 하나는 식사 공간을 구획하는 칸막이 벽에설치된 주방 블록에 부착했다. 이러한 배치는 자연스럽게 프리패브 방식으로 이어졌다. 배관공은 샹베리에 있었는데, 레이미예는 현장에 설치하는 시간을 절약할 수 있다고 배관공을 설득했다. 파리의 장 보로는 이미 이런 방식을 경험한 적이 있었고, 이는 위생 시설의 산업화를 향한 첫걸음이었다.

이 설계는 일곱 개로 확장될 건물에 초점을 맞추었다. 각 유닛은 세 개의 구획으로 구성되었다. 각 구획의 중앙에는 각 층으로이어지는 계단이 있었고, 첫 번째 구획의 1층에는 공간을 두 부분으로 나눠 위층에서 내려오는 배관을 숨기는 가림막이 있었다. 동시에 그곳에는 커다란 받침대를 갖춘 빈 공간이 마련되어, 내가 '방문객을 맞이하는 공간'이라고 부르던 자리를 형성했다. 그 위에는 멋진 바위 하나, 푸른 엉겅퀴 꽃다발, 혹은 뭐랄까…

작은 따뜻함 같은 것이 놓일 수 있었다.

북쪽 파사드가 남았다. 아! 위아래가 뒤집힌 북쪽 파사드는…… 아무도 믿지 않았다. 레이미예가 알고 지내던 브리드레뱅 출신의 목수 셰달은 북쪽 파사드의 마무리 작업에 흥미를 보였다. 단순히 콘크리트 벽의 가장자리에 I빔(강철 빔)을 놓고 이를 위해 홈이 난 전나무 널빤지를 끼우기만 하면 되었다. 로제 고디노는 다시 한번 염려하며 결정을 내리지 못하고 먼저 보고 싶어 했다. 그는 현장에서 실제 크기의 모형을 하나 만들어 보게 했다. 스튜디오 한 구획을 그대로 재현한 것이었다. 그리고 개구부가 너무 작다는 것을 발견했다. 아니, 확실히 마음에 들어 하지 않았다. 목수는 반드시 지켜야 하는 목재 주문 기한을 정했었는데, 마침내 발주 승인을 받자 이번에는 그가 우리를 기다리게 했다.

내부에서 빌트인 공사가 진행되는 동안 파사드는 사방이 개방되었다. 공사는 예정보다 늦어졌다. 박엽지로 덮어놓은 나의 흰색 패널은 남쪽 테라스에 보관 중이었는데, 눈이 내렸다. 말도 안 되는 일이었다!

레이미예는 겉보기에 침착했고, 목수인 그의 친구도 평온했다. 그들이 일부러 그러는 것 같다는 생각이 들었다. 그러던 어느 화창한 겨울 아침, 방에서 예기치 못한 반가운 광경을 목격했다. 목수들이 북쪽 파사드에서 바삐 움직였다. 목수들이 어떤 종류의 비계를 사용해 설치하는지 늘 궁금했던 참이었다. 경사면이 인상적이었다. 나는 마침내 궁금증을 풀게 되었는데, 그저 경사면을 따라서 사다리를 끝에서 끝까지 놓는 굉장히 단순한 방식이었다.

목수들은 체계적으로 일했다. 일곱 개 단위의 지붕별 철제와 목재를 분배한 다음 무거운 널빤지를 한 장씩 가볍게 들어 올려 미리 설치한 I빔에 끼웠다. 파사드는 일주일 만에 완벽하게 마무리되었다. 오늘날 파사드는 낡은 흔적이 전혀 남아 있지 않다. 나는 숙련된 전문가들 앞에서 언제나 크게 감동하는데, 우리의 기술 관료들은 이러한 인간적인 면을 고려하지 않는 것처럼 보인다.

인간이 만든 건축 환경은 우리가 사는 세계를 뒤덮고 있기 때문에 반드시 그것들을 관리하고, 때로는 개보수해야 할 것이다. 이를 위해 목수, 녹공인, 배관공, 금속공과 같은 건축 장인들, 명예롭게 자기 일을 수행하고 점차 사라지는 것처럼 보이는 이들에게 자리를 제공해야 한다. 새로운 사회가 출현할 때 이들에게 좋은 자리를 남겨 주어야 한다. 그리고 충분한 숙고 끝에 21세기의 기술들이 이미 제공하고 있는 모든 수단을 활용해 설계부터 시공에 이르기까지 건설 영역을 산업화해야 한다.

계곡 아래 마을 사람들이 파사드를 보러 왔다. 파사드는 사람들의 흥미를 끌었고, 두 명의 방문객이 이렇게 말했다. "이걸 만든 사람이 '르토르뒤지에 Le Tordusier'라는 사람 밑에서 일했던 여자래."

1969년 크리스마스까지 설비를 갖출 시간이 얼마 남지 않았다. 식기류가 담긴 상자들, 리넨류, 가구를 받았지만, 그것들을 배치할 손이 없었다. 하다못해 각 층에 분배할 여력도 되지 않았다. 우리를 돕기 위해 제7알프스 산악 부대 사령관이 부르에서 그의 부대원들을 보내 주었다. 그들은 모든 상자를 에스파뇰 도로의 레지던스 꼭대기까지 운반한 다음, 층마다 인력을 배치하고 상자들을 유쾌하게 아래로 내렸다. 연결 지점에 배치된 부대원들은 상자가 내려오는 속도가 너무 빠르면 정지시켰다가 다시 받아서 분배했다. 스트레스와 일을 끝마쳤다는 기쁨 사이에서 정말로 즐거움을 느꼈다.

라카스카드의 북쪽에 피에르 포슈의 쿠폴이 큰 어려움 없이 완공되었다. 골조는 매우 유능한 회사인 레파노루소에 맡겼는데, 때 이른 눈이 조립 작업 중인 목수들을 덮쳤다. 편협하고 배타적인 지역 토박이들은 목수들을 주의 깊게 관찰했다. 그들은 이 외지인들, 특히 현장을 방문해 미끄러운 골조 위에서 균형을 간신히 잡은 키 작은 사장이 미끄러지기를 기다렸다. 사장은 외출복 차림이었는데, 너무 꽉 끼는 양복에 너무 얇은 가죽 구두를 착용하고 있었다. 그러나 그는 호락호락한 사람이 아니었고, 쿠폴은 예정대로 1969년 크리스마스부터 사용할 수 있었다.

날씨가 좋은 날에는 쿠폴 맞은편에 있는 호텔에서 무모한 사람들이 가장자리에 눈이 쌓인, 하늘이 비치는 수영장 물속으로 다이빙하는 모습을 볼 수 있었다. 일본 온천에서처럼 너무 추운 겨울날엔 너무 뜨거운 물의 증기가 나타났다. 하지만 안타깝게도 그것은 우리의 관습과 양립할 수 없었다. 다음 해에 수영장은 투명한 얼음으로 장식된 구조물로 둘러싸였다. 따뜻한 실내

돔으로 기준 적합성, 안전 및 편안함을 얻었지만, 햇볕 아래에서 자유롭게 지내는 기쁨을 잃었다. 마치 우리 안에 갇힌 것처럼 말이다.

단지는 형태를 갖추기 시작했고, 라카스카드 레지던스 스튜디오 판매는 영업팀이 맡았다. 일부 스튜디오가 팔리지 않는다는 불길한 소문이 돌았다. 북쪽을 향해 있는 16제곱미터의 작은 2인용 스튜디오였다. 내가 머물던 어느 날, 나는 막 되돌아가려던 젊은 부부를 그곳으로 데려갔다. 그들의 이야기를 들어 보니, 문제는 가격이 아니라 용도였다. 그들과 흥미로운 대화를 나눈 후에 그들의 요구를 충족할 방법을 찾아 알려 주었다. 그들은 자신들에게 열린 새로운 가능성에 기뻐했다. 우리는 함께 가서 최종 계약을 체결했다. 이 새로운 주거 방식을 신뢰하지 않는 영업팀을 교육할 필요가 있었다.

후속 작업을 위해 로제 고디노는 포슈, 타브, 로뷔타토로 구성된 파리 팀을 꾸렸다. 피에르 포슈는 당대 최고의 그래픽디자이너였고, 알랭 타브는 세밀하게 계획하고 설계도를 그리는 건축가였으며, 로크브륀에서 어린 시절을 보낸 로베르 로뷔타토는 이미 르코르뷔지에의 발자취를 따르고 있었다. 그는 십 대였을 때, 어느 화창한 아침에 세브르가 35번지에 찾아왔지만, 르코르뷔지에는 먼저 일을 익히도록 그를 라르브렐에 있는 생트마리 수녀원 건설 현장으로 보냈다. 그는 그곳에서 1956년부터 1957년까지 프리스트레스트 콘크리트를 담당했다. 그리고 마침내 어린 시절의 꿈을 이루기 위해 르코르뷔지에를 다시 찾아왔다.

로베르는 현장 위주의 활동가였지만, 그와 타브는 모두 산악 경험이 없었다. 그들은 힘겨운 과제를 떠맡게 되었다. 즉, 급경사 지점까지 라카스카드 레지던스 시공을 이어 가다가 동쪽 정면의 '성벽형 건축'을 향해 방향을 틀어야 하는 중요한 코너를 처리하는 일이었다. 명확한 계획이 없었고, 1968년 에귀유 그리브 샬레에서 했던 것처럼 팀 단위의 사전 연구도 없었다. 에귀유 그리브 샬레 프로젝트에서는 제기되는 각각의 문제를 분석했었다. 나는 명확한 계획과 사전 연구를 요구했어야 했다.

이런 작업 방식을 통해 로제 고디노는 계획 수립 과정에서 방향을 잘 잡고, 건축가들은 설계와 실행에서 올바른 방향을 설정할 수 있었을 것이다. 또한 더욱 풍성한 팀워크를 유지했을 것이다. 그러나 실제로는 각자에게 작업이 개별적으로 분배되었고, 회의 시간 외에는 협력할 기회가 거의 없었다. 회의에서도 의견만 주고받을 뿐 아이디어를 심화하거나 담소를 나누거나 심지어 논쟁을 벌이지도 않았다.

첫 번째로 제기된 질문은 여행객이 단지 입구의 보행로에서 하차하도록 할지, 아니면 외부 건축물 아래 성벽 기슭에서 하차하여 악천후로부터 보호해야 할지 여부였다. 나는 건물 안에서 그들을 따뜻하게 맞아 주는 프런트, 안내 카운터, 차를 주차하러 다녀오는 동안 짐을 맡길 수 있는 보관소, 레지던스나 호텔 리셉션, 태양의 광장까지 데려다줄 엘리베이터를 상상했다.

그러나 로제 고디노는 이렇게 응수했다. "꿈같은 이야기네요.

그건 안 될 거예요. 관리 비용이 너무 많이 들어요." 오늘날까지도 나는 납득이 가지 않는다. 그렇게 했다면 고객을 배려하는 동시에 홍보 효과도 있었을 것이다. 또한 미소와 따뜻한 인사말로 맞아 주던 일본의 여주인장처럼 보전된 일자리에 대한 올바른 인식을 가질 수 있었을 것이다.

우리는 리조트 건축을 높은 곳에서 보이는 관점과 보행자 수준에서 다루었지만, 성벽 건축은 간과했다. 그러나 과거에는 여전히 단지를 하나로 묶고 우리를 매료시키는 아름다운 사례가 있었다. 라카스카드를 급경사 지점까지 확장하는 것은 재정이 너무 많이 들었고, 견고한 지반에 건물을 세우기 위해 수백 톤의 흙을 파내야 했고, 이로 인해 사전 용도가 없는 구역이 만들어졌다.

이러한 혼란에 계획까지 변경되었다. 레지던스에서 호텔로 바뀐 것이다. 사실 로제 고디노는 호텔을 위한 자금은 마련했지만, 레지던스를 위한 자금은 마련하지 못했다. 성벽에 있는 '피에르 블랑슈Pierre Blanche 호텔'과 '라카셰트La Cachette 호텔'이 그 사례다. 해발 1,600미터의 등고선 아래쪽에 위치한 이 건물들은 안내원도 없고 매력적이지도 않아 자동차를 위한 접근로를 유지해야 했다.

프로젝트가 진행될수록 분열이 생겼다. 벽 하나가 피에르 블랑슈 호텔과 모퉁이의 건축물을 분리했으며, 그 건축물은 이중 나선형 경사로와 함께 남게 되었다. 이는 넓고 어두운 공간으로 이어져 라카스카드 아래에 있는 태양의 광장에 이르렀다. 이 공간은 이후에 영화관과 세미나실로 사용되었다.

포슈는 열정적으로 이 건축물에 착수했고, 로제 고디노의 매력에 사로잡혀 있었다. 이 경사로는 사이키 장치에서 나오는 모든 불빛으로 반짝여야 했다. 피에르는 너무 자신만만해 보였기에, 마치 '가상현실 속에' 있는 것 같았다. 하지만 안경을 벗자 남은 것은 초라한 콘크리트 건물뿐이었다. 로제 고디노는 이를 두고 씁쓸하게 '괴물'이라고 말했다.

더군다나 마지막 프로젝트는 태양의 광장과 경계를 이루는 건축물이 포함되었다. 상가용으로 만들어져 라카스카드의 남쪽 발코니들과는 성격이 완전히 달랐다. 전나무 목재 골조로 된 건축물은 이때까지 보존된 광장의 통일성을 깨뜨렸다. 나는 이러한 목조 구조물의 정신을 살려 상업 시설을 조성하고, 이를 목재 전문가인 베르나르 타이예페르에게 맡겨야 한다고 생각했다.

제안 없이 비판하는 것은 내 스타일이 아니며, 나는 반응, 판단, 제안으로 이어지는 긍정적인 비판을 선호한다. 파리 팀에 이렇게 말해야 했다. "어떻게 생각하세요? 판단은 여러분 몫이에요."

회의는 파리에 있는 아르크 산악 지대 본부에서 로제 고디노와 나 그리고 피에르 포슈가 참석한 가운데 열렸다. 까다로운 일이었고, 나는 팀이 지적으로 정직하다는 것을 알고 있었다. 그래서 피에르에게 공정하게 판단할 수 있도록 프로젝트에서 벗어나 달라고 부탁했다. 그는 오랫동안 숙고한 끝에 연속성이 우선되어야 한다는 것에 마지못해 동의했다. 그들의 팀이 프로젝트에서 제외된다는 것이 그를 가장 슬프게 했다. 한바탕 폭풍우가 지나간 후 자연스럽게 두 번째 단계가 진행되었다. 베르나르 타이예페르는 목조 구조물을 통해 라리브를 라카셰트 호텔과 상업 시설에 연결했다. 우리는 이를 '치유 건축'이라고 불렀다. 그리고 조금 떨어진 곳에 산악건축사무소의 바르데가 '라카셰트 레지던스'를 지었다.

로제 고디노는 이러한 경험들로 인해 매우 심각한 재정적 어려움에 처하면서 큰 충격을 받았다. 그는 보행자 도로와 인접한 남쪽 비탈에 있는 기막힌 토지를 관리자 중 한 명에게 팔아야 했다. 가스통 르게라는 1971년부터 30퍼센트 경사에 맞춰 단일 방향으로 설계된 '라드레L'Adret'의 주거 단지 건설을 맡았다. 이 건축물은 북쪽 면이 없고 햇빛이 잘 드는 생물기후학적 설계로, 건설과 관리 측면에서 모두 매우 경제적이었다.

아르크 1600은 실험실이었고, 로제 고디노는 나중에 이렇게 결론 내렸다. "이 실험실에서 최고의 것과 최악의 것이 나왔습니다. 물론 본보기가 되는 것들과 교과서적인 오류로 남은 것들도 포함되어 있고요."

우리는 각자 최선을 다했다고 말하고 싶다. 그리고 실수가 있었지만, 결과는 부정적이지 않았다고 생각한다. 파리 지역 대부분의 경험과는 달리 아르크 1600은 시대착오적이지 않았다. 우리 각자는 에귀유 그리브 샬레에서의 최초이자 유일한 팀워크와 라카스카드 레지던스의 강력한 영향을 깊이 새긴 것 같다.

아르크 모빌리에

1970년 '뛰어났던' 나의 건강은 한동안 사라졌다. 활동을 제한하고, 스트레스를 피하고, 스스로를 보호해야 했다. 활력을 되찾는 데 2년이 걸렸다. 다행히도 설비에 관해서는 아르크 모빌리에 Arc Mobilier의 설립이 도움이 되었다. 로제 고디노는 소유자가 사용하지 않는 기간 동안 임대 회사가 스튜디오를 관리하는 조건으로, 일정 가구 세트를 구입하도록 했다. 이를 통해 임대에 적합한 유닛을 만들고 대량 생산으로 구매 비용을 최소화하려는 목적이었다.

라카스카드 호텔 건설 이후부터 아르크 모빌리에의 운영 책임은 장 몽테귀가 맡았다. 내가 선택하거나 제작한 가구를 바탕으로 각 스튜디오와 건물별 목록을 작성했다. 몽테귀는 고객들과의 관계를 유지하고 구매와 배분을 담당했다.

나의 선택은 제품의 품질을 보장했다. 하지만 내 아이디어는 이를 넘어서 더 넓고 더 세련되며 더 문화적인 선택을 제공하는 '아르크 모빌리에' 매장을 만드는 것이었다. 지나가는 일반대중과 스튜디오 소유주들을 대상으로 그들이 환경을 아름답게 하고, 선물하고, 바라는 물건을 도시 거주지로 가져가도록 장려하는 것이 목적이었다.

이러한 문화적 측면은 이점이었지만, 수익의 원천은 아니었다. 스튜디오의 기본 설비는 이미 그곳에 마련되어 있었기 때문이다. 내 생각에는 그게 본질이었다.

라카셰트 호텔이 문을 열었지만 아직 완공되지 않았을 때에 로제 고디노는 상점가를 내려다보는 미분양 상점들의 모든 진열대를 임시 쇼윈도로 바꾸기로 했다. 그는 이 쇼윈도를 꾸미는 일을 내게 맡겼다.

길 건너편에는 작은 규모의 건축물들이 언덕에 기대어 있었고, 이곳에는 소규모의 상점들, 비스트로, 작은 식당들, 사부아 지역 특산물 판매점이 들어서 있었다. 나는 기쁜 마음으로 전시된 물건의 다양성과 아름다움을 강조하면서 이 향토적인 거리를 눈부시게 빛나는 왕실의 거리로 탈바꿈하려 했다.

전시된 물건들은 동양중국회사CFOC에서 가져왔다. 나는 창고에 있는 상자들을 열어 최고의 물품들을 고를 수 있는 특권을 누렸다. 그것들은 중국, 일본 그리고 이란에서 왔다. 광주리 제품, 도자기류 그리고 직물들이 있었다. 그리고 스테프 시몽 갤러리에서 선택한 것들로 보완했다. 거기에는 이사무 노구치의 종이 램프, 협탁 조명, 가구 그리고 완벽하게 쌓을 수 있는 독일 식기들이 포함되어 있었다.

그해에 로제 고디노는 은행가 및 잠재적 투자자들과 회의를 했는데, 그들은 그의 방향성에 대해 극찬만 했다. 다음 해에는 첫 번째 아르크 모빌리에 매장이 라카셰트 호텔에 문을 열었다.

로제 고디노는 아르크 1600에서 처음으로 수익을 냈고, 덕분에 아르크 1800에 대한 대대적인 프로그램을 구상할 수 있었다. 그는 우리 모두 필히 참석하도록 한 브리핑에서 아르크 1800에 대한 계획을 알렸다.

"산악 지대의 도시계획과 건축은 현대적일 수밖에 없다고 생각합니다. 경제적 요소를 포함해 많은 요소가 해결되어야 하기 때문입니다. (…) 프랑스에서는 스키어가 10만 명에서 200만 명으로 늘어났고, 앞으로 800만 명에 이를 것으로 예측합니다……."

"우리가 앞으로 건설할 리조트는 가장 부유한 5만 명의 스키어가 아닌 (…) 스키를 탈 600만 명의 프랑스인을 위한 것임이 확실합니다."

"1800은 외국인 고객을 위한 '파라 호텔Para-hotel'이라는 새로운 형식을 기반으로 할 예정입니다. 즉, 별장은 겨울철 짧은 기간 동안 일부 공간을 즐길 수 있는 이용권으로 대체될 겁니다. 그게 훨씬 저렴하기 때문입니다."

"외국인 고객은 점점 더 공동 공간이라 할 수 있는 곳에서 이용권을 구입하게 될 것입니다. 그곳에서 그들은 매년 같은 시기에 이용할 수 있는 자신의 스튜디오를 갖게 되며, 그 공간은 자신의 소유품처럼 느껴지는 동시에 많은 다른 사람들과 공유하는 형태가 될 겁니다."

"필요한 경우에는 서로 교환이 가능하도록 동일한 구조로 설계되어야 합니다."

"경제적 이유로 (…) 1600이 고전적인 호텔과 레지던스를 갖춘 리조트라면, 1800은 높은 점유율로 임대를 우선하도록 설계된 보편화된 호텔과 스튜디오를 갖춘 리조트가 될 겁니다. 모든 파트너가 토지, 부동산, 호텔, 설비, 운영, 추진, 투어 운영 등 공동 이익과 연대 의식을 갖는 통합 리조트라고 할 수 있어요"(로제 고디노, 『상상을 구축하다 *Construire l'imaginaire*』, HID, 1996).

1800을 통합 리조트로 한다면, 로제 고디노는 일관성을 유지하기 위해 방식을 바꿔 세 가지 분야, 즉 도시계획, 건축, 설비를 결합하여 모든 참여자를 현장에서 연계하는 통합 설계 사무소를 만들 계획이었다.

휴가객이 몰려오는 크리스마스에 개장해야 했다. 1년 안에 450개의 스튜디오를 건설하기 위해 속도를 높여야 했고, 실제로는 강설을 고려해 8개월 안에 완공해야 했다. 우리는 전념하거나 포기해야 했다.

로제는 10년 후 이렇게 말했다. "당시 사업관리 팀과 설계 사무소를 현장에서 통합해야 한다는 것을 깨달았어요. 외부 관리자와 외부 설계 사무소를 해고했고, 현장 팀을 만들었죠. 르게라에게 레자르크에 정착할 것을 제안했어요. '당신에게 자문료를 지불하고 싶지 않아요. 대신 가격과 작업 시간당 보수에 대해 합의하되, 필요하다면 당신의 설계를 스물다섯 번 버리고 스물여섯 번째 안을 채택할 수 있어야 해요.' 당연히 거부감이 있었어요. 엄청난 공포와 낙담, 재정적 어려움이 있었죠. 상황이 매우 힘들었어요."

각자 자신의 구석에서 프로젝트를 진행했지만, 1600을 완성해야 했고 1800도 준비해야 했다. 나는 로제에게 2년 동안 한 해는 콘크리트에, 다른 한 해는 설비에 할애하고, 크리스마스 때마다 건물을 개관할 수 있도록 1년씩 격차를 두고 건물을 짓자고 제안했다. "수익성이 없어요, 샤를로트. 우리는 1년 내내 건축비를 비생산적으로 놔둘 수 없어요⋯⋯."

건축에 맛을 들였으나 예술에는 무관심한 설립자의 주도 아래서 1800을 어떻게 처리할 것인가? 개인적으로 그의 계획에 관심이 있었다. 숫자와 속도는 혁신과 진보의 요소였다.

아르크 1800

부지. 18,000개의 침대를 갖춘 차량 없는 리조트 '아르크 1800'은 발코니에서 광활한 타랑테즈 계곡이 내려다보이는 1,700미터 등고선부터 발코니처럼 펼쳐진 선형 부지에 개발될 예정이었다. 1971년부터 1973년까지 가스통 르게라가 팀으로 수행한 사전 연구를 통해 도시계획의 윤곽이 잡혔다. 에스파뇰 도로 위쪽으로 45,000헥타르에 달하는 평지가 건축가 뒤누아예 드 세공자크에 의해 골프장으로 탈바꿈되었다. 에귀유 그리브 샬레에서 그를 만난 적이 있는데, 그는 골프하기에 이상적인 영국 잔디 한 더미를 자랑스럽게 보여 주었었다. 여름에 산악 골프장의 유용성이 명백하다면, 겨울에는 어린이와 초보자들이 스키를 타기에도 이상적인 장소임이 틀림없다. 리조트는 에스파뇰 도로 아래쪽으로 지어질 예정이었다.

도시계획. 나는 바르에서 피에르 잔느레와 함께 나눈 논의를 기억해 냈다. 이러한 논의는 1938년 르코르뷔지에와 함께 설계한 르코르뷔지에-피에르 잔느레 LC-PJ 프로젝트에 잘 나타나 있다. 평균 경사도가 20퍼센트인 경사면에서, 특정 높이에서 건물을 최대 높이로 확장할 경우에 그 길이는 건물이 10층을 넘지 않도록 설정된다. 이는 고층 건물의 안전 기준에 미달하지 않도록 하기 위해서다. 이렇게 하면 지붕이 보행자 통행로와 같은 평면에 위치하여, 비스트로, 테라스가 있는 레스토랑, 만남의 장소 등 다양한 활동을 촉진할 수 있다. 그리고 건물은 경사를 따라 삼각형 모양으로 형성되어 적절한 밀도를 확보할 수 있다.

우리는 캉딜리 팀과 함께 벨빌 공모전을 위해 동일한 접근 방식을 적용했다. 첫 번째 마을인 '르샤르베 Le charvet'의 긴 선형 부지가 이에 적합했다. '미라비디 Miravidi'의 첫 번째 레지던스 건물은 보행지 도로의 아래쪽에 설계되었다. 그다음 '피에르망타 Pierre Menta' 건물은 '레벨샬 Les Belles Châles 레지던스'와 '레로지에르 Les Lauzières 레지던스'를 통해 경사면을 오르면서 위쪽으로 이어지기 위해 중앙 프런트로 바로 연결되었다. 이 북쪽의 단지는 세 개의 고지대 마을로 구성된 리조트의 경계를 구성했다.

1,700미터 등고선이 보행로로 채택되어 르샤르베 마을에서 '레빌라르 Les Villards' 마을로, 그리고 그 너머 '샤르메토제숲 Charmettoger'에 흩어져 있는 더 작은 가족용 건물들로 이어졌다. 왜 등고선을 따랐을까? 이유는 간단하다. 보행자가 오르막이나 내리막 없이 평지를 걷도록 하기 위해서다. 그리고 자동차의 경우에 경사를 오르는 도로가 끝없이 이어지는 굴곡을 피하면서 환경도 지키기 위해서다. 이 건축물들은 이 등고선 아래에 쉽게

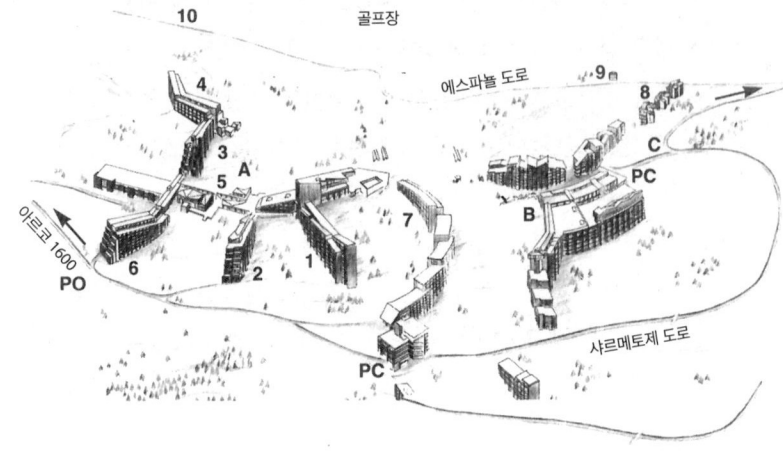

〈아르크 1800〉

1   골프 호텔
2   미라비디
3   레벨샬
4   레로지에르
5   레파고드Les Pagodes•
6   피에르망타
7   라노바
8   레미랑탱
9   에귀유 그리브 샬레
10 샹텔오(미실행)
A   르샤르베
B   레빌라르
C   샤르메토제
PO 실외 주차장
PC 실내 주차장

• '파고다pagoda'를 의미하는 프랑스어. 서양에서 '파고다'는 동양의 '불탑佛塔'을 이른다.

엇갈리게 배치되었고, 위쪽은 스키 리프트가 출발하는 지점과 산을 위해 남겨졌다. 건축물들은 아래쪽으로 주도로에 의해 경계 지어졌으며, 이 도로는 1,600미터부터 부르생모리스와 연결되고, 반구획지 형태의 세 번째 마을 샤르메토제를 지나 나중에는 페제낭크루아로 연결될 예정이었다.

운영 초기부터 로제 고디노는 베르나르 타이예페르에게 르샤르베 마을에 있는 '골프Golf 호텔'에 관한 설계 작업을 맡겼다. 타이예페르는 1,600미터 고지에 있는 그의 샬레에서 르코르뷔지에의 설계 작업에 대해 잘 아는, 재능 있는 건축가이자 그의 친구인 장피에르 메르시에와 함께 이를 수행했다.

협력은 성공적이었고, 그 결과는 흥미로웠다. 250개의 객실이 남쪽과 북쪽으로 향해 있는 두 개의 오르막과 내리막 경사로를 따라 배치되었다. 경사로는 약 50센티미터 간격으로 있었고, 다리로 서로 연결되어 있었다. 통행로를 따라 벽에 칠해진 빨간색, 초록색 등 줄무늬 표지가 이동 경로를 쉽게 찾을 수 있도록 도와주었다. 객실 열쇠에 그 색깔이 표시되어 있어 정말 유용했다.

발코니는 없었고, 남쪽과 북쪽 두 외벽에는 객실들이 어긋나게 배열된 그래픽이 표현되면서 일종의 리듬감을 만들어 냈다.

이 건물에 직각으로 연결된 제약 없는 건축물에는 보행자 동선과 같은 높이에 위치한 리셉션 공간, 큰 벽난로가 놓인 라운지, 나이트클럽 출입구, 넓은 테라스가 뻗어 있는 식사 공간이 있었고, 그 아래쪽에는 수영장이 있었다. 위층에는 두 층에 걸쳐 레스토랑이 있었고, 아래층에는 진입로와 짐 보관소가 있었다. 안타깝게도 상점에 물품을 공급하고 미라비디 레지던스 건물로 갈 수 있으며 골프 호텔의 짐 보관소로 이어지는 이 통제된 접근로는 막다른 길이었다. 사용자의 무질서로 인해 이 도로는 자주 통행이 불가능한 상태가 되었다.

건축물을 짓는 동안 로제 고디노는 현장에서 환경운동가의 역할을 하며 나무를 세어 보거나 거친 작업으로부터 보호하기 위해 나무를 감싸도록 했다. 나 역시 연결 도로의 교차로에서 독일가문비나무 한 그루를 구할 수 있었고, 그 나무 그늘에 마치 옛 시절의 한 장면처럼 내 나귀를 묶어 두었다. 나무는 잘 버텨 주었다.

골프 호텔의 공용 서비스 시설을 위해 타이예페르는 자클린 에베르하르가 이끄는 파리의 한 설계 사무소에 의뢰했다. 그녀는 장식적인 요소를 추가하지 않고, 단지를 매우 능숙하게 조성했다. 산악건축사무소의 알랭 바르데가 건설 책임을 맡았다.

아르크 1600에서의 경험으로 우리는 신중해졌고, 르게라와 타이예페르 그리고 나는 건축과 환경과의 통합에 관한 문제를 해결하기 위해 함께 모였다. 회의는 샹베리의 산악건축사무소에서 이루어졌는데, 그곳에는 이미 르샤르베 마을의 중심지인 골프 호텔이 포함된 모형이 있었다.

나는 1973년 8월 한 달 내내 그랑드 샤르트뢰즈 아래의 작은 호숫가, 타이예페르가 가족과 함께 묵은 여관에서 지냈다. 우리는 평일 아침마다 샹베리에 갔고, 타이예페르는 일요일마다 한

가로이 가장 좋아하는 송어 낚시를 했다.

우리는 샹베리에서 접근 방식을 가다듬었다. 미라비디와 리조트 입구 사이에는 골프 호텔에 이어 상점들을 배치했다. 타이예페르는 이 상점들을 '레파고드Les Pagodes'라고 불렀다. 그가 목골조로 설계했으나 내가 일본 북부 마을의 오래된 건물들처럼 아름다운 연청색이나 카키색의 커다란 금속판을 덮자고 제안했기 때문이다. 그러나 그 꿈은 '레파고드'라는 이름 외에는 실현되지 못했다.

우리는 메인 리셉션 구역까지 연구를 확장하여, 모든 방문객이 자동차나 버스를 통해 리조트 출입구까지 접근할 수 있게 했다. 여기서도 나는 방문객이 악천후를 피해 하차하여 짐을 보관하고 인내받을 수 있는 친절함을 보여 주는 건축물을 상상했다. 스트레스를 문 앞에 두고 마치 앙코르와트에서 신들의 영역으로 들어가듯, 폴리네시아의 섬에서 환영하는 야자수잎 아치를 지나 축제에 들어서듯, 레저의 영역으로 들어가게 하는 것이다. 나중에 로제 고디노가 말했듯이 "그래서 우리는 재능이 부족했나요?" 아니, 그렇지 않았다.

아르크 1600에서도 마찬가지였지만, 급경사가 새로운 건축물을 만들어 냈다. 이는 지형에 의존하는 또 다른 건축물이었다. 아르크 1600에서는 라카스카드 건물 아래의 우울한 터널을 통해 단지로 들어갔다. 아르크 1800에서는 외벽의 한 패널을 처리하는 것으로 그쳤다. 차에서 내리자마자 악천후를 피할 수 있는 피난처를 제공하지는 못했다. 그러나 두 경우 모두 내가 '만리장성'이라고 부른 건물들로 형성된 장벽이 스트레스와 자동차가 있는 여가 이전의 시간과 자동차가 없는 자유로운 여가 이후의 시간 사이를 구분해 주었다. 이 자유의 공간에서 사람들은 걷고, 말을 타고, 스키를 타고, 음악을 들으며 춤을 추고, 웃고, 주위 환경을 느끼며 재충전할 수 있었다.

우리는 아르크 1800에서 연구를 시작할 때부터 보행자 도로 영역에서 리조트 프런트를 구상했다. 하지만 건물 아래쪽의 통로 접근, 관리된 주차장, 넓은 야외 주차 구역, 그리고 교통 연결 부분을 그때그때 상황에 따라 계획했을 뿐이었다. 리조트 경영진은 매년 현재 상황을 해결하기 위해 여러 가지 임시 방책을 마련해야 했다. 현재 시스템은 마을 안으로 차량이 들어가지 않으면서 마을 전체에 접근할 수 있게 하고, 성수기에 대거 몰리는 휴가객을 수용하며, 남녀노소 및 짐과 차량을 효과적으로 안내하도록 되어 있다. 휴가객을 차량에서 분리하는 일은 간단하지 않다. 차량 없는 리조트의 레지던스에 휴가객이 평온하게 도착하도록 하려면 전략이 필요하다. 다수의 사람을 온화한 개인처럼 다뤄서는 안 된다.

휴가객이 눈과 비를 피해 짐을 맡기도록 했다면, 객실 열쇠를 받으러 간 그들이 어쩌면 반대편에 있을 스튜디오 위치를 찾아야 하는 문제가 생길 수 있었다. "하지만 당신이 이 문제를 꺼냈으니, 이야기를 하나 해 줄게요"라고 나중에 고디노가 말했다. "한 부인이 여름에 레자르크에 올 수 있다는 광고를 들었어요. 그래서 기차를 타고 케이블카를 타고서 리조트 중심부로 바로 들어왔지요. 그녀는 기차를 타고 레자르크로 가는 티켓을 달라고 했어요. 그녀와 세 아이, 그리고 여섯 개의 여행 가방은 레자르크에 도착했지만, 그곳은 남부 지역에 있는 레자르크였어요. 실수로 다른 레자르크로 간 거죠. 그녀와 세 아이는 긴 하루의 여정 끝에 부르생모리스로 다시 떠났어요. 그리고 부르역에 도착해 케이블카를 찾았지만, 그것은 불행하게도 역에서 수백 미터 떨어진 곳에 있었죠. 여섯 개의 무거운 여행 가방과 세 아이를 데리고 지쳐 케이블카에 도착했지만, 짐과 제한된 공간 때문에 탑승이 거부되었어요. 긴 기다림 끝에 마침내 아르크 1600에 도착했어요. 여성은 생각했죠. '휴, 드디어 레자르크에 도착했구나. 하지만 숙소는 어디에 있지?' 불행하게도 여성은 아르크 1800에 있는 숙소를 예약했어요. 또다시 세 아이와 여섯 개의 가방과 함께 셔틀을 기다렸어요. 아르크 1800으로 가는 셔틀버스를 탔고, 숙소가 레로지에르 레지던스라는 것을 알았어요. 다행히 세 자녀와 여섯 개의 여행 가방과 함께 그녀를 그곳까지 데려다주는 친절한 사람을 만났어요. 마침내 숙소 문 앞에 도착했지만, 안타깝게도 열쇠를 받지 못했어요. 그녀는 어디서 열쇠를 받아야 하는지 물었고, 저 아래에 있는 레벨샬 프런트에서 받아야 한다는 답을 들었어요. 그녀는 세 아이와 여섯 개의 여행 가방을 문 앞에 남겨 두고 다시 걸어서 내려갔어요. 불행하게도 프런트 직원은 점심을 먹으러 갔어요. 그녀는 아이들을 찾으러 다시 올라갔다가 한 시간 후에 열쇠를 가지러 다시 내려갔어요. 요약하자면 여성은 파리에서 레자르크까지 오는 데 거의 3일이 걸렸어요." "실화인가요?" 그에게 물었다. "거의요."

오늘날 셔틀버스가 주요 도로를 가로지르며 전략적 지점에 정차하는 식으로 아르크 산악 지대 전체에 교통을 제공하고 있다.

통합 설계 사무소는 뒤트뤼크의 감독하에 이공과대학을 졸업한 부쿠레슈티 출신의 엔지니어 니콜라스 스탄체와 함께 아르크 1600에 사무실을 설립했다. 니콜라스 스탄체는 회사의 건설 회계 감사를 위해 로뷔타토의 소개로 왔다.

반면 르게라는 거의 물러날 뻔했다. 어떻게 샹베리의 산악건축사무소AAM를 제쳐두고 레자르크에 영구적으로 정착할 수 있을까? 그럴 필요도 없고 받아들일 수도 없는 일이었다. 그것은 회사 직원이 되어 자유로운 직업의 독립성을 잃는다는 것을 의미했다. 그러나 충성심에서 그는 아르크 1800에서 25,000제곱미터의 첫 번째 구획을 먼저 건설하기로 했다. 여기에는 골프 호텔, 벨코트 레지던스, 미라비디 레지던스가 포함되어 있고, 이는 1974년 크리스마스에 개장되었다. 그때는 방법의 변화와 온갖 종류의 의견 대립, 특히 도로와 프런트를 두고 스탄체와 의견이 대립하던 가장 어려운 시기였다. 그는 떠날 수 있었고, 떠날 예정이었다. 친구와 허심탄회한 대화가 오갔고, 로제의 매력이 통했다. 그는 머무르기로 했다.

만약 그가 떠났다면, 나는 그의 유능함과 충성심 때문에 그를 뒤따랐을 것이다. 로제 고디노는 인간의 불확실성에도 불구하고 내기에서 이겼다. 그는 통합에 대한 꿈을 실현할 수 있었다.

르게라가 도시계획, 타이예페르가 건축, 내가 아르크 1800의 모든 스튜디오 설계를 맡았다. 그리고 르게라와 나는 우리의 자유를 지켜냈다.

나는 아르크 1600의 라카스카드에 있는 공간을 활용해 미라비디 레지던스를 위한 새로운 형식의 침대 네 개짜리 스튜디오의 실물 크기 모형을 만들었다. 주거 전용 면적은 27제곱미터를 넘지 않았다. 스튜디오는 나무 슬랫으로 만든 슬라이딩 패널로 닫히는 대형 알코브 침대 한 개, 거실의 소파처럼 놓이는 침대 두 개, 작은 주방 블록, 그리고 내가 맡았던 골프 호텔 객실에도 동일하게 설치된 욕실로 구성되었다. 안타깝게도 아르크 1600에서 사용한 아름다운 에나멜 패널은 에폭시 처리된 패널로 교체해야 했다. 에폭시 패널은 에나멜에 비해 질감의 부드러움과 내구성이 떨어졌다.

미라비디는 산악건축사무소의 필리프 캥케가 맡았다. 스튜디오는 경사로로 연결되지 않았고, 모든 외벽에는 발코니가 갖춰져 있었다. 로제 고디노는 이 건물을 마음에 들어 하지 않았다. 미라비디의 파사드는 골프 호텔의 파사드 같은 리듬이 부족했다. 그러나 건물의 지붕은 여전히 모범적이었다.

처음에는 케이터링 사업을 위해 설계된 경량 구조 건축물이 팔리지 않아서, 아르크 모빌리에 매장이 자리 잡을 수 있었다. 1978년 매장은 벨코트 레지던스로 이전하여 차량 없는 단지의 중심부에 레스토랑, 카페, 야외 파라솔 등 투숙객을 위한 휴식공간이 조성되었다.

골프 호텔 객실의 설비는 매우 간단했다. 한쪽 벽면에 긴 띠 모양의 전나무 목재가 걸려 있었다. 이는 각 침대의 개별 조명, 전화, 라디오 수신기 및 벽의 간접 조명 등에 필요한 모든 배선을 숨기고 연결하는 역할을 했다. 또한 머리 받침대로 사용되었으며, 침대 양쪽에 작은 두 개의 협탁을 자유롭게 놓을 수 있도록 했다. 왜 이런 이동을 부여했을까? 침대를 따로 또는 같이 유연하게 배치할 수 있도록 하기 위해서다.

타이예페르는 내닫이창 앞에 바다처럼 카펫으로 덮은 연단을 계획했다. 나는 창문을 열고 독서와 명상을 하며 앞쪽의 나무들을 바라볼 수 있도록 3단 매트리스를 놓았다. 그리고 마지막으로 자동차 공장에서 만든 그랑 콩포르 의자LC2를 선택했다.

기적적으로 아르크 1800에 18,000개의 침대가 제작되었고, 건물의 높은 밀도 덕분에 모두 산 전망을 누릴 수 있었으며, 건축물의 영향이 최소화되어 고산 목초지가 거의 보존되었다.

미라비디에서의 나의 첫 파라 호텔 스튜디오 경험은 만족스럽지 않았다. 나는 그보다 더 큰 야망을 품고 있었다. 이제 나는 스튜디오 설계 전체를 책임지게 되었고, 일을 맡았는데, 스튜디오는 속도, 수익성, 상업적 성공, 다른 리조트와의 경쟁력까지 충족해야 했다. 주어진 시간 안에 서비스 품질을 충족하기 위해 산업화해야 했다. 나는 이를 이루기 위해 전념할 예정이었다.

파리의 지붕 위 스튜디오

자크는 파리에 있었고, 예순일곱 살이었다. 2년 전 그는 여유로운 삶을 살기 위해 에어프랑스를 떠났다. 나는 이 상황이 두려웠지만, 그는 철학적으로 받아들였다.

인간적으로 말하자면, 오늘날 우리 제도에는 뭔가 잘못된 점이 있다. 대다수 제도는 삶이 무엇인지 모르는 것처럼 보인다. 모든 움직임이 삶이고, 멈춤은 죽음이다. 인간이 언제나 수용적이고 참여하는 상태에 있을 수 있도록 여건은 미리 마련되어야 한다. 나는 운 좋게 자유직업에 종사하고 있다. 그래서 나의 유일한 한계는 나의 활력뿐이다. 자크가 파리에서 산들바람을 들이마시며 꽃들 사이에서 여유롭고 온화한 저녁을 보낼 수 있도록 내가 그의 휴식처를 마련하는 것보다 더 잘할 수 있는 일이 무엇일까? '파리의 오염 절정'이라는 표현은 아직 존재하기 전이었다. 이 프로젝트를 완수하기 위해 작업실에서 10~15분 거리에 있는 옥상 테라스를 찾아야 했는데, 보물 같은 곳을 발견했다. 그곳을 알려 준 사람은 페르네트였다. "엄마 마음에 들지 않을 거예요. 너무 작거든요. 그렇지만 경치는 볼 가치가 있어요. 파리 전망이 독특해요. 한번 보러 오세요."

두 층으로 된 60제곱미터짜리 스튜디오는 사람이 살기엔 힘들어 보였다. 작은 거실로 들어가자 뒷벽에는 커다란 둥근 구멍이 뚫려 있어서, 작은 침실의 큰 침대가 바로 보였다. 그 방에는 좁은 복도가 있었고, 그 뒤에 욕실이 있었다. 이 복도는 요리와 설거지를 할 수 있는 유일한 공간인 작은 부엌으로 연결되었다.

이 스튜디오는 북서쪽/남동쪽으로 향했다. 이런 이중 방향은 매력적이었다. 녹슨 금속 프레임으로 된 북서쪽으로 난 큰 내닫이창은 파리 하늘의 지붕보다 더 높은, 굉장한 전망을 담고 있었다. 남동쪽으로는 커다란 발코니로 이어지는 작은 문이 하나 있었다. 이 문을 넘어서자 모든 것이 훨씬 더 흥미로워졌다. 성당이 내려다보이는 전경이었다. 담쟁이덩굴로 덮인 아치 모양의 금속 계단은 꼭대기 층에 있는 작은 테라스로 이어졌다. 충격적인 광경이었다. 북서쪽으로 이웃 벽을 덮고 있는 굴뚝 더미의 숲과 대부분 회색 아연으로 덮인 지붕들이 보였다. 그리고 그 사이로 기념물들이 모습을 드러냈다. 하늘을 향해 우뚝 솟아 있는 몽마르트르 언덕 위의 사크레쾨르 대성당, 녹청색의 구리 지붕을 얹은 오페라 극장, 철거 예정이었던 오르세역의 시야를 가리는 긴 지붕, 그랑 팔레의 첨탑, 내 작은 다이아몬드 같은 황금빛의 앵발리드 돔, 철거될 뻔했다가 보수되어 빛의 드레스로 장식된 에펠탑이 있었다. 그리고 그 위로 일드프랑스의 드넓은 하늘이 펼쳐졌다.

작은 테라스에는 콘크리트 슬래브로 덮인 1.8미터 높이의 알루미늄 프레임으로 만들어진 구조물이 있었고, 내닫이창에는 너덜너덜한 진홍색 벨벳 커튼이 드리워져 있었다. 물도 나오지 않고 난방도 되지 않았다. 이 방은 선박 사다리를 갖춘 '해치'를 통해 아랫방과 연결되었다.

가격은 비쌌으나 전망에 매료되었다. 두 층의 주요 치수를 기록하고 결정을 내리기 위해 일주일간의 가계약을 요청했다.

집으로 돌아와, 이 새로운 공간에 적응하기 위해 옷, 리넨, 책 등 빠질 수 없는 수납공간의 길이를 적었다. 물론 하중을 받지 않는 칸막이를 모두 철거할 것이다. 1층 공간은 두 구역, 거실과 침실로 나누고 싶다. 두 공간을 문이 아닌 전체 높이의 회전식 패널로 연결해 연속성을 확보하고 필요할 때는 사생활을 보호할 수 있도록 한다. 개조된 욕실은 그대로 둔다.

침실은 큰 침대 하나와 작은 알코브 침대 하나를 놓을 수 있는 면적이었다. 보존된 내리닫이창을 통해 남동쪽에서 곧바로 해가 들어 큰 침대를 비추었다. 작은 알코브 침대는 책장을 이루는 북동쪽 벽면에 기대도록 두었다. 북서쪽 벽에는 큰 책상을 포함해 내장된 수납공간을 설치하고, 발코니를 향하는 유리문은 미닫이창으로 교체할 것이다. 주방이 딸린 다이닝룸은 친구들을 초대하기 위해 꽃으로 둘러싸인 테라스에 둘 수밖에 없다. 다만 계단으로 통행하기 위해 해치를 확장하고, 착암기로 천장 높이를 높이기 위해 바닥을 깨부숴야 한다. 완벽했다. 계약을 체결할 수 있겠다.

건설업체는 더 이상 존재하지 않았고, 구조물에 대한 정보도 없었다. 그래서 친구들이 모두 나를 도와주러 왔다. 엔지니어 케토프는 나를 격려하고 도와주었고, 배관 및 급배수 장치 전문가인 장 보로는 자신의 '대사大使'라고 부르는 뛰어난 동료를 현장에 보내 주었다. 거울 제조업자 쥘 알라자르는 전체 미닫이창을 맡아, 북동쪽 발코니로 접근할 수 있는 강화유리로 만든 프레임

없는 리프트 도어를 부수아와 함께 개발했다.

　은퇴를 앞둔 목수, '없어서는 안 될' 장 슈타유는 나를 위해 자신의 목재 재고를 털어 모든 목공품을 만들어 주었다. 그중에는 가로세로 8×6센티미터인 해치를 통과하는 계단도 있었다. 내가 아는 계단 중 가장 작은 계단일 것이다. 호두나무 목재로 만든 이 조각품 겸 계단을 오늘날에도 오랑우탄 자세로 쉽게 오를 수 있다.

　이들의 조언과 능력, 우정 덕분에 자크를 이 작은 낙원으로 맞이할 수 있었다. 그는 나를 믿었기에 현장을 한 번도 방문하지 않았다. 파리로 돌아온 그는 책 몇 권과 여름옷과 겨울옷을 담은 트렁크 그리고 추억을 안고 이사했다. 새로운 보금자리는 그에게 잘 맞았다. 나도 그렇고, 새로운 삶이 시작되었다. 우리는 남은 것들을 페르네트에게 맡겼고, 가엾은 페르네트는 우리를 대신해 짐을 한가득 떠안았다. 자크는 영화, 연극, 전시회, 연주회를 보러 다녔고, 혼자서 자주 서점을 돌아다녔다. 그는 저녁마다 작업실로 나를 데리러 왔다. 마무리가 늦어지면 투덜거리면서 나를 기다리곤 했다. 내가 레자르크에 갔을 때는 모든 작업이 완료된 메리벨의 샬레에서 난로 앞에 앉아 기다리다가 나를 맞았다.

　우리는 모든 것을 다 할 수 없고, 다 가질 수 없다. 나는 1973년에 선택해야 했고, 자크가 제안한 세계 여행을 하기 위해 레자르크를 떠나야 했다. 그러나 모험을 혼동해서는 안 되었다. 레자르크에서의 모험은 나의 창작 욕구에 부합했다. 그래서 이해심 많은 자크는 1974년에 폴리네시아를 항해하기 위해 시간을 내 달라고 말했다. 폴리네시아는 현실적으로 보였다. 둘 사이의 상호 보완성은 이해와 행복을 보장한다.

마르키즈제도

자크의 계획에 끌린 이유는 모험―코프라˙ 화물선에서의 선상 생활―뿐만 아니라 신화적 장소인 마르키즈제도를 발견했기 때문이다. 마르키즈제도는 페루 총독의 아내인 멘도사 후작 부인의 이름에서 따왔고, 1595년에 스페인 탐험가 알바로 데 멘디냐가 발견했다. 여러 번의 격변 끝에 1901년 마르키즈제도는 폴 고갱을 맞아들인다. 병든 몸을 이끌고 문명의 손길이 닿지 않는 곳을 찾아 들어온 폴 고갱은 이곳의 매력에 압도되었다. 그는 '쾌락의 집 Maison du Jouir'을 짓고, 그곳에서 그의 매우 아름다운 작품들을 그리다가 2년 후 생을 마감했다.

우리는 에어 타히티 경비행기를 타고 마르키즈제도의 히바오아로 가기로 했다. 타히티 파페에테에서 우리보다 먼저 떠난 화물선, 타포로 II호를 타러 가기 위해서였다. 아주 푸른 하늘 아래 마니히 환초 섬에서 출발한 비행은 단조로웠다. 끝없이 펼쳐지는 바다와 인적 없는 풍경뿐이었다. 그러다가 갑자기 새로운 억

˙ 말린 야자열매

양과 함께 타후아타, 히바오아, 파투히바, 바푸, 누쿠히바, 바우카 등 마르키즈제도가 나타났다. 마치 바위가 바다에서 갓 태어난 듯 보였다. 하늘을 찌를 듯한 날카로운 봉우리의 허리에는 양털 같은 구름이 걸려 있었다.

해발 600미터의 협소한 고원을 섬에서 처음 밟았다. 우리는 바다의 무역풍에 실려 온 열대 지방의 향기와 함께 초목이 울창한 산의 신선한 공기를 들이마실 수 있었다.

10킬로미터쯤 내려가면 깊은 협곡이 우리를 바다로 다시 이끌어 백여 명의 주민이 사는 작은 마을 아투아나에 이르게 했다. 마을은 거센 파도가 밀려오는 자갈 해변에서 시작하여 계곡 너머로 이어졌다. 야자나무 아래, 바나나나무와 히비스커스 사이로 양철 지붕을 얹은 작은 통나무집들과 단단한 집들이 흩어져 있었다.

하지만 아투아나는 마르키즈 남부의 수도이기도 했다. 아투아나에는 시청, 우체국, 진료소, 중국 상점 두 곳, 성당, 모든 섬의 소녀들에게 초등 교육을 제공한 수녀들이 운영하던 학교, 두 명의 본토 군사경찰이 근무하는 경찰서가 있었다. 군사경찰들은 저녁에 공놀이를 했고, 귀 뒤로 티아레 꽃을 꽂은 건장한 마르키즈 여성들은 조금 떨어진 판다누스나무 그늘에서 빙고 놀이를 했다. 과연 이 두 민족이 의사소통을 했던 적이 있는지 궁금해졌다.

아투아나 시장인 랑지 씨와 그의 아내는 서너 명의 여행객을 수용하는 작은 식당과 두 개의 방갈로를 막 지었다. 그러나 '관

광객'은 아직 없었다. 주민을 제외하고 섬 전체에서 유일한 숙박
시설이었다. 우리를 열렬히 맞이한 이들은 주민뿐만이 아니었
다. 마을 수탉들은 우리가 잠시 머무르는 동안 매일 새벽 4시경
에 목청껏 노래했다. 저음과 고음이 뒤섞인 닭들의 음악회는 꼬
박 한 시간 동안 이어지곤 했다. 그리고 매일 저녁 무도회와 빙
고 게임이 계속되었다.

바다를 바라보는 무덤들이 칼베르 묘지의 완만한 경사면을
따라 늘어서 있었다. 플루메리아나무 한 그루가 커다란 응회암
덩어리로 이루어진 야생 무덤 위로 휘어져 관능적이고 친근한
꽃잎을 떨어뜨렸다. 비석에는 간단하게 이렇게만 적혀 있었다.
"폴 고갱, 1903."

바다가 험해 자크는 홀로 타포로호에 승선했다. 페르네트와
나는 기회를 놓치지 않고 산을 넘어 섬 내부를 탐험하며 하나이
아파만灣에 있는 현지인 집에서 자고 싶다는 바람을 내비쳤다.
타포로호는 하나이아파만에 기착할 예정이었다. 그곳에 가려면
트럭이나 말을 타야 했다. 오르막과 내리막을 반복하며 울창한
숲을 지나갔다. 정박지만 계속 내려다보이다가 마침내 검은 모
래사장에 둘러싸인 작은 마을이 보였다. 필로티 구조의 나무로
지어진 집들이 자연을 향해 활짝 열려 있었다. 마치 진정한 에덴
동산에 있는 것 같았다.

그중 한 가옥에서 집주인 가족이 우리를 기다리고 있었다. 그
들은 우리가 짧게 체류하는 동안 즐거운 시간을 보내도록 애썼
고, 우리에게 자신들의 일상을 소개했다.

오후에 도착한 우리는 작은 민물새우의 일종인 '셰브레트'를 낚시하러 개울로 갔다. 돌에서 돌로 층층이 흐르는 개울물은 시원하고 맑았다. 돌아와서는 레몬, 오렌지, 자몽을 따고 저녁에는 빵나무 아래에서 야생 커피나무와 담배 식물에 둘러싸여 바다에서 잡은 물고기를 맛보았다.

이 모든 야생 초목은 사람이 손을 뻗어 먹을 것을 따기만 하면 되는 관대한 자연 속에서 싹을 틔우고 번성했다. 이 가족이 설명해 준 것처럼 이러한 혜택은 산에서 야생으로 사는 염소, 수탉, 소에게도 적용된다. 하지만 소를 잡는 것은 토지 소유주에게만 가능했다. 허용되는 동물의 수는 토지 면적에 비례한다. 즉, 1년에 한두 마리 혹은 세 마리다. 그 외의 모든 것은 자유롭게 취할 수 있다. 범선에서 내린 일부 방랑자들이 별 아래에서 야영하며 음식을 먹을 수도 있다. 이들은 '바나나 관광객'이라고 불렸지만, 그 수는 적었다.

우리를 맞이한 마르키즈인의 주요 일거리는 티파이파이처럼 직물 소재를 자르고 덧붙여 쿠션 커버를 만드는 것이었다. 신기하게도 쿠션 커버의 단순한 패턴과 강렬한 대비, 대담한 색상은 고갱을 떠올리게 했고, 나를 매료시켰다. 다음 날 저녁 무렵에 타포로호가 나타나 코프라 화물선처럼 포경선을 타고 우리를 태우러 왔다. 선실은 수수했지만, 자크는 매우 기뻐했다.

선장 '피타'가 홀 식사에 우리를 초대했다. 페르네트가 에어프랑스 비행기에서 챙겨 온 작은 식전주 한 병을 선장에게 선물해 그의 마음을 사로잡았다. 이 소박한 선물은 다른 여행객들에게

서는 찾아보기 힘든 고마운 배려였다.

타포로호는 코프라를 받는 대가로 화물을 내려 주었다. 방법은 효율적이었다. 빈 황마 자루를 가라앉힌 후 다른 기착지로 이동해 같은 작업을 반복한 다음, 다시 돌아와 가득 찬 자루를 수거했다. 이 작업은 마르키즈제도 여섯 개의 만을 따라 반복되었다. 이 손쉬운 일은 또 다른 연안 항해선인 중국선과 경주를 벌이면서 더욱 흥미로워졌다. 두 선장 중 한 명이 해변에 황마 자루가 있는 것을 보면 한발 늦었다는 것을 깨닫고 재빨리 다음 기착지로 넘어갔다. 우리의 여행이 끝날 무렵에 두 항해선이 마주쳤고, 그들은 중국 항해선에서 함께 만찬을 벌였다.

기착 시간은 몇 시간, 드물게는 하루나 이틀 정도 지속될 수 있디. 일요일은 신성한 날이었고, 우리의 선장은 다른 신자들처럼 기념일에 입는 옷을 입고 미사에 참석했다. 마르키즈 여인들은 조개껍데기와 꽃으로 장식된 아름답게 땋은 야자수 모자를 썼다. 미사 시간에 모두가 자신들의 빼앗긴 고대 문화에 대한 한탄을 풍기는 폴리네시아 음악의 리듬에 맞춰 열성적으로 찬송가를 불렀다. 마을마다 꽃으로 장식된 깨끗한 성당이 있었다. 피타는 우리에게 가장 좋은 옷을 입어야 한다는 것을 매우 정중하게 이해시켰다.

누쿠히바에 기착했을 때 중국인에게서 와인 한 통을 사서 선장에게 선물했다. 그날 밤은 정말 대단했다. 우리 선실에서 노랫소리와 웃음소리, 떠들썩한 목소리가 들렸다. 선원들은 한바탕 축제를 벌였다. 다음 날 아침, 테이블에는 피타가 설명한 것처럼 더 이상 와인이 없었다. "당신은 좋은 것을 아껴 매일 조금씩 즐기는 나쁜 습관이 있지만, 우리는 고갈될 때까지 마음껏 즐깁니다." 그는 우리와의 차이점을 요약했다. 바로 흥청망청 마시는 것이었다. 마르키즈 사람들은 태곳적부터 그렇게 해 왔다. 그들은 인근 계곡 마을과 난투극을 벌이고 나서 티키에 제물을 바치고, 노래와 춤으로 인육을 즐겼다. 그러다 1797년 섬에 선교사들이 정착하면서 인간 제물뿐만 아니라 노래와 춤도 금지했다. 그때부터 그들은 지루해졌고 삶의 열정을 잃었다.

알랭 제르보는 1933년부터 1935년까지 여러 차례 체류하면서 상황을 이렇게 요약했다. "사라져 가는 민족의 형언할 수 없는 슬픔을 곳곳에서 마주했다." 그는 그들에게 축구를 가르치면서 유희에 대한 열정을 되찾아 주었다.

1842년 뒤프티투아르 제독이 아투아나와 누쿠히바의 지역 수장과 마르키즈제도를 프랑스 보호령으로 하는 조약에 서명했다는 점을 덧붙여야 한다. 당시 인구는 2만 명이었는데, 1928년에 2,255명으로 급락했다. 한 여행자는 이렇게 말했다. "우리는 그들에게 평화를 주었다. 그러나 이런 상황에서 평화는 무절제한 방탕과 전염병의 확산을 촉진하는 치명적인 선물이 될 수밖에 없었다. 우리는 그들의 고대 문명을 파괴했고, 우리의 문명은 아직 그것을 대체하지 못했다. 문명화하는 것은 파괴하는 것이 아니다." 프랑스 행정부는 더 유연해진 것처럼 보인다. 행정구를 만들어 토착민이 모국의 행정에 참여하게 했다. 그러나 1974년 인구 조사 결과 타히티로 이주한 사람이 있었지만 인구는 6,000명으로 집계되었다.

우리 항해 의식은 항상 똑같았다. 타포로호는 하얀 모래사장이나 검은 모래사장으로 둘러싸인 개방되거나 폐쇄된 만에 나타나 앞바다에 정박하고, 포경선을 보냈다. 우리는 육지로 가서 사람들과 어울릴 기회를 가졌다. 친구가 된 피타는 종종 타포로호의 식량을 찾기 위해 우리와 동행하며 지인을 소개했고, 이 작은 낙원에서 삶으로 가는 문을 열어 주었다. 그들은 항상 같은 형태로 구성되어 있었다. 해변과 연결된 '행정' 마을이 있었는데, 주거지는 계곡 안쪽에 물러나 위치해 있었다. 1,000~2,000미터 높이의 산에서 물이 흘러나오고 새들이 노래하는 계곡 너머에 주거지들이 은밀하게 흩어져 있었다.

우리가 이들산 아름다운 시간을 보낸 누쿠히바섬의 타이오해에는 촌락이 크게 번성했다. 마르키즈제도의 행정 중심지이자 프랑스 총독의 거주지로, 이곳에서는 드문 부르주아 건축물이 자리하고 있었다. 해변을 따라 흙길 위에는 감옥, 헌병대, 어디든 항상 있는 중국 상점, 산에서 포획한 소를 잡는 도축장이 있었다.

저 멀리 어린 소년과 소녀들이 머리카락을 휘날리며 웃음 가득한 얼굴로 농구를 했다. 우리는 피타와 함께 모기들과 끔찍한 진드기의 일종인 '노노'에 의해 고운 모래사장에서 쫓겨나, 따뜻하고 감미로운 바다에서 해수욕을 했다.

우리는 주민들의 자발적인 노동으로 건설 중인 성당, 학교, 진료소를 들른 후에 목재 조각가들을 만났다. 솜씨가 매우 좋은 그들은 유감스럽게도 타히티에서 조각품을 구매하는 관광객들의 취향에 맞춰 고대 무늬를 재현했다.

우리는 산에 가서 수탉 사냥꾼도 만났다. 그의 무기는 소총이었을까? 아니다. 단순한 끈이 전부였다. 그는 겨드랑이에 끼고 있던 수탉의 다리를 끈으로 조심스럽게 묶었다가 자연 속에 풀어 놓았다. 결과는 즉각 나타났다. 꼬끼오 꼬끼오. 야생의 또 다른 수탉이 반응하고 공격했다. 두 수탉은 서로 싸우면서 끈에 얽혀들었다. 사냥꾼은 두 마리의 살아 있는 수탉을 품에 안고 흡족하게 떠났다.

예쁜 마을이 펼쳐져 있는 타이피바이 계곡으로 내려오는 길에 피타가 한 마르키즈 노파를 소개했다. 그녀는 우리를 안심시키면서 이렇게 말했다. "우리는 이곳에서 행복합니다. 자연이 먹을 것을 풍부하게 내어 줍니다. 우리는 비행기도, 관광객도 필요 없습니다. 우리를 내버려 두세요……." 이런 생각이 들었다. 젊은이들의 미래는 어떨까? 바푸에서 만난 또 다른 노파도 비슷한 말을 했다. 그녀는 문명이 자신에게 닿지 않기를 바랐다.

저녁 무렵에 구릿빛 하늘 아래에서 타포로호는 닻을 올려 바우카로 향했다. 피타는 돌아오는 항로에 있는 투아모투제도에서 외국인을 태울 수 없다는 사실을 알았고, 식량에 대해서도 걱정했다. 휴가가 끝날 무렵이었고, 파페에테에 있는 고등학교나 기술학교로 돌아갈 마르키즈 젊은이들을 전부 태워야 했기 때문이다. 가장 재능 있는 사람들은 교사, 간호사 또는 기계공이 되었지만, 그런 일자리는 적었기 때문에 다른 사람들은 유감스럽게도 근근이 생활할 수밖에 없었다. 그러나 그들은 모두 자기 섬을 사랑했고 그곳에 머물고 싶어 했지만, 코프라를 생산하며 살고 싶어 하지는 않았다. 그들은 젊고, 기운차고, 에너지가 넘쳤다. 그들에게는 목표가 필요했다. 그들은 식량을 손쉽게 분류하고, 나이 든 사람들의 나태함 속에서 사는 것만으로는 충분하지 않았다. "아이타 페아 페아aita pea pea." 걱정하지 마. 인간에게는 또 다른 양식이 필요하다. 마음의 양식과 의미 있는 삶의 양식이 필요하다.

어떻게 생각해야 할까? 그들에게 뭐라고 말해야 할까? "인내심을 갖고, 조금만 더 기다려 주세요. 우리 유럽인들이 변화시키도록 그냥 두세요. 우리는 서로 손을 맞잡을 수 있을 겁니다." 하지만 얼마나 시간이 걸릴까? 아직도 우리는 새로운 기술에 크게 놀라워하고 있는데 말이다.

우리는 갑판에서 각자의 짐 옆에서 잠을 잘 80명의 승객을 먹이기 위해 자몽, 레몬, 오렌지, 바나나, 그리고 시끄럽게 울부짖는 많은 염소 떼를 모았다. 그러니까 타포로호의 유일한 요리사는 선원을 포함해 백여 명의 입을 먹여야 했다.

아투아나를 지나, 우리의 마지막 기착지는 파투히바였다. 폐쇄된 만, 비가 내리고 안개가 꼈지만 계곡 저 멀리 아찔한 산봉우리들이 석순처럼 하늘을 향해 솟아 있는 것을 볼 수 있었다.

바다에서 솟아오른 사화산으로 만들어진 섬, 바람의 신과 물의 신, 바다의 신이 함께 빚어낸 섬. 물은 폭포가 되어 떨어져 개울을 이루고, 자비로운 티키의 보호 아래 풍성한 초목으로 뒤덮인 길고 좁은 계곡을 파냈다. 바다는 해안을 만들며 깎아지른 듯한 절벽으로 둘러싸인 깊고 호의적인 만을 만들어 냈다. 하늘을 배경으로, 한 남자가 자신이 포획하고 길들인 말을 타고 서 있는데, 마치 천국의 수호자 같은 켄타우로스처럼 보였다. 역광 속 바람에 휘어진 긴 줄기 위로 야자수잎을 얹은 야자나무들이 줄지어 서 있고, 그 뒤로 염소가 절벽 위에서 균형을 잡고 있다. 나는 이 모든 것을 아우르는 가장 아름다운 '천사의 만'에서 마음을 가라앉히고 묵상에 잠겼다.

아니, 이곳은 더 이상 미개척지가 아니다. 모든 대륙에서 가져온 것들이 싹트는 아름다운 땅이다. 이들은 더 이상 '선량한 미개인'이 아닌 모든 문화가 혼합되어 풍요로워진 사람들이다. 하늘과 바다 사이에 놓인 경이로운 **용광로**melting-pot였다.

투아모투제도

우리는 비극적 아름다움을 지닌 에덴을 떠나 보이지 않는 유령의 세계로 들어갔다.

마젤란은 세계 일주를 하는 동안 아마도 투아모투제도, 1,600킬로미터에 달하는 '섬과 암초로 이루어진 은하수'를 지나갔을 테지만, 알아채지 못한 것 같다. 1765년 나푸쿠와 토포토에 기항한 영국의 존 바이런 제독은 투아모투제도에 '실망의 섬'이라는 이름을 붙였고, 1768년 프랑스인 최초로 투아모투 땅을 밟은 부갱빌은 이 섬을 '위험한 군도'라고 불렀다.

밤에는 아무것도 보이지 않는 저지대 사이를 조심스럽게 전진해야 한다. 안개 낀 날에는 그 땅들이 잘 보이지도 않지만, 그 위에 야자나무들이 우뚝 서 있어 마치 바다 위에 떠 있는 것처럼 보인다. 화창한 날에는 하늘이 비치는 초호의 푸른빛을 보고 섬을 짐작할 수 있다. 피타에 따르면, 옛날 선장들은 자신의 위치를 알 수 없을 때 바다에 돼지를 던졌다. 돼지는 주위를 빙빙 돌다가 어떤 이해할 수 없는 본능에 이끌려 육지로 가는 방향을 찾아냈다고 한다. 섬 출신인 피타는 어린 시절에 모든 해류와 접근 방식을 알고 있었다. 또한 돌고래들이 환초 중 하나에서 수로를 찾기 위해 배를 안내했고, 수로에 도착하면 다시 돌아갔다는 이야기도 들려주었다. 마르키즈인은 돌고래를 죽이고, 투아모투인은 돌고래를 존중한다. 나는 그 말을 쉽게 믿었다. 어느 날 타포로호의 뱃머리 양쪽에서 돌고래들을 볼 기회가 있었는데, 돌고래들은 물 밖으로 뛰어올라 회전하며 우리를 환영하고, 장난기 어린 주둥이로 즐겁게 휘파람을 불며 우리를 불러내곤 사라졌다. 나는 작은 돌고래가 되고 싶었다.

좋은 날씨가 다시 찾아왔다. 파투히바에서 출발하는 날에 하늘은 맑았다. 매우 반짝이는 날치들이 날개를 퍼덕이며 갑판 위로 길게 미끄러졌고, 안타깝게도 우리 접시 위에서 생을 마감해야 했다.

바다는 거칠었고, 타포로호는 심하게 흔들렸다. 오후에는 돌풍이 몰아쳐 뒷갑판과 그곳에서 짐과 함께 타고 있던 사람들을 보호하는 천막이 찢어졌다. 수리해야 했다. 그래서 밤중에 푸카푸카 앞에 도착해 새벽까지 저속으로 난바다를 떠돌아야 했다. 정박은 무리였는데, 해안에서 몇 백 미터 떨어져 있었고, 수심은 이미 수백 미터에 달했고, 난바다의 큰 파도는 암초 위로 부서졌다. 환초는 산호로 이루어진 얇은 고리로, 안쪽 초호를 둘러싸고 있었다. 뚫고 들어갈 수 있는 곳은 거의 없었다.

포경선이 바다에 띄워졌다. 나는 작전을 유심히 지켜보았다. 밧줄 사다리를 통해 포경선이 위로 올라가는 움직임을 선택해 선박 위로 재빠르게 뛰어내려야 했다. 첫 번째 테스트를 통과하고 자리에 앉은 내 앞으로 네 명의 건장한 마르키즈인이 있었고, 선미에는 조타수가 서 있었다. 그는 파도의 움직임을 살피며 우리를 암초 위로 실어다 줄 파도를 기다렸다. 나는 아주 작은 파도가 산호 벽에 부서지는 모습을 충분히 지켜보았다. 목이 막혔다. 긴장감은 몇 분, 아니 30분 동안 지속된 것 같다. 그러던 어느 순간에 조타수가 신호를 보냈다. 선원들은 노를 저어 다가오는 파도가 포경선을 들어 올려 암초 위에 내려놓을 수 있도록 온 힘을 다했다. 바닷물이 빠져나가자 선원들은 물속으로 뛰어들어 배를 붙잡았다. 그들 중 한 명이 짐 보따리처럼 나를 들어 올려 포경선 밖으로 빼내었다. 나는 자크, 페르네트와 함께 우리를 기다리고 있던 환영단 쪽으로 달려갔다. 휴! 이러한 과정을 육지에 하선할 때마다 반복해야 했다.

섬에는 사람이 거의 살지 않았다. 각 섬에는 수십 명, 많아야 수백 명이 살았다. 강인하고 억센 사람들이 야자나무만 자라는 척박한 섬에서 어려운 생활을 이어 가고 있었다. 야자수는 물, 식량, 건축 자재 그리고 유일한 교환 화폐인 코프라를 제공하는 기적의 나무였다. 예전에는 암초에 좌초된 배의 선원들이 식량 공급원이 되어 원주민들이 잔치를 벌일 수 있었다. 그러나 오늘날 그들은 겨우 기르는 개에 만족해야 했다. 풍부한 생선과 함께 개는 이들의 식량 중 유일한 비채식주의적 요소였다.

푸카푸카 마을에서는 긴 장대에 커다란 새들이 날개를 펼친 채 걸려 햇볕에 말리고 있었다. 매년 알을 낳기 위해 찾아오는 제비갈매기 일종의 새였다. 절호의 기회였다. 선장이 우리에게 핑크색 오믈렛을 만들어 주려고 알이 가득한 바구니에서 알 하나를 꺼내 왔다. 휴가를 마치고 돌아온 강비예제도 출신의 교사이자 간호사인 마티아스는 조심스럽게 레몬을 판자에 정리하고 있었다. 그는 아내와 딸이 파페에테에 있는 동안 코코넛과 그의 비축분 말고는 아무것도 없이 학기 내내 혼자 지낼 예정이었다.

선장은 마케노에서 태어난 파우모투족이었고, 우리가 즐겁게 놀 수 있도록 작은 파레를 지어 주겠다고 제안했다. 그는 스무 살에 팡가타우에서 살면서 일했다. 그와 함께 우리는 그의 추억의 폐허를 찾아갔다. 아나아Anaa에 일흔여덟 살의 할머니가 계셨다. 그 덕분에 우리는 외부 세계와의 접촉이라면 항해선과 행정부의 소함정이 유일했던, 소박하고 따뜻한 사람들을 만날 수 있었다. 초호 쪽에 위치한 그들의 전통 가옥은 협소하고 간소했으며, 빗물로 채우는 물탱크가 이어져 있었다. 꼼꼼하게 청소된 그들의 작은 마을에는 원색과 조개껍데기로 장식된 성당과 학교, 그리고 문 위에 꾸밈없이 칠해진 작은 삼색기로 알아볼 수 있는 시청이 있었다. 전기도, 전화도, 세상의 소음도 없이 오직 바람과 바다, 하늘의 소리만 있을 뿐이었다.

아름다운 밤이면 배 위에서는 우쿨렐레 소리와 바람에 실려 오는 노래에 맞춰 마르키즈 청년들이 야회를 즐겼다. 낮 동안 배를 타고 난바다를 돌다가 포경선이 우리를 다시 데리러 오면 소년들과 소녀들이 함성을 지르고 웃음을 터뜨리며 타포로호에서 뛰어내렸다. 마치 옛날에 큰 범선이 나타났을 때 카누를 타고 즐기던 시절처럼 말이다. 그들은 우리를 맞이하러 왔다가 다시 생명력이 넘치는 삶 속으로 돌아갔다.

마지막 기착지인 아름다운 아나아는 야자나무숲과 함께 모습을 드러냈다. 대형 초호는 수로를 통해 바다로 연결되고, 파페에테에서 배로 24시간 거리에 있었다. 불행하게도 이 환초는 태풍으로 파괴되고 매력 없이 재건되었지만, 아나아에는 식물과 꽃, 하늘과 바다의 초록빛과 푸른빛이 어우러지는 신성한 찬란함이 있었다. 초호에서 우리는 피타와 함께 수영하고 산책도 했는데, 그가 우리에게 멈추라고 손짓하며 조용히 들어 보라는 신호를 보냈다. 에메랄드빛 바닷물이 찰랑거리는 소리와 조화를 이루는 야자나뭇잎 사이로 불어오는 바람의 노랫소리를.

며칠 후 염소 고기를 포함해 마르키즈에서 실어 온 식량이 바닥나서 말린 생선과 콘비프 통조림으로 식사를 때워야 했다. 나는 나를 찾아온 젊은이들의 작은 상처를 치료하기 위해 간호사로 변신했고, 거즈와 연고 등 의료 키트 전부를 다 써 버렸다. 우리는 여행의 끝이 다가오고 있다고 느꼈고, 타히티의 두 섬이 수평선에 모습을 드러냈다.

아직도 그 매력에 빠져 있는 우리는 아나아, 니히루, 테포토, 파카히나, 타엥가, 나푸카, 팡가타우, 푸카푸카를 남겨 두고 떠났다. 이곳들은 광활한 바다 위에 둥지처럼 흩어져 있었고, 아주 작은 인간 공동체의 안식처였다.

선장 피타도, 수면에 별처럼 반짝이며 춤추는 빛들을 유심히 바라보던 마르키즈 젊은이들도 아마 다시는 만날 수 없을 것이다. 이 서구식 문명화 속에서 아름다운 나비들은 날개가 타 버릴 것이다.

레자르크에서 투쟁

아르크 1800의 첫 단계가 마무리되고 있었다. 로제 고디노의 바람대로 크리스마스마다 새로운 파라 호텔 레지던스를 개장하기로 했다. 샤르베 마을에서는 1975년 레벨샬, 1976년 레로지에르, 1977년 레파고드와 피에르망타를 개장했다.

이 단지에 이어 '라노바La Nova'에는 대부분 투룸으로 구성된 아파트가 계단식으로 배치되어 주요 도로까지 늘어서 있었다. 두 번째 마을인 레빌라르에는 전혀 다른 도시계획이 세워졌다. 이곳은 보행로를 따라 위치한 레지던스들이 큰 광장을 둘러싸고 있으며, 이 광장은 광대한 관리 차고를 덮고 있는 콘크리트 플랫폼으로 만들어졌다.

서쪽에는 또 다른 레지던스가 이 광장을 둘러싸고 있었고, 광장은 남북쪽에 있는 폭포로 이어졌다. 나는 이 광장을 전통적인 마을처럼 상상했다. 비종교 시설과 종교 시설이 그곳에 모여 있었고, 축제 기간에는 활기차고 따뜻하게 환영하는 공간이 되리라 생각했다. 오늘날 우리는 그런 광장을 볼 수 있다. 활기가 넘치고 휴가객들을 위한 상점들도 있다. 하지만 내가 꿈꾸는 유토피아적 쾌활함을 담고 있지는 않았다. 이뤘거나 이룰 뻔한 성공과 좌절이 뒤섞인 모험, 그것은 싸울 만한 가치가 있는 일이었다.

발코니가 있는 스튜디오에 18,000개의 침대를 짓는 프로젝트에서 나는 선형 미터로 환산하면 수 킬로미터에 달하는 난간에 주목했다. 아르크 1600에서 목재로 제작한 난간은 눈을 그대로 흡수했다. 이는 임대용 건물을 관리하는 데 부담이 되었다.

난간을 어린이의 머리가 통과할 수 없도록 수직 막대가 장착된 1미터 높이의 금속으로 제작하기로 했다. 내부에서 의자에 앉으면, 감옥 같은 이 막대에 시선이 걸렸다. 시각적인 속임수를 주어야 했다. 이는 난간 위쪽의 튜브 바로 아래에 틈을 남겨 두고, 그 아래에 격자 시스템을 배치함으로써 가능했다. 이 수평의 틈을 통해 시선은 나무나 지평선 너머를 자유롭게 바라볼 수 있었다.

나는 철제를 주철로 대체할지에 대해 생각했다. 가능할까? 철은 녹슬지만, 주철은 산화되나 잘 녹슬지는 않는다. 게다가 주철은 모래로 주조되고, 모래로 만든 주형은 값이 저렴했다. 파리에 있는 주철조합에 갔더니, 조합에서 동부에 있는 한 주소를 알려주었다. 그곳에서 박물관의 전시품처럼 오래된 난간 모델, 벽난로 판, 목재 프레임에 사용되는 연결 부품을 발견했다.

그들은 내 제안에 관심을 보였다. 건물 하나를 짓는 비용은 높았으나, 수량이 많아지면 비용도 급격히 떨어졌다. 실현 가능해 보였다. 계획서를 두고 왔다. 견본과 함께 제안서를 보내기로 했다. 나는 가로 지지대와 맞닿는 부분에서 난간을 반원형으로 만들었다. 그 결과는 매우 만족스러웠다. 반원형으로 이어진 난간은 철제보다 더 밀도 있고 더 조형적인 느낌을 주었다.

시제품과 가격 제안서를 가지고 레자르크로 돌아왔을 때, 깜짝 놀랄 민한 소식이 기다리고 있었다. 그 난간의 유닛 시스템이 철제로 이미 하나 제작되어 있었던 것이다. 타이예페르는 "지역주민에게 일을 제공해야 해요"라고 말했다. 이 논리를 이해할 수 있었지만, 사전에 알려 주었더라면 좋았을 것이다. 개인적으로 나는 무슨 일을 하든지 언제나 설계 사무소에 미리 알려 주었다. 그것이 관례였다. 나는 일을 키우고 싶지 않았다. 철물공은 친절했고, 숙련된 장인이었다. 불행히도 나는 우수한 회사를 헛되이 일하게 만들었다.

건물의 난간은 파란색이나 초록색으로 칠하고 에폭시로 처리할 예정이었다. 일부 사람들은 너무 공격적이라고 여겼다. 스튜디오의 모든 커튼을 빨간색, 초록색, 파란색 등 강렬한 색채의 차양으로 만들었고, 밤에 조명을 켜면 몬드리안의 그림처럼 배열되어 펼쳐졌다.

레벨샬은 네 개의 침대가 있는 표준화된 '스튜디오'와 여섯 개의 침대가 있는 비표준화된 스튜디오로 구성되었다. 모든 스튜디오는 레로지에르로 이어지는 오르막과 내리막 경사로를 통해 연결되었다. 프런트 구역에서 수직으로 10층 높이에 이르는 건물의 큰 높이를 보고 걱정한 로제 고디노는 장 프루베를 데려왔다. 건물의 형태는 매우 단순했고, 정해진 규칙에 따라 11층에서 2층까지 상류 경사면을 따라갔기에 그를 불편하게 하지 않았다. 그렇지만 로제 고디노는 여전히 의심을 거두지 못했고, 결국 건축가들의 설득에 따라 프런트를 중심으로 건물을 두 부분으로 나누기로 했다.

로제는 훗날 이렇게 말했다. "그 중요한 결정을 기억합니다. 우리는 어리석은 결정을 내렸죠. 우리 건축물을 두려워했어요. 그리고 이렇게 생각했습니다. 숨 쉴 수 있는 공간을 마련하기 위해 건축물을 열어야 한다고. 아르크 1600에서 열린 회의에서 화를 낸 기억이 납니다. 사람들 앞에서 개구부에 쓸데없이 7,500만 유로가 든다고 계산했습니다. 반면에 원래 계획대로 닫힌 상태로 두었더니, 완벽했습니다. 결과적으로 멋을 부리려고 애쓸 때 엉망이 됩니다."

그 결정은 내부에 10층 높이의 빈 공간을 만들어 냈고, 이는 서커스, 곡예, 외줄타기에 어울리는 쓸모없는 공간이 되었다.

레로지에르는 북서/남동 방향으로 각도가 바뀌는 지점에서 레벨샬로 이어졌다. 건물은 11층 높이로 다시 시작되어, 지붕의 경사를 따라 스튜디오들이 계단식으로 배치되며, 결국 고산 지대의 들꽃 사이로 자연스럽게 스며들 듯이 끝나게 되어 있었다. 발코니에는 스튜디오 사이에 작은 방벽이 설치되어 화재 시 대피할 수 있도록 했다.

건물의 수익성은 밀도에 따라 달라졌다. 스튜디오의 상업적 성공은 스튜디오의 매력에 달려 있었다. 경사로를 따라 나란히 배치된 스튜디오들, 지붕까지 겹겹이 쌓인 형태는 하늘 위로 그 형태가 뚜렷하게 드러났다. 고산 풍경에서 정확한 볼륨감을 갖는 것은 건축가와 건축가의 역량에 속했다.

연구하면서 나는 가능한 가장 작은 모듈에 가장 깊은 공간을 구현하려 했다. 이는 주어진 길이에서 스튜디오의 수를 늘려 프로젝트의 경제성을 높이는 비결이었다. 폭의 경우, 욕실, 통로, 수납공간의 너비까지 모든 센티미터가 중요했다. 깊이를 최대화하기 위해 입구에서 시작하여 2층 침대 길이, 욕실 길이, 배관과 환기 통로 길이, 주방 계획, 1인용 작업 공간, 맞춤형 바 카운터, 침대 길이와 직각으로 배치된 두 번째 침대의 폭, 정면을 따라 배치한 작은 벤치, 1.3~1.5미터의 다양한 발코니를 고려했다. 방금 묘사한 스튜디오는 레로지에르에서 가장 정교하고 가장 효율적인 스튜디오인데, 주거 공간이 29제곱미터에 달한다.

생각해 보니, 입구의 길이를 늘리면 외부 통행 소음을 차단할 수 있었을 뿐만 아니라, 입구에서부터 스키어의 모든 장비, 이를테면 점퍼, 신발, 헬멧, 백팩, 방수 재킷 혹은 골프 치는 사람의 모든 장비를 보관할 수도 있었을 것이다.

단체 버스 여행객의 등장은 집단으로 즐기겠다고 단단히 마음먹은 결속된 남녀 무리가 들이닥친다는 것을 의미한다. 한 번은 스페인에서 온 단체 버스의 손님들이 노래하며 기타를 치고 맥주를 마시면서 경사로를 광장으로 바꿔 놓았다. 유쾌한 분위기였지만, 잠을 자야 하는 아이들의 휴식을 방해했다. 우리는 이러한 단체 여행객을 염두에 두어야 했다. 또 한 번은, 독일인들이 유리섬유와 폴리에스터 수지로 만든 야나기의 스툴을 거꾸로 뒤집어 달빛 아래에서 썰매로 변형해 스피드 경주를 펼쳤고, 미라비디 매트리스가 복도에서 불탄 적도 있었다. 스페인 버스가 떠나기 전날 밤에 나이트클럽은 완전히 쑥대밭이 되었다.

세련됨을 추구해야 할 때가 많지만, 이런 종류의 공간에는 라틴계 사람뿐만 아니라 북유럽인의 체격에도 맞도록 확장된 규격과 '콘크리트 쇼크'가 필요하다고 생각했다. 하지만 아무리 제품의 품질이 뛰어나더라도, 경쟁 때문에 판매가는 일정 수준을 넘길 수 없었다. 물론 레자르크의 경우, 그런 품질 자체가 성공 요인이었지만 말이다.

레벨샬의 스튜디오는 나의 첫 번째 표준화 경험이었다. 나는 르코르뷔지에와 마르세유 위니테 다비타시옹 프로젝트를 생각했다. 크레인을 통해 콘크리트 골조에 끼워 넣은 완전한 듀플렉스 프리패브리케이션, 그야말로 '요정들이 사는 곳'이었다. 그렇게까지 하고 싶지는 않았지만, 로제 고디노의 방식대로 스튜디오의 모든 구성 요소를 하나의 손으로 통합하고 싶었다.

나는 범선과 선박을 건조하고 장비까지 갖추는 생나제르 조선소를 떠올렸다. 조선소의 기준은 육상보다 훨씬 엄격하고, 인력의 숙련도도 높으며, 모든 전문 분야가 한데 모여 있다. 차이점은 운송 및 현장 조립 방식에 있었다. 나의 프로젝트에 대해 자문하러 조선소에 갔다. 그들은 비용을 검토하기 위해 프로토타입을 만들기로 했다. 이 모든 거래를 여전히 레자르크와 긴밀한 관계를 유지하고 있던 전 설계 사무소장 뒤발과 그의 후임 바르브와 함께 진행했다.

프로토타입이 준비되었고, 생나제르 조선소에서는 우리를 기다리고 있었지만, 설계 사무소에서는 아무도 갈 기색을 보이지 않았다. 며칠이 지났고, 나는 결국 화를 내며 바르브에게 사표를 내겠다고 압박했고, 그제야 그는 주요 실무진들과 함께 브르타뉴로 향하기로 했다. 프로토타입과 비용을 검토한 결과 프로젝트는 비용이 너무 많이 든다는 이유로 거부되었고, 그들은 비용을 절감하고 변화를 줄 시간이 부족하다는 핑계를 댔다. 나는 이런 무례하고 독단적인 결정에 당혹스러우면서 화가 났다.

욕실은 아직 처리되지 않았다. 생나제르 조선소가 우리의 동의를 얻어 국제적으로 모든 해군 위생 설비를 제작하는 폴리에스터 회사에 맡기고 싶어 했기 때문이다. 이 회사의 소유자이자 사장인 올리브 씨는 쾌활한 브르타뉴 사람으로, 발주하러 오는 선원들을 상대하는 법을 잘 알고 있었다. 그는 계약이 체결되면 한바탕 술을 대접하곤 했다.

생나제르의 조선소는 시원하게 패배를 인정하며 우리가 방문할 예정임을 올리브 씨에게 전했다. 2월에 우리는 올리브 씨가 직접 준비한 새끼 뱀장어와 맛있는 루아르 와인을 곁들여 왕처럼 대접받았다. 그리고 회사 창고를 방문해 준비된 샤워실, 탈의실, 화장실을 살펴보고 생산 공장을 둘러보았다. 이렇게 얻은 정보들을 바탕으로 나는 파리로 돌아왔고, 약속한 대로 내 프로젝트를 다시 시작했다. 내 모형은 두 개의 폴리에스터 구조물로 구성되었다. 하부에는 욕조, 화장실, 세면대가 있고 상부는 하나의 수평 이음매로 덮여 있었다. 나는 루아르 폴리에스터 공장의 기술에 따라 하부 구조물은 흰색으로, 거울이 달린 상부 구조물은 염색에 유리한 붉은 오렌지색으로 만들었다.

올리브는 프로토타입을 만들어 비용을 검토했다. 여기에는 트럭으로 일곱 채의 캐빈을 운반하는 비용과, 매일 아침 크레인 기사를 불러야 하는 설치 비용, 부르생모리스의 배관 및 위생 회사 앙프뢰르Empereur를 통한 배관 연결 비용 등이 포함되었다. 이 협상을 위해 올리브는 작업의 원활한 전개를 담당하는 현장 감독을 파견했다. 이 쾌활한 남성은 항상 굴 한 상자를 들고 와서 일이 순조롭게 진행되도록 했다.

모든 것이 준비되어 있었고 완벽했다. 나는 심지어 욕조도 사용해 보았다. 일정을 확보하기 위해 최종 금형을 만드는 일만 남았다. 이번에도 설계 사무소는 못 들은 체하며 꿈쩍도 하지 않았다. 크레인 기사가 욕실을 들어 올리지 않을 것이라고, 혹은 앙프뢰르가 욕실을 연결하지 않을 것이라고 주장했다. 그리고 시간이 흘러갔다. 올리브는 발주 없이 프로토타입을 만드는 것에는 동의했지만, 금형은 만들지 않았다.

설계 사무소는 여전히 오지 않았다. 그래서 레자르크의 발주가 없으면 내 설계도를 넘겨주겠다고 약속했고, 올리브는 금형 제작에 착수했다. 어느 날, 나는 넌더리가 나서 로제 고디노에게 사직서를 제출하기로 결심하고 레자르크에 도착했다. 그러자 스탄체가 말했다. "우리는 이 지역에서 욕실 프로토타입을 만들었어요. 한번 보고 색에 대해 의견을 주었으면 해요." 그를 죽이고 싶었다! 이제야 명확하게 이해되기 시작했다. 설계 사무소는 하나의 사유지로 변해 있었고, 대표인 바르브가 꽉 쥐고 영향력을 행사했다. 나는 그 가치를 평가하기 위해 직접 그 욕실을 보러 가기로 했다. 전부 금속으로 된 욕실은 안전 기준을 전혀 준수하지 않은 완전한 오류였다.

나는 최소한의 예의라도 지켜야 한다며 바르브에게 그 주 안으로 브르타뉴에게 내려올 것을 강하게 요구했다. 이 일에서 더는 기대할 것이 없다고 느낀 나는, 이제 이 지긋지긋한 프로젝트에서 손을 떼겠다는 각오까지 하고 있었다. 설계 사무소와 아르크 모빌리에에서 온 사람들을 비롯해 모두가 이 욕실을 돌아보며 사소한 결점을 찾으려 애썼다. 욕조를 제외하고는 아무것도 없었다. 스탄체는 욕조가 너무 커서 물을 너무 많이 사용할 것이라고 했다. 남은 것은 가격, 운송, 설치뿐이었다.

모든 준비는 완벽했고, 올리브는 그 품질을 자신 있게 보증했다. 바르브는 처음에는 놀란 듯했지만, 직접 눈으로 확인한 뒤 안심하고 승인했다. 그렇게 첫번째 시리즈의 프리패브 욕실이 레벨샬 스튜디오에 설치되었으며, 이 조립식 욕실은 이후 내가 아르크 1800에서 설계한 모든 스튜디오에 포함되었다.

올리브는 더 이상 존재하지 않는다. 사람을 너무 쉽게 믿었던 그는 장 프루베처럼 공장을 잃었고, 그 일로 세상을 떠났다. 다른 동료들과 함께 그를 따르던 화학 엔지니어 중 한 명이 새로 공장을 설립해 성장시켰고, 오늘날 이 분야에서 세계에서 두 번째로 큰 기업에 인수되었다.

호텔용 모델은 '외관'이 바뀌면서 내 캐빈 금형을 포함해 예전 금형은 모두 폐기되었다. 혹시 몰라 레자르크에서 망가진 캐빈 하나쯤 찾아 금형으로 쓸 수 있을까 했지만, 그런 건 없었다. 너무 잘 관리되어 있었던 것이다. 그 사실에 오히려 웃음이 났다. 이 정도면 정말 성공한 거구나 싶었고, 다시 희망이 생겼다.

주방 블록의 이야기는 달랐다. 주방 전문 업체 중에서는 아무도 내 프로젝트에 관심을 가지지 않았다. 그들은 자기 제품과 브랜드를 판매하고 있었다. 다만, 한 곳은 예외였다. 리옹 인근 지보르에 있는 폴Pol이라는 회사로, 퓌질 씨가 대표였다. 자신을 '쌍발총Fusil à deux coups'이라고 부르는 그는 냉동 시스템 전문가였다. 그는 이미 통합 주방 블록—스테인리스 싱크대 아래 냉장고, 위에는 그릴, 수납공간—을 만들고 있었다. 바로 내가 만들고자 하는 것과 비슷했는데, 한 가지 차이점이 있었다. 내가 계획한 주방은 욕실과 동일한 너비로 설계되어야 했고, 배관에 연결되어야 했다는 점이다. 그래서 외장은 에폭시로 마감된 컬러 철판으로 만들고, 수증기와 연기를 흡수할 수 있도록 환기구에 직접 연결되도록 설계했다. 기능 구성은 다음과 같았다. 냉장고,

쓰레기통 공간, 식기세척기를 하부에 배치하고, 그 위에는 전기 레인지와 개수대가 포함된 스테인리스 상판을 얹었다. 상판 위에는 오븐과 수납장이 매립되고, 가장 윗부분에는 냄비 등을 보관할 수 있는 선반을 마련했다.

남은 것은 목공 작업이었는데, 이는 두 가지 작업으로 나뉘었다. 하나는 기계 가공을 통해 반복적으로 제작되는 부분이고, 다른 하나는 건축에 통합된 가구 겸 바를 위한 수공예 작업이다. 이는 레지던스에 따라 스튜디오의 특성을 차별화하여 다양성을 만들어 냈다.

나는 조수 프랑수아즈 부디오와 함께 파리에서 모든 연구를 수행했다. 우리는 서로를 마주 보고 앉아 있었다. 그녀는 설계 사무소에서 보낸 전체 도면에서 발견한 모든 이상한 부분을 찾아 알려 주었다. 그중에는 지붕 구조로 인해 표준화되지 않은 스튜디오도 있었다. 레빌라르 레지던스에는 그런 작업이 너무 많아 우리는 격분했다. 나는 손으로 스튜디오 도면을 그리고 프로젝트를 이해하고 실행하는 데 필요한 주석을 전부 달아 프랑수아즈에게 전달해 최종 조정을 맡겼다. 이 도면을 설계 사무소에서는 설계 설명서와 입찰 서류에 사용했다.

일반적으로 목공업체는 작업장에서 프로토타입을 제작하는 일을 맡았는데, 나는 프로토타입을 수정하러 작업장에 가곤 했다. 그러다가 나중에는 현장에서 조립하는 동안 현장 감독들을 만나러 가서 이야기를 나누며 앞으로의 연구를 위한 개선점, 특히 설치를 용이하게 하고 시간을 단축하기 위한 개선점에 대해 의견을 구했다. 그들은 효율적이고 유능했다.

　대기업과의 계약은 포기해야 했다. 예를 들어, 이탈리아 기업들은 너무 엄격한 일정을 가지고 있어 맞추기가 어려웠다. 눈이 너무 늦게 오거나 너무 일찍 내렸다. 크리스마스 개장일을 지키기 위해 가구 설비들이 급하게 설치되는 경우가 많았다. 한 번은 길 한복판에서 길을 잃은 욕실을 발견하기도 했다.

해발 2,000미터의 '레자르크 요새'

오늘날의 스키어들은 자부심을 가지고 아르크 2000 리조트를 방문한다. 그들은 산악 세계에 속해 있다는 느낌을 받는다. 이곳에서 스키어들은 에귀유 루주에서 해발 3,226미터에 있는 빙하에 접근할 수 있다. 그리고 세계에서 가장 빠른 슬로프, 시속 223킬로미터로 달릴 수 있는 슬로프를 이용할 수 있다.

　하지만 초기에 감탄을 자아낸 이 부지는 훼손되었다. 라다유에서 올라와 처음 이곳에 다다랐을 때, 바람에 휘어진 켐브라잣 나무로 뒤덮인 능선이 안개 위로 모습을 드러냈다. 나무는 나타났다가 이내 중국 판화의 수묵화처럼 흐려졌다. 나의 존재는 산의 뚜렷하고 아주 특별한 고요함에 휩싸여 있었다. 아주 작은 소리에도 깜짝깜짝 놀라는 그런 고요함이었다.

　나는 작은 걸음으로 그 고독 속으로 들어갔다. 그곳에는 작고 부드러운 꽃들이 펼쳐진 꽃밭 틈에 박힌 자그마한 호수가 있었다. 전나무 숲으로, 수천 년에 걸쳐 비, 눈, 서리, 폭풍, 태양, 그리고 신의 은총을 통해 다듬어진 이 신비로운 아름다움의 한복판에 발을 들여놓았다. 스즈키 렌을 아르크 2000으로 데려갔고, 그는 이렇게 말했다. "일본이라면 이곳은 국보로 분류되었을 거예요. 그러면 흰 장갑을 끼고 매우 겸허하게 올라가야 했을 겁니다."

아르크 2000은 다른 두 리조트 아르크 1600과 1800의 존속에 필수적인 곳이라는 것을 잊지 말아야 했다. 그렇기에 적어도 도시계획적인 접근과 더불어, 눈에 띄지 않으면서도 기능적이고, 동시에 감각적인 건축을 통해 이곳의 잃어버린 시적 정취를 되살려야 했다.

로제 고디노는 무언가를 해야 한다고 느꼈고, 장 프루베에게 조언을 구했다. "몇 가지 제안을 해 주세요." 그는 라투르도베르뉴 건축가들과 우이도브로에게도 제안을 요청했지만, 그들의 계획안은 너무 상투적이어서 채택되지 않았다. 표준화되고 프리패브 요소들로 구성된 장 프루베의 계획안은 혁신적이었다. 그러나 안타깝게도 이는 관리가 불가능했고, 로제 고디노의 프로젝트에 적용될 수 없었다. 5,000개 침대를 수용할 수 있는 단지였다. 단지의 중심에는 돔 형태의 건물이 있었고, 그 주위에 스튜디오들이 배치되었다. 중앙에는 큰 벽난로가 있었고, 주변에는 테이블과 의자가 있었다. 그곳에서 사람들은 함께 식사를 하고 따뜻한 시나몬 뱅쇼를 마시며 그날의 일과 고민을 나누고 옛이야기를 하며 다음 날의 계획을 세울 수도 있었다.

나는 이 둥근 돔 형태의 구조물이 외딴 곳에 하나씩 자리잡고, 니스에서 샤모니까지 이어지는 알프스 고산 루트 곳곳에 설치되어 있는 모습을 그려보았다. 아니면 마르모트들이 뛰노는 국립공원 안에 놓여 있는 모습도 잘 어울릴 것이다.

1971년부터 1978년까지 르게라는 아르크 2000의 구획 정리 대상 지구를 연구했고, 타이예페르는 그가 '레자르크 요새'라고 부른 리조트의 도시계획과 1979년 크리스마스에 개장한 클럽 메디테라네의 첫 번째 건물을 설계했다. 바로 그때 우리의 하늘에 커다란 그림자가 드리워졌다. 로베르 블랑이 1980년 2월 눈사태로 사망했다. 그는 형제 이봉과 함께 아르크 2000 도로에서 길을 잃은 스키어들의 차를 찾으러 나섰다가 돌아오지 못했다. 우리의 기준점을 잃어버린 순간이었다. 친구 로제 고디노의 옆에서 자신만의 방식으로 현대성을 구현한 로베르는 산의 가치를 보여 준 사람이었다. 우리 중 누구도 그처럼 양치기가 될 기회가 없었다. 그의 친구들은 그를 기억하기 위해 레샤피우 계곡에 고산 피난처를 지었다. 사람은 우리의 기억에 머무는 한 살아 있다고 하지 않는가?

'레자르크 요새'는 본보기가 될 만한 건축물이었다. 이 지역에 항상 존재한 것처럼 보이지만 이 고도의 혹독한 기후를 견뎌야 했다. 먼저 외벽을 연구해야 했다. 습기, 햇빛, 낮과 밤의 극심한 온도 변화에 민감한 살아 있는 재료인 목재 골조로 고안된 아르크 1800의 외벽보다 기밀성과 내한성이 더 뛰어나야 했다.

레미미예는 이미 본발Bonneval 위의 모리엔 고지대에 있는 에

베트 대피소를 재건한 경험이 있었다. 그는 실험 삼아 폴리에스터 수지로 만든 단열 패널을 사용했는데, 만족스러웠다. 르게라는 이것이 아르크 2000을 위한 해결책이 될 것이라 생각했다. 나는 장 프루베에게 이에 대해 이야기했고, 그는 그 아이디어를 승인했다. 그는 이러한 외벽 패널에 대한 경험이 있고 프리패브로 제작해 설치해 줄 수 있을 것으로 보이는 유능한 업체를 알고 있었다. 나는 외벽이 스튜디오 내부와 외부 환경에 미칠 영향을 평가해야 했다.

남측 면의 경우, 투명한 단열 유리를 폴리에스터 구조물의 안쪽에 삽입한 형태를 상상했다. 테라스에서는 그 곡면에 기대 앉아 바람을 피하며, 마치 바위 뒤에서 자연스럽게 간식을 먹듯 쉴 수 있도록 한 것이었다. 이 곡면 구조는 스튜디오 내부와 연결되는 밀폐형 출입문으로 이어졌다. 북측 면도 같은 방식으로 처리했지만, 한 가지 차이점은 북쪽의 폴리에스터 구조물에는 안쪽을 향해 살짝 패인 곡면이 성형되어 있었다는 점이다.

흰색 폴리에스터 수지로 된 외벽은 남쪽으로는 넓은 낙엽송 목재 구조의 발코니로 이어졌으며, 이 발코니는 건물의 콘크리트 구조와는 독립적으로 설계되었다. 산악 환경에 맞춘 이러한 초기 계획은 뛰어난 통일성을 만들어 냈다. 돌출된 지붕은 악천후로부터 외벽을 보호했다. 북쪽으로는 사람이 지나갈 수 있도록 발코니 폭을 줄였다.

장 프루베는 모든 작업 도면을 그리고 견적을 의뢰했다. 하지만 우리는 르게라와 회사의 합의로 이런 외벽을 현장에서 실험하고 겨울을 지내도록 하는 것이 현명하다고 판단했다. 이를 위해 네 개의 프로토타입을 프리패브로 제작해 설치하기로 했다. 이를 위해서는 콘크리트 벽의 바닥 간격, 외벽 유닛의 구조, 그리고 설비와 앵커 포인트 같은 세부 사항들을 정확히 파악해야 했다. 당시가 7월이었고, 금형 제작자는 이 작업을 위해 8월 휴가를 반납해야 했다.

설계 사무소에 갔더니, 지반 압력으로 외벽을 경사지게 해야 하며, 그래서 정확한 치수를 줄 수 없다는 답이 돌아왔다. 또다시 나는 시공사에 전화를 걸어 전부 취소해야 했다. 아르크 2000은 완전히 폐쇄적이고 배타적인 구역이었다.

로제 고디노의 요청으로 나는 이미 여름에는 호텔 레지던스로, 겨울에는 호텔로 사용될 새로운 스튜디오 모델을 설계한 바 있었다. 주방 블록을 통해 스튜디오에 변화를 주었다. 겨울에는 쿡탑과 식기세척기가 닫히고 바의 요소만 드러나게 했다. 스튜디오는 또 다른 스튜디오와 쌍을 이루어 공용 출입구로 연결되어 있었으며, 친구들이나 대가족을 위해 확장이 가능한 유연성을 제공했다. 스튜디오는 완성되었지만, 나는 아르크 2000에 다시는 발을 들이지 않았다. 현재 라다유에는 여전히 6만 제곱미터의 건축 가능 용지가 남아 있다. 비록 지금은 책임자 자리에 있지 않지만, 고디노가 그것에 대해 걱정하는 것도 충분히 이해되는 일이다.

아르크 1800, 샹텔오

타이예페르와 나를 경쟁시키는 것은 좋은 생각이 아니었다. 서로 간에 실망과 의견 차이가 있었음에도 불구하고 우리는 설계 사무소 내에서 팀워크를—팀 정신과 혼동하지 말아야 한다. 이는 너무 무리한 요구였다—잘 유지했다. 로제 고디노는 우리를 따로따로 불러 샹텔오 프로젝트를 진행했다. 그는 아이디어를 원했다. 상황이 이렇다 보니, 이 프로젝트를 함께 수행하기 위해 파리에서 나의 소중한 동료인 르게라에게 도움을 청했다. 그간의 경험에 비추어 봤을 때, 그와 함께 일하는 것은 걸림돌이 아니라 오히려 모든 수준에서 신뢰와 품질을 보장해 준다는 것을 알고 있었다.

골프장과 인접하여 1,900개의 침대가 마련된 고급 구역인 샹텔오Chantel-Haut*는 그 존재감으로 아르크 1800 리조트에 대한 강한 인상을 주어야 했다. 샹텔오는 르게라가 단독으로 추진한 샹텔바Chantel-Bas**를 통해 그보다 아래에 있는 레로지에르와 연결될 예정이었다. 두 구역은 주거 전용 면적이 50,000제곱미터에 달하는 단지를 형성했다. 위로 솟은 마을 종탑들은 단지를 숭고하게 만들었다. 샹텔오가 하늘, 고원 목장, 그리고 인간 사이의 완벽한 화합을 상징하는 신호이기를 바랐다.

우리는 긴밀히 결합한 스포츠 문화 단지이자 고산 정원을 향

* 샹텔 위 구역
** 샹텔 아래 구역

해 열려 있으면서도 폐쇄적인 휴식처를 만들고자 했다. 인적이 없는 고산 정원은 겨울에 보름달 아래 순백의 눈 위로 새와 오리의 발자국만 있고, 아이가 이른 아침에 그 풍경을 감탄하며 바라보는 그런 곳을 만들고 싶었다.

우리는 북쪽에 바람을 막아 주는 고밀도 레지던스 건물을 지어 미기후를 형성했다. 약동감을 더 주기 위해 살짝 안쪽으로 휘어진 지붕은 12층의 프런트를 시작으로 4층까지 완만하게 경사진 실루엣을 드러냈다. 4층에는 헬스장, 사우나, 건강 및 뷰티 센터 등 스포츠 단지와 수영장이 조성되었는데, 수영장은 주변 바위까지 이어지면서 고산 정원과 접했다.

이 레지던스는 남북으로 뻗은 듀플렉스 아파트로 이루어져 있다. 북쪽에 있는 듀플렉스 아파트 상층부는 하층부를 덮고 있었으며, 하층부는 아파트 출입구로 이어지는 통행로였다.

따로 떨어져 있는 4성급 작은 호텔이 하부에서 이 레지던스의 프런트 층과 연결되었고, 7층 높이에서 마주 보고 있었다. 두 층에 걸쳐 고산 정원이 보이는 레스토랑, 댄스 플로어, 야외 테이블을 놓기 위해 더 짧고 가파른 지붕은 가운데가 휘어지고 양 끝단이 상승하는 형태를 띠었다. 북서쪽을 바라보는 호텔 바로 아래에는 직원 숙소가 있었고, 창고와 함께 22,400제곱미터의 실내 주차장이 있었다.

원래 프런트 위에는 두 건물 사이의 실외 틈이 있었는데, 레지던스 지붕의 확장으로 인해 위를 덮게 되었다. 나는 전체적 의견, 특히 산악 주민들의 의견을 수렴하기 위해 파리에서 레자르크로 대형 크기의 축소 모형을 만들어 가져왔는데, 주민들은 폭풍이 몰아치는 날이나 심지어 보통 때에도 이 건물 사이의 틈이 기류를 형성해 우리가 기대하는 효과를 망칠 것이라고 지적했다. 그 틈을 투명 유리로 막았다. 프로젝트는 호텔과 레지던스를 연결하는 엘리베이터 층에서 수정되었고, 최상층에는 그랑드 조라스산과 몽블랑산의 전경이 한눈에 들어오는 카페를 조성했다. 우리는 두 단지의 아래쪽 지점을 볼록한 선으로 연결해 고산 정원 공간을 획득했다. 그리고 남쪽 경계에, 경사가 바뀌는 지형을 활용해 세번째 건물을 배치하고, 이를 프런트와 복도로 연결했다. 우리는 이곳을 '레 테라스Les Terrasse'라고 불렀다. 가장 정교하고 혁신적인 공간이었다. 이 프로젝트를 통해 나는 르코르뷔지에의 모뒬로르―황금 비율에 기반한, 인간의 신체 비례와 조화를 이루는 조화로운 척도 체계―가 지닌 새로운 가능성과 장점을 발견하게 되었다. 그것은 수의 법칙을 따르며 건축에 질서와 인간적인 감각을 부여해 주는 도구였다.

나는 1~5개 방으로 구성된 복잡한 단지를 표준화하기 위해 미터법 체계에 기반하지 않은, 르코르뷔지에의 모뒬로르에서 제안된 두 개의 수열을 기준으로 삼았다. 이로써 다양성에서도 조화로운 비율을 얻을 수 있었고, 이를 필요에 따라 더하면 항상 황금 비율에 도달했다. 이로써 하나의 체계 안에서 무한한 조합이 가능한 표준화가 가능해졌다. 이는 샹텔오의 '레 테라스' 연구에서 완전히 드러났다. 이 테라스는 경사면에 맞물려 있고 햇볕 아래 계단식으로 이어져 있었다. 같은 모듈을 기반으로 고산 목초지에서 자유롭게 그룹화된 단지들을 구성할 수 있었고, 산책로나 지붕을 덧붙이거나 혹은 독립된 '샬레'를 구성하는 것도 가능했다. 실제로 나는 로제 고디노를 위해 설계한 샬레 하나를 그런 방식으로 만들었고, 그것은 '레 테라스' 단지를 마무리하며 고산 정원을 향해 모습을 드러내는 존재가 되었다. 그것은 살아 있는 창조물이자 사람들을 위한 둥지였다. 나는 행복감에 젖어 잠을 이루지 못했다.

'레 테라스' 공간은 로제 고디노와 합의한 끝에 부동산개발업자에 의해 채택되었다. 총 네 개의 독립적인 블록으로 구성되었으며, 모두 남/남서쪽을 향하고 각각은 넓은 계단으로 분리되어 하부에서 고산 목초지로 이어졌다. 그것은 기존 방식에서 과감히 벗어난 설계였고, 넓은 계단 통로는 유리 지붕으로 덮여 있어 자연광이 깊이 스며들도록 했다. 이 빛은 아래의 채광 공간으로 사람들의 발걸음을 이끌며, 길고 폐쇄적인 복도를 지나며 느끼는 답답함을 피할 수 있게 했다.

르게라는 건축 허가를 받아 공사를 시작할 수 있었다. 하지만 1981년 프랑수아 미테랑이 정권을 잡았다. 왜 우리가 15년간 훌륭하게 이룬 발전이 전진을 거부하는 고집스러운 당나귀처럼 멈춰 버렸는지 모르겠다. 우리는 꼬박 2년을 흘려보낸 후에야 이 특별한 모험의 끝을 볼 수 있었다. 더 이상 구매자는 없었고, 로제 고디노는 비용을 절감하려 애썼다. 그래서 나는 무기한 안식년을 가지며 자유를 되찾겠다고 그에게 제안했다. 물론 우리의 대화는 계속 열려 있었다.

호세 루이스 세르트의 죽음

나는 서류와 문서로 넘쳐나는 작업실을 차분하게 정리하기 시작했다. 따분했다. 정리하는 것만으로는 충분하지 않았고, 나중에 다시 찾을 수 있도록 해야 했다. 공간은 부족했고, 지금도 항상 부족하다.

장식미술관 학예사인 이본 브뤼나메르와 프랑수아 마테가 뒤죽박죽 상태에 있던 나를 불시에 찾아왔다. 나의 50년간의 활동에 대한 전시를 제안했다. 전시는 장식미술관의 큰 중앙홀에서 진행될 예정이라고 했다. 그들은 내가 기뻐하리라 생각했다. 유혹은 강렬했다. 제안을 수락하면서 더 많은 서류 더미를 뒤적이고, 사진과 그림을 복록화해야 했다. 이는 과거를 되돌아보고, 성찰하고, 추억을 되살리는 일이었다. 자크와 함께 메리벨이나 바다로 마침내 자유롭게 떠날 계획을 세우던 중에 이 새로운 부담을 어깨에 짊어지게 되었다.

우선 전시 계획안을 작성하고 예산을 산정하는 것으로 충분했다. 미술관은 보조금을 받기 위해 계획안을 문화부에 제출했다. 그리고 너무나도 평온했던 내 삶에 급격한 변화를 불러온 1983년이 왔다.

마치 꿈처럼 내 안에 자리 잡은 한 장면이 있다. 작은 극장과 주인의 손에서 벗어난 커다란 마리오네트로 가득한 광경이다. 그것들은 나보다 두 배나 컸고, 죽마를 타고 있었으며, 바르셀로나 몬주이크 언덕에 있는 미로의 미술관 개관식에서 미로의 상상력에 의해 디자인된 옷을 입고 있었다. 나는 그것들을 그 아름다운 지중해 건축물에서 다시 보았다. 이 건축물은 호세 루이스 세르트가 그의 절친한 친구를 위해 설계했다. 그것들은 작은 문차의 손을 잡고 올리브 나무가 심어진 파티오 주위를 빙빙 돌며 그녀를 이끌었다. 호세 루이스가 애정한 콘크리트 소라고동에서 확산되는 신성한 빛에 의해 다른 작품들처럼 조명을 받은 태피스트리 앞에 놓여 있었다. 그 조각품들은 꽃이 만발한 덤불 뒤에서 튀어나와 생기 넘치고 아름다움을 사랑하며 스위니와 다정하고 친절한 콜더의 우정에 행복해하는 세르트와 문차를 놀라게 했다. 콜더의 보석들은 문차를 장식했고, 미로는 그의 동그란 얼굴과 어린아이 같은 큰 눈으로 우리에게 다가왔다.

기념식은 극장에서 늦은 저녁까지 계속되었고, 무대를 향해 있는 반원형 계단식 좌석들은 미어터질 듯했다. 모든 관객은 자랑스러운 카탈루냐, 그들 조국의 서사시를 경험할 준비가 되어 있었다. 그런데 우리는 무엇을 기다리고 있었던 것일까?

세르트, 문차와 함께 아래쪽에 있는 비밀스러운 문을 통해 들어갔고, 맨 앞줄에 앉아 기다렸다. 그때, 그 작은 문을 통해 아주 작고 겸손한 미로가 나타났고, 모든 군중이 일제히 일어섰다. 오케스트라와 함께 다 같이 카탈루냐 국가를 부르기 시작했다. 나는 눈물이 가득 고였다. 1976년이었다.

6년이 지나 미국에서 세르트가 위독하다는 나쁜 소식이 전해졌다. 세르트는 문차와 함께 스페인으로 돌아갈 계획이었다. 그는 가장 소중한 친구들인 미로, 피카소, 레제에 대한 추억으로 간직하고 있던 그림들을 미술관에 기증했다. 그는 집을 떠났다. 나는 그 집에 여러 차례 초대받았지만 시간에 쫓겨 한 번도 가보지 못했었다.

어느 날, 세르트와 문차가 고국으로 돌아왔다는 소식을 들었다. 친구인 미로의 집 근처에 있는 팔마의 작은 호텔에서 묵는다고 했다. 매일 아침 세르트는 미로를 만나러 가곤 했고, 어떨 때는 심지어 잠옷 차림으로 그를 보러 갔다. 이 행복은 오래가지 못했다. 세르트는 바르셀로나에 있는 병원에 입원해야 했다. 나는 페르네트와 함께 마지막으로 그의 얼굴을 보러 병원으로 갔다.

모두가 와 있었다. 알코브가 있는 큰 방이었는데, 문차를 위한 작은 침대가 있고 침대 밑에는 그녀의 짐 가방이 놓여 있었다. 문차는 완전히 어찌할 바를 몰랐고, 더 이상 혼자 외출할 수도 없었다. 그녀는 더 이상 길을 찾지 못했다. 정말 가슴 아팠다.

모르핀을 맞을 때마다, 세르트는 자리에서 일어나 CIAM에 대해 열변을 토했다. 그에게는 여전히 해야 할 일, 고민해야 할 일, 제안할 일이 너무 많았고, 싸워야 할 투쟁도 많았다. 그는 힘에 부치면 다시 침대로 돌아가 약을 먹었다. 한쪽 벽에 경의를 표하기 위해 찾아온 오잠과 함께 페르네트, 문차, 그리고 세르트와 문차를 돌보던 고메 부부가 기대앉아 있었다. 우리는 세르트가 다시 깨어나길 기다리며 낮은 목소리로 이야기했다.

1983년은 우리의 슬픔이 시작된 해다. 4월, 세르트는 우리 곁을 떠났고, 그다음은 장 보로였다. 이듬해에는 장 프루베와 슈타

유가 떠났다. 그러나 그때까지는 알지 못했다. 가장 힘든 일이
다가오고 있다는 것을.

라스카즈가 작업실

로제 고디노는 만연한 침체와 판매자들의 무기력함을 오래 버
틸 수 없었다. 2년이면 충분했다. 구매자들에게 자신만의 별장,
자유의 공간을 갖고 싶은 욕구를 불러일으킬 만한 새로운 상품
을 찾아야 했다. 동시에 아름다운 풍경, 세상과의 단절, 그리고
상업성과 접근의 편의성을 갖추어야 했다. 또한, 알프스 산맥에
서 제공되는 그 어떤 것보다 뛰어난 품질을 적당한 가격으로 제
공해야 했다. 로제가 작업실로 나를 찾아왔다. "샤를로트, 내게
아이디어가 있어요. 괜찮아 보이나요?" 높이가 4미터를 넘지 않
는, 바닥 면적 17.25제곱미터인 아빠, 엄마, 아이들을 위한 가족
용 스튜디오였다.
　그는 내 작업실에서 영감을 얻은 것일까? 나는 거리를 면하고
있는 두 개의 차고를 개조해 내 연구 작업실로 만들었다. 이 차
고들은 커다란 나무들이 그늘을 드리우고 포석이 깔린 안뜰을
통해 수리 작업실과 연결되어 있었다. 나는 추위와 소음을 차단
하기 위해 거리와 접해 있는 정면을 투명한 단열 유리로 마감했
다. 그리고 흰색 래커로 칠한 나무 슬랫으로 건물의 정면 덧창과
유사한 탈착식 패널을 만들어 하굣길의 호기심 가득한 아이들

로부터 정면을 보호했다. 안뜰에서는 창문을 출입구로 바꾸어 보안문을 달고, 바깥쪽에는 흰색 래커로 칠한 슬라이딩 덧문을 달아 보호했다.

환기 장치는 거리 쪽으로 난 두 개의 좁은 틈으로 유리창 바로 옆에 만들었다. 틈새는 안뜰과 접한 개구부와 함께 공기 순환을 일으켰다. 나는 작업실로 이어지는 작은 안뜰에 커다란 흰동백 나무를 심어 방문객을 맞이했다.

내부에는 안뜰이 보이는 공간에 전나무 판자로 채워진 금속 구조물을 설치해 천장 아래 1.76미터 높이의 작은 다락을 만들었다. 이에 그 아래로 1.94미터의 통로 높이가 확보되어 거리 쪽으로 나 있는 제도실로 이동할 수 있었다.

로제 고디노는 이곳에서 그가 할 수 있는 일의 예시를 보았다. 그는 모티엔린Mo Tien Lin('하늘 위의 산') 인근에 겨울 스포츠 리조트 설립을 검토하기 위해 연말에 만주로 떠나야 했기 때문에, 내게 서둘러 프로젝트를 만들어 달라고 요청했다. 나는 그곳을 무척 알고 싶다는 생각이 들었다. 로제는 나와 자크에게 동행을 제안했다.

마오쩌둥의 중국

중국은 내게 완전한 미지의 국가였다. 1970년에 자크의 출장을 조심스럽게 따라간 적이 있었다. 1972년에도 간 적이 있는데,

5. 레저 건축물, 설비, 환경   711

자크가 에어프랑스를 나오면서 중국 민항사에 자신의 후임자를 소개하기 위해서였다. 공항 라운지에서의 송별식을 잊지 못한다. 그들은 떠나는 연장자에 대한 존경심을 자크에게 표했고, 자크의 마지막 방문 일정에 그가 늘 가 보고 싶어 했던 고대 제국 도시 시안과 중국 공산주의의 수도 옌안을 넣었다고 말했다.

1970년 중국은 여전히 문화대혁명의 지배 아래에 있었다. 베이징 오페라는 장칭의 지휘 아래 그 전시장이 되었고, 마오쩌둥의 지시에 따라 고전물을 재해석해 '긍정적 인물'―노동자, 농민, 군인―을 높이 평가하고 '부정적 인물'을 깎아내리도록 했다.

"역사를 창조하는 것은 인민이다. 하지만 고대 오페라뿐만 아니라 모든 고전문학과 고전예술이 인민과 단절되어 있다면, 그것은 진창에 불과하다. 무대 위는 귀족과 귀부인, 젊은 귀족 남녀의 세상이다. 여러분은 이제 이러한 역사의 반전反轉을 바로잡고 진실을 회복해 고대 오페라에 새로운 활기를 불어넣었다." 그리하여 『타이거 마운틴』, 『항구』 등의 고전작품들은 검토와 수정을 거쳐 강한 극적 요소와 함께 중국 오페라의 전통에 따라 공연되었지만, 역할은 뒤바뀌었다. 붉은 깃발이 능숙한 손놀림에 맞춰 무대 공간을 휩쓸었고, 노동자들을 찬양하는 대사들로 가득했다.

공연이 끝날 때마다 배우들과 관객들은 자리에 서서 인터내셔널가를 불렀다. 어느 날, 공연을 관람한 나는 그들 옆에서 거만한 태도와 우월감을 드러내며 임무를 수행하던 통역사에게 보라는 듯 프랑스어로 인터내셔널가를 불렀다. 그러자 통역사가 갑자기 뒤돌아보더니 내가 자신의 혁명을 훔치기라도 했다는 듯이 나를 노려보았다.

내 동행자들의 공식적인 설명만으로는 충분하지 않았다. 이 나라를 제대로 느끼기 위해서는 교류를 통한 통합적인 설명이 필요했지만, 당시에는 상상조차 할 수 없는 일이었다. 나는 모든 감각에 주의를 기울일 수밖에 없었다. 마오쩌둥의 작은 책을 들고 다니고, 민주주의 벽에 가고, 호텔에서 판매하는 프랑스어로 된 입문 책자를 사고, 나에게 제공되는 삶의 광경에 눈을 크게 떴다.

'날아다니는 비둘기'라고 불리는 수백만 대의 자전거가 베이징의 주요 도로를 질주했다. 원기 왕성한 젊은이들이 자전거를 타고 있었는데, 모두 마오쩌둥식으로 파란색 인민복을 입고 있었다. 이러한 대단위 부대가 불쾌하지는 않았다.

반면 상하이에서 누더기를 걸친 아직 어려 보이는 두 여성이 두 마리의 소처럼 고개를 떨군 채 무거운 건축 자재가 가득 실린 수레를 각각 힘겹게 끌고 가는 모습이 나를 몹시 괴롭혔다. 무기력한 남녀 무리가 자기들에게 주어진 것처럼 보이는 목표를 향해 중국식으로 빠르고 짧은 발걸음을 내디디며 두 여성을 사방에서 밀쳤다. "악령을 쓸어버리자." 아이들은 구호에 따라 공원과 들판에서 인간에게서 씨앗을 훔쳐 가는 모든 새를 쏘았다. 베이징에서 자금성으로 가는 길에 전부 커튼을 친 검은 리무진 여러 대가 빠르게 지나가는 것을 보았다. 공식 만찬에 참석하는 고위 인사들이라고 누군가가 이야기해 주었다.

나는 아직 남아 있는 오래된 동네에서 삶의 단면을 포착하려 애썼다. 작은 전통 가옥 중 하나를 엿볼 수 있기를 바라면서 사각형 안뜰을 둘러싼 아파트들이 있는 그런 집을 찾으려 했다. 이봉 세갈렌이 어릴 적 지낸 그런 집을 사진으로 보여 준 적이 있었다. 그러한 집을 찾아 나서던 중에 나는 내 존재를 거부하는 듯 보이는 동네에서 길을 잃어 홀로 남겨질까 봐 발자국을 남긴 엄지 동자 같았다. 마음이 불편했고, 마오쩌둥의 옷이라도 입고 싶었다.

나는 다른 '우호적인 중국 방문객'처럼 마을에서 농민의 집, 침술 그림이 있는 진료소, 그리고 학교 방문이 허용되었다. 모범적인 농가와 직물 공장을 방문했고, 다른 날에는 만리장성을 찾았다. 나는 명십삼릉으로 이어지는 '정신의 길'을 걸었다. 그리고 내 모든 욕망의 대상인 베이징에서 톈안먼 광장을 지나 큰 남문을 통해 남북축으로 배열된 자금성으로 들어갔다. 광대한 사각 안뜰에 서서 태화전을 마주했다. 높은 곳에 위치하며, 흰 대리석 난간으로 장식된 계단식 테라스로 둘러싸여 있었다. 온통 붉은색과 금색으로 이루어진 태화전에는 황제가 앉아 다스리던 황금룡이 새겨진 옥좌가 있었다. 나는 안뜰과 테라스를 넘나들며 보화전과 중화전을 가로질러 황실의 정원과 황후와 후궁들이 거처한 더 우아하고 모든 물건이 중국화된 바로크 예술의 특징을 보이는 궁을 지났다. 그리고 마지막으로 작은 북문에 도착했다.

내가 마음에 깊이 새기고, 이제 마침내 눈앞에서 확인하게 된 것은 바로 중국 전통 건축의 핵심 원리였다. 즉, 우주 질서, 천인합일天人合一을 반영하는 사각형 구조다. "천인합일이란 우주를 대표하는 하늘과 사람을 완벽한 하나로 받아들여 둘 사이의 융합과 조화를 추구하는 것이다. (…) 이 구성 단위는 원래 형태로 가족을 위해 사용될 수 있지만, 여러 가족, 궁전, 사원, 도시까지 통합화하는 등 더 복잡한 조합으로 사용될 수도 있다. 도시의 평면은 벽으로 둘러싸인 매우 큰 안뜰로 읽힐 수 있다. 황제의 거처는 수직 격자의 중심에 위치하고 공간은 나란히 배치된 안뜰로 분할된다."

따라서 이봉 세갈렌의 작은 집과 자금성은 둘 다 '천인합일'이라는 토내 위에 세워졌기 때문에 동일한 구조로 결합되어 있다.

"그것은 비문이 새겨진 높은 석판에 국한된 기념물이다. 그것은 중국 하늘에 평평한 이마를 박고 있다. 도로변, 사원 안뜰, 무덤 앞에서 예기치 않게 마주치게 된다. 사실 의지, 존재를 표시하며, 그 앞에 멈춰 서게 만든다. 황폐해진 제국의 흔들림 속에서 그것만이 안정성을 내포한다."

"비문과 조각된 돌, 그것은 비석의 몸과 영혼이며 그게 전부다. (…)"

"그것은 지나가는 사람들, 노새를 부리는 사람들, 수레꾼들, 환관들, 강도들, 탁발승들, 상인들에게 기탄없이 자신들을 바친다. 그것은 이들을 향해 표식으로 반짝이는 얼굴을 돌린다. 그리고 무거운 짐을 짊어지거나 굶주린 이들은 경계석들 사이에서 그것을 세며 지나간다. 따라서 모두가 이용할 수 있지만, 최고의 것은 소수에게만 제공된다"(빅토르 세갈렌, 『비석 Les Stèles』).

　나는 빅토르 세갈렌이 아니기에 시안의 역사박물관에 수집된 3,000개 넘는 고대 문자가 새겨진 비석을 충분히 감상할 수 없다. 하지만 1972년에 두 번째로 중국에 머물 때는 거대한 유리 지붕으로 보호하는 유적지에 전시된 고고학적 발견물에 대한 소개를 통해 큰 흥미를 가졌다. 박물관에 전시된 것들보다 훨씬 더 감동적이었다. 게다가 이것은 발굴의 시작에 불과할 뿐이었다. 왜냐하면 2년 후, 시안에서 35킬로미터 떨어진 곳에서 황제의 무덤을 수호하는, 토기로 만든 실물 크기의 말과 병사들이 있는 세 개의 지하 분묘가 발견되었기 때문이다. 신화의 인물이자 한족의 첫 번째 군주인 황제의 통치 시기는 기원전 3000년까지 거슬러 올라간다. 황제의 무덤을 약탈하려는 자들을 따돌리기 위한 속임수였을까? 이 지하 분묘의 면적은 50헥타르에 달한다. 이 새로운 발견은 지역 전체에 영향을 미쳤으며, 고대 중국 문명의 역사를 풍요롭게 했다.

　경비행기에서 이 황토 지역의 계단식 경작지를 내려다보았다. 그것은 마치 수천의 착실한 농부들이 손으로 일군 하나의 계단식 사원처럼, 산 전체를 층층이 쌓아 올려 이루어진 장엄한 풍경이었다.

　옌안의 중심부는 생각한 것과 달리 매우 가난해 보이는 작은 마을이었고, 우리는 비행기에서 내리자마자 민간 항공 클럽으로 안내되었다. 그곳은 우리의 숙소이자 집결 지점이었으며, 체류 기간 동안 우리를 보호해 줄 곳이었다. 거기서부터 우리의 방문 일정이 계획되었다. 우리는 클럽에서 맛있는 현지식을 먹었고, 민간 항공 클럽 회원들과 함께 그들을 위해 상영되는 영화를 보며 저녁 시간을 보냈다. 영화는 광대한 중국을 구성하는 소수 민족들의 다양성과 강인한 생명력을 보여 주었다.

나는 시안에서 옌안까지, 공자에서 옌안을 '혁명 수도'로 만든 마오쩌둥까지 역사적 여정을 마쳤다. 마오쩌둥은 옌안을 떠나 1949년 베이징 톈안먼 광장에서 중화인민공화국을 선포하며 15년 전 감행한 대장정의 목표를 이루었다. 혁명박물관에서 한 경비병이 사진과 문서를 통해 열한 개 지역을 횡단하면서 10만 명의 병사를 잃은 믿기 힘든 대장정을 생생하게 보여 주었다. 누더기를 입은 사람들은 일본의 지배로부터, 외세로부터, 장제스가 지지한 봉건 사회로부터 중국을 해방하고자 했다.

적이 전진하면 우리는 물러선다.
적이 멈춰 서면 우리는 적을 집요하게 공격한다.
적이 지치면 우리는 적을 친다.
적이 물러나면 우리는 적을 뒤쫓는다.
– 마오쩌둥

진열장에는 짚과 낡은 헝겊으로 만든 샌들이 전시되어 있었다. 주먹밥이 가득 든 전대, 탄띠처럼 가지고 다니던 배급 식량, 고난의 시기에 각자 직접 만든 수제 무기도 있었다. 대장정의 참전 용사 중 한 명이 여전히 올곧고 자랑스러운 얼굴로 그 자리를 지키고 있었다. 그는 우리를 마오쩌둥의 지하 거처로 안내했는데, 그곳에는 작은 침대와 탁자, 의자가 놓여 있었다. 그는 감격스럽게도 '위대한 조타수' 덕분에 자신들이 꿈을 이루었다고 말했고, 나는 그 이야기를 들으며 인도차이나의 호찌민을 떠올렸다. 호찌민은 지켜야 할 대의에 대한 신념으로 굳게 결속된 농민군을 이끌고 고도로 산업화된 서구의 정교한 무기를 상대로 승리를 거두었다. 이는 깊이 생각해 봐야 할 교훈이다.

그리고 떠나야 할 날이 되었다. 전통적인 아침 식사에서 주방장의 깜짝 선물이 있었다. 감자튀김이었다.

베이징으로 향하는 작은 전용기를 탔다. 해가 저물고 밤이 서서히 다가오고 있었다. 우리는 마을 상공을 비행하다가 착륙할 예정이었다. 왜일까? 그저 공항에서 아주 사적인 저녁 식사를 하기 위해서였다. 중국을 떠나기 전날 밤에 또 다른 공식적인 저녁 식사가 우리를 기다리고 있었다. 식사는 12인용 원형 테이블이 있는 큰 홀에서 열렸는데, 각 테이블의 중앙에는 음식이 놓인 회전판이 있었다. 손님들은 각자 젓가락으로 자신이 원하는 음식을 집었고, 때로 집은 음식을 옆 사람에게 주기도 했다. 세심한 직원들이 작은 잔에 마오타이주를 아낌없이 계속 따라 주었고, 손님들은 서로 답례하며 술잔을 비웠다.

식사가 끝날 무렵에 나는 다른 테이블에 있는 자크의 옆자리에 앉은 중국 대표단의 단장에게 내 잔을 들어 올렸고, 그는 자크가 출장 중에 매우 우아하고 상냥한 딸과 함께 왔던 일을 이야기해 주었다. 그녀가 주변 사람들에게 '원샷'을 너무 많이 하도록 만들더니, 저녁이 끝날 무렵에는 아름다운 배처럼 떠나갔다고 했다. 그는 손으로 긴 물결을 그리며 그 상황을 설명했다.

1972년 중국은 여전히 마오쩌둥 문화대혁명의 지배하에 있었지만, 베이징의 젊은 여성들 사이에서는 약간의 치장이 조심스럽게 나타나고 있었다.

만주에 겨울 스포츠 리조트?

1983년 베이징은 큰 변화를 맞이했다. 대형 타워가 들어섰는데, 외국인 전용으로 보이는 나이트클럽을 갖춘 고급 호텔이었다. 이는 처음으로 중국과 단절된 상하이 사변 전의 조계지를 떠올리게 했다. 그 아래에는 살기 위해 애쓰는 수많은 중국 인민이 인산인해를 이루었다.

우리가 도착하자마자 체육부 대표단이 관례대로 우리를 기다리고 있었다. 만주에서의 체류 일정과 이동을 관리하고 로제 고디노와 그의 수행원들을 맞이하기 위해서였다. 우리는 정치적 의도에 따라 지린성을 동계 올림픽 개최지의 유력한 후보지로 만들기 위해 방문했다.

비행기로 창춘으로 출발하는 날, 자크가 아파서 제대로 잠을 자지 못했다며 베이징에 혼자 남겠다고 말했다. 그는 정말 아팠을까, 아니면 그저 피곤했던 걸까? 결국 그는 우리를 따라 호텔에 도착하자마자 침대로 향했다.

창춘은 지린성의 성도로, 북방의 큰 공업도시이자 주요 철도 중심지다. 다음 날 아침, 기차를 타고 역사적인 수도이자 만주국의 발상지인 지린으로 떠났다.

나는 중국에서 기차 타는 것을 좋아한다. 기차가 천천히 달리기 때문에 풍경과 마을을 감상하고, 객차에 함께 탄 사람들을 살펴보며, 그들에게 미소 짓고, 그들의 삶의 한 단면을 엿볼 수 있다. 지린은 일본 점령기에 송화강변을 따라 나무들이 심어진 아름다운 도시다. 그들의 별장 중 한 채가 공식 영빈관으로 사용되며, 우리의 숙소가 되었다.

12월이었다. 하늘은 파랗고, 도시는 온통 하얗게 변해 있었다. 눈이 하얗게 내렸다고 말해야겠지만, 정확히는 그렇지 않았다. 눈이 두껍게 쌓이지 않았고, 눈 더미도 전혀 없었다. 눈은 어디로 간 걸까? 도시로 들어가는 길에 그 이유를 이해했다. 분주한 거리에서 젊은이들이 삽과 수레로 눈을 부지런히 치워 트럭에 싣는 것을 보았다. 그리고 어린 초등학생들이 쪼그리고 앉아 즐겁게 그리고 조심스럽게 땅을 긁고 있었다. 그 결과, 젊은이들의 팔 힘만으로 다져 낸 눈처럼 새하얀, 말끔한 땅바닥이 남았다. 산악 부지를 방문했을 때 나의 제설차 언급에 그들이 "무엇하려요?"라는 답변을 왜 했는지 알게 되었다.

나의 가여운 자크는 '하늘 위의 산'인 모티엔린에 동행하지 않았다. 또다시 그는 침대에 머물렀다. 차를 타고 부지 기슭까지 이동한 후에 천연 보호 구역인 숲속으로 이어지는 스키 리프트까지 걸어갔다. 숲에는 검은담비, 불곰, 눈표범, 그리고 호랑이가 살고 있었기 때문에, 스키어들은 무장한 사람들과 동행했다. 그들은 내가 프랑스의 아름다운 겨울 목초지인 타랑테즈의 슬로프를 꿈꾸도록 현장에 있는 것을 오히려 반겼다. 왜 여기에 리조트를 지으려는 걸까? 한겨울에도 눈이 내리지 않을 만큼 너무 추운 곳이었다.

로제는 내려오는 길에 인공 제설기에 관해 이야기했다. 그리고 이 풍경과 건축물이 어떻게 어우러지도록 해야 할지, 이러한 극단적 기후 조건, 자재 운반의 어려움, 그리고 기반 시설을 처음부터 구축해야 하는 필요성에 어떻게 대응해야 할지 이야기를 나누었다.

장비를 세내로 갖추지 않은 스키어 한 명이 숲에서 눈 위로 빠져나가서 산 아래에 있는 가건물로 향했다. 나는 어쩌면 리조트가 지어질지도 모를 부지를 배회하며 내려왔다. 하늘은 파랗고, 공기는 건조했다. 무엇을 상상해야 할까? 넓은 구조물 아래에 미기후를 조성하고, 그 중심의 개방된 공동 공간을 둘러싼 주거지를 형성하는 것. 예를 들면, 스포츠 활동을 위한 만남의 장소? 그것은 마치 모든 요소를 고려한 구체적인 계획 없이, 텅 빈 공간 속에서 설계를 구상하는 일과 같았다. 로제만이 해낼 수 있었던 방식으로.

우리는 다시 차에 올라탔다. 이동 중에 다리 위에서 넓은 유수지에 섞였다가 저 멀리 길고 깊은 계곡으로 이어지는 강을 바라보며 감탄했다. 당시 이곳을 댐으로 만들자는 이야기가 있었다.

우리는 아직도 야생 그대로인 자연의 중심부에 있었고, 보물에 둘러싸여 있었다. 해외에 거주하는 부유한 중국인들은 이를 잘 알고 이곳에서 재충전을 했다.

우리는 가난한 몇몇 마을을 지나갔고, 나는 차에서 내리고 싶었다. 오두막 한 채, 나무 한 그루도 보이지 않았고, 어디에도 농부들이 없었다. 운전사는 마침내 부산스러운 어느 마을의 길가에 나를 내려 주었다. 그곳에 작은 건물이 있었다—내가 찾던 곳이었다. 문은 열려 있었고, 안에는 낮은 벽으로 분리된 세 개의 칸막이가 있었다. 각 칸막이의 바닥에는 대변을 버리고 회수할 수 있도록 돌덩이에 구멍이 뚫려 있었다. 내가 간신히 웅크리고 앉자, 벽 반대편에서 한 소녀가 불쑥 나타나 나를 한참 쳐다본 후에 호기심이 충족되었는지 돌아갔다.

출발하기 전에 우리는 지린성의 겨울 모습이 담긴 슬라이드를 볼 수 있었다. 서리로 뒤덮인 버드나무와 거대한 얼음 조각이 길게 지키고 있는 강의 호화로운 광경이었다. 이후 우리는 만주족과 조선족으로 북적이는 도시 주변을 돌아다녔다. 국경이 가까웠기 때문이다. 길거리에서, 보도에서 충전·수리·제조 전문가들이 말을 걸어왔다. 게다가 요리사들은 온갖 종류의 음식을 내보였다.

그러고 나서 모든 것을 찾고 구매할 수 있는 대규모의 현대식 협동조합을 방문했다. 우리는 지역 특산품인 사슴 뼛가루와 각종 형태의 인삼을 전문으로 판매하는 중국 약국에 들어갔다. 공원에서 아이들이 신나게 썰매를 타고 있었다. 그러나 문에 종이가 붙어 있는 닫힌 집도 볼 수 있었다. 내 질문에 대한 답변은 당혹스러웠다. "가엾은 자에 대한 규탄." 문화대혁명의 잔재였다.

저녁에는 송별회가 기다리고 있었다. 숯불 난로 위 커다란 구리 냄비 안에 물을 계속 끓이고, 그 안에 채소, 고기, 면을 담았다. 각자 익힘 정도에 따라 젓가락으로 건져 올렸다. 마지막으로 요리사는 굴 한 접시를 육수에 넣었다. 별미로 보였다. 그때 나는 파리를 떠나기 전에 정성껏 한자로 쓴 작은 판을 꺼냈다. "주의. 제게 굴은 주지 마세요. 알레르기가 있어 죽을 수도 있습니다."

베이징으로 돌아와서 체육부에 연락했다. 자크는 컨디션이 훨씬 나아져서 나와 동행했다. 이 구역의 건축가가 우리를 매우 따뜻하게 맞아 주었다. 그는 프랑스어를 완벽하게 구사했다. 우리는 사용해야 하는 사세에 대해 논의했다. 시멘트나 벽돌 같은 사용 가능한 자재와 목재처럼 피해야 할 자재, 그리고 위생 시설에 유용한 폴리에스터나 단열 패널, 경량 금속 등 소규모 기업을 설립해 공장에서 제조할 수 있는 자재에 관해 이야기를 나누었다. 우리는 모듈의 제작, 프리패브 자재, 현장 설치, 인력 및 관리에 대해서도 논의했다.

그는 각 성省이 정부 지침에 대해 독자적인 의사 결정권을 가지고 있다는 것을 알려 주었다. 그리고 건축 분야에서 두 가지 경향이 있다고 설명했다. 하나는 호텔 건축에서 매우 인기 있는 전통적인 재료를 유지하려는 경향이고, 다른 하나는 외국의 영향을 강하게 받아 외부에서 유입되는 자본에 의해 좌우되는 현대적 경향이다. 나는 이오 밍 페이가 막 완공한 새 호텔을 언급했다. 이 호텔은 옛것과 현대적인 것의 조화를 잘 보여 주는 것 같아서 방문하고 싶다고 말했다. 그리고 르코르뷔지에의 공헌, 책, 업적, 세계적 영향력에 대해서도 계속 이야기했다. 우리는 '하늘 위의 산'에서의 프로젝트로 다시 만날 수 있기를 바라며 헤어졌다. 열린 대화를 나눌 수 있어 매우 기뻤다. 우리는 서로를 잘 이해했다.

콜린 파르퓌메 호텔의 매니저가 우리를 기다리고 있었는데, 그는 프랑스어를 구사했고 이 프로젝트의 시작부터 완공까지 이오 밍 페이를 전적으로 도왔다. 단지는 '푸른 구름' 사원이 내려다보이는 '향기로운 언덕 Collines parfumées' 공원 계곡의 경사면에 있었다. 호텔은 벽으로 둘러싸여 진입로와 격리되어 있었다.

전통적으로 입구에는 공간의 사적인 분위기를 보호하고 '나쁜 기운'을 물리치기 위한 가림막이 놓여 있었다. 그것은 들어오는 이의 시선을 차단하고 걸음을 비스듬히 유도하여, 호텔 전경의 아름다움에 더욱 매료될 수 있도록 배치되어 있었다. 호텔은 안뜰과 조경된 정원들로 구성되어 있었으며, 객실은 이 정원들을 바라보도록 설계되었다. 정원에는 물의 정원, 돌의 정원이 있었고, 그 정원의 바위들은 중국 남부에서 가져온 것이었다. 벽돌, 기와, 치장 벽토, 시멘트로 만들어진 이 모든 것이 완벽하게 균형 잡힌 조화를 이루며, 4층 높이를 넘지 않고 환경을 파괴하지 않으면서 이오 밍 페이의 희망 사항을 충족하고 있다. "역사적인 장소와 전망 근처에 건축물을 너무 높게 짓지 마십시오. 과거의 양식을 그대로 모방하지 말고, 당신의 뿌리에서 영감을 얻어 국가적인 양식의 건축물을 창조하려고 노력하십시오. 옛것에 새것을 접목하십시오." 바로 천인합일이다.

20세기 최고의 재능을 가진 건축가 중 한 명인 중국계 미국인 건축가의 야망이었다. 과감한 도전이었다. 왜냐하면 훨씬 후에 내가 한 중국인 건축가에게 그 호텔을 모범으로 들었더니, 그는 이오 밍 페이가 호텔 입구를 차단한 가림막에 커다란 둥근 구멍을 뚫어 버리는 등 전통에 대해 전혀 이해하지 못한다고 대답했기 때문이다. 아마도 그것은 전통을 하나의 공식으로 만들지 않고 표현의 자유를 주장하기 위한 행위였을까? 악령에 맞서는 자유를 말이다.

이 호텔에 들어서서 프런트를 지나자마자 넓은 연회장, 아니 그것보다는 사각형 안뜰에 있는 것처럼 느껴졌다. 안뜰은 햇빛이 부드럽게 들어올 수 있도록 내부에 철책이 있는 유리 지붕으로 덮였고, 객실로 이어지는 회랑을 접하고 있었다. 우리의 동행자에 따르면, 전통 가옥에서는 이 안뜰을 대나무 막대, 갈대, 직물 등으로 덮어, 생일이나 결혼식 또는 기타 행사 날에 즐거운 연회장이 되게 한다고 한다. 이는 클로드 샤예의 이야기에 가장 잘 드러나는 행복의 건축물이었다. 그가 쓴 비둘기 호각 소리의 놀라운 '천상의 음악'에 대한 아름다운 서문을 여기에 길게 인용하지 않을 수 없다.

베이징에 있는 유년 시절의 집은 두 거리의 모퉁이에 여전히 남아 있다. 거리는 이후 확장되었다. 부모님 침실과 발코니의 나무 난간,

내 방의 아치형 창문, 그리고 열 살이었던 내 눈에 활주로만큼 길어 보였던 지붕까지 내가 기억하는 그대로였다. 지붕은 실제로 활주로였다. 나는 붉은색 천이 달린 긴 막대로 꼬리에 호각을 고정해 나의 비둘기 오케스트라를 지붕에서 날려 보내곤 했다. 그 비둘기 꼬리에서 나는 호각 소리에 이웃의 중국인 전문가들은 감탄하곤 했다. (…)

일반적으로 '거링 Ge Ling'이라고 불리는 호각에는 두 종류가 있다. 하나는 작은 팬파이프로, 대나무의 윗부분에 두세 개 또는 다섯 개의 갈대 파이프로 이루어진 사오에루Shao Eur 또는 퐁Fong이고, 다른 하나는 호리병 모양으로 산둥에서 온 (…) 최고 호리병들로 구성된 (…) 후루Hulu다. 고음을 위한 추가적인 작은 호각들도 부레풀로 접착한 갈대와 대나무로 만들어진다. (…) 호각 장인은 원하는 주요 음과 보조음에 도달하기 위해 자신의 귀와 경험에만 의지한다. (…) 사오에루의 무게는 일반적으로 2~5그램 사이로, 후루보다 가볍다. 후루의 무게는 3.2~18그램이며, 흔히 8그램짜리를 사용한다.

전령. (…) 집에서 키우는 비둘기가 적합하다. 우선 비둘기와 호각을 잃어버리지 않기 위해 비둘기들이 집으로 되돌아오는 것이 중요하다. (…) 같은 동네에 집이 대부분 비슷하게 생긴 도시, 특히 베이징에서는 지붕 위에 색칠한 기와 몇 장을 두어 비행 중인 비둘기들이 주인의 집을 쉽게 알아볼 수 있도록 하는 지혜가 필요했다.

두 번째로, 비둘기들이 호각과 호각 소리에 익숙해지도록 하는 것이 좋다. 그 후 비둘기가 6개월에서 8개월 사이에 성체가 되면, 하늘에서의 첫 비행은 가능한 한 가장 가벼운 호각을 달고 비둘기가 암컷을 쫓아다니는 시기에 진행한다. (…) 힘과 습관을 키우면서 호각의 크기와 무게도 늘린다. 시간이 지나면 오케스트라가 형성되는데, 이상적인 구성은 열네 쌍의 다른 호각으로, 즉 총 28마리의 전령 비둘기다. (…) 비둘기들은 일출과 일몰 때 비행하기가 가장 좋고, 오케스트라를 준비하는 데는 약 한 시간이 소요되었다. 비행 시간은 당연히 날씨와 비둘기들의 지구력에 따라 다를 수밖에 없다. 좋은 오케스트라는 20분에서 한 시간 동안 대략 500미터에서 3킬로미터를 이동한다. (…)

반세기가 흐른 지금, 백발이 되어 돌아온 유년 시절의 장소에서 화창한 아침에 들려오는 감미로운 호각 소리에 귀를 쫑긋 세웠다. 그때의 기억들이 되살아난다. 중국은 여전히 그대로였다.

 – 클로드 샤예, 『베이징 프랑스 잡지 *La Revue française de Pékin*』, 제1호, 1983

우리는 파리로 곧바로 돌아가지 않고 도쿄에 들렀다. 1983년 우리의 친구들인 테이아와 앙드레 로스가 일본인 친구들과 함께 주일 프랑스 대사관에서 송년회를 준비했기 때문이다. 모두가 행복한 순간을 보내는 뜻깊은 자리였다. 마에카와 구니오, 야나기 소리, 사카쿠라 유리에가 마치 그동안 서로 떨어져 지낸 적이 없었던 것처럼 그곳에 있었다. 가장 파리적인 마미에와 도모토 히사오, 전통에 가장 깊이 뿌리를 두고 있으면서도 가장 현대적인 스승 마에카와 구니오 선생을 존경하고 세심하게 배려하는 가장 젊은 스즈키 렌. 1927년 한창 젊을 때, 구니오는 세브르가 작업실을 열심히 드나든 첫 번째 일본인이었고, 나는 그때 그를 알았다. 우리는 마치 영원한 시간이 주어진 것처럼 머릿속에 프로젝트를 가득 채우고 헤어졌다. 스즈키 렌은 나를 지역에 있는 '로봇화된 주택'을 생산하는 공장으로 데려갔다. 이 주택들은 내수용이지만 수출에 대한 희망도 가지고 있었다. 그런 일은 일어나지 않기를. 이 주택들은 시멘트로 주조된 패널 모듈로 건설되었다. 서양식 주택용은 겉면에 돌처럼 보이게 만든 무늬가 있었으며, 미리 만들어진 다른 패널들은 서양식과 일본식 생활이 혼합된 방식에 맞춰 설계되어 있었다. 주요 목표는 며칠 만에 빠르게 조립하는 것이었지만, 내부 마감 공사는 설계에 제대로 통합되지 않아 결국 많은 시간이 소요되었다. 이 주택들은 이미 그 지역의 산비탈 전체를 덮고 있었지만, 따를 만한 예가 하나도 없었다.

아르크 1800, 레미랑탱

아르크 1800의 새로운 레저 스튜디오는 저가 부동산개발업자들에 대한 로제 고디노의 반격이었다. 이들은 매우 작고 설비가 제대로 갖춰지지 않았으나 매우 경제적인 스튜디오를 제공했는데, 이는 우리를 비롯한 다른 업체들이 공들여 연구하고, 균형있게 설계하며, 인간적인 주거 환경을 제안하려 했던 노력들을 무너뜨리고 있었다.

우리 스튜디오들은 샤르메토제의 세 번째 마을에 자리 잡고 있었다. 각 스튜디오는 50세대에서 80세대 규모의 아담한 건물들에 나뉘어 배치되어 있었다. 높이 3.96미터의 유리 천장에서부터 1.5미터 깊이로 이어진 테라스까지, 이 스튜디오들은 주변의 숲과 가문비나무 풍경을 향해 열려 있었고, 겨울이면 눈이 소복이 쌓인 가지 위로 박새들이 날아드는 모습을 볼 수 있었다.

외부에서 보면 이 건물들은 유리 지붕 때문에 예술가의 작업실처럼 느껴졌다. 숲속에 살포시 자리 잡은 건물들은 내부 설비, 건축, 환경이 함께 이루어 낸 종합체로, 들어서자마자 넓은 공간감과 행복한 숙박에 대한 기대감을 안겨 주었다. 인간이 중시되는 집이었다. 로제 고디노에게 이것은 경제적인 도전이었고, 그 도전을 성공적으로 해내기 위해서는 가능한 한 적은 건축 면적을 사용하는 것이 핵심이었다.

나는 파리로 돌아오자마자 이 새로운 개념의 레저 스튜디오 모형을 만들었는데, 식사 공간과 높이를 다르게 설치한 침대 등 산장 생활의 습관을 고려했다.

로제 고디노는 바닥 면적 17.5제곱미터와 높이 4미터를 초과하지 말라고 했다. 먼저 이 공간에 표준화된 욕실, 배관, 작업 공간이 있는 레인지 상단부 그리고 그 맞은편에 점퍼, 스키 폴, 스키를 탄 후에 신는 방한화, 헬멧, 등산 가방 등을 보관하는 옷장을 배치했고, 이어 수납공간을 마련했다.

이 공간에 나는 지면에서 2.1미터 높이에 두꺼운 전나무 판재로 만든 구조물을 두 개의 I빔으로 세로 벽에 고정했다. 그 구조물에 바닥 깔개를 씌워 아이들이 3단 접이식 매트리스 위에서 잠을 자거나 낮에 매트리스를 접어 두고 1.8미터 높이의 공간에서 앉을 수 있도록 했다. 그런데 이 공간으로 올라가는 계단이 문제였다. 거실에 이를 배치할 공간이 없었다. 일본 장인의 전통 가옥을 참고했다. 일본 장인은 특별히 개조한 수납함을 계단처럼 밟고 올라갔다. 나도 마찬가지로 수납 겸 계단을 만들고, 전나무 판재로 짜인 구조물에 사다리용 구멍을 냈다.

안전을 위해 수납 겸 계단에 전나무 판재로 만든 난간과 나무 칸막이를 설치해 아이들이 놀다가 거실 공간으로 떨어지지 않도록 했다. 마지막으로 스튜디오로 가는 복도 위 빈 공간을 넓은 수납공간으로 활용했다.

스튜디오의 두 번째 구역은 전체 높이 3.96미터에 달하는 거실 공간을 위해 설계되었다. 이 공간에는 바 카운터와 펼치면 2인용 침대가 되는 소파, 식탁, 스툴 몇 개, 테라스를 향해 열리는 문턱을 제외하고는 파사드 전체를 따라 이어지는 긴 벤치를 두었다. 벽은 단열 유리로 완전히 막혀 있었는데, 안타깝게도 사용해 보니 천장 높이에 설치된 환기 장치가 과도한 열을 배출하는 듯했다.

두 층에서의 생활은 주변 환경과 완벽하게 어우러진 실내 건축물의 조화로움 덕분에 더 나아질 수밖에 없었다.

앙드레 셰달은 레자르크 설계 사무소에서 제도사-설계자 역할을 맡아, 아르크 1800에서 모든 작업의 진행을 면밀히 주시했다. 그는 레자르크 설계 사무소와 파리에 있는 내 작업실에서 창작자의 저작인격권에 관해 주의를 기울이는 유능하고 듬직한 중계자 역할을 잘 수행했다. 그 덕분에 나는 많은 출장을 줄일 수 있었다.

하지만 나는 공사 중에도, 그 이후에도 스튜디오의 사용에 따라 생기는 변화를 확인하기 위해 현장을 지속적으로 방문했다. 이 모든 이야기 중에서 지나가는 나를 본 영업팀의 한 여성 직원이 "팔리고 있어요!"라고 외치며 환히 웃어 보였을 때 기분이 가장 좋았다. 레자르크는 다시 활기를 찾았다. 로제 고디노는 성공했다. 첫 번째 건물인 '미랑탱Les Mirantin I'의 개관식이 1985년 크리스마스에 열렸다.

같은 해에 나는 장식미술관에서 전시회를 열었고, 레자르크에서의 모험을 이어 갔다. 1986년 크리스마스에 '미랑탱 II'가 개장했고, 1987년 '미랑탱 III'와 '에귀유 그리브Aiguille Grive I', 마지막으로 1988년에 '에귀유 그리브 II'가 개장했다.

유감스럽게도 새 건물을 지을 때마다 예기치 않은 변화가 생겼다. 고객들은 항상 같은 가격에 더 많은 것을 요구했고, 영업팀은 그들의 욕구를 반영했다. 3년 차에 일부 부모가 아이들을 위해 만든 위층에서 자고 싶어 했다. 왜 안 되겠는가? 하지만 그들은 공간이 분리되도록 요구했다. 처음에는 나무 가림막 하나면 충분했다. 4년 차에는 세면대를 요청했다. 그 가격에 달나라까지 원하는 걸까? 1989년 나의 의견을 고려하지 않고 내 이름으로 프로젝트가 수정되어 사임했다. 그 이후로 건물은 변질되고, 처음으로 방향을 잃었다. 그것은 위층에 욕실이 있는 또 다른 설계가 되었다. 사실상 더 부유한 고객을 겨냥해 더 높은 층고, 콘크리트 바닥재, 더 넓은 거실 공간 등 다른 기준을 충족해야 하는 듀플렉스 레지던스가 된 것이다. 레자르크의 경영자들은 이를 인지하고 있었을 것이다. 그 배후의 인물인 로제 고디노는 더 이상 그곳에 없었다. 그는 자신의 지분을 생고뱅과 예금공탁금고에 매각했고, 예금공탁금고는 오늘날까지도 유일한 소유자로 남아 있다.

로제 고디노는 애지중지 키워 온 프로젝트에 관심을 잃은 걸까? 그는 '레자르크 친구들 Amis des Arcs'이라는 단체를 설립했고, 여전히 영향력을 갖기를 바라고 있다. "로제, 당신은 꿈꾸고 있군요."

몇 년이 지난 지금도 나를 괴롭히는 질문이 하나 있다. 아르크 1800의 세 마을 중에서 왜 샤르베만이 도시계획과 건축물에서 강한 인상을 주는 혁신적인 마을로 꼽힐까? 그 뒤에 위치한 빌라르는 평범하고, 샤르메토제는 준주택 개발 단지일 뿐이다. 나는 로제에게 이런 프로그램의 변화와 그로 인한 결과들에 관해 물었다. 그는 1996년에 쓴 저서 『상상을 구축하다 Construire l'imaginaire』를 참조하라고 했다. "헬기에서 보면, 도시계획 형태들 사이의 경계선이 금리 변동의 역사적인 변화선과 일치하는 것을 발견할 수 있다." 그리고 이렇게 설명했다. "샤르메토제 마을이 중간 휴지기를 가리켜요. 실질이자율이 높은 시기에는 작은 프로그램, 즉 작은 건물만 건설할 수 있었어요."

그리고 다음과 같이 덧붙였다. "건설 속도가 분양 속도에 맞춰야 한다는 것을 이해합니다. 그렇지 않으면 막대한 미분양 재고 물량을 보유해야 하니까요. 하지만 저금리 시기에는 인구 밀도가 높고 개발 속도가 매우 빠른 샤르베 마을처럼 재고 물량의 비용을 조달하기 위해 대출할 수 있습니다. 왜냐하면 미분양 스튜디오는 임대하고 그 임대 수익으로 이자를 낼 수 있으니까요. 따라서 재고 물량을 갖는다는 것이 최악의 경우는 아니어서, 3년 이내에 분양될 건물을 짓기 시작할 수 있어요. 반대로 금리가 높을 때는 분양 속도가 감소하면서 임대 수익으로 충당할 수 없는 금융 비용이 발생할 위험이 있습니다. 그러면 건설자는 준공 전에 분양을 하고 소형 건물을 짓는 것이 유리합니다. 따라서 부동산 개발 계획 전략은 철저하게 금리에 의존하며, 대단지는 저금리 시기에만 건설할 수 있습니다."

1985년 파리 전시회와 1996년 런던 전시회

문화부에서 장식미술관이 요청한 보조금을 승인해 내 전시회 비용을 충당했다. 문화부가 내 작업에 관심을 보인 것은 처음이었다—장 프루베의 절친한 친구인 잭 랑 문화부 장관이 이러한 결과를 내기 위해 노력한 것으로 안다.

얼마 후에 프랑수아 마티는 이본 브뤼나메르를 통해 레지옹 도뇌르 훈장을 받을 의사가 있는지 물었다. 나는 내가 옹호하던 불필요한 장식 없는 현대성의 가치와 나를 지지해 준 친구들에게 바치는 의미로 훈장을 받았다. 잭 랑 문화부 장관이 간결하고

친절하게 훈장을 수여했다. 그때 생각했다. '이렇게 큰 영광이라니, 벌써 나의 마지막 업적이란 말인가?'

전시에 맞게 금속 구조물의 효율성을 확인하기 위해 대형 모형을 만들었다. 거대한 중앙홀의 벽에 아무것도 걸 수 없었고, 존재하지 않는 천장에 무언가를 매달 수도 없었으며, 심지어 조명의 논리적 배치도 기대할 수 없었기 때문이다. 그래서 이 금속 구조물은 공간을 두 부분으로 나누었고, 그 사이에는 낮은 통로가 설치되어 사람들의 동선을 유도했다. 한쪽에는 창작 장소를 재현한 대형 사진 앞에 가구를 전시했다. 긴 진열장이 프레임에 매달려 마치 큰 상판처럼 설치되어 통행로를 분리하고 시대와 관련된 원본 문서들을 보호했다. 다른 쪽에는 1925년부터 1985년까지 나의 여정을 설명하는 텍스트와 사진으로 그래픽 아트가 전시되었다.

나는 미술관 중앙홀의 거대한 높이 아래 500제곱미터가 넘는 공간에 펼쳐진 이 전시를 순회 전시로 만들고자 했다. 이를 위해서는 전시를 유연하게 해석하고 운송비를 최소화해야 했다. 즉, 부피와 무게를 줄여야 할 필요가 있었다. 숙고 끝에 가볍고 두께가 몇 밀리미터밖에 되지 않는 알루미늄판과 두 가지 표현 방식을 선택했다. 각 판은 스스로 서 있을 수 있을 뿐만 아니라 다음 판과 서로 연결되도록 설계되어, 전체적으로는 하나의 커다란 펼쳐진 책처럼 나 자신의 이야기를 전하는 구성이 되었다. 이 구조물들은 운반할 때는 서로 끼워 넣을 수 있도록 만들어져 보관이나 이동도 편리했다. 두 번째 방식은 단일 알루미늄판으로 구성된 모듈식 구조였다. 각 모듈마다 하나의 주제를 제시할 수 있었고, 혹은 여러 개를 세로 또는 가로로 배열함으로써, 거대한 사진 이미지를 재구성할 수도 있었다. 이처럼 확대된 이미지들은 공간에 입체감을 더해 주었고, 경로를 따라 리듬감을 만들어 냈다. 이 모듈들은 아주 가볍고 부피도 작았으며, 벨크로를 이용해 전시용 패널에 쉽게 부착할 수 있도록 되어 있었다.

이본 브뤼나메르가 제안한 영화와 전시 도록은 아직 검토 중이었다. 이본은 젊고 재능 있는 영화감독 자크 바르사크를 소개해 주었는데, 나는 이미 조각가 바셰를 다룬 그의 최신 영화를 본 적이 있었다. 그는 일반적으로 다큐멘터리영화에서는 나타나지 않는 새로운 관점과 역동적인 접근법을 가지고 있었다.

21세기를 맞이한 오늘날에 그는 완전히 다른 영화를 만들었다. 12년 동안 시청각 기술은 정말 많이 바뀌었고, 예상한 대로 자크 바르사크는 그 이후로 가상의 합성 이미지에 많은 힘을 쏟았다. 그는 잃어버린 가구, 더 이상 존재하지 않는 장소를 재현하고, 실현되지 않은 프로젝트에 생명을 불어넣을 수 있었다.

전시 도록에 나의 여정을 담을 예정이었지만, 나는 미술관이 제안한 출판사의 제약에 얽매이고 싶지 않았다. 나는 내 자유를 지켰다. 피에르 포슈와 함께 내 해설이 담긴 전기와 사진과 도면 80점을 수록한 78쪽짜리 책 『삶의 예술 *Un art de vivre*』을 제작했다. 1985년 2월 플라마리옹 출판사와 미술관이 공동 출간한 이 책을 나는 '나의 작은 빨간 책'이라고 불렀다.

이 모든 작업은 순탄하지 않았다. 바보같이 오른쪽 발목이 부러졌기 때문이다. 소파에 앉아 아주 작은 테이블에서 피에르와 책을 쓰고, 페르네트와 오잠과 제작하고, 이본 브뤼나메르와 조정했다. 개막일에 깁스는 제거했지만, 여전히 심하게 절뚝거리면서 일본에서 깜짝 방문한 야나기 소리를 맞았다.

미술관 팀 전체를 비롯한 친구들과 함께 잭 랑을 '일본' 공간으로 안내했다. 나뭇가지 위는 서로 얽힌 아름다운 하얀 난초로 장식되고, 그 옆에 1940년 대나무로 만든 셰즈 롱그가 놓여 있었다. 야나기 소리는 전쟁 시기에 이 의자를 잘 간직해 두었다가 내 전시를 위해 선물로 보내 주었다. 우리는 샤쿠하치의 감미로운 소리에 맞춰 '예술의 종합' 공간까지 관람을 이어 갔다. 그곳에는 르코르뷔지에의 대형 태피스트리와 레제의 아름다운 〈걷는 꽃fleur qui marche〉이 전시되었다. 마지막으로 '산' 공간으로 향했다. 여기에서는 아르크 산악 지대의 스포츠와 문화 여가 활동을 영상으로 선보이고, 표준화된 폴리에스터 욕실을 전시했다. 또한 찬디가르와 브라질리아를 환기했고, 브라질리아에 헌정된 브라질 오페라를 들을 수 있는 작은 공간을 따로 마련했다.

전시회는 매우 성공적이었다. 나 자신도 1930년대 작품과 1950년대 작품을 함께 그리고 브라질, 일본, 산악 지대에서 작업한 크롬강, 알루미늄, 플라스틱, 천연 재료, 나무, 대나무, 엮은 등나무로 만든 작품을 함께 볼 수 있어 매우 흥미로웠다. 어떤 것도 제외되지 않았다. 모든 것이 20세기의 동시대적인 것이었다. 낡은 흔적이 하나도 없었으며, 시대에 뒤떨어진 것도 없었다. 그 어떤 것도 유행의 불필요한 장식을 따르지 않았기 때문이다.

전시 개막을 축하하기 위해 모니크와 잭 랑이 나를 점심 식사에 초대했고, 잭은 웃으며 이렇게 말했다. "어떻게 하면 『라 크루아*La Croix*』*와 『뤼마니테*L'Humanité*』**로부터 동시에 찬사를 받을 수 있나요?" 아마도 시대와 조화를 이루는 삶의 예술을 성실하고 지속적으로 탐구하는 데에는 장벽이 없기 때문일 것이다. 이제 그것은 모두에게 필수적인 것이 되었다.

전시회는 11년 동안 미술관 수장고에 보관되었다가 테런스 콘랜이 설립한 런던디자인 박물관의 관장 폴 톰슨에 의해 깨어났다. 1996년 전시회가 개최되었다. 새로운 장소에 맞게 조정되고 새로운 정보가 추가되어 이전 전시와는 다른 전시가 되었다. 전시 장소는 근사했는데, 템스강을 마주한, 오래된 부두에 자리 잡았고, 인근 타워브리지는 저녁마다 마치 매일 축제가 열리는 듯 매우 반짝였다.

메리벨에 관련된 모든 영국인이 개막식에 참석했다. 린지는 그 자녀들이 다 자라서 손주들도 데려왔다. 1947년 초기에 우리의 천사였던 로나는 영국 사회를 지배하는 강력한 전통과 먼 조상으로부터 물려받은 특권에 대해 이야기했다. 예컨대, 그녀는 런던을 가로지르는 그 아름다운 타워브리지를 많은 양 떼와 함께 건널 수 있는 권리를 지녔으며, 아무도 이에 이의를 제기하지 않는다고 했다. 그녀의 두 번째 특권은 만일 교수형에 처하게 되

---

* 프랑스 가톨릭계 신문
** 프랑스 좌파 신문

더라도 오직 실크 밧줄로만 가능하다는 것이었다. 참으로 섬세한 배려 아닌가!

내가 디자이너가 아니라는 것을 폴 톰슨에게 이해시키는 데 시간이 걸렸다. 그가 가져온 첫 번째 모형은 마음에 들지 않았다. 그 모형에 배치된 가구들에는 나의 접근 방식이 제대로 반영되지 않았다. 그는 이를 이해하고 멋지게 처리해 주었다. 그는 훌륭한 팀을 갖추었는데, 아주 예리하고 차분한 역사가인 샬럿 벤턴을 소개해 주었다. 그녀를 보면 애거사 크리스티가 떠올랐다. 그녀는 내 작업 방식을 설명하는 플렉시글라스 패널 열 개를 만들어 배너처럼 걸었다. 그리고 매우 구체적으로 질문하면서 패널의 텍스트를 아주 세심하게 번역했다. 또한 톰슨은 그래픽 디자이너 오나 프로메트 도슨을 소개해 주었다. 그녀는 모든 패널을 자연스럽게 순서대로 재구성하고, 내가 원치 않는 도록 대신 아주 작은 재미있는 책자를 만들었다. 나는 폴이 훌륭한 지휘자처럼 이끄는 매우 유능한 여성 팀에 의지했다. 그 결과 전시회는 전체 관람객 기록을 깨며 예상치 못한 성공을 거두었다.

나는 유로스타를 타고 런던에 갔다. 정말 훌륭한 교통수단이다! 샴페인 한잔을 마시며 영국 시골의 초원, 초원 위의 양 떼와 흰색 래커로 칠한 반짝이는 창틀과 대비되는 어두운 벽돌로 지어진 집들을 감상했다.

런던행은 전시회뿐만 아니라 왕립예술대학의 초청을 받아 명예박사 자격으로 로열 앨버트홀에서 열리는 학위 수여식에 참석하기 위함이었다. 나는 하얀 모피로 가장자리를 장식한 스카프가 달린 검은색 코트를 입고, 천으로 만든 위가 평평한 모자를 썼다. 모자는 작은 술이 달린 가는 끈으로 장식되었는데, 이는 매우 격식을 갖춘 의상에 장난스러운 느낌을 더했다.

로열 앨버트홀은 이중 반원 모양의 아름다운 건물이다. 스노든 경이 내가 지치지 않도록 나를 곧장 자리로 안내했다. 나는 이미 그를 파리에 있는 젊은 일본 디자이너 이세이 미야케의 집에서 만난 적이 있었다. 전통에 대한 예리한 감각으로 새로운 질감과 새로운 옷차림을 만들어 낸 젊은 디자이너는 재창조된 환경에서 이미 미래를 예견했다. 그의 자질을 인정한 나는 질감 있는 그의 드레스를 입고 스노든 경 앞에서 톱 모델처럼 포즈를 취했다. 스노든 경은 연신 플래시를 터뜨렸다. 나는 마치 아흔 살의 신인 모델처럼 매우 위축되었다.

스노든 경은 이 행사에서 최연장자였다. 그는 높은 지위에 걸맞은 화려한 옷차림을 하고 행사의 개회를 기다렸다. 왕실 나팔소리가 울려 퍼지고, 내가 포함되어야 할 행렬이 위층에서 위엄 있게 그리고 천천히 계단을 내려와 복도를 가로질러 우리와 합류했다. 분위기는 엄숙했고 아무 소리도 들리지 않았다. 아니, 어린 아기의 옹알이만 멀리서 들려왔다.

지켜야 하는 수칙은 서면으로 전달받았다. 나는 학장 앞으로 인도되어, 객석에 등을 돌린 채 그와 마주보고 서 있었다. 연설가는 나를 청중에게 소개했다. 10분간의 연설이 이어진 후 학장이 다음과 같은 말로 학위를 수여했다. "상원과 대학위원회의 권한으로, 귀하에게 왕립예술대학의 명예박사 학위를 수여합니다." 그가 손을 내밀어 학위기를 건넸고, 나는 아무 말 없이 모자를 들어 올려 인사한 다음 청중을 향해 돌아섰다.

마지막에는 머리가 약간 혼미해진 것 같다. 나는 다정한 손짓으로 회중에 인사를 건넨 후 내 자리로 돌아왔다. 자리에 앉아 다른 사람들의 소개말과 기념사를 지켜보았다. 끝으로 각 단과 대학 교수들이 한 명씩 호명되는 것을 들었다. 각 교수는 자신이 맡은 학생들의 이름을 하나하나 부른 뒤, 다정하게 어깨를 토닥이며 보내 주었다. 학생들은 경쾌한 발걸음으로 학장에게 인사하며 지나갔다. 긴 머리, 갈색 머리, 흑발, 금발, 초록색 머리, 오렌지색 머리 등 제각각의 여학생과 남학생들이 매우 다양한 개성을 뽐냈다. 발만 빼고. 학생들은 모두 나처럼 약간의 속물근성을 드러내며 운동화를 신고 있었다. 이 자유와 순응주의의 혼합은 키플링의 유쾌한 책『스토키 앤드 코 *Stalky & Co*』를 떠올리게 했다.

트럼펫이 울리고 수여식이 끝났다. 점심 식사가 이어졌다. 구석에 앉아 있는데, 아기의 옹알이가 다시 들려왔다. 키가 아주 큰 남학생이 갓난아기를 품에 안고 다가오는 것을 보았다. 남학생은 교내에서 최연소자를 최연장자에게 데려왔다며, 아기를 내 품에 안겨 주었다. 예쁜 아기는 평화롭게 잠들어 있었다.

6

무無와 공허 사이

1986년 나는 여전히 레자르크에 깊이 관여했지만, 종종 레자르크를 벗어나 메리벨이나 세이셸로 떠났다. 세이셸의 해저 풍경은 군함조와 제비갈매기가 하늘을 날아다니던 폴리네시아의 풍경을 떠올리게 했다.

우리는 파라메로 떠날 예정이었는데, 그날 나는 자크가 뭔가 근심에 잠겨 있다는 것을 느꼈다. 1983년 그가 중국에서 겪은 불편함이 되풀이되었다. 그는 에어프랑스의 의사에게 진찰받고 돌아와서는 검사도 받아야 했다. 이 마지막 체류 기간은 단축되었고, 긴 시련이 시작되었다. 검사부터 샘플 채취까지 시련은 두 달 동안 지속되었다. "곧 끝날까?" 자크가 물었다. 그는 싸우고 있었고, 살고 싶어 했지만, 더 이상 먹지 않았다. 나는 진짜 병이 무엇인지 알았다. 우리 몸의 살인자들이 활동하기 시작하면 더 이상 희망은 없다. 나는 이 비극을 망연자실하게 지켜봤다. 페르네트는 예쁜 딸아이를 낳았고, 자크는 손녀를 품에 안는 기쁨을 누렸다. 이 마지막 순간에 페르네트는 아이에게 젖을 먹이기 위해 딸아이 테사에게 달려갔다가 다시 아버지에게 돌아오며 둘 사이를 오갔다. 테사는 인류라는 긴 사슬에 연결된 새로운 고리였다.

자크는 랭스에서 하얀 장미 아래 그의 어머니 곁에 잠들었다.

무와 공허 사이에서, 삶의 특정한 함정 앞에서 우리의 완전한 무력함을 마주하며 깊은 성찰의 시간을 보냈다. 나를 괴롭히는 것은 죽음 그 자체가 아니라 죽어 가는 방식이다. 자연스러운 죽음은 부드럽고 마음을 진정시켜 주며 다른 곳으로 향하는 통로처럼 보인다. 그러나 내가 겪은 것은 끔찍했지만 동시에 교훈적이기도 했다. 고통받는 이와 동행하고, 그가 떠나는 최후의 순간까지 마지막 길을 마무리할 수 있도록 나 자신의 일부를 그에게 내주어야 했다.

일상생활은 우리를 본질적인 것에서 멀어지게 하고, 소비 문명은 우리를 본질적인 것에 다가가지 못하게 한다. 소비하기 위해 일하는 것은 기계를 계속 돌리기 위한 끝없는 악순환이며, 삶의 숭고한 아름다움이 전혀 고려되지 않는 일종의 경제적 노예 같은 상태에 있는 것이다. 주체는 인간이다. 인간은 아직 발현되지 않은 능력의 충만함 속에 있으며, 이를 꽃피우기만 하면 된다.

나는 언제나 오를 준비가 되어 있는 데스티벨,* 극지방을 탐험

---

* 카트린 데스티벨(Catherine Destivelle, 1960~). 프랑스 암벽 등반가

하는 에티엔,* 사막을 탐험하는 모노.** 바다에 미친 사람들의 업적을 보며 감탄한다. 이들은 물자 지원이 있든 없든 '위업'이라 불리는 것을 확실히 행한다. 하지만 무엇보다도 치밀하게 준비하고 완전히 몰입 상태에 들어가 애정에 대한 아름다운 교훈을 전한다. 이 책을 쓰면서 나는 많은 것을 깨달았다. 기억의 한계까지 거슬러 올라가 나의 내면을 들여다봤고, 나의 뇌에 저장되어 있는 옛일들이 나의 펜 아래서 되살아났다. 나의 뇌는 모든 것을 기록했고, 자연이 준 것만으로도 모든 것을 되살릴 수 있다는 것을 증명했다. 그렇다면 뇌가 아직도 숨기고 있는 또 다른 경이로움이 무엇일지 궁금해졌다. 실행에 옮긴다면, 답을 찾을 수 있을 것이다. 산다는 것은 우리 안에 있는 것을 살아 숨 쉬게 하는 것이다.

신기술은 우리를 미래로 이끌어 주는 싱능이 매우 좋은 도구일 뿐이다. 그것이 우리의 삶을 지배하도록 두어서는 안 된다. 컴퓨터는 그 시대 사람들의 천재성이나 타락을 되돌려 줄 뿐이다. 인간은 수천 년 전 작은 부싯돌에서 시작하여 이제는 실리콘으로 시공간을 초월하는 데 성공했다. 눈부신 발전을 이루었다. 전 세계의 모든 컴퓨터가 인터넷으로 연결되면서 네트워크는 우리를 거대한 정보와 통신의 거미줄로 둘러쌌다. 이 같은 성취는 현기증을 일으킬 정도여서 전반에 걸쳐 우리 자신의 진화가 보조를 맞추지 못하며, 이는 불안감의 원천이기도 하다. 우리의 경제, 사회, 철학 등 모든 것을 재고해 봐야 한다. 몇 가지 질문이

---

* 장루이 에티엔(Jean-Louis Étienne, 1946~). 프랑스 의사이자 탐험가
** 테오도르 모노(Théodore Monod, 1902~2000). 프랑스 탐험가이자 자연학자

제기된다. 우리는 어떻게 살기를 원하는가? 우리 자신을 어떻게 발전시킬 것인가? 어떻게 조화를 이룰 것인가?

21세기는 이러한 새로운 능력을 최대한 활용할 줄 아는 사람들, 즉 모든 대륙에서 서로 소통하는 사람들에 의해 만들어질 것이다. "만약 세상의 모든 사람이 서로 협력하고 싶어 한다면, 우리는 파도 위에 멋진 다리를 지을 수 있을 것이다." 이제 우리가 그 지점에 와 있다.

다행히도 그동안 내게 주어진 프로그램은 새로운 길을 모색하는 나의 방향과 일치했다.

레리 갤러리

레리 갤러리의 리노베이션은 그야말로 고도의 기술이 필요한 작업이었다. 모리스 자르도의 요청으로 페르네트와 로뷔타토에게 맡겨졌지만, 나는 갤러리와 레리의 본래 색깔이 유지되도록 살피는 일을 맡았다. 갤러리는 전면적으로 손봐야 했지만, 전혀 손대지 않은 것처럼 보여야 했다. 우리는 모든 선의의 개입을 배제하고 오로지 전시된 작품에만 집중하는 방식으로 이를 해냈다. 그 결과 레제, 로랑, 피카소의 작품들에만 시선이 가도록 그것들을 받쳐 주는 공간 자체는 시야에서 사라져야 했다. 결국 이 갤러리는 사진으로는 담아낼 수 없는 곳이 되었다.

창문은 빛을 걸러 내고 침입을 막기 위해 전부 교체되었다. 단열 처리되고, 살짝만 열리며, 전기 신호에 반응했다. 우리는 파사드를 따라 배치한 벤치 아래에 에어컨을 설치했다. 캉탱 로랑의 사무실을 추가했고, 그 맞은편에는 조각품 전시실을 마련했다. 모리스 자르도의 사무실이 된 루이즈 레리의 사무실은 거의 손대지 않았다. 거의 완벽한 마감 작업에 두 친구는 모두 매우 만족해했다.

다실

데시가하라 히로시는 파리에서 '차의 정신'을 표현하는 데 큰 관심이 있었다. 첫 기회는 주이앙조자이 아름다운 공원에서 카르티에 재단이 '럭셔리'를 주제로 계획한 행사에서 주어졌다. 히로시는 나를 동석자로 초청했다. 장소는 매력적이었지만, 카르티에 재단은 그의 프로젝트를 포기했다.

오랜 시간이 지나서 1993년 파리 중심부에 있는 유네스코 광장에서 열린 '문화 대담'에 초청을 받은 히로시는 일본문화제에서 그 꿈을 실현했다.

그의 예술은 환경으로부터 자기 자신을 떼어 내어 단순함과 평온함으로 이루어진 재창조된 세계로 들어가는 것이다. 마치 되찾은 본래 자연으로 들어가는 것처럼 말이다. 히로시의 장점은 여러 영역에 걸쳐 있다는 것이다. 그는 영화감독, 도예가, 꽃의 장인, 마술사이며, 전통과 현대를 동시에 아우를 수 있다. 그는 안도 다다오, 에토레 소트사스, 최재은, 그리고 나를 초대하여 각자 '다실'을 표현해 달라고 요청했다. 나는 히로시와의 우정으로, 그리고 그의 접근 방식을 좋아했기 때문에 초대에 응했다. 덧없는 '다실'을 표현하고자 했다. 다양성과 보편성 속에서 만개한 '문화 대담'이 메아리치며 그토록 기다리고 바라던 새로운 '황금시대'를 꿈꾸며 명상하기 위한 공간을 말이다.

"'덧없는 집' 혹은 '공허의 집'이라고도 불리는 '다실'은 무엇인가? 모든 것을 담고 있다는 도교의 이론을 함축할 뿐만 아니라 지속적인 변화의 필요성에 대한 개념도 내포하고 있다"(오카쿠라, 앞의 책).

다도의 거장 센 리큐가 금세기 말까지 그 전통을 구현한 16세기 일본의 창조적 정신은 큰 변화를 겪고 있다. 공장이 재구조화되고 과학 연구가 급속히 발전하고 있다. '다실'은 시대에 뒤떨어진 것처럼 보일 수 있지만, 다실이 기반으로 삼는 철학, 즉 해방 정신과 스트레스를 문밖에 두는 정신을 통해 여전히 현대와 관련 있어 보인다고 생각했다. 다실은 21세기 사회의 윤리를 상상하는 데 기여할 수 있으며, 이는 인간의 행동과 형태, 행복과 불행을 결정할 것이다. 우리 은하에 대한 최근 지식과 그로 인해 초래되는 우주와의 새로운 관계는 이 덧없음과 공허의 전통에 대한 나의 감탄을 더욱 굳건하게 한다.

그리고 나서 보스의 광활한 밀밭이 내 눈에 펼쳐졌다. 수확 후 텅 빈 네모난 공간, 그 위로 펼쳐진 푸르른 하늘, 잘 익은 밀의 바스락거리는 소리와 어우러지는 하늘 높이 날아오르는 종달새의 울음소리. 이것이 '차의 정신'일까? 꿈꿔 본다.

유네스코의 광장에서 무엇을 할 수 있을까? 소음과 시각적 방해에서 벗어나 전통적이고 현대적인 '다실'을 구상하려면 어떻게 해야 할까? 바람에 흔들리는 생대나무로 만들어진 마법의 원 안에 차의 공간을 보호하는 건 어떨까. 데시가하라의 잘린 대나무와 조화를 이루며, 미묘한 유희를 통해 관람객을 '노다테のだて"와 우리의 다양한 감수성의 산물인 '다실'로 이끌 것이다.

아름다운 5월에 비가 내린다. 나의 원에서 18개의 대나무 줄기를 윗부분이 안쪽으로 휘도록 해 지상 4.5미터의 꼭대기에서 만나도록 했다. 그 중심에는 대나무를 받칠 수 있도록 구멍이 뚫린 목관이 있으며, 이는 텐트 형태로 얹은 마일라 소재의 캐노피를 지탱한다. 긱 개노피의 고각온 각 대나무에 대응되도록 아래로 고정되어 있다.

바람과 비를 피할 수 있는 공간에서 전통을 되살렸다. 전나무로 만든 구조물 안에는 다섯 명의 손님을 맞이하기 위해 네 장반의 다다미가 깔려 있었다. '세 여신보다 많고, 아홉 여신보다 적은' 이 공간은 마치 지면에 떠 있는 것처럼 보였다. 바닥은 검은 조약돌과 물을 담은 얕은 대나무 그릇들로 이루어져 있었다. 또 다른 대나무들은 도코노마에서 솟아올라, 그 앞에 놓인 꽃꽂이를 돋보이게 했다. 그 배경에는 일본 종이가 자유롭게 걸려 있었고, 종이 위에는 히로시의 아름다운 서체로 '비상'이라고 적혀

• 야외에서 하는 다회

있었다.

다도 장소는 회랑을 통해 미즈야みずや와 연결되어 있었다. 미즈야는 전나무 목재 슬랫으로 닫혀 있으며, 다도에 필요한 귀중한 도구들을 보관하는 장소다. 모든 것이 조화롭고 정화된 아름다움을 지니며, 겉보기에는 소박해 보이지만 믿을 수 없을 정도로 세련되었다. 또한 나는 '차의 공간'으로 이어지는 '로지ろじ' 산책로를 제안했다. 산책로 가장자리에 대나무가 늘어서 있고, 고사리류 덤불 사이에서 깨끗한 물줄기가 솟아나도록 했다. 관람객은 이 길을 걷는 동안 고귀한 장소에 들어서기 위해 겸손한 마음을 준비했다.

공간의 적합성을 확인하러 온 행사 주최자는 자기 생각을 다음과 같이 요약했다. "한여름 밤의 꿈이다." 공간은 시대를 초월했다. 유연한 대나무 줄기들은 바람에 일렁거렸고, 초록색 캐노피는 구름이 지나가는 것을 볼 수 있도록 가운데 부분이 완전히 투명했다. 대나무 줄기의 움직이는 그림자가 초록색 캐노피에 투영되어 모든 것을 무형의 것으로 보이게 했고, 심지어 관람객의 얼굴마저도 그렇게 보이게 했다. 나는 '차의 공간'의 기초를 잘 마련했지만, 이러한 멋진 효과는 예상 밖의 놀라움이었다.

보름 뒤 행사가 끝날 무렵에 이 '덧없음의 집'은 이브 크루제의 보호 아래 앙뒤즈의 아름다운 대나무 재배지에서 다시 살아났지만, 3년 뒤 눈 폭풍이 아름다운 캐노피 위에 떨어지면서 찢

- 다실의 뜰

어지고 말았다.

두 명의 바다 애호가가 '차의 공간'을 실현하는 데 도움을 주었다. 장 베베르가 목재 작업을, 장 피자르가 마일라 캐노피와 대나무 작업을 맡았는데 쉽지 않았다. 두 사람 모두 그들의 해양 기술의 새로운 사용법을 탐구하는 데 열정적으로 참여했으며, 나는 그들의 노력을 결코 잊지 못한다.

거주 공간

1994년 내 작업실의 맞은편에 있던 스튜디오가 비었다. 53제곱미터로, 내가 단중에서 생활하면서 일하기에 딱 필요한 면적이었다. 스무 살에는 전혀 생각하지 못한 문제다.

맞은편은 '나의 거주 공간'이 되었다. 나의 거주 공간의 확장선이었지만, 완전히 개조해야 했다. 불행하게도 파리의 많은 집이 그렇듯, 그곳은 초라하고 비좁은 두 개의 방으로 구성되고, 아무런 시적 정취가 없었다. 그러나 파리의 하늘을 향해 큼직한 개구부가 나 있었고, 동쪽으로 아름다운 건축물과 생토마다캥 성당이 보이는 멋진 전망을 가지고 있었다. 주거 층에서는 공간의 조화를 위해 모든 비하중 벽과 주방 발코니를 통해 옥상 테라스와 연결되어 있던 녹슨 계단을 철거해야 했다. 테라스에는 굴뚝의 흔적들이 여기저기 남아 있었고, 안뜰과 거리 사이로 강한 바람이 불어 들어와 사람이 머무르기 어려운 공간이 되어 있었다. 나는 페르네트와 함께 작업했는데, 문제가 발생하면 페르네트가 전부 해결해 주었다.

나는 공간을 새롭게 만들어 냈다. 유일하게 남아 있는 칸막이 벽은 거리 쪽 외벽에서 53센티미터 떨어진 지점까지만 남기고 잘라 내어 시야를 확보했고, 긴 벤치를 두어 소통하려는 의사를 강조했다. 욕실 위치에는 수납 계단을 통해 옥상으로 바로 갈 수 있는 계단 통풍구를 만들어 천장의 빛을 아름답게 확산시켰다. 이 공간에는 주방, 침실, 그리고 넓은 작업실이 모여 있으며, 동선을 구획하면서 세 면을 지닌 자유로운 형태의 테이블을 설계했다. 그중 길이가 가장 긴 쪽에 벤치를 두어 친구들과 함께 저녁 식사를 하고, 이야기를 나누며, 휴식을 취할 수 있는 아늑한 공간이 되었다. 이 모든 공간은 가로세로 1×1센티미터의 격자 미닫이문과 길고 가벼운 칸막이문으로 분리되거나 연결된다. 긴 칸막이문은 네 모서리에 스테인리스 브래킷으로 조립된 티크 목재 네 개의 긴 세로 버팀대로 구성되었다. 그리고 텐션 조절이 가능한 흰 천이 팽팽하게 드리워져 있어 북처럼 단단하게 고정되었다. 칸막이문은 손가락으로 쉽게 여닫히며, 남겨둔 벽에 짜 넣어진 넓은 책장을 덮는다. 그것은 장 피자르가 제작했는데, 그의 '해양 정신'이 바로 이 정교한 장치를 가능케 했다.

개조된 주방은 그대로 유지되었고, 발코니에서 아침 햇살을 맞으며 식사를 즐길 수 있었다. 손님용 화장실에 샤워실을 설치했다. 수행해야 할 동작의 정확한 위치에 놓인 중립적인 수납공간이 건축에 통합되어, 각 공간의 매우 기능적인 측면을 보장했다. 개폐식 문을 겸한 창문은 단열 투명 유리로 된 미닫이문으로 교체했다. 이는 거리의 소음을 차단하고 파리 지붕의 멋진 전망을 개방감 있게 드러냈다. 이 창문들은 동쪽과 서쪽으로 향해 있어 시야를 무한히 확장시키며 공간감을 잃게 만든다. 이동할 때마다 눈길은 공간의 틈새들을 따라 흘러 들어가고, 그 틈을 통해 건축의 다양한 구조나 단면들이 드러나 보인다. 나무 격자는 빛이 은은하게 스며들게 한다. "고정되고 불변하는 것은 발전의 정체를 의미하는 말일 뿐이다"(오카쿠라, 앞의 책).

모든 표면은 완벽하게 조정되고 모뒬로르와 조화를 이루었다. 작업 자체는 단순했지만, 실행 과정에서는 매우 세심한 주의가 필요했다.

나는 오래전에 각 분야의 작업자는 자신이 맡은 부분만 이해할 뿐 전체적 관점은 파악하지 못하고, 특정 단계에 이르러서야 비로소 전체적 형태가 드러나고, 그 순간에 모두가 협력하게 된다는 사실을 깨달았다. 나는 매일 각 건설업자의 실행력과 이해력을 고려하고, 그들이 무엇을 잘할 수 있을지 예상하면서 아주 작은 세부 사항에 대한 정밀한 도표를 만들어야 했다. 또한 현장의 각 작업자가 프로젝트에 완전히 참여하게 하고, 그들의 작업을 흥미롭게 만드는 것도 중요한데, 이는 품질과 관련된 필수 조건이다.

그리고 테라스는? 시속 150킬로미터의 강풍을 감안하여 기술자 루이 프뤼테에게 도움을 요청했다. 그는 그의 지식이 필요한 모든 이의 친구였다. 나는 계단 통풍구를 덮어 바람의 유입을 차단하고, 겨울철을 위해 차양을 만들고, 테라스 가구를 보호하고, 굴뚝의 기둥들 사이를 잘 활용하면서 환경에 영향을 주지 않는 방식으로 전체를 구성해야 했다.

프뤼테는 스테인리스강 구조물을 계산하고 구멍이 뚫리지 않게 주의했다. 그렇지 않으면 내부에서부터 녹슬 것이다. 전체 작업은 건물 건축가인 에리크 당탕의 감독하에 진행되었다. 상호 보완적인 학문 분야를 아우르고 우정으로 결속된 팀은 많은 어려움을 극복하게 해 주었다. 그 테라스에서는 파리 전경을 감상할 수 있으며, 꽃으로 가득하고, 해먹이 걸려 있어 저녁 바람을 맞으며 편안하게 쉴 수 있었다.

대화

1993년 10월 23일 레자르크는 나를 다시 붙잡았다. 12월 18일 로제 고디노는 편지로 나를 레자르크 25주년 기념 만찬에 초대했다. 레자르크는 내가 20년 이상의 직업적 삶을 바친 모험이었다. 하지만 그것은 또한 모두를 위한 여가 시대의 미래를 예고하는 것이 아니었던가? 그리고 나는 내가 가장 싫어했던 것, 즉 '기획된 여가 활동'에 결국 참여하고 말았다. 나는 산악 리조트를 '고정된 농양*'이라고 불렀지만, 이를 통해 미개척지로 남아 있

---

* 농양의 확대를 막기 위해 특정 부위에 인위적으로 유도된 농양. 자체적으로 바람직하지 않지만, 더 큰 문제의 확산을 방지하는 역할을 하는 현상이나 조치를 나타내는 비유로 사용된다.

던 산악 명소들의 정수가 보호되기를 바라는 마음도 있었다.

그렇지만 스키는 마을을 되살렸고, 스포츠와 문화를 우선시하는 레자르크와 같은 새로운 리조트들은 음악, 춤, 골프, 테니스, 패러글라이딩, 등산 등 다양한 활동에 접근할 수 있게 했다. 나는 골프 호텔에서 휴가를 마친 여행객들이 일상 업무와는 다른 분야에서 성취를 이루어 만족해하고 행복해하는 모습을 보았다. 고귀해진 듯한 모습으로 집으로 돌아가는 사람들도 있었다. 나는 아무것도 배제하지 말아야겠다고 생각했다.

만찬에 참석하는 대신 로제에게 한 통의 편지를 보냈다. 나의 첫 페이지는 초창기 작업에 대한 요약이었고, 두 번째 페이지에서는 다음과 같은 질문을 했다.

개척자들의 시대는 지났고, 몇몇은 이미 우리 곁을 떠났습니다. 조금씩 팀 정신이 변했고, 파벌이 형성되었습니다. 그 결과로 생긴 건축물은 때때로 만족스럽지 못했습니다. 어쩌면 제가 충분히 투쟁하지 않아서 레자르크의 건축물이 모범적인 모습을 갖추게 된 것인지도 모르겠습니다. 당신은 그럴 자격이 있었으니까……. 장식물은 집요했고, '사유지' 같던 설계 사무소는 매우 효율적이었죠……. 그렇지만 레자르크는 존재 자체로도 충분히 가치가 있습니다. 그것은 전반적으로 봤을 때 긍정적인 오랜 투쟁이었습니다.

말해 보세요, 로제. 왜 저는 작은 사회의 관습에 저항했을까요? 당신의 그늘진 얼굴, 그리고 거기에 어렴풋이 드리워진 분명한 불성실함, 우리의 첫 대화에서 눈시울을 붉히던 그 모습을 마주하면서도 왜 저는 물러서지 않았던 걸까요? 왜 지금까지도 저는 당신과 그리고 모든 혁신에 열려 있던 로버트 블랑과 같은 부재자들 곁에 있는 걸까요?

그건 당신의 계획이 풍성하고, 당신은 사람들을 매료시키는 방법을 알고 있었기 때문일 겁니다. 그때 당신은 판단하기 위해서는 오직 실재하는 것만을 평가하고, 종이로만 남은 계획은 전부 배제해야 한다고 말했죠. 저는 동의하지 않았고, 아직도 그렇게 생각합니다. 태어나지 않았다고 하여 알 속의 병아리를 죽이는 것은 말도 안 되는 일이라고요. (…)

한 가지 부탁이 있습니다—친애하는 로제. 비록 혼란스럽더라도 우리의 대화를 계속 이어 갑시다. 말해 주세요, 레자르크의 미래를 어떻게 보나요? 모두가 이야기하는 집 안에서 편안히 쉬는 21세기의 여가 모습은 어떠하리라고 생각하나요?

동남아시아에는 꽃사람 부족이 있습니다. 그들은 상상력을 발휘해 꽃, 씨앗, 염료, 자연에서 얻은 혼합물로 자신을 단장하며 행복하고 자유롭게 살아갑니다. 그들은 춤추고, 노래합니다. 그들은 아름답고, 불안정한 고립 속에서 아주 가까이에 있는 우리 문명의 직접적 영향으로부터 자신들을 지킵니다. 그들은 여가를 소비하지 않고, 여가를 즐깁니다.

마지막 질문입니다. 우리는 우리가 가진 모든 수단—생명에 대한 지식—으로 다른 차원에서 이 신성한 순수함을 되찾을 수 있을까요?

주체는 인간입니다. 사물이 아니라. (…)

그리고 그의 답장이 도착했다. 그것은 아직도 계속되는 긴 대화의 서막이었다.

　……당신은 "그늘진 얼굴, 그리고 거기에 어렴풋이 드리워진 분명한 불성실함"이라고 했죠. 친애하는 샤를로트, 당신은 제가 15년 이상 끊임없는 불안 속에서 살았다는 것을 알아야 합니다. 저는 동시에 벌어지는 모든 문제에 대처해야 했고, 제 돈이 아닌 돈으로 일했기 때문에 매 순간 이를 설명해야 했습니다.

　저는 항상 실수해서는 안 된다는 것을 알았습니다. 아주 작은 실수라도 치명적이었죠. 저는 재정적 유연성도, 여유도 없었습니다. 이 일에서 엄청난 개인적 위험을 감수해야 했으며, 이에 저는 가차 없이 난신창이가 될 수도 있었습니다. 그래서 끊임없는 불안과 겉으로 보이는 불성실함을 가졌던 것입니다.

　그러나 팀에 동기를 부여하고 신뢰를 주기 위해서는 어떠한 망설임이나 두려움도 보여서는 안 되었습니다. 기억하시나요? 1972년 부동산 위기, 통화 안정화 정책, 로베르 블랑의 죽음, 라부아르에서의 재난, 1982년 부동산 위기, 금리 역전, 필수적이었던 건축권 허가 거부, 자본 조달 금지, 민주노동동맹의 완강한 파업, 건축물, 허가 등에 대한 소송을 포함한 인신공격 등. (…)

　또 하나, "태어나지 않았다고 하여 알 속의 병아리를 죽이는 것은 말도 안 되는 일"이라고 말했죠. 설명하고 싶습니다. 건축이란 건축 도면을 그리는 기술이 아니라 건설하는 기술이라고 생각합니다. 둘은 같지 않습니다. 저는 두 도면을 서로 비교하는 것(공모전이나 협의 과정에서 하는 일)은 동의하지만, 도면으로만 남은 것과 구체적으로 실현된 것을 비교하는 건 동의하지 않습니다. 실현 가능성의 기준은 매우 중요하며, 실현되는 경우를 제외하고는 이를 확인하는 것이 불가능합니다. (…)

그리고 이는 건설하는 건축가와 도면만 그리는 건축가를 구별하는 점이기도 합니다. 전자는 실제 경험을 얻고 후자는 그런 경험이 매우 부족합니다.

저는 "알 속의 병아리"라는 기발한 아이디어를 거부하지 않으며, 그것을 죽이고 싶지도 않습니다. 하지만 그것을 100퍼센트 안전하다고 판단할 수도 없기에, 그 '가치'에 대해 실현된 프로젝트와 비교할 수 없습니다. (…)

저는 모든 창조는 위험을 동반한다는 것을 덧붙이고 싶습니다. 우리는 계산된 위험을 감수하는 것이 최선입니다.

건축에서 계획은 이미 성숙한 아이디어의 투영일 뿐이다. 이는 머릿속에서 수백 번 검토되고, 시각화되고, 분석된 것이다. 도면은 이 아이디어를 고정하거나 강화하거나, 검토해 보고 가치가 없으면 폐기한다. 아이디어는 선험적으로 거부되지 않는다. 이는 하나의 수요, 하나의 프로그램, 하나의 연구와 일치한다. 건설하기 위해서는 모든 요소가 완벽하게 성숙한 계획이 필요하고, 시행은 그 계획이 필수적인 전문 기술을 통해 반영된 것일 뿐이다.

4년이 흘렀다. 어느 저녁에 우리는 레자르크의 돌담에 앉아

긴 침묵이 섞인 대화를 이어 나갔다. "21세기의 여가 문명은 어떤 모습일까요?" 로제 고디노는 다음과 같이 분석했다. "빠르게 발전하는 기술의 진보는 점차 더 많은 부와 더 적은 노동을 가능하게 합니다. 현대 사회는 증가하는 소득과 감소하는 노동을 분배하기 위해 새로운 규제가 필요하죠. 이러한 재조직의 조건을 찾는다는 전제하에 산업 세계는 더 많은 부와 여가 시간을 경험하게 될 겁니다. 협회 활동, 문화 활동, 여가 활동, 스포츠 활동, 정치 활동 등 노동 이외의 활동이 중요한 비중을 차지하게 되겠죠. 이 문명의 새로운 특성을 정의하는 일이 남아 있습니다."

이렇게 분석한 후에 로제는 이어 말했다. "다른 주요 추세 중 하나로, 자연으로 돌아가려는 움직임이 바다, 시골, 산 등으로 펼쳐질 겁니다. 우리는 필연적으로 개발이 필요하고, 많은 사람에게 자연을 접할 기회를 제공해야 하며, 동시에 자연을 보전해야 하는 과제에 직면할 거예요. 21세기에는 인간이 두 가지 변수, 즉, 생태적 변수와 경제적 변수를 통합하면서 개발과 환경을 걱정해야 할 겁니다."

내가 제대로 이해했다면, 우리는 이 모든 모순을 관리해야 할 것이다.

무티에와 알베르빌 사이, 이제르강이 흐르는 계곡 지대에 마을, 산업, 철도, 고속도로가 집중되어 있어 성수기에 20만 명 이상의 휴가객이 거쳐 간다. 휴가객은 각 3만 개의 침대를 수용하는 타랑테즈의 주요 스키장인 발디제르, 레자르크, 라플라뉴, 쿠르슈벨, 메리벨, 레벨빌로 올라갔다가 고도로 기계화된 자동차와 고속열차를 타고 돌아온다.

이들은 단지 지나칠 뿐이다. 반면 무티에를 지나면, 울창한 숲 속에서 멧돼지, 사슴, 여우, 무플런이 뛰논다. 더 바위가 많은 우안右岸에서는 심지어 기차역에서조차도—크리스마스 무렵 눈 덮인 풍경 속에 높은 산에서 내려온 샤무아들이 모습을 드러낸다. 나는 이런 사실을 몰랐기 때문에 이 야생의 동물들을 한 번도 보지 못했고, 그렇게 낮은 곳에서 찾아보려 하지 못했다. 내게는 산악 사냥꾼의 훈련된 눈이 없었다.

나는 안심했다. 우리는 함께 살아갈 수 있다. 우리의 영토를 잘 표시하고, 환경을 훼손하지 않으며, 신중하게 선택한 장소에 조밀하게 산다면 말이다.

또 나를 괴롭히는 것은 무엇일까? 인간은 지나친 지원으로 오염되어 버린 건 아닐까? 우리 몸은 작은 병에도 항생제를 처방하면 자연적 방어력을 잃고 의존적이게 된다. 정신도 마찬가지다. 모든 일에는 마땅히 보수가 따르듯이, 모든 보수에도 마땅히 일이 따라야 한다. 어머니는 이렇게 말씀하시곤 했다. "일을 해야 해, 샤를로트. 일은 자유야." 굴복하지 말고 투쟁해야 한다는 말씀이었다.

우리는 문명을 바꾸고 있다. 옛날 사람들은 수탉을 팔 아래에 끼고 경쟁에 나가서 다른 수탉과 싸우게 했고, 그레이하운드를 끌고 가서 다른 그레이하운드와 겨루게 했으며, 자기 말을 다른 말과 비교했다. 오늘날 체스 플레이어는 컴퓨터로 자신의 체스

말을 다른 말과 겨룬다. 인간은 이 창조물을 지능적이고 인간적인 존재로 만들고자 한다. 하지만 조심해야 한다.

1930년대에 어떤 우울한 사람들은 신기술 덕분에 황금시대가 손에 닿을 것이라는 희망 속에서도 우리가 지구를 오염시킬 것이라고 예측했다면…… 우리는 이를 진보에 대한 제동이라 여겼을 것이다. 60년 후에 이는 현실이 되었고, '오염'이라는 단어는 일상생활의 일부가 되었다.

사회는 사회를 구성하는 개인의식의 산물이기에 개인의식은 사회의 방향을 결정하고 유도해야 한다. 스스로 책임을 지고 미래를 예측할 필요가 있다. 또 다른 성찰의 길, 탐구의 길이 열려야 한다.

모두가 떠난 메리벨로 돌아왔다. 1997년 8월의 휴가가 끝날 무렵이었다. 나의 작은 샬레에서 파리로 돌아가면 그리워질 고요함과 신선한 공기를 맛보고 있다. 여느 때처럼 새벽부터 고양이 무스타슈가 구조물에서 뷔르젱 봉우리 너머로 태양이 모습을 드러내는 숭고한 순간을 기다린다. 기적 같은 순간, 따스한 햇볕이 내 침대로 쏟아져 들어오고, 나는 그 안에서 여전히 꿈을 꾼다.

새로운 하루가 시작된다.

감사의 글

이 책을 쓰는 내내 현명한 조언으로 지지해 준 자크 바르사크,
로맹 파즈로에게,

옆에서 많은 고생을 한 페르네트에게,

르코르뷔지에 시대의 기억을 함께 떠올려 준 로제 오잠에게,

이야기의 부족한 부분을 보완해 준 친구들과 지인들에게,

그리고 이 책을 끈질기게 요청한 모든 분에게

감사드립니다.

책에 오류가 있다면 그것은 전적으로 저의 착오이니, 독자 여러분께 양해를 구합니다.

도판 출처

찾아보기

지은이 샤를로트 페리앙

프랑스의 건축가이자 디자이너로, 기능적인 생활공간을 강조하며 더 나은 삶을 위한 디자인을 추구했다. 20세기 초반 남성 중심의 건축·디자인계에서 자신만의 영역을 개척한 선구자이기도 하다. 1920년 장식미술연맹학교에 입학해 가구 디자인을 공부했으며, 1927년 살롱 도톤Salon d'Automne에 출품한 '지붕 아래 바Bar sous le toit'로 이름을 알리게 되었다. 이를 계기로 르코르뷔지에의 작업실에 들어가게 되고, 10년 동안 르코르뷔지에와 그의 사촌 피에르 잔느레와 협업하며 주로 가구 작업에 참여했다. 제2차 세계 대전 시기 일본과 베트남에서의 체류 경험이 페리앙의 자연주의 미학과 간결한 형태 감각에 큰 영향을 미쳤다. 1967~1982년 레자르크Les Arcs 스키 리조트 설계는 페리앙 후기 작업의 정점으로 꼽힌다. 그녀의 작업은 오늘날까지도 재조명되고 있으며, 2019년 파리 루이비통 재단 미술관과 2021년 런던 디자인 뮤지엄 등에서 열린 회고전을 통해 현대 디자인사에서의 위상을 다시금 입증했다.

옮긴이 유상희

이화여자대학교 통번역대학원 한불번역학과를 졸업했다. 현재 번역 에이전시 엔터스코리아에서 출판 기획 및 프랑스어 전문 번역가로 활동하고 있다. 『마이크로키메리즘: 내 안에서 나를 만드는 타인의 DNA』『그녀가 최초였다: 세상을 바꾼 우먼 파워 100』『니꼴라드바리의 예술적 향수』 등을 우리말로 옮겼다.

현대 예술의 거장 시리즈
우리에게 새로운 세상을 열어 준 위대한 인간과 예술 세계로의 오디세이

구스타프 말러 1·2, 프랭크 로이드 라이트, 알렉산더 맥퀸, 시나트라, 메이플소프, 빌 에반스, 앙리 카르티에 브레송, 조니 미첼, 짐 모리슨, 코코 샤넬, 스트라빈스키, 니진스키, 에릭 로메르, 자코메티, 루이스 부뉴엘, 페기 구겐하임, 트뤼포, 프랭크 게리, 피나 바우쉬, 찰스 밍거스, 쳇 베이커, 게르하르트 리히터, 샤를로트 페리앙, 글렌 굴드, 마리아 칼라스, 엔니오 모리코네, 루이즈 부르주아 등

현대 예술의 거장 시리즈는 계속 출간됩니다.